东方·剑桥 世界历史文库
Orient & Cambridge World History Library

A History of Modern Singapore 1819-2005

新加坡史

康斯坦丝·玛丽·藤布尔 著 欧阳敏 译

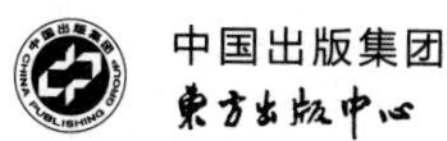

图书在版编目(CIP)数据

新加坡史/(英)藤布尔著;欧阳敏译. —上海:
东方出版中心,2016.4
(东方·剑桥世界历史文库)
ISBN 978-7-5473-0925-4

Ⅰ.①新… Ⅱ.①藤… ②欧… Ⅲ.①新加坡—历史
Ⅳ.①K339

中国版本图书馆CIP数据核字(2016)第024055号

上海市版权局著作权合同登记:图字09-2011-043号

A HISTORY OF MODERN SINGAPORE 1819-2005 by C.M. TURNBULL

责任编辑:张芝佳
技术编辑:徐儒静
装帧设计:罗 洪

新加坡史

出版发行:东方出版中心
地　　址:上海市仙霞路345号
电　　话:(021)62417400
邮政编码:200336
经　　销:全国新华书店
印　　刷:常熟新骅印刷有限公司
开　　本:640×960毫米 1/16
字　　数:580千字
印　　张:44.25
版　　次:2016年4月第1版第1次印刷
ISBN 978-7-5473-0925-4
定　　价:78.00元

东方出版中心邮购部　电话:(021)52069798

目录 Contents

前　言

本书第一版是在 1977 年出版的，那时候，新加坡独立才 12 年。但 xi
就在那短短的十几年里，这个新生国家的领导人解决了许多在当时看来无法克服的经济和国家安全方面的难题，成功地创造了一个充满活力的国家。他们所取得的成果令人印象深刻，但这个年轻的共和国在很大程度上仍只能说是各个不同民族混合在一处的产物，尚未真正融合成一体。

本书的第二版则将这个故事又更新到了 20 世纪 80 年代末。与高歌猛进的独立初期相比，这段时期显得波澜不兴，没有发生什么大事。虽然 80 年代中期新加坡曾经历了一次短暂的经济衰退，但总的来说，这些年里，新加坡经济发展迅速，物质成就斐然，使这个共和国成为动荡不安的世界中最为繁荣稳定的国家之一，享受到了自第二次世界大战爆发以来前所未有的和平与安宁。

在结合新史料和新近学界研究的成果后，本书作者对过去进行了重新审视，使这一新版本在修订原来版本的基础上又增加了新的内容，时间跨度也拉长到 2005 年，新加坡独立 40 周年之时。在这些年里，曾掌控国家由殖民地向独立国家转变进程的老一代领导人隐退，更年轻的一代开始成为中流砥柱，各种变化也随之发生。而这些，正是新版本扩充部分所关注的内容。新一代的任务是，找到能够延续前辈缔造的经济增长和社会稳定现状的道路。20 世纪 90 年代末,东南亚遭受了一场严重而持久的金融危机,这使他们经历了一次严峻的考验,而在新世纪伊始,他们又受到国际恐怖主义的威胁。此外,他们还要学会如何去面对一群新富起来且受过良好教育的公民,这群公民厌恶过去受到的种种束缚,渴望对社会建设事业拥有更大的发言权。

叙事史最近已经在学界失宠,取而代之的是,强调模式和问题意识,更偏好主题研究。而在此期间,史学界与社会科学各领域的合作丰富了对新加坡(尤其是对其独立后时期)的理解。但这并不能完全取代对这样的一种编年史的需求:恰如其分地关注并描述每个前后相继的
xii 历史阶段,试图将个体和事件置于时间推移的进程中,同时还要考虑到人类的弱点和“意想不到的法则的作用”。

在本书的第一版中,如今已故的柔佛苏丹伊斯梅尔阁下曾热情地从自己的家庭相册中为我翻印了一张他的曾祖父、天猛公易卜拉欣的照片。已故的 Eric Jennings 先生慷慨地准允我使用他收集的照片。

本书前几版的撰写要感谢多方:李氏基金会(Lee Foundation)的资助,新加坡大学(University of Singapore,现为“新加坡国立大学”[National University of Singapore])图书馆、东南亚研究院(Institute of Southeast Asian Studies)、新加坡国立图书馆和新加坡档案馆,以及香港大学图书馆,还有英国的公共记录事务局(Public Record Office,现为“国家档案馆”[National Archives])、印度事务局图书馆(India Office Library,现为大英图书馆中的“印度与东方档案”[Oriental Collection in the British Library]),以及牛津大学的罗氏图书馆(Rhodes House Library)的相助。我也非常感谢它们此后又持续为我提供的帮助。

在早期修订本书之时,1989 年在杜汉大学做哈特费尔德访问学者(Hatfield Fellow)、1993 年在剑桥大学丘吉尔学院做档案学者(Archival Fellow),以及 1995－1996 年在伦敦大学东方与非洲研究学

院做访问教授,这些经历都为我提供了诸多便利,对此我非常感激。我还要感谢《海峡时报》当时的总编辑 Cheong Yip Seng 以及前资料室主任 Lye Choy Lean,他们在我 1993－1995 年集中研究《海峡时报》150 年历史的那两年中,对我帮助匪浅。我还要感谢剑桥丘吉尔档案中心主任 Allen Packwood 的帮助,以及东方与非洲研究学院东南亚资料员 Nicholas Martland 多年来的支持。

此外,我还要感谢以下机构、会议及其负责人,感谢他们邀请我提交论文并为我提供与学界同仁共同研究探讨的机会:香港大学的历史系以及亚洲研究中心,吉隆坡的马来西亚遗产学会(Malaysian Heritage Society),2002 年在槟榔屿由 Khoo Salma Nasution 和 Neil Khor 组织的槟榔屿故事研讨会(Penang Story conference),以及其他在正式与非正式场合,在新加坡、吉隆坡和槟榔屿与研究前海峡殖民地学者的会晤。

我也有幸于 2006 年应邀前往新西兰和新加坡作了一次收获颇丰的访问。我首先在“东南亚会议:过去、现在与未来”(由奥克兰大学为纪念荣誉退休教授 Nicholas Tarling 75 岁寿辰而举办)上陈述了我的观点;其后我又得到机会到新加坡国立大学历史系做研究并开设了一个研讨班,对此我要感谢当时的系主任 Anthony Reid 教授和副主任 Chee Heng Leng。我也很感谢能有机会与新加坡国立大学历史系的教员们进行讨论,另外我还要特别感谢新加坡国立大学图书馆的马来西亚资料室室长 Tim Yap Fuan。

2007 年我参加了 Emma Reisz 博士和 Thum Pingtjin 在剑桥大学圣安东尼学院组织的一场别开生面的“讲述国史:三十年来的新加坡”研讨会。这个研讨会主要召集了一批新加坡和其他地方的年轻学者,撞击出了许多新的观点火花。同年晚些时候,我荣幸地得到机会,从其他不同的角度看待新加坡的历史:应 Ooi Keat Gin 教授之邀,为槟榔屿的马来西亚理科大学(Universiti Sains Malaysia)的一场研讨会呈递
我的一篇论文 ,并在伦敦参加了由 Ben Murtagh 博士组织的一场皇家 xiii
亚洲学会(Royal Asiatic Society)主办的关于“英国与马来世界”的研

讨会议。

John Bastin 博士和 Karl Hack 博士曾阅读过本书部分手稿,并提出了宝贵(有时甚至很严厉)的意见。他们两位,以及前面提到的诸位新加坡以及其他国家的人士,多年来曾慷慨地与我分享他们的见地,并给予我鼓励、意见和支持,对此我表示衷心的感谢。但他们对本书中的任何观点和错误都不承担责任,我将全权负责。

我要最真挚地感谢新加坡国立大学出版社的员工们的耐心和宽容,尤其是我的编辑 Paul Kratoska,他为本书的编辑花费了大量心血。

康斯坦丝·玛丽·藤布尔

牛津,2008 年 8 月

缩　略　词

AMDA	《英马防务协议》
ANZUK	澳新英防务同盟
ASEAN	东南亚国家联盟
BMA	英国军政府
CAB	内阁文件
CO	殖民地事务局
COD	殖民地事务部所发文件
EIC	东印度公司
GD	总督所发文件
JIA	《印度群岛公报》
JMBRAS	《皇家亚洲学会马来西亚分会会刊》
JSBRAS	《皇家亚洲学会海峡分会会刊》
JSEAH	《东南亚历史杂志》
JSEAS	《东南亚研究杂志》
JSSS	《南洋学报》
MCA	马来亚华人公会(后更名为“马来西亚华人公会”)
MNC	跨国公司
MP	议员

MPAJA	马来亚人民抗日军
NCMP	非选区议员
NMP	官委议员
OECD	经济合作与发展组织
PAP	人民行动党
PRO	英国公共档案局
PUTERA	人民联合阵线
xvi SEATO	东南亚条约组织
SEP	《新加坡自由西报》
SSR	海峡殖民地档案
ST	《海峡时报》
UMNO	马来民族统一机构
WO	陆军部

第一版导言 xvii

1819 年，斯坦福·莱佛士爵士(Sir Stamford Raffles)在众人的一片反对声中，凭一己之力创建了近代新加坡，这是它的独特之处。虽然是一个无人期盼的孩子，一个被硬塞给英国东印度公司的孩子，新加坡却成功地存活下来，并走向了繁荣昌盛。不过，它的成长故事并不是一帆风顺、毫无挫折的。它的繁荣，有时甚至它的生存本身都多次受到威胁。

1824 年，东印度公司购买了整座岛屿，英国对新加坡的合法主权得到承认。两年后，它成为东印度公司所辖海峡殖民地(Straits Settlements)的一部分，随后又成为这块殖民地的治所。海峡殖民地在 1867 年又转为英国王室直辖殖民地。在这些年里，新加坡的地位始终不太稳固，但随着 1869 年苏伊士运河开通，以及英国的政治影响力在 19 世纪最后 25 年里扩展到马来联邦富庶的内陆地区，新加坡作为世界上最富足也最繁忙的港口之一的地位就此彻底得到巩固。它在 1946 年时单独成为王室直辖殖民地，1955 年首次获得一定程度的行政管理权，在 1959 年则获得了内务自治权。1963 年，它作为新生的马来西亚联邦的组成部分赢得独立，但在联邦中度过了纷纷扰扰的两年后，它被驱逐出联邦，由此成为一个完全独立的国家。

单独就新加坡历史展开的研究相对而言还比较少见，直到相当晚近的时候，她的历史还一般被纳入马来亚的历史一并研究。早期撰写新加坡史的种种尝试进展不明显。莱佛士本人曾经打算编纂一部著作，论述这个贸易中转站的起源和早期管理体制，但他的手稿和一些论文在1824年的一场海难中遗失。后来，新加坡的第一任总检察长托马斯·布拉德尔(Thomas Braddell)筹划撰写一本新加坡史，但最后却没能成书，他只于19世纪50年代在《印度半岛公报》(*Journal of the Indian Archipelago*)上发表了一系列官方文件集锦。

英国从1874年开始对马来诸邦实行政治干预，而马来半岛的锡
xviii 矿和橡胶产业日益发展，这些都吸引了官员、开发商和作家们的注意力，使他们开始忽视海峡殖民地。富有进取心的新一代殖民地官员开始专注于马来诸邦。1954年，在成为直辖殖民地八年后，新加坡终于有了自己的政府机构。即便如此，对大多数想要闯荡一番的官员们来说，在这块殖民地任职只是权宜之计，他们迫不及待地想离开这里，前往内陆地区接受更富有挑战性，也更能享受异国情调的职位。此外，精通华人事务是在新加坡任职最合适的背景条件，但这却会妨碍升迁至更高的职位。因此最有雄心壮志的公务人员都选择学习马来语，有学术抱负的人则集中研究马来诸邦的历史、风俗和文学。

理查德·温斯泰德爵士(Sir Richard Winstedt)是马来亚英国殖民史研究的领军人物，他就曾将1941年以前的新加坡历史轻描淡写地称为“一派平和的商业发展景象，仅有几年受到阻碍了海上交通的海盗及华人帮会火并的影响”。[1]这种看法实在过于简单化。新加坡的历史中有很多矛盾和变迁，有些以可能性法则来衡量的话，甚至有些匪夷所思。

近代新加坡的创立取决于莱佛士，这是个人力量取得的激动人心的胜利，而它在二战后的历史则色彩斑斓，充满各种佚闻和插曲、人格与意识形态的碰撞。在这之间漫长的成长期，则往往被人们轻视为乏

味无趣得如同一潭死水。可是这潭水并非如此乏善可陈。新加坡国家生活那平静无波的表面下，却酝酿着融合与变迁的潮流。它们将塑造一个独特的社会，使得新加坡这个世界上最小的国家之一，如今能在全球发挥着远远大于其国土面积的商业和政治影响力。

近年来，多种因素也抑制了撰写新加坡史的尝试。1965 年，新加坡有些措手不及地独立成为一个国家，它的主要注意力都放在培养民族意识和确保未来的繁荣昌盛上。为了保证人们对国家的忠诚与热爱，新加坡人集中关注于当下和未来，而忽视了其历史。因为这段历史源自西方的殖民统治，以及多种同样来自异文化的亚洲文化传统和价值观，但民族国家的建设，最终需要创建一种基于民族国家发展历程的坚实认同，这种发展历程与单纯的个人旨趣大不相同。

本书以 1819 年为起点，追溯了新加坡的历史。那一年，这块近代殖民地正式创立。故事终于 1975 年，这一年，新加坡刚经历了独立后的第一个阶段。在大多数新独立的国家中，获得政治上的独立与真正摆脱殖民时期经济和防卫上的诸种成规或摒弃殖民时期的行事方式之间，是有一个时间差的。一直到 1973 年，随着货币、证券交易所和橡胶市场分立，新加坡与马来西亚最后的正式联系纽带才切断。同年，英国加入欧洲经济共同体，英国马来西亚协会（British Malaysia Association）解散，英联邦安全防卫体系正式崩溃。1972 年中美关系改善，1973－1974 年石油危机爆发，1973 年解决印度支那问题的《巴黎和平协约》签订，两年后共产主义在柬埔寨和南越获胜，美国一败涂地，所有这些因素加在一起，迫使新加坡在一个变幻的世界环境中寻求自己的新形象。它需要与同地区的邻国互通有无，学会与远东地区与
之相异的意识形态共处，并学会面对新的经济形势。新加坡一直致力 xix
于加入发达工业国家的行列，可是，在新的经济形势下，忽然之间，贸易环境却不再青睐这些国家。

在短期内，任何一种“标准版”新加坡史问世都不太可能。因为这里的文化背景和个人经历实在太多元化，任何一个外国人或任何一个

族裔的新加坡人都无法代表整个新加坡社会来记事叙史。作者作为一个在新加坡和马来西亚生活了将近20年的外国人,怀着对新加坡社会的个人感受,撰写了这本个人化的历史阐释著作。作者希望,本书的种种局限、疏漏与不足之处能够激发历史学家、社会学家、政治学家和人类学家等各领域的学者来填补空白,改正错误观点,从而使我们最终能更加了解这个年轻国家的历史背景。

香港,1975年9月

导言 1

“新加坡没有历史！新加坡的历史将从现在开始！”1965 年 8 月，新加坡人突然发现他们被迫独立，从那时开始，这句充满自豪感的话，就成为非常流行的口号。当时，所有的一切都面临改弦更张，人们，尤其是年轻人的直觉反应是摒弃过去的历史，认为历史与现在并无关联。英国历任总督的画像都被取下来放进了地下室，还有人呼吁，要把莱佛士的雕像扔到新加坡河里去。

这个新生的共和国当时的确面临着艰巨而紧迫的经济和防务方面的问题，它还需要从无到有地创造人们对一个民族国家的归属感。但否认过去并不能为创建一种积极自信的认同感提供坚实的基础。在此之前，新加坡一直被视为某个更大的实体中的一部分：海峡殖民地、大英帝国，或之后的马来西亚联邦。但此时则需要寻找让这个岛屿能自成一体的一些东西。正是想到这一点，我开始着手撰写新加坡的历史。本书的第一版于 1977 年出版，追溯了这个岛国直到独立后第一阶段结束时的历史。第二版则补充叙述到了 20 世纪 80 年代末。如今，在新加坡作为一个独立的国家走过四十年历程之际，考虑到新加坡人对待历史的态度已发生变迁，现代史学也发生了变化的事实，重新审视新加坡的过去正当其时。

在新加坡独立之初，人们对新加坡在成为殖民地之前的历史知之甚少。本书的第一版是从 1819 年莱佛士抵达新加坡开始叙述其历史的，仅简单回顾了一下有关这个岛屿晦暗不清的过去的传说，以及接近于传说的某些资料。出于完全不同的原因，人民行动党(PAP)政府也决定从 1819 年开始追溯新加坡的历史。按照当时的外交部长信那谈比·拉惹勒南(Sinnathamby Rajaratnam)的说法，这是因为，新加坡人零散地来自中国、印度、印度尼西亚和中东地区，想要通过把历史追溯到这几个来源地，来塑造一个统一的民族国家，任何一种这样的尝试都
2 可能带来风险，将这个城市国家变为“种族和社群冲突，以及那些作为新加坡的移民供给国的更为强大的国家施行干涉主义政策引起的无休止争斗的战场”，所以政府必须要“慎重选择在一个多文化社会中倡导何种对过去的认识”。[1]为了找寻一个相对中性的象征，当局作出了一项出人意料的，也是许多人不太喜欢的决定：不仅保留莱佛士原来的那尊雕像，而且还正式承认他为新加坡的创立者，并在当年他登陆的河岸边为他竖起了第二尊雕像。“我们决定将莱佛士命名为新加坡的创立者，这是正确借用历史的一个例证……我们接受了一项史实。”[2]

在从殖民地历史中汲取了其他一些他们认为有用的东西之后，同时也对来到新加坡的亚裔先驱们坚韧不拔的精神表达了崇高的敬意之后，新加坡人开始全力以赴地为未来而奋斗：重构经济、创建武装力量、改善这个“艰困的社会”(rugged society)。政府公务部门一反传统，不选用历史专业出身的人从事管理工作，而招募技术专家以引领现代化建设。1972 年，历史科目从小学课程中删除，取而代之的，是当局认为更有利于培养未来的劳动力群体的科目。

那是一段激情飞扬、充满活力的岁月，新加坡人的自信心在逐渐增强。但是，20 世纪 70 年代所取得的“辉煌的经济奇迹”，却渐渐勾起了人们对只关注当下的态度的忧虑。政治领导层担心，对过去的无知会使年轻一代把稳定、繁荣及种族和谐视为理所当然，认识不到这一切的得来是多么不易，失去却又多么容易。在整个 20 世纪 80 年代，政府的部长们在公开讲话中不断劝诫国民，不能松懈，要继续努力，要灵活变通，不断更新和充实自己以应对新的挑战，避免某些先富起来的社会很

快一蹶不振的命运。“生活在我们如今这种富足、高品质的现代化生活环境中,很容易就会忘记过去”,[3]“一个国家取得的成就越大,就越有衰退和崩溃的危险”,[4]“我们这个国家并没有一个注定好的未来,明天需要靠我们自己去开创,靠我们全心奉献的精神和为共同的福祉而奋斗”。[5]

1985 年的经济衰退,是新加坡共和国自独立以来遭遇到的第一次严重挫折,但它却也提供了机会,可以进一步去除新加坡年轻一代的骄傲自满情绪。时任贸易工业部代理部长的李显龙(Lee Hsien Loong)警告国民说:“我们必须清楚新加坡是怎么取得今天的成就的,只有这样,我们才决不会忘记,这一切并不是自然而然形成的,也不会忘记,要维持今天的繁荣就必须以勤勉不息作为代价。”[6]

积极的现代化政策恰恰对其想要加强的国家认同建设和国家团结构成了威胁。提倡以英文作为管理和教育语言带来了形成文化真空的风险。为了给新城镇建设和高楼大厦的兴建让路,乡村社区(*kampong*)遭到全面破坏,城镇原有的邻里结构全面解体,这些都使旧日社区的凝聚力和生活方式的实体证据消失殆尽。“人们越来越担心,我们可能创造了一个崭新的新加坡,它闪闪发光,但旧日痕迹无踪可寻,形同泡沫。”[7]“如果我们不想将来变成一个无根的转瞬即逝的社会,尽可能地保存我们的历史就非常重要……我们继承了至少 160 年人们为建设新加坡而努力的奋斗史。”[8]“新亚洲人”一词流行起来。它描述的是理想的新加坡人的形象,它将把西方的现代性与从文化传统继承下来的“亚洲价值观”结合起来:“虽然新加坡是一个年轻的国家,但我
们的民族历史悠久,不管我们在种族上属于华人、印度人、马来人还是 3
欧亚裔。我们决不能失去对过往历史的感知,因为在危急来临时,它将成为最强的精神力量的源泉。”[9]

1991 年,一种国家意识形态确立,其基本内容为下列“共享的价值观”:国家高于社群,社会高于个人,家庭是最基础的社会组成单位,社群要扶助各个个体,寻求共识,避免冲突,寻求种族和宗教群体间的和谐。新加坡人曾自信能在独立后一代人的时间里实现国家的团结凝

聚,但随着20世纪临近尾声,这种信心逐渐减弱,让举国上下,尤其是年轻人了解“新加坡的故事”,成为官方的政策。[10]为了纪念新加坡沦陷50周年,1992年,新加坡国立博物馆举办了一场名为“当新加坡名为昭南岛时”的展览,2月15日则被定为遗产日,以强调战争留下的遗产,即“岛上各族群的人们开始凝聚团结在一起,开始依恋这片土地”。[11]这次展览突出展示了新加坡最后的保卫战中那些英勇的抵抗行动,这些行动是由马来军团中的亚裔成员、义勇军士兵们以及达尔军完成的。在接下来的数年间,随着越来越多的战争遗址对公众开放,“依赖他人必将失望这一贯穿始终的主题”[12],以及新加坡人必须团结起来才能保护自身的观念,开始逐步深入人心。

1997年,时任副总理的李显龙启动了一项全国性的教育项目,加大了历史科目在学校课程中的分量,以消除年轻人对历史的无知状态,并鼓励他们“团结一心,携手共进”。1998年,李光耀出版了他的回忆录的第一卷,名为《新加坡的故事》,这一年晚些时候,新加坡遗产局(Singapore Heritage Board)举办了一次大型多媒体展览,名字也叫“新加坡的故事”。它们共同塑造了所谓的有关新加坡历史的“正统版本”:新加坡沦陷,这是一场大灾难;日据时期,面对着共同的艰辛和苦难,各个社群团结了起来;上一代人付出艰苦的努力、作出巨大的牺牲,克服了艰困、贫穷、左翼势力引发的暴力,以及种族间的冲突,才把新加坡转变成为一个稳定、繁荣与和谐的社会,这一切需要年轻人团结一心来捍卫。在展览的开幕典礼上,总理吴作栋(Goh Chok Tong)作了这样一番评论:“在新加坡的故事里,一种挥之不去的威胁是,新加坡是如此脆弱,又受到如此多的限制。这种脆弱性和局限性还将长期存在下去。”[13]

当局邀请新加坡人为这则故事变得更加丰满作出贡献,一时之间,出现了讨论批判“正统版本”的热潮。李光耀回忆录的第一卷非常直言不讳,他的言辞丝毫没有因为所述均为数十年的旧事而变得柔和。它的出版迅速在马来亚引起了一阵骚动,李光耀以前的多位政敌、西方的自由主义学者,以及新加坡的年轻人都对人民行动党的叙事进行了挑战，称之为“胜者讲述的历史”，呼吁推出“替代性的历史版本”，或有时也提出要讲述“与之相抗衡的历史”。

有关新加坡如何成长为一个独立国家的替代性或补充性叙事非常丰富，而且还在日益增加。这是因为，活跃在早期政坛的那些人物当年大多还很年轻，因此，大多数人在 20 世纪 90 年代时依然健在，能发表或记录下自己关于这个故事的讲述，或为那些刚刚过世的人代为讲述。西方的大学对政治流亡者和反对派人物态度友好。已经湮没无闻的政治运动，以及那些对塑造现代新加坡起过非常重要的作用，但在后来却遭到冷落或被迫靠边站的人物，在诸多学术会议上得到了研究。[14]

人民行动党版本的“新加坡的故事”，把重心放在第二次世界大 4
战后的那段时期，降低了早期历史和人物的重要性。而提出其他版本的挑战者们也同样想把莱佛士从他的宝座上拉下来，有时候还把他贬斥成一个动机可疑的冒险家。他们认为，他的重要性被夸大了，早期拓殖新加坡的成就不应由他独享，他应与威廉·法夸尔(William Farquhar)、约翰·克劳弗德(John Crawfurd)、早期的移民群体，以及马来酋长们分享这份荣耀。

20 世纪下半叶，以新加坡本地为大本营，一批考古学家和历史学家们倡导一种更加以亚洲为中心的历史观。按照这种观点，莱佛士及英国统治时代只是一则更长的故事中的一篇断章。这则长故事可以一直回溯到 14 世纪的淡马锡(或新加坡拉)[15]，在故事中，新加坡岛逐步“从古老的商贸中心演变为全球性的港口都市”。[16]这种诠释方式宣扬，这个繁盛的航海区域的历史具有连续性，并认为现代新加坡是在继承室利佛逝、马六甲以及廖内-柔佛等马来古代帝国遗产的基础上，自然而然形成的。而在这则故事中，亚裔群体取代殖民政权，被表述为决定现代新加坡诸特征的最重要因素。

确实，自不知什么年代开始，新加坡海峡就处在一个繁荣的贸易区域的中心地带，而这一区域孕育了伟大的马来帝国。整个区域的繁荣与稳定依赖于一股具有统摄作用的力量的存在，它能保证安全、有秩序的管理，以及公平贸易。现代新加坡在其殖民统治的鼎盛时期就起到了这种作用，正如室利佛逝和马六甲在它们的鼎盛时期所做的那样。但这个闪亮的海上帝国，与其马来前辈一样，也是靠商业互惠的诱惑，而非军事力量来维系的，因此注定要在它最为繁荣昌盛之时，毁在一个渺小得多的入侵者手中。

20世纪下半叶在福康宁以及新加坡河沿岸进行了一系列细致的考古发掘工作。这些发掘所取得的发现，再加上对殖民时代之前的一些记载、文件及地图的研究，补充但主要是证实了人们之前就已经熟悉的那则故事：淡马锡作为这个区域中一系列比较繁荣的港口之一，曾兴盛一时，但在14世纪末，却突然有些神秘地被毁，其统治者侥幸逃离，并建立了更为昌盛和长久的马六甲。淡马锡（新加坡拉）的统治者在马来王室传统的接续中是关键的一环，但其在谱系上的意义重于实质的地理位置。目前还没有证据表明，马来王族真的对这个岛屿有着长久的眷恋。不过淡马锡也一直没有完全被废弃，但20世纪末那些彻底的研究调查工作表明，在淡马锡被毁后，这个岛上就再没发生过什么可书可写的大事，直到1819年莱佛士一行人登陆。虽然历史上那个失落的城邦帝国对莱佛士非常具有感性的吸引力，但他在1819年1月出发前往该岛时，并没有特意打算要在上面建立一个据点。显然，他更倾向于在各方面都比较成熟的港口建立贸易站：廖内是首选，但当这一选择在政治上证明不可行时，他又把目光投向了以前的旧柔佛(Johor Lama)。直到他所乘的船停靠在新加坡河河口时，带着准备接受一切可能状况的开放思想和对马来诸邦政治形势的约略了解，他仍然只想到这里勘测探索一番。而上岸后，这里的一切立即给他留下了深刻的印象：新加坡河极佳的地理位置、一个现成的马来人（奥朗-劳特人①）村庄、一位态度友好的当地酋长，以及一位顺从合作的马来宗主（他要求继承王位是有凭有据的，虽然个中曲折并非如莱佛士写给大总督的那封安抚信中说的那么简单）。

---

① Orang Laut，马来半岛和新加坡一带的土著民族，在马来语中，orang意为“人”，laut意为“海洋”，因此，也可意译为“海民”或“海人”。——译者注

关于廖内-柔佛帝国的继承权之争，至今仍有相当多的谜团，我们 5
也还不清楚天猛公阿卜杜尔·拉赫曼(Abdur Rahman)到底是何时，又为什么会定居在新加坡。虽然他在此地给莱佛士提供了一个极好的机会，来与之商议新贸易站点的明确地位问题，但由克里斯托弗·韦克(Christopher Wake)提出，并被后来的学者采纳的理论，即认为威廉·法夸尔与天猛公之间此前就已经达成谅解，却并没有得到坚实的证据支持。[17]

天猛公、莱佛士和法夸尔之间初步讨论的情形到底如何，几位当事人呈递给各自上司的报告给出了相互矛盾的阐述，而并无可信的在场者留下证词供我们恰如其分地评估他们的阐述。显然，英国人即刻给了这位马来酋长一大笔钱，还许诺将来他还能获得更多礼物与贸易税，这一切显然很有吸引力。但我们不清楚的是，他是否认为，这桩交易可以为解决马来帝国继承权之争铺平道路，并且提供一个良机，可让被剥夺继承权的苏丹长子、他的女婿侯赛因重新登位。

在1824年的《克劳弗德条约》中，马来酋长们把新加坡割让给了英国东印度公司，而同一年，英国与荷兰缔结了《英荷条约》①。这两个条约加在一起，几乎将酋长们祖传的丰厚遗产中诱人的部分剥夺殆尽，将把他们逼到毁灭的边缘。在此之前，天猛公的继承人们在这块殖民地的社会和经济生活中，以及它与马来半岛诸邦的关系中仍然作用显著，但在1824年之后，他们在决定这个港口的特点和管理方式上，已经不具有什么直接影响力了。

在1819年签订的那份最初的特许状，只允许英国东印度公司在这块马来人的定居地上作为外来租客建立一个贸易站点，而马来酋长们享有此地的司法权，并能分享贸易税收。第一任驻扎官威廉·法夸尔接受了这种安排，而且这可能也就是莱佛士最初的设想。但是，三年后，莱佛士被糟糕的健康状况以及自己家庭遭遇的悲剧折磨得筋疲力尽，而之前野心勃勃的宏大构想又已分崩离析，在这种情况下，他重返

① 即《伦敦条约》。

新加坡，却发现这里一片生机勃勃，他的想法于是发生了剧烈的变化。莱佛士当时把新加坡的成功归因于自由贸易的实现，而没有归因于法夸尔成功地从马六甲吸引来了大批移民，也没有归因于廖内的贸易被身在新加坡的酋长们给拉来了。在这一点上他可能错了，因为当时自由贸易还并没有实现。但无论他当初怎么想的，在 1822 — 1823 年待在新加坡的那八个月时间里，莱佛士剥夺了马来酋长们的权力，获得了对新加坡岛的完全掌控权，摒弃了马来世界中传统的港口模式，创造了一个全新的开端。他或许并不是一位维多利亚时代光芒万丈的英雄，但他让新加坡成为可能。与法夸尔及约翰·克劳弗德一道，他奠定了新加坡的基础，引入了一种对新加坡的全新设想：自由贸易与法治的标杆，商业磁石，具有现代化的观念与启蒙开化的智识理念。他的想法也不是完全切实可行的，因此需要一些更了解常识的人来将其付诸实践，比如，悉心照料了这块初生的殖民地的法夸尔，以及将莱佛士那并不具有法律效应的协议转变为根基扎实的法律的克劳弗德。可是，无论是法夸尔，还是克劳弗德，都不具有能够激励和启发未来的人们的远见卓识。

现代新加坡绝不是自本土政体改造过来或自然衍生出来的，也不是由华人或印度移民从他们的母国移植而来的。中国的学者魏源就坚定不移地认为，英属新加坡的发展是一种全新的、令人感到不安的现象，它将威胁到传统世界秩序的和平与安定。在这种传统秩序中，中国
6 是天朝上国，处在中心位置，接受各方朝贡，从而维持所辖区域的和谐，并确保蛮族们都各安其位。[18]魏源哀叹道，室利佛逝和马六甲帝国都是和平的支持者，能帮助维护南洋的稳定，但欧洲海上势力的进犯，以及欧洲人对贸易以及利润本身的迷恋，会破坏亚洲的商业模式，并打破传统的平衡状态。1843 年，就在第一次鸦片战争结束的几个月后，魏源在他的《海国图志》一书中提出了警告："英伦蛮族的据点已经遍布全世界了。"[19]他们冲出了自身所属的大西洋(Great Western Ocean)，在新加坡创建了"一种全新的，不循旧规的权力源"。[20]

有时人们提出，对殖民政府和英国控制范围的扩张关注得太多了，

而这里的人民其实才是塑造现代新加坡最重要的力量。当新加坡的历史延伸得更长,殖民时期在其中所占的比重就会缩小,殖民时代的重要性也会随之降低。而随着发生在总督府(Government House)之外的越来越多的经济和政治生活情况被发现,将新加坡的故事更宽泛地扩展到涵盖整个社会将变得可能。这些说法也许不无道理,可是,新加坡的行政、司法和商业制度,教育体系以及最终独立共和国的宪政制度,均脱胎自殖民政府,是从其中发展演变而来的。类似的,随着英国的控制范围逐步扩展到马来半岛内陆地区,新加坡在数十年间作为"英属"马来亚经济的主要对外窗口,以及大英帝国内部最重要的港口之一的地位也逐步得到确立。即使是在讲述全面的历史之时,政府的构架仍然对理解殖民时期及其遗产至关重要。

在英国殖民时期的大部分时间里,小政府和自由放任经济体制鼓励了各个社群发展自己的组织机构和生活方式。这种情况在印度统辖的最后 50 年间(这段时期的管理状况令新加坡人十分不满,导致该殖民地在 1867 年转变为王室直辖殖民地)内尤其如此。殖民地的基础架构由莱佛士、法夸尔和克劳弗德打好之后,主动权就交给了这里的亚裔和欧洲社群。19 世纪 50 年代末,总督府被拆,总督被迫租房子住,这正恰如其分地反映了主动权在谁手上。印度方面认为海峡殖民地是无用且代价高昂的负担,只派一个空架子政府来进行统治。这个政府根本无力加强法治或对移民或劳工事务加以控制,其政府官员对广大民众的生活状况也几乎一无所知。

尽管如此,这段时期却又是一段塑造了未来的建设时期。在财政捉襟见肘的限制下,海峡殖民地政府利用囚犯的劳力来建设公共建筑、桥梁和公路。皇家海军则采取了积极的行动,对付中国南海一带的海盗,而与此同时,新加坡当局与天猛公易卜拉欣达成一份不成文的协定,将其从海盗转变为海盗猎人,并使他和他的继任者们集中精力开发柔佛内陆地区的资源,海盗也随之慢慢绝迹。这一时期还进行了对新加坡海峡及其沿岸地区的第一次海上勘查。从东面和西面进入海峡的航路上都建起了一排排灯塔,使这两条关键的航路此后将成为从马六甲海峡一直绵延到中国南海的“光之链”。臭名昭著的新加坡海峡地带及其附近海域,有史以来第一次成了安全的航海区域,尤其是对蒸汽船而言。这里的亚裔人口数量膨胀得很快,华人农场主来到这里,开发了
7 新加坡岛的内陆地区。而西方及亚裔的商人们则创立了各种商业所需的机制:国际商会、第一批银行,以及独立出版发行的报纸。

这段时期至今还没有得到充分的研究,对历史学家们而言,仍然是一个诱人又费劲的可供研究对象。当时很多西方观察者留下了许多优秀的作品,但亚裔们留下的资料却很稀缺。[21] 1975 年,克里斯托弗·韦克这样评论这段时期:“亚裔群体都有着他们各自的群体生活……他们在英国笼统的统治之下活力十足地发展着,各有各的目标、组织方式及历史演变路径。海峡殖民地各个社群的这种‘内在’历史能以什么样的方式、在多大程度上得到复现,这个问题在很大程度上仍然有待回答。”[22] 30 年过去了,这个问题仍然没有得到回答。

与此形成鲜明对照的是,从 1867 年至第一次世界大战爆发,是殖民地发展的鼎盛时期,这段时期却得到了相当广泛的研究,相关著作非常多。在这段时期里,殖民地的民众被纳入了行政及法律的密切管辖之中,新加坡也从一个并不安定的贸易转运港,发展成为一个迅速扩张的地区经济体中大气而自信的中枢。更老的一辈基本上把关注重点放在了官方的行动和各种问题的解决上:加强法治和秩序,打破帮会①对移民及劳工市场的掌控,还有英国的控制范围逐步扩展到马来诸邦。后来的历史学家则转向了社会和经济生活中更偏重于大结构的方面,许多项研究都关注了深刻影响到新加坡的外部运动:主要是发生在晚清时期的中国以及伊斯兰世界的一系列事件。近年来,中国南部地区和台湾向学者们开放了实地调查的机会,这使得研究新加坡家族生意的影响成为可能。总体而言,现代对这一时期的研究作品倾向于扩展、丰富早期的相关知识,使它们变得更加有血有肉,而不是造成对它们的完全重估。詹姆斯·沃伦(James Warren)就将他对人力车夫和妓女们

---

① secret societies,新加坡本地多称之为“私会党”。——译者注

的研究说成是底层或“民众的新加坡史”[23],与之相对的是人们更为熟悉的“表层”史。

在第一次世界大战期间,人们的关注焦点是震颤了新加坡的一个事件:1915 年印度军营的兵变及其对未来的影响。或许人们对这个片段的解读已经太多太多,而当时,似乎不管是英国人、日本人或当地民众,都没有从中体悟到任何东西。

两次世界大战间的间隔期,主题是周期性的“繁荣与衰退”,而马来亚的经济受这种周期的影响极大,尤其是 20 世纪 30 年代初的那次大萧条。但实际上在边缘地带,或者说在公共生活的表层之下,还有许多事情也在发生。近年来,一些历史学家已经向我们表明,有很多对塑造战后新加坡以及马来亚非常重要的力量,实际上就是在那些年间逐步积聚起来的。[24]虽然各个族群之间及内部的经济、社会和文化分野依然存在,但一个跨族群的知识分子和持不同政见者小群体的规模却在壮大,他们被吸引到这个多元的港口都市,激进的观点在他们之间交流。新加坡是蓬勃发展的亚裔控制的报纸媒体的大本营,这些媒体代表了一种亚洲的,而且往往是反殖民主义的观点:《马来亚论坛报》,创办于 1914 年,是发行量最大的英文报纸;两份中文日报《南洋商报》和《星洲日报》,均创办于 20 世纪 20 年代;马来文报纸《马来前锋报》创办于 1939 年。尽管有一小群英国化的“国王的华人”与殖民地政权保持着联系,但新加坡大多数关心政治的华人都投身到共产国际的活动中,或 8
卷入中国国民党旨在让南洋华人效忠的野心勃勃的活动中。国民党在中国一度开创了一段“黄金时期”[25],这在马来亚的华人当中搅起了不安分的情绪,更让英国殖民地当局倍感不安。关于华人社区在这一时期的领袖们及组织方式,尤其是关于陈嘉庚的作用,有一批非常有价值的研究作品已经问世。[26]但在太平洋战争即将爆发的前夕,“马来一体”的情感才刚刚开始出现,各股力量极少协同行动,而且也各自受到诸多限制。共产主义的活动在印度尼西亚、中国、马来亚以及新加坡当地都遭遇了不少挫折,而中国国民党在国内正在抗日,苦苦地救亡图存。如果不是日本突然入侵的话,英国在东南亚的帝国主义统治在当时似乎还将持续很长一段时间。

新加坡的沦陷是该岛整段历史中最重要的事件。而英国政府决定不对导致了这场灾难的情况进行官方调查,这一举动使公众可以自由地猜想、责难和捍卫当时的种种情状。导致太平洋战争和马来亚战役爆发的种种事件和政策,已经得到大量著作从不同角度进行的广泛研究,其数量之多令人瞩目,其中包括参考了大量文献的扎实的研究作品。[27]而在 2002 年 2 月,在新加坡沦陷 60 周年纪念日之际,有关这段时期的一次最大规模的学术会议在新加坡召开。[28]尽管已有如此广泛的研究,但毫无疑问,这个主题仍将继续激起众多的争论。一方面,人们可以将这场似乎不可避免的沦亡的原因追溯到 19 世纪 80 年代,归因于一个扩张得太厉害的海上帝国内在固有的缺陷。而另一些人则描绘了从 20 世纪 20 年代起发生的一系列灾难怎样在长时期内使政策受阻于意想不到的环境改变,而这些业已存在的问题,又由于实际战役中的背运和判断上的失误,不可避免地导致失败。然而,最终的结果,归根结底,在很大程度上取决于交战双方指挥官的性格和能力,在最后数天内,甚至在最后 24 小时内,假如哪一方采取了不同的决策,最终的结果都可能非常不同。

不过,这段史诗均毫无例外地被描述为一场令英国感到羞耻的惨败,当然,事实也确实如此。但是,这也是日本取得的一场辉煌胜利。辻政信(Masanobu Tsuji)大佐作为参与者从这个角度留下的描述,引人深思但不完全可信,可是,并没有足够权威的著作可用来检验或补充他的说法。集中关注英方溃败的耻辱,遮蔽了日军所取得的成功,以及他们的指挥官的卓越才能,使他们完成的任务显得比事实上更加容易。可是,要从日本的角度追溯这场战役的发展进程,存在相当多的问题:关键的日本官方档案资料都已经在盟军空袭轰炸中损毁;日方主要的参与者,包括山下奉文将军,已经被作为战犯处决;另外,日本的历史学家们也不情愿碰触这个令人痛苦的研究对象——别扭地淹没在更大的失败中的一场辉煌胜利。不过,近些年来,已经有更多的人试图从日本这方面来讲述这个故事,其中包括一篇基于山下奉文的日记撰写的非常有价值的论文。这篇论文由明石阳至(Yoji Akashi)提交给“六十年来”学术讨论会。明石阳至是少数几位多年来致力于研究日本战时在马来亚的角色的日本学者之一。[29]该论文揭示了“马来亚之虎”入侵马来亚之前,在纳粹德国待的那几个月如何深刻影响了他对半岛战役的决策,尤其是最后那场对新加坡的战役。或许我们从德国有关山下奉文赴德使命的记录中能收获不少。

对温斯顿·丘吉尔来说,新加坡的陷落乃是整场第二次世界大战 9
中最让他感到沮丧的打击。直到1949年,当他撰写其《第二次世界大战史》的第三卷《伟大的同盟》时,这次惨败仍然让他感到疑惑不解。他最后采纳的是陆军元帅亨利·波纳尔爵士(Sir Henry Pownall)的解释。这场灾难与波纳尔息息相关,因为他直接参与了陆军部与这场战役相关的战略策划,而且,本来可能不是倒霉的白思华(Arthur Percival)坐镇新加坡指挥,而应该是他,可他很走运,没摊上这次任务。事后回想这一切,波纳尔认为,从1921年开始的整体策略是,陆军和空军力量将抵御住敌军的进攻,直至海军舰队抵达新加坡,但太平洋战争爆发的前两年中发生了一系列意想不到的事件,让这一策略变得毫无用处。“在那些年里,离英国本土更近的地方发生了如此多紧迫而危险的问题,以至于我恐怕新加坡并没有在我们的思维或实际工作中拥有很高的优先地位。”[30]

在整场战役中,与新加坡最利益攸关的就是最后那一场新加坡岛保卫战。之前的观点一般认为,新加坡的华人社群在此时摒弃了旧有的罅隙与对抗,携起手来,并与英国人合作,一同抗击日军。但根据后来的研究来看,这种观点需要修正。国民党与共产党的支持者之间裂痕明显,而最受人尊敬的抗日领袖、新加坡华人动员委员会的领导人陈嘉庚,当时反对让华人平民武装起来抗日,因此与这场保卫战关系不大。对陈嘉庚来说,保卫新加坡是英国军队的职责。战役中,人们的抵抗非常英勇猛烈,但事实上他们是在打两场不同的保卫战:为大英帝国属地新加坡而进行的战斗,其参战者包括正规的英国军队以及英联邦的军队,包括马来军团和义勇军;另一场,则是海外华人救亡图存运动中最后一场英勇的抵抗，这属于抗日战争的一部分，是由达尔军中年轻的华人们完成的。

关于最后的投降，通常的共识是，新加坡的沦陷几乎是不可避免的，但并不需要这么快就投降。如果抵抗能得到更好的协调组织，半岛战役中英方能少犯点错误，那日方的进军就会被拖延，新加坡之战也会持续更长的时间。在其出版于 1977 年的《新加坡 1941 － 1942》一书中，路易斯·艾伦(Louis Allen)揭示了这样的史实：英军提出投降之日，正是日军因战线过长、补给缺乏而遭遇困境之时，当时，山下奉文手下的官员已经提议他先撤军了。无论这次暂时的退兵能否让日军重整军力并重新得到空中力量的支持，或是否能使英方的装备和援军及时抵达新加坡帮助成功抗击日军从而逆转战局，一场旷日持久的战争都会给新加坡带来严重的损害。但无论如何，事实是，山下奉文早就打算要不顾部下的建议，赌上自己所有的人力和物力作最后一击，向新加坡的中部压进，分割英联邦的军队。考虑到防守军队组织混乱，士气消沉，山下奉文的大胆计划毫无疑问必将奏效。正如艾伦在其著作的第二版中所强调的，[31]英方的投降并非无条件的，而是与日方达成了一项协议，要求有秩序地实现交接。新加坡非常幸运，因为白思华信奉人道主义，并没有以牺牲平民们的生命为代价，来保全自己的名誉，或来实现丘吉尔所期望的光荣地坚持抵抗到最后一块立锥之地，也因为山下奉文很乐于接受投降，乐于撤回自己的部队，从而免于暴露自己实际上的虚弱无力。不论这场战役给英国的声望造成了多大的损失，也无论
10 在日本统治之下新加坡人遭受了怎样的磨难，新加坡最终逃过了最后那场巷战中可能出现的疯狂的大屠杀，避免了南京大屠杀的惨剧再次重现。

日据时期带给曾熬过那些岁月的所有人一段如此印象深刻的惨痛经历，因此导致产生了由许多人的私人回忆录构成的宝库。这个宝库的体量至今仍在增加。起初，日据时期的历史被当做第二次世界大战史或大英帝国历史的一部分，主导这个研究领域的是西方人。这些研究者有许多都是当时的军队战俘，他们当时作为强制劳工被送往亚洲

其他地方,也因此在很大程度上与新加坡当地民众及拘押在当地的平民的生活相隔离。早期极少数亚裔留下的记述大多是关于他们遭受的苦痛与残暴对待的,讲述者中又多半是在宪兵队手上吃尽苦头的。在数十年中,新加坡人都表现得不太愿意就这段经历写点什么,这一方面是不愿碰触那些令人痛苦的回忆,另一方面也是觉得尴尬,不愿直面那段时间里人们权且接受为"正常"的那种生活方式。不过,随着岁月的流逝,这种态度在改变,一批批回忆录稳定地涌现,再加上学院里历史学家们的研究著作,共同再现了当时日常社会生活和经济活动的图景。[32]这些证据将研究中心转移到了当地社会上,在并未大大改变原有关于日据时期的描绘的基础上,为老故事又填充了新的内容。我们可以看到,那段时期并没有创建出任何新的持久的体制。虽然单个的新加坡人或许在此期间发掘了自身隐藏的才能,以及意料之外的内在力量源泉,这段岁月总体上却是匮乏、饥荒、被盘剥,并往往充满恐惧的年代,所有的一切都服务于日本的战时经济。不过,对这一切,战后的诠释方式却出现了很大的改变。

在日本占领新加坡的头两个星期内,成千上万的新加坡华人被日军抓走并秘密屠杀,但这场臭名昭著的"肃清"行动的详细情况,我们却或许永远都不得而知了。山下奉文被过早地处决,而他的心腹辻政信又失踪了,这让审判战犯的法庭没有了最重要的被告,而有关这一事件的详细证据又找不到,这就使得最后的裁定被华人社群认为过于仁慈。虽然在 20 世纪 60 年代早期逐渐有一大批大屠杀的墓葬被发现,但当时新加坡正值政治敏感期,为了怕这一发现被利用来挑起种族间的争端,人民行动党政府刻意将"肃清"行动表述为所有新加坡人共同遭遇的一场灾难,而并不是只针对华人的。[33]根据新加坡官方对此事的"权威"版本,在日据时期,各个族群都同样遭受了苦难,而这种共同的经历把他们凝聚在了一起,从而使得"肃清"行动成为民族国家团结历程中一个重要的里程碑。可惜的是,事实并不支持这种解释。虽然这个年代仅给极少数新加坡人带来了好处,但不同族群的经历却非常不同,与其说那是一段逐步团结的年代,倒不如说是分裂的年代。

再看看更广泛的图景。在21世纪初，克里斯托弗·贝利(Christopher Bayly)和蒂莫西·哈珀(Timoty Harper)在两本学术著作中采取了一种新的立场，将亚裔人群的经历放在整个动荡不安的20世纪中期的时代背景下，以及从印度到缅甸，再到马来亚和新加坡的整个大英帝国的背景下来解读。[34]他们考察的起点从20世纪30年代各地分散进行的反殖民运动开始，再讲到中国的抗日战争和太平洋战争，最后讲到第二次世界大战后为独立进行的斗争，将亚裔描绘为经受了各种历练和折磨，在这一过程中，逐步开始自主掌握命运，最终推翻了英国的统治。这是种鼓舞人心的理论，但高估了当地民众众志成城的
11 程度，以及他们一致反对英国重新统治马来亚的积极程度，另外，英国这一殖民强国因太平洋战争而发生了怎样的改变，这一点，也没有充分考虑到。

众所周知，新加坡的陷落瓦解了英帝国主义的威望，对亚裔人群造成了极大的冲击。但这场灾难同样也在英国本土掀起了巨澜。马来亚当局目无中央，其行政体系又庞杂无序，这些早就让殖民事务部感到不太舒服了，再加上美国的相关批评也让它非常不自在，因此从一开始，它就确信，新加坡之所以会陷落，是因为整个统治体制已经腐化。它认为，英国对马来亚的重新统治不应该是"一切照常"，而应该抓住这个机会，实施全面的体制改革。

太平洋战争在1945年8月出人意料地突然结束，这对马来亚和新加坡的未来产生了重大影响。最直接的影响是，这一地区避免了成为重要战场而造成的恐怖景象，但政治上的反响却更加重要，也更加深远。对英国的抱怨和失望情绪已根深蒂固，但在当时，这种不满还没有浮出水面，也缺乏有效的协调组织。日本势力的突然崩溃，使得由它倡导的泛马来运动顿失支柱，印度国民军也分崩离析，其领导人被杀。展望未来的清晰蓝图只剩下两幅：马来亚共产党主张的马来亚民主共和国，以及英国提出的马来亚联盟。这两方原本都预计，经过一场旷日持久的解放运动能逐步巩固自身的地位：马来亚共产党将成为英勇的抗日游击队领导者，而英国政府将进行全面彻底的磋商讨论。可是，他们

的期望都破灭了。

英国人重返马来亚，他们不仅带来了一份早就准备好的马来亚联盟计划，以及一个新成立的马来亚策划小组(准备负责重建行政管理体系会涉及的诸多繁杂细节)，而且背后还有一支令人望而生畏的军队撑腰，这支军队的到来，原本是为了将日本人赶出东南亚的。尽管马来亚共产党未来的领导人陈平后来认为，由于该党总书记的叛变[35]而错失了掌握权力的良机，但在当时，他却谨慎地断定，马来亚共产党应该选择一条风险更小的路线，公开地以统一战线的方式与当局合作，放手让英国人去引介他们的马来亚联盟。

正是这样的一个大框架，直接催生了马来亚活跃的民族主义情绪，以及此后新加坡的分立(这又促成了这块殖民地上第一个政党的诞生)。然而，虽然在体制上分离出来了，但新加坡并没有就此与马来半岛大陆隔离，大陆上的政治巨变，以及其后共产党的起义活动，都深深影响了它。

独立前的 20 年决定了新加坡共和国的特点和未来命运。这 20 年间发生了许多事，包括脱离殖民统治赢得独立的整个奋斗过程，温和派与激进左翼之间的殊死争斗，马来西亚统一的实现和瓦解，以及对经济重新定向的决定。人民行动党领导层后来把这段动荡不安又振奋人心的岁月，列为年轻人必须了解的历史，而它也日益吸引了历史学家及社会科学家们的关注。

英国伦敦收藏了一些与新加坡相关的档案，这些仍然是研究这一时期最重要的官方资料。但新加坡本土可资利用的资源也越来越多：来自新加坡国立档案馆(成立于 1967 年)及其下辖的口述史部保存的
大量录音；来自马来亚大学(成立于 1949 年，直到 20 世纪 50 年代末都 12
只有一个单一的校区，就设在新加坡，面向马来亚联邦，及英国在婆罗洲的三个保护领招生)的研究成果；来自主要公众人物的公开演讲和电台讲话；还有来自现代新闻业的报道。新加坡当地有蓬勃发展的英语和地方语言报纸，此外，西方媒体派往东南亚的记者们也很喜欢常驻此地。这些记者的报道往往有着非常重要的价值，比如记者丹尼斯·布

拉德沃斯(Dennis Bloodworth)就通过自己与众多当事人的私人接触，勾勒了一幅有关马来亚共产党招募成员，进行渗透以及组织运作的独特画面。[36]

20世纪中期，这里讲英语的人群形成了一个跨族群的小世界，他们彼此有着密切的私人联系，并在一起热烈地讨论政治。一方面，这个西化人群充分意识到自己是一个动荡不安的地区(包括印度尼西亚、菲律宾、中国和越南)的一部分，对地区时事也相当了解，但另一方面，受本土语言教育的阶层中存在的郁结与沮丧情绪，虽然已通过频繁的罢工、学生抗议活动、公众集会，以及弥漫的混乱迷失情绪公开地表现了出来，他们却只略有所知。

但到新加坡成为一个独立共和国时，动荡已大部分过去，人民行动党已经牢牢掌握了政权，并着手逐步强化国家的控制。20世纪60年代初那种微妙模糊的状况，已经被人民行动党的主导局面代替，这种局面事实上已不可撼动。从1968年至1981年，该党垄断了议会的所有席位，此后，议会中的反对党成员也仍然很少，从没有构成严重的威胁。在很大程度上，政治史成为人民行动党稳步加强权力，提升控制力，而反对势力逐步瓦解的进程。新加坡市政议会(City Council)在1959年撤销，其职能由中央政府接管。1966年的《土地征用法》赋予政府为公共目的而征用土地的权力；20世纪60年代末的劳工法律取代了对罢工的仲裁，并缩减了工会的权力；高等教育由国家掌控，1980年，本土的两所大学合并为新加坡国立大学；电台和电视台都收归国有，所有当地报纸，不论是英文的还是本土语言的，都逐渐归入新加坡报业控股公司(Singapore Press Holdings)旗下；本属志愿机构的新加坡家庭计划协会(Singapore Family Planning Association)被吸纳入了官方设立的新加坡家庭计划与人口委员会，随着主动权越来越多地转移到国家手中，各类公民社会组织也逐渐萎缩消失。

人民行动党从一开始就认识到他们所继承的西方式宪政为议会提供的巨大权力，而他们之前的共产党盟友又让他们得到了一个惨痛的教训：应如何确保中央对党组织的长期控制。在1961年的大挫折后，人民行动党重组为一个以骨干为主的党派，由这些骨干挑选中央执行委员会，而骨干则由党的领导人选出。1982 年，人民行动党宣布，本党是一场全民运动，而不仅是一个政党。这一声明让正式的反对力量的存在变得多余。那些试图推翻官方政策的政治反对派们受到无情的攻击，被指斥为威胁到了国家的利益。不过，人民行动党政府也以自己的方式，允许某些独立人士进入议会，享有有限的权利，这些人就是议会中的官委议员（NMP）和非选区议员（NCMP）。它还通过人民协会（People's Association）、公民咨政委员会（Citizens' Consultative Committees）、反馈机构、民众联络所以及镇长等一系列复杂精细的体系听取草根阶层的意见，并邀请专家参与政策的修改工作。虽然如此，当局却并没有必须要接受这些意见和建议的义务：政府做决定，设下 13
所谓的“此路不通标志”。受限被禁止的行为包括会降低效率的，会造成不和谐的，或会损害政治领导人的声望的。公民可以通过当局自上而下提供的渠道表达自己的观点，但除非他们有意愿进入政界或组建政党，否则就没有权利质疑政策的制定，政策制定权完全属于那些得到统治权，并对全体选民负责的人。

在独立之初，由于本国面临着重重意想不到的困难，很多在过去本来会引致激烈反对的措施竟很少遭到反对甚至被毫无异议地接受了，尽管它们可能给个人的生活带来一些苦痛：强制的国民兵役制，严厉的劳工法律以及生育限制。由于新加坡不再能指望像过去一样，靠作为大英帝国的一个贸易转运港和马来半岛的进出口港来发展经济，当局于是制定了一个雄心勃勃的工业化项目计划，以转变经济模式。起初，这个初生的共和国面对并解决自身遇到的问题的顽强坚韧精神，以及它创造的令人赞叹不已的“经济奇迹”，都为它在国际上赢得了一片叫好声。但其专制的政治体制也引来了越来越多来自海外自由主义者，尤其是西方学界和媒体的批评之声。但人民行动党却总是毫不犹豫地与这些提出异议的反对者展开唇枪舌战。

当局决心要阻止新加坡的报纸被外国势力控制，1971 年，它关闭了三家被控得到外国资金支持的报纸。当局坚定地认为，外国媒体不应干涉或影响本地的舆论，这种观点导致其与一些著名的美国和香港媒体在整个20世纪80年代一直冲突不断。引起争执的事件包括涉及自由主义者的案件、限制性的立法，以及封杀报刊，或对其发行和广告设置限额。

自由主义学者们哀叹新加坡公民社会的衰落，不满于对反对派政治家们的严厉处置，以及未经审判而长期拘押政治犯，直到他们“悔改”或因年龄太大而无力再发挥影响，并批评当局在容易导致政权颠覆行为的普遍贫困、失业和物资匮乏现象已经结束之后，仍然迟迟不取消内部安全法令。有些批评家还指控人民行动党刻意制造并利用各种危机，以此作为借口来强化国家控制。[37]人民行动党确实为了应对危机而牢牢地掌控着本党和政府。但这些危机本身也是真实存在的：新加坡市政在王永元管理不力的情况下陷入瘫痪；人民行动党几乎被极左派系毁掉；与印度尼西亚的冲突带来的外部压力；中印冲突的升级，以及因英国军队加速撤出带来的防务方面的危险。

工人党(Workers' Party)于1981年在补选中取得的胜利，打破了人民行动党对议会的垄断局面，也揭示出，在整个社会普遍走向繁荣的过程中，有一些阶层被落下了。当局要求全体民众适应日益加快的现代化步伐，这给一部分人带来了苦痛，尤其是给马来人。在新加坡从马来西亚分立出来之后，人民行动党政府不再精心培育马来人对自己的支持，这让这个群体越来越感到被忽视，被边缘化。[38]遍布新加坡岛各处的马来人保留地被取消，以给新的工业和住宅项目让路。而这迫使
14 马来村民们不得不放弃他们传统的生活方式，并搬进高层公寓居住。有些新加坡人享受到了物质的繁荣，但却认为，虽然在20世纪末，这个社会普遍的受教育、富足和精细程度都大为提高，但政治限制却依然严厉，跟不上其他方面的进步，因此他们私底下也多有不满。随着新加坡各个层面的教育都有了飞速的发展，包括海外留学教育，再加上它所拥有的跻身世界上最开放之列的经济，新加坡的职业化中产阶层处在了全球化的中心地带：他们在外表上充满现代都市的气息，四处旅行见多识广，开放地接受国际上各种因素的影响，且非常熟悉互联网。在这

种情况下,再让他们处于"此路不通"标志的限制下,实在与这一切不相协调。

但政府对此的反应却还不明确,也无法预计。1987 年,一场所谓的"马克思主义阴谋",将一些罗马天主教神父和社会工作者卷了进来,而政府的应对策略有些太过了。20 世纪最后十年里,在吴作栋担任总理期间,对电影和艺术的审查机制放松,公民社会复兴,但即使在这十年里,对政治行动所设的限制也仍然没有取消。各个组织常常搞不清楚怎么就招致了政治上的打击。作家或记者们对政府提出温和的批评,有时候却可能招来非常不相称的重重责难,而只要哪些反对派政治家敢于挑战人民行动党的基本政策纲领,对他们毫不留情的抹黑和追究责任行动就仍将继续。

不过,对大多数新加坡人而言,政治批评并不等同于积极的反对或抗议行动。人们并没有普遍要求推翻人民行动党政府及其政治纲领,也没有大声疾呼要取消内部安全法令,没有呼吁实现福利国家,也没有迹象表明他们将纷纷积极投身政治活动。

在独立后的头三十多年里,对新加坡的研究是由社会科学家们主导的。他们产出了一大批讨论这个新生共和国的政治、经济和社会发展的文献。在 1991 年参与撰写《新加坡史》(*A History of Singapore*)的新加坡学者中,有一半都并不是历史学家,而是其他领域的学者。这本书旨在"以历史的视角为当代新加坡定位,让读者能够了解塑造了这个国家的社会、经济及整体的各种力量"。[39]

在 20 世纪的最后数年中,人民行动党发起了旨在让年轻一代了解共和国初生年代的运动,而这段时期也恰好是人们重新对研究过去感兴趣的时期。在世纪之交更加宽松的学术环境中,持不同政见的各色人等都更愿意坦率地书写和谈论那段动荡岁月了。新加坡的政治家并不一定有记日记并发表日记的习惯,但两卷本李光耀回忆录的出版却披露了不少信息,引起了巨大的反响。反对派政治家们也积极发声。到那个时候,所有的政治犯都已经得到释放,其中,萨伊德 · 扎哈里(Said Zahari)等人出版了自己对建国初期的描述,补充了萧添寿

(Francis Seow)和陈华彪(Tan Wah Piow)等政治流放者之前留下的叙述。其他人则出版了关于林清祥(Lim Chin Siong)和贾米特·辛(Jamit Singh)等新近去世的重要人物的著作。西方的大学非常乐于在学术上欢迎萧添寿和陈平等批评新加坡政权的人。1996年,米兰妮·周(Melanie Chew)收集整理了一批令人印象深刻的访谈资料,内容涉及政治、经济和社会生活等广泛领域。[40]另外,英国关于这一时期的官方档案资料也公开了。因此,关于那段复杂年代的画面其实已经展现得非常清晰。

而有些资料的曝光则导致了对过去事件理解的完全重构。数年来,各种有关新加坡在1965年8月与马来西亚分立的细节资料逐步公开,这些资料站在截然不同的立场描述了这一事件,但加在一起却共同表明,虽然对新加坡人,以及新加坡和马来西亚政府的大部分部长成员们来说,这次分立都是一次彻头彻尾的巨大冲击,但对由人民行动党及其盟党领导人中少数人组成的内部小圈子而言,这是意料之中的事情,而且李光耀采取那种"置之死地而后生"的政策,其实也是早已计算过风险的。

在对纷繁复杂的20世纪中期历史的研究讨论中,学者们开始发展一种"替代性历史",以此挑战人民行动党提出的权威版本,并展望新加坡本可以选择的其他道路。[41]当代的学者们欢迎当时那种"百家争鸣"和思想活跃的状态,被那种激情、热烈与自我牺牲精神所打动,怀念那些年轻人逝去的理想,哀悼某些个体为成就一番事业而付出的高昂代价。有些人,尤其是年轻一代,则走得更远。他们完全质疑权威版本,呼吁发现"反"历史,贬低人民行动党的成就,并认为,危机思维完全没有必要,因为这些危机本身并不真实。可是,这种"百家争鸣"在投资者们听来并不悦耳,而与之相伴而来的罢工、群众集会、抗议示威游行以及暴力行为也并非他们所爱。因此,新加坡此后将选择一条没那么激情洋溢的道路,避谈意识形态,只强调实用主义的常识,关注提供安全保障、工作、住宅、学校和其他能让生活变得舒适的设施。

再来看新加坡独立之后的命运。历史学家在此遇到了新的问题,这既源自可供参阅的资料，也源自所采取的立场。在官方档案还没有解密公开之前，想要研究某段晚近时期的历史是会遭遇到相当大的困难的，而可依赖的官方档案在性质上发生了改变，则使这种研究变得难上加难。就研究这段时期而言，原本可靠的英国方面的档案除了在防务方面还有参考价值外，已经变得不再有效，而且就连这方面的记录也只到 20 世纪 70 年代为止，[42]研究新加坡共和国的历史学家们只能等着原始档案一批批解密之后，才能借助于新加坡国立档案馆的资料展开研究。与此同时，官方出版物、国会文件、口头采访的整理文稿、回忆录，以及社会科学家们出版的数量相当可观的研究作品，都成了新的资料源。

采取什么样的立场则带来了更深刻的问题。新加坡经济发展的历程清晰确定，相关的研究著作也已经很多，但政治和社会生活方面的图景却仍然比较模糊。虽然政府的体制一直到 21 世纪都没有什么改变，对政治行为的限制也没有放松，但国内的氛围已经发生了改变。新加坡还没有成功地建设成为建国之初人们设想的那种理想的多种族融合国度，但曾使社会发生分裂的许多事件，如今大多已不再刺激到人们的神经。华人的文化、语言和教育事宜不再成为引发争论的焦点事项，在华人内部，方言也变得不再那么重要。国家与东南亚国家联盟(ASEAN，简称东盟)进行了务实的合作，之前那种凭意识形态与不结盟国家、反殖民主义运动、中华母国或大马来亚并肩奋斗的澎湃激情已经消失不见。

英语仍然是主要的语言，但已经不是殖民种族的语言了，而中文则变成了非常有用的商业工具。中华人民共和国是新加坡的商业伙伴，而不再是母国，或共产主义的源泉。新加坡中华总商会专注于商业事务，不再理会政治纷争，也不再怀有政治抱负。更年轻的一代马来人在很大程度上已经很适应城市生活和现代化节奏了。西方世界变得越来越平和，不再激进，而其他国家在不得不制定更加严厉的反恐怖主义法规，且忙于处理福利国家制度产生的多种问题，新加坡当地媒体也接受了报道时事和传播资讯的功能，而不再期望成为影响政治的“第四等 16

级”。国家安全受到的威胁不再来自左翼颠覆势力或外部的军事进攻，而来自伊斯兰极端势力的恐怖主义活动。因为新加坡的种族构成和地理位置让它特别容易成为恐怖主义的袭击目标，所以它在2001年制定了一项重大的反恐怖主义计划，再加上新加坡国内本来就有安全法，另有各种多年来建设形成的咨政机构力图维持种族和宗教群体之间的和谐，这些都成为反恐怖主义的防火墙。

新加坡当前的形势看起来非常稳定：廉洁高效的政府全面控制着国家，而且它在管理经济和指导住房及教育建设方面成绩斐然。这个共和国熬过了艰困时期，成功存活下来，并在世纪之交的东南亚金融风暴的考验中成长得更加强韧。在这场风暴中，人民行动党政府于2001年大选中取得了辉煌的胜利，这表明，人们对它采取强有力措施将新加坡带出金融风暴回馈以信任。它经受住了第二场考验，在不丧失活力和干劲的前提下，平稳顺利地完成了两代政治领导人的交接。

然而，这个共和国的极度成功之下也隐藏着风险：它缺少土地、水资源和其他自然资源，但又有活跃的经济，这种经济体必须永远保持扩张态势，决不能松懈。人民行动党的领导人们也早就意识到了他们这个“人工的”、“不自然的”和“意外的”造物所面临的上述风险。作为全球化最大的受益者之一，新加坡也最容易受到世界性衰退和环境灾害的影响，而这些都是它无法控制的因素。这些风险还包括：在一个已经拥挤不堪的岛屿上，人口却还在持续增长，贫富分化也在加剧，精英阶层倾向于故步自封，杜绝新成员的加入，这有可能导致社会流动性丧失，而这种流动性恰恰是新加坡在历史上能取得成功的一块基石。

创建一个事实上一已就代表全民的政府，而让政治反对派全都靠边站，这样一种制度使得行政管理在没有反对势力干扰的情况下更加有效率，但这也带来了长期的问题：如何能始终保持与选民之间的沟通接触，如何能让富裕、接受过良好教育的中产阶级满意政治现状，如何能保证一代又一代的领导人都能决策明智、具有奉献精神且不腐化。新加坡共和国没有选择建立福利国家，因此避免了这种制度带来的种种弊端，而且还没有招致大规模的民众抗议，但是随着人口越来越老龄化，仅靠中央公积金能够供养全部人口吗？这是新加坡要解决的一个疑问。

1965 年，当新加坡刚刚独立之时，普世主义被认为会妨害国家的建设。于是新加坡选择孤立主义，强调的是坚忍不拔，生存下去，强调的是使新加坡变得独特的那些因素。然而 40 年后，新加坡已经变成了东盟区域中融洽的一部分，变成了一座全球化的城市。对待历史的态度也改变了，也更加适应现代的潮流趋势：将新加坡放到整个地区更长期的历史中去考察，将其看成是更大的国际世界的一部分。1992 年，在那场政治争论发生之前，新加坡的历史学家刘文辉(Albert Lau)提出：具有讽刺意味的是，对它(新加坡)的历史的塑造只有在“将其‘国际化’”[43]的前提下才能实现。

而在另一方面，“人民的历史”得到强调。博物馆展览的设计都力求吸引人们积极参与。2006 年，由国家赞助的一个网站开办，旨在鼓励国民交流讨论他们家族的历史。这顺应了全球性的让普通民众寻根的趋势。

不过，新加坡在很多方面仍然是独一无二的，它的国家历史也很值 17
得专门书写下来。这个共和国并不太符合某些社会科学模型和规则。它是世界上最为开放和成功的经济体之一，但政治体系却得到严格的控制；它拥有一大群富裕、接受过良好教育的中产阶级，但他们并不打算煽动政治变迁；它的政治由个人主导，但却并没有形成个人崇拜。[44]它在形式上遵循了威斯敏斯特的宪政规则，但在实质上又与原版的大相径庭。它违反了现代化理论，鼓励并培养了精英阶层，还倾向于接受竞争结果上的不平等。自由主义的西方公然谴责现代新加坡不够民主，但却又从它身上学到了许多经验，有助于改善它们那问题重重的民主政体。

到底新加坡是会成为一种新型民族国家的原型，或者这个“人工的”、“不自然的”和“意外的”国家将毁于人类的缺点和时间的流逝，渐渐褪色成残败的“东方威尼斯”，只有时间才能给出答案。

第一章　新的殖民地 19
(1819 — 1826)

1819 年 1 月 30 日，当地的酋长——柔佛的天猛公(Temenggong of Johor)与东印度公司的代表斯坦福·莱佛士(Stamford Raffles)签订了一项初步协议，允许英国在当地建立一个贸易站点，现代新加坡的历史由此拉开帷幕。第二天，莱佛士带人在新加坡河附近安营扎寨。看着英国的国旗在旧日新加坡拉港的废墟上高高飘扬，莱佛士感到心满意足，他写信给自己的朋友——著名的东方学家威廉·马斯登(William Marsden)说："(我)立足在这样一个古老的地方，享受着因此而产生的种种愉悦之情。"莱佛士来到这个地方，部分是出于浪漫主义情怀，想要追寻逝去的繁荣，而过去是如此地晦涩不明，反而让它所拥有的神秘魅力更加强烈。1819 年时，这个在 14 世纪曾繁盛过的港口所留下的遗迹已经很少，而它的名字"新加坡拉"(Singapura)其实非常奇怪，因为这座"狮城"根本没有狮子出没。

但 20 世纪的考古学家和历史学家们还是找到了各种零碎的证据，这些证据拼凑起来表明，淡马锡(新加坡拉)在 14 世纪的大部分时间里都是一个繁荣的地区性港口，[1]但到 1819 年时，旧日的遗迹已经所剩无几。只剩一堵底部宽约 16 英尺、高 8 至 9 英尺的土墙，从海岸处顺着勿拉士巴沙溪(Bras Basah stream)一直延伸到福康宁山(Fort Canning

Hill)。这座山当时叫做禁山(Bukit Larangan),因为据说山上埋葬着新加坡拉的历代国王。但墓地并没有找到,遗留下来的只有梯田的轮廓和一些质量很好的砖块碎片,还有一些陶器及古老的中国钱币。一个世纪后的 1926 年,这一带又出土了一些爪哇满者伯夷(Majapahit)风格的珠宝。另外唯一一处遗迹是一块高约 10 英尺、长 9 至 10 英尺的巨石,上面有可能是用古代苏门答腊的文字刻成的铭文。这块石头被发现时在河口一带,因为潮水的长期冲刷,字迹已经班驳得厉害。1843 年,政府的工程设计人员为了启动新的建设工程炸掉了这块大石,今天只有在新加坡博物馆里还能看到巨石的部分碎片。

20 从如今已经湮没无闻的年代开始,因为居于一个自然资源丰富的地区的中心地带,且处在连接了印度洋、南海和印度尼西亚群岛的海路上,马来半岛最南端的岛屿和海域一直是商业聚集的地方。然而,古代有关新加坡岛的记录却十分零碎。它可能就是 2 世纪的制图家托勒密(Ptolemy)提到的“黄金半岛”(Golden Khersonese);[2]还应该是 3 世纪时一位中国使节康泰(Kangtai)曾寥寥几笔带过的“蒲罗中”(Pu Luo Zhong,应是对马来语 Pulau Ujong 的中文音译,意思是“半岛末端的岛屿”)。[①] 根据这份逸闻记载,那里的居民都是长着 5 至 6 英尺长尾巴的原始食人族。[3]新加坡还可能就是阿拉伯水手在 9 世纪时提到的马伊特岛(Ma'it)。[4]

13 世纪时的阿拉伯作家提到,这一带的岛屿上“出现了武装的黑人海盗,他们的箭涂了毒,还有带装甲的战船”。[5]但第一份有关这个岛上有人定居的真实可信的记录出现在 14 世纪。1365 年,爪哇的《爪哇史颂》(*Nagarakretagama*)提到新加坡岛上有个叫做淡马锡的定居点。而第一份游记资料则出自一个中国商人——汪大渊之手。他在 14 世纪上半叶时,有二十多年时间一直在南海一带来往穿梭。[6] 1349

① 康泰系三国时孙权遣往今东南亚一带出使扶南国的使节,据说他后来将出使沿途到过的十多个国家风俗记述成书,但此书已经失佚,唯《水经注》和一些类书中有片段保留。如关于“蒲罗中”,《太平御览》卷七八七载:“吴时,康泰为中郎,表上《扶南土俗》(曰):(拘)利正东行,极崎头,海边有居人,人皆有尾五六寸,名蒲罗中国,其俗食人。”——译者注

年，他写道，①有些中国人住在淡马锡，他们的生活和穿着都跟当地人一样，但这个岛土地贫瘠，不能耕种，对商人来说也是个没有吸引力的地方，因为“岛民拥有的所有东西不过是他们用抢到的一些中国破烂制成的”。汪大渊还说，西行的船只不会受到阻拦，但等返回时它们则要支起防护屏，抵挡岛上射来的箭雨，还要祈祷海上风平浪静，让自己能平安穿过龙牙峡(今天的岌巴港)，躲过那些由200或300条船组成的淡马锡海盗船队的伏击。

14世纪时，随着贸易模式发生变化，马来世界兴起了一批小港口，淡马锡似乎就是其中之一。南洋作为中东、印度洋和中国之间的奢侈品转运地由来已久，但从13世纪末开始，一种更为平民化商品的贸易开始兴起，南洋当地的热带产品用来交换产自中国南部的稻米、纺织品、金属和其他食品。[7]近期的一些考古发掘在福康宁一带发现了一些精美中国瓷器的碎片，这说明，14世纪时的淡马锡是一个繁荣的市镇，住有殷实的精英阶层，[8]但这个时期同时又是个危险动荡的时期。

随着以巨港(Palembang)为中心的古代帝国室利佛逝(Srivijaya)②对这片海域的控制力下降，马来半岛的地方酋长和岛民们开始各自为政，重新操起了海盗营生，而淡马锡则同时受到来自两个均在扩张的敌对帝国——满者伯夷和泰国的冲击。淡马锡经受住了泰国的一次长期围攻，还在14世纪中期击退了爪哇人的一次早期进攻，但到1365年时，满者伯夷已经将这个岛收为自己的诸侯属地。在这个世纪的最后若干年间，这个岛因内忧外患而变得分崩离析，动荡不安。这是淡马锡历史上最激动人心但也最血腥的篇章，相关的历史记载非常含混。当时已经没有中国旅行者记录有关信息，因为明朝的开国皇帝禁止臣民私自下南洋经商。16世纪的葡萄牙历史学家留下了大量关于这一地 21
区的资料，但他们的记录是在淡马锡/新加坡拉已经没落达一个世纪之后才拼凑出来的。他们的记录还在很多重要的方面都与《马来纪年》

① 汪大渊著有《岛夷志略》一书。——译者注

② 又译“三佛齐”。——译者注

(*Sejarah Melayu*)中的说法相冲突。这本纪年成书于17世纪，是关于马来历史的最早、最生动清晰的资料，也是唯一一份全面记述了淡马锡/新加坡拉历史的资料。

《马来纪年》里说，亚历山大大帝的后裔、颇有雄才大略的印度之王拉惹朱兰(Raja Chulan)挥师前往征服中国，路上，一行人在淡马锡扎营。中国的皇帝略施小计，打消了他征服中国的念头：皇帝派了一艘船去淡马锡，船上装着一些生锈的针和几株结满果实的果树，船员则全是一些耳朵也背了、牙齿也掉了的老人。这些人谎称自己本来是年富力强的年轻人，那些针也是从铁棒锈成这样的，几株果树则是在漫长的航海路程中从种子渐渐长成大树的。拉惹朱兰上当了，以为中国非常远，就打消了远征的念头，就地娶了海神的女儿。

《马来纪年》还说，拉惹朱兰与海神女儿生的一个儿子"至高者"山·乌他马(Sang Utama, the Highest)后来成为巨港——伟大的马来海上帝国室利佛逝的中心的统治者。他采用了"三界之王"(Sri Tri Buana)的称号。在巡视附近岛屿时，这位"三界之王"看到淡马锡的白沙滩闪闪发光，于是决定前去一探究竟，但海上忽然刮起一阵大风浪，他不得不扔掉所有的东西，甚至包括王冠，来使船只不倾覆。在淡马锡河口(也就是今天的新加坡河的一个河口)登陆后，"三界之王"遇到了一头奇怪的野兽。它身体通红，头黑色，胸前白色。乌他马以为这是头狮子。这一吉兆促使王子在淡马锡河口建立了一个定居点，并取名为"新加坡拉"，意为"狮城"。

《马来纪年》又继续盛赞道，在"三界之王"及其后四任继承者的英明治理下，新加坡拉发展壮大为一个伟大的贸易城市，外商云集。《马来纪年》说，新加坡拉的富饶也招来了满者伯夷帝国的妒忌。这座城市抵挡住了爪哇人的第一次进攻，但在第二次进攻时，城中一位大臣背叛通敌，为爪哇人打开了城门，一时间这里"血流成河"，永远地染红了新加坡平原的土地。统治者伊斯坎德尔(Iskander)和一群忠诚的护卫一起逃进了丛林中，逃往马来半岛的内陆，在流浪了数年后，他渐渐在马六甲建立了一个新的更加繁荣的定居点。这里后来发展成为一个伟大的航海帝国的首都。

《马来纪年》的编写初衷是,通过将世系关系经由马六甲和淡马锡/新加坡拉上溯到古代室利佛逝(巨港)的统治者,证明马来统治者的合法地位。里面讲述的故事并不只是编造的浪漫狂想,其中也有真实的历史成分。根据葡萄牙人的记载,淡马锡的最后一任统治者拜里米苏拉(Parameswara)是来自巨港的地方酋长,野心勃勃,喜好侵略。大约在 1390 年,在决定不再效忠于满者伯夷帝国后,他给自己打造了一把狮形王座,举行了一场将自己加冕为神王的仪式,大张旗鼓地宣称要复兴巨港对室利佛逝帝国属地的控制。爪哇人震怒,把拜里米苏拉从巨港赶了出去。他先是逃到民丹岛(Bintang),成功赢得那一带岛屿上多位酋长的支持,后来又获准前往淡马锡避难。根据葡萄牙人的记载,拜里米苏拉谋杀了许他避难的主人,自己控制了淡马锡。[9]可这位谋逆者
并没能威风很久,大约在 1398 年,新兴的泰国阿育陀耶(Ayuthia)王国 22
的诸侯——北大年(Patani)的统治者把他赶出了淡马锡。"三界之王"的经历与拜里米苏拉的非常相似,有人认为,这位传奇的"三界之王"其实是撰写《马来纪年》前面几章的谱系学家根据真实存在的伊斯坎德尔的种种事迹杜撰出来的。这位学者还创造出了淡马锡五王的传说,目的是为三个世纪以来淡马锡乏善可陈的历史增光添彩。淡马锡确实由还比较有名望的统治者统治的时期其实非常短,大约始于 14 世纪 90 年代初伊斯坎德尔占领该地时,终于 1398 年泰人攻陷此地。

"新加坡拉"这个名字大约是在 14 世纪末代替"淡马锡"得到使用的,但它的由来却至今成谜。改用这个名字可能是因为拜里米苏拉希望强调他是在复兴当年自己在巨港建立的狮形王座,象征着自己脱离帝国独立。有人把这个名字与爪哇语里的"Singosari"一词联系在一起,或者认为它与之前满者伯夷一个尊奉派拉瓦(Bhairava)的佛教派别(该派信徒举止粗野狂放,因此被称为狮子)有关,比起这两种说法,前面那种解释更为可信。最流行的说法是当时岛上猛虎肆虐,而早期的定居者把这些野兽误认为是狮子,所以才给它取了这么个名字。相比之下,狮形王座说还是显得更为真实可信。

马来语和葡萄牙语的资料都提到，大约在14世纪末，淡马锡/新加坡拉的最后一位统治者、马六甲定居点的创立者伊斯坎德尔（拜里米苏拉），在一场暴力争斗中被驱逐出此地，这里的城镇也随之荒废。现代的考古发现证实，福康宁一带繁盛的定居点确实是在这段时间荒废掉的，但新加坡河河口以及加冷（Kallang）出土的一系列做工较粗陋的瓷器的碎片，还有其他一些简单的生活用具表明，日常生活用品的交易和小得多的定居点在这之后又存续了很长时间，即使在伊斯坎德尔逃走后，这个岛也没有完全被废弃。在马六甲苏丹国统治时期，这里是一位地位较高的属臣的驻地，为王国提供战船。1511年葡萄牙人占领马六甲后，马来的海军元帅（*laksamana*）逃到新加坡，后来，苏丹在柔佛河边重建新都，在加冷派驻了一名港务总管（*shahbandar*）。葡萄牙人曼努埃尔·德埃雷迪亚（Manuel d'Eredia）于1604年绘制的地图上就标明了这片辖区[10]。柔佛的马来人与葡萄牙人一直冲突不断，1603年，他们与荷兰人一道，在新加坡的东部沿海劫持了一艘满载货物的葡萄牙船只。十年后，葡萄牙人声称，他们烧毁了马来人在新加坡河河口的一个前哨站，[11]而在17世纪20年代初，一个佛莱芒商人雅克·德蔻特（Jacques de Coutre）向西班牙和葡萄牙国王[12]提交了一份备忘录，建议在新加坡海峡一带修筑一些堡垒，以应对荷兰人带来的越来越显著的威胁。[13]在此之后，新加坡岛就开始消失在我们的视线之外，仅在1767年时为柔佛和锡亚克（Siak）在新加坡河一带进行的一场海战充当了布景。[14]

从14世纪末开始，新加坡在马来世界的政治事务中变得微不足道。继它而起的马六甲不仅发展为一个伟大的商业港口，而且成为在这个地区传播伊斯兰教、法律思想和政治组织方式的中心。整个马来半岛、苏门答腊东部的大部分地区和廖内-林加群岛都效忠于马六甲苏丹国，而且这个王国还通过贸易和王室联姻把影响力扩展到了婆罗洲和爪哇。

1511年葡萄牙人占领马六甲后，马六甲苏丹逃往别处重建自己的宫廷，此后的两百多年间，苏丹在柔佛河流域许多地方建立过首都施行

统治,此后还定都过廖内和林加。柔佛-廖内-林加帝国从没有成功地
重振马六甲当年的财富和权力,时势也不利于它。不过在比较平和的 23
时期,它还是在一定程度上振兴了贸易,并重新让以前的属地效忠于它。整个16世纪以及17世纪上半叶,柔佛王国经历了一段黑暗时期,它在柔佛河畔的定居点不断被毁,元凶是葡萄牙人或来自苏门答腊北部的好战的亚齐人(Achinese)。但此后它与荷兰人结盟,于1641年把葡萄牙人赶出了马六甲。马来人重建了他们早年的都城,并继续从与荷兰东印度公司的合作中获益。柔佛自此享受了半个世纪的商业繁荣,成为一个兴盛的港口,其居民来自世界各地,有印度尼西亚人、印度人、阿拉伯人、中国人和少量欧洲商人。它还重新控制了马来半岛南部、廖内-林加群岛和苏门答腊东部的各个邦国。

年轻的苏丹马哈茂德(Mahmud)是个残忍而反复无常的恶棍,1699年,大贵族们刺杀了他,本达哈拉(*bendahara*,意为"首席大臣")登上王位,苏丹国自此陷入内乱之中。由于苏丹死后无嗣,这场公开的谋杀实际上就切断了柔佛苏丹国与古老的室利佛逝-淡马锡-马六甲王室世系最后的血脉联系,使其失去了赖以宣称自身合法性的神圣世系传承。许多属国的统治者觉得,自己无需再对名不正言不顺的新统治者效忠,遂宣布独立。新王放弃了柔佛河畔的大本营,迁都廖内,但此举并无效果,王国很快内乱纷起。新王征召苏拉威西(Sulawesi)的布吉族(Bugis)武士酋长前来相助平乱,但这些武士却赖着不走,把权力揽在自己手上。1722年,战乱逐渐平息,又新立了一位苏丹。实权则掌握在一群势力强大的布吉人"隐王"(under-king)手中。18世纪中期,廖内吸引了来自亚洲和欧洲的商人,但这段繁荣期非常短暂。1783年,布吉人与先前的盟友荷兰人闹翻,双方大动干戈,第二年,停战条约签订。苏丹国成为荷兰的属国,荷兰人在廖内派驻了军队和一名驻扎官(resident)。

法国大革命引发了一系列战争,其间,英国从廖内驱逐了荷兰的驻军,但并没有占领该地。这就给苏丹和隐王们在一定程度上重振声威提供了机会。可是苏丹马哈茂德在1812年过世,又把国家拖入了一场

继承纷争中。马哈茂德两位出身王室的妻子没有为他生下儿子，但另两位没有王室血统但来自布吉豪族的妻子则分别为他生了一个儿子。长子侯赛因虽然在血统和个人能力方面并不占优势，但却似乎更受父亲的喜爱，并在父亲的安排下先后娶了本达哈拉和天猛公(Temenggong，意为“司法大臣”)的女儿。但父亲去世的时候，侯赛因正好在彭亨(Pahang)举行婚礼，一派布吉人就趁机拥立他同父异母的弟弟——羞涩且不善交际的阿卜杜勒·拉赫曼(Abdul Rahman)为苏丹。侯赛因回来后就默默地过自己的日子，布吉隐王们则以拉赫曼的名义在廖内施行统治，而拉赫曼的宫廷却设在林加。但苏丹马哈茂德出身王室的遗孀一直不肯交出玉玺，因此正式的登基仪式迟迟没有举行。

这个时候，马来的几个大诸侯已经各自回到了自己的属地：本达哈拉回彭亨，天猛公回柔佛。柔佛本土人烟稀少，天猛公的属地里最值钱的财富和人力源泉是南面和西面的几个岛屿，主要是新加坡、卡里摩群岛(Karimuns)、布朗岛(Bulang)、巴淡岛(Batam)、雷磅岛(Rempang)、格朗岛(Galang)和沉香岛(Timiang)，这些岛上混杂地住着一系列靠海为生的族群，如马来人、布吉人和奥朗-劳特人。[15]

24 廖内-林加群岛上的奥朗-劳特人分属不同的部落(*suku*)。他们住在船上，以打渔、做点小生意和当海盗为生，并根据各自的地位履行各种义务，为马来宗主服务。勇猛的奥朗-格朗人(Orang Galang)，来自群岛的南部，这个部落的等级比较高，他们被收编进了海盗船队，在马来战船的指挥下四处劫掠，使群岛各地的人们闻风丧胆。这些海盗船队每年的活动都很有规律，先沿爪哇沿岸一路向东劫掠，然后再扫荡爪哇南岸、巨港、邦咯(Bangka)及其邻近沿海地区。地方酋长为他们提供武器和情报以分享战利品。两大海盗头子中有一个宣布效忠柔佛-廖内-林加的苏丹，因此，天猛公据说能从下辖的奥朗-劳特部落中召集到 50 条船，配备起 1 200 名水手。在 19 世纪初，天猛公阿卜杜勒·拉赫曼在新加坡河河口附近建起了一个村庄，供一小群马来人和他们手下的奥朗-劳特人居住。这些奥朗-劳特人属于奥朗-格兰(Orang

Gelam)部落,可能是从布朗岛(Bulang Island)跨海过来的。

尽管有人在这一带海上活动频繁,但当时的新加坡已处于边缘地位。穿越岌巴港(Keppel Harbour)的航线,这条曾经勾连起马六甲海峡和中国南海的主要航线,已经被弃用多时。礁石、浅滩和“破碎的岛屿”构成了“迷宫”,使马来半岛最南端这片海域险象环生,更糟糕的是,除了恶劣的自然环境,这里还战乱频发,海盗肆虐。葡萄牙人最深受其害,他们发现,通往岌巴港的狭窄通道已经被柔佛的马来人把持,他们的船只还受到荷兰人的进攻。这迫使他们要另寻通路。从16世纪末开始,葡萄牙船只有时会选择一条比较曲折的“女王构想之路”(Route of the conception of our lady),它穿越廖内-林加群岛,取道民丹岛、雷磅岛和格朗岛南面。另一条直些的航线也比较危险。它完全是偶然发现的,取道今天的圣淘沙岛(Sentosa Island)以南。西班牙驻菲律宾的总督在1616年率先航经此地,因此这个关口被命名为总督海峡。这条航路如今已成为交通要道。[16]到19世纪初,西方人已经遗忘了岌巴港航路的存在,他们开始把新加坡岛北岸与柔佛海岸之间的地不佬海峡(Tebrau Strait,即柔佛海峡)称为“新加坡旧日的海峡”[17],“第一批欧洲航海家们知道的唯一一条航线”[18]。这个地区被完全留给了塞拉特人(Celate,或 Orang Selat,意为“海峡民族”)。他们在新加坡海域游荡,有时与过路船只交换鱼和水果,有时则劫掠在邻近的浅滩搁浅的船只。

天猛公在新加坡河边上建立的定居点是一个典型的由马来人统治的奥朗-劳特村庄。处于中心位置的是一幢大而坚实的木屋,供他居住,四周围绕着一些马来人的小屋,旁边的河里则停泊着大量聚在一起的船只。奥朗-格兰人是天猛公的渔民,进献鱼给他。[19]他们也从事海盗活动,但仅限于打劫失事船只,屠杀船员。这使得新加坡岛当时名声很臭。岛上还住着一些更加与世无争的族群:奥朗-谢勒塔人(Orang Seletar)在今天柔佛海峡一带的溪流沿线游荡,比杜安达-奥朗-加冷人(Biduanda Orang Kallang)则从古时候开始就一直住在加冷河口的沼泽地带。这些河民们也都住在船上，但他们不出海。河民们生性羞涩，胆小，不敢和其他族群接触，以捕鱼和在丛林里采集果实为
25 生。[20]在天猛公的村庄附近还住着一些华人，他们由自己的甲必丹头人(Kapitan China)统管，但也有一些人住在附近的小山上种甘密(gambier)。[21]

到1819年1月，新加坡岛上总共有大约1 000个居民，包括500名左右的奥朗-加冷人、200名奥朗-谢勒塔人、150名奥朗-格兰人，另外，在岌巴港一带还有其他一些奥朗-劳特人，有20－30个马来人是天猛公的随员，华人的数量也大致是这个数。这些人种植果树，但不种稻米，靠在从林中采集、打渔和做点小生意、充当海盗为生。1818年时，新加坡海峡一带被认为是格朗人海盗舰队开始一年一度大劫掠旅程的主要集结地。劫获的船只有时会被拉到新加坡河里。1810年时，一艘英国军舰就是在这里抢回了一艘被海盗打劫的欧洲船只。[22]不过，海盗们销赃的主要市场是林加岛，新加坡岛上小小的村庄并没有吸引到多少人前来。大批的华人、布吉人和其他族群的人为了从事奴隶、武器和战利品的交易，群集到更加繁荣的中心城镇。

然而，天猛公阿卜杜尔·拉赫曼应该在格朗人海盗舰队上投资不少。他年富力强，手握大把资源，人也很精明，很快就能发现新的机会，攫取财富，扩大影响力。他很快就明白过来，斯坦福·莱佛士爵士的意外到来将为他开启实现野心、获取权势的新途径。

托马斯·斯坦福·莱佛士是英国东印度公司的官员。该公司当时在苏门答腊西部的明古连(Benkulu)①和槟榔屿都有殖民地。英国在东南亚的主要战略目标是防止法国在这里建立基地，并捍卫东印度公司对利润日益丰厚的对华贸易的垄断权。1786年，英国东印度公司从吉打(Kedah)苏丹手中攫取了槟榔屿，又在1800年获得了与其隔海相

① 此处与本段末尾处都应为Benkulen之误。明古连为今印度尼西亚明古鲁(Bengkulu)的旧名。新加坡有同名小镇。——译者注

望的狭长海岸地区威斯利省(province Wellesley)。五年后，该公司将槟榔屿提升为印度下辖管区(Indian Presidency)，同时还制定了相当宏大的创立海军基地的计划，但最后未能实现。在法国大革命和拿破仑战争期间，英国东印度公司暂时占领了荷兰在东方的属地，其中就包括马六甲和爪哇。它还撤销了荷兰设在廖内的驻扎官和驻军。但英国政府和东印度公司都不想在东南亚大肆扩张，于是在 1814 年，随着欧洲的战事逐渐平息，英国与荷兰签署了一项公约，同意把包括马六甲和爪哇在内的原属荷兰的海外领地归还荷兰。为了促进两国在欧洲的团结与合作，两国开始谈判，旨在消除彼此之间长期以来在东方的资源竞争。谈判内容包括划分领土范围的条款。英国将用明古连(还可能附上槟榔屿)来交换荷兰在印度的剩余领地。

但在战争期间，独立的英国商人却趁着荷兰管制松弛之际，大肆扩张他们的商业活动，到这个时候，他们很担心荷兰殖民地当局会故伎重施，再次对该地区的贸易实行高压管制，收取惩罚性关税，并强迫当地统治者签订排他性的商业垄断协议。对荷兰卷土重来感到失望的，还有英国东印度公司驻扎在这一地区的官员，如英国战时派驻马六甲的驻扎官威廉·法夸尔少校，以及战时驻爪哇的副总督莱佛士。莱佛士是其中最坚定地反对荷兰高压政策的人之一。

莱佛士出生于 1781 年，年仅 14 岁就辍学，进入东印度公司伦敦分 26
部当了一名文员。1805 年，他被派往新成立的槟榔屿管区担任助理秘书。尽管有关莱佛士的文字资料已经相当丰富，但对世人而言，他仍然是个谜。充满着令人疑惑的种种矛盾。他是个脆弱而羞涩的年轻人，用他自己的话来说，“像少女一般羞涩”，但他却胸怀大志，为自己、为祖国都规划了宏伟的蓝图。因为受的正规教育不多，所以他此后总是孜孜不倦地吸取各种知识，尤其是马来世界的语言、文学、历史和动植物知识。虽出身于贫寒的士绅家庭，他却非常享受与富人和权贵们为伍。他重友情，慷慨大方，宽宏大量，但有时候对同事和下属却有些吝啬，装神弄鬼，还盲目地任人唯亲，大肆提拔自己的亲友。总而言之，生活对他而言，就是一场永不间断的冒险，而面对接踵而来的失望和打击，他总是表现得勇敢而顽强。

莱佛士对自己和祖国的宏大设想得到了他心中强烈的使命感的支撑。他所追求的并不是帮英国实现领土上的扩张,而是一种商业和道德融合的典范。他深深迷恋着那些逝去的文明,认为自己的祖国在东南亚的使命就好比十字军的东征,旨在帮东印度群岛的人民摆脱内战、海盗、奴隶制和压迫,帮助他们在欧洲启蒙精神、自由主义教育、日益繁荣的经济和公正的法律的影响下,复兴旧日文化的辉煌,赢得独立。他希望以战时的占领为契机,根除荷兰在当地造成的影响。因为他认为荷兰的治理方式和商业垄断模式"违反了所有的固有的正义原则,不值得任何文明开化的国度采用"。

1811 年英国东印度公司占领爪哇,莱佛士被任命为副总督。他开始着手改革荷兰人设立的体系。与许多目光长远、超越时代的梦想家一样,莱佛士并不是一个很脚踏实地的管理者。针对爪哇农业经济进行的现代化改革导致公司利润大幅下滑,他还廉价出售了所掌握的殖民地土地。此后,他因不受信任而被召回了英格兰。就其个人声望而言,这次回归故土其实相当荣耀:他撰写的两卷本《爪哇史》(*History of Java*)在国内大受好评,他被选入皇家学会,入宫受到接见,由摄政王太子亲自加冕为骑士,还娶了一位好太太索菲亚。索菲亚在他生前和亡故后始终对他忠诚不渝。

东印度公司的董事们赦免了他之前的不名誉行为,任命他为明古连的副总督。但莱佛士本来梦想要把爪哇变成让英国在印度群岛扩展影响力的基地,而英国政府却决定,把原属荷兰的领地归还给荷兰,这让他的梦想破灭了。1817 年,他在离开英格兰之前,向当局呈递了一份名为《我们在东方群岛的利益》的报告,敦促印度管理委员会(India Board of Control)在亚齐、苏门答腊西部、巽他海峡(Sunda Straits)、廖内群岛和婆罗洲西部建立一系列站点,以保护公司的对华贸易,促进英国与这片群岛的商业往来。但这份文献被完全忽视了。

1818 年,莱佛士一来到明古连,就被他认为反映了荷兰在苏门答腊大肆扩张影响力的种种现象震惊了。他警告东印度公司的董事们:

“荷兰人占据了船只可进入这片群岛的唯一入口——巽他海峡和马六
甲海峡;英国人如今在好望角和中国之间已经完全没有立足之地,没有 27
一个友好的港口可供补充淡水和给养品。”

英国政府驳回了莱佛士想要遏制荷兰在苏门答腊南部进行扩张的尝试,但印度大总督黑斯廷斯爵士(Lord Hastings)允许他于1818年前往加尔各答当面陈述他的观点。莱佛士没能使黑斯廷斯赞同他那野心勃勃的在苏门答腊大举扩张英国影响力的计划,但大总督还是同意了他的一项相对保守的计划:保护英国经马六甲海峡的商路。黑斯廷斯任命莱佛士为自己的代表,负责与最北端的亚齐签订一项协议,并在廖内、柔佛或海峡东端的其他地方建立一个据点。但前提条件是,莱佛士不得使英国东印度公司与荷兰人发生冲突。

为了完成以上任务,莱佛士得到授权,可调动威廉·法夸尔少校从旁协助。法夸尔少校当时本来已经打算返回英国,结束自己在东方长达近三十年的工作经历。但他留了下来。他是莱佛士多年的好友,在马来亚工作多年,对廖内-林加的政治形势了如指掌,因此得到了莱佛士的全心信赖。法夸尔于1791年17岁时进入马德拉斯工程部队(Madras Engineers),参加了1795年占领马六甲的远征,并在英国占领该地的大部分时间里一直驻留。他在1807年时在马六甲第一次与莱佛士相遇,后来帮莱佛士制订并参与了1811年攻占爪哇的计划。他也不愿意看到荷兰收回马六甲,也和莱佛士一样,对荷兰收回原属地后英国在东南亚岌岌可危的地位感到担忧。1816年10月,法夸尔建议槟榔屿殖民地当局在新加坡海峡附近建立一个新的英国殖民点,1818年,新任槟榔屿总督詹姆斯·巴讷曼(James Bannerman)委派法夸尔与廖内及其他州签订商业协议,以在荷兰的特权卷土重来的情况下捍卫英国的贸易权利。1818年8月19日,法夸尔与布吉隐王拉贾·加法尔(Raja Ja'afar,代表苏丹阿卜杜勒·拉赫曼)签订了一项协议,规定廖内授予英国最惠国待遇,并保证不会再次启用“与任何国家签订的已过时的扰乱秩序的协议”,也不会授予任何国家某种垄断权。在与锡亚克签订了类似的协议后,法夸尔于1818年9月回到马六甲,却发现荷兰的官员已经来到，准备接管这里。他听说荷兰人打算重振自己往日在廖内的声威，于是向加尔各答当局和莱佛士发出预警，他又征得布吉隐王的许可，前往调查卡里摩群岛。因为他认为，这个群岛“在新加坡海峡一带具有关键的战略意义”。[23]

印度殖民地当局最初给莱佛士的指示颁布于1818年11月28日，很可能就是莱佛士自己起草的。这份指示倾向于在廖内设立新的据点，因为这里有成熟的港口，一定数量的定居人口，地方政权也比较友好。假如荷兰人不返回廖内的话，莱佛士就有权在那里建立一个站点，让法夸尔留下来负责，不过要“克制住，不能进行任何谈判，产生任何冲突”。[24]但一个星期后，在听到各种关于荷兰人即将采取行动的流言后，补充的指示又发出了。新的指示设想，如果在廖内建立站点不现实的话，就转而在柔佛建立。但印度殖民地当局再次强调要谨慎行事，因为它并不了解柔佛的政治格局，也不清楚柔佛与荷兰人关系如何。[25]

莱佛士于1818年12月30日抵达槟榔屿，发现法夸尔已经早他一天到达。法夸尔告诉他，荷兰人与廖内签署了协议，这让莱佛士更
28 加迫切地想要实现自己的计划。他首先尽可能收集了有关马六甲南端局势的信息，并于1819年1月16日时向加尔各答方面保证，虽然对柔佛的局势还谈不上了如指掌，但他相信，英国可以得到某位“势力大的权贵”的首肯，在柔佛河畔建立一个新站点。这里“地域广阔，但易守难攻”，尤其是新加坡，“从各个方面来看似乎都最适合实现我们的目标”。[26]

由于莱佛士要留在槟榔屿负责和亚齐的谈判，他指示法夸尔立刻启程前往卡里摩群岛，与之前已经派往那里勘探岛屿的两条考察船会合。法夸尔被禁止在接到后续命令之前在那里营建殖民点，无论考察者提交的报告证明那里有多适合建立据点。随后，法夸尔将继续东行，前往考察新加坡岛及其周围环境。如果这个岛上的条件适宜，而且那里也没有荷兰人，那法夸尔就要去廖内，“达成协议，保证我们在环境……许可的情况下逐步掌控这个重要的据点”。在廖内，法夸尔还负有一项重要使命：查明柔佛帝国此时的形势及其与荷兰人的关系，查

明这个帝国到底有多四分五裂,“它旧日的都城(也就是新加坡)到底在多大程度上被地方酋长控制着”。[27]

1 月 18 日,法夸尔乘坐双桅横帆船“恒河”号出发了,随行的还有一艘考察船,一艘军舰和一队欧洲炮兵及一些印度兵。可法夸尔出发没多久,巴讷曼就要求莱佛士推迟亚齐之行,先等待加尔各答方面的进一步指示。这让莱佛士觉得,巴讷曼是存心要绊住他,不让他参加这次行动。于是他找了个机会,天还没亮就登上“印第安那”号,溜出了槟榔屿,带着双桅纵帆船“企业”号一起匆匆向南驶去。

1 月 26 日,法夸尔按照预定计划,在卡里摩沿岸与考察船会合,第二天,他们一起考察了这一带。那天傍晚时分,莱佛士也到了。他发现,虽然法夸尔对这里的一切仍充满热情,但其他成员却并不看好这片岛屿的前景,觉得这里怪石嶙峋,环境恶劣,不适合人居住。东印度公司考察船“发现”号的指挥官丹尼尔·罗斯(Daniel Ross)[28]转而注意到,新加坡河河口附近有一个更具发展前景的地点。他在一次偶然路过时发现了那个地方。1 月 28 日清晨,这支小舰队一早就出发驶向新地点,当天下午停靠在了圣约翰岛。这时,天猛公派来的使者送来了好消息:新加坡岛上没有荷兰人,于是在傍晚时分,莱佛士和法夸尔上了岸,前去与天猛公会面。[29]第二天,他们进一步进行了商讨,天猛公还向他们简单讲述了一下之前马来发生的继位纷争。当然,他的讲述偏袒了长子这一派,因为侯赛因是他的女婿。1819 年 1 月 30 日,莱佛士与天猛公阿卜杜尔·拉赫曼签订了初步意向书,天猛公“以个人的名义,并代表斯里苏丹、柔佛之王侯赛因·马哈穆德沙”,允许英国东印度公司在这里设立一个办事处,但该公司需每年向天猛公支付 3 000 元①的年贡。

法夸尔随即受命带领两艘船、40 名欧洲士兵浩浩荡荡地前往布吉

---

① 本书作者在涉及钱数时,大量使用了 $ 这个符号,译者认为,按照所涉年代和上下文语境的不同,它应该分别表示银元、海峡元、新加坡元和美元等不同的货币,但每处具体指哪种货币,译者也不能完全确定,因此,凡使用这一符号处,均统译为“元”,特提醒读者注意。——译者注

隐王处,取得他对新加坡殖民点的认可,与此同时,两名身为天猛公随
员的侯赛因的亲戚,则动身去接侯赛因到新加坡来。[30]而莱佛士在把军
29 队运送上岛,建好营地后,就比较随意地往东去巡游了一番,但他很快
放弃了巡查旧柔佛(Johor Lama)的打算。[31]回到营地后,他考察了新加
坡的港口和各个可能进行防御的地方。这个殖民点的位置似乎非常理
想。河的西南岸全是沼泽,东北河岸的土地却平坦坚实。淡水资源丰
富,河口还形成了一个天然的有庇护的港湾。新加坡作为一个与东部
群岛交易的中转点非常有利,而且它离穿越两大海峡前往中国的主要
贸易路线仅仅相距几英里。

不出所料,法夸尔在廖内遭到了断然拒绝,但侯赛因倒是顺利抵达了新加坡。他的心情十分不安,不知道要面对怎样的命运。2 月 6 日,莱佛士与天猛公以及“柔佛苏丹侯赛因·马哈穆德沙陛下”签订了正式协议,确认东印度公司有权在这里建立一个站点,但需每年向苏丹侯赛因交纳 5 000 元年贡,向天猛公交纳 3 000 元年贡。签约仪式在条件许可的范围内尽量举办得庄严隆重。这一天天气分外晴朗,艳阳高照,乡间的华人种茶人也前来与马来人及奥朗-劳特人一道看热闹。马来的贵族身着华服,披金戴银,英国的官兵们也整肃军容,各艘船只也为这次仪式而整饬一新。双方都发表了演说,随后正式签约盖章,礼炮齐鸣,交换礼物。莱佛士第二天就动身离开,前往履行明古连副总督的职责,只留下法夸尔担任这里的驻扎官兼军队指挥官,法夸尔的女婿弗朗西斯·伯纳德(Francis Bernard)则被任命为船务总管(Master Attendant)。

新加坡殖民地的建立让莱佛士很高兴。1819 年 2 月 19 日,他从槟榔屿发出一封信,信中写道:“它的建立打破了目前的魔咒,让他们(荷兰人)不再是东方海域的绝对主人。”而在登上新加坡岛的第二天,他在写给马斯登的信中说:“这可能是我最后的努力了,现在,即使我被弃用,回到明古连只当一个哲学家也会感到满足了。”正如他所担心的,荷兰人的反对、公司在槟榔屿的管理层的极度不赞同,这些都威胁着新

加坡殖民地的存在。这块初生的殖民地能够存活下去的确是一个奇迹，靠的是人们的勇气和毅力、当时不顺畅的通讯状况，以及大量的运气。占星家们声称，现代新加坡是在吉星高照的情况下诞生的。1819年2月，它也的确需要好运气来渡过第一次难关。

天猛公和苏丹侯赛因已经充分预料到，敌对派系对他们的所作所为会有多么愤怒。侯赛因首先向莱佛士提议，要谋杀在廖内的荷兰人，让莱佛士大吃一惊，但接下来他就开始采取措施要保住自己的地位。这位新苏丹写信给自己同父异母的兄弟阿卜杜勒·拉赫曼和布吉隐王，天猛公也写信给廖内当局以及自己在马六甲的荷兰友人，声称是莱佛士逼迫他们签下这个协议的。荷兰人震怒，声称新加坡是廖内所辖领土的一部分，因此该归他们控制。荷兰在马六甲的总督向槟榔屿方面提出抗议，还打算用武力把英国人赶出新加坡。如果他们当时马上采取军事行动的话，要把法夸尔一帮人赶出新加坡实在太容易，因为当时他手下只有30名欧洲官兵和平民，还有100个心怀不满的印度兵，以及一艘根本不能下水的炮舰。因为听到流言，说马六甲方面马上就会来攻打新加坡，法夸尔紧急向槟榔屿请求增援，但毫不同情他的巴讷曼却催促他立刻撤出新加坡，以免发生冲突，导致尴尬局面。巴讷曼还安抚荷兰人说，莱佛士在新加坡的所作所为完全是自作主张，英国官方
对此并不赞同。巴讷曼随即向加尔各答方面上诉，批评莱佛士行动鲁 30
莽，而且使新殖民地毫无防御能力，实在太不负责任，就像“一个人在一所房子里放了一把火，然后却跑掉了”。

荷兰人有充分的理由相信，英国当局会否定莱佛士的冒险行为。1819年1月，就在莱佛士的船队停靠在新加坡的前一天，伦敦的印度管理委员会向加尔各答发出指令，禁止派遣莱佛士前往东方。与此同时，英国外交部抚慰荷兰政府说，莱佛士只是东印度公司的商业代表，无权作出政治方面的决定。

但这些指令发出得太晚了，根本来不及阻止莱佛士，可荷属东印度的总督戈德·范德尔·卡佩纶(Godert van der Capellen)却指望加尔各答方面即使没有得到来自伦敦的指令，也会迅速采取行动制止莱佛

士。因为手里握有巴讷曼的保证，以及来自侯赛因和天猛公的声明，号称自己是被胁迫签约的，范德尔·卡佩纶只以温和的方式表示了抗议。然而，此时莱佛士的行动已经在加尔各答引起了巨大的反响。1819 年 3 月，《加尔各答周刊》(*Calcutta Journal*)对新加坡殖民地的成立表示了欢迎，称其为“我们的商业想法和前景提供了有力的支撑”。巴讷曼实际上在无意中还促成了新加坡殖民地的保留。他一方面打消了荷兰人的疑虑，另一方面又激怒了印度大总督，促使总督支持莱佛士。莱佛士明知道荷兰人已经重返廖内，却还是执行了自己的计划，这虽然让黑斯廷斯很生气，但更让他生气的，却是巴讷曼不断无视自己的权威，这使得他在面对伦敦的责难时，迫切地想要澄清自己的立场。在 1819 年 2 月 13 日给加尔各答的复函中，莱佛士就为什么他要在新加坡建立一个据点作出了解释。信中，他对这个“旧日的都城”大加吹捧，认为它的优越性超过了廖内以及任何一个地点。要说明新加坡位置优越很容易，因为它非常接近穿越新加坡海峡的主要航线，但要说明他与天猛公一派的交易的合法性就需要巧妙措辞了。法夸尔在廖内签下的协议其实已经明确承认阿卜杜勒·拉赫曼是苏丹，但莱佛士却忽略了这个让人有点尴尬的事实，声称阿卜杜勒·拉赫曼作为“廖内之王”，只控制着廖内一带的领土，而侯赛因才是真正的苏丹，天猛公则毫无争议地拥有柔佛、新加坡和其他一些岛屿。

大总督安抚莱佛士说，“从位置上考虑，选择新加坡建立站点非常明智”，在伦敦没有承认之前，他也会暂时支持这项协议。与此同时，黑斯廷斯谴责了巴讷曼，命令他全力支援新加坡。巴讷曼满怀愤恨地拨了 200 人和一些钱款给法夸尔，而在此之前，法夸尔已经成功地截留了 500 名印度兵，他们本打算从明古连返回印度。法夸尔的勇气使得新加坡成功渡过了诞生后的第一次危机，荷兰人却失去了把这块殖民地摧毁在襁褓中的机会。如今它的未来已不再取决于军事力量，而取决于伦敦和海牙之间一场“公文战”的结果。

1819 年 8 月，莱佛士建立新加坡殖民地的消息传到了伦敦。这让东印度公司的董事们非常震惊，极度不快。他们担心，莱佛士的举动将使英荷在欧洲成功进行的谈判陷入僵局。“如果荷兰人用武力驱逐我方在新加坡的驻军，我们必须无条件投降，否则就可能要对让整个欧洲笼罩在战争阴云里负责。”尽管如此，英国外交大臣卡斯尔雷勋爵 31
(Lord Castlereagh)也认识到让荷兰人全面掌握“马六甲海峡一带的所有陆军和海军关键据点”，在商业和战略意义上有多危险，他也清楚在其南部建立一个英国的据点所具有的价值。而且，虽然英国官方想要寻找一个没那么具有争议性的据点，但事实上，其他各处都没有新加坡那么具有优势。英国占有新加坡没有什么法律依据，但这个岛屿的潜在价值却促使英国政府采取了拖延政策，把新加坡问题的处理加到了与海牙正在讨论的一揽子事务当中。当时谈判其实正处于搁置状态，因为需要等待印度大总督提交一份全面的报告，但黑斯廷斯始终没有提交这份报告。莱佛士一点也不担心谈判的拖延：谈判拖延得越久，英国对新加坡的掌控就越牢固。

莱佛士嘱咐法夸尔在当地清扫地面，建筑简单的防御工事，并在圣约翰岛上派驻一名有责任心的欧洲人，负责告诉过往船只这里新建了一块殖民地，此外，为了鼓励贸易，还将免征关税。他放出消息到马六甲，招募拓殖者，寻求给养。到新殖民地可以以成倍的价格贩卖食品及其他生活必需品，利润十分可观，因此许多马六甲商人蠢蠢欲动，毫不畏惧荷兰人立下的禁令。另外，法夸尔之前当过马六甲的战时驻扎官，人称“马六甲之王”。他养了一个当地的情妇，说得一口流利的马来语。他个子很高，长相英武，令人肃然起敬，可他的性格却十分随和，很有人情味，总是愿意聆听民众的苦痛，为他们排忧解难。大家都觉得他正直、公允，而且不偏袒权贵，关心穷人。这一切都让他在当地口碑不错，也因此吸引了许多拓殖者追随他到新加坡。

新加坡河东北岸的平原很快就清理完毕，一个繁荣的市场渐渐形成，另外还有一个由临时搭建的棚屋组成的居民区。马六甲定期运来给养，使新加坡没有像其他新建殖民地那样，在早期经历困苦和营养不良状况。不到六个星期，就有一百多艘印度尼西亚小船到这个港口停靠,另外还有两艘欧洲商船和一艘来自暹罗[1]的舢板船。

1819 年 5 月底,莱佛士带着从槟榔屿来的一批移民,以及木材、瓦片和工具等给养回到新加坡。这里发生的变化让他非常兴奋。他在写给索默赛特公爵夫人(Duchess of Somerset)的信中,用一种我们也可以理解的带些夸大成分的语气说:“我的这块新殖民地发展得非常迅速,它建立还不到四个月,就已经有 5 000 多人口了,其中大多数是华人,而且这个数字每天都还在增长。”在写给另一个人的信中,他激情洋溢地写道,新加坡“将极有可能成为仅次于加尔各答的港口……它将是迄今为止最重要的东方站点。另外,从航海优势和商业发展方面看,它比整块半岛大陆的价值更高。”

第二次造访新加坡,莱佛士待了四个星期。他又与苏丹侯赛因和天猛公签订了一个协议,规定了英国殖民地的疆界:西起丹戎玛琅(Tanjong Malang),东至丹戎加东(Tanjong Katong),向内陆延伸的距离为一发炮弹的射程。他对城镇的规划有美学上的考虑,但主要是为了保证秩序和管控:各个社群分开聚居,分别由各自的头人管理。
32 除了天猛公的村庄外,新加坡河左岸以及平原地区,另外还包括河口对岸的土地主要为军事区域和官署。欧洲人居住区处于军事区域以东,华人区在河的右岸。他还下令让法夸尔修建了一座桥,把华人区与马来人村庄以及军事区域连接起来。

两位马来领袖管理自己的随员,其他亚洲族群则分别由各自的头人(*kapitan*)管理。头人负责维持社群内的秩序,解决争端。每个星期法夸尔会和苏丹及天猛公一道开庭一次,各社群的头人在此时上庭陈情,普通民众则可以趁机上诉,驳斥他们之前的决断,驻扎官会根据常理作出最后的判决。

莱佛士于 1819 年 6 月离开了新加坡,此后三年里,他都没有再回去过。在这段时间里,新加坡在很大程度上完全是在自力更生,因为当

---

① Siam,泰国的旧称。——译者注

时的通讯条件非常糟糕。1820 年 3 月,法夸尔向莱佛士抱怨说,他已经近七个星期都没有从加尔各答收到任何消息了,并且已经有近三个月没有从明古连收到任何消息了。

新加坡的贸易发展得非常迅猛。1820 年 6 月,莱佛士从明古连给自己的侄子写信说:“我的殖民地还在以令人异常欣喜的姿态繁荣发展着,这正是我所希望的。如果不遭遇到什么噩运的话,它肯定将成为东方的商业中心,荣耀东方。”为了增强保留新加坡这块殖民地的理由,他每次给英格兰的通信人写信时都要浓墨重彩地描绘一番新加坡的成就。但实际上他无需刻意夸大,因为新加坡有利的地理位置和相对安定的社会秩序都使得它刚一建立就能取得成功。新加坡能迅猛发展的主要原因在于,这一带的地区贸易本来就发展态势良好,而它则为这些贸易提供了一个免除关税的绝佳转运港。除了免税外,港口收取的其他费用也非常低。苏丹和天猛公起初还向船长们(*nakodah*)施压,要求他们给自己“送礼”,但 1820 年 4 月时,船务总管受命通知船主,他们无需向两位马来显贵赠送任何礼物。

然而,侯赛因和天猛公住在新加坡,这在发展的初期阶段,对吸引贸易还是有十分关键的作用的。在此之前,廖内一直是苏门答腊南部与布吉人开展贸易的中心,也是华人生产甘密的重要中心地区,但此后,这些发展势头良好的贸易大部分转去了新加坡。这个新港口还吸引了来自暹罗、柬埔寨和交趾支那①的舢板船,还有来自印度的欧洲商船。1821 年 2 月,首次有舢板船从厦门驶来,五个月后,第一艘欧洲对华贸易商船入港。当时新加坡的进出口贸易额总计达 80 万元,其中 50 万元货额由亚洲船只带来,30 万元由欧洲船只带来。在英国政府仍然对新加坡港口的未来没有把握之时,私人商贩们已经表明了他们对这个新港口的信心。

法夸尔鼓励所有新来者到这里定居,到 1821 年时,这个多元化的城镇已经有了约 5 000 名居民,其中有近 3 000 名马来人,1 000 多

① Cochin-China,越南南部以胡志明市为中心的一块地区的旧称。——译者注

名华人，500至600名布吉人，另外还有印度人、阿拉伯人、亚美尼亚人、欧洲人、欧亚裔以及其他少数族群。两位马来显贵新交的好运为他们吸引了更多的追随者，这些人定居在天猛公建在河边的村庄里，
33 或住在村子东面，苏丹建在甘榜格南(Kampong Glam)[①]的宫殿(*istana*)旁。这块殖民地正式建立后不久，侯赛因就从廖内把自己的家眷和随员全部都接了过来，浩浩荡荡坐了几百条船。其他一些马来人也大量从马六甲、廖内群岛和苏门答腊涌来，其中也包括从明古连来的。这些明古连来的马来人在勿拉士巴沙溪旁建立了甘榜明古连(Kampong Benkulen)[②]。

新加坡对南洋一带的华人尤其具有吸引力。多年来，他们在廖内、马六甲、槟榔屿、曼谷、马尼拉、巴达维亚以及其他一些爪哇港口苦心经营着一个商业网络，并在这个地区定居下来，成为商人、农民和矿工。这些华人得不到中国政府的官方支持，因为当时中国官方是禁止向外移民或私人从事海外贸易的。但他们努力聚集到各方面条件相对比较好的地方。可是，南洋早期的商业中心没有一个环境特别理想。槟榔屿的地理位置不算太好，其他港口则向外国商人征收重税，法令朝令夕改，还有各种令人厌恶的限制和歧视。这些已经取得一定商业成功的华人们很快就发现，新加坡非常具有吸引力，它是东南亚贸易的天然中心，他们从南洋的其他港口纷纷移居到这里。第一批华人移民来自廖内和马六甲，他们中许多人都出自在南洋定居很久的家庭。这些家庭长期与马来妇女通婚，逐渐形成了一个独特的峇峇华人(Baba Chinese)群体。

早期华人开拓者中最有名的是陈送(Tan Che Sang)。1778年，陈送15岁时就离开了家乡广东，来到廖内、槟榔屿和马六甲一带闯荡，1819年，他来到新加坡，建立了这里的第一间货仓，为早期来这里的中

① Kampong，马来语，意为“村庄”，但在新马一带的地名翻译中，一般不意译，而直接音译为“甘榜”。——译者注

② Benkulen是荷兰语，英语作Bencoolen。

国舢板船充当代理。他在马六甲时就已经与法夸尔相识,到这里后,陈送为那些需要赊账购买货物的新来者提供担保,鼓励他们到这里定居。1836 年,他在新加坡去世,据说当时有 1 万至 1.5 万人参加了他的葬礼。但其实他和这里的统治阶层很少有社交往来,他性情孤僻,嗜好赌博,爱钱如命,有人说他晚上睡觉都要抱着钱箱子。

闽南人蔡沧浪(Choa Chong Long)是早期新加坡唯一能够在财富上与陈送匹敌的华人。他出生在荷属马六甲,父亲是当地的华人头领,他在新加坡成为来自福建的华人组成的“闽帮”的首领,也是当地第一个鸦片种植商。与陈送不同的是,蔡沧浪为人豪爽,性格外向,经常大手笔宴请欧洲人,比如他在 1831 年为了庆祝自己 44 岁生日,就曾大宴宾客。在 1836 年离开新加坡返回中国之前,他一直是当地政府最信任的与华人社群打交道的中间人。但他在澳门时被夜盗杀害。

“从乞丐到富人”那类故事,描述的是一穷二白的年轻人白手起家,靠自己的聪明才智努力工作,最终功成名就。但最初来到新加坡定居的亚裔并不符合这种标准,因为他们大多数都是富人,并不符合。但闽南人陈笃生(Tan Tock Seng)则是一个例外。他出生在马六甲,1819 年到新加坡时年仅 21 岁,只是个沿街叫卖蔬菜的小贩,但最终成为这里最富有的商人之一。

布吉商人一直控制着群岛东部诸岛的商业。因为布吉人权贵在廖内的政治势力显赫,多年来,布吉商人一直喜欢聚集到那里。但荷兰人重新控制廖内威胁到了布吉人在那里的地位,1820 年 2 月,双方发生武装冲突,此后 500 名布吉人随首领阿戎·比拉瓦(Arong Bilawa)逃往新加坡。这支布吉人船队全副武装,乍一看似乎是战舰,因此,新加坡的居民们刚看到它们出现在地平线上时,着实吓坏了,到后来发现他 34
们原来是带着老婆孩子来这里定居,这才松了一口气。这是新加坡迎来的最大一批移民,驻扎官很高兴看到这批拖家带口的移民来到,因为他们会为新加坡吸引到利润可观的布吉人贸易。荷兰派来使者要求新加坡引渡阿戎·比拉瓦,但驻扎官一口回绝了。相反,他允许阿戎·比拉瓦在新加坡避难。布吉人于是在梧槽(Rochore)河边建立了他们的甘榜。再后来,阿戎·比拉瓦经荷兰人允许返回了廖内,但仍然有很多布吉人选择留在新加坡。这里很快成为群岛西部布吉贸易的中心。

新加坡早期的印度人大多数是士兵或随军流动的平民,但也有一些商人。他们主要来自槟榔屿的大型印度商人社群,其中最有名的是比礼(Naraina Pillai)。比礼在1819年5月随二次到访新加坡的莱佛士一起来到这里。比礼起初在这里开了一个砖窑,后来成为新加坡第一个建筑承包商,还开了一家商店卖棉花类商品。1822年,他的商店被大火烧毁,比礼因此破产,是莱佛士帮助他重新振作了起来。

亚美尼亚人在文莱和菲律宾的商业地位牢固,1820年,亚美尼亚商人阿里斯塔胡斯·摩西斯(Aristarchus Moses)来到新加坡定居,成为本地这个富裕的小群体的第一个人。

一千多年来,阿拉伯人在东南亚贸易中一直发挥着重要的作用,因此莱佛士希望新加坡能够吸引大批阿拉伯人前来。到18世纪时,阿拉伯人已经开始在苏门答腊和婆罗洲各地定居。1819年,两个从巨港来的商人最先抵达新加坡,他们是赛义德·穆罕默德·本·哈伦·阿尔尤尼德(Syed Mohammed bin Harun Al-Junied)和他的侄子赛义德·奥马尔·本·阿里·阿尔尤尼德(Syed Omar bin Ali Al-Junied)。他们在甘榜格南一带住了下来,穆罕默德1824年在这里去世,死时已经身家不菲,而奥马尔则活到了1852年,生前一直是阿拉伯人社群的领袖。

东印度公司曾经有正式规定,要求欧洲人如果想在该公司属地定居,都必须首先获得许可证,虽然加尔各答有意忽略了这条规定,但除了东印度公司的员工外,在早期很少有欧洲人来新加坡定居。西方人不知道英国会不会长期拥有新加坡,而且这种不确定性还导致他们很难在这里购置地产,所以他们不太愿意来。新加坡早期的欧洲居民大多数都是原来的海军转成的商人,或者是加尔各答各家公司的代理。苏格兰人亚历山大·劳利·约翰斯顿(Alexander Laurie Johnston)原来是一位船主兼海军上校,他在1820年7月到新加坡定居,并创立了约翰斯顿公司(A. L. Johnston & Company)。此后,一直到于1841年从东印度公司退休为止,他始终都是此地欧洲商人的领军人物。另一个苏格兰人亚历山大·古斯里(Alexander Guthrie)创立了新加坡历史最悠久的牙直利公司[①],这个公司一直到21世纪还健在。他是1821年1月从好望角来到这里的。同年,当初首次把莱佛士带到新加坡的“印第安纳”号的船长詹姆斯·帕尔(James Pearl),在这里从事了一段时间的进出港转运贸易之后,大赚了一笔,也决定在新加坡定居。他买下了华人的甘密种植园,还在一座小山上建造了一所乡村风格的别墅。这座小山至今还以他的名字命名。约翰·珀维斯(John Purvis)原来在广东跟约翰·马西森(John Matheson)是合伙人,1822年他离开中国,到新加坡创立了自己的公司。

莱佛士让法夸尔尽量减少开支。法夸尔必须依靠非常紧张的预算来管理这块飞速发展的殖民地。他给公务人员一年发出的薪金额度,只相当于明古连一个月的量。法夸尔开始有一名副驻扎官,但在1820年加尔各答削减了这里的编制,他只能保留一名文员,到1822年时,法夸尔被迫自掏腰包另外雇佣了两名文员。这位驻扎官所掌握的创收途 35
径非常少,因为他被禁止征收商业税,也不能永久性地出让土地。1820年5月,他开始征收少量港口清洁费以支付船务总管的薪金。四个月后,他又违背莱佛士的指示,引入了包税商制度,拍卖出售鸦片和亚力酒(arrack,一种亚洲的烈酒)的垄断权,还开办了赌场。

依靠这些收入,法夸尔启动了一项公共工程建设计划。考虑到当时新加坡的地位在法律上并不稳固,这项计划实在相当冒险,但它的确有助于增强新加坡对日后更好发展的信心。1820年1月,加尔各答警告法夸尔,不准他鼓励亚洲移民前来,因为新加坡当时仍然只是一个临时性的军事据点。有流言说东印度公司要放弃这块殖民地了,这使得苏丹、天猛公和甲必丹都前去谒见法夸尔,以确定英国人会继续留下保护他们。受到公共工程蓬勃发展的鼓舞,华人和欧洲商人开始寻求获取土地建设货仓,新的问题由此产生。因为莱佛士没有留下有关土地

① 牙直利即新加坡华人旧日对亚历山大·古斯里名字的译法。——译者注

授予的任何指示，法夸尔则觉得，如果英国对此地的所有权还没有确定下来，那就不能进行土地的授予和分配。此外，他还认为，东印度公司只是租借了新加坡，如果它出面向定居者授予土地的话，就会让马来的权贵们感到自己的领土被奴役了。更麻烦的是，东滩(East Beach)全是不能存放商品的浅水滩和沙地，莱佛士当初把这块地方指定为欧洲商业区。如今商人们抱怨说，在那里建造什么都划不来，亚历山大·古斯里还威胁说，如果不给他另外分配些好的土地，他就要离开新加坡。

法夸尔于1821年4月就这件事请示了明古连方面，但直到11个月后才得到回复：莱佛士禁止修建永久性建筑物。但是商人们还是坚称，要修建砖结构的货仓来保护他们的货物免受火灾侵袭。法夸尔于是给古斯里和其他人下达了在河北岸使用土地的临时许可，但警告他们说，去那边修建任何建筑物，风险自负，因为此后很可能会面临搬迁。

1820年6月，法夸尔向莱佛士提交了一份苏丹和天猛公的请愿书，要求在华人离开新加坡返回故乡时，对他们在这里赚取的资产抽税。但他一直没有等到回音。八个月后，苏丹侯赛因逮捕并关押了第一艘从厦门驶来的舢板船的船长，理由是他送给苏丹的礼物不够贵重。法夸尔下令释放了这名船长，但后来一群欧洲商人的领袖人物递交了一封抗议书给侯赛因，要求他道歉，并承诺以后不会再提出类似的要求，这却让法夸尔非常气愤。法夸尔认为这次抗议的举动“是非常不合时宜、不成熟，也非常没必要的干涉”，但商人们据理力争，认为礼节性的赠礼和商业赋税之间的界限并不明确，苏丹提出这种要求并粗鲁对待船长的消息一旦传开，会吓走那些本来要来新加坡的华人舢板船。法夸尔再次就如何明确规定礼物赠予和收取赋税请示了莱佛士，但还是没有得到回复。

这些实际问题深刻表明，马来两位领导人的地位在法律上具有模糊性。在和莱佛士签订最初的协议时，天猛公看重的不仅是得到的现金，他还设想新加坡将按照本地区其他更早建立的贸易中心的模式，创建一块殖民地，在这里，马来权贵们将管理着一个多元化的商业社群，
36 负责租赁土地，作出司法裁断，收取赋税。法夸尔在这个地区待过很多

年，深知这里的成规，因此很愿意接受这种设想。他主张马来显贵们应该得到尊重和承认，他们才是这块土地的主人。这位驻扎官还承认了天猛公和苏丹的司法权威，至于按惯例应该归马来领导人收取的贸易税收，从1820年开始，他在所征税款中抽了一份给两位马来领袖，以答谢他们在维护治安和司法裁断方面的帮助。

作为首开先河广纳各方移民的城镇，新加坡在早期治安不好是出了名的，它也没有经费来维持常备警力。但在1820年5月，法夸尔成立了第一支常规的警察队伍，由他的女婿弗朗西斯·伯纳德担任警司，下辖一名警官，一名监狱看守，一名文书，一名下级警官和八名印度警员。他们总的月预算是300西班牙银元①。1821年，主要的欧洲商人和华商同意每月一道出资54银元作为巡夜费，以再增添一名警官和九名印度警员。从马六甲来的华人和马来移民都是安分的平民，没有带武器过来，但天猛公和苏丹的随从们却经常惹是生非，像"老虎扑羊"[33]一样欺负他们。光天化日之下的伤人抢劫行为都很常见，很多人都在去甘榜格南的路上被杀害。

在三年多的时间里，新加坡都是在法夸尔的管理下独立发展着。虽然莱佛士很愿意听到这块殖民地正在快速发展的消息，但他当时野心勃勃，这块殖民地对他来说实在太微不足道。这个宏大的梦想是要把东印度公司在东南亚所有的领地——槟榔屿、威斯利省、新加坡和明古连都纳入自己的管控之下，并最终当上印度的大总督，统领整块区域。巴讷曼在1819年底暴亡，莱佛士急忙赶到加尔各答想要接任，但没有成功。把公司在东方的所有领地都统合起来由一个人管理是有益的，对此黑斯廷斯在原则上表示了同意，但他却迟迟不作相关的决定，只是一直等待在伦敦举行的漫长的英荷谈判的结果。

莱佛士只好两手空空地回到苏门答腊，心情非常沮丧。但很快他又重新振奋起来，打算把明古连建设成为一个具有示范作用的殖民地，

① Spanish dollar，西班牙银元，即西班牙文中所称的"比索"(Peso)。——译者注

成为他计划的大殖民地的中心。他深入半岛内陆巡游，感到非常兴奋，梦想着要重现昔日米南加保(Menangkabau)帝国的荣光，与此同时，将英国的影响力扩展到整个苏门答腊。这段岁月可能是他一生当中最美满的时期，家庭生活非常幸福，妻子对他充满恋慕，孩子们都聪明伶俐，这让他心情愉悦而放松，得以怀着建立一个新帝国的梦想全身心投入对自然史和浪漫的往昔的追寻中。

但一连串冷酷的灾祸打碎了安乐的田园氛围。从 1821 年 7 月到 1822 年 1 月的短短六个月间，他四个孩子中的三个、一些亲属和密友都在明古连死去了，莱佛士和妻子也得了重病。他被沉重的打击压垮了，沮丧到近乎麻木，个人生活中的种种乐趣都没有了，而苦心追求的事业又全都落空，面对这一切，莱佛士放弃了自己复兴苏门答腊的梦想。他过早地衰老了。用他自己的话来说，成了一个“蜡黄枯槁的小老头”。他决定把该死的明古连和整个东方全都抛弃。

在最终退休前，他决定最后去一次新加坡，对那里的管理事项做一下安排，但 1822 年 10 月他刚一上岸，这里生机勃勃的忙碌景象，那种为某种目的而奔忙的充实感，却一下子把莱佛士从之前的阴郁沮丧中
37 拉了出来。也许莱佛士最伟大的品质就在于他总能从不幸和打击当中恢复过来，总能在破碎的梦想之中重新找到新的想法，总能从明显的失败中攫取胜利的火种。他决定缩减复兴苏门答腊和爪哇昔日荣光这个宏大的梦想，只专注于把眼前这块弹丸之地建设得完美无缺。他妻子后来这样描述了他当时的想法：“我想，也许就在这里，我可以真的做出点什么来。我不愿再挥霍自己还残留的热情和能量，把它们花在那些并不适合我的目标上，相反，我渴望在这里做点自己力所能及的事情，往日的经验告诉我，在这里，我的所有努力都不会白费。”斯坦福先生的心里再次扬起幸福的希望，他感到自己还拥有为周遭送去文明与福祉的力量，这让他欣喜不已。虽然由于病得厉害，头疼得像要炸开，莱佛士只能在床上躺了好几个星期，但莱佛士最后待在新加坡的这八个月间，他重新涌起的使命感和他所采取的充满想象力的明智举措，将在很大程度上决定这块殖民地未来的特点。

1819年6月,莱佛士写下这样一段关于新加坡的话:“它……是我的孩子,是我造就了它今天的样子。”而如今,这种自豪的父爱更加强烈地涌上他的心头。再次回到新加坡的第二天,他向一位远在英格兰的友人吐露心声:“(看着)这个几乎可以算是我唯一的孩子,我感到重获新生,充满活力。”第二个月,他热情洋溢地向索默赛特公爵夫人宣称:“这里的一切都充满活力;在这个世界上你很难找出一个地方比这里前景更光明,现状更令人满意的。”

虽然他为新加坡的进步感到高兴,但莱佛士很不赞同法夸尔采取的许多实际措施,而且自己之前的很多指示也没有切实得到实施,这也让他很生气。他反对法夸尔的土地分配方案,不过他自己提出的方案却并不现实。他认为法夸尔对苏丹和天猛公作出了太多让步,而法夸尔支持赌博合法还放纵蓄奴现象又让他感到震惊。莱佛士没有考虑到法夸尔究竟是在怎样困难的局面中取得如今的成就的:人手不足,资金不足,通讯不便。莱佛士还要求诸事不论巨细都需要请示明古连,可他自己却又把请示信扔在一边好几个月也不做回复。莱佛士对法夸尔取得的种种成绩视而不见,两人昔日的友谊不再,开始频频发生冲突。法夸尔之前就已经惹恼了莱佛士,因为他霸着驻扎官的位子不放。两人开始说好的是,一旦这块殖民地建立,法夸尔就退休。法夸尔也确实在1820年10月向明古连提交了请辞信。莱佛士于是派了托马斯·屈弗斯(Thomas Travers)上校前去接替他。但法夸尔又改变主意不打算退休了。屈弗斯等了好几个月都不见工作交接,最终与法夸尔大吵一场,返回了英格兰。[34]

更麻烦的是法夸尔与莱佛士的妹夫威廉·弗林特(William Flint)之间的罅隙。弗林特于1820年4月抵达新加坡,依照莱佛士的任命,接替法夸尔的女婿担任船务总管。弗林特傲慢无知,贪婪浮夸。他大肆利用自己与副总督之间的关系。法夸尔手下只有一名文员,可弗林特居然有一名欧洲人助理,还有两名文员和几名印度兵。这位船务总管把持了把驳船分配给政府和个人使用的权力,从中牟利。莱佛士坚持让弗林特把统计数据不经过法夸尔直接送往明古连,1822年,当他

38 回访新加坡时，莱佛士在头几个月里一直住在弗林特那里，对法夸尔很不友善。他给船务总管赋予了更大的权力，包括管理海员和收取停靠费和港口清洁费的权力。

在莱佛士看来，法夸尔的管理方式太过传统，太过陈旧。他在1819年6月的时候曾经这样写道："我们的目标不是领土而是贸易；(要建立)一个商业中心，一个我们可以赖以在环境许可的范围内扩展政治影响力的支点。"他此时开始采取措施将新加坡建设为一个伟大的港口：废除奴隶制和不公正现象，建立一种"能最大限度保证所有人的贸易自由和平等权利，能保护财产和人身安全"的政府管理方式，要让新加坡变成一座美丽而秩序井然的城市，成为东南亚的文化教育之都。

回来还不到一个星期，莱佛士就开始着手对城镇进行改造。改造的主要对象是商业区域。莱佛士虽然对法夸尔允许商人们扩张到政府区域很恼火，但他也必须承认，东滩实在不适合开展商业活动。于是他决定把商业区转移到新加坡河对岸，也就是西南岸的沼泽地一带。他把华人居民迁往更靠内陆的地方，还铲平了一座小山建起了"商业广场"(后来改名叫"莱佛士坊")，并用铲下来的土填平沼泽，营建了"驳船码头"。这个区域成为城镇的商业中心。整个建设项目让法夸尔很难堪。虽然这证明了他反对原先的东岸发展计划是有道理的，但他"勤俭持家"积累下来的那点钱，却全被莱佛士用来支持这些昂贵的改造计划了。

另一项重大的改造是疏通河道以利于商业运用，并把天猛公和他那些无法无天的随从们(此时已经有600多人了)从城镇的中心地带搬迁到更西边的一块领地上，这块地是专门留给他们的，一共有200英亩。这块地沿着海岸伸展，位于丹戎百葛(Tanjong Pagar)和直落布兰雅(Telok Blangah)之间。

政府保留了新加坡东岸和禁山的土地作为政府区域，还留出了河口的西南端作为哨卡。政府区域以东的梧槽平原为富裕的欧洲人和亚洲人的居住区。阿拉伯人分配到的是该区的东部，紧邻着甘榜格南内归属于苏丹的50英亩土地，布吉人则迁移到甘榜格南的更东边。因为估计到华人以后将成为这里最主要的居民，莱佛士把紧邻商业区的整个河西岸地区都分给了他们，由他们自行按照方言群体再进一步细分。而下层印度人则得到的是河上游的土地。

在市中心区域，所有的房子都必须按照规定建造成整齐的街区，房子的宽度和相交点都有严格限制，而所有的商业建筑都必须采用带瓦房顶的砖石结构。各群体的甲必丹分配到比其他人更多的土地。富裕的商人则可以不按照区域规定混族居住。同样的，在商业区域里，重要的亚洲和欧洲商人的商铺、公司和货仓是紧挨着的。比礼和陈送第一批把自己的产业转移到了商业广场。当局鼓励富裕的欧洲人和亚洲人毗邻而居，毗邻经商，这就从一开始奠定了新加坡多元种族社会的基础。在这个社会里，一个人赚多少钱比他的肤色更加重要。

莱佛士在禁山(后来改名为“政府山”，此后又更名为“福康宁”)上 39
为自己盖了一所平房，这一方面是为了躲避山下平原地带的酷热，另一方面也是出于死后想要和旧日新加坡拉的统治者们葬在一处的愿望。早在 1819 年时，他就从明古连派来一名欧洲园丁在这座山的山脚下种上了丁香和肉豆蔻树。此时这些树已经长得枝繁叶茂了。莱佛士又划出周围 48 英亩的土地辟为植物园。加尔各答植物园的纳撒尼尔·瓦里西博士(Dr. Nathaniel Wallich)会定期造访新加坡，莱佛士与他一道开展了大量工作，希望这片实验性的植物园能够为日后农业的繁荣奠定基础。

修改后的城镇规划要求居民大规模迁居。1822 年 11 月，莱佛士组建了一个委员会，由一名欧洲商人和两名官员组成，委派他们去询问马来人、华人、布吉人、爪哇人和阿拉伯人社群的代表对大规模迁居的意见。不得不搬离旧居，离开老的市场的人得到了经济赔偿和免费供应的土地，但迁居还是碰到了相当大的阻力，当局不得不出动警力强迫居民搬离，拉倒他们的棚屋。杂乱建筑的时代至此结束。从如此早的时候开始，新加坡就是一个按照规划建设的城镇，而莱佛士为它所作的规划，在整个殖民时代都反映在了城中心的布局上。[35]

在这几个月里，莱佛士与法夸尔的关系已经紧张到一触即发的地步。莱佛士把原本归法夸尔管的部分职权下放给了下级官员，以此羞辱法夸尔。例如，莱佛士把出售土地和收取特许税的权力交给了当时年仅20岁的作家文咸(Samuel George Bonham)[①]。1823年1月，莱佛士写信给加尔各答，称法夸尔很不称职，4月底，他曾一度解除这位驻扎官的职务，由自己代行职权。最后的一项羞辱是，一位新的参政司约翰·克劳弗德(John Crawfurd)受命前来接替法夸尔，可法夸尔居然是在新任驻扎官就要抵达的前几天，才通过非官方渠道得知这一消息的。

莱佛士最关心的一点是，不能让苏丹或天猛公妨碍到他这块殖民地的发展。按照1819年的协议，两位马来首领只是同意英国人在这里建一个站点。法夸尔遵照马来的习俗，认为这意味着不转让土地的所有权，也没有授予立法权。不管莱佛士当初签订1819年协议时是怎么打算的，但法夸尔的理解已经不适合莱佛士当时更加野心勃勃的新计划了。他虽然号称非常欣赏马来人民，但当面对活生生的个体，那些有着野心贪欲和种种缺陷的个体时，这种欣赏便消失无踪了。他很看不起侯赛因，也不相信天猛公，更不能忍受任何阻碍到他实现自己计划的行为。他尝试着改变他们原有的生活方式，从加尔各答运来整船整船的货物，授权他们经销赢利。但他们看不起商人，认为这有失自己作为马来王公的身份。莱佛士还主动提出由英国东印度公司出钱，送他们的儿子到印度接受教育，他们也加以拒绝。此后，莱佛士不再尝试把他们改造成文明开化和与政府合作的对象。他很爽快地给他们发津贴，但却逐步使他们淡出了公共生活领域。1822年12月，他用一份固定的月贡取代了他们原来享有的利润抽成，而就在他1823年6月永远离开新加坡之前，又与他们达成了一项协议，买断在划归他们的领地之外的区域的司法权威和其他权力。

在新加坡度过的最后几个星期中，莱佛士通过的第一项行政法规
40 是关于土地注册的，这些土地将公开拍卖永久租赁权。第二项法规是关于港务的。新开埠的港口会推行一些优惠政策，这是很常见的，莱佛士起初也是想用自由贸易作为吸引船只和移民前来的手段，等贸易量

① 又译做“般含”。——译者注

上升到一定程度时,就开始征税。但三年后,等他再次回到新加坡时,这里取得的成就让他十分欣慰,而且他认为这一切都应归功于“完全的自由贸易带来的魔法,而我很荣幸,能一手开创这一局面”。莱佛士于是决定长期实行自由贸易。1823 年 6 月,当他永远地离开新加坡时,他向商人们保证:“任何灾祸,任何险恶的居心,任何出于政治上或经济上获利的考虑都不能动摇这些广泛的自由主义原则,而英国的利益正是植根于这些原则。公众对垄断和独家特权抱怨已久,但这些在这里并不存在……新加坡将长期、永远是一个自由港,不会冒着阻碍自身未来兴旺发展的危险对贸易或工业征税。对此我毫不怀疑。”这些原则成为新加坡商人们的信条,他们将怀着捍卫宗教信仰一般的热情牢牢守护这些信条长达一百多年。

第三条法规是关于司法方面的。莱佛士决定,在处理马来人群的宗教、婚姻和继承问题时应用当地的穆斯林律法,“只要这些律法不与理性、公正或人性相抵触”。不过,新加坡的普通法仍然是英国的法律,但会“依据当地人的运用方式和习俗”作一些修改,法律适用要从轻,要考虑到常识,“要怀着父爱般的关怀和纵容来对待各个族群的偏颇之处”。谋杀是唯一受到死刑惩罚的罪行,在伤人事件中,首先考虑的是对伤患进行赔偿,而不是惩罚伤人者。

莱佛士希望,让欧洲人平民能够积极参与到行政和立法事务中来,并让亚裔人群能在一定程度上也参与进来。在进行城镇规划时,他组建了一个由欧洲人和亚洲人代表共同构成的委员会,这就表明他已经把这个计划付诸实践了。而新的司法条例规定,挑选 12 名有责任感的欧洲人担任治安官,任期一年。他们将协助驻扎官开庭审理案件,同时,也设独立开设治安法庭,审理一些情节较轻的案件。驻扎官在起草法律时要征询他们的意见,如果遭到他们的反对,那该提案就必须提交加尔各答进行裁定。在那些没有实行代表制度的小殖民地,政府与欧洲居民之间常常出现摩擦,莱佛士希望,通过赋予治安官参政议政的权力,避免类似情况在新加坡出现。

莱佛士认为,政府的职责是防止犯罪行为发生并改造罪犯,而不是惩罚他们,因此,他之前在明古连实行的将罪犯转变成有用居民的改造计划,现在又沿用到了新加坡。他主张禁止携带武器和禁止赌博、斗鸡等他认为非常讨厌的恶行,以此来防止暴力行为发生。当得知法夸尔在 1823 年 5 月已准许赌博合法时,他非常生气,马上下令关闭所有赌场和斗鸡场,认为这“与英国人的品格和政府形象相抵触,令它们蒙羞”。他还对酗酒和吸食鸦片等没那么严重的恶习课以重税,以此来鼓励人们戒除这些恶习。虽然在一个以男性为主的移民社会中禁绝卖淫是不现实的,但他还是制定了法律,禁止男性靠妓女赚取的钱财为生。

41 和同时代那些人道主义者和比较激进的人一样,莱佛士也很厌恶奴隶制。他在明古连已经废除了奴隶制,但法夸尔在新加坡却把它作为地方习俗而宽恕保留下来。布吉商人是这个地区主要的奴隶贩子,他们经常押着大批奴隶在全镇巡游。另外一些奴隶是从苏门答腊用马来船只运送过来的,年轻女奴隶的交易尤其频繁。1822 年 10 月,莱佛士回到新加坡才几天就大受刺激:一些布吉商人就在驻扎官宅邸附近出售 50 名奴隶,还送了几名给法夸尔和莱佛士本人当礼物。

莱佛士决心要在这里禁绝这种贩卖人的贸易,于是在 1823 年 5 月,他颁布了一项法规,在新加坡禁止奴隶贸易。1819 年 1 月 29 日后抵达的人都不能被视为奴隶,大量因欠债而为奴的马来人将在最长五年的期限内以劳动偿清债务。身无分文的华人移民需要用劳力来抵偿他们到这里来的船费,这就形成了类似于奴隶制度的关系。莱佛士力图控制这种半奴隶制,他规定,船主索要的船费最高不能超过 20 银元,最长只能要求两年的劳力来偿还,而且签署这种劳动抵偿合同必须有一名治安官在场。

因此,从早期开始,人身自由的原则就得到确立,猖獗的奴隶贸易也得到了遏制。但要根除偿债式奴役非常困难,移民劳工中存在的隐性奴隶制也仍然持续了数十年之久。对奴隶制的解释其实非常含糊,尤其是在马来社会中,因为在这里,虽然人们不能被随意买卖以换取钱财,但人人都有提供服务的义务。布吉人也仍然打着“偿债者”的旗号在进口奴隶,然后再把他们卖给华人工头。工头会帮他们偿清债务,然后把其中大多数人转运到邻近其他地方去。[37]迟至1873年,立法会议仍宣称,几乎所有的阿拉伯人家里都使用了奴隶,而且,许多爪哇和玻雅尼人园丁及马夫实际上也是奴隶,用劳力偿还自己欠送他们去麦加朝圣的船主的船费。有关华人移民劳工的规定也一直没有得到执行,需要签订劳动抵偿合同的条款也直到19世纪70年代华民护卫司署(Chinese Protectorate)成立后才得以执行。

虽然莱佛士在很多方面都很开明,走在了那个时代的前面,但他对新教的热情却催生了扫除恶行的铁腕手段。他下令取缔所有赌馆,鞭打赌馆老板和赌客。虽然他声称很了解也很理解马来人的性格,但他有时候却毫不同情他们。比如,1823年3月阿拉伯人赛义德·雅辛(Sayid Yasin)越狱逃跑,中途狂性大发,杀死了一名印度警察还打伤了法夸尔。法夸尔的儿子当场打死了雅辛,但受到强烈刺激的欧洲社群内部却一片恐慌,他们首先怀疑是天猛公的人策动了这场暴乱。苏丹要求归还死者的尸体,但莱佛士拒绝了,把尸体用牛车拉着在全市镇巡游一圈,然后又装在铁笼子里悬挂示众十四天。穆斯林社群看到这样的亵渎场面群情激奋,赛义德·雅辛的墓地后来成为一处圣龛。这一事件像一片阴云一样,在新加坡的上空笼罩了很长一段时间,欧洲商人和华商都很害怕穆斯林会报复,也知道,仅靠当地那少得可怜的驻军根本无法保护他们。

莱佛士的改革计划的核心内容是:“教育必须与商业同步发展,以 42
促进其好的方面,抑制其不好的方面。”“我们不想成为带来荒芜的暴风,而想要成为化雨的春风。”他一直梦想着要复兴马来世界的文化遗产,他认为这份遗产因为华人、阿拉伯人和荷兰人对这里的掠夺,因为穆斯林的“强盗宗教”[38]的影响而渐渐衰落了。他想要让印度教-佛教文化重生,与基督教和现代西方学术的精华结合在一起,从而让亚洲人和欧洲人的精神世界都更加丰富充实。1819年时,他还试图说动威廉姆·威尔伯福斯(William Wilberforce)在马来半岛创建一家“非洲学院”的姊妹学院。

新加坡的地理位置、历史渊源和商业繁荣使它成为“培育华文和马来文文学，改善马来半岛及周边区域的道德和智识水平”的理想中心。于是，在即将离开新加坡之前，莱佛士决心要把建立新加坡书院作为“我的最后一项公共行动”。他告诉自己的朋友沃里奇(Wallich)：“上帝知道，我真诚地相信，这所书院将成为教化和改善上百万民众的地方……我们想要辐射到的是印度恒河区域以外的地方，包括马来群岛、澳大利亚、中国、日本和太平洋诸岛。”1823年4月，莱佛士召开了一次会议，旨在启动书院的建设计划。这所书院建成后，将承担多重功能：指导东印度公司的官员了解这一地区，教育邻近地区的统治者和酋长们的儿子，以及培育亚裔教师和公务员阶层。他预计，整个东南亚的人们，尤其是地方的贵族阶层，会蜂拥而至，前来接受教育。

莱佛士没有等待加尔各答方面的许可，就在自己离开新加坡的三天前为新加坡书院奠基，并立即作出指示，任命了三名暹罗人、一名华人和几名马来人担任导师，并计划，只要有合适人选，还将任命爪哇语和布吉语的老师。莱佛士带头给书院捐了2 000元，并促使东印度公司答应拿出4 000元。莱佛士女士捐了500元，罗伯特·莫里森教士赞助了1 200元，莱佛士还利用自己的魅力，成功说服苏丹、天猛公和法夸尔各捐出1 000元。其他官员和民众也纷纷效仿，捐款数很快就达到1.7万多元。东印度公司虽然觉得现在就建书院还太早了些，但仍不情不愿地承诺，每月会拨300元作经营经费。

在莱佛士要离开的最后几天前，新加坡的欧洲和亚裔商人共同敬呈了一篇演讲给他，赞扬他“开阔的视野……和卓越的运营原则，在史无前例的短时间内，就将一片海盗出没的地方改造成为欣欣向荣、安全而富足的生息之地。”莱佛士也对自己的成绩感到欣慰。1823年7月，在写给沃里奇的信中，他声称：“我为新加坡创建的这所书院，毫无疑问是印度所有辖地中最纯粹和最自由的。”而在给另一位通信人的信中，他又解释说：“我从无到有地新创造了一切——引入了一个充满活力、洁净和鼓舞人心的体系……超前了一个或两个世纪为新加坡提供了它有朝一日将需要的东西。”

这块殖民地应否存在都仍存争论，而且莱佛士也无权为其立法，但

他却全心投入进去,要在这里创建一个社会体系,并超前一百年为它做
各种打算。这样的做法很符合莱佛士的个性,不过,莱佛士也笃信,新 43
加坡已经大获成功,英国不会舍得放弃它了。

被撤职后,法夸尔又作为一名普通居民继续在新加坡待了几个月,最终于 1823 年 12 月离开。在他的送别会上,人们的热情程度和自发程度,或许都是该岛历史上至今仍无可比拟的。欧洲人合伙凑了 3 000 卢比为他买了一个银盘做礼物,华人送给他一个金杯,各个群体均发表了临别赠言。军队郑重地列队为他护卫,驻扎官、军事长官以及几乎所有的欧裔人口和数百名亚裔来到海边,由于送行人数实在太多,法夸尔花了两个小时才和众人告别完毕。在他前往登船的路上,数百艘马来船随行,各条船上的人均放声高歌并鸣放烟花相送。在马六甲,那里的亚裔人群热情地接待了他,荷兰派驻的总督及其下属官员也设宴款待他。最后他从槟榔屿出发返回欧洲时,由当地的行政长官亲自陪同登船,并鸣炮相送。

印度大总督并不赞同莱佛士如此粗暴地对待法夸尔,但也没有答应法夸尔想官复原职的请求。对莱佛士的愤恨之情导致法夸尔后来宣称选择新加坡是他的主意,但相信他的人并不多。确实,法夸尔长久以来都在倡议要确保英国拥有一个能控制马六甲海峡南端的基地,而他与马来酋长们的关系,以及对廖内-林加政治态势的了解,在初期的谈判中也的确非常重要。但他最初推荐的地点是卡里摩群岛。不过,莱佛士在其研究马来历史和文学的作品中宣称,只有他才发现了新加坡的价值,这实在有些言过其实。当时东南亚一带的海员、商人和官员都很熟悉这个岛。把处于混战中的马六甲出让给英国的亚伯拉罕·库珀鲁斯(Abram Couperus)就曾在 1808 年时建议说,作为荷兰未来的殖民地,新加坡比马六甲更优越。英国的舰队在 1811 年入侵爪哇时,也曾于航行途中经过新加坡。威廉·米尔本(William Milburn)于 1811 年在伦敦出版的著作《东方商业》(*Oriental Commerce*)中,曾讲到英国海军上校亚历山大·汉高尔顿(Alexander Hamilton)声称,柔佛苏丹在 1703 年时主动要把新加坡岛给他。[39] 尽管如此,莱佛士造访加尔各

答并赢得大总督的支持，以及随后又敢于超出职权范围行事，这种种举动却使得这个基地长久稳固下来成为可能。毕竟，他对新加坡的历史过往深有了解，赞它为“曾经的众海之商业中心，但其历史却迷失在古老的迷雾中”，并对这个伟大的城邦国家应如何发展作出了高瞻远瞩的超前规划。

莱佛士如此对待法夸尔，可能是他一生中所做的最卑鄙的一件事：不公正地撤掉一位老朋友，不管这位朋友曾在过去的数年中历尽多少艰难险阻，才把这块新生殖民地营建得生机勃勃、充满活力，让莱佛士于1822年重访时大受鼓舞。但与此同时，法夸尔的保守观点也确实妨碍到莱佛士为新加坡所规划的日益宏伟的蓝图。其实，就在莱佛士甘愿下作到极致，不断逼迫并最终驱走倒霉的法夸尔之时，他也为新加坡未来的发展规划好了蓝图，让自己的事业发展到了最高峰。

44 莱佛士与法夸尔之争的核心问题乃是对这块新殖民地的性质，以及对与苏丹侯赛因和天猛公达成的交易，在理解上存在的根本性的分歧。1819年的协议只赋予东印度公司在新加坡建立一个贸易站的权力。马来的王公们所想的也正是如此，他们认为，根据习俗，他们仍然拥有这片土地，有权征收贸易税，制定法律，并对臣民行使权威(其行使方式在某些西方人看来就类似于在实行奴隶制)。法夸尔尊重这种对条约的权责进行理解的方式，这让莱佛士不太高兴了。因为不管莱佛士在1819年2月定协议时的初衷是怎样的，到了1822年，这种解释方式却完全与他野心勃勃的规划蓝图不相匹配了。

1823年6月7日，就在他即将永别新加坡的前夕，在与即将上任的驻扎官约翰·克劳弗德商议之后，莱佛士重新与侯赛因苏丹及天猛公签署了一份协议，旨在买断他们的各种权利，完全掌握这座岛屿。两位马来王公将放弃征收港务税费和垄断贸易的权利，并同意，除了分配给他们的私人土地外，“新加坡岛内的所有土地，以及紧邻的各岛，都将由英国政府全权支配”，作为回报，他们每个月可拿到一笔钱。[40]

考虑到莱佛士即将离开，东印度公司决定让新加坡脱离明古连，转由加尔各答直接管辖。但在自己最终离开前，莱佛士给新加坡的新任驻扎官留下一封信,详细地指导他该如何管理这块殖民地。他全心信赖克劳弗德,认为这个人“大胆无畏”,“对我全身心关注的事务也全情投入”。1823 年 11 月,莱佛士写信给沃里奇说:“克劳弗德已经以最郑重的方式向我承诺,会坚持并推进我所有的规划安排。”但在这一点上,他将要失望了。

克劳弗德在到任之前,对东南亚一带已了解颇多。1803 年,他年仅 20 岁就加入了东印度公司,从事医疗方面的工作,五年后前往槟榔屿任职。不过比起医务工作,他更感兴趣的是语言、历史和政治事务。英国占领爪哇期间,他一直在这里担任要职。1820 年,他的三卷本著作《印度群岛史》(*History of the Indian Archipelago*)出版,确立了他研究该区域的权威地位。不久,他受命出使暹罗和交趾支那,并于 1822 年 1 月第一次途经新加坡。这次访问让他印象十分深刻。

与莱佛士不同,克劳弗德严肃冷峻,而且,据门希·阿卜杜拉(Munshi Abdullah)的描述,他“酷爱物质享乐”,不能忍受别人的批评,很难让人敬爱起来。他赤裸裸表露出的不耐烦惹恼了亚裔人群,而欧洲人则认为他太吝啬。不过他为人谨慎,不畏艰苦,也很精明,对莱佛士的行事方式十分熟悉,并对其既钦佩又不无怀疑。在爪哇时克劳弗德就曾好几次违背莱佛士的意思而擅自行事,这一点莱佛士也承认:“同行就是冤家,克劳弗德和我总时不时在想法上会太各执己见,总不相合。”克劳弗德认为莱佛士关于代议制政府、高等教育和改善道德水平的设想太遥远,不太成熟,类似空想,不如丢弃,转而全心全意推动莱 45
佛士的观点中他认为更加合理的那些,比如商业政策。

最先出事的是莱佛士那名不正言不顺的司法体系,以及他将平民放入政府机构中的做法。他一走,这就立马崩溃了。当太平局绅[①]们

① Justice of the Peace,简称 JP,是一种源于英国,由政府委任民间人士担任维持社区安宁、防止非法刑罚及处理一些较简单的法律程序的职衔。香港译为太平绅士,但新马一带多称为太平局绅。成为太平局绅无须任何学历或资格认证要求。现时英国的英格兰与威尔士、澳大利亚、新西兰、马来西亚、美国、新加坡等国家和我国香港皆有太平局绅制度,但各地对太平局绅的定义和要求皆有分别。——译者注

利用莱佛士授予的权力，鞭打、驱逐赌博者，并没收他们的财产时，克劳弗德却出面取消了上述判决。让莱佛士大为惊愕的是，1823年8月，驻扎官不顾绅士们的反对，批准在城中开设十家赌坊，在甘榜布吉开设一家斗鸡场。他的理由是：这些现象在华人、马来人和布吉人当中十分普遍，禁无可禁，当局倒不如转而从中获利。

克劳弗德请求政府给新加坡颁一部司法宪章，以使这里的司法管控有理有据。另外，他还以由一名副驻扎官负责的临时法庭(court of request)来取代绅士之治，判决较轻的民事案件，而他自己则亲自审理其他案件。他无权从司法上管辖欧洲人，这一点这里的商人们也都很清楚地知道。涉及英国人的严重案件可以转到加尔各答审理，但这里头却危机重重。法夸尔就曾因此而吃了苦头。他把被控强奸了一名乘客的吉伦船长送往加尔各答受审，结果吉伦被判无罪，还成功地反诉法夸尔，得到赔偿。在实践中，驻扎官拥有的唯一一件可弥补这种缺憾的法律武器，就是驱逐惹了麻烦的英国人，不过这一武器却从未被动用过。因为与其他新开辟的殖民地上的情况不同，新加坡早期的英国人群都很遵纪守法。

克劳弗德对莱佛士理想主义的文化复兴雄心抱怀疑态度，也并不愿听信莱佛士让他实施高等教育计划的指示。1826年，驻扎官敦促加尔各答方面最好还是集中关注初级教育。他向东印度公司董事会报告说："新加坡的当地居民还没有文明开化和知识广博到能从新加坡书院所提供的高等教育庞大体系中受益的程度。"加尔各答方面很乐于接受克劳弗德的提议，先将高等教育放在一边，但却没能按他的提议发展初级教育，其结果是：初级教育和高等教育发展都滞后了，莱佛士珍视的宏大理想无果而终。

但他却充满热情地推动了莱佛士其他设想的实现。克劳弗德沿用了镇压奴隶制的举措，遵循了城市规划和进一步缩减马来王公影响力等指示。最重要的是，他全心全意地推行莱佛士的商业政策。在离开之前，莱佛士敦促克劳弗德，要厉行节俭，严格控制行政开支，"与其开源增收以支付费用，不如直接避免不必要的花费"。克劳弗德认为这几项指令倒很合自己的心意,因此,在倡导自由贸易和限制政府支出方面,比莱佛士本人的热情还高。因为莱佛士是到后来才提倡自由贸易原则的,但克劳弗德却一直对这一原则笃信不移。成功削减政府开支使得克劳弗德有余力废除停泊费以及其他一些费用,从而使新加坡成为独一无二的不但免除关税而且连港务费用也不收的自由港。

克劳弗德把莱佛士和法夸尔的亲友都降到了不重要的职位上。他废除了弗林特上校的治安官职务,并公开竞拍船务总管拥有的给船只供木材、水和压舱物的垄断权。莱佛士原先建在政府山顶上并遗留给他女婿的房子,也被克劳弗德征用为官署。弗林特虽继续担任船务主 46
管直至于 1828 年逝世,但他的权力已一步步被削减殆净,死时竟债务缠身。

克劳弗德的任期从 1823 年 6 月持续到 1826 年 8 月,这一期间,新加坡的人口、贸易和财政收入都有极大的增长。根据 1824 年 1 月官方所做的第一次人口普查,新加坡当时的人口近 1.1 万人,其中马来人仍是第一大群体,华人数量则排在第二位,布吉人位列第三,另有 756 名印度人,74 名欧洲人,16 名亚美尼亚人和 15 名阿拉伯人。此时的新加坡有 12 家欧洲公司,大多数为伦敦或加尔各答公司的派出机构。欧洲移民一直在少量但稳步地到来,来者大多是二十岁左右的年轻商务助理,但也有少量携妻带子前来的男士。几乎所有来者都来自英国,其中包括一大群苏格兰人。后来有人把这些苏格兰人描绘为“一个苏格兰‘帮’,彼此间明显有亲戚关系”。[41]但在 1825 年 12 月,一位前葡萄牙海军外科医生——何塞·达尔梅达医生(Dr. Jozé d'Almeida)从澳门来到这里,开办了一家诊所,后来则成为新加坡的知名商人。

随着人口和贸易的增长,克劳弗德成功地从拍卖鸦片和亚力酒包税权,以及为当铺和火药的制造、销售颁发许可证中使财政顺利增收。他的主要创举是重启了法夸尔曾设的赌场包税权,这成为最丰厚的收入来源。通过包税方式获得的收入,从 1823 年的不足 2.6 万元,上升到 1825 年的超过 7.5 万元,其中几乎有一半都来自向赌博所征的税。到 1826 年时,新加坡的财政收入已经超过槟榔屿。

莱佛士规划的新城镇在克劳弗德的指导推动下逐渐成形，他贯彻了莱佛士定下的“美丽、规整和洁净”的建设标准。商业广场地块开辟出来并奠基；一座结实的桥梁横跨新加坡河；城中的街道得到拓宽，其路面经过了平整，还加上了英文的路标，1824 年，椰油路灯竖了起来；宗教建筑得到了专门划拨的地块；1823 年底，军队从市中心撤出，转驻在西北近郊四排埔(Sepoy Lines)一带新建的兵营里。

一位荷兰访客——陆军上校纳胡吉斯(Colonel Nahuijs)在 1824 年 6 月到访新加坡。这里的变化让他大为震惊，不过他仍有些愤愤不平，认为英国抢占了他视为荷兰领地的地方。他最后下结论说，新加坡不太可能成长为一个伟大的港口，也不会威胁到荷兰人，他还觉得这 20 家欧洲公司也就是新加坡能养活的最大量了。纳胡吉斯认为，莱佛士不驱逐那些马来王公及其随从，尤其是天猛公及其手下那群海盗渣子，反倒去与他们谈判，实在是犯下了致命的错误。[42]

尽管莱佛士于 1823 年 6 月与当地王公重新订约，但新加坡的法律地位仍然很不明确。印度总法律顾问(the Advocate General of India)认为，原先在 1819 年签订的那份协议，让东印度公司“只不过是受那些王公的意愿随意支配的租户”，根本谈不上主权或立法权，而新的协议则大有改善。但即使是 1823 年的这份协议，也仍然不能让人满意，他敦促须取得国会的必要许可，再立新约。[43]克劳弗德的结论也与之相同。克劳弗德从来就不是很有耐心的人，他很快与王公们就如何解释奴隶制和应付款项的问题起了冲突，吵得不可开交。天猛公在得到
47 3 000元后，又要求为搬到直落布兰雅拿一笔赔偿款，而苏丹侯赛因则欠了东印度公司和许多个人一屁股债。克劳弗德声明，两位王公“完全不胜任任何要职”，并于 1824 年 1 月写了一封长信给印度政府，陈明他的难处，要求获准再立新约，明令禁止当地王公干涉行政事务，或将东印度公司牵扯进柔佛-林加帝国的政治纠纷中去。他提出，唯一的解决方案是，以一笔一次性支付的转让金和一份终身制的俸金为代价，换取“将新加坡全岛的完整主权和所有权明确地转让(给英方)”。在回信中，印度方面承认了目前这些“协议具有的根本缺陷”，并敦促“确实有

必要立即”采取措施获取主权。[44]

上述指示在5月中旬送达克劳弗德手中，但此后的谈判一直延续了近三个月，主要的争论点是，王公们将得到的俸金是否能世袭。一份《友好同盟条约》最终于1824年8月2日签署，后来一般称其为《克劳弗德条约》。条约规定，王公们将新加坡岛及其沿岸10英里内的海域、海峡和岛屿永久转让给东印度公司及其继承者。这就保证东印度公司可同时掌控新加坡和柔佛海峡，以及紧邻新加坡的海域和小岛。两位王公获准继续住在新加坡岛内已分配给他们的领地上，但未经东印度公司同意，不得在岛外活动。如果他们决定离开新加坡，苏丹可获得2万元赔偿金，天猛公可获得1.5万元。[45]但令克劳弗德感到失望的是，两位王公并没有拿了条约中规定的赔偿金后走人，而是继续留在了新加坡。不过，驻扎官大人也没有闲着，他可不惮于给两位王公的生活制造点麻烦，让他们过得不舒坦。1824年9月，他释放了27名从苏丹的王宫里逃出来声称受到虐待的女奴隶；一个月后，他兴修一条通往甘榜布吉的道路，此路横穿了侯赛因的宅邸，把他家的墙都推倒了。可这种种伎俩并没能让苏丹搬家，王公们仍然继续住在新加坡，不断给英国当局制造难堪。

当克劳弗德和马来王公们于1824年签订条约时，双方都不知道，英国与荷兰政府在伦敦进行的旷日持久的谈判已经在友善的气氛中结束，就在几个月前的1824年3月17日，英荷签署了《伦敦条约》，“互相尊重在东印度的领土和商业状况”。为了避免日后发生摩擦，英荷双方都寻求清晰地划分出各自的领地。荷方不再抗议英国占领新加坡，还同意把马六甲转让给英国，并承诺不与马来半岛的任何一位王公签署协议，或在半岛上建立据点。作为回报，英方同意把明古连转让给荷兰，并承诺不在苏门答腊或新加坡以南的岛屿上建立据点，或与该区域的任何一名马来王公订约。双方参与这次谈判的全权代表都不曾到过东方，手上也没有有关组成了廖内-林加群岛的那数百个岛屿的可信赖的地图或列表。在谈判中，荷方曾提出经新加坡海峡划一条势力划分线，但这一提议最终被放弃，因考虑到其他欧洲强国会怀疑英国和荷兰

想要借此共同瓜分这一地区。为了清晰明确起见,双方决定直接列出
48 主要岛屿的名字,于是英国的承诺就是,不在卡里摩群岛(Carimon Isles),或巴淡岛、民丹岛(Bintang)、林进屿(Lingin)及其他任何一个新加坡海峡以南的岛屿上殖民或立约。[46]

新加坡过了好几个月之后才得到相关的消息,因为英国方面在使条约生效之前还有一大堆程序要走。第一步是将新加坡和转来的领地正式交由东印度公司管理,为此,英国议会于 1824 年 6 月 24 日专门通过了一项法案。同年 8 月 4 日,就在克劳弗德与两位王公订立新约的两天后,东印度公司董事会把法案和《英荷条约》的复本送给加尔各答方面,并附有关于如何准备办理移交明古连和马六甲的种种手续的详细指示。新加坡在行政管理上并不需改变,情况就没那么复杂,所以指令中只用一段话就交代完了相关事宜:“诸位可看到,(《英荷条约》的)第 12 条结束了英国政府与荷兰之间就英国对新加坡享有主权一事的所有争议。我们有理由相信,新加坡港的一部分是由离本岛极近的一系列小岛组成的。为了防止任何有关该小岛群主权的争论或对其行使主权的不便,我们授权并要求你们进驻新加坡海峡内所有此类小岛,与此同时,我们指示你们密切关注本条款中关于尊重卡里摩群岛及其他海峡以南地区岛屿的主权的规定。”[47]

直到 1824 年 9 月底,克劳弗德对上述事宜还一无所知,后来他是偶尔看到荷兰官方报纸上刊出的复本才知道《英荷条约》已签订。他担心这会影响到他刚与马来王公订立的新约,于是立即写信给加尔各答方面详加询问。他早就料到荷兰会承认英国对新加坡的占领,10 英里的界线也要确认一下有没有与《英荷条约》发生抵触,但他没有料到,条约中会禁止英国与新加坡海峡以南地区的马来王公订立条约。正如克劳弗德所指出的,这一规定“实际上相当于瓦解了柔佛的王国控制权,必定会造成一些难堪和混乱的事件”。天猛公的位置尤其尴尬:由于他的大部分领地都位于新加坡海峡以南,条约就会迫使他做选择,要不就放弃那些岛屿,要不就搬到那些岛屿上居住,从而削弱所有与英国的联系。[48]

1825年3月,印度当局热情地赞同了《克劳弗德条约》,认为其遵守了《英荷条约》,因为马来王公们转让的领地均位于所规定的南部界限——新加坡海峡以北。但加尔各答方面对分割了柔佛帝国的问题却没有作出任何评论。[49]

考虑到他们与柔佛之间的长期联系,荷兰人则更加关注这个帝国
的命运。1823年,他们重新占领了廖内,从已故苏丹马哈茂德的遗孀
手中武力夺取了王权,随后当着布吉隐王的面(但没有本达哈拉或其他
高官出席),正式加冕阿卜杜拉·拉赫曼为苏丹,从而赋予了他某种合
法性。荷兰政府是靠这样的方式在印度群岛行使他们的权威的:向苏
丹阿卜杜拉·拉赫曼(如今号称林加苏丹)解释《英荷条约》会产生的影
响,随后经由他之手让条约生效。1825年4月,巴达维亚公使克里斯
蒂安·凡安吉比克(Christiaan van Angelbeek)来到新加坡,以查明克
劳弗德所订的关于新加坡的条约对昔日柔佛帝国的瓦解有何影响。在 49
与克劳弗德进行了一番友好会谈后,凡安吉比克报告说,新加坡条约根
本没有违背《英荷条约》,反倒使势力划分更加容易,因为它相当于正式
承认了侯赛因和天猛公对马来半岛大陆领地的权属。凡安吉比克又迫
使苏丹阿卜杜拉·拉赫曼以"新加坡苏丹"的身份写信给侯赛因,承认
他对柔佛本土和槟榔屿享有权威,并告诫他要限制天猛公和本达哈拉
染指苏丹阿卜杜拉·拉赫曼在诸岛屿上的领地。这份所谓的"安吉比
克赠礼"(Angelbeek Donation)并没有帮到侯赛因,而《英荷条约》对天
猛公的打击则是致命的。在诱使不情愿的苏丹阿布杜拉·拉赫曼让出
自己在马来半岛大陆上的领地时,荷兰人指出,他其实没受什么大损
失,因为天猛公已经把新加坡让给了英国,而《伦敦条约》则让林加苏丹
完全控制了廖内-林加群岛的其他岛屿。天猛公却已放弃或被迫献出
了自己几乎所有的领地,只余下半岛大陆上一块实际上并无人居住的
荒地。天猛公阿卜杜尔·拉赫曼于1825年去世,死时明显备受打击。

1825年8月2日,就在新加坡条约签订的一年后,克劳弗德按照加尔各答的指令,启程环岛巡查,以标明所有权。这趟航程让他亲眼见到了这个地方有多荒芜。他们一行人在柔佛海峡东北端的乌敏岛

(Pulau Ubin)上竖起了一面英国国旗,并鸣炮 21 响,然后又绕到最西南端,到兔子岛(Rabbit Island)和柯尼岛宣示主权,同样又鸣炮 21 响。整趟航程共花费了 9 天时间,在这些天里,除了乌敏岛上几处伐木工的棚屋外,他们没有在柔佛海峡的任何一侧发现有人居住的迹象。在城区以外,新加坡的大部分地域仍是未经开发的丛林,《新加坡纪事报》(*Singapore Chronicle*)就曾宣称,到加尔各答去也比穿越这片艰险的地方去往岛中心的全岛至高点——武吉知马山(Bukit Timah Hill)更容易。

新加坡能拥有这三位开拓者为其最初的管理者,实在是幸运极了:莱佛士具有远见卓识,如果没有他,现代新加坡就不可能诞生;法夸尔凭借自己旺盛的精力、良好的判断力和卓绝的勇气,呵护这块新生的殖民地安然度过了最初那些危机重重的岁月;克劳弗德精明理智,脚踏实地,把莱佛士的梦想中那些更为实际的部分一一实现。这三位迥然不同的人物塑造了这里的管理模式,这种模式将在整个 19 世纪中得到沿用。

法夸尔自 1823 年离开后就对新加坡的事务再无影响,而莱佛士则于 1826 年 7 月去世。克劳弗德于 1826 年 8 月离开了新加坡后,先是受命出使缅甸,后于 1830 年回到英国。他此后再没有重返东方,但却一直与新加坡方面保持着联系。有几年他一直想要进入英国议会,但没有成功,余生便一直在政治边缘地带活动,与东印度公司对抗,首先是作为加尔各答商人的代表,后来则代表新加坡商人群体的利益。从 1853 年开始,他身在伦敦,把大部分的精力都花在推动海峡地区商人们的利益上,忙于起草呈递给议会的请愿书和备忘录,并组织代表团。1868 年,在逝世前夕,他以 85 岁高龄当选为海峡殖民地协会的首任会长。这个组织旨在保护新生王室直辖殖民地的利益。以此为自己的事业画上句点,对他来说再合适不过。

50 然而尽管与新加坡联系长久,但克劳弗德的名字却和法夸尔一样,在这里很快被人们遗忘,三位先驱中,只有莱佛士的声名和功绩与日俱增,久久被铭记。从某种程度上说,历史对法夸尔和克劳弗德并不公平,因为正是他们给予了早期新加坡行之有效的管理体制,这一点莱佛士却没有做到。尽管他具有卓越的想象力和远见,但新加坡的创建却是他唯一干成的功绩,而这种成功不受到任何折损,却是因为他并没有怎么参与到这块殖民地的实际运营中去。在大胆地创建了它之后,在头三年的形成阶段里,莱佛士与新加坡方面几乎毫无联系,在这段时间里,这个港口是在法夸尔的细心管理下才繁荣发展起来的。而就在莱佛士要永别新加坡之前旋风般推出了一系列举措后,其政策的真正落实,以及与天猛公和苏丹商定 1824 年条约的内容(这确保了它未来地位的稳固),这些都是由头脑冷静务实的克劳弗德完成的。莱佛士勾勒出大致的总体框架,余下的细节工作则是由其他没那么具有想象力、但却更加务实的人去完成的。

而在执行过程中,他们不可避免地会打破莱佛士那些不切实际的梦想。这个港口迅速取得了商业上的繁荣,比莱佛士预想的还要成功,但他在道德和教育方面的政策却很快被推翻,这让新加坡发展成为一个高度物质化的社会。虽然新加坡的商人们尊重并铭记莱佛士,称他为自由贸易政策的高级布道师,但其实 19 世纪时新加坡的许多社会特征却会让它的创建者感到伤心失望。

不过,尽管如此,莱佛士的设想却给那些有学识又有进取心的人们带来了灵感,而受他影响最深的,不是那些与新加坡有关的英国人,却是后世的英帝国营建者。他虽然没上过什么学,长期待在相对闭塞的东方,受雇于一家老式的垄断式公司,但他却具备了他那个时代最先进的激进而明智的人文主义思想。他希望在新加坡创立的社会形态,在很多方面都超越了当时英国和印度的状况。他对奴隶制的厌弃和对政府的道德影响力的看法与威尔伯福斯(Wilberforce)及福音派是一致的。他开明的罪罚惩治体系及对法律的尊重又响应了杰里米·边沁(Jeremy Bentham)和功利主义者的观点。此外,他最终转向推动自由贸易,从而在英国都还是一个实行贸易保护主义的国家时,就遵循亚当·斯密(Adam Smith)的原则和自由放任主义,把新加坡建成为一座自由港。

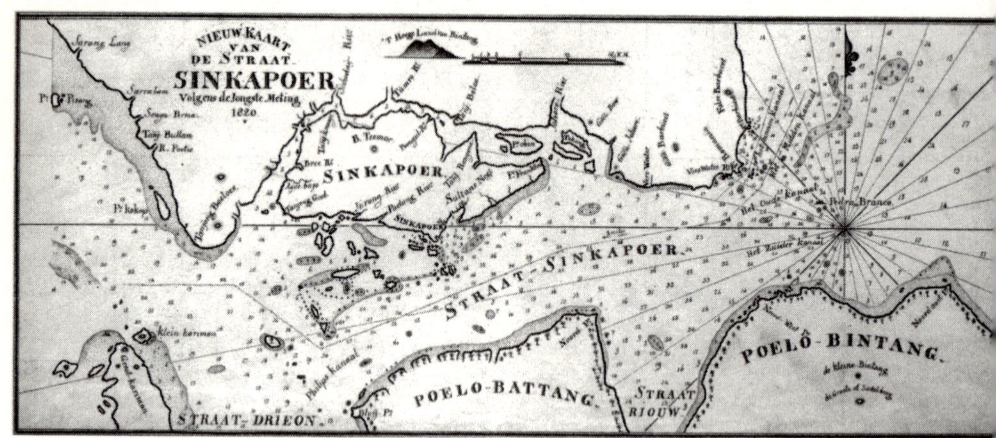

1. 新加坡地图,1820 年。(承蒙 the National Archives of the Netherlands, map collection Ministr of Colonies 允许使用, access number 4, MIKO inventory number 9,鸣谢 Peter Borschberg。)

2. 索菲亚山(今花柏山)景象,出自菲利普·杰克逊描绘的新加坡,1823 年。(承蒙 the Britisł Library Board 允许使用,shelfmark WD 2971,鸣谢 Peter Borschberg。)

3. 托马斯·斯坦福·莱佛士爵士，乔治·弗朗西斯·约瑟夫所画帆布油画，1817 年。（承蒙 the National Portrait Gallery，London 允许使用。）

4. 威廉·法夸尔。（鸣谢 the KITLV/Royal Netherlands Institute of Southeast Asian and Caribbean Studies，Nr. 16311。）

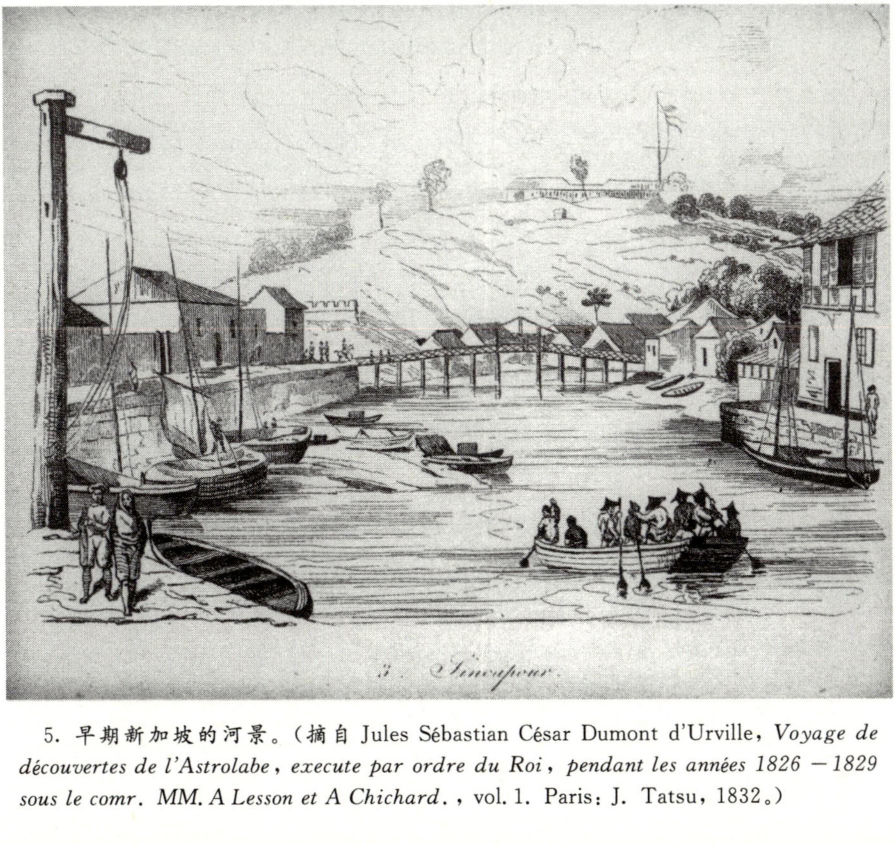

5. 早期新加坡的河景。（摘自 Jules Sébastian César Dumont d'Urville，*Voyage de découvertes de l'Astrolabe*，*execute par ordre du Roi*，*pendant les années 1826 —1829 sous le comr*. *MM. A Lesson et A Chichard*.，vol. 1. Paris：J. Tatsu，1832。）

53 第二章 “这块生机勃勃的、无与伦比的小小殖民地”(1826－1867)

1826 年,东印度公司把新加坡和槟榔屿及马六甲合并,形成了海峡殖民管区(Presidency of Straits Settlements),由槟榔屿总督罗伯特·浮尔顿(Robert Fullerton)担任首任总督。这次合并结束了新加坡早期的独立开拓岁月:如今,它接受槟榔屿的行政和司法管辖,东印度公司定期派来之前已在槟榔屿和明古连有任职经验的公务人员,从而使这里的管理与公司的实践体系保持一致。新加坡殖民地得到扩大,其行政长官为参政司(Resident Councillor),下辖三名副驻扎官(Assistant Resident)。但在合并的头四年里,参政司走马灯似的更换,没有谁对这里产生了大的影响。[1]

克劳弗德之前曾请求颁布的皇家司法宪章(Royal Charter of Justice),于 1826 年颁给了海峡殖民地,新加坡自此有了第一套司法体系,一些有身份地位的人士也得到出任太平局绅或大陪审团成员(grand juryman)的机会。宪章颁布伊始,并没有带来很大的改变。按规定,首席法官驻地在槟榔屿,定期在各块殖民地巡回,与总督和高级参政司一起开庭审案。但首席法官约翰·克拉里奇爵士(Sir John Claridge)就巡回的行程和费用承担事宜与其他官员发生了争执,于是拒绝离开驻地槟榔屿,这使得既有机制无法正常运转。浮尔顿不得不在 1828 年独自主持新加坡的首次巡回审判。而克拉里奇则在次年被召回英格兰免职。

海峡殖民地管辖区建立之初就存在经济上的问题,注定是要夭折的。政府无法收取足够的税收来维持大大膨胀的官僚架构和复杂的司法体系。浮尔顿提高土地税的计划失败了,而伦敦不仅否决了他想让新加坡与槟榔屿实行统一关税的提案,反而将自由贸易政策扩展到了槟榔屿和马六甲,进一步加剧了管辖区的经济困境。而在槟榔屿财政赤字飙升之时,东印度公司在印度也遭遇了严重的经济危机,于是在
1830 年,公司撤除了海峡殖民地这一费钱的建制。管辖区、总督及其 54
咨政委员会全部被撤销,殖民地降级为孟加拉管辖区的下属辖区。行政管理人员大幅精简:高级职位从 19 个削减到 8 个,其中新加坡仅占 2 个名额,仍然在职的少数官员,其薪水也遭到大幅削减。

管理机制上的变革迅速引发了司法方面的危机。由于没有人前来接替克拉里奇出任首席法官,而总督和参政司的职位均已被撤销,浮尔顿于是作出判定:按照目前宪章的规定,无人有权掌管司法权力。据此,1830 年,他在离开此地返回英格兰之前,关闭了巡回法庭,撤销了司法部门。作为权宜措施,新加坡的副驻扎官开了一个临时法庭,但却因无合法司法权而受到警告,被迫匆匆关闭。新加坡和槟榔屿的商人向英国议会申诉,不过此时,东印度公司已认定浮尔顿之前的司法解释是不正确的。1832 年,巡回法庭终于重开,第二年,新的首席法官也到任。为了满足司法宪章的硬性要求,总督和参政司的职位全都得以重设,但却只是虚位,并不具有之前的权力和等级。在接受印度管辖的余下岁月里,总督事实上只相当于参政司,他们也没有咨政委员会。1833 年,新加坡的情况又雪上加霜:东印度公司在这一年失去了对华贸易的垄断权,而殖民地的设立本就是为保护这种特权的。这让继续保有这块殖民地成为一项费钱又无用的负担,但东印度公司又没法将其丢弃。于是从这时候开始,加尔各答方面对海峡殖民地实行消极管理的政策,尽量减少支出,实行严格的不干涉政策,从而尽量避免让殖民地

卷入马来诸邦的纷争之中。

尽管在1830年至1867年间，新加坡的人口增长到原来的四倍，贸易额也增长到原来的三倍多，但在1830年的大精简中保留下来的极单薄的行政构架，却几乎一成不变地延续到了印度管辖结束之时。因此，官员们根本无法应付日益繁杂的行政事务。在这个时期，东印度公司委派的高级官员通常都是广受尊敬、颇有才智的人，他们中规中矩地执行各项政策，没有谁像那些开拓者们一样，在新加坡留下了深深的个人印迹。在19世纪中期的新加坡，莱佛士似的个人魅力和独创天才实在没有用武之地。

除了几个特例外，在1830年至1867年间，政府部门的薪水是零增长，但生活成本却大幅飙升。在当地招募的编制外人员的待遇还更低，这使得他们对东印度公司从英格兰招来的在编人员颇有怨言。加尔各答方面迷信报告和数据，这给新加坡的官员带来了沉重的负担，因为他们没有下级文员从旁协助。他们要亲自统合来自三块殖民地的报告，编撰陈述公文和统计数据，还要把当地的数据换算成印度的重量单位和货币单位。沮丧和无足轻重的感觉，再加上长期在一种令人衰弱无力的气候条件下工作，消磨了人们的工作效率和志向。每次高级官员生病、调职或去世，都会造成人员配备上的大问题。印度大总督坎宁爵士(Lord Canning)在1859年时坦言，海峡殖民地“最大的麻烦”就是公务人员紧缺。

55 官员们根本没有时间去了解当地的语言和习俗。浮尔顿曾制定过替学会马来语、暹罗语或华语的官员支付学费并发放补助的激励机制，但这些项目在1830年被废除。在19世纪中期，海峡殖民地的官员很少有人能讲流利的马来语，根本没人会讲华语，以致新法令的中文译本只能到香港编制。1857年，《新加坡自由西报》(SEP)评论道：“全世界可能没有哪里的政府像海峡殖民地的这样，无法向民众发表演说。”

司法配备不足，首席法官会定期从槟榔屿驻地到新加坡巡查，但大多数司法审判工作还是总督和常驻参政司在做。案件往往几个月也得不到审理,监狱里满是等待听审的犯人。终于,在经过长年的激烈争论之后,新的司法宪章于 1855 年颁布,规定设两名大法官,其中一名主管新加坡和马六甲,但总督和参政司仍然在名义上保留与专业法官共同审案的权力。

早在 1826 年,新加坡就成为海峡殖民地三块属地中最繁盛的一块,但槟榔屿在此后数年内仍然是政府驻地,更是作为法庭驻地直至 1856 年。不过,在实际运作中,1833 年起代行总督权力并于 1836 年正式出任总督的文咸长期待在新加坡,而他的继任者——威廉·巴特沃斯(William Butterworth)总督则正式将新加坡定为长期首府。

公务机构处境艰难,苦苦挣扎,私人商贸活动却繁荣兴盛。移民群体对新加坡 19 世纪中期取得的种种成就贡献最大。当地人口增长迅猛,1827 年为不到 1.6 万,1836 年已增长到 3 万多,几为原来的两倍,到 1860 年则增至 8.1 万。

到 1830 年时,华人成为最大的社群,到 1867 年印度管辖结束时,华人占到总人口的 65%。几乎所有华人移民都来自中国东南部的福建和广东两省,当时分为了四个主要的方言群体:闽南人(Hokkien)、潮州人(Teochew)、广东人(Cantonese)和客家人(Hakka)。闽南人的人数最多,从新加坡开埠之初就掌控着这里的商贸活动。他们的主要竞争对手——潮州人,是第二大方言社群。广东人大多是农业劳工、锡矿工或工匠,包括了新加坡大多数的木匠、裁缝、金匠和泥瓦匠。客家移民大多在港口停一下就转往内地的锡矿,但也有一些在新加坡定居下来,一般成为劳工。闽南人和潮州人的方言和习俗有一些亲缘关系,但广东人和客家人的方言和特点却差得很远。

在这里出生以及少数在中国出生的移民永久地在新加坡定居下来,生根发芽,有些大商人还根据 1852 年颁行的归化法,成了英国的臣民。不过大多数移民都希望奋斗几年,赚够钱后就回中国去。为此,他们勤奋工作,生活简朴,定期把积蓄寄回给身在中国的家人。

马来社群的规模虽然仍在扩大,但却很快失去了一支独大的地位。从马六甲、苏门答腊和廖内群岛来的移民毫无障碍地与当地的马来人、

56 爪哇人、玻雅尼人和其他从东部诸岛来的人群融合在一起。奥朗-劳特人不再作为一个独立的群体存在。英国人来到后不久，天猛公把奥朗-加冷人迁到了柔佛的莆莱河(Pulai River)一带，结果一场天花疫病夺走了大多数人的生命。[2]奥朗-谢勒塔人一直到19世纪50年代还自由地在水上过着游居生活，但此后柔佛海峡航运变得频繁，他们中有些人于是迁移到半岛大陆上一些更宁静的溪流上去了，剩下的人则融入岸上的群体。直到19世纪40年代末，新加坡河上仍有大批奥朗-格兰人的船只，还吸引了一批廖内-林加群岛迁来的奥朗-劳特人，[3]但政府以堵塞港口交通和据传他们窝藏海盗为由，驱散了这个水上聚落。从19世纪中期开始，奥朗-劳特人及其后裔都已融入马来人群中。

到19世纪60年代时，马来人已降为新加坡的第三大族群。他们大多是爱好和平的工业移民，受雇从事诸如船工、渔民、伐木工或木匠等卑微的工作。他们扬眉吐气的日子是在新年运动会上，这时马来人和奥朗-劳特人乘着自行设计的船只，总是能大胜欧洲人、华人、布吉人和其他竞争者。

印度人在1845年时仅占新加坡人口的不到10%，但到1860年时他们已成为新加坡的第二大族群，总数有1.3万多人。他们大多是作为商人或劳工来到这里的，还有些则是驻军或随军人员，甚至罪犯。南印度人是主体，但也有锡克教徒、劳遮普人、古吉拉特人、孟加拉人和少量富裕的帕西人。这些人大多是年轻人，他们勤俭度日，省下每一分钱好早日回到家乡安居乐业。在19世纪60年代以前，印度女性极少来新加坡，但有些印度穆斯林会娶马来姑娘并在这里定居下来，逐渐形成一个在当地被称为土生回教徒(Jawi-Peranakan)的社会阶层。

布吉人是唯一一个实际人数下降的族群，其数量从19世纪30年代最高峰的2 000人缩减到1860年时的900人。19世纪30年代时，布吉商人还垄断着新加坡与群岛中东部诸岛的贸易，但荷兰的贸易限制措施取消及西方船只越来越在群岛贸易中占主导地位，这些都削减了布吉人的市场占有份额。前来新加坡的布吉船只的数量大幅减少，但一年一度他们的商船队到达的壮观景象在20世纪初期仍然令人印象十分深刻。

至于那些更小的族群,1836 年时当地有 43 名亚美尼亚居民;[4] 第一个巴格达犹太人于 1836 年来到此地,19 世纪 30 年代时,阿拉伯人开始把女眷一同带来,但要到这个世纪下半叶,阿拉伯人和中东的犹太人才会大批来到。这三个社群都繁盛起来,那些大的阿拉伯家族更是聚敛了巨额的财富。

欧洲人口也稳步增长着,但始终只占极少数。1827 年时有 94 人,1860 年时有不到 500 人,英国成年男子占差不多一半。但他们的影响力却与数量很不成比例。克劳弗德曾在 1824 年将这一小群欧洲人描述为“殖民地的生命力与活力”,说要是没有他们,就“既没有资本、企业、各类活动、自信心,也不会有秩序”。[5] 而英国人则始终担任所有中高层官职,并提供了大多数商贸资本。

到印度管辖时期结束时,新加坡主要是个华人市镇,还有相当数量的马来人和印度人,以及由欧洲人和少数富有的华人、阿拉伯人、帕西人、印度人、亚美尼亚人及犹太人组成的上流阶层。

大多数移民都是冲着新加坡是个贸易中心才来到这里的。当时英 57
国和印度的贸易几乎完全由欧洲商人垄断,但新加坡迅速成为由亚裔主导的,对印度尼西亚、暹罗、中国和马来西亚贸易的一处重要的交易中心。这里的港口总是壮观地停泊着好多样式独特的亚洲船只,动辄好几百艘:马来船(*perahu*)、中国帆船,以及布吉和阿拉伯船只。

在航海时节,贸易的潮流决定了新加坡的生活节奏,其重心是两段重要的贸易期:帆船季和布吉季。从中国、交趾支那和暹罗来的帆船乘着东北季风来(11 月到次年 3 月),随西南季风离开(4 月)。大多数中国帆船在一二月间抵达这里,此时新加坡一片繁忙兴旺的景象。大量的船只会开出港口护送这个季节第一艘来到的帆船。城镇里挤满了争相招徕新移民的雇主和赶来挑选在甲板上排开的新货的商店老板。

即使是在东印度公司享有对华贸易垄断权之时,中国的帆船与新加坡之间的转口贸易也十分兴盛,1833 年后,这个港口还试图取代广东，成为西方对华贸易的主要交易点。在第一次鸦片战争期间，广东的口岸关闭，这让新加坡享受了短暂的繁荣，但1841年香港开埠，随后中国又开了五个通商口岸，使新加坡有关对华贸易的种种希望落空。

布吉商船队主要从苏拉威西来，经巴厘、婆罗洲南部和其他一些处于赤道以南的港口后，通常在九十月间抵达新加坡，并在南半球热带地区刮起西北季风的11月返航。布吉船只长得很奇特，它们会泊在甘榜格南沿岸形成浮动的店铺。在19世纪30年代，每年这个季节大约有200艘布吉船只来到新加坡，每艘有约30名船员。一下子涌来6 000名这样鲁莽暴躁的男人，威胁到了这里的和平与宁静，虽然布吉人被禁止携带武器上岸，他们还是常常卷入暴力争吵事件中，尤其是与华人中间商。

新加坡一直很依赖对印度尼西亚的贸易，它是当中不可或缺的服务供应商，但与此同时，作为一个转运港，从荷兰殖民地时代开始，印度尼西亚就暗暗嫉恨它的好运，在19世纪二三十年代，巴达维亚对经新加坡转运的货物额外施加了诸多限制、费用并课以重税，还不准它与荷兰在苏门答腊、婆罗洲、苏拉威西和帝汶的输出外港实现直航。1841年荷兰最严厉的限制措施取消后，新加坡对印度尼西亚的贸易得以稳步增长。

到1826年时，新加坡已取代巴达维亚，成为暹罗与马来半岛进行贸易的转运港，但这类贸易由以曼谷为大本营的暹罗及中国帆船主掌控。直到1855年英暹签订《鲍林条约》(*Bowring Treaty*)，规定暹罗对英国商人开放，新加坡的欧洲商人才打破了这一垄断局面。

华商则控制着新加坡与马来半岛东部沿海各个港口的贸易，主要是向华人矿主和商人建立的居民点售卖鸦片和其他供给品，换回黄金、锡和藤条。直到19世纪的最后25年间，半岛西岸几乎没有什么贸易活动，因为除了马六甲和槟榔屿外，这一侧海岸基本没有人烟。

58 美国船只最初被官方排斥。依据英美在1815年签订的公约，美国人获准与印度辖区的港口进行贸易，其中包括槟榔屿，但这一条款并未将贸易权延及新加坡。莱佛士曾轻蔑地称美国人是“不法商人”和军火走私贩子,也确实有少许人违反贸易禁令。1825 年,一艘美国船只因非法贸易被扣押,并被带往加尔各答受审。此后,美国船只一般停靠在廖内,或与新加坡相距约 14 英里的万丹,来和新加坡做生意。不过渐渐地,在 1840 年时,禁令终于被正式取消,此后美国船只纷纷涌来新加坡。[6]

到 1846 年时,新加坡有 43 座商人的仓库: 20 座英国人的,6 座犹太人的,5 座华人的,5 座阿拉伯人的,2 座亚美尼亚人的,2 座德国人的,1 座葡萄牙人的,1 座美国人的和 1 座帕西人的。新加坡的商业体系主要依赖欧洲资本与华人企业的结合。大多数欧洲商人进口的是本国商人委托他们出售的商品,运来后,则依靠华人中间商去与华人及其他亚裔商贩商谈售卖。这里的大多数欧洲人都生活得很舒适,穷人极少,但却没有哪个西方人在当时赚得有最成功的华商那么多。新加坡港口的辉煌成功让英国的制造商获利颇丰,但对当地的各个欧洲商人来说,19 世纪中期跌宕起伏的转运港贸易形势带给他们的,是当时的媒体所描述的“一项漫长的苦差事,年纪轻轻投身进去,出来时已垂垂老矣”。[7]

有些华人很擅长搞产权交易和短期投机,他们本身缺少资本,但可以从欧洲人那里搞到货品,条件是开据未来分红的凭条。这类合资生意能让双方都有利可图,但也刺激了鲁莽的冒险行为。有时中间商可能生意失败无力偿债,也可能携带赚得的利润潜逃回中国,这都让欧洲商人人吃苦头。从 19 世纪 30 年代开始,欧洲商人好几次内部协商要限制这种信贷贸易,但每次的协议都瓦解了,因为西方人发现,他们根本离不开华人中间商,而且贸易若能成功,带来的潜在回报也确实很有吸引力。

在 19 世纪的头 30 年里,蒸汽船在新加坡还极为少见,但到了 40 年代,它们就开始较频繁地造访这个港口。可信度很高的航海图和新建灯塔构成的“光之链”,使得蒸汽船可以安全地进行日夜航行,也能够按既定班次准时航行。1845 年,半岛暨东方轮船公司开通每月往远东的航线,次年,新加坡和加尔各答之间的定期航线通航。起初,半岛暨东方轮船公司(Peninsular and Oriental Steamship Company)的蒸汽船往返于英格兰和地中海,在亚历山大港让旅客和货物下船,乘骆驼穿过苏伊士地峡,再从苏伊士运河登上同公司的船继续前行。1855 年,公司扩展了航线,提供从欧洲出发的 14 天航程。1858 年苏伊士铁路开通,让旅客有了更舒适安全的体验,运送邮件也更保险。由于人们太信赖这条线路的速度了,到 19 世纪 60 年代中期时,如果从英国发出的邮件在五个星期内还到不了新加坡,人们就会开始抱怨。虽然在此后的 30 年里帆船仍是运送货物的主力,但贸易模式已经在改变。西方的横帆帆船取代马来和布吉人的船只,介入了半岛贸易,到 1854 年时,新加坡贸易商品中有四分之三都是由横帆帆船承运的。[8]

随着贸易的发展,商业设施和机构也建立起来。新加坡商会于
59 1837 年成立,东方银行①于 1846 年成立,然后是 1855 年时成立的印度商贸银行(Mercantile Bank of India),1859 年成立的渣打银行②。1859 年新加坡架设了第一条电报线,通往巴达维亚。第一家干船坞于 1859 年开张,1864 年丹戎百葛船坞公司(Tanjong Pagar Dock Company)成立。

当地的媒体在这一时期为促进新加坡的繁荣作出了很大贡献。的确,当时人们认为报刊在宣扬这个新兴港口的魅力方面作用极大,因此,新加坡在 1824 年就有了第一份半官方性质的报纸——《新加坡纪事报》(*Singapore Chronicle*,又名 *Commercial Register*),比它的第一家银行还早 20 年。后来,《新加坡纪事报》的作用被两份独立刊物所取代:于 1835 年成立的《新加坡自由西报和商贸广告》③,以及随后于 1845 年成立的《海峡时报和新加坡商业》④。正如两者的标题所显示

---

① The Oriental Bank,又译丽如银行。——译者注

② The Chartered Bank of India, Australia and China,又称麦加利银行。——译者注

③ *Singapore Free Press and Mercantile Advertiser*,应为《新加坡自由西报》的全名。——译者注

④ *Straits Times and Singapore Journal of Commerce*,应为《海峡时报》初期的全名。——译者注

的，其大部分版面都用于刊登商业和航运信息，在1858年第一份政府公报出版以前，还发布官方通告。它们的发行网络铺到了海外，《新加坡自由西报》和《海峡时报》都有“跨大陆版”，经由苏伊士运河运往欧洲。报刊间互相转引信息当时很常见，有时甚至还全文转发，因此《新加坡自由西报》和《海峡时报》在很小规模的新加坡岛内读者群以外，还拥有大批读者。

让新加坡在日后成为一个伟大的国际化现代化港口的种种基础条件，在这一时期得到了增强。新加坡和柔佛两个海峡一带危险重重的水域因航海图的绘制和灯塔照明系统的建立，变得前所未有地适于安全通航。这一切大部分要归功于总督威廉·巴特沃斯的大力推动，以及约翰·藤布尔·汤普森(John Turnbull Thomson)在从1841至1853年担任官方测绘师的十二年间所做的工作。汤普森在此之前就已花了三年时间绘制槟榔屿和威斯利省的地图，然后在21岁时受命担任新加坡的官方测绘师。与东印度公司的蒸汽船“戴安娜”号的船长萨缪尔·孔加敦(Samuel Congalton)一道，汤普森首次细致地对新加坡海峡一带进行了测绘工作，其后又绘制了柔佛和彭亨东部沿海图。他最伟大的成就是修建了霍士堡灯塔。这座灯塔位于扼守着新加坡湾东入口处地势险要的白礁岛上，经过了两年的艰苦努力才于1851年完工。[9]位于新加坡海峡西面入口处科尼岛上的莱佛士灯塔则于1855年建成，但此时汤普森已经离开新加坡，后来成为新西兰的首任测绘师。

尽管取得了上述种种进展，但其他一些问题仍然没有得到解决，究其缘由，多在于政府财政收入不足，以及东印度公司对这里缺乏兴趣。一个主要的难题是币制。东印度公司所使用的卢比是官方货币，但在这里只见于统计数据中，实际流通中，东南亚贸易一般使用的是西班牙银元，辅以荷兰铜板，以及英格兰铸造、由英国商人作为一种商品引入新加坡的铜质纪念币。虽然东印度公司不希望让一种自己无法控制其币值涨跌的外国货币流通使用，但加尔各答方面也没有明令禁止银元流通，不过它按与卢比的固定兑换率也发行了一种铜币，希望以此来整顿币制体系。为此，印度立法会议于1855年颁布了一项法案。但新加

坡的商人误解了颁布该法案的目的，以为这是为取缔银元而采取的第
60 一步措施，于是大加反对。这项不受欢迎的法案只得在 1857 年撤销，币制问题此后又延宕了数年，直到 1867 年王室直辖殖民地体制在这里建立，元和美分成为官方货币后才告解决。[10]

在没有强有力权威当政的时期，海盗一直在这个地区肆虐。在整个印度管辖时期，海盗也始终威胁着新加坡的贸易发展。组织化程度最高、最令人闻风丧胆的海盗群体，是苏禄群岛的巴拉尼尼人和棉兰老岛的伊拉农人。他们的船队由全副武装的大型船只组成，每年都会到东部群岛和马来半岛水域大肆劫掠，袭击起欧洲的横帆帆船来也毫不手软。更小型的亚洲船只还深受各个地域的小股海盗之苦，这些小团伙有时候也会组织一些长途的袭击，比如林加苏丹的手下，以及那些会劫掠婆罗洲西海岸的迪雅克、巴召和文莱等马来族群。其他一些零散的海盗则是渔民或小商人，他们抓住一切机会，当一把海盗捞一笔横财：廖内-林加群岛的奥朗-劳特人就经常在帆船在马六甲海峡一带搁浅动不了的时候，冲出来抢劫，抢完立马就逃入马来半岛南部沿岸的红树林里，顺着迷宫一样星罗棋布的小溪流群，这些海盗消失得无影无踪。[11]

在新加坡开埠早期，涌到这个新港口来的小型亚洲船只都成了海盗的猎物，大家都知道，这些海盗背后有天猛公在暗中支持。在 19 世纪 30 年代初，马来半岛东海岸的合法贸易几乎陷入停滞状态。新加坡的商人们越来越不愿意做那种赊账运售的买卖，因为怕货物会被海盗抢走。1831 年时，布吉的船主就曾抱怨说，除非东海岸的海盗被镇压下去，否则他们就不再到新加坡做生意了。[12]在港口内部，海盗们公然带着武器销赃，还洗劫市镇，攻击沿海的船只，伏击那些坐在舢板上准备登船出发的商旅。于是在 1832 年，后来又在 1833 年，一群华商自行组织起了警备船队，在港湾入口一带巡逻。

因为新加坡并没有海事审判机构，被捕的海盗都必须送到加尔各答去受审，船长们嫌麻烦，一般就自行用私刑维持正义，把被抓的海盗

直接扔到海里去。1837 年,海峡殖民地总算有了海事审判权,但只针对在其主权海域内发生的袭击事件。

1835 年,总督文咸向加尔各答当局抱怨说,海盗几乎要让亚洲贸易“完全消亡”了。为了回应新加坡的欧洲商人们提出的请愿,皇家海军派出一艘单桅帆船“狼”号前往海峡地区,与东印度公司的蒸汽船“戴安娜”号一起搜捕海盗。作为第一艘在东南亚海战中投入使用的蒸汽船,“戴安娜”号之前已在缅甸产生过奇效,现在,这两艘船又合力让这一片区的海盗们惊恐不已,因为他们还从没有看过蒸汽船。在 19 世纪 40 年代,皇家海军采取了一系列严厉的行动,以肃清南海一带的海盗。1850 年,伊拉农人的船队最后一次出动进行劫掠,此后便销声匿迹。新加坡附近的海域迎来了数年相对和平的状态。但到 19 世纪 50 年代初,新的更可怕的威胁来临——大型的华人海盗群。当时积弱的中国清政府根本无法控制这股势力,他们肆意袭击大帆船,也劫掠小型船只,危及新加坡与福尔摩沙①、交趾支那之间的贸易。海盗的侵袭日益猖獗,1854 年时,据说从群岛出发的亚洲船只中,只有一半能顺利到达 61
新加坡。[13]当中国帆船抵达的旺季来临时,新加坡每天都会有没装货但却全副武装、配有大量船员的中式帆船出航,显然是要去干海盗勾当的,但又没有合法的权威能阻止它们。而且海峡殖民地政府也没有力量这么做:它只拥有三艘炮艇,力量实在太弱,何况这三艘炮舰还需要承担全部三块殖民地的防卫和官方运输任务。

1855 年,新加坡的商人向印度大总督、皇家海军和议会两院均提出请愿,要求得到海军的保护,以及逮捕海盗嫌犯的司法权,但都没有结果。当地的报纸上几乎期期都有海盗案的报道,1866 年,《新加坡自由西报》抱怨称,华人海盗“即使听到我们的枪炮声”,仍然照抢不误。[14]

不过到这个时候,东南亚水域中海盗们的鼎盛期已经即将终结。

---

① Formosa,为拉丁语及葡萄牙语词汇,均为“美丽”之意。世界各地有许多以其命名的地方。此处则应专指中国台湾,系葡萄牙人初登岛时命名,后为荷兰及其他欧洲人沿用。——译者注

1866 年,西方列强与中国清政府签订的条约中提到合作肃清海盗,而随着对华贸易的重要性日益提高,英国海军在远东的活动也日渐增加,并以镇压南海及马六甲海峡一带的海盗为其优先任务之一。1858 年后,荷兰在苏门答腊扩张,1874 年后,英国对西部马来诸邦实行保护,均加速了大规模海盗群体的衰亡。

在 19 世纪中期,新加坡的经济几乎完全依赖于波动性极大的转运贸易,因此,其状况充满了不确定性,经常大起大落,有时会遭受一连数年的萧条。进步总是时断时续。商人们把繁荣时期看成是非同寻常的天赐好运,却更习惯于哀叹会带来长久创伤的衰退年月。他们总是放不下心来,老觉得繁华是偶然降临的,一旦出现其他与之竞争的自由贸易港,或印度当局取消新加坡的自由贸易港政策,它就会转瞬即逝。

在开埠早期,新加坡的商人们抱怨说,荷兰对印度尼西亚贸易的限制措施妨碍了他们做生意,但到了 19 世纪 40 年代,他们又转而抱怨荷兰越来越趋于自由化的贸易政策,担心荷属东印度群岛的港口一旦开发为自由贸易港,许多船只就会因此不再到新加坡来。1847 年,望加锡(Makassar)成为自由贸易港,当时许多商人预言,新加坡的布吉人贸易是做不成了。甚至连新开发的英国港口也被视为潜在的竞争对手。第一次鸦片战争后,香港开埠,清政府根据条约开放了几个通商口岸,新加坡的商人顿觉前景堪忧。1841 年,詹姆斯·布鲁克(James Brooke)获取了古晋港(Kuching),1846 年,纳闽岛(Labuan)殖民地建立,这又让新加坡商人们担心起他们与婆罗洲的贸易来。商人 G. F. 戴维森(G. F. Davidson)在 1846 年预言道:"我认为新加坡的贸易发展已经到顶了;这个城镇的重要性和繁荣程度已经到达极致。"[15] 当时,大多数人都和他一样悲观,相信这块殖民地将面临经济萧条甚至崩溃的前景。

但对华贸易的增长,以及荷属东印度群岛势力的扩张,实际上促进了新加坡贸易的发展,于是,对竞争和衰败的担忧随之消散。在 1851 至 1852 年的官方统计年内,来到新加坡的船只数量创历史新高,喜人的贸易数值让加尔各答的报纸《印度之友》(*The Friend of India*)称新加坡为“这块生机勃勃的、无与伦比的小小殖民地,是大不列颠最重要的边地市场”。[16]1855年《鲍林条约》签署后,新加坡迅速成为曼谷进行贸易的重要集散地。到1857年时,贸易额已经快比15年前翻了一番。

但在19世纪60年代初荷兰对苏拉威西的控制增强,第二次鸦片 62
战争后,清政府向西方列强开放了更多的通商口岸,新加坡的繁盛因此开始停滞不前。1862年,奥佛·加文纳(Orfeur Cavenagh)总督称:“新加坡已不再是最重要的海上转运港了,无论是对本地区的产品还是欧洲的产品而言;从英格兰来的船只根本不在这里卸货,不进港就直接开走了,本地区的贸易则理所当然地选择最近的市场就近交易。”1864年达到衰退的最低谷,很多公司,无论大小,无论是亚洲人的还是欧洲人的,都情况不妙。那一年最爆炸性的新闻是,新加坡一家历史相当悠久、深孚众望的老牌企业——达尔梅达家族公司(D’Almeida and Sons)宣告破产。

尽管出现了这样的事例,但制约新加坡发展的障碍只是短暂的,加文纳担忧其恐将就此一蹶不振,但这种担心并没有发生。1867年,新加坡转交殖民地事务部直接管辖,此时的它已跻身于大英帝国最繁盛的港口之列。

与商业上的成功形成反差的是,新加坡的工业进展令人失望,农业发展也简直毫无起色。其根源部分是由于劳动力的缺乏。这个问题在整个19世纪都困扰着新加坡。马来人专事捕鱼、伐木和小规模自给自足的农业生产,极少经商或成为雇佣劳动力。布吉人不习惯参加有组织的大规模劳作,而印度来的劳工则多迁往槟榔屿,不愿来新加坡。华人劳工非常出色,但他们比较喜欢自己干或为同胞打工。大多欧洲人的庄园只好依赖爪哇劳工,或从爪哇沿岸的巴韦安岛来的玻雅尼人(据说他们虽然效率比较低,但踏实肯干)。1860年时,新加坡有3 000名这类移民,但要稳定地持续引进爪哇和玻雅尼劳工却很困难。他们许多人是从麦加归来的朝圣者,把自己的劳力出卖给新加坡的种植园主,只是为了偿付他们欠下的船费和杂费,并不会长期留下来做工。

新加坡唯一值得一提的产业是西米制造业。西米制造的技术是早先从马六甲或锡亚克传到新加坡的,此后,高质量西米的制造迅速发展,新加坡成为出口西米到印度和欧洲的中心。到 1849 年时,这里有 15 家华人的西米工厂,两家欧洲人的,但欧洲人发现自己很难跟这些华人工厂主竞争,他们一头扎在工厂里,和工人们一道,吃住都在厂里。[17]

岛上的热带丛林长势茂盛,这让早期的定居者错以为这里的土壤很肥沃。1836 年,一群激情万丈的人士(主要是欧洲人)建立了新加坡农业与园艺学会(Singapore Agricultural and Horticultural Society),开始了种植实验。最风行的实验作物是肉豆蔻,在这个世纪中期,有人描述说,肉豆蔻种植“在新加坡掀起了一阵热潮”。[18]但病害打击了这些庄园,到 19 世纪 60 年代时,只剩下一家还在苟延残喘,但其作物也已染病。城镇近郊到处是死去的肉豆蔻树,黑压压的一大片,树皮泛着死白,枝杈上爬满了各种藤蔓植物。

另一种受青睐的作物是椰子,但它只能在新加坡东南部加东地区沿海的沙地上种植,收益率也很低。而甘蔗种植的结果更是惨淡,1848 年,最雄心勃勃的甘蔗种植园主——美国领事约瑟·巴勒斯蒂尔(Joseph Balestier)因此破产。咖啡豆、棉花、肉桂、丁香和靛蓝的种植
63 也得到了更谨慎的尝试,但均以失败告终。到 19 世纪 60 年代时,在贫瘠的土壤、病虫害和缺乏季节变换的气候条件联手打击下,欧洲人建立的各种农业庄园均宣告失败。[19]

最终兴盛起来的,只有华人开办的甘密和胡椒混合种植园。这两种植物可以互补,种植胡椒的利润很高,但它很快就会耗尽土壤的肥料,而甘密留下的残株却可以为胡椒提供必需的肥料。甘密的叶子摘下来以后必须马上放到沸水里煮,新加坡岛上的原始森林刚好提供了大量薪材。1819 年英国人来到时,这里有大约二十家甘密种植园,有些是华人开办的,有些则是马来人的,其产品运往中国销售。在 19 世纪 30 年代,英国的染料和鞣制工业跃升为消费新加坡甘密的最大市

场。旺盛的需求催生了新的种植园，华人开始往北和往西，推进到新加坡的内陆地区开办庄园。[20]

甘密种植业在19世纪40年代末达到鼎盛时期，此时，岛上共有600家正常运营的甘密和胡椒混合种植园，雇佣了约6 000名华人劳工。但价格的波动让这一产业的发展充满了不确定性。到这个世纪中期，许多种植园的土壤已经耗尽了肥力，种植园主们开始迁往柔佛。他们几乎绝大多数都在创业初期以固定利率向城镇里的店主们贷过款，条件是此后必须从债主那里购买食品和其他补给品，并把生产出来的甘密和胡椒卖给他们。这种制度把种植园主长期和债主们绑在一起，新加坡的那些大商人们仍然控制着在柔佛新建起来的庄园。[21]

促使甘密种植园主迁走的原因，不仅是土壤肥力下降导致的生产效率下降，还有日益频发的老虎伤人事件。1831年爆出了第一例：两名华人在离城镇不远的地方被老虎咬死。随着越来越多的种植园向原始森林地带侵蚀，伤害事件频发。新加坡有老虎伤人的事情已经尽人皆知，有传言说，每天都会有一名死难者。1846年，人们甚至发现一只老虎跑到乌节路(Orchard Road)上来了。庄园主们起初怕吓跑劳工，于是试图封锁虎害猖獗的消息，但到19世纪40年代中期时，他们也放弃了这种粉饰太平的做法。债主们根本不敢到这些庄园探访，1859年，武吉知马山(Bukit Timah)附近一个村子里，很多居民都因虎害丢了性命，村民们最后只好都弃村逃走了。

但与此同时，猎虎却成为一项时尚的活动。政府开出的杀虎酬金，还有卖虎肉和虎皮可赚得的大量钱财甚至诱使两名欧亚裔当上了职业猎虎人。1860年，总督加文纳送了几队罪犯到丛林里去猎杀老虎。随着岛内的逐步开发和进步，这类袭击事件开始逐渐减少，不过1890年时仍然有人在汤申路(Thomson Road)的第七个路标处遇虎袭丧生，1896年也还有人在武吉知马路上射杀了两只老虎。最后一次射杀老虎的事件发生在1904年，地点为良木园货仓(Goodwood House)。[22]

“刀耕火种”式的甘密与胡椒种植方式给新加坡造成了损害。华人农户原来在家乡精耕细作的方式能珍藏和更新土壤的肥力。但迁来新加坡后，为了迅速致富，他们放弃了这种方式，只是一味地掠夺土地的肥力，之后就抛弃这里重新开荒。土地于是丧失了肥力，森林遭到破坏，荒芜的田地里爬满了野生的白茅草。这些甘密和胡椒种植者们四处迁移，“像蝗虫一样，在身后留下一片破坏的痕迹”。到 1867 年时，新加坡岛的内陆地区大多已荒芜废弃。只有那些有迷信思想的人会相信，新加坡农业发展不起来，是受了淡马锡那血腥的历史的诅咒，但在五个世纪后却没人可以否认，甘密和胡椒种植者的行为倒确实对这片土地施加了严酷的诅咒。

64 到 19 世纪 30 年代初，新加坡已被称为“远东女王”，[23]但“她”的华美“王气”只显示在繁盛的经济活动、美丽的景观和富裕商人的豪宅和货仓上。政府却没有钱修建与这个称号匹配的公共建筑。政府办公楼使用的是商铺，法院所在地是一所租来的欧洲人的私宅。参政司住的亚答屋①还是莱佛士建造的，已经摇摇欲坠，在一个暴风雨夜过后，人们担心它会倒掉，赶紧前去查看。政府山脚下的植物园里长满了野草，海滩附近的新加坡书院也始终是座没完工的空壳，进港的旅人一眼就能看到它。这座宏伟的废墟给这片殖民地增添了与其短暂的历史不相符的古意，这让来访者感到疑惑，但他们的第一印象没错：这里就是充满了反差，东岸展示的是政府的贫困和文化追求的残破景象，而在新加坡河的对岸，则是人们火热而贪婪地追求着财富和利益。

新加坡河是城镇的心脏，一直到 19 世纪 40 年代，其河口地区及驳船码头的新月地带，一直是航运的聚集地。商人们把自己的商号和仓库建在驳船码头，或当时背临大海的商业广场。在早期，许多欧洲人就住在商号的楼上，但到 1830 年时，他们大多已搬到新加坡河东岸，面朝滨海大道，紧邻着海滩。在这里，在这片“新加坡的上流住宅区”里，他们修建了占地豪阔的雅致居所。

在 19 世纪 30 年代初，城区大部分还是一片沼泽，主要干道是在泥

① 这是南洋的一种传统建筑，因其斜屋顶是由被称为 attap(亚答)的棕榈叶覆盖而成的而得名。它一般是单层的小木屋，墙面是由树皮制成。——译者注

泞洼地上架设起来的，整块区域还经常发生洪灾。火灾是另一种主要的灾祸。1830 年，一场大火在市中心肆虐了三天之久，烧毁了菲律宾街(Philip Street)和市场街(Market Street)的一部分。当时还没有消防设施，警察们直到 1846 年才配发了灭火器。但即便如此，这些设备在应对次年发生的一场大火时，仍显得无能为力，大火最终烧毁了甘榜格南的大部分房屋。[24]

乔治·庄戈德·哥里门(George Drumgold Coleman)是一名颇有天分的爱尔兰建筑师，他在 1833 年受命担任新加坡的公共工程总监(Superintendent of Public Works)，大大改变了城镇的面貌，并开始大规模使用罪犯充当劳动力。1825 年，第一批印度来的罪犯从明古连运到这里，新加坡逐渐成为海峡地区主要的罪犯发配地——“印度悉尼罪犯殖民地”。在劳动力长期短缺的情况下，这些罪犯就全权承担了采石、伐木和烧砖乃至修建教堂、政府官署和其他公共建筑的工程任务。[25]

哥里门开垦了甘榜格南沿海地带的土地，抽干了沼泽，修建道路，并建造了许多华丽的帕拉丁风格的雅致私宅，为新加坡优雅、精致的殖民地建筑风格打下了基调。他于 1841 年退休，三年后在新加坡病逝，但却为这里留下了许多令人印象深刻的建筑物，可惜它们大多未能保留到 21 世纪。这些建筑中最著名的，是亚美尼亚教堂和后来成为第一幢国会大厦主体建筑的一所私人住宅。哥里门本人的宅邸建于 1829 年，就伫立在今天仍以他名字命名的哥里门街上。它在哥里门逝世后先租给了一个法国人，他在 1831 年将其改建为伦敦饭店。这幢建筑曾先后入驻过一系列饭店，也曾改为出租的公寓，但到 20 世纪 30 年代时，它已老旧不堪，成为一处租赁的贫民居所，最后于 1969 年被拆除。哥里门的继任汤普逊(Thomson)延续了他的工作，继续为新加坡修筑桥梁、道路，绘制城区和周边环境图。

在 19 世纪 30 年代，结实的宗教建筑开始出现，取代原先那些脆弱 65
的临时性建筑。哥里门于 1835 年建成亚美尼亚教堂，又于 1836 年建成圣安德烈教堂(St. Andrew's Church)。第一所罗马天主教堂建成于1833年,第二所则在1846年完工,后被尊封为耶稣善牧主大教堂(Cathedral of the Good Shepherd)。最主要的华人庙宇位于当时还临海的直落亚逸街(Telok Ayer Street)上,叫天福宫(Thian Hok Keong)。它于1842年完工后,就成为新加坡的一处名胜。其修建所用到的大部分材料,花岗岩柱、带纹饰的石材以及一尊庇护航海的妈祖像,都是由富裕的福建船主出钱,从中国运来的。第一所清真寺于1824年在甘榜格南建成,但存世时间最长、也最具吸引力的那座清真寺则建成于1846年,也是在甘榜格南。其出资人是一位马六甲的女士——阿拉伯商人赛义德·艾哈迈德·阿尔萨哥夫(Syed Ahmed Alsagoff)的岳母。此前仓促修建的印度教寺庙纷纷重建,反映出印度社群因经商已兴旺起来。乌节路上的湿婆庙在19世纪50年代初重建得高大结实,木制的亚答屋式结构被砖式建筑替代,而富有的雀替尔[①]们则于1859年在坦克路(Tank Road)上修建了壮观的六头君主庙(Subramaniam Temple)[②][26]。第一所犹太会堂于1845年在新那阁街(Synagogue Street)落成使用。

到这个世纪中期,新加坡有三座有名的大酒店。伦敦大酒店最时尚。1845年它迁了一次地方,搬到另一所美轮美奂的房子——哥里门当初为一个大商人爱德华·鲍斯特德(Edward Boustead)[③]设计建造的住宅里。它就坐落在滨海大道上十分显眼的位置上,毗邻最高法院在20世纪中的驻地。1865年,这座酒店更名为欧洲大酒店,即后来的斗鸡场酒店。在19世纪40年代中期,大多数华人住在市镇的西区,欧洲人则主要在中央区域,甘榜格南一带更郊区的东部城区则混居着马来人、布吉人、阿拉伯人和爪哇人,还有一些华人。西面的乡村人口比较稀少:一大半是华人种植园主,其余的主要是马来人,聚居在天猛公位于直落布兰雅的村落周围。而奥朗-劳特人则住在新港一带。在新

---

① Chettiar,意为“放债者”。——译者注

② 通常也称做“雀替尔印度寺庙”。——译者注

③ 也译做“莫实德”。——译者注

加坡,这种按族群分而居之的定居模式,一直延续到20世纪中期。[27]

当时的城区还很小,四周被沼泽环绕。华人菜农和果农在乌节路一带种植果蔬供给城中的市场。这条路很有田园气息,道两旁是竹林和灌木丛,一路行来,绿树成荫。在19世纪30年代末,一些富裕的华裔和欧洲商人开始搬往郊区,他们的新宅邸往往在城区的边上,环绕着肉豆蔻种植园。他们有些人迁到了西面与直落布兰雅毗邻的海边,如威廉·文米斯·凯尔(William Wemys Kerr)迁往武吉慈明(Bukit Chermin),詹姆斯·古斯里(James Guthrie)迁往圣詹姆斯,华金·达尔梅达(Joaquim d'Almeida)迁往瑞本(Raeburn)。还有一些人则迁到了东面,如约瑟夫·巴勒斯蒂尔(Joseph Balestier)迁到一片平原上种甘蔗,后来这片平原以他的名字命名;托马斯·丹曼(Thomas Dunman)到加东种椰子;胡亚基(Hoo Ah Kay)外号“黄埔”(Whampoa),则在实龙岗路修建了一座有着美轮美奂庭院的别墅。大多数西方人更喜欢北迁到东陵(Tanglin)一带,那里的道路状况较好,去市区也比较方便。托马斯·欧思礼医生(Dr. Thomas Oxley)是政府的外科医生,也是一名狂热的肉豆蔻种植者。他于1837年迁到了基里尼(Killiney),此后,查尔斯·卡尼(Charles Carnie)迁往卡尼山(Carnie's Hill,即Cairnhill),托马斯·赫威特森(Thomas Hewetson)迁往伊丽莎白山,而芒哥·约翰斯顿·马丁博士(Dr. Mungo Johnston Martin)则迁往里峇峇利(River Valley)。

在这些郊区之外,新加坡的内陆对欧洲人来说还显得很神秘,尽管 66
这不过是个很小的岛。海岸地区之外的沼泽,茂密的原始丛林,以及明显缺乏探索的兴趣,这些因素使得欧洲人很少迈出城区范围去探险,而选择把内陆地区留给亚洲人(主要是华人)居住。到1840年时,道路已经修到了武吉知马山和实龙岗,两段延伸路段分别长7英里。1843年修通了一条直达武吉知马山顶的道路,有人提出在山上建一个小型的驿站,但却因担忧虎患而不了了之。1845年,武吉知马路又延伸到柔佛海峡处,岛北面此前一直很闭塞的各个种植园因此得以与外界联通。

新加坡河流域仍然是核心商业区,但却变得越来越拥挤不堪。商人和军中的机械师都抱怨说，莱佛士让城区横跨在河两岸实在是个错误，不利于经济进一步发展，也不利于军事防御。那时还叫做新港的岌巴港却设施良好，地方大，港口水域也深，且有天然屏障，易于进行防御。1819 年 7 月，法夸尔提议大力发展该港，却被莱佛士否决。那些已经站稳脚跟的大公司起初也不愿搬离驳船码头，但形势逼人变，蒸汽船的使用需要配备深水港和煤的供应。半岛暨东方轮船公司是第一家选择迁走的，它在 1852 年搬到新港。怡和(Jardines)、婆罗洲等一些大公司很快步其后尘。尽管如此，在 19 世纪 60 年代时，仍有四分之三的航运业务是在核心城区的驳船码头进行的。[28]

虽然新加坡的地理位置优越，发展规划也制订得很有条理，但在 19 世纪中期，市容市貌的很多方面仍很欠美观。主干道在涨潮时经常被水淹，照明用的仍是昏暗的椰油灯。城里到处是流浪狗，小马的尸体就随意扔在海滩上。各种废物被扔到沼泽地里，路上也到处可见垃圾的踪影。新加坡的大陪审团几乎每次集会时都要对污染和恶臭问题大加抱怨。问题的症结在于缺钱。居民们要求大力改善环境，又不愿意交更多的财产税，加尔各答方面则认为，税收这么低的新加坡不值得政府再加拨补贴资金。东印度公司不肯在河口新修一座桥梁，也不肯修葺两座旧桥。这让它们实在承受不了繁忙的交通状况，很快变得更残破，沦为危桥。交通拥堵和司机们总不小心驾驶让交通事故频发，其中很多事故是因为当局不能有效地让车辆规矩地分道行驶。

尽管人口和贸易有了显著增长，但在整个印度管辖时期，新加坡的商人们总是过得忧心忡忡，国际贸易的每一次衰退都会让他们难以承受，他们还经常与印度政府和殖民地当局发生争执。不安全感深入骨髓，让他们异常固执甚至有些歇斯底里地捍卫自己的权利，反对一切开征新税种的提议。但有时征税也并非没有好处，它会改善港口设施，以及社会福利状况。至于东印度公司，它已经在为新加坡不足的政府收入提供补助，不再愿意进一步扩大赤字，而情愿做甩手掌柜，不闻不问。

1830 年的经济状况极佳，但这也没有消除海峡殖民地的困境，新加坡政府只能通过征收消费税和财产税，及颁发许可证的方式间接享

受到繁荣带来的好处。一直到印度管辖末期,这几项收入也不够支付 67
行政开支费用,只能由加尔各答方面来补足差额。

除了印度管控的棕榈酒税权外,各类消费税的征税权一般都是公开拍卖给华人私人竞标者的。把征税权承包出去,能使政府不花一点成本却能获取一份相对稳定的收入。直接收税在操作上不可行,而且正如克劳弗德所说:“政府会因此频繁地和当地人发生恶性冲突,被迫雇佣一批邪恶、要价高又腐败的当地人来替自己收税。”[29]有些官员和平民认为,对各种恶行征税会从制度上鼓励道德腐化,但统治阶级中的大部分人并没有这种道德上的忧虑,反而同意浮尔顿总督的看法:“人类的各种恶习是最应该征税的对象。”[30]

但有一种恶习却被视为太过罪大恶极,无法计税。这就是赌博。赌博税承包权起初是由法夸尔设立的,后被莱佛士禁止,又被克劳弗德于 1823 年重启。它在当时可算是新加坡所有承包税权中收益最为丰厚的。但移民们从赌博中受到的“一夜暴富”的诱惑实在太强烈,往往因此而倾家荡产,家破人亡,甚至铤而走险,这种事例实在太多,大陪审团于是强烈呼吁禁赌。1829 年,赌博被定为非法行为,不过在此后数年里,仍然有很多人提出,这项税收是帮助实现财政收支平衡的有力途径。赌博税承包权却再没有恢复。其他一些小税种会时不时地向猪肉、棕榈酒和槟榔子等货品开征,当铺和市场的商贩则需缴纳营业许可费用。不过,在整个 19 世纪,财政收入的主要来源一直是鸦片和亚力酒的承包税。正如印度事务大臣在 1859 年时评论的,税收“更多地是向人们的恶行征收的,而不是从人们的勤勉中获得”。这种情况也很符合新加坡的统治阶层所秉持的自律自强哲学。这里的欧洲商人主要来自苏格兰,大多是清教徒,推崇斯巴达式的简朴勤奋美德。他们中的许多人都很善良,慷慨,爱做善事,救助困苦民众或支持有意义的事业时毫不吝惜金钱。但总的来说,他们崇尚彻底的自由放任主义,强调自立自强和勤勉的美德,而这些都使得道德扶助事业乏人问津。

为了使财政收支平衡,新加坡和印度的官员们过一段时间就会重提开征新税的事情,但新加坡的欧洲商人社群一直坚决反对。他们认为，新加坡除了地理位置优越外，再没有什么先天优势，它能繁荣发展依靠的就是自由贸易政策。这本是最初为了吸引商船前来而实施的权宜之计，莱佛士却立下了“永久免除关税”的承诺，克劳弗德则将承诺进一步扩大到免除港务费用。自由贸易原则于 1826 年被东印度公司在伦敦的董事会接受，此后一直由新加坡的商人们热情地加以捍卫。它成了神圣的信条，任何与之相悖的提议都会遭到强烈反对，被指斥为歪门邪道。

1829 年，浮尔顿提议征收出口税和印花税，并向侨民从此地输出的资本征税，结果被商人们成功阻止。1836 年，加尔各答方面为了给追捕新加坡海盗行动提供资金拟收取港务费用，他们又成功地让东印度公司伦敦总部否决了这项提案。次年，新加坡商会成立，旨在捍卫贸易自由。它敞开招收各个种族的商人，其委员会中包括了欧洲人、华人、欧亚裔和阿拉伯人。这个组织成为新加坡的商人群体与海峡殖民地管理当局进行交涉的重要代表机构。[31]

68 因为政府不得不力保免除关税，而且还要免除吨税、港务费用、码头使用费、港口清洁费和印花税等各项税费，其财政收入根本没法从商业的繁荣中获益。由于缺钱缺人，行政管理很松散，只能提供一些很表层的司法和秩序体制，根本深入不到居民的生活中去。这种自由放任政策以及没有税收和种种限制措施的状况，有利于商业的发展，但却让政府管理很不到位，尤其在社会治安和社会福利方面。它还意味着，各个族群将在政府无法掌控的情况下，保留并发展自己的社会组织。

1826 年，司法宪章体制取代了甲必丹体系，这之后，政府对亚裔族群的管控就变得非常脆弱。新体制也谋求获得各个社群中有影响力的人物的合作，但又不给他们正式的名分和职能。其结果当然难以令人满意：一方面，当局期望社群领袖们能管好各自的族人，但另一方面却又不给他们任何确定的权威。

大多数印度尼西亚和阿拉伯移民在城镇中定居下来后，他们所住的地方的名字就一直清楚表明了这个地方与他们的关系，如甘榜、爪哇、甘榜松巴哇、布吉街和阿拉伯街等。他们不怎么和政府接触,自行和平地融入了新环境中。

在很多年里,这里的马来人群体没有领袖,也缺乏组织,因为苏丹侯赛因并没有能力从自己突如其来的飞黄腾达中谋利。东印度公司承认他为苏丹,只是为了给自己的新加坡殖民地寻得一种名义上的合法性,但苏丹本人在马来世界里并不受尊敬。这个世界的权威人物是被视做柔佛-廖内帝国继承人的林加苏丹。1824 年的《英荷条约》给这个本来就已摇摇欲坠的帝国又一记重击,但侯赛因同父异母的兄弟毕竟是正式加冕为林加苏丹的(尽管是在荷兰人的扶持下),在名义上仍然具有一定合法性;他的继任是一名相当有能力的年轻人,在有生之年一直受人景仰,可惜在 1841 年就英年早逝。到 19 世纪 30 年代初时,侯赛因已经显示出患有皮克威克综合征①,变得“非常肥胖,似乎随时都要窒息……总是一副有气无力的样子”。[32]家族丑闻和高筑的债台迫使他迁往马六甲,并于 1835 年在那里过世。他年仅 15 岁的儿子阿里于 1840 年返回新加坡,继承了父亲在甘榜格南的财产。但海峡殖民地政府多年来始终不承认他继任苏丹。

天猛公阿卜杜尔·拉赫曼一直到 1825 年去世,莱佛士和克劳弗德始终成功抵制了他把新加坡变成另一个马六甲的野心(即让外国商人群体服从于马来当局的权威)。《克劳弗德条约》和《英荷条约》几乎剥夺了他所有的祖产,而这些原本是他赖以取得声望地位和收入之源,是他能供养大批随从的保证。此后 20 年间,天猛公一职始终空缺,直落布兰雅一带的人群因此群龙无首,一度陷入混乱。但在 19 世纪 30 年代中期,情况发生了改变。前任天猛公的小儿子达因·易卜拉欣(Daing lbrahim)足智多谋又颇有抱负,他逐步在这里确立了自己的领袖地位。1819 年,他被带到新加坡来时年仅 8 岁,但在此后的岁月里,趁侯赛因名誉扫地和阿里年纪尚幼之机,他慢慢地在自己的随从和邻近的马来首领中扩大了自己的影响力。1841 年,彭亨的本达哈拉在总 69

① Pickwickian Syndrome,或意译为肥胖性心肺功能不全综合征。——译者注

督文咸的见证下，在直落布兰雅正式加冕他为天猛公。仪式甫毕，他就赶去觐见了新继任的林加苏丹马哈茂德。

在新加坡的贸易蓬勃发展之际，要发横财的机会很多。最初，易卜拉欣的手下盯上的是频繁来到这里的成群结队的亚洲小船。《新加坡自由西报》声称，天猛公的手下在他的默许或指使下，成为岛附近海域海盗事件频发的元凶。但狡猾的易卜拉欣明白，取得英国政府支持与赞许能带来好处，而殖民地当局采取的严厉镇压海盗的行动也诱使他开始约束手下，摇身一变成为海盗猎人。这种策略上的转变确实给他带来了好处，1846 年，在一场豪华的典礼上，威廉·巴特沃斯总督授予易卜拉欣一柄剑，以表彰他大力镇压海盗之功。这场典礼让很多欧洲商人觉得就是一场闹剧，但易卜拉欣决定不再充当海盗，确实让小型船只在新加坡附近海域航行变得安全。这也改变了他的随从们在新加坡的角色，因为在此之前，当局一直把他们看成是又蠢又笨，一无是处，只会惹是生非的家伙。

放弃海盗营生之后，为了寻找新的财源，从 19 世纪 40 年代中期开始，天猛公把注意力转向攫取半岛大陆上柔佛的资源。他垄断了利润不菲的杜仲胶(gutta-percha)生意，华人甘密及胡椒种植园主从新加坡岛迁来这里开发柔佛南面河谷后，他又开始向他们颁发开发许可证谋利。19 世纪 50 年代初，新港的发展让易卜拉欣位于直落布兰雅海滨的地产变得很值钱，到这个世纪中期，天猛公已经很富有了。

新加坡当局很欢迎易卜拉欣不当海盗改做商人，在他们的庇护下，他在新加坡商界的影响力日显。他和一些欧洲商人成了朋友，尤其是和住在武吉慈明的邻居威廉·凯尔。凯尔和他还结为商业合作伙伴。在凯尔返回英格兰后，他的合伙人威廉·佩特森(William Paterson)和亨利·西蒙斯(Henry Simons)继续为天猛公当代理，而佩特森与西蒙斯公司(Paterson & Simons)则开新加坡之先河，首次把触角伸到柔佛，尝到利润可观的半岛贸易的甜头。

在天猛公发迹之时，本来要成为苏丹的阿里却陷在深重的财务危机里，被债权人苦苦相逼。他总是抱怨当局给他发放的津贴不足，但又不愿纡尊降贵去做生意,于是渐渐付不起供养大批随从的钱,随从人数也不断减少。而政府给他的年金也被一个印度高利贷商人拿去,用来抵冲债务产生的利息。

凯尔、佩特森和西蒙斯等商人把自己的命运和天猛公的日益发达系在了一起,而像约翰斯顿公司(A. L. Johnston & Co.)的威廉·亨利·瑞德(William Henry Read)等人,却利用阿里的潦倒寻找让自己发财的机会。总督巴特沃斯敏锐地觉察到欧洲商人之间因此产生的摩擦,试图阻止其在柔佛政治中引起的混乱。1855 年,他促成阿里和易卜拉欣之间达成一项协议:阿里承认易卜拉欣是柔佛的真正统治者,但因此可从该邦的岁入中分得一笔固定的年金,还得到了他期盼已久的苏丹头衔。这其实只是项虚名,毫无意义。阿里的儿子后来失去了这个头衔,整个家族在甘榜格南也沦为无足轻重的贫民。这项条约也没能解决商人之间的摩擦,尤其是在约翰斯顿和佩特森与西蒙斯两大公司之间。天猛公因其将自己在新港的土地租给私人公司,以及据 70
说虐待柔佛的华裔英国臣民而与新加坡当局发生了争执。英国人在 19 世纪 50 年代末惊讶地发现,天猛公居然还握有任命新加坡港湾一带诸岛头人的权力!常驻参政司于是专程前往巡查以纠正事态,但他在那里却发现,有一个头人竟然不知道,过去 40 年间是英国在统治新加坡,而另一个头人知道英国人来了,却认为这没理由影响自己与传统宗主之间的关系。

在 1855 年的《柔佛条约》里,英国总督正式出面授予各种头衔,负责划分势力范围。这与马来的传统律法相违背,触怒了林加苏丹马哈茂德,以及本达哈拉——阿里,就是他按传统仪礼,在 1841 年将易卜拉欣加冕为苏丹马哈茂德下辖的天猛公的。本达哈拉没有参与 1855 年的缔约仪式,他甚至对此毫不知情。但到此时,天猛公易卜拉欣已经逐渐疏远了林加苏丹,他已认定,与英国人结盟能捞到更多好处。他聪明的儿子阿布·巴卡尔[1]于 1862 年接替他出任天猛公后,与巴特沃斯的

---

① 也译做“阿布峇加”。——译者注

继任总督加文纳爵士更是合作无间。阿布·巴卡尔是在基督教传教士开办的学校里受的教育,英文说得很好,先后与几任总督都精诚合作,使双方都皆大欢喜。他把自己的大本营挪到了丹戎布里(Tanjong Putri,现在马来西亚的新山市),在那里依照海峡殖民地的设置建立了自己的行政和司法体系。1885 年,英国承认阿布·巴卡尔为柔佛苏丹。

新的柔佛王室一直住在新加坡,活跃在该城的体育休闲和社交活动中,但对政治并无影响力。随着他们在直落布兰雅的利益核心转往半岛大陆,而甘榜格南的贵族们也逐渐沦落到寂寂无闻,再没有人能继之而起,领导新加坡的马来人社群。

尽管人数比较多而且还集中在城镇中,印度人群在这个时期相对来说影响力很小。他们几乎全是劳工、船员或小商贩,彼此间还因背景、语言和宗教的不同而多有隔阂。在 19 世纪中期,新加坡有 17 名著名的印度商人,分属帕西人、泰米尔人和北印度这几个亚族群,但他们只是些有个人声望的人,并非社群的领袖。那些富有的帕西人甚至和印度社群相当疏远,而新加坡的统治阶层也并不把他们当做印度人。

而华人群体则倾向于自我组织,独立管理自己内部的事务。这让新加坡的统治者们既感欣慰又觉担忧。官员们很尊重这些华人,认为他们是勤奋自强的居民,但又为他们带来的宗族仇怨和帮会组织头痛不已。华人移民大多是些吃苦耐劳又聪明机敏的开拓者,来自中国广东的东部和福建南部狭长的海岸地带。山脉将这两个多山的省份与中国的中部地区隔开,这里大多数人并不务农,而多以打鱼、造船和经商为生,有抱负的年轻人习惯于移民他乡闯荡谋生。这些年轻的移民都能接受简朴的生活条件和长时间的艰苦劳动,很适合充当急先锋,去挑战南洋那充满艰难险阻,甚至缺乏基本生存条件的新生活。[33]

71 大多数来到新加坡的华人移民都是不识字的年轻人,之前从来没离开过家乡的小村子。当他们来到新加坡让人不知所措的新世界时,总是倾向于加入同胞中让他们觉得比较熟悉的团体。海峡殖民地当局不会给他们指导,自己又举目无亲,于是他们就找那些同姓、来自同一个地方、讲同一种方言的老移民。他们跟这些人干一样的工作,后来渐渐地,这些区域性的团体又融入更大的方言“帮”(或行会)。“帮”不仅处理与职业相关的事务,还主持更宽泛的社会、宗教和经济方面的活动,如组织彼此互助,营建庙宇等。[34]有些组织是由来自槟榔屿和马六甲的华人移民建立的。相关的文献记载比较零散,但我们能查到,早在1823年,新加坡就有了一个客家会馆(Hakka Association),[35]潮州人大约在1830年创立了义安公司(Ngee Ann Kongsi),而新加坡的福建会馆则建于1839年。

这种同族同乡之情帮助华人移民适应了新的社会环境,但与此同时,福建、广东两省的宗族仇杀也是臭名昭著的。而且这两个省还是三合会(即天地会)的大本营。这是一个誓要“反清复明”的政治帮会。早在17世纪中期清军入关夺得天下时,逃离的政治避难者可能就在马六甲建立了帮会组织。但这些海外的帮会最主要的功能是经营苦力贸易。[36]直到1880年《华人移民法令》(Chinese Immigration Ordinance)颁布之前,劳工移民的分配都是由身为帮会高级成员的掮客们来操作的。[37]三合会的分会在新加坡开埠之初就在这里建立,到1840年时,据说已拥有5 000—6 000名会员。其他与之相抗衡的帮会也在这个世纪中期建立。它们造成了这一时期在岛上肆虐的种种暴力活动和罪行。

尽管如此,但“会”(*hoey*)的政治颠覆性主要只针对清政府,而且它们其实还承担了许多很有用处的社会功能。它们保护年轻的移民,为他们安排工作,让他们加入一个兄弟团体,使他们在陌生的异国他乡也能拥有归属感。它们自行解决内部纠纷,使会众不必苦恼于官方司法体系的遥不可及、复杂难懂。但这些帮会要求会众绝对服从指令,讲兄弟义气,哪怕需要作伪证也一样。这就与英式的司法体系产生了抵触。官员们试图通过开办更多的绅士法庭来让小案件的审理更加便捷,严厉惩罚明显的作伪证行为,以及对穷人和富人一视同仁地公正执法等手段来毁掉“会”的权威，把华人纳入英国的体制管理，但却往往以失败告终。新加坡当局很不愿用武力对抗这些帮会。总督巴特沃斯就曾拒绝支持大陪审团要求镇压“会”的请求，他还在 1848 年安抚加尔各答方面说：“我始终秉持这样的观点：华人是世界上最棒也最和平的移民。”[38]大陪审团继续就镇压一事提出请愿，还想禁止华人进入司法机构，以防帮会成员渗透进来。

帮会力图将所有的华人移民都纳入自己的组织体制中，于是大力反对华人皈依基督教，因为这会威胁到他们的权威。1851 年，帮会派
72 了好几伙人，到本岛内陆的种植园里肃清基督徒。据传言，有 500 名基督徒因此被杀，近三十处农业定居点被毁。

到 19 世纪 50 年代中期时，成千上万的年轻人为逃避国内的饥荒和战乱，不顾清政府的禁令选择移民海外，华人移民潮随之再次高涨。在 1853－1854 年的官方统计年度里，有 1.3 万多名华人移民抵达新加坡，其中很多人都是当时正在中国南部肆虐的内战造成的出逃叛乱者和难民。新加坡的闽南人为 1853 年的“小刀会起义”提供了主要的资金和领导人支持。在这场起义中，起义者们一度控制了厦门。大多数参与者其后都逃到了新加坡，他们的来到打破了原有帮会间的平衡。紧张气氛持续了几个星期后，1854 年，械斗终于在本岛内陆地区爆发，导致了大量人员伤亡。其间，据说发生了多起惨案，男人、女人甚至小孩都被刺伤或砍杀，有些村庄全村被血洗。当时还有流言称，有好几百名华人在郊外聚集，准备攻城。整场事件中，可能约有 400 名华人被杀，许多家华人商铺被洗劫，城中的争斗平息后，乡间的小冲突仍然持续了一个星期。但这场纷争只是华人内部的纷争，并未针对殖民地政府或其他社群。

各个帮会靠经营苦力贸易和掌控娼妓发财。这两大营生是控制那些无依无靠的年轻流民的绝佳手段。对苦力的需求极大，导致大规模的苦力贩运中出现了大量虐待事件。许多年轻人都是被在中国招募劳工的贩子下药、绑架或骗来的，对他们大多数人来说，前往新加坡之旅就是一场噩梦。他们被关在闷热的船舱里，旅途中总有上百人会死去，

而尸体则往往就从甲板上抛入了新加坡湾。1863 年,一艘从澳门驶来的帆船上,300 名被运来的劳工里,只有 120 人活了下来。[39]

到达之后,这些移民仍被关在船舱里,直到相中他们的雇主向帆船主付清了船费才能把他们带走。生病的人是等不到人雇用的,常常只有死路一条,而身强力壮者却很快就会被雇主抢走。这些被称为“新客”(*Sinkheh*)的移民劳工必须要为雇主服务一年,其间雇主会包吃包住,发衣服,还会发一点零用钱。一年后他就自由了,可以自行寻找活干。

英国统治者们启用著名的华商,充当与不同方言群体打交道的中间人。比较了解英国人的行事方式,能讲马来话甚至一点英语,这些有利条件起初让峇峇华人更能胜任这一角色,如蔡沧浪和陈送等人,但后来,马六甲出生的潮州人也冒出头来,如陈笃生和陈金声(Tan Kim Seng)。陈笃生是新加坡的首位亚裔太平局绅。陈金声则是第三代峇峇华人,他出生于 1805 年,在新加坡通过做地产和其他生意聚敛了大笔财富。到他于 1864 年去世时,有人估计他的身家有 200 万元之多。

在中国本土出生的华人移民素有精力超群、智慧机敏的美名,他们很快就开始挑战峇峇华人掌握的这项特权。19 世纪中期,佘有进(Seah Eu Chin)和胡亚基是其中最著名的两位。佘有进是潮州人,受过良好的教育,其父是朝廷的一名小官。他于 1830 年来到新加坡定居,做轮船经销生意,也投资地产,尤其是甘密和胡椒种植园。他很早就加入了新加坡商会,担任太平局绅,也是第一批归化为英国臣民的华人之一,是新加坡当局与潮州人打交道时最信任的中间人。他于 1864 73
年在新加坡退休,余生的 19 年间一直醉心于研究中国典籍。

胡亚基祖籍广东,因其出生地而得名“黄埔”。他可能是当时最富有的华人,而且肯定是欧洲人最熟悉也最喜欢的华人。[40]他也是在 1830 年来到新加坡的,那时年仅 15 岁,并一直在这里待到 1880 年去世。黄埔最初以轮船销售发迹,此后则开始多样化经营:开了一家百货公司、一家烘焙店和一家冰库,在地产投资方面也获利颇丰。在 19 世纪新加坡的华人之中,黄埔所取得的政治地位是没人可以比拟的,他在 1869

年成为立法会议(Legislative Council)中第一位亚裔委员,数年后,又成为行政会议(Executive Council)的特别委员。

中国本土传统的领袖选拔机制基于尊重学识,推崇士大夫阶层。但在华人们移民到新加坡后,这种机制却难以为继。让人备受尊重的是财富和物质方面的成功,而不是学识,富有的华人通过赞助修建医院、学校、济贫院和市场,以及出钱组织各项娱乐休闲活动而赢得声望。

在表面上,富有的华商与新加坡当局精诚合作。黄埔尤其重视结交英国友人,并赢得了"既是纯粹的中国人,又是地道的英国人"[41]的评价。在某种程度上,华商们与新加坡的统治阶层结盟,而更疏远那些身份贫寒的同胞。陈金声和蔡沧浪经常举行晚宴和舞会招待欧洲人,而讲得一口流利英语的黄埔,则经常邀请自己的欧洲朋友到家里做客,与做航海生意的欧洲人关系尤其好。然而,不管他们表现得多么友善好客,与统治阶层多么亲密无间,即使是那些最西化的华人也还是遵循着中国的习俗和传统及价值观。他们仍然穿中式服装,剃光前额,留长辫子。这些富商们的私人生活,即使连他们最亲近的欧洲伙伴也不知晓,他们是否与新加坡的帮会有联系呢?这对他们的朋友来说一直是个谜。任何一位有身份地位的华商都不会承认自己是某个帮会的成员,但有传言说,黄埔和其他一些著名的华人都是帮会的领袖。

虽然新加坡的政府势力很弱,但它并没有因此而过度紧张,因为它的权威并没有受到猛烈的冲击。新加坡的人口很多样化,而各个社群之间又自然而然地泾渭分明,这就让当局根本不需要刻意采取"分而治之"的政策来瓦解它们的力量。华人、马来人和印度人在语言、宗教、习俗、社会组织方式和经济营生方面都互不相同,彼此隔离。而华人群体内部则又细分出彼此不相融的方言群体。他们虽然把原先在母国时的一些内部纠纷带到了新加坡,但华人对当地殖民政府并没有敌意,甚至在中英两国交战时期也是如此。1857 年,英国高级专员兼全权大使额尔金伯爵(Lord Elgin)率军取道新加坡前往对华作战,当地华商领袖致辞称,他们忠于英国,海峡地区的华人对在英国治理下享受到的种种益处深表感激。这番言辞让额尔金大为震惊。[42]华人一直被视为潜在的威胁，这“不仅由于他们对母国心怀共鸣，而且由于他们与自己居住的国家缺乏共鸣”。[43]然而，虽然一直有这样的传言，而且还造成过恐慌，但叛乱活动却并没有发生过。

但许多商人并没有和政府一样乐观。欧洲人深深感受到，自己在 74
这里，身处在成千上万的亚洲人中间，只是人数非常少的小群体。而富商不论属于哪个族群，总是带着戒备看着那些涌到这里来碰运气的大批年轻人，他们一穷二白，大字不识，无依无靠，饭都吃不饱。商人们还开始意识到，引入便宜的囚犯劳动力付出的代价是：让新加坡充斥着各种危险的犯罪分子。1851 年时，《新加坡自由西报》哀叹道，海峡殖民地成了“大英帝国在东方几乎所有的领地倾泻它们不想要的人渣和拒绝入境者的……公共下水道”。[44]三年后，它又宣称：“在这座小岛上，我们拥有全东南亚的人渣。”[45]

在早期，印度来的囚犯为新加坡的公共工程建设持续稳定地提供了廉价劳动力。由于财政收入不足，无法为庞大的囚犯群体提供大量看守人员，囚犯们都相当自由。这种情况反而催生了一个相当开明的体制：囚犯们几乎完全由因表现较好而获提升的同伴担任的小头目看管。起初他们要经过一段观察阶段，与大队人马一起干繁重的体力活。之后，囚犯们都得到机会学习一技之长，以便他们在被关押期间仍能作贡献，被释放后也能以此堂堂正正地养活自己。他们学习制砖、纺织、裁缝、制绳、印刷、木工，甚至还有摄影术。

这种囚犯管理体制最初是由于财政窘迫才采用的，不想后来却成了新加坡引以为豪的制度。从荷属东印度群岛、暹罗和日本来的参观者前来学习怎样将其在本土加以应用，19 世纪 60 年代，这里的监狱竟成了一处旅游胜地。这项体制强调的重点，是培训、改造和让囚犯有用武之地，而不是惩罚他们。在这方面，19 世纪的新加坡所遵循的原则，比世界其他任何地方所实行的，都更接近强调实际效用的边沁主义。

大多数囚犯是印度来的，有少量中国囚犯曾从香港运来，但在帮会的协助下，他们轻易就越狱逃脱，融进了茫茫人海中。在经历了数年此类骚动事件后，1856 年，当局终止了输入中国囚犯。

这里的大多数人都害怕那些印度囚犯。1853 年，恐慌情绪达到顶峰。当时圣安德烈教堂被雷电劈中，有传言四处流传，说总督派印度囚犯收集人头，以献祭给为害教堂的恶灵，安抚他们。官方的辟谣声明没能止住人们的恐慌，当局只好召来华商领袖，请他们出面让华人社群恢复平静。

欧洲商人们起初很欢迎输入印度囚犯，因为这提供了必需的廉价劳动力，但到 19 世纪中期时，他们开始担忧新加坡社会日益猖獗的暴力活动，也开始警觉从加尔各答来了如此大量的危险分子，其中就包括成群的土匪和暴徒。

囚犯劳力为新加坡作出了很大贡献。但他们对新加坡人口的群体特征所产生的长期影响却难以估量。在 1859 年前，有关囚犯服刑结束后如何将他们遣返回国的事宜并无明确规定，甚至在此之后，许多获释的囚犯也仍然长期滞留在这里居住生活。女性囚犯很抢手，她们可以嫁给那些印度光棍，当局很想留住她们，因此女性囚犯的服刑期极少超过两至三年。[46]获释的囚犯当中，再次犯罪被起诉的很少，但这些人中
75 有许多却容易惹是生非，而在印度教的十胜节（Dusserah）①庆典和伊斯兰教的新年元月（穆哈兰，Muharram）庆典期间，获批告假的囚犯们在参加街道游行时总是会引发不少骚乱和暴力冲突。

自由移民政策一直不断得到强调，它对新加坡的发展和成功作出了不少贡献，但它也给这里带来了大批流动人口，大部分是一穷二白的年轻人。这让维持有序的法治状态变得非常困难，在很多年里，新加坡呈现出的始终是一个新兴城镇的氛围：阳刚气息浓厚、繁忙嘈杂，但却显得没有法纪、混乱无序。

马来人、布吉人和欧亚裔当中的男女人口比例是均衡的，但华人、欧洲人和印度人中，男性人数却大大超过女性。比例失衡的问题在华人当中尤其严重，因为女性从中国向外移民不但违法，而且也为社会所

---

① 应为 Dussehra。——译者注

不接受。在非常动荡的时期,如 1853 年厦门发生叛乱时[①],妻子们可能与丈夫一道,举家来到新加坡暂时避难,但即使在中国于 1859 年放松了对向外移民的管制以后,身份受人尊敬的女性比较多地来到新加坡也已是很多年以后了。而在之前的岁月里,这里唯一的华人妇女则是一些混血儿,或由黑社会帮会贩运来的年轻妓女。

华人男女比例失调造成了严重的社会问题。统治阶层基于多种原因希望推动华人女性的移民:为了鼓励华人长期定居;让那些无依无靠的流动年轻人不要犯罪;抑制帮会对卖淫行当的操控;减少移民们向中国国内寄回家用钱,以留住这些钱用于促进新加坡当地的发展。

1856 年,一群欧洲商人设立了一笔基金,用来奖励把妻室带到新加坡来的华人。五年后,加文纳总督在设计一项使赌博合法化的计划时提出,将部分赌场缴纳的许可证费用用于资助华人女性的移民,旨在让男人们远离赌桌,留在“温馨的家中”,并形成一支长期定居在此的劳动力队伍。但上述建议均未取得成效,到 19 世纪 60 年代中期,新加坡华人男女的比例仍然悬殊,为 15∶1。

势单力薄的政府、紧张的财政状况、强大的黑帮势力以及流动性很大的人口,这些因素加在一起,使得早期的新加坡暴力事件不断。本岛内陆地区的甘密及胡椒种植园与外界隔绝,生活在里面的数百名华人都处于政府的管制之外,而当局也没有打算要对乡村地区加以控制,但是,就连城镇区域也并不安全。主要的威胁是团伙抢劫,据说乃是华人黑帮所为。由 200 多名华人组成的团伙在 19 世纪 40 年代初时几乎每个晚上都会出动,他们涂黑了脸,在城镇某一角大肆抢劫。他们的主要目标是马来人聚居区,但有时也会对印度人和欧洲人出手。他们非法闯入,大肆烧杀抢掠。整个城镇因此而惶惶不安,而微不足道的警力总是对此不闻不问,等到抢劫团伙离开之后才出面善后。

1843 年,暴力犯罪行为实在太过猖獗,令人忍无可忍,讲英语的商人举行了一次抗议集会,说服当局任命年轻的商业助理托马斯·丹曼

---

① 指小刀会在厦门发动武装起义一事,详见本书 78 页。——译者注

为首任高级警督(Superintendent of Police)。丹曼精力充沛,正直明理,颇受欧洲官员和商人的尊敬。他还与华人社群中的一些人物有联系,这可大有用处。丹曼上任伊始,面临着重重困难。荷属东印度群岛那边一直持续把一些捣乱分子运到新加坡来。1846 年,从廖内运来3 000名华人移民,其中就包括一些被驱逐的黑帮头目。他们在新加坡
76 兴风作浪,犯下不少罪行。最为严重的事件是,一大群盗匪洗劫了托马斯·赫威特森位于伊丽莎白山上的种植园区。这让邻近的克雷莫(Claymore)和东陵一带的房主们惊恐不安,纷纷向当局请求保护。丹曼付出了艰苦的努力以期建立一支高效有素的警察队伍,但他所拥有的物质条件实在不容乐观。警察工作很艰苦,很危险,薪水又不高,因此招募到的人都是些经济状况已经极度困窘的无业游民,其中很多是被船只落下的水手,他们来当警察也就是临时过渡一下,应应急而已。这样一支赚钱少、工作又累的队伍,要让他们在危险面前冒着受伤或死亡的可能性勇敢站出来是没有动力的。他们从赌场主那里收受贿赂赚得还更多,因此乐得避开险境,明哲保身。

丹曼尽心尽力地试图提高麾下警察队伍的素质,努力改善他们的工作条件,争取更高的薪金。他缩短了他们的工作时间,还教他们阅读写字。不到几年工夫,他成功地遏制住了团伙抢劫案的发生。1857 年,丹曼晋升为新加坡首位全职工作的警察总长(Commissioner of Police),在印度管辖期余下的岁月里,他利用自己掌握的有限资源提高了警察素质,取得了令人刮目相看的成绩。虽然这支队伍的规模仍然不大,但它的素质和士气均有了极大的提升。警察在乡村地区的执法效率得到改善,沿海地区也设立了若干治安岗哨。资金不足阻碍了他们的工作,但也相应地带来了一些好处。当局因此不能依赖武力手段,而主要采取说服手段寻求合作解决问题。到 1871 年丹曼退休时,他为创建一支高效而人道的队伍打下了基础。

不过,在汹涌的移民潮面前,政府及其警察队伍仍然有一场硬仗要打。到 19 世纪中期为止,新加坡已成为华人移民东南亚的热点地区。1854 年发生的骚乱让欧洲人心有余悸,这促使他们进一步要求当局加

强警力,并使得欧洲和欧亚裔在1854年7月组建了新加坡来复枪志愿团(Singapore Volunteer Rifle Corps)。这是英国人在东方成立的首个此类志愿组织。当局偶尔也会颁布一些对移民的限制措施,以阻止罪犯或生病的穷人涌入,并控制罪恶的苦力贩运及走私娼妓的活动,但商人们却无法容忍任何对劳动力移民的限制。在这里,自由移民是第二大备受珍视的神圣原则,仅次于自由贸易。

而人们对防御外侵的态度起初却与此大相径庭。在19世纪上半叶,新加坡人并不忧虑自己会被卷进某场国际大战中,无论是官员还是商人都对加强防务毫无兴趣。为印度驻军哪怕花费再小的一笔钱,也会让新加坡的商人们愤恨上好一阵子。

但陆军和海军的官员们则更关注到加强新加坡防务的必要性。1827年,孟加拉工程部队(Bengal Engineers)的爱德华·雷克(Edward Lake)上校受命前往新加坡,就改善防御工事提出建议。雷克意识到,新港在将来会具有极高的战略和商业价值,因此把它纳入了自己制订的布防计划中,还建议建立一条炮台防御线,以保护城区免受来自海上的袭击。但计划并未付诸实施,新加坡只是动工在新加坡河河口处修建一处炮台。可就连这一项工程,也因印度掀起厉行节约运动而半途而废。1843年,马德拉斯工程部队的贝斯特上校拟定了一项宏大的布
防计划,旨在保护新港,并在沿海地带修筑一系列炮台,还附有可驻军 77
3 000人的若干岗哨。这些所需资金不菲的建议同样被束之高阁。19世纪40年代中期,“三宝垄”号测量船的船长爱德华·贝尔彻爵士(Sir Edward Belcher)哀叹道:这里“完全没有防御力”。[47]亨利·凯普尔(Henry Keppel)上校(后来的海军上将)巡查了新港,并于1848年向海军部报告了其拥有的种种优势,但英国政府的最终选择是,以香港而不是新加坡作为其在远东的海军总部。

1854年克里米亚战争爆发,狠狠教训了新加坡商人的自以为是。新加坡不设防的繁盛财富会使其成为战时一个颇具吸引力的攻击目标。在这场战争期间,新加坡人无时无刻不害怕会遭到海军的突然袭

击，甚至单独一艘俄国军舰都可能顷刻间将人们吓得魂飞魄散。即使在和平条约签订之后，紧张气氛仍然不曾消散，因为人们担心，当地那些无法无天的民众会制造动乱。

在实施了几十年的不作为政策后，加尔各答方面突然行动起来，开始着手在新加坡修建繁杂的防御工事。总督爱德蒙·布朗德尔(Edmund Blundell)要求，派人协助建立一些简单的防御工事，并为欧洲人口修筑一处能在当地发生叛乱时使用的避难所，作为回应，马德拉斯工程部队的乔治·哥列(George Collyer)上校受命于1858年前往新加坡。哥列上校显然有些热情过度，他计划修筑一系列沿海炮台，并建议在俯瞰整座城镇和海湾地区的政府山上修筑大量复杂的工事，外加一家兵工厂、若干机修车间、一处粮仓、一处火药库和若干兵营。这些工事，再加上邻近丘陵较小的工事及辐射到总督府、法院、教堂和市政厅的避难所，将把整座城镇变成一处几乎完全军事化的兵营。哥列还建议在扼守着新港入口处的岛屿上修筑工程，并从新港开掘一条通到新加坡河的人工渠。[48]

这种种提议让布朗德尔总督大吃一惊，他警告加尔各答方面说，把新加坡改造成“一个大型军事要塞”将会危害其贸易的发展。哥列因此接到命令，修改其原有计划。但此时，他已经夷平了老的总督府，把政府山的山顶铲平以修筑福康宁。这座毫无用处的工事，与其叫坎宁堡，倒不如叫“哥列傻”更为贴切。① 它在当地发生叛乱时根本不能为欧洲人提供庇护，因为其中没有可自给自足的水源供应。堡内的大炮也无法保护城区不受岛外袭击，因为它们的射程根本够不到敌船，只能射到城内和海湾里的船只。有一位对这种设计疑惑不解的荷兰参观者就曾错误地揣测道：难道这些炮是用来在当地发生骚乱时摧毁华人聚居区的？

---

① 坎宁堡英文为 Fort Canning，Canning 与意为“狡猾，聪明”的 Cunning 同音，坎宁堡于是可解为“聪明堡”，而讽其为 Collyer's Folly，正是取这同音进行反讽。——译者注

财政收入不足，大量流动人口又男女比例失调，这让制定教育政策或提供各种社会服务困难重重。莱佛士要把新加坡变为本地区教育中心的梦想很快就褪色了，因为新加坡并没有像吸引大量人前来经商那样引来大批求学者。东印度公司对员工的本地区语言和风俗培训并不热心，1830 年厉行节约运动期间，甚至还取消了本就微薄的专项学习补贴。莱佛士的教育宏图受挫，不仅因为东印度公司的漠不关心，还因为新加坡本地社会对此也不怎么热衷。直到 19 世纪末，公众的教育需求仍然不旺。移民们都是来赚钱的，谁都不是特地来这里定居并繁衍生息长驻扎根的，而邻近各地的统治者们也对邀请他们的儿子来新加坡受教育的信息置之不理。

1835 年，一群欧洲商人募集到一笔资金，完成了新加坡书院的修 78
建工作，1868 年，它改名为莱佛士书院。书院由一所以英文教学的高中和一所半用英文半用马来语、泰米尔语、布吉语、暹罗语和多种中国方言等当地语言教学的初中组成。校委会热切希望推动马来语教育，并在 1838 至 1839 年间雇佣了五名马来教师。

高中部吸引了本地欧洲人的小孩，一些从澳门来的葡萄牙人小孩，以及一些华人富商的儿子前来就学。教育水平很低，而大多数亚裔的学生只要学会了让他们能找到份工作或和欧洲客户打交道的基本英文后就会退学。初中部则彻底失败了。教师的薪金是根据他们能招收到的学生数来定的，尽管他们热情鼓励学生入学，但泰米尔语、布吉语、暹罗语和大多数中国方言班最后都只能关门大吉。到 1843 年时，只剩下一个有 25 名学生的闽南语班还在苦苦支撑。

新加坡书院及其为女孩开办的女子学校就这样作为提供基础教育的学校惨淡经营着。学生所交的学费及各界的捐款还不够支付各项开支，而政府也不愿出钱修葺校舍。结果到 1851 年时，校舍都成了摇摇欲坠的危房。基督教传教团只短暂地在早期对新加坡有些兴趣，而他们影响最大的也不是在教育或宗教方面，而是在印刷媒体方面。[49] 新教传教团最初在新加坡临时建立了总部，但他们的主要目的地却是当时还不对外开放的中国。1822 年，伦敦传道会开始在新加坡开办学校，第一所招了12个学生,学习马来语和英语,到1829年时,该会已创立了四所学校。1834年,美国国外布道部在新加坡设立了对华传教的总部,不到三年时间,它已在新加坡设立了19所教会学校,招收了300多名华人学生。

第一次鸦片战争后,中国本土向基督教传教团开放。美国和英国的新教布道会于是纷纷撤离新加坡,关闭在这里的学校。美国国外布道部是1842年撤走的,伦敦布道会则是在五年后。

此时,罗马天主教却陷在内部纷争之中,以果阿(Goa)为大本营的葡萄牙传教团和以暹罗为大本营的法国传教团争得不可开交,双方的纷争直到1886年才解决,之前根本无暇他顾。罗马天主教和英国国教的教育事业就只能留给慈善家和传教士们个人来完成。

法国神父让·马里·伯雷尔(Jean Marie Beurel)于1852年创办了圣约瑟书院,两年后,又创立了其姊妹校——耶稣圣婴女修院。伯雷尔依靠向私人募款及自己的财产来维持学校的运转。当大多数传教士都离开新加坡前往中国后,教士纪魄礼(Benjamin Peach Keasberry)却留了下来,并为马来儿童建立了一所学校。其经济来源主要是他成功经营的一家印刷厂的经营所得。天猛公易卜拉欣大方地资助了这所学校,还把自己及其随员的儿子也送来就读。索菲娅·库克(Sophia Cooke)是英国国教东方女性教育促进会的一名传教士,于1853年来到新加坡,开办了一所主要面向孤女和从良妓女的学校。1895年库克小姐在新加坡逝世,她所创办的学校则逐渐改为圣马格列中学。它成为新加坡历史最悠久的女子学校,一直延续到了21世纪。

除了这些私人的努力外,在19世纪中期,新加坡的教育状况很
79 惨淡,尽管此时东印度公司已开始振兴其在各块领地上的教育事业。1854年加尔各答通过了一部法规——《印度知识宪章》(the intellectual charter of India),力求在公司各属地推行一套从小学一直到大学阶段,层级设计合理的本地语言教育体系。新加坡并没有从这次改革中受益。改革本身不过是场失败而已,因为东印度公司只肯按所收学费数目提供公共资金赞助。它给予纪魄礼所办学校的资助与天猛公的捐

款一样多,但却削减了政府给予新加坡书院的补助,并完全撤销了对学费全免的慈善学校的补助,就比如伯雷尔神父所办的学校。

新加坡学生们只关注学到能保证找到工作的基本英文,东印度公司对这样的学习态度很不赞赏。他们期望,这些孩子能首先学会以本土语言读写,因此,历任总督都试图推行免费的马来语初级教育,以期促进新加坡本土语言教育事业的发展。当地的欧洲商人抱怨说,把印度的教育政策强加给新加坡是不公平的。马来语虽然是当地土著的语言,但这个土著民族在新加坡却是少数民族。华人在当时并不热衷于建立以中文教学的学校,而欧洲商人在英文媒体的支持下,则呼吁要将英语作为通用语言来加以推广。

在印度管辖时期余下的数年中,教育的状况一直不佳。英语教育非常简单,且只涵盖到极少数人。以中文为媒介的学校还没创立,除了新加坡书院内偶尔会设中文教学班外,想要学中文根本没有门路。尽管当局一直重视推行免费的马来语教育,但其结果也令人失望。这些学校的教育质量很低,无法帮助马来学生进入新加坡主流社会。纪魄礼的学校拿到了大量资助,1863 年时招收了 52 名男童,但其中有一半学生经常缺席。[50] 1872 年,有人提议,把纪魄礼的学校改为培训马来教师的学院,但 1875 年纪魄礼却突然去世,这所学校也关门大吉。他培养了未来的柔佛苏丹阿布·巴卡尔,以及柔佛苏丹国整整一代官员,这些都足以表明他的影响力,但可惜的是,他并没有为新加坡西化的现代马来语教育打下坚实的基础。尽管如此,19 世纪中期那许多苦苦支撑着的教育机构,在终于存活下来后却得到了越来越蓬勃的发展,进入新加坡一流学校之列。它们是:莱佛士书院、圣约瑟书院、圣马格列中学、莱佛士女子学校和耶稣圣婴女修院。

在社会福利和教育方面,新加坡当局的作为实在连 19 世纪中期政府应达到的最基本标准也够不上。但如果不对移民加以限制,解决贫困、疾病问题,提供可改善生活和工作条件的基础设施等举措便无从谈起。

在19世纪40年代以前，除了一两位公共医生和少数私下营业的大夫外，新加坡根本没有医院，也谈不上有什么医疗服务。1823年启动了一项针对欧亚裔辅助医疗人员的见习制度，但少得可怜的薪水和发展前景不佳让应征者屈指可数。到30年代，仅有两名新加坡男孩完成了该项目的培训。[51]

幸运的是，尽管沼泽地、腐烂的蔬菜和废弃物会常常发散出沼气，造成湿热状况，但新加坡的气候显然还是非常有利于健康的。麻风病和疟疾都不常见，霍乱和天花也一般只在过度拥挤的贫民窟中流行。
80 霍乱的爆发尤其体现出社会因素的影响其实还更显著，因为它主要是由于废弃物太多，排水系统不畅，而其根源则在于政府没钱整修。与新加坡大多数健康问题一样，它主要是人为造成的。

欧洲人、犹太人、亚美尼亚人、欧亚裔、帕西人和华人中的富人们面对的主要问题则是暴饮暴食。大多数欧洲人应对这种问题的方法是穿着宽松休闲的衣服，加大运动量。他们一般天亮就起床，在清晨散很久的步，傍晚的时候就骑车或驾帆船出游。年轻人玩壁手球或曲棍球。商旅生活总的来说很闲适惬意，只有在结算日才比较忙碌，其余时候工作都能按时在下午四点结束，不会占用计划好的运动时间。《海峡时报》在1861年时宣称："我们是东方最健康的一群人，这大部分要归功于我们的行程安排和对户外运动的热爱。"[52]新加坡最早的基督教墓地可能是亚洲地区最荒凉的，因为几乎所有著名的欧洲人都能一直活到退休后返回英国。埋在新加坡的人大多数都是些路过的水手、年轻女性和孩子。

而在大部分民众中，最大的问题是贫困、营养不良，住得过度拥挤和吸食鸦片成瘾。每年有大批身无分文的华人涌来这里，而对劳动力的需求却时大时小，因此总有许多移民会流落街头，同样流离失所的还有一些贫困的欧洲海员，他们有时会在新加坡滞留好几个月，希望找到一份工作。

起初，在征得华人领袖同意的情况下，政府征收了一项猪肉销售税，用来建立并维持一处收容生病穷人的亚答屋庇护所。可是，在

1837 年加尔各答方面以禁止向一种基本食品征税为由,废除了这项税收。之后,收容所便只接收一些沉疴已久的穷人。社会服务设施如此欠缺,让华商和欧洲商人都觉得脸上无光。于是在 1844 年,陈笃生出面主持了一次公共集会,呼吁政府建立一所贫民医院。总督巴特沃斯提议,禁止生病的移民登陆,并以财产税维持这所医院的运转。这遭到商人们的反对。最后协商的结果是:大部分资金来自私人捐助,辅以少量的财产税,而政府则提供医疗服务、药品和一笔经济补助金。

陈笃生捐献了 7 000 银元用以修建贫民医院,1844 年,该院及一所为欧洲海员设立的医院毗邻在珍珠山奠基。然而,就在陈笃生医院正在修建的过程中,情况却变得越发严重。1845 年,至少有 70 名华人乞丐饿死,四年后,法院书记员在就饿死情况进行的调查审判发表评论时说:“对一个像新加坡这样的基督教社区来说,这实在有失体面。”[53]

而当贫民医院终于在 1849 年建成后,它也没能彻底解决问题。医院所在的地点并不好,面对着一片沼泽,全城的垃圾都投往这里。住进来的穷人都有溃疡、疼痛、水肿等问题,许多人还因出现坏疽而手脚脱落。因此,病人死亡率高也就不值得惊讶了。在 1852 至 1853 年的官方统计年度里,有三分之一的病人死亡。1857 年时,医院的管委会承认:“除了被警察强迫带进来的人之外,还能爬、能乞讨的人都不愿住进来。”[54]

这些惨剧大多根源于吸食毒品。欧洲人大部分都把吸食鸦片看做
是一种不良的习惯,虽有舒缓催眠的作用,但一旦吸食过量就会有害。 81
私人诊所的医生罗伯特·里特(Robert Little)和其他几个欧洲人一道发起了一场运动,呼吁政府和人们看清吸食鸦片造成的病理危害和社会危害。[55]1848 年时,里特估计,新加坡总人口的 20%、华人人口的一大半都吸食鸦片成瘾。富有的华人吸食的是高质量的鸦片,危害还不算大,可穷人吸食的都是低劣的产品。瘾君子们往往沦为乞丐,靠市场周边腐坏的鱼和蔬菜为生,许多人进了大牢或贫民医院就此了断残生,还有一些人则以自杀告终。里特试图说服华商领袖出面组织一个遏制吸食鸦片成瘾的团体,但没有成功。华人富商们认为鸦片包税权大有

利可图,而其他亚洲人也没有提出反对,欧洲商人则觉得与其向其他有益的商品、财产或薪资征税,倒不如对鸦片课税。他们蔑称里特是个偏执狂,对他的呼吁置之不理。于是直到 20 世纪,鸦片包税权都仍然是财政收入的主要来源。[56]

贫穷的欧洲水手四处游荡,这样的景象让统治阶层十分尴尬,但由于财政上的窘迫,新加坡延迟了许多年才引入印度早已实施的几项法案,旨在保护海员及其工作条件,监管酒店并控制卖淫。身体健康的水手大批失业的现象很严重,澳大利亚贫困水手尤其多,他们多是负责运送马匹而来到新加坡的。为了解决这一问题,澳大利亚政府在 1863 年向民众发出警示:除非他们已拿到那边的工作邀请,否则不要盲目前往新加坡。[57]无所事事的水手云集的局面,吸引了许多黑道人物来到新加坡开办妓院和酒馆,水手们在里面寻欢作乐时往往酒里会被下药,钱财被洗劫一空,还会遭到毒打。在 19 世纪 60 年代初,新加坡有 200 多家这样的黑店,异国来的妓女成群,《海峡时报》因此抱怨说,新加坡的欧洲女性中,受尊敬的女性的人数和妓女的数量几乎一样多。[58]这种情况在 1863 年后多少有了些改善,因为这一年,加尔各答赋予了新加坡当局司法权力,关闭有问题的酒馆。许多干惯罪恶勾当的黑道中人于是也离开了这里,改去别处寻找打劫的乐土了。

新加坡的社会生活在这段时期发生了很大的变化。在社会上层,对物质成功的尊敬逐渐让人们模糊了对种族界限的关注。在早期,新加坡人数很少的欧洲人群体内气氛友好而好客,大家并不在意彼此在财富、肤色、种族或年龄上的差别。他们无拘无束地与这里的亚裔人群打成一片,很欢迎陌生人带着有关欧洲的消息来访。航船从英格兰到新加坡需要四个月时间,即使是由昂贵又不准时的"跨大陆"运输线(在埃及转船由骆驼运过苏伊士地峡)带来的邮件,也极少能在两个月内送达。这里的英国人负担不起回访欧洲所需的时间和金钱,已抱定终生在东方工作的打算了。

富裕阶层尽情享受着一场场舞会、晚宴和体育赛事。一家台球俱乐部于 1829 年开张;1834 年举行了第一次赛艇比赛;“圣安德列之夜”庆典在 1835 年首度举行;1836 年创立了一家壁手球俱乐部;而第一届曲棍球比赛则于 1837 年开锣。在 19 世纪 30 年代,到城郊的湿地猎鹬鸟成了人们钟爱的一项运动。1840 年首次举行了猎虎活动,两年后,新加坡运动俱乐部(Singapore Sporting Club)成立,旨在推广赛马运动。

19 世纪 40 年代中期,新加坡的面貌发生了变迁,无论是在商业还是社会生活方面。来访者对这里的物质改观印象深刻,但却抱怨说,这个港口原有的异国情调和友好气氛已消失殆尽。[59] 年轻的候补海军少 82
尉弗兰克·马里亚特(Frank Marryat)抱怨说,如今“这里好客的感觉不再,欢乐的气氛也日益减少”。[60] 这种变化的主要原因,是由蒸汽船导致的商业模式变迁。蒸汽船并没有在一夜之间让商业世界大变样,大部分货物在此后数年内仍在用帆船运输。但客用蒸汽船却加速了商业活动的节奏,并给这里的欧洲人群体带来了明显的社会变化。部分英国人能承受定期回访英国的成本,而他们所有人也已经可以通过相对而言算是同步更新的报刊、定期的信件往来和新出版的书籍,与“故乡”保持联系。旧日那种独特的自由轻松的新加坡生活方式,让位给了一种更为严谨的社会状态。这种氛围更沉静,没有那么多可冒险的事务,反映的是维多利亚时代中期英国中产阶级的价值观。

欧洲人开始与亚裔人群保持距离,他们也不再热情地敞开大门欢迎来自欧洲的访客,因为这些来客已不再稀罕,他们也不需要靠这些人来怀想起遥远的故土。蒸汽船的使用还加重了工作负担,商人们开始忙于为商业往来准备各种文件。访客们开始抱怨说,这里的同胞总是为了赚钱忙得不可开交,根本顾不上欢迎陌生的来访者。

欧洲总督、亚裔和欧洲商人们仍然会举办各种多种族参与的晚宴、舞会和庆典活动,但这些欢宴场面大多只是流于表面,人们开始日益觉得只有和自己的同胞在一起才能真正放松下来。欧洲人追求自行排练戏剧演出及组建各种俱乐部等西方的休闲方式,如 1852 年曲棍球俱乐部建立,1856 年德国条顿俱乐部建立,随后是 1865 年的东陵俱乐部和

1866 年的游泳俱乐部。欧洲人的社交生活日益条框化，越来越努力地朝单一的西方化靠拢。这种排他现象在商业生活中也一定程度地体现了出来，1860 年，华人退出商会，使其成为一个基本为欧洲人的团体。在大众层面上，不同族群更是少有交集，不同的语言、宗教信仰和习俗使他们彼此隔阂。新年运动会这项活动是各族群均参与的，且多年来一直被视为促进种族和谐的最佳手段，而甚至就连这项活动氛围也大不如前了。1865 年，有人将其描述为“土著人争名逐利而欧洲人视之为荒唐乏味景象”的活动。[61]

富有的与贫穷的亚裔人群，其生活方式有非常大的差别，但有很多共同的娱乐休闲活动能缓和这种冰冷的差异。一群群巡回艺人会经常在街上表演大家都知道的哇扬戏①剧目。大多数宗教节庆都会以游行和公众庆典的形式进行。在中国新年时，黄埔会向公众开放自己的花园，这里顿时就变成了露天游乐场，挤满了叫卖的小贩和前来游玩的人群。另外，在中国新年期间，禁赌令也会暂时取消 14 天，让民众小赌怡情一下，而在警察的默许下，其实赌博和斗鸡活动一年到头都在进行。

新加坡此时仍然保留着一个新兴城镇的特点：人口主要是年轻男性，而且大多流动性很大，并不把新加坡看做自己要扎根的家园。然而，尽管政府的力量微薄，在这个世纪中期之前，亚洲和欧洲居民们中间都极少有动乱发生。大家对总督文咸的治理之道都很满意。他在 1819 年 9 月来到新加坡，当时的身份是一名作家，后来他先后担任了副咨政官、常驻参政司、代理总督，并最终于 1836 年当上了总督。文咸
83 从新加坡早年开始就一直生活在这里，并发挥着持续的影响力。而且他是一个平易近人、善于交际、令人愉悦的单身汉，很善于与各式各样的人打交道。既然市政问题大多可在总督的晚宴桌上解决，那也就没有必要设立什么正式的组织机构了。

随着威廉·约翰·巴特沃斯陆军上校的到来，这种亲切的气氛大为改变。巴特沃斯出自马德拉斯陆军部队，于 1843 年接替文咸担任总

① *wayang*，印度尼西亚爪哇一带的一种古老木偶戏。——译者注

督,且一干就是12年。巴特沃斯不苟言笑,颇为自傲,初来乍到,对新加坡又一点不熟,人称“黄油罐大帝”(Butterpot the Great),而陪他来的妻子则十分讲究排场。巴特沃斯的到来,结束了文咸时代独特的非欧式友善管理方式,两年后,欧洲商人们首次提出要选出自己的代表参议市政事务,并要求被赋予更多的权力监管警察和财产审核事宜。这导致了长时间的僵持,总督和大陪审团之间也多次起冲突,而媒体也屡屡愤怒地抨击当局。1847年,在巴特沃斯表示赞同的情况下,加尔各答方面撤销了太平局绅们委任和监管警察队伍的权力。所有民间的太平局绅均辞职以示抗议,以后的15年间,有身份的人士都拒绝担任该职。1848年,孟加拉设立了一个由官员和民间人士组成的委员会,管理新加坡的资产评估事务,这是标志着市级政府开始发展起来的第一块里程碑,但没有激起公众任何的热情。民间人士都是由总督选任的,新加坡的媒体讥讽这个市政委员会(Municipal Committee)是“一个彻底的政府官僚机构……是一堵保护行政机关免受冲击的防波堤”。

巴特沃斯担任总督的前几年,还恰好撞上了19世纪40年代的商业萧条,这次萧条使得一些欧洲商人开始考虑,新加坡如果不附属于东印度公司,而是一块王室直辖殖民地的话,它的境况会不会更好些。与加尔各答间的商业联系正日益减弱,随着对欧贸易的增长和蒸汽船通讯技术的发展,新加坡的商人越来越重点关注伦敦的经济和政治状况,那里成为他们的焦点。到19世纪中期时,设在新加坡的英国公司大多数都是总部在伦敦的公司派出的分理机构。

将新加坡转为王室直辖殖民地的提议在新加坡已经被谈论了好多年了,但如今,年轻的商人威廉·亨利·瑞德却开始切实行动起来。瑞德身材矮小但精力充沛,积极进取。他于1819年2月出生在苏格兰,与新加坡开埠仅差几天,而在他漫长的一生中,其得失荣衰也始终与这个岛屿紧紧相连。瑞德在1841年来到新加坡,加盟这里的大公司约翰斯顿,并很快关心起这里的公共事务来,参与了有关市政代表权的纷争。1848年,在新加坡经济最艰困,而巴特沃斯也最不受欢迎的当口,瑞德休假回到英格兰。在那里,他与约翰·克劳弗德多次进行了长时间的磋商。克劳弗德当时正在为维护孟加拉商人的利益与东印度公司据理力争。等到 1851 年瑞德离开英国返回新加坡之时，他已与克劳弗德达成一致意见：要提倡完全与印度分立，把海峡殖民地转交给殖民地事务部直接管理。

于是，克劳弗德继续在英格兰致力于为新加坡的利益而奋斗，但当瑞德回到新加坡时，他却发现，这里的气氛并不适合进行此类政治鼓动。巴特沃斯已经从往日的错误中吸取了教训，着手改善与商人群体的关系，并取得了显著的成功。而此时，新加坡的商人们又经历着新一
84 轮的高度繁荣。总督切实改善了城镇的面貌，兴修道路、桥梁和公共建筑。1851 年，他邀请了 50 位客人一起去野餐，共同欣赏霍士堡灯塔发出的第一缕光。这座灯塔被称为“东部海域的第一位法老……伟大的海峡之狮”。[62]它是现代技术的一项杰作。1850 年，印度大总督达豪施爵士(Lord Dalhousie)到访新加坡，这让新加坡的商人们期望，在行政管理方面会有大刀阔斧的改善。达豪施此行是为了去往中国疗养，在途中短暂访问新加坡，但他在这里却受到了热情的欢迎。欧洲人和华人都争相要拿到邀请函与他会面，“整块殖民地沉浸在表忠心的气氛中”。[63]达豪施承诺，他本人会对海峡殖民地亲自多加关注，并于 1851 年，把这块殖民地从孟加拉管辖区中划分出来，转由总督直接负责。

新加坡的商人们此时正享受着商业繁荣的灿烂阳光，但这种欢欣鼓舞的景象无法永远持续下去。新加坡是个欣欣向荣的港口，是当时最先进的自由贸易和自由放任理论取得的丰硕成果。但它终究还是需要有更加现代也更加规范的管理体制来支撑，而东印度公司派遣的多位总督总是独断专行，官僚机构也无能低效，让富有的欧洲商人们越来越感到灰心丧气。商人们开始后悔之前疏离公共事务的举动，开始寻求在政府中取得与他们日益增强的经济实力相称的一席之地。

商人们抱怨，东印度公司考虑不周，没为新加坡提供一个繁荣的国际港口所应具备的各种商业设施。在 19 世纪 50 年代，加尔各答采取了一系列措施，改善印度的港口和航运设施，而它却每每总因为经济上的原因，而搁置了要将这些新举措扩展到新加坡的打算。每到这个时

候，新加坡的商人们就会开始大声地抱怨，但其实，他们自身总是不愿意负担改革所需费用的立场，也太过顽固。1852 年，新加坡商人与东印度公司就一项税费的开征展开了争斗，该税计划向所有到访新加坡的船只征收，旨在抵冲修建和维护霍士堡灯塔所需的部分费用。欧洲商人们最终同意，只要让亚洲船只免交此项税费，他们就支付灯塔所需的费用。让他们更为沮丧的是，他们很快就从曾热切期盼的宪政改革的迷梦中醒来。达豪施把海峡殖民地纳入他的直接管辖之下，但此举并没有给新加坡带来什么实质性的改变，他那次到访的全部成果只不过是新加坡的商人为了赞颂他而修建起来的达豪施纪念碑。它建得堂皇优雅，但却毫无用处，恰好能提醒人们回忆，达豪施那趟到访的插曲，其过程令人愉悦却毫无成效。

1853 年，东印度公司的特许状更新，次年，一个权力有所扩大的立法会议在加尔各答成立。新加坡虽然没有在这个会议中取得代表席位，但商人们仍然希望它在引入改革方面会更大刀阔斧也更开明。然而，该会议的政策是，强制推行一体化，新加坡从中所受的伤害比其他由印度管辖的殖民地更为严重。另外，它还发起了大力推动中央集权的运动，这终于刺激得新加坡的商人们日益要求要与印度分立了。

但在 1855 年巴特沃斯卸任离开时，这场风暴的苗头还很难看出来。他早年间与商人们所起的冲突早就被人们淡忘了，巴特沃斯是在人们留恋与尊敬的情绪中退休的。他的继任爱德蒙·布兰德尔在东方已经工作了 30 多年，拥有丰富的任职经验，曾先后担任丹那沙林[1]特派专员、马六甲常驻参政司及槟榔屿常驻参政司。

布兰德尔是个严谨认真、值得尊敬的人，若是在创业期，会是个非 85
常不错的父权型统治者。但他非常固执，又很专制。由于总督手中并没有掌握一个立法会议，来与加尔各答方面打交道，或保护他免受商人们有些不负责任的任意反对，因此，在 19 世纪 50 年代担任总督一职，非常需要会审时度势，讲究策略。不幸的是，布兰德尔并不具备这些品

① Tenasserim，今缅甸德林达依省。——译者注

质。1855至1859年正是印度立法会议最活跃的关键时期,但作为这段时期的总督,他的行动却罔顾民意,还鼓励加尔各答方面通过不受新加坡民众欢迎的法律法规。

很快,布兰德尔就与积极要求宪政改革的那一小群活跃分子产生了冲突。布兰德尔提议,加尔各答应征收少量港务费用和清关服务费用,来资助对港口设施的改善,这遭到宪政改革派们的激烈反对。新加坡的商人们针锋相对地提出,东印度公司可以把总督的薪金削减一半,这样就有钱改善港口了。在这种情况下,加尔各答方面没有接受此项有争议的提议。

新加坡的欧洲商人数量虽少,但他们却借助媒体、大陪审团、新加坡商会和公共集会大造舆论,反对布兰德尔和东印度公司的政策。尽管这些欧洲商人没有什么代表权,但他们却有很多机会可以将自己的观点公之于众,因为在整个印度管辖时期,新加坡始终拥有言论和集会自由,而出版审查制度也在1835年取消。

新加坡当时还没有本土语言的报刊,但这里的英文媒体却起到了十分重要的政治作用,并在没有立法会议的情况下,为欧洲人表达公共意见提供了渠道。当1824年《新加坡纪事报》率先创办时,"压制性法案"①还禁止印度所辖领地内的公众批评东印度公司的政策和官员。在克劳弗德担任常驻参政司期间,《新加坡纪事报》一直是一份半官方性质的刊物,大部分由他本人执笔撰写,旨在传播商业信息。克劳弗德离任后,监察有所放松,但在1827年,浮尔顿却重启审查机制,当《新加坡纪事报》批评了官方政策时,他还威胁说要流放那个编辑。浮尔顿的继任者们则比他更加宽容,而在1833年,加尔各答方面也同意海峡殖民地的编辑们可以不必把校样呈送给总督审查,因此,早在"压制性法案"在印度正式废除的两年前,新加坡的审查机制就已经放松了。[64]

① Gagging Acts,英国为压制政治激进分子而在1795年颁布的两部法案的统称,包括《危及治安集会处置法》(the Seditious Meeting Act)和《叛国行为处置法》(the Treasonable Practices Act)。——译者注

《新加坡自由西报》创刊于1835年，问世不久即迅速赢得声誉，确立了其作为一份可靠的温和派刊物的地位。该刊获得商人和律师的支持，持独立评论立场，很快就超越了《新加坡纪事报》，迫使后者于1837年停刊。《新加坡自由西报》作为一份周报一直出版到1869年，此后停刊了15年，又于1884年复刊。《海峡时报》在1845年刚推出时是一周一期，从1847年开始是一周两期，从1858年起就变成一天一期了。报刊的编辑们做这一行是养活不了自己的，必须同时兼其他工作，比如《新加坡自由西报》的亚伯拉罕·罗根(Abraham Logan)和《海峡时报》的罗宾·伍兹(Robin Woods)就都是法律顾问，在新加坡的公共生活中起着非常重要的作用。

大商人可通过担任太平局绅或大陪审团成员来扩大自己的影响力。在每次庭审集会结束后，大陪审团都会发布一份声明，包括他们的评论和抱怨，所涉事宜有些一般本应由立法会议或选举产生的市政机构来讨论。在布兰德尔的任期之前，商人们都把加入陪审团看做一份
烦人的职责，会影响他们全心做生意。1854年，欧洲商人们甚至请愿， 86
要求废除大陪审团。但在1855年后，他们却转变了立场，此时的大陪审团已摇身一变，成为集聚力量与政府对抗的机构。[65]在一个不断提出异议的在野群体的掌握下，这一公共集会形式就成为号召公众反对官方政策的常规途径。在19世纪50年代中期，印度立法会议的种种举措激起了一片怨言，如抱怨其没能有效遏制海盗活动，抱怨其将欧洲囚犯大量从印度运到新加坡，抱怨其迟迟不进行司法改革，抱怨其未稳固货币元的地位，以及竟提出要征收港务费用，等等。

1855年，《海峡时报》推动成立了改革同盟(Reform League)，旨在号召进行大刀阔斧的行政改革。[66]一项试图摆脱印度管辖的行动计划在一次公共集会上遭到否决，但仍有一小群人矢志要让新加坡脱离印度。这个小群体的核心人物包括威廉·亨利·瑞德、亚伯拉罕·罗根、罗宾·伍兹和何塞·达尔梅达爵士之子、著名的商界大亨——华金·达尔梅达。

在1857年的危机中，不满情绪达到了顶峰。这年的年初就不太平，更加严厉的警察条例和市政改革的实施造成了不小的骚动。这次

改革重组了市政委员会,大部分委员改由选举产生,委员会的权力也有所扩大。但改革措施的推行很不得力,激起华人罢工并引发印度人口发生动乱。1857 年 2 月,正值第二次鸦片战争期间,古晋发生了一场华工起义,拉杰·詹姆斯·布鲁克手下的一些人在动荡中被杀。欧洲商人惶恐不安,把这次事件误解为一场地区性反英大阴谋的组成部分,认为这场阴谋将会撕裂新加坡。1857 年 3 月,槟榔屿的华人大规模对新的市政法规表示不满,这更是火上浇油。可布兰德尔对这种种危机偏又应对不力,招来欧洲和亚裔商人的一致恶评。1857 年 5 月,新加坡大陪审团抱怨说:“欧洲社群的舆论和抗议竟被当局如此忽视,这在本殖民地可是前所未有的事。”[67]

印度反英大起义的消息,在 1857 年 5 月底传到新加坡,引爆了这里既有的紧张态势。事实上,人们根本无需担心暴力活动会蔓延到海峡地区,因为这里驻扎着从马德拉斯来的军队,足够维持秩序,而新加坡的印度裔人口主要来自印度南部,他们没有表现出响应起义者的迹象。但不久之后,新加坡还是间接受到了这次起义的影响,因为加尔各答方面下令,对印度所辖领地实行为期一年的媒体审查制度。布兰德尔并没有采取措施将这一新的“压制性法案”强加给新加坡媒体,但媒体仍对这一审查令大加抨击,称其为有力证据,再次表明加尔各答拒绝承认海峡殖民地所拥有的特殊地位。[68]

1857 年,有传言称,印度来的囚犯正在计划一场叛乱,流言迅速传遍了新加坡。当时,此地的印度囚犯数接近 3 000,而且据说加尔各答方面正打算送一批山匪和极危险的暴徒到新加坡来,以便把监狱腾出来关押被捕的起义者。民众因此一片恐慌,有些人举家逃到港口内停泊的船上避难。这让人们对东印度公司对新加坡统治方式的不满终于爆发。欧洲商人召集了一次公众集会,决心派代表前往英国议会,支持加尔各答商人提出的撤销东印度公司的要求。除此之外,新加坡的商
87 人们还进一步要求让海峡殖民地脱离印度,改由伦敦直接管辖。[69]他们的目标是,拥有自己的立法会议,能参政议政。请愿书中写道,加尔各答方面把海峡殖民地直接当做了印度大陆的一部分,根本罔顾当地民众

的特殊情况和愿望。并抱怨说,印度立法会议没有分代表席位给海峡殖民地,而总督则像暴君一样独断专裁,不受任何会议的限制或建议。为了证明民众普遍怨声载道,请愿者们还列举了一些具体的不满之处,如声称要征收关税和吨位税,统一将卢比作为法定货币等。他们指责东印度公司不愿提供足够的司法服务,没能扫清海盗,或在马来半岛和群岛一带确立英国的影响力。他们指出,加尔各答对华人的管控举措不力,并在请愿书的结尾部分连篇累牍地谈到当时他们最关注的问题:把新加坡作为囚犯“倾倒站”所具有的危害和所带来的耻辱感。[70]就在请愿书起草期间,从加尔各答的一级警备监狱运来的起义分子和其他一些危险囚犯抵达新加坡。新加坡开明的监狱管理体系实在无法应付这样危险的罪犯,忧心忡忡的商人们于是恳请完全中止向新加坡运送囚犯。

在历经了十年没结果的争论之后,新加坡的此轮请愿行动终于开启了变化的进程,最终使新加坡于 1867 年成为殖民地事务部直辖殖民地。但请愿仅由新加坡一地提出。在槟榔屿举行的一次公众集会上,只有三个人赞成采取行动,支持新加坡提出的要求,而大多数人则投票认为不应在东印度公司的危难时刻再给它添麻烦。[71]

众议院对新加坡的请愿表示支持,成功似乎指日可待。新加坡的商人们在英国议会、商会和其他商业机构中都有关系紧密的人士,可支持他们的请求。比较富裕的新加坡商人经常回访英国,另外有一批很有影响力的前海峡殖民地官员和商人返回英国后,就在伦敦总部担任领导职务。

印度方面打算放弃海峡殖民地,但又不愿意花费时间按照英国财务部的要求整理海峡殖民地非常复杂的账目。殖民地事务部在 1860 年时抱怨说:“印度方面似乎一边承认存在财政赤字,一边又宣称有盈余。”[72]而热切呼吁要改革的那群人其实同时也妨碍到了转变的顺利进行,因为瑞德、克劳弗德和其他一些身处伦敦的前海峡殖民地人士,以及新加坡商会,都对转变后的经济前景作出了乐观的估计,可他们的估算值却彼此矛盾,其结果只能让财务部和殖民地事务部疑虑重重,不肯轻易下决定。

英国政府最为担心的是,转变可能带来的巨大防务开支。哥列设计的防御工事计划繁复而昂贵，需要大量驻军，耗资不菲。而当时英国却正在推行一项从各块殖民地撤军的政策，这就让哥列的计划更不得人心。1862 年，殖民事务大臣向议会特选出的专门委员会承诺，转变后，英国政府所需负担的费用，肯定在财政部能承受的范围之内。[73] 于是，在经济前景不明朗的情况下，英国财务部中止了谈判。很显然，新加坡想要成为王室直辖殖民地，要不就必须增加财政收入，使其能负担所有行政和国防开支，要不就必须向大英帝国有力地证明，新加坡是具有非常关键的战略和经济价值的。

88 与此同时，东印度公司于 1858 年被撤销，印度转为由英国王室直接管理，但这些都没怎么影响到海峡殖民地。它仍然归加尔各答管辖。1859 年，不得人心的布兰德尔离任，由奥佛·加文纳上校接任。加文纳上校是最后一任印度委派的行政长官，也是最受爱戴的一位。他是一位热心、正直、讲究实际的领导人，坚定但公正。他既听取公众意见，也尊重媒体、商会、大陪审团和市政委员会，赢得了人们的尊敬和爱戴。他消除了商人和政府之间存在的大部分摩擦，还在财政和人力严重吃紧的情况下，在行政、公共工程、警务、监狱和司法领域推动了不少改革。

加文纳在乡村地区设立了法庭，还支持丹曼增强警力。他尽最大可能地利用囚犯劳动力来弥补缺失。1860 年，加尔各答方面决定停止向海峡殖民地运送囚犯，但直到 1873 年，也就是新加坡已转为王室直辖殖民地的六年后，最后一批印度囚犯才运离此地。而就在这几年中，海峡殖民地政府大举兴建了一系列公共工程，其中许多一直留存到 21 世纪。1860 年，当局利用囚犯劳动力，修建了福康宁和圣安德烈大教堂(St. Andrew's Cathedral[①]，于 1862 年完工)。囚犯们修筑了道路和官署，其中包括一座市政厅和一处法院(此后成为女王宫政府建筑群的核心部分)，一所全科医院，一家疯人院，一所新的贫民医院和总督府(后来的总统府)。1864 年，煤气灯代替了昏暗的椰油街灯。1862 年，连接桥南路和桥北路的老旧木桥被一座钢铁桥取代，并更名为爱琴桥。

① 修建前称圣安德烈教堂。——译者注

1861 至 1864 年间，商业广场沿海一侧的土地进行了平整，修建了哥列码头(Collyer Quay，由一道面海的墙围护着)。到 1866 年时，这一带的建筑物已鳞次栉比，堪称“远东一景”，直到一个世纪后，其中许多建筑仍可见到。

城镇的面貌开始变得有点看头了。西岸繁荣的商业区正对着新加坡河对岸的政府办公区，那里有政府官署、市政厅、新加坡书院和圣安德烈大教堂，全都被修剪齐整的绿色草坪环绕着。福康宁是城中的制高点，被一些顶上建有精美房屋的小山簇拥着。城区仍然很小，从市中心往任意方向延伸的距离都最多才不过一英里多，但它与岛内各处的交通都已通畅，道路星罗棋布，沿海分布着许多村庄和警察岗哨，在远郊的实里达(Seletar)和樟宜(Changi)，则修建了政府官员的度假村。新加坡成为东方的一处胜地。“45 年来，人类忙碌地在它的胸膛上攫取财富，然而竟没有留下明显的伤痕。”[74]

加文纳的大受欢迎足以抵抗住经济衰退风暴的影响，他还成功抵制了加尔各答方面的征税要求，这是其为了缓解因反英大起义造成的经济危机而向下辖各领地征收的一揽子税收。1862 年，新加坡的商人们再一次成功挫败了加尔各答方面要征收港务费用的尝试。但他们虽苦苦奋战，却仍没能阻止《印度印花税法案》的通过，该法案在 1863 年中终于逐步强制推行。但他们也不是全无收获，加尔各答方面撤销了一项要将所得税扩展到海峡殖民地征收的提案。可此举却扼杀了一项有趣的试验。由于没有现成的所得税征收制度，加文纳遂提议，将全部人口按照各自
的经济实力分为 52 个级别，按级征收均一税，并将数据公布。他设想， 89
因为新加坡人把地位与财产直接挂钩，活跃的市民为了获得更高的社会地位，就可能会声称自己属于需交更重税额的那一级，哪怕他的实际收入并未达到该级别。但当加尔各答决定不向海峡殖民地征收所得税后，新加坡也就失去了验证这一新奇的心理学理论的机会，无法证明，在一个骤然富裕起来的社会中，民众对向社会上层流动的渴望是否能被利用来毫不费力地向他们征税。而当 1947 年所得税终于开征时，照例引起了不愿交税的民众与复杂的官僚机构间的不断暗斗。

在加文纳和善的统治期内，他赢得了当地媒体、大陪审团、市政委员会、商会和华人领袖的普遍支持。官员们对他忠心耿耿，广大民众对他敬爱有加。大陪审团不再不断诉苦揭痛，市政委员会也不再闹腾，而是静下心来讨论如何改善常规工作的效率，如何使财政收支平衡。加文纳使得印度的管辖变得前所未有地受欢迎，要求宪政改革，转变为王室直辖殖民地的呼声也平息了下去。

只有以瑞德、罗根、伍兹和一些与他们志同道合的倡议者为核心的少数激进分子仍在为实现转变而努力。在他们那些伦敦友人的帮助下，他们说服英国政府重启谈判进程。但殖民地事务部并不接受他们的说法，即新加坡对英帝国来说至关重要，"是东方的直布罗陀和君士坦丁堡"。要得到英国政府的首肯，只能拿出证据表明新加坡的财政赤字问题可以解决。而具有讽刺意味的是，让财政收入可满足行政开支的难题，看似无法解决，最终却因加尔各答方面强制实施新印花税法案，而得到彻底解决。

1863 年底，英国政府责成香港总督赫尔克里士·罗宾森爵士(Sir Hercules Robinson)[①]就新加坡的情况进行汇报。他建议将新加坡转为直辖殖民地，但相关的谈判却迟迟没有结果，争论的焦点在于，由谁负责军费开支。伦敦方面拒绝承担防卫海峡殖民地的经济支出。但在 1866 年，陆军部却突然对新加坡表示出兴趣，其原因在于，香港驻军及其随员的伤亡率过高，几近酿成公共丑闻，于是该部想把部分军队转驻到新加坡去。

相关的转变法案火速通过，殖民地事务部急匆匆地安排最后交接事宜，结果，新加坡由印度委派的高级官员全部没有得到妥善安置：印度方面拒不接纳他们，殖民地事务部则想任用自己的人，最终这批官员全被迫退休。加文纳本人也没有得到官方的正式通知，告知他由殖民地事务部派出的行政长官将接替他。他是偶然从新加坡的一个平民那里才得知，新任长官正在从英格兰来新加坡的路上，于是愤而离去。1867 年 4 月 1 日，印度管辖时期结束，海峡殖民地成为王室直辖殖民地。

---

① 中文名为罗便臣。——译者注

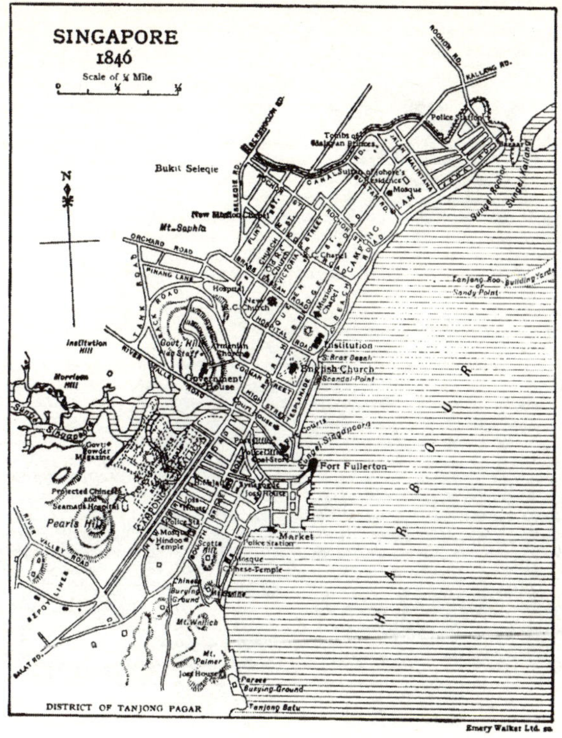

1. 新加坡地图，1846 年。（摘自 Walter E. Makerpeace，Roland St. John Braddell and Gilbert E. Brooke，ed. *One hundred years of Singapore*. Singapore：Oxford University Press，1991。）

2. 达因·易卜拉欣，柔佛天猛公。

3. 新加坡的道路及路旁的住宅，1840 年。(Collection of the PSA Corporation Limited，鸣谢 the National Archives of Singapore。)

4. 菲利普·杰克逊所描绘的龙牙门(Batu Berlayer)。(承蒙 the British Library Board 允许使用，shelfmark WD 2972，鸣谢 Peter Borschberg。)

5.《从政府山上看到的城镇和港口锚地》,查尔斯·戴斯(1816－1853)。(鸣谢 the National University of Singapore Museum Collection。)

6.《新加坡直落亚逸市场》, J. T. 汤普森,1847 年。(鸣谢 the National University of Singapore Museum Collection。)

93

第三章　帝国正午(1867－1914)

托马斯·卡莱尔[1]曾说:“编年史书中鲜少提及的人们是幸福的”,用这句话来形容直辖殖民地统治时期的新加坡非常贴切。它享受了几乎长达 75 年的持久和平,政局稳定,繁荣昌盛,只在周期性的全球经济衰退时略受影响。

尽管表面看来一片风平浪静,但在这些年里,新加坡社会其实发生了相当大的改变。从海峡殖民地(Straits Settlements)变为王室直辖殖民地(Crown Colony)后,新加坡又迎来了四项变化。它们没有在一夜之间使新加坡发生骤变,但却共同促进并巩固了它在 19 世纪最后 25 年间的发展:1869 年苏伊士运河开通、1870 年欧洲的电报业务从印度覆盖到新加坡、19 世纪 60 年代以来蒸汽船逐渐成为货运的主要工具,以及英国自 1874 年开始逐步将马来诸邦纳为自己的保护国。过去的新加坡只是一块孤零零的小殖民地,与马来半岛内陆联系稀少,独自守望茫茫大海,殚精竭虑地应对着国际贸易中的种种不确定因素。而如今它却已经牢固树立了自己的国际地位,成为主要中西贸易路线上重要的货物集散地、马来半岛与荷属东印度群岛之间贸易交换的中

① Thomas Carlyle(1795－1881),苏格兰著名思想家,散文家,历史学家,观点上偏浪漫主义。——译者注

介，以及大英帝国最重要的商贸港之一。

1867 年刚转为直辖殖民地时，新加坡政府极少干涉亚裔人群的生活。1875 年的一份政府报告称："我们相信，大多数到殖民地来工作的华人一直到返回母国时都还不太明白这里是不是有政府在管理他们。"但到了 1914 年，虽然此地的居民仍然还没有融合形成独特的新加坡社会，政府却已成功地将当地所有民众纳入它的行政和司法体系管理之下。各个管理部门相继成立，彼此之间分工明确，分别负责教育、卫生和社会福利等事务，奠定了现代国家的基础。社会各个方面都在变化， 94
不仅是立法方面，行政、司法、教育和商贸等各行各业以及对移民社区的管理组织等方面也在悄然发生着变化。

新加坡第一位殖民地总督是亨利・圣乔治・沃德[①]。他原为百慕大总督，主动申请担任这一新职位，力图"新官"上任三把火[②]，涤清印度督统期间的各种弊病。[1]《伦敦与中国电讯》(*London and China Telegraph*)称他"本质上是一位进步人士"，[2]而且他原本就是一位有着丰富殖民地管理经验的军官，这让沃德看起来似乎正是管理这块新殖民地的恰当人选。

沃德以为殖民地民众会踊跃支持新政权和他的"迎新大扫除"行动。在过去 10 年间，少数狂热人士先后组织了多个代表团，呈递了大量信件、记录和请愿书给英国政府，使得沃德和英国殖民地事务部误以为新加坡人都一致要求过渡到直辖殖民地。《海峡时报》把这种转变称为"自本殖民地建立以来发生的最为重要的政治事件"；[3]新的政治体制正式赋予此地的欧洲商人协商议政权，因此他们也表示欢迎变革。然而，焦虑不安的情绪正在暗地里聚集。亚裔商人对变革并不感兴趣；当变革还只是一种遥远的可能性时，少数欧洲商人就对此不太赞同，而当

---

① Ord，沃德也译做"渥"，新加坡有以他名字命名的"渥桥"。——译者注

② "新官"原文为 new broom，英谚 a new broom sweeps clean，意同于"新官上任三把火"。——译者注

转变确实发生时，他们开始提出质疑，怕它会导致开支增加，税额提高。1857年时导致人们请愿要脱离印度管辖的许多弊病这时已经消失。海盗问题、商业税过高、货币和犯罪问题都已经得到解决。加文纳在任期间很得民心，他为印度督统创造了一个灿烂的终章，许多商人甚至不愿他离任。

根据英国直辖殖民地通行的惯例，总督将在行政会议和立法会议协助下进行统治。1867年行政会议建立，成员包括总督、海峡地区最高军事长官以及6位高级官员。立法会议成员包括行政会议成员、大法官和4位由总督提名的“非官方人士”。

总督享有最高行政权，但受到殖民地事务部的最终掌控，这一原则一直延续到二战时期。行政会议不公开召集会议，类似于内阁，但它不对立法会议负责。而立法会议的会议辩论等都是公开的，并需公布在当地报纸上。立法会议的建议对总督不具有强制约束力。总督动议大多数法令，并对所有法案拥有赞成或否决权。政府成员必须要支持他，但非官方议员则可以自由发言和投票。按照规定，总督要重视他们的意见，尤其是在征税和开支问题上。如果他推翻了非官方议员一致提出的意见，他应该为此向殖民地事务部提交书面报告，作出解释。英国殖民地管理体制的成功取决于总督及议员之间的精诚合作，在实践中总督极少动用自己的独裁权力。在随后的几年中，法令作出了修改，扩大了协商咨询范围，非官方和亚裔议员的人数有所增加，1867年立法
95 会议任命了第一位亚裔议员黄埔。到1924年时，立法会议中政府官员和非官方人士的数量相等，但总督拥有决定性的一票，因此最终的决定权仍然掌握在他和殖民地事务部的手中。

海峡殖民地由新加坡、槟榔屿和马六甲组成，出于管理上的便利间或还管辖其他一些地区：霹雳（Perak）的天定（Dindings）地区①（1874—1934年）、纳闽岛（1906—1946年）、科科斯基林群岛（Cocos

① 今马来西亚曼绒(Manjung)。——译者注

Keeling Islands,1886－1955年)以及圣诞岛(1900－1958年)都曾为殖民地的一部分。

新加坡是海峡殖民地的行政管理、商业和政策制定中心。根据规定,海峡殖民地的三大区各自都至少产生1名非官方人士进入立法会议,但要在槟榔屿找到合适又有空闲时间的人来承担这项工作非常难,在马六甲则根本不可能。结果1867年任命的4名非官方议员中,有3名都来自新加坡。槟榔屿一开始就并不支持转为直辖殖民地,如今因为新加坡几乎完全主导了政府,它声称自己的利益被忽略,开始变得抱怨连连。1872年,槟榔屿商会请愿,要求拥有独立的立法会议或单独成为直辖殖民地,但没过多久,不和的情绪消失了,取而代之的是非常融洽的相互依赖。在这个世纪余下的岁月里,槟榔屿成为马来诸邦、苏门答腊北部和泰国西部地区所产橡胶和锡的外销地,同时也是一个国际性的重要港口,不过槟榔屿的人们时不时还是会发点牢骚,说自己处于次要地位,抱怨殖民地把大多数收入都花在了新加坡身上。

新加坡本身对转为直辖殖民地的适应过程也有些痛苦。[4]多年来激进的少数派一直在斗争,要求过渡,却没考虑过需要承担怎样的责任。等到过渡实现后他们却很失望,因为从中得到的政治权利太少。其他大多数没有积极要求过渡的人,则总是一遇到困境就开始怀念所谓旧日的好时光。

英国政府敷衍搪塞了很长一段时间,才作出了些让步,同意少数派提出的过渡到直辖殖民地的请愿。它并不觉得此地有什么军事或航运方面的战略意义,也不打算进行什么大的变革。沃德得到的指示是,能有效管理,不超出预算即可,伦敦方面并没有授予他制定针对马来诸邦和华人帮会新政策的权力。为过渡而奋斗过的人发现殖民地事务部并不打算在这两个方面做什么变革,基本维持的还是印度督统时期的政策,这让他们很生气,而沃德也发现自己的处境非常尴尬。

这位新总督从性格上来看并不太适合承担起这项精细的任务,使新加坡适应直辖殖民地统治模式。应对当时的局势需要的是耐心和机巧,而不是旺盛的精力和改革热情,但沃德粗暴的个性和专横的风格却加剧了过渡初期人们的不满情绪。刚到任不到 3 个月,他就警告殖民地事务部说,有些批评新政体的人士声称,海峡殖民地并不适合成为“王室直辖殖民地”,[5]对此,殖民地事务部的回复是,“英国治下的殖民地中可能没有哪一个比海峡殖民地更需要王室的统治和母国政府的直接控制了”。[6]

沃德总督力图整顿政府,消除玩忽职守和腐败现象,普遍提高效
96 率,这些措施招来了相当多的不满。[7]任人唯亲、结党营私在 1867 年之前已经成为常态,沃德对这些行为的打击使不少人对他愤恨不已。当沃德试图改革司法体制使其与直辖殖民地通行体制一致时,却发现自己与大法官本森·麦克斯维尔爵士(Sir Benson Maxwell)①产生了正面的冲突。麦克斯维尔爵士在印度督统体制下担任新加坡的常驻法官(Recorder of Singapore)多年,享有相当大的自由度和权力,身边聚集了一批党徒。他纠集起立法会议中的非官方人士一同公开与总督作对,但殖民地事务部则坚定地要使海峡殖民地的司法体制与其他直辖殖民地保持一致,它要求大法官要在立法会议中效忠总督,对其负责。为了达到这个目的,1868 年通过了《最高法院法案》(Supreme Court Bill)。

沃德为政府订购了一艘新的蒸汽船,并兴建了富丽堂皇的总督府(即后来的总统官邸伊斯塔纳②)。反对派指控他铺张浪费。先前的政府蒸汽轮并不适合出海,而作为一块欣欣向荣的殖民地的总督,如果再像过去十年中他的前任们那样,老住在租来的房子里(自从之前的总督官邸为修建福康宁要塞而夷平以来一直如此)总不太合适。两项支出都事出有因,不幸的是,人们还是把它们与新总督贪图个人享乐联系在了一起。

沃德最大的失误是对原先的税收体系提出了质疑。他认为之前的

---

① 新加坡译做“宾逊·麦氏威尔”。——译者注

② Istana,马来文,意为“宫殿”。——译者注

体系对穷人课税太重,却让富有的商人轻松逃脱。政府的财政运转当时很正常,可沃德却鲁莽地在1867年告知立法会议,如果要进一步征税,那他提议征收直接税,但补充说不会针对商贸活动征税,“除非有迫切的必要性,但这几乎不可能出现”。[8]这句特意加上去的安抚话语,效果却适得其反。人们认为总有些情况下自由贸易的神圣信条可能受到威胁,这使得已经积聚了数月的不满情绪爆发。《海峡时报》声称总督“在这一点上挑战了公众舆论,可这一点是任何一个熟悉,甚至只是略知这块殖民地的历史和它的商业活动风格的人都不会质疑的”。

之前反对过印度统治的人们又聚集起来了。1868年1月,曾在英国为过渡成直辖殖民地而斗争过的前海峡殖民地居民们在莫实德公司的伦敦办公处集会,成立了海峡殖民地协会(Straits Settlements Association),“以防范任何可能不公正地影响到海峡殖民地利益的法令,尤其是会逐渐阻碍或干扰其作为贸易自由港而繁荣兴盛的法案”。[9]约翰·克劳弗德当选为主席,协会还在新加坡和槟榔屿设立了分支机构。

海峡殖民地协会于1869年4月向殖民地事务部呈递了一份备忘录,称直辖殖民地统治的前两年“对殖民地来说是最糟糕的”。他们抗议说,立法议会“一点用处都没有,它仅仅代表了总督一个人的意愿;这样一个机构从原则上就是不妥的,是不道德的、反动的”。[10]这导致了他们与总督之间剑拔弩张的交锋,以及瑞德(时任立法议会非官方议员)领导下新加坡本地的多次公众抗议集会。

殖民地事务部起初并没有意识到自己接手的华裔移民问题有多麻
烦,因为印度当局之前并未着手处理帮会、移民、劳工、贩卖苦力、贫困 97
及卖淫交织在一起形成的问题结。1867年槟榔屿帮会骚乱后,当局成立了一个调查委员会,其调查结果催生了1869年的《镇压危险社团法令》(Dangerous Societies Suppression Ordinance)。尽管名字里有“镇压”二字,但这个法令并不旨在镇压这些社团,而是要让它们登记注册。社团集会时必须让治安官或警官到场,强迫人宣誓或入伙则为非法行为。

这个法令没有什么效力,华裔移民受到马来诸邦和荷属东印度群岛上工作机会的诱惑,大批涌入新加坡,帮会随之因进行劳工贩卖贸易而兴盛。到19世纪80年代中期,每年11月至次年2月的移民高峰期会给新加坡带来3万名华人。移民中包括一些职业流氓(*samseng*),他们因霹雳州的锡矿和其他一些比较动荡区域对打手的需求而来到此地。1872年时,据说光新加坡义福公司一家就雇佣了4 000名流氓。

很多"新客"都被关在苦力船上,或者这些帮会在岸上的据点里。那里的条件非常糟糕。随后他们被运往苏门答腊等地,这些地方因为条件太过恶劣而无法吸引自由劳力前往。在19世纪70年代时,这种类似于绑架的行为非常成体系,这些人甚至还会绑架那些付过船费的自由移民。[11]有一次,流氓竟然公然押送80多名"新客"穿越新加坡的大街小巷,要把他们运送到锡亚克去。

1872年新加坡华人骚乱使得政府任命了一个新的政府委员会,该委员会提出了一个有争议的建议:复兴先前的甲必丹体系来管束华裔移民。华人领袖,包括黄埔和佘有进,向政府请愿,要求对苦力移民加以监管,制止强制将"新客"运离新加坡的行为,而要是留在新加坡,"他们知道,在这个友善的国度里,他们能寻找到宁静的家园,这里的人们富足安详,因幸福而歌唱"。

得到这些支持后,沃德开始采取措施大力打击泛滥的贩卖苦力行为,首项举措是于1873年提出颁行《华人苦力移民法案》(Chinese Coolie Immigration Bill)。这项法案很保守,仅提出要让移民注册,不能强迫签署合同或建立非法接待站。可它还是激起了欧洲商人、立法会议和英文报刊为捍卫自由移民原则而提出反对意见。他们认为自由移民原则乃是海峡殖民地经济的生命源泉。这项法案最后还是颁行了,但却并没有得到切实执行。

而沃德的举措中最让人丧气的可能是他对马来诸邦的态度。他私底下很欣赏赞同对马来诸邦采取积极行动。尽管这时殖民地事务部承继印度督统时期的方针,官方的政策是"不予干涉",但实际上海峡殖民地政府却越来越多地卷入到半岛内陆的事务当中。

从19世纪开始,全球市场不断增长的需求推动了在马来亚寻找锡矿的活动。华人劳工随之大量涌入霹雳、双溪芙蓉(Sungei Ujong)和雪兰莪(Selangor)。华商组织采矿活动,通常还得到了欧洲商人的支持。这些欧洲商人开始向政府疾呼,要求加强对他们的财产以及敢于忍受内陆地区危险和艰苦条件的华人开拓者们的保护。

当新加坡商人于1857年向英国请愿,要求转变为直辖殖民地时, 98
他们是出于新加坡本地及管理体制上面临的问题,有关马来诸邦的政策并不是什么考虑重点。但等到印度统治结束时,这个问题却成了关注的焦点,因为在这十年间成千上万的华人矿工屡遭横祸,欧洲和华人投机商们则蒙受了巨大的损失。锡矿业的迅速扩张以及华人矿工的大量涌入加速了霹雳、雪兰莪和森美兰地区传统权威的瓦解。1857年后,彭亨的内战使得关丹的锡矿关闭,并中断了内陆地区利润丰厚的黄金贸易,而新加坡的商人对这些贸易投入甚巨。到1867年,商人们在付出惨痛代价后认识到,没有官方作为后盾就不可能有安全可言。移民来的矿工与马来地方权威间的冲突,以及敌对的华人帮会间的冲突给新加坡的商贸带来了很大的冲击,槟榔屿随时有发生流血事件的危险。政治干预已不可避免。

新加坡的商人们失望地发现,殖民地事务部并不打算把新加坡作为英国所辖殖民地的重点地区。1868年时,殖民大臣这样指示沃德:"女王陛下的政府对马来半岛的政策是,不干预地方事务","如果任何一位商人或其他人等在干预中致使独立国家发生动乱……他们不要指望英国政府会施以援手来保障他们的利益"。[12] 1871至1872年沃德回英国度假,他与殖民大臣进行了长时间的会面和讨论,强调应该对该地实施更为积极的政策,不能袖手旁观,坐视利润丰厚的内陆贸易因为马来内乱和帮会私斗而停顿。但殖民地事务部拒绝了他的请求,沃德仍然无法大展拳脚。

1873年7月,内乱蔓延到了霹雳和雪兰莪,新加坡的华商领袖呈递了正式请愿书,要求英政府进行干预。沃德支持这次请愿。而此时殖民地事务部也开始觉得有必要加强英国在马来诸邦的影响力，以免他国势力乘虚而入。但沃德在过去七年里的所作所为使他们相信，他并不是执行这项政策的合适人选。他们对沃德的手段和判断力没有信心。他们没有看到 1867 年之前就业已存在的反对力量，也拒绝接受沃德认为该地大多数民众并不想要过渡到直辖殖民地的申辩，却把他统治期间遇到的所有问题都归结为治理不当。

在 1873 年最终离开新加坡前不久，沃德建议颁行《犯罪程序法案》(Criminal Procedure Bill)。这项法案中包含了一项很有争议的条款：废除大法官。20 年前，当地的商人自己也在吵着要废除大法官，但 20 年后沃德的提议却招来了非官方立法议员和一群公众愤怒的公开反对，瑞德在集会上声称，废除大法官将撤销“抵御政府和司法部门轻慢人民的最后一道防线”。[13] 欧洲商人发了一封抗议电报给殖民地事务部，除了黄埔外，立法会议中所有的非官方人士都辞职了。这项重要的法案重组了高等法院，设立了 4 名陪席法官和一个上诉法院，它在辞职
99 者缺席的情况下通过，并得到了殖民地事务部的首肯。欧洲和华裔商人请求让立法会议中的非官方人士复职，并要求以后的法案要等伦敦同意之后才能颁行，但殖民大臣驳回了他们的请求。殖民地事务部还反对允许作为少数派的非官方立法议员可以暂时否决某项立法的原则。

冲突集中体现了立法会议与殖民管理体制之间固有的矛盾。东印度公司的负责人早就反对过在印度建立地方殖民地管理机构，认为这样会让远离母国的非官方人士掌权，可能会损害当地人的利益。这种情况在新加坡和其他一些直辖殖民地都有体现，那里的欧洲和亚裔非官方立法议员们一般都成为商业物质利益的代言人。沃德在写给殖民地事务部的最后一批信件中曾尖刻地指出：“商人群体构成了这里社会的主体。他们除了考虑自己直接的商业利益之外，几乎对什么都不感兴趣。很多人曾公开宣称，他们来到此地就是为了赚钱的。”

虽然沃德本人在当地并不受欢迎，但他的确有效地重组了行政体系，在他治下，新加坡在物质上发展飞快。1869 年，苏伊士运河开通(这一年也刚巧是新加坡建港 50 周年)，刺激和保障了新加坡短期和长时段内的经济发展。贸易额从 1868 年的区区5 800万英镑跃升至 1873 年的近 9 000 万英镑。这一年秋天，沃德卸职离开新加坡，身后留下的是一片前所未有的繁荣景象。他的继任者，安德鲁·克拉克爵士(Sir Andrew Clarke)发现，新政权成长期的阵痛已经过去。如今英国当局和新加坡商人都期望克拉克能着手缓和社会内部的矛盾，殖民地事务部指示他就马来亚西部沿海各州的情况展开调查并提交报告。

与沃德相比，新任总督的想法与商业群体更加合拍，也更愿意"按新加坡的方式行事"。① 虽然殖民地事务部先前作出的是相反的决定，但克拉克到任后不久就让立法会议中的非官方人士复职。他还欣然接受了商业领袖们的观点，倾向于对马来诸邦采取更为积极的政策。

尽管显然违反了英国政府对他的指示，但克拉克还是访问了霹雳，并于 1874 年 1 月与当地首脑缔结了《邦咯协定》(Pangkor Engagement)。双方约定由一名英国驻扎官担任苏丹的顾问。以此为开端，他又相继与雪兰莪和双溪芙蓉的地方权威达成了类似的协定，从而使英国逐渐控制了这些州。此时伦敦当局中占主流的意见已经发生改变，他们不再认为克拉克的行为值得批判。于是开发马来诸邦资源的道路由此敞开，而新加坡则成为了最主要的转运港。

克拉克还在 1874 年成功地获得了欧洲和华裔商人的支持，通过了一项旨在监管客运船只的法案。这成为管控猖獗的苦力贩卖活动的第一小步。

有人曾说过："管理直辖殖民地之路，如同爱情之路，极少是一帆风顺的"，[14] 但此时新加坡的行政管理状况却比其他大多数直辖殖民地更

---

① 原文为 dance to the bagpipe of Singapore，直接的意思为"随着新加坡的风笛的节奏摇摆"，意思就是根据另一种节拍调整自己的节奏，即入乡随俗之意。——译者注

为平顺。1874 年 1 月,《海峡时报》承认:“要想和乐安定很难,但我们必须承认,从某种程度上说,此时此地的情况就有这么好。”[15]这块殖民地开始进入长期的政治体制稳定阶段,并一直持续了近 70 年之久。

100 转为直辖殖民地的好处之一,是有了独立的海峡地区公务机构。1867 年以后,殖民地事务部在英国主持招募年轻人专程前往海峡殖民地担任公职。从 1869 年开始,得到举荐的人还需要接受审查,到了 1882 年,海峡地区公务机构已经开始公开向社会招募人员。年轻的实习生们抵达殖民地后要学习马来语,从 19 世纪 80 年代开始,担任华人相关事务公职的人选还被送往厦门、汕头和广州学习中国的方言。他们一般一生都任职于海峡殖民地,因此比起之前那些任期相对较短、来去匆匆的总督们来说,他们有不少人在与新加坡长期打交道的过程中对当地的政府政策产生了更强也更深远的影响。

政治领域波澜不兴。周期性的贸易动荡当然会带来政治上的问题,但再也不会像给动荡不安的前苏伊士时期火上浇油那样给新加坡带来大麻烦了。更大的任期安全感也使得从政者更加负责(虽然仍然比较自私)。不过,问题还是存在的。最常见的纷争是针对殖民地本身应承担多大比例的军事开支费用,尤其是在经济衰退时期。

1867 年时英国政府并不认为新加坡在战略上对帝国有什么重要性,坚持认为除去从香港转来的军队疗养人员的给养外,军事防御开支应该由本地承担。殖民地承担的固定开支是 5.93 万英镑,而总开支是 6.6 万英镑,这个比例比其他殖民地所承担的都要高。而且这些钱似乎花得没什么价值。1869 年,时任防御工事副总监察员(后来为总督)的威廉·德拉蒙特·泽维士爵士(Sir William Drummond Jervois)在报告中说,新加坡已修筑的工事除了偶尔用来对付一下地方上的骚乱,真是一点用处都没有。四年后,中国站的总指挥官向陆军部报告说,新加坡的军事工事“根本就起不到有效防御的作用”。[16]

随着苏伊士运河的开通和借道马六甲海峡成为去往远东的主要路线,新加坡成为英国港口与采矿要地之间航路(从直布罗陀,经马耳他、苏伊士、亚丁、亭可马里一直到香港)上重要的结点。因此在 1871 年英国政府同意承担新加坡的部分防务任务，派遣了一个满编的欧洲团驻扎在当地，并承担45%的驻军费用。同时战时局还提议加强新加坡防御海上进攻的能力，愿意提供购买枪支弹药的经费，但希望殖民地能自己负担修筑工事的费用。在总督的支持下，立法会议拒绝了这个提议，但他们坚持的方案——新加坡的防务是帝国的责任，因此母国政府应该承担修建永久工事的全部费用——也被殖民大臣否决。由于潜在的敌人并没有出现，而且新加坡的商人对花钱修筑工事反对得非常激烈，这件事就这样不了了之。

殖民地事务部开始支持殖民地当局采取更为大胆的措施来遏制臭名远扬的虐待劳工行为。泽维士于1875年成为殖民地总督，他任命了一个专门处理该项事务的委员会。该委员会次年报告说，“政府对华人知之甚少，但他们却是殖民地工业的支柱；与此同时绝大多数华人更是几乎对政府一无所知”。它建议通过加大对新移民的保护力度来加强 101
政府的控制。基于它的调查发现，1877年华民护卫司署(Chinese Protectorate)成立，毕麒麟(William Pickering)成为首任护卫司。

护卫司署的办公地并不奢华，就设在干拿街(North Canal Road)上一家华人门店里，然而它却标志着先前的自由放任政策被父权式管理和直接接触所取代。政策转变的基础在于，华人移民的数量随着马来诸邦中锡矿对劳动力需求的增加而达到新的高峰。华人移民的数量从1878年的3.4万上升到1888年的10.3万，新加坡的华人总人口在19世纪的最后30年里翻了三倍之多。

毕麒麟曾在中国工作过八年，于1872年被委派到新加坡担任翻译。他是当地第一位能听懂、会说中文的欧洲官员，到了新加坡后，法庭译员的腐败和当地人对行政系统的评论让他非常震惊。政府公文的中译本里把欧洲人称为“红发蛮夷”，把法官称为“恶魔”，把警察叫做“大狗”。

他的第一项任务是处理泛滥的苦力贩运贸易。1877年通过的《华人移民法令》(Chinese Immigrants Ordinance)和《诱骗法令》

(Crimping Ordinance)授权他为雇佣中介颁发执照,登船检查。他释放付过船费的乘客,将其他非法乘客送往政府收容所,他们在那里可以通过官方与雇佣方签署协议。这些新法案没有遇到什么反对就顺利颁行,因为从沃德尝试解决这个问题开始,四年来公众的善心已经完全被这项贸易对移民的残忍迫害行径所深深触动。

起初帮会还试图从刚靠岸的船只上抢夺苦力,并不惜与领事及其下属发生冲突,但这种无法无天的行为渐渐绝迹。1890 年时劳工委员会还证实雇佣苦力的过程中仍存在许多虐待行为,但到了 19 世纪结束时,移民监管已经成为由实习生和下层官员负责的常规行政活动。

毕麒麟有着坚强的意志、广博的知识和实干能力,从到任伊始就显示出强大的影响力。他很快就使自己的权威从保护移民这一单一领域扩展到监管华人社区的方方面面。

震惊于得到公开披露的新加坡妓院中惨无人道和腐化堕落的情况,19 世纪 80 年代时,华民护卫司署增加了管理华人女性的活动。[17] 当局并不打算禁绝卖淫活动,也不打算限制自愿卖淫的职业妓女移民到此地。要禁止卖淫在当时的新加坡是不实际的,因为在 1884 年时当地有 6 万名华人男性,但仅有 6 600 名华人女性,毕麒麟估计其中大约有 2 000 名都是妓女。而且,颁布禁令也可能会鼓励男性卖淫群体(已存在相当多年,主要为输入的海南男孩)的壮大。护卫司署仅仅旨在禁绝强迫卖淫,因为据信 19 世纪 70 年代末 80%来到新加坡的华人年轻女性都被卖进了妓院。

1881 年时护卫司署又承担起了实施《传染病法令》(Contagious Diseases Ordinance)的任务,该项法令是在 1870 年通过的,旨在推进妓院的注册登记活动。它还对妓女进行注册登记,并建立了保良局(Po Leung Kuk,意为“保护良善美德”,其管理活动听取由华人领袖组
102 成的委员会的建议)。保良局向被卖到妓院或被迫卖淫的女性提供庇护。它并不打算禁止自愿卖淫,但起初却激起了妓院老板们的强烈反对。护卫司署辖区内出现了令人愤懑的景象:老鸨们“把刚发的执照扔回给公务人员,穿着木屐大叫大嚷”。护卫司署从妓院解救出了很多

女性，但毕麒麟发现，欧洲人执掌的法院不太愿意审判这些所谓的诱拐案子，还抱怨说：

> 如果按照法官的裁定对他们进行审判的话——用一般商业活动中同样的常识和判断方式——那海峡殖民地的华人就会买光所有的地，建造豪宅，拥有最好的马车，而欧洲人和欧亚裔却要年复一年地辛勤劳作才能维持温饱。[18]

护卫司署还承担着处理帮会问题的任务。在1876年的“邮局骚乱”(post office riot)中，华人领袖展示了他们动员社区反抗政府的能力。潮州商人在此之前一直垄断着帮华人将汇款送回中国老家的生意，当一所专门为此目的设立的邮局开张时，他们就鼓动了这场骚乱。他们张贴公告公然悬赏新任邮局经理的首级，在动乱中，邮局的分局遭到洗劫。警察的镇压活动非常有力，骚乱被平息，参与的商人被逮捕，头目被放逐回中国。不久，分局也重新开放。

1877年，毕麒麟与警察总长萨缪尔·邓禄普(Samuel Dunlop)少校一同被任命为帮会主管(Registrar of Societies)。他非常有信心，认为从帮会入手，把会头们转为政府的代理人，同时通过将护卫司署塑造为更有吸引力的仲裁机构来消解这些领导人的司法权威，自己肯定能使政府将华人纳入控制范围内。护卫司署逐渐代替了帮会替人们解决经济和地方争端。

随着帮会失去了对移民、劳工和娼妓的控制，他们逐渐把注意力转移到了赌博上。1886年时，一个官方的调查委员会揭露出赌博的四处泛滥。在苦力要回国之前，帮会就会在当地开赌局，很多人在里面把毕生的积蓄输得精光。赌博活动很有组织，幕后黑手们公然嘲讽禁赌法令，警察则定期向赌场收取保护费，然后默许他们的活动。

该调查委员会认为要禁绝赌博是不可能的，但复兴赌场则是不道德的行为。毕麒麟对此仍然敦促当局采取严厉的打击措施，也许正因为他不姑息的态度，有一次，一个潮州的木匠闯入了护卫司的办公室里,用斧头把他砍成重伤。

当时香港、马来联邦以及荷属殖民地都已经宣布帮会是非法的,但海峡殖民地比较特别,还仍然允许其存在。毕麒麟和邓禄普都认为应该要采取措施逐渐取缔帮会了,但他们还没有准备接受总督金文泰爵士(Sir Cecil Clementi Smith)立即消灭帮会的提议。

金文泰是一位颇有建树的汉学家,他一生的事业都在东方。1864年他作为一名实习生进入了香港殖民管理机构,此后除了在锡兰待过
103 2年外,1878至1893年他一直在新加坡任职,从辅政司[①]、代总督一直做到总督。他是一位作风强硬、办事高效的官员,决心要根除帮会,因为它们对所有好的政府来说都是一种长期的威胁,是英国治理中的丑闻,因为"政府必须是最重要的权力体,但在海峡殖民地成千上万的华人眼里却并非如此"。

毕麒麟、邓禄普和非官方立法议员则认为彻底的镇压太过轻率鲁莽,会使帮会转入地下活动,还会在没有寻找到另一种控制人群的机制之前就割裂政府与会头及其注册过的成员之间的联系。

殖民地事务部支持金文泰,于是他坚持己见,并逐渐赢得了公众的支持。邓禄普和毕麒麟(他的砍伤一直没有完全好)都于1888年退休,次年金文泰创立了华人参事局以维持政府与华人社区之间的正式联系,至此,最后的反对声音也消失了。1889年一项旨在镇压危险的帮会,注册登记无害的向善的协会的法律通过,并于1890年开始实施。它的实施没有引起骚乱或动荡。六年后,护卫司评论说:"目前威胁到殖民地和平的帮会已经不存在了。"[19]

虽然《帮会法令》(Societies Ordinance)没能完全消灭秘密帮会,但却使得大的帮会分裂成了小群的流氓地痞,他们继续向商店、赌场、鸦片馆、妓院和小贩勒索"保护费",彼此之间则为了争夺地盘大打出手。

---

① 须提请注意的是,Colonial Secretary既指英国总管殖民地事务的殖民大臣,也指殖民地政府中仅次于总督的二号人物,后者一般译为"辅政司"。请读者联系上下文甄别。——译者注

在经济萧条或者政治控制薄弱的时候,他们就公开作恶,有时候还利用政治上的风向变动进行渗透,成为社会实际上的负责人。但这些帮会却再也未能恢复到1890年前那种庞大的组织规模或广泛的权力控制范围。帮派间的械斗仍然存在,但那种能使新加坡瘫痪的大规模帮会骚乱已经不再出现。驱逐令作为惩罚措施来说尤为有效,因为一旦这些被驱逐的头目返回中国,他们可能会被抓起来甚至被砍头。

《帮会法令》是新加坡发展史上的一个重要里程碑。一位总督不顾主要官员起初的反对和非官方立法议员的一致反对决意推行法令,这种行为非常少见,但金文泰的权威、策略和在东方的丰富经历使得他最终战胜了公众舆论。1893年他离开新加坡时,在当地享有很高的声望,各个社群都很尊重他,华人还请愿希望延长他的任期。金文泰离任后,护卫司署进入了一段更为平淡的时期,但创立并塑造了它的毕麒麟已经奠定了各种治理传统,这一切将一直保持到二战时期。到他逝世后很久,护卫司署仍然被新加坡的华人们直接称之为"毕麒麟"。

华民护卫司署的成立以及帮会禁令的颁行使新加坡社会变得更加法治和有序。而19世纪80年代在一个专门委员会对公众反映的警力无效现象进行调查之后,新加坡开展了一场警察机关的改革,这进一步促进了局势的良性发展。当时,大多数警察都是南印度人,还有少量的
玻雅尼人和马来人,华人很少,因为黄埔、佘有进和其他华人领袖一直 104
反对招募华人警察,怕帮会渗透进去。作为折中方案,一些印度锡克教徒和部分退役的欧洲军官和巡警被招募进来,1881年还开办了一所警察培训学校,三年后,一支独立的刑侦警队建立起来。1904年建立了预备警员系统,招募年轻人接受特殊的训练,培养他们成为警官。

新加坡的贸易在19世纪最后25年中发展迅猛。虽然刚成为直辖殖民地时遭遇了一系列困难,但苏伊士运河通航则是新加坡发展史上的重要转折点。它加速了帆船的衰亡,因为它们无法利用运河,它还强化了新加坡作为蒸汽船中途添补燃煤站点的地位,并确保了其地理上的优势地位,因为马六甲海峡比巽他海峡更适合作为从欧洲前往远东

地区的主要水路。

1868年朱拉隆功(Chulalongkorn)国王①继位后，暹罗与欧洲之间的贸易往来增加，此外，19世纪最后的几十年中，其他欧洲列强也开始在东南亚地区建立殖民统治，这相应带来了贸易的发展，这两个因素都使新加坡获益。法国占领印度支那地区，西班牙扩张自己在菲律宾的势力，尤其是荷兰商业政策的自由化，都使得新加坡日益成为远东贸易的核心。

在马来亚，英国的影响力扩展迅速。1875年首任霹雳州驻扎官被谋杀后，英国加强了控制，并强化了驻扎官在马来诸邦的权威。1888年，英国在彭亨设立了驻扎官，同年，沙捞越、北婆罗洲和文莱成为英国的保护国。1896年，受保护的雪兰莪、霹雳、彭亨和森美兰四州组成了马来联邦，鼓励外来投资，而其中大部分资金都要经新加坡转手。

苏伊士运河的开通以及欧洲在东南亚殖民统治的扩张恰巧与商业航运中大量采用蒸汽船同步。航运技术的发展不仅促进了东西方之间的贸易和货物集散生意的发展，也推动了地区内部的经济发展。作为不可动摇的海上霸主，英国掌握着关键的港口，控制着国际航运路线，而新加坡则是这一路线上举足轻重的结点之一。

1873至1913年间，新加坡的贸易额扩展到原来的八倍，而且售卖的商品也发生了变化，从19世纪早期的一些具有异国情调的东西改为转运大量原材料(如橡胶、锡、干椰子肉和糖)，以及进行初级加工，如炼锡、橡胶处理和制作凤梨罐头。

随着地区内部开始变得和平有序，以及新兴的美洲罐头制造业对锡的巨大需求，马来亚的锡矿产业发展迅速。[20]冶炼业则成为新加坡的第一种现代工业。1890年时，由当地欧洲资本支持兴建的海峡贸易公司(Straits Trading Company)在布拉尼岛建立了一个炼锡厂。矿砂来自马来联邦，后来也来自荷属东印度群岛的邦咯岛和勿里洞岛(Billiton)，到了20世纪早期，则来自暹罗、澳大利亚、阿拉斯加和

① 泰国国王，1868至1910年在位。——译者注

南非。[21]

1877 年第一批来自巴西的橡胶树种子从英格兰运到东陵植物园。这个植物园兴建于 19 世纪 60 年代,是一个公园,也是种植新作物的试验点。但人们开始时一直没注意到橡胶作为一种农业经济作物的潜 105
力,直到 1888 年亨利・雷德利(Henry Ridley)成为植物园的主管。到了 1897 年,雷德利已经找到了适当的方法,能够汲取橡胶但又不伤害到树干。在此后的数年间,“疯子”雷德利到处敦促马来亚的咖啡种植园主们改种橡胶。但橡胶成为一种独立的作物要一直等到 20 世纪早期。因为此时来自巴西的竞争对手已经搞垮了马来亚的咖啡种植园,人们需要找到其他替代作物。[22] 新加坡的首批商用橡胶树是在大约 1907 年前后由位于榜鹅(Ponggol)的特拉法加尔椰子种植园(Trafalgar Coconut Plantation)种植的。

新兴的汽车行业对橡胶轮胎的需求使橡胶种植兴盛起来。在 1905 至 1914 年的九年时间里,马来亚出口的橡胶从 104 吨飙升到 19.6万吨,比全球总供应量的一半还多,其中大多数都是从新加坡运出去的。

起初大型欧洲公司出产的橡胶会先运到伦敦再销售,但 1908 年时新加坡的英国公司罔顾伦敦的强烈反对,开始在当地售卖橡胶。1911 年时新加坡商会成立了一个橡胶协会来管理新加坡的橡胶销售,从而使新加坡成为国际上一个重要的橡胶市场。

石油成为新加坡第二重要的贸易商品。19 世纪末,塞姆公司(Syme & Company)在毛广岛的近海区域建立了一个油库,因为法律禁止商人在市镇中大量储藏石油。几年后马来半岛上的荷兰与英国石油公司合并组成了亚细亚石油公司(Asiatic Petroleum Company,即后来的壳牌石油公司),到了 1902 年,毛广岛成为远东石油供应的中心。

此时的新加坡商业体制及人才等基础设施日益完善,作为一个进出口港、东南亚原材料与西方工业成品的转运地,在全球经济中拥有稳固的地位。在 19、20 世纪之交,新加坡的银行业基本控制在三家英国银行手中:渣打银行(Chartered Bank of India, Australia and China)、汇丰银行(the Hongkong and Shanghai Banking Corporation)和印度商贸银行。1902年美国银行在新加坡开设了第一个办事处,第一家华人银行——广益银行(Kwong Yik Bank)开办于1903年,而第一家法国银行则开设于1905年。

稳定的汇率首次得到确立。在此之前,新加坡元汇率波动很大,1874年值4先令6便士,而1902年则值1先令8.5便士。这种剧烈的波动造成了商业上的麻烦、个人的困境以及政府在制定预算时毫无把握。1903年创制了一种新的海峡元(Straits dollar),其汇率在1906年固定为2先令4便士,并一直维持到1967年。[23]

通讯手段也得到了改善。欧洲的电报服务于1870年覆盖到了新加坡,19世纪80年代时,与马来联邦间的电报网络也建立起来。新加坡的首个私人电话服务公司成立于1879年,1882年时它被东方电话与电气公司(Oriental Telephone and Electric Company)兼并,后者将此业务又扩展到了柔佛。

经济上的这种种变化终结了新加坡在19世纪上半叶曾面临的恐惧与不安。一场场经济衰退都只是暂时的,新加坡优越的地理位置、英国不可动摇的海上优势,以及全球贸易的普遍增长确保了新加坡走向
106 繁荣昌盛。新加坡商人们不再焦虑不安,不过日益发展的贸易也带来了新的压力,正如《海峡时报》1872年5月所抱怨的:“忙乱不堪,脑力劳动繁重。”[24]

1867年时新加坡有60家欧洲企业,而在这个世纪剩下的时间里,欧洲企业壮大了,有些是做多种进出口贸易,有些则专门做橡胶、锡或船运生意。虽然资格最老的约翰斯顿公司(瑞德亲自管理到19世纪80年代)于1892年停止营业,但其他大多数历史悠久的公司却更加幸运,焕发了新生,比如1823年成立的塞姆公司、1827年成立的莫实德公司和麦克莲娜与弗雷泽公司、1840年成立的德国贝恩·梅耶公司、1851年于新加坡成立的麦卡利斯特公司,以及贝特森与西蒙斯公司(1859年更为此名营业,但最初是从1828年成立的一家合伙公司发展而来的)。

其中最为成功的是牙直利公司,由亚历山大·古斯里于1821年建立。它是一直存活到21世纪的这些公司中历史最悠久的一个。[25]亚历山大的侄子,詹姆士·古斯里在1846至1876年间管理着公司,之后则将管理权转交给了托马斯·斯科特(Thomas Scott)。斯科特之前担任公司的合伙人达45年之久。这个公司大幅扩展在新加坡的贸易、银行和保险业务,而那对退休的合伙人——亚历山大和詹姆士则管理其在伦敦的业务。1896年它开始向内陆扩张,购买了一些咖啡种植园,但后来改成了橡胶园,成为早期橡胶繁荣的受益者之一。1900年詹姆士去世,两年后托马斯亦尾随他而去,公司在约翰·安德森(John Anderson)的管理下进一步繁荣。安德森是一位选择定居在新加坡的船长的儿子,他在莱佛士书院上的学,在少年时就进入了牙直利公司。到20世纪早期,他已经成为新加坡商界和橡胶产业的当之无愧的领袖。安德森领导了1907年成立的鸦片委员会,1912年受封为骑士。他一直掌管着牙直利公司,直到1923年以71岁高龄退休。

也有许多新公司涌现出来,如成立于1867年的亚当森与吉尔菲兰(Adamson & Gilfillan),以及1887年专为熔锡产业建立的海峡贸易公司。涉足广泛的弗雷泽与尼夫合伙公司(Fraser &Neave Partnership)由银行家约翰·弗雷泽(John Fraser)和大卫·尼夫(David Neave)创建,他们购买了纪魄礼的传教出版社,将其更名为弗雷泽与尼夫出版社。1883年,弗雷泽和尼夫又开办了汽水公司。因为约翰·弗雷泽涉足了的不同行业非常多,当他在1896年从新加坡隐退时,人们送他一个外号:"快活的老章鱼"(Jolly Old Octopus)。弗雷泽与尼夫在1898年转为有限公司,后来又在内陆地区开办了分公司,并成为马来亚财力最雄厚的公司之一。

起初新加坡商界对蒸汽船的潜力接受得很慢。一些已经颇有规模的公司,如在帆船时代于1825年建立的本林轮船公司(Ben Line)[26],以及1837成立并于1845年进军新加坡市场的半岛暨东方轮船公司[27],一直在逐步提高对远东市场的占有量。但它们遇到了一个新的竞争者——海洋轮船公司(Ocean Steamship Company,亦称"蓝烟囱轮船公司”)。这家公司是由来自利物浦的阿尔弗雷德·霍尔特(Alfred Holt)和菲利普·霍尔特(Philip Holt)在1865年创建的。三年后,霍尔特两人把当时还没人想要的新加坡代理权交给了一个初创的船用品商——曼斯菲尔德公司(Mansfield & Company)。这个公司的领导人
107 是颇有远见卓识的沃尔特·曼斯菲尔德(Walter Mansfield)。[28]一段成果丰硕的合作关系就这样开始了,它帮助新加坡成为蒸汽船运输的中心,“广阔的世界贸易的第二门户”[29]。从19世纪60年代开始,越来越多欧洲大陆的商人和船主开始定居新加坡。法国、荷兰、意大利和斯堪的纳维亚的航运公司在这里建立办事处,到19世纪80年代时,德国的劳埃德航运公司(Norddeutscher Lloyd Company)已牢固确立了自己的地位。虽然英国势力仍然占主导地位,但德国人已经成为英国公司最强有力的竞争者。虽然欧洲公司的繁荣非常可观,但只要随便一瞥就能很明显地发现,最富有的个人都是华人。“英国人作为一个整体可以说拥有这个岛,”鲁德亚德·吉卜林(Rudyard Kipling)第一次访问新加坡时这样说道。[30]但就个体而言则并非如此。华人的生意也发展得相当迅猛。大多数早期的移民都会把自己的积蓄送回中国,但到这个世纪中期时,有些华商开始把积累下来的资本投到海峡殖民地,买地、做生意。华人开办的一般都是规模较小的家族企业,所有者和雇员们一起工作。从一开始,新加坡的很多华人家族企业就与马六甲地区有着千丝万缕的联系。从19世纪60年代开始,有魄力有野心的华商开始将自己的家族和地区联系网扩展到海峡殖民地以外的地方。陈明水(Tan Beng Swee)在上海为金声公司(Kim Seng & Company)开办了分公司,陈金钟(Tan Kim Ching)则在暹罗和西贡①开设了磨坊。他们是20世纪由某个家族主导的大型南洋商业帝国的先锋。这些大型企业一般都以新加坡为中心,其分支则遍布整个东方。

19世纪80年代时,马来半岛上的商贸仍然由华人控制,这主要是因为他们牢牢控制着锡矿亟需的劳工移民。欧洲人的商业活动主要局

---

① Saigon,今越南胡志明市。——译者注

限在新加坡和槟榔屿。到了这个世纪最后10年,欧洲公司开始将与华人之间的传统友好关系扩展为更加正式的商贸合作关系,以期能涉足半岛内陆的商贸体系。

首个由此建立的合资公司是海峡轮船公司(Straits Steamship Company)。它于1890年在新加坡注册成立,创始人是曼斯菲尔德公司的总监和三位华商:陈若锦(Tan Jiak Kim)、陈拱沙(Tan Keong Saik)以及李清渊(Lee Cheng Yam)。后面三人都出身于马六甲峇峇人家族,这些家族早就从事航运,并与欧洲公司有长期的联系。陈若锦是陈金声的孙子,他在1884年接管了金声公司。陈拱沙则在1880年他叔叔陈俊木(Tan Choon Bock)去世后接管了家族生意。李清渊早在1858年自己还很年轻时就创立了清渊公司。海峡轮船公司主导了马来亚沿海贸易,从19世纪90年代开始,欧洲公司开始深入马来诸邦,并牢牢地掌控了当地的经济。以牙直利为首的欧洲公司在19世纪90年代中期纷纷投身橡胶产业。大量的欧洲资本还涌向了锡矿开采和炼锡工业。1912年时第一台锡采掘船投入运作,到20世纪30年代,西方人已经主宰了锡矿业。[31]西方人的优势在于资本雄厚和股份集资公司。通过开发大型机械,他们在锡矿业中获胜,而通过招募来自印度南部的廉价劳动力,他们在橡胶业中也赢得了胜利。

新加坡的港口设施没能跟得上其贸易额的发展。在19世纪70年
代时,新加坡港的货物吞吐量和船只停泊量都有相当可观的增长,但新 108
港和市镇之间仍然只靠一条穿越沼泽地的泥泞土路连接。80年代时,政府推平了沿海的小山,填到直落亚逸湾(Telok Ayer Bay)里造田,沼泽被抽干,之前位于海湾与市镇之间的肉豆蔻种植园变成了一排排建筑物。

1861年贝盾船坞公司(Patent Slip and Dock Company)建立,后更名为新港船坞公司(New Harbour Dock Company),主要由佩特森和西蒙斯公司管控。在牙直利和陈金声的筹划下,一家与之竞争的丹戎百葛船坞公司于1864年成立。两家公司在19世纪60年代的经济萧条期中都度过了艰难的几年,当时的业务量甚至还不够一家公司的运

营。但随着苏伊士运河开通和世界经济复苏,生意慢慢有了起色。1872年丹戎百葛船坞公司首次派发红利,1878年,它建造了维多利亚船坞,1879年又建了阿尔伯特船坞,此时,该公司的雇员约为2 500人。到了这个世纪末,除了半岛暨东方轮船公司(它拥有自己的码头)外,丹戎百葛已经吞并了其他所有竞争对手的码头:婆罗公司、怡和公司,最后在1899年轮到了新港船坞公司。

到了1903年,新加坡按货运量排到了世界第七大港口,但港口设施却严重不足,狭窄拥挤不堪,服务收费却极高,而且效率低下。堤岸道路是分阶段在不同时间修建的,表面不平齐,无法让大船停泊,而码头的木栈道虫蛀得厉害,岌岌可危。四个清理维修船坞只能容纳小船,而且它们也需要排很长的队才能等到服务。没有铁路可以通到船坞,30多年前修建铁路的计划因为新加坡的公司与政府之间产生利益纷争而搁浅,于是直到20世纪初期,船坞装、卸货物还必须用牛车。

新加坡的港口设施需要大规模地现代化,以适应目前的吞吐量,与香港竞争,并防范西贡及爪哇诸港等潜在对手。但急于保有近期分红的伦敦董事会驳回了丹戎百葛船坞公司本地管理者在1904年提出的设施更新计划,因为这项计划预计需耗资1 200万新元。政府不得不出面干预。1905年丹戎百葛船坞公司被征用,改组为公有的丹戎百葛船坞局。在接下来的数年中,港口得到了现代化:兴建了新的码头、道路和仓库,装备了现代化的机械设备,政府刚收回的直落亚逸港(东港)也得到了开发,建立了一个湿船坞,使用了电力。1913年时该局又改组为新加坡海港局(Singapore Harbour Board)。次年新加坡港的干船坞启用,其规模排名世界第二;1917年时宏伟的帝国船坞也建成了。

新加坡海港局是公司法人机构,很多年来,也是新加坡最重要的公有机构。它有自己的公共卫生、公共事业建设和消防设施。运货卡车代替了牛车在船坞和市镇之间运送货物。1909年时半岛铁路(peninsular railway)建成,连接了新山和威斯利省的帕莱,通往新加坡港的铁路两端得到延伸,一端到了克兰芝(Kranji),另一端则到了新山。

港口的现代化改建进行得非常及时,恰逢半岛内陆的大开发和全 109
球对橡胶和锡的需求的急速上升。当时资本像潮水一样纷纷涌入锡矿和橡胶工业,但经济上的扩张则加剧了政治上的复杂局面。英国在马来亚扩展自己影响力的方式过于无计划,于是产生了运转得不太顺滑的管理体制。海峡殖民地下辖好几块相对独立的殖民地,其中,槟榔屿和马六甲发展得并不太顺利,它们心不甘情不愿地看着新加坡蒸蒸日上,日益强大。马来联邦的英国驻扎官们本应对海峡殖民地的总督负责,但实际上,在早期他们总是自行其是,身在新加坡的总督并未对他们加以控制。1896 年,马来联邦成立后,马来诸邦开始更加与新加坡步调一致,不过,一项意在将海峡直辖殖民地纳入马来联邦的提案遭到了否决。[32]海峡殖民地总督成了联邦最高专员(High Commissioner),而殖民地及前马来诸邦的高级官员合起来构成了统一的马来亚公务机构(Malayan Civil Service)。在实际行动中,联邦的行政首脑——总驻扎官(Resident-General)拥有相当大的自治权,而新加坡和马来联邦的官员很少互相调职。这种状况一直持续到 20 世纪 20 年代。

苏丹们对联邦的形成并不满意,因为这使他们的权力消逝,而总督对联邦也不满意,因为他认为身在吉隆坡的总驻扎官并不像是他的下属,而像他的对手。随着英国在 1909 年将自己的势力范围扩展到原属暹罗的各州(那里的统治者比联邦的更有权力)——吉兰丹、丁加奴、吉打和玻璃市,而 1914 年英国又向最后一个独立邦——柔佛也派驻了顾问官,情况于是变得更加复杂。"英属马来亚"在体制上的混乱又因为商业上的压力和竞争而加剧,因为吉隆坡的商人仍然一直在反抗新加坡相对马来诸邦而言所拥有的经济优势地位。

新加坡当局希望能简化这种复杂的结构,于是总时不时(尤其在经济衰退时期)出台一些精简计划。首次尝试出现于 1908 年,诱因是时人称之为"(海峡殖民地)历史上最为严重的金融和商业衰退"[33]的国际性贸易萧条。这次衰退到来时,新加坡政府正值外债沉重之际,因为之前它刚征收了丹戎百葛船坞公司并改善了港口设施。1909 年,海峡殖民地入不敷出,但马来联邦的收入却在增加,因为锡和橡胶的需求在迅速上升。新加坡的许多人都想与马来联邦合并,认为新加坡为联邦提供了防卫和港口设施,理应分享联邦的繁荣。

当时海峡殖民地的总督是约翰·安德森爵士(不要把他与其同代人、牙直利公司的负责人约翰·安德森搞混了),其任期从 1904 至 1911 年。他之前在伦敦的殖民地事务部工作了 25 年,深得英国政府的信任。但刚空降过来时,他却被新加坡人当做外来人。安德森爵士是一位受过专业训练的律师,思想正统,不苟言笑,看来令人生畏。但他精力旺盛,非常精明,"不夸夸其谈,崇尚实干"[34],被人们推崇为最精明强干的马来亚地区总督之一。

110 安德森想要拉近新加坡和马来诸邦之间的距离,但却认为现在谈完全合并还为时尚早。兼并马来联邦就意味着要违背与苏丹们的约定,并使北部诸邦及独立的柔佛的领导人萌生戒备之心。1909 年安德森创立了联邦议会,次年,将总驻扎官的头衔改为布政司(Chief Secretary),作为削弱其职权的第一步。马来联邦的商人对此表示了强烈的反对,认为这是"殖民地逐渐攫取马来诸邦经济收入的第一步"。屈服于他们的抗议,安德森同意把经济控制权留给联邦议会,而布政司的职权范围将等同于之前的总驻扎官。就这样,安德森的意图失败了,他的改革收效甚微。

1911 年,贸易复苏,一战前的几年新加坡迎来了前所未有的大繁荣。贸易上的大丰收以及随后爆发的战争平息了有关与马来联邦合并的讨论,并给半岛地区带来了一段政治稳定的平静期。

在 19 世纪最后 25 年中,新加坡经济的快速发展使移民数量空前增长。1871 至 1881 年间,人口数量增长了 40%,到 1911 年时,新加坡有 18.5 万多居民。到了 19 世纪末,它已经成为亚洲最为多元化的城市之一:人口中有四分之三是华人,但还有相当数量的少数民族,如半岛马来人、苏门答腊人、爪哇人、布吉人、玻雅尼人、印度人、锡兰人、阿拉伯人、犹太人、欧亚裔以及欧洲人。人口中男性仍占大多数,根据1911 年人口普查的结果,男女比例大概是 8∶1。

大多数移民是华人,其中有 5 万人是 1880 年来到新加坡的,20 万人于 1900 年到达,25 万人于 1912 年到达。大多数人途经此地去往马来诸邦或荷属东印度群岛,但新加坡的华人数量仍然从 1871 年的 5.5 万人上升到 1881 年的 8.7 万人,在接下来的 20 年中又几乎翻了一倍,达到 16.4 万人。

从苏门答腊和马来诸邦来的马来人数量也大幅增加,从 1860 年不足 1.2 万人到 1881 年超过 2.2 万人,而爪哇人、玻雅尼人和布吉人加起来的数量同期也增加了一倍多,从不足 4 000 人上升到近 1.1 万人。

欧洲人口也有增长,但截至 1881 年,仍然不足 3 000 人。欧亚裔的人数有相当的增长,他们主要定居在新加坡的加东区(Katong area)。他们的构成很混杂,有从马六甲来的葡萄牙或荷兰混血儿,也有越来越多的英印混血儿和英华混血儿。这些人大多数都以英语为母语,一般在企业或政府机关里做文员和下级官员。

从 19 世纪 70 年代开始,中东的犹太人开始大批来到这里,到这个世纪末下世纪初时,富有的新加坡犹太人社群大概有 400 人。此地最著名的犹太人是马纳塞·梅耶(Manasseh Meyer)。他 1846 年出生于印度,在新加坡的圣约翰书院接受教育。在加尔各答和仰光(Rangoon)的家族企业里干了几年后,1873 年他回到新加坡开设了一家分公司。这家公司后来成长为当地最大的对印度进出口贸易公司。在 19 世纪 80 年代,他购买了大量土地,并在 1905 年时,出资修建了宏 111
伟的犹太会堂。这座会堂直到 21 世纪仍在使用。马纳塞·梅耶于 1893 至 1900 年间担任市政议员(municipal councillor),但直到去世前不久的 1929 年,才终于获封为骑士。

印度人是唯一数量有所下降的,从 1860 年以近 1.3 万人位列新加坡第二大族群,到 20 年后少于 1.2 万人。大多数印度劳工都选择在马来诸邦找工作,而不是在新加坡。截至 1903 年,槟榔屿一直是唯一一个印度移民得到帮助进入马来亚的港口,此后新加坡排在槟榔屿和瑞天咸港(Port Swettenham)之后成为印度移民中转的第三大港。在19世纪末,越来越多的商业移民从印度和锡兰来到新加坡。他们大多数接受的是英式教育,在新加坡成为教师、记者、商人、文员和店员。

印度人在运输业中也很重要。一直到19世纪60年代,他们都几乎垄断了河工、码头苦力和牛车驾手行当,而且虽然之后其他族群也进入到这些行业,但他们直到二战前仍然主宰着运输、港口和通讯业。

印度人一般集中居住在新加坡的五个区中。最早的一个聚居点始于19世纪20年代,处于牛干冬街(Chulia)和市场街(Market Street)附近商业区域的最西边。在这里,印度南部的雀替尔、外币兑换商、小商铺主、船工和码头工杂居在一起。第二个点在高街(High Street)地区。这里主要住的是布商,包括从信德(Sindhi)、古吉拉特(Gujarati)来的人以及锡克教徒。其他古吉拉特人和印度穆斯林布商和珠宝商则聚集在甘榜格南以东。一群泰米尔(Tamil)店主则都在实龙岗路(Serangoon Road),而泰米尔、泰卢固(Telugu)和马拉亚力(Malayalee)人劳工则住在船坞和铁路附近。

印度社群内部隔阂甚多,因此并没有产生任何团结一致的地方组织或领导者。南印度人和北印度人之间有罅隙,而穆斯林、锡克教徒、印度教徒以及人数较少的基督教徒都有各自的宗教圣地,各行宗教礼仪,并不抱团。而且虽然有一些移民打算永久定居在新加坡(特别是白领阶层),但大多数人却还是打算要返回故乡,因此,这个时期的印度社群可能比华人社群更加变化不定。

在19世纪最后25年中,新加坡是南亚地区的马来亚-穆斯林世界的经济和文化中心,是印度尼西亚移民前往的主要地点,也是半岛和群岛贸易的中心。它还是穆斯林宗教文献的主要出版地,而马来语则是这里的伊斯兰世界使用的主要语言。

在这个世纪的最后几十年中,新加坡成为印度尼西亚人以及华人劳工的中转站。由工头(*orang tebunan*)招募来的爪哇人像华人劳工那样,用自己的劳力来抵船费。在1886至1889年间,有2.1万爪哇劳工与新加坡的华民护卫司署签订了合同。[35]随着橡胶种植业在19世纪末迅速扩张，移民来的爪哇农业劳工数量开始膨胀。

蒸汽船出现后，新加坡还成为麦加朝圣贸易的中心。到这个世纪结束时，每年前往麦加朝圣的7 000名印度尼西亚人大多数都是从新 112
加坡出发的。许多想要去朝圣的人往往要花费数月、有时甚至数年的时间在新加坡打工来挣够去麦加的路费。有些人可能总是积蓄不起足够的钱，于是只能永远地留在新加坡。而还有些人则在从麦加回程时中途停在新加坡找工作赚钱来偿还在朝圣旅途中欠下的债。

截至1901年，新加坡的马来-穆斯林人口大约超过3.6万，其中半岛马来人大概是2.3万人，来自印度尼西亚群岛的超过1.2万人，还有大约1 000名阿拉伯人和600名土生回教徒。阿拉伯人和土生回教徒、大多数印度尼西亚移民，以及许多马来人在市镇中的生活区域都有限制，聚居在莱佛士时代为他们的社群划定的区域里：甘榜格南及其周边区域、直落布兰雅、甘榜马拉加(Kampong Malacca)和甘榜明古连。

马来和印度尼西亚移民的同化最平静，悄无声息。他们采纳了苏门答腊马来人的语言为通用语言，尊奉穆斯林的教义和仪式，自由地与当地的马来人通婚。在所有移民群体中，印度尼西亚移民与来源地的联系最少。他们中只有很少的人会返回来源地，也很少往家里寄钱。

有些印度尼西亚和马来移民变得很富有，比如以哈吉·恩伯克·苏伦(Haji Embok Sulon)为后期最突出代表的布吉人家族。他们在新加坡拥有大量财产，在婆罗洲和苏门答腊还有胡椒和甘密种植园，做生意都在自家的船上进行。而来自苏门答腊的米南加保人则是非常成功的店主。其他还有一些移民成为清真寺的管理者、宗教导师和小商贩。但大多数马来人，不管是本土出生的还是移民来的，一般总沦落到做不太体面的工作，像看守、车夫、园丁、仆人或警察之类的。

到19世纪末，土地价格直线上升，使得新来的马来移民不得不到远离城市的地方去寻找便宜的土地。而住在城里的马来人则发现自己正在一座由欧洲人统治的中国城中沉沦，他们的生意因来自华商的竞争而走向衰败。要想在社会上出人头地简直没有机会。这些马来人大多数都是文盲，或者只接受过初等的马来语教育，因为教育水平太低，一直到1894年，这些移民中也没有出现过一名为政府工作的文员或翻译人员。[36]于是宗教、语言和民族亲缘性就忽然具有了新的意义，它们使马来人在应对来自西方人和华人的压力，以及城市生活日益加剧的复杂性时团结在了一起。

19世纪末的新加坡是各种政治权谋上演的中心地点，因为很多马来半岛的酋长都会到这里来与官员、律师和商人打交道。新加坡还是马来诸邦许多因英国的干预而失去权力的酋长的避难所。霹雳的前任苏丹阿卜杜拉(Abdullah)自从1894年结束在非洲塞舌尔群岛的流亡生涯后就一直住在新加坡，直至于1922年逝世。拿律①的曼特里(Mantri)、双溪芙蓉的拿督万达(Dato'Bandar)、雪兰莪的拉贾马赫迪(Rajah Mahdi)和拉贾马哈茂德(Rajah Mahmud)都退隐在新加坡。新加坡苏丹阿里的后裔也仍然住在甘榜格南，而新的柔佛苏丹阿布·巴卡尔及其子易卜拉欣也活跃在新加坡的社会生活中。阿布·巴卡尔放弃了直落布兰雅的宫殿，在时尚聚集地东陵的泰瑟尔(Tyersall)新建了欧洲风格的宅邸，主要与欧洲人和富有的华人来往，时人称其为“毫不掩饰对英国利益的忠诚，因而受到英国政府宠信并得到许多荣誉的人”。[37]但这些各式各样的人物并不是20世纪初新加坡马来亚-穆斯林
113 世界中最有影响力的人物。当时，领导权已经转到了新兴阶层手中，主要是受英式教育的土生回教徒(他们与殖民地当局最亲密)，以及富有的阿拉伯人(他们在经济上已经能与华人和欧洲人分庭抗礼)。

几个世纪以来，阿拉伯人在这片群岛上一直起着重要的作用，他们在这里充当商人、教师和传教士，但直到19世纪的最后25年他们的数量才有了明显增长，并开始成为新加坡穆斯林的领导人。阿尔尤尼德等家族早在新加坡建立之前就已经在东南亚站稳了脚跟。阿拉伯男性移民会娶当地的穆斯林女人为妻，因为哈达拉毛(Hadramaut)禁止女性向外移民。虽然他们的血统并不纯正，但新加坡的阿拉伯人仍然与

① Larut，马来西亚霹雳州的太平市(Taiping)1848年前的旧名。——译者注

阿拉伯地区联系密切：把儿子送到那里的学校学习，严格尊奉穆斯林的各种习俗，为女儿挑选血统纯正的阿拉伯女婿，使用阿拉伯语，穿阿拉伯服饰，还经常使用阿拉伯的尊称，如“赛义德”或“谢赫”等。到20世纪初，新加坡阿拉伯人在马来-穆斯林社区的影响力臻于顶峰，但他们却很少有人懂英语，就连富有的慈善家赛义德·谢克·阿尔卡夫(Syed Shaik Alkaff)也是如此[他在1909年修建了雅吉拱廊(Arcade)，这是当时新加坡最宏伟的商业建筑]。

19世纪末，从哈达拉毛来的新移民为此地的阿拉伯社区增添了新的血液。他们大多很有学识和教养，并且很虔诚。在这个世纪末期，杰出的阿拉伯人成为广受尊敬的领袖。大家族通常都非常富有，控制着去麦加朝圣的航路以及大部分通往马来半岛内陆的帆船运输贸易；很多还在半岛附近地区拥有茶园、胡椒和甘密种植园，还购买了新加坡的大量地产，尤其是在芽笼(Geylang)和实龙岗一带。最富有的三大家族——阿尔卡夫、阿尔萨哥夫和阿尔尤尼德——都热心于慈善事业：资助医院和学校、兴建清真寺并举办宗教盛宴和节庆活动。

到了20世纪初，人数较少的土生回教徒群体因为能讲马来语和英语两种语言得以在新加坡商业社区拥有一席之地。有些开店发迹了，还有很多人受雇为文员、翻译和学校教师，另有少数人沿袭了纪魄礼的传统，进入媒体和印刷行业。马来亚或印度尼西亚的第一份马来语报纸——《土生回教徒》于1876年开始出版，[38]从此，一直到一战时，新加坡都是马来新闻界的中心。在20世纪的头20年中，新加坡更成为东南亚穆斯林改革思想和文学的策源地。中东的泛伊斯兰改革运动对新加坡的城市穆斯林商业社群非常有吸引力，新加坡当地的改革家们挑战了马来诸邦贵族精英和保守的乌力马①们遵行的传统穆斯林实践。

阿拉伯人和土生回教徒开始像华人和欧洲人那样建立俱乐部和协会，最著名的是新加坡穆斯林协会(Persekutuan Islam Singapura，创建于1900年前后)。这些俱乐部大多数都是文化方面的，主要关注教育、

---

① Ulama，穆斯林学者或宗教、法律权威。——译者注

语言和马来习俗。它们的赞助人是少数中产阶级和富有的阿拉伯人和土生回教徒，以及受过教育的马来人。他们不太看得起没受过教育的马来人和印度尼西亚民众喜爱的体育俱乐部，认为这是马来落后性的一种象征。

114 华人的数量在这一时期大为增长。一战爆发时，他们占到了新加坡总人口的四分之三，并在整个 20 世纪一直保持着这一比例。19 世纪 80 年代时，大多数华人都是中国出生的，但到了 1881 年人口普查时，海峡殖民地出生的华人已经紧随闽南、汕头和广东地区之后，成为此地第四大华人社群。虽则如此，少数峇峇华人领袖却因他们与欧洲官员和商人阶层联系密切，享受着绝大多数权威。

19 世纪 60 年代时，新一代新加坡本土出生的领袖开始涌现。他们大多数是闽南人的后裔，主要有陈笃生之子陈金钟(1829 － 1892)；店主、鸦片和烈酒包税商、地产大亨章芳琳(1825 － 1893)；陈金声之子陈明水(1825 － 1884)以及陈明水之子陈若锦(1857 － 1917)；马六甲出生的买办、包工头、地主颜永成(Gan Eng Seng, 1844 － 1899)；以及出口商、船主陈俊木(1824 － 1880)及其侄子陈拱沙。虽然传统上主要从事贸易和船运行业，但在 19 世纪末，闽南人增强了自己在银行、工业和糖业中的实力，并成为 1906 年成立的中华总商会中最强大的主导力量。

潮州人则是影响力居于第二位的华人社群，著名人物有霹雳出生的鸦片和烈酒包税商陈成宝(Tan Seng Poh, 1830 －1879)和佘有进之子佘连城(Seah Liang Seah, 1850 －1925)。除了在甘密和胡椒种植方面的既有优势外，潮州商人又开始着手推动新的出口农作物的生产、橡胶和凤梨罐头的生产，以及锯木、碾米和鱼类转运业的发展。

大多数在新加坡的广东人都是手艺人和工匠，但仍有少数人发家致富了，尤其是在锡矿业中。客家人是一个规模较小、比较贫穷的社群，到了 20 世纪初，当地的海南人社群已经在人数上超过了它。但海南人社群则更处在社会和经济底层。当地大多数海南人都是水手、家仆或非熟练工。这个群体不太稳定,经常滋事,因为在1918年前,海南女性是不准移民到新加坡的,但海南人又习惯于内部通婚。

陈金钟、陈明水、陈若锦、章芳琳和佘连成都继承了庞大的家族遗产,而颜永成则是白手起家,他起初不过是牙直利公司货仓的一名文书。

殖民地政府继续寻求获得海峡华人领袖的合作,方式是任命他们
担任太平局绅或立法议员和市政委员等重要职务。1869年以后,立法
会议中一直有华人代表,1870年时,当局任命了首位华人市政长
官——陈成宝。由于想要在公共生活中发挥足够影响力就必须掌握相
当程度的英语,因此这种公职一般吸引的都是比较西方化的海峡华人。
陈明水1882年曾婉拒了在立法会议中任职的机会,因为他不太会讲英
语,但他受过英式教育的儿子陈若锦则于1889年进入了立法会议。华
人参事局按比例给福建人、潮州人、广东人、客家人和海南人等各个方
言社群分配席位。但正如其名称显示的,参事局有建议权,能够把民间
疾苦上达给当局,但它本身并没有决策权。金文泰有点想选举产生参 115
事局成员,但那一小群在海峡殖民地具有影响力的华人,也就是那些与
英国殖民地当局关系密切的华人始终反对施行选举,不管是针对华人
参事局还是立法会议或市政委员会。他们是依靠与殖民地当局的密切
关系才获得如今的影响力的,并不是因为在华人社区中德高望重。比
如陈若锦(他曾于1889至1892年以及1902至1915年两次获提名担
任立法议员,还曾在1912年荣任圣马可和圣乔治骑士团成员),他对殖
民地当局非常合作,几乎到了言听计从的程度。

新加坡的华人领袖们一如既往地希望通过慈善事业来增加自己的威望,他们资助兴建学校、医院、道路、庙宇、花园和市场。他们的影响力首先体现在不同的帮(*pang*,即方言社群)创立的组织中:潮州义安公司[①]

---

① Ngee Ann Kongsi,是新加坡潮州人最早最大的慈善福利团体。由于以前潮诸邦又称为义安郡,故潮州人好以义安为名。建立初宗旨半为信奉玄天上帝及天后圣母,祈求保佑;半为购买坟地供潮人埋葬,兼办公益慈善及教育等事业。现公司逐渐地发展成为新加坡主要的慈善机构之一,并且不分种族、语言、宗教和社会地位,把服务推广到社区。——译者注

(1830 年左右由佘有进组织建立，佘氏家族主持该公司直到一战结束)、福建会馆、广东广肇会馆(Kwong Siew Association)、客家惠州会馆(Huichew Association)，以及海南琼州会馆(Kheng Chiu Association)。这些组织兼管经济和社会慈善事务，如墓地、医院、学校、宗教节庆和社会福利等。早期按地域组织的小团体会合并起来组成更大更广泛的方言社群，即所谓的“帮”，这种组织结构使得当地华人群体在很大程度上成为一个自给自足的封闭社群。移民一踏上这块土地，就开始寻找老乡，此后也一直在工作、居住、宗教信仰和娱乐方面往来密切，却很少与其他方言社群的成员打交道。各个“帮”修建不同的寺庙尊奉不同的神灵，在各自的墓地里安葬死者，上不同的学校。[39]

财富的多少一直都是衡量新加坡华人社会地位的标杆，但到了 19 世纪末，新的上过大学的职业化阶层出现，改变了这种情况。这一阶层的首批代表有：林文庆(Lim Boon Keng)，在爱丁堡学习医学；宋旺相(Song Ong Siang)，在伦敦学习法律。他们都是在新加坡出生的福建人，并都获得了女王奖学金(由金文泰在 1889 年设立，目的在于资助杰出的当地学生前往英国大学深造)。

到 19 世纪末 20 世纪初，峇峇华人领袖和英国殖民地当局之间洋溢着一种真正的温情，互相信任，合作愉快。这是因为人们普遍对大英帝国的安定和似乎永不消逝的强大力量、对新加坡的繁荣，以及对西式教育和职业化倾向在海峡华人中的普及充满信心。1900 年时陈若锦、佘连成、林文庆和宋旺相共同发起成立了海峡英籍华人公会，旨在增进对大英帝国的利益关注和对女王的忠诚，改善殖民地的华裔英国臣民的福利，并鼓励高等教育的发展。该公会起初有 800 名会员，后来则吸纳了大多数华人行业领袖及立法议员和市政委员。许多峇峇华人开始更加看重英国公民的身份，不再仅仅因为这能够在他们回中国或出国时为他们提供保护，而且还因为这表明了自己与大英帝国的密切联系。人们不断用各种举动来表现自己的忠诚。1887 年为维多利亚女王登基 50 周年，各个社群都热情洋溢地举行了庆祝活动，峇峇华人社群为女王塑了一座像,并在总督府的餐厅举行了揭幕仪式。

克拉伦斯公爵、约克公爵夫妇以及康纳公爵等英国王室成员先后于 1882 年、1901 年和 1905 年访问新加坡,当他们的车按照显贵政要巡行的惯例巡游牛车水时,均受到了热情欢迎。1901 年时,在宋旺相和陈若锦的号召下,一队华人与欧洲人一道,加入了志愿特警团(Volunteer Corps)。宋旺相和林文庆作为成员参加了英王爱德华七世的加冕典礼,陈若锦则代表殖民地出席了英王乔治五世的加冕典礼。每当大英帝国取得胜利时,如 1900 年占领南非首都比勒陀利亚,胜利结束布尔战争等,华人都举行大规模的游行来庆贺;而当大英帝国遭遇危机时,如参加第一次世界大战,海峡华人都会慷慨解囊,捐助大量财物帮助英国御敌。[40]

越来越多的海峡华人接受了西方的生活习惯、运动和休闲方式,并受洗成为基督徒。1885 年时,海峡侨生俱乐部(Straits Chinese Recreation Club)成立,为华人提供网球和桌球等娱乐设施,此后又新加了板球和曲棍球;1911 年,海峡华人足球俱乐部(Straits Chinese Football Association)成立。基督教成为时兴的宗教,传教士们之前总是头疼没办法进入华人社区,到了 19 世纪末却获得了为数众多的皈依者,尤其是峇峇娘惹。长老会(1856 年在新加坡成立分会)和卫理公会(1885 年在新加坡建立传教团)比英国国教和天主教更受欢迎,因为它们会中有更多的女性传教士。[41]

欧洲人开始认为海峡华人是一个新兴的受过英式教育的西方化社群,但在 19 世纪末期,这种印象其实只是种表面现象,大多数海峡华人并不比他们刚从中国移民过来的同胞更富足、教育程度更高或更亲英。

19 世纪末 20 世纪初时,许多新加坡华人在忠诚于谁的问题上都有些迷惑,因为当时的晚清帝国政局动荡,革新、革命迭出。峇峇华人领袖们尊重大英帝国的权力,将接受西方教育视为取得事业成功的关键因素。但那些接受了最良好的西方教育的群体,却恰恰是最想要保留自己的中华文化根源,也最希望看到中国实现现代化的群体。海峡英籍华人公会的各位创始人也正是在新加坡支持清政府百日维新的急先锋。

林文庆和宋旺相于 1893 年从英国返回新加坡，他们带领着一群新兴的华人职业化群体，试图将清政府的维新措施扩展到新加坡的学校中，撼动时下新加坡华人当中相当普遍的对教育漠不关心的状况。

到那时为止，甚至最为西方化的新加坡华人也仍然坚守着中国传统的生活方式。黄埔可能是新加坡最早将子女送到英国留学的人，但当他的儿子 1847 年从英国留学归来时，他发现他剪掉了辫子，还成了卫理公会教徒。这把他吓坏了，赶紧把儿子又送到广东去收一收心，学习正统的方式。一位曾访问新加坡的英国人，在 1889 年时曾见过身为
117 立法议员的佘连成。佘虽然从来没回过中国，英语讲得相当好，对欧洲也非常了解，但他的言谈举止以及服饰都仍然极为中国化，让这位访客印象非常深刻。[42]尽管海峡华人领袖越来越西方化，也很愿意与英国殖民地当局合作，但与此同时他们也在加强与中国的联系。中国当时已经放松了对外移民的法令，再加上他们已经获得英国对英国公民的保护，这让许多功成名就的新加坡华人在回访中国时有了更多法律上的安全保障。此外，比起原来的帆船，蒸汽船使得旅途更加快捷、安全、舒适。于是，甚至那些在新加坡已经自立门户很久的华人也恢复了与原籍亲友的联系，经常回访中国，常常把自己的儿子送回中国的学校上学，有些人还落叶归根回故里度过晚年。早期新加坡的华人定居者一般都与当地的女性通婚，而到了 19 世纪下半叶，峇峇华人开始倾向于把自己的女儿嫁给刚从中国来的血统纯正的移民，而让自己的儿子回中国去娶妻。那些与欧洲行政当局及商业社区联系密切的华人越来越看重中国的文化和传统习俗。与此同时，海峡华人又讲马来语(至少是一种峇峇华人改良过的马来方言)。在 1900 年海峡英籍华人公会成立典礼上，林文庆和陈若锦都是用马来语致词，宋旺相则为海峡华人创办了第一份用罗马字书写的马来文报纸《东方之星》(*Bintang Timor*)。

对三种不同文化的忠诚度之间产生的张力，使得新一代海峡华人面临着“认同危机”，这在林文庆身上得到了清楚的体现。林是第三代峇峇华人，1869 年出生于新加坡，毕业于莱佛士书院，是第一个

赢得女王奖学金的华人，1895 至 1902 年间担任立法议员。他是海峡英籍华人公会的创建人之一、华人参事局的成员，而且还是 1901 年时首批加入华人义勇军支持英国的华人之一。林文庆既忠诚于新加坡，也忠诚于英国和中国。他立志要遵循西方的经验革新中华传统，扫除他所认为的旧式迷信观念和行为方式，但要复兴并强化儒家道德和对中华文化的信心。1897 年时他创建了阅读社(Philomatic Society)，同年，与宋旺相一起，刊行了第一期《海峡华人杂志》(*Straits Chinese Magazine*)。

1898 年，中国兴起剪辫运动，林文庆将其推广到新加坡。此外，他还参与发起首次禁烟运动。但他最关注的还是教育。当时，大多数海峡殖民地的华人青少年上的都是英语学校，而忽视了华语教育，林文庆对这种肤浅的教育形式非常不满。有些英语学校也开办中文班，但招到的学生非常少，这些班级都办不下去，撑到最后的莱佛士书院，其华语班也在 1894 年停办。19 世纪末，在新加坡大概曾有 50 多所这种“学校”，大多数都是规模很小的班级，但也有由华人富商捐资建立的比较大的公共学校，如陈金声在 1854 年创立的萃英书院(Chinese Free School)，以及章芳琳在 1875 年创立的章苑生学校(Cheang Wan Seng School)。这些学校都是用方言授课，大多为福建话，教学方式则依循传统的儒学教育。可是它们的教学质量都很差，以至于《叻报》的编辑在 1889 年建议这些学校实在没必要再开下去。它们存在的主要目的是满足富商们做善事的心愿，而不是为学生提供切合时代要求的教育。

家境较好的华商都喜欢把自己的儿子送回中国或送到当地的英语 118
学校上学。1893 年时颜永成开办了一所英华义学(Anglo-Chinese Free School)，后来改名为颜永成义学(Gan Eng Seng Free School)。这所学校的初衷是进行中英双语教育，但最后还是逐渐变成了一所英语学校。

林文庆批评“我们的教育完全陈腐不堪”，只为了找工作而集中教授英文，“既不能培养爱国主义或忠诚，也不能培养美德或智慧”。他对新加坡华人的忘本痛心疾首，因为“忘本的人，就像无根之树，将无以为继”。他呼吁新加坡华人首先要向他们的后代教授中华传统，这能够“使人心变得崇高，人性变得纯洁”，但他希望的是更加现代化、科学的教学内容，而不仅是教授那些传统经典。峇峇华人革新派都提倡以普通话教学。林文庆从1899年开始用普通话给学生授课，不久，中国使馆和海峡侨生俱乐部也开设了普通话班级。

峇峇华人革新派还为峇峇华人女性提供了教育机会。这之前她们一到青春期就受到重重隔离和看管，所学的只是以后如何侍奉因父母包办婚姻而得到的丈夫和婆婆。她们大多数人都是文盲，最多也就能阅读用罗马字书写的马来文。她们不懂英文或中文，只会讲峇峇式的马来文，从不参加家庭之外的公共活动。正如1906年时，公共督导(Director of Public Instruction)宣称的：“海峡殖民地出生的华人女性可说是这个世界上最愚昧、最偏颇也最迷信的人群了。”[43]林文庆在1899年为华人女孩们开设了第一所英语学校，课程设置包括马来文、音乐、女红、烹饪，此后又加入了中文。第一所中文女子学校中华女校(Chung Hua girls' School)创建于1911年。海峡殖民地的华人女性开始摆脱此前备受诟病的封闭隔绝状态，1913年时，第一位女学生进入医学院学习。

20世纪初，清政府为了赢得海外华人的支持，后知后觉地开始鼓励海外华人接受华语教育。1907年时，一所专门针对海外华人的学校在南京创立，吸引了很多新加坡学生前往就学。此外，清政府还派遣官员到南洋筹款办学，由驻地公使负责募集款项和督学。

中国此时正在进行改革运动，这对当时前往中国就学的新加坡学生产生了极大影响，尤其是对邱菽园(Khoo Seok Wan)。邱出生于一个富商家庭。1895年，当他从中国返回新加坡时，对陈腐的清政府深恶痛绝。与林文庆一道，他在20世纪初大力倡导在新加坡建立现代化的华语学校。

作为峇峇华人改革派的主要代表，林文庆利用自己立法议员的身份，比前辈们更加有力地参与了政府决策讨论，但却收效甚微。峇峇华人改革派面临着重重阻力，不仅来自殖民地当局，而且来自基督教传教士和当地华人社群中的保守势力。他们与传教士在禁烟和反对缠足等问题上有共识,但他们对加强儒家道德的倡导则与教会学校中基督教所教授的内容发生了冲突。

虽然有些思想比较进步的新加坡华人从20世纪初开始就剪掉了 119
辫子,但像陈若锦等比较老派的峇峇华人却对剪辫运动非常不满,一直到中国1911年发生辛亥革命之后,剪辫的举动才在新加坡比较普遍。全面禁烟运动得不到殖民地当局的支持,而且起初也没有得到中华总商会的支持,因为商会中的一些主要会员本身就投资了鸦片种植业。

尽管面临着重重困难,峇峇华人改革派还是成功地逐渐改变了华人社群的态度。到了20世纪20年代,留辫子的华人已经很少见,吸食鸦片也被人们认为是一桩恶习,而华人女性的地位得到了提高,华人教育的质量也得到了改善。

20世纪初,新的华人移民大量来到新加坡。移民的数量每年都不太一样,数量的多少取决于马来亚当时的繁荣程度和中国当年收成如何。1907年,22.7万华人移民来到新加坡,1909年移民数量跌至15.2万,而1911年由于中国南方发生水灾和饥荒,移民数量飙升到创纪录的27万。

在此之前,清政府并没有切实采取行动来与海外华人建立联系,也没有意识到有此必要。但1876年时它的政策发生改变。清政府决定在南洋设立领事馆,以推动当地华人对中华文化和教育的兴趣,捐助资金,对清政府尽忠。1877年清政府驻新加坡领事馆成立,黄埔担任荣誉领事。英国殖民地当局对这项任命表示欢迎,因为黄埔深得他们的信任。

1880年黄埔去世,清政府任命左秉隆(Tso Ping-lung,字子兴)为领事。他是一位经验丰富的外交家,信奉儒学。他在任的十年间集中精力加强了该地与中国的文化联系。有人说他是1881年新加坡第一份中文报纸《叻报》创办的幕后推手。1882年,他发起了第一个东南亚地区的华人文学俱乐部——汇贤社(Hui Hsien She);1888年他又建立了英语雄辩会(Celestial Reasoning Association),面向不能阅读中文的海峡华人用英语讨论中华文化问题。他还鼓励富裕的华人建立华语学校,并于1884年开办了一所为穷人治病的诊所。[44]

领事馆的一项主要功能是向马来亚和荷属东印度群岛的华人募款。陈明水等峇峇华人中的头脸人物经常在募款委员会中任职。只要募集的款项是用于慈善事业,如赈济中国水灾和饥荒的灾民,海峡殖民地当局一般都不加干涉。但领事馆有些举动却让他们不太高兴,尤其是1884年中法战争时期,清政府呼吁南洋华人毒害所有的法国人,凿沉所有法国船只。虽则如此,总的来说,左秉隆是个极富个人魅力的人,他成功地与英国海峡殖民地当局保持着亲善友好的关系,为他们治理帮会提供消息,共同促进对妇女儿童的保护。领事馆的活动并不涉
120 及政治,也不反英,逐步改变了新加坡华人对清政府的态度。1889年他们正式而隆重地庆祝光绪皇帝的继位和大婚,不久后,他们又对清廷海军访问新加坡表示欢迎。这些是新加坡华人对清政府表现忠诚的最早的公共活动,在此之前,他们对清政府常常公开表示不满,好一点的最多也就是漠不关心而已。

到了19世纪最后十年,清政府开始更加积极地吸引海外华人的忠诚,希望纳其财富和才能为自己所用。清政府的这种政策基调后来为改良派、革命派和国民政府沿用,持续了长达半个多世纪。这种政策在马来亚的华人社区中引发了一些矛盾,使社群内部产生了不信任感,也损害了华人与殖民地政府的关系。禁止对外移民的法案从19世纪60年代开始已沦为一纸空文,1893年清政府正式将其废除。清政府开始积极鼓励对外移民,以缓解人口膨胀的压力,并从海外华人那里获得对母国的经济帮助。

1891年时,新加坡领事的级别提升为总领事,黄遵宪(Huang Tsun-hsien)——精力充沛的客家政治家,曾先后在东京、华盛顿和伦敦任职达14年——成为首任总领事。黄使新加坡成为南洋募款活动的中心,这使海峡殖民地当局对领事馆的影响力和它将募款活动延伸到受保护的马来诸邦的举动心生警惕。1894年,正当英国外交部打算

想办法让黄遵宪离职时,他奉诏回国。

黄遵宪使清政府在新加坡的威望达到顶峰,但其后它的影响力又被中日甲午战争中日本的胜利,以及中国国内第一次军阀混战削弱。更让新加坡华人感到屈辱的是,1894 年 3 月时他们刚刚热烈欢迎过清廷海军,可仅仅 11 个月后,这支海军却被日本打败。1895 年,清政府向日本屈膝求和,接踵而至的是与西方列强签订的一系列丧权辱国的条约,中国岌岌可危。在 19 世纪最后的几年中,驻新加坡领事把文化事业放到一边,开始集中全力募集款项投资中国国内的铁路和其他事业,以防止外国资本入侵。募款的一个手段是售卖国家的各项荣誉头衔和称号。1889 年,各个头衔都有白纸黑字的明码标价,此后,直到清帝退位为止,大量的此类称号被这样卖给了新加坡的华人。[45]

第二任总领事张弼士(Chang Pi-shih,又名张振勋、张肇燮)并不是一位职业外交家,而是一位华裔南洋富商。张出生在一个贫苦的客家家庭,17 岁时,他从广东移民到巴达维亚。1876 年,他又转到槟榔屿,控制了新加坡和槟榔屿的包税权,并建立起了一个囊括锡矿业、农业、商贸业、航运业,遍及马来亚和荷属东印度的商业帝国。张致力于最大限度地向南洋华人募款,向他们售出了大量荣誉头衔。由于他的售卖活动实在规模太大,为了与其抗衡,海峡殖民地当局说服伦敦也拿出大英帝国的荣誉头衔来兜售。1898 年,张回到中国并成为知名的工业家,但他并没有放弃自己在南洋的事业,并于 1904 年被殖民地当局任命为东南亚商业事务调查大臣。

清政府的政策之一是积极推动在海外华人中建立商业组织。1906 121
年,总领事和另一位清廷官员沈子琴(Shih Chu Ching)一道创立了新加坡中华总商会。1909 年,清政府大力宣扬“同根同源”(*jus sanguinis*)原则,称所有从父系算起有中国血统的人都属于中国的国民,而不管他们出生在哪里。清政府想从海外华人那里获取资金和人才,呼吁有能力的人在中华“需要的时刻”返国效力。马六甲出生的律师伍廷芳(Ng Ah Choy)于 1896 年成为清政府驻华盛顿公使,出生于槟榔屿的“鼠疫斗士”伍连德(Wu Lien-teh)博士在 1907 年时作为一名医生奔赴中国。[46]

总领事主要把精力放在经济方面，尽力筹款，这里的文化活动则主要由一群在中国或英国接受教育的新加坡华人来推动，其中最著名的人物有邱菽园、宋旺相、林文庆以及林文庆的岳父——富有的报刊编辑黄乃裳(Huang Nai-shang)。

1898 年，中国发生了百日维新运动。这场运动对教育现代化的强调得到了新加坡的改革者们热情地响应。邱菽园当年就创办了一份进步报刊《天南新报》(*Thien Nan Shin Pao*)，拥护这场运动的改革举措。慈禧太后将这场短命的改革运动镇压下去后，新加坡就成了流亡的保皇党人的沃土。1900 年，邱菽园自掏腰包，邀请流亡的维新派康有为前来新加坡。康在此地收获了不少支持，受过良好教育的中国出生的华人，或受华语教育及受英语教育的峇峇华人表示出热情，如林文庆和陈文烈。新任总领事罗宗耀(Lo Tsung - yao)要求总督瑞天咸爵士(Sir Frank Swettenham)驱逐康有为出境。瑞天咸虽然也希望康有为离开，而且又听到传闻说慈禧派了刺客来刺杀康有为，正担忧形势会因此变乱，但最终还是拒绝了这一请求。

1900 年，怀有革命抱负的孙中山先生来到新加坡，试图与康有为达成合作[47]，但被康拒绝。殖民地当局这次驱逐了孙中山。康有为于这年年初在新加坡建立了保皇会(Protect Emperor Party)，但不久就迁到槟榔屿。不过在此之前，1900 年，自立军在汉口起义失败，其中暴露出保皇派改革家们的无能和腐化，这让为起义出资甚巨的邱菽园大感失望。[48]至此，他与其他原先的支持者们已经不再对康有为及其保皇改良事业抱有信心。

改革之路与革命之路截然不同，这就迫使新加坡的华人作出选择，到底要支持清政府、保皇派改革家和革命党人三方中的哪一方，到底要向谁投资。大多数富有的新加坡华商(*tow kay*)①都更青睐改革之路，并为当地的教育机构慷慨捐助了大笔款项。他们对捐助革命事业则比

---

① 马来语，意为中国老板，中国商人。——译者注

较谨慎,不敢妄动。他们虽不想怠慢了中国未来可能的统治者,但这些新加坡商人在慷慨解囊支持中国国内的起义活动之前,总希望多少能看到一些能取得胜利的证据,相比之下,改革似乎比革命更稳妥。新加坡中华总商会当时就是保皇派改革家们的天下,而且也比较团结一心,共同致力于募集资金以支持禁烟运动和学校教育的发展。[49]

虽然孙中山没在新加坡待多久即遭驱逐,但他的一位革命同道尤 122
列(Yu Lieh)却于1901年来到新加坡。尤列在这里创办了工人俱乐部,在牛车水开办了一家诊所,赢得了不少穷人的支持,还吸引到了一些帮派中人聚集到他身边。这些帮派人士把参加革命政治运动视为重振帮会威望的契机。尤列还获得了少数富商的支持,其中包括一些对改革运动感到失望的前保皇派人士,如陈楚楠(Tan Chor-nam)、张永福(Teo Eng-hock)及其外甥林义顺(Lim Ngee-soon)。1904年,林义顺捐资5万元在新加坡创办了南洋第一份革命派的中文报纸《图南日报》(*Thoe Lam Jit Poh*),旨在向一切爱国的华人进行宣传,无论他们是工人还是商人,在海峡地区出生或移民而来。孙中山当时主要在日本活动,并在那里建立了国民党的前身——同盟会。他本身没有精力也认为没有必要致力于在海外华人中建立精细的组织,但当他于1906年再次来到新加坡时,尤列取得的种种成绩却让他印象十分深刻。[50]他于是决定在新加坡建立同盟会的分会。这个分会有创始会员15人,后来成为他在南洋活动的后盾。孙中山领导的革命党人主要通过新式的现代华语学校和其他看起来与政治无涉的机构(如文学社团和华人青年的基督教组织)开展工作。第一个起到这类作用的是华人长老派教会(Chinese Presbyterian Church)的青年组织。它储藏有大量革命书籍,并开办针对年轻人的演讲活动。受其影响的年轻人很多都加入了同盟会。

在1907年和1908年间,新加坡成为多场中国国内起义的核心策源地,但这些起义均以失败告终,且这两年又恰逢一次经济萧条时机,两者相结合,对同盟会在新加坡的实力打击很大。起义失败后,一些起义者流亡到新加坡,与当地的改革派人士发生冲突,并卷入一些犯罪事件中，使革命运动的声誉有所受损。这次大萧条使张永福破产。林义顺熬过去了，并以橡胶业又赚了一笔，但他却不再愿意资助革命事业。《图南日报》的发行量跌到 30 份，只得关门大吉，其设备都被改革派的《总汇新报》(*Union Times*)买走。

在这几年里，孙中山会定期到访新加坡，并继续在下层民众中获得不少拥簇，但他却发现，向富人们募款日益艰难。1909 年，他把南洋的总部迁到槟榔屿，但次年即被驱逐。尤列于 1909 年被捕，获释后他离开了马来亚。此后他建立的组织沦为帮会团伙，遭到当局的镇压。新加坡的华人开始疏远革命事业。

但在 1911 年武昌起义胜利后，整个气氛骤然改变。当孙中山作为获胜凯旋的英雄返回中国途经新加坡时，当地华人载歌载舞狂欢庆祝，热烈隆重地对他表示欢迎。当地福建和广东的华侨领袖以陈嘉庚等为首组成联合会，共同筹资支持国内革命，新加坡的年轻人则纷纷前往加入起义军。辛亥革命能最终取胜，孙中山能当上全国领袖，来自新加坡的捐款功不可没。就连穷苦民众也都争相出一份钱，而辛亥革命的胜利也让华人对中国的爱国热情瞬间高涨。年轻人激动地剪掉自己的辫子，有时还强迫保守的同胞剪去辫子。而英国人则对这股暴涨的民族热情感到惊恐，蔑称之为“底层阶级的骚乱”[51]。

123 孙中山盛赞新加坡的华人是“革命之母”，但其实他们基本都是在革命的最后阶段才出手相助。孙中山的赞誉似乎是希望他们此后要多加支持，而不是在感谢他们业已付出的种种。在他早期苦苦奋斗之时，缺乏支持的状况曾让他非常失望。

中国国内对海外华人的日益重视，对中国的民族主义热情，以及现代华语教育的发展，这些因素给新加坡的华人社区带来了巨大的变化。在某些程度上，它们加速了峇峇华人领袖与华人移民领袖之间的分化。[52]海峡地区出生的受英语教育的华人是少数派，他们以海峡英籍华人公会为其喉舌。他们的领袖是商人或成功的职业精英，如律师、医生、教师等。这些华人控制着各种专家职业，易当选公共职务，与殖民地当局合作紧密,主要关注社会和教育事务,而不是政治事务。但来中国的富商们则集聚在新加坡中华总商会中,并在华人群体中拥有极高的威望和影响力。他们有些富可敌国,掌控着覆盖了整个南洋地区的商业帝国。不过他们一般没受什么正规教育,英语水平也不高。他们既不想出任殖民地的公共职务,也不受当局的垂青。他们主要关注的是当地华语学校及慈善机构的建设,以及中国国内的政治态势。

在华人移民中,首屈一指的人物是陈嘉庚。他于1874年出生在厦门的集美村,从小没上过什么学,16岁时来到新加坡,在父亲的米店里帮忙。后来则建起了自己的米店,又在1904年开了一家凤梨加工厂,并逐步把生意扩展到橡胶业、碾米业和航运业。到第一次世界大战爆发前夕,陈嘉庚的公司已成为新加坡最大的华人企业,业务遍及马来亚、暹罗和中国。[53]虽然已跻身富豪之列,但陈嘉庚仍然过着简朴的生活。他相信,财富若不用于正途,就是祸患。他把自己赚得的大部分钱都投给了自己家乡以及新加坡的大中学校。1921年,他创建了厦门大学,并凭一己之力资助这所学校长达16年,直至国民政府接管该校。

出生于海峡地区的与来自中国的华人群体,其关注点和精力投向虽有分歧,但也不存在必然的冲突。海峡英籍华人公会与新加坡中华总商会虽是两个显著不同的组织,但并不互相排斥。陈嘉庚就是海峡英籍华人公会的成员,而海峡地区出生的林文庆则是新加坡发展华语教育的先驱,还是国民党新加坡支部的创始成员。

在19世纪的最后25年里,经济的繁荣大大改变了新加坡城区的面貌。1869年,横跨新加坡河河口地区,连接了商业广场和政府区域的加文纳桥建成通车。这是由印度囚犯们负责修建的最后一项大型工程,而在他们于1873年撤走以后,公共建设事务就改由公共工程部(Public Works Department)主管。1882年,它修建了一所全科医院;同年,中央警署建成;1886年,哥里门桥落成;1887年,莱佛士博物馆和图书馆建成。通过围海造田兴修康纳通道(Connaught Drive),滨海大道也得到了拓宽。

124 成功的华商们开始在这里按中国传统样式营建宅邸。第一幢此类住宅建成于1869年,坐落在禧街(Hill street),屋主是陈成宝。这所宅子后来辟为中国领事馆。唯一一幢一直保留到21世纪的此类建筑,是由潮州富商陈旭年(Tan Yeok Nee)于1885年所建,地点在克莱蒙梭大道(Clemenceau Avenue)。章芳琳等热心慈善的华商仍在投资修建公共设施。1876年,章芳琳捐资3 000元开辟了一处公园,这处公园就以他的名字命名,至今仍伫立在繁忙拥挤的牛车水一带,为这里提供了一片急需的开阔空地。

尽管市中心日益拥挤紧凑,但这里仍保持了早期更悠闲时代的某些特征:售卖马匹直到1886年都一直在商业广场进行。商铺集中在商业广场或哥列码头一带,而大公司大多会在哥列码头设立办公室,因为从那里他们可以用望远镜看到船只往来的情形。这种观船现象直到20世纪初才绝迹,此时,电话的出现让各家公司可以分布到传统商业中心区域之外了。

在19世纪末,市中心狭窄的街道上混杂地挤满了牛车、私家马车、货运小马车、公共马车和人力车。人力车是1880年从上海引入的,不久,在1882年又引入了“无噪音但也无生命的”自行车。百得利路(Battery Road)上成天都交通拥挤,又没有相应的停车规则或要求所有车辆靠一边行驶的规定。人力车造成的事故最多。人力车夫是要持证上岗的,但车主们总是无视相关规定,任意剥削车夫们,让他们超长时间工作,随意倒卖许可证。那些从中国的小村庄初来新加坡,又没有什么技能和经验的移民是最便宜的劳工,他们往往就受雇成为人力车夫。迟至1901年,新加坡还被一次人力车夫大罢工搞得全面瘫痪。罢工的起因是警察为了降低交通事故发生率,强制执行交通法规。罢工发生后,总督不得不在总督府召见华商领袖,请他们出面帮忙,让工人们复工。

市政费用从1857年的不到6.3万元,上升到1886年的50多万元,但要应对城镇迅速扩张带来的问题,还亟须进行行政管理上的改革。沃德提议废除由志愿服务的外行人经选举产生的委员会,而将市政委员会的工作纳入专业政府的职权范围。这一提议遭到立法会议的否决,理由是,这再次宣扬了总督全权主义,但一项市政法令最终于1887年通过。城区与乡村地区分离,乡村地区仍由政府直接管控。至于城镇地区,总督将任命一名全职受薪的市政主席,市级财政与殖民地财政分开结算,于是市区就不能再把殖民地政府当成“市区的财源”了。[54]

这一举措只是迈向现代化的一小步,但在面临种种限制的情况下,新的市政委员会却取得了不错的成绩。它在19世纪80年代制定了大量改造建设计划,包括于1888年建立的一支专业的消防队。它接管了已建成的自来水厂,在汤申路修建了一处蓄水池,并在1889年兴建了第一个滤水池。而这种种功绩大部分都应归功于詹姆斯·麦克里奇(James MacRitchie)。他曾担任市政工程师一职长达12年。

在接下来的十年中,市政建设计划受到了世界性衰退的严重打击。这场衰退让叻币[①]大幅贬值,使得进口原材料成本急剧上升,政府不得不开展了一次厉行节约运动。市政官员因元贬值,薪水的实际价值缩 125
减了20%,很多人心生不满,纷纷辞职,而麦克里奇又于1895年去世,让市政当局失去了一位目光长远的官员,建设工作愈显艰难。

随着经济在90年代复苏,市政当局重启了建设计划。它在1904年扩容了汤申路蓄水池,于1907年建成珍珠山蓄水池,并于1911年完成加冷河延伸段项目(后命名为贝雅士蓄水池)。市政厅进行了重建,并于1905年作为维多利亚纪念厅重新开放,而维多利亚剧院也于1909年建成。1900年,市政当局接管了经营不力的燃气公司。1906年,它使中心城区都有了电力路灯照明系统,并通过新加坡有轨电车公司(Singapore Tramway Company)为私人客户提供供电服务。

新加坡有轨电车公司开办于1882年,开辟了从新港到哥列码头,以及往东去梧槽的有轨电车线路。在头20年里,它使用的是蒸汽动

① Straits dollar,即海峡元,是海峡殖民地政府发行的货币,使用年限为1826至1939年,因马来语中“实叻”(Selat)为海峡之意,因此华人称其为“叻币”。——译者注

力,到20世纪早期才改用电力。虽然人力车坐起来很不舒服,而且它们直到1904年才使用橡胶轮胎,可有轨电车公司却仍然发现自己难以与其竞争。许多人都反对使用电车,其中包括一名非官方立法议员,他称电车是"现代化的庞然怪车",将会让医院里住满伤患。但这一潮流却是不可改变的,因为城区的迅速扩张需要更有效的公共交通工具。

在19、20世纪之交,新加坡发展成为一个国际化都市,但主要仍以英国人为主导,华人为主体。英国统治者们垄断了官方政治权力,为这里提供防卫、司法和行政服务。对来自英国的访客而言,新加坡从表面上看非常英国化,"非常繁荣,非常开明,非常先进,治理得井井有条"。[55]英国治下的这个异质社会"整洁有序,人们安居乐业,商业往来频繁,一片繁荣景象,而这一切都是因为有英国的法律和英国的保护。如果降下总督府上空的那面国旗,并移除它所象征的一切,那这里的整个社会都会崩溃,如同涨潮时孩子堆起的沙堡那样崩塌。新加坡的三大支柱是自由贸易、公平征税和司法公正"。[56]

此时正是大英帝国的魅力巅峰期,1901年维多利亚女王的逝世让新加坡全城肃静,"如同一座被鼠疫袭击的城市"。[57]英国的商业和海军势力似乎将长久不可撼动,而新加坡的经济也大部分由总部位于伦敦的西方公司主导。但这些表面现象是具有欺骗性的。虽然这里的欧洲人作为欧洲公司的代理和雇员,大多生活得很舒适,但个人财富惊人的却是一小撮亚洲人:华人、犹太人、印度人和阿拉伯人。

对富人来说,生活变得越来越舒心。更多的人买得起马车了,而道路网络的优化让他们能够住在郊区宽敞开阔的地方。20世纪的头十年是马车的黄金时代,它的大量使用使人们的流动性增强,也使人们在自己家里举办娱乐活动和宴会时,可一直延续到比之前更晚的深夜。1896年,第一辆汽车引入,但在许多年里,汽车仍是稀罕玩意,到1908年时,新加坡只有214人有驾驶执照。

莱佛士大酒店于1899年开张,而社交俱乐部大量涌现,为欧洲人提供了繁多的娱乐休闲选择。游艇俱乐部于1881年成立,高尔夫俱乐

部于 1891 年在原来的赛马场旧址成立,新的游泳俱乐部成立于 1894
年,马球俱乐部则成立于 1899 年。最为活跃的是德国条顿俱乐部,它 126
是欧洲人社交活动和音乐盛事的中心。1900 年,条顿俱乐部新建了一处奢华的俱乐部会所,拥有一家一流的饭店、一家音乐厅和各种运动设施。该会所后来成为良木园大酒店(Goodwood Park Hotel)的核心建筑。想要运动实在有很多选择。19 世纪 70 年代,网球风行一时,英式足球在 1889 年蔚然成风,而在周日和清晨开马术聚会一直很流行。1901 年 7 月,第一部电影(内容为介绍维多利亚女王的葬礼)在市政厅上映。

1905 年,新加坡冷藏公司首次从澳大利亚进口了冷鲜肉、新鲜黄油和水果,这使得新加坡本地的热带生活变得更加舒适。[58] 1904 年时政府机关已经安装了电扇,而到了 1906 年之后,电灯和电扇开始取代油灯和蒲葵扇①,走入寻常百姓家。

亚裔富裕人群的生活也变得更加多姿多彩。华人富商成立了自己的社交俱乐部,其中最为出名的是福建人创立的怡和轩俱乐部(Hokkien Ee Hoe Hean Club)。此外,新加坡(欧亚裔)康乐俱乐部(Eurasian Singapore Recreation Club)于 1883 年成立;海峡华人(后更名为新加坡华人)休闲俱乐部于 1885 年成立;峇峇华人富商谢庆泰(Chia Keng Tye)在家里自建了一个网球场。[59]

但是对于穷人来说,生活却变得愈加严峻。1896 年时,由林文庆博士领导的一个调查委员会向当局呈递了一份报告,其中揭示出民众生活之恶劣景象。死亡率在 20 世纪的最初几年中徘徊于 44%—51% 之间,高于香港、锡兰和印度。军医部门的负责人曾在 1872 年时警告说,“城镇已经成了疾病的温床”。虽然令人惊讶的是,大规模流行病并没有爆发,但像脚气病、肺结核、疟疾、伤寒和痢疾等可能致命的疾病在当地却很常见,大多由贫困、拥挤、营养不良和脏污等因素引发。饮用

① punkah,最老式的机械风扇。它是由固定在房顶上覆盖有帆布的木质框架制成,通过拉动连接框架的绳子来使风扇来回摆动。——译者注

水供应不足；没有污水排放设施；人们随便收集粪便来浇灌自家的菜园。陈金声曾在 1857 年为建立饮用水供应系统捐献出 1.3 万元，但对于工程需要的总资金而言，这笔钱无异于杯水车薪。人们围绕建设资金如何筹集的问题争论了很多年。最后这项工程终于在 1879 年靠公共基金的支持得以完工，而陈金声的捐资大部分都用来修建一座装饰性的喷泉。它就伫立在滨海艺术中心(Esplanade)前。然而到了这个世纪末，人口迅速增长，又再次超出了饮用水供应系统的承受范围。

公立医院服务不尽如人意。官方极少提供医疗卫生服务。大多数民众都缺医少药，或只能依赖少数几所由华人慈善家建立的慈善医疗机构，如陈笃生医院和同济医院(1867 年创立于牛车水)。后者得到了华商尤其是颜永成的慷慨捐助，并于 1892 年得到政府划拨的免费土地。同济医院由中医师(*sinseh*)坐堂，他们接受的是传统的中国中医训练，并不分种族为穷人施行免费救治。两所医院都一直存活到了 21 世纪，陈笃生医院还成为新加坡第二大医院。女性移民群体绝对数量较少但一直在增长，但专门面向她们的医疗机构发展缓慢，而且起初集中关注性病，因为这些病在数量庞大的妓女中十分常见。竹脚医院创建于 19 世纪 50 年代末，但直到 1884 年，它主要诊治的仍是妓女群体。到了 20 世纪初，公众开始关注婴儿死亡率的问题，这促使普通全科医
127 院于 1908 年开设了妇产科。[60] 1905 年爆发的霍乱疫情夺走了 759 人的生命，但在 20 世纪初，新加坡的头号致命疾病是疟疾，1909 年的 9 440 例死亡中，有 1 410 例是由它引起的。不过，健康状况欠佳的主要原因却是由于吸食鸦片上瘾。

林文庆博士与殷雪村(Yin Shut Chuan[①])博士一同发起了一场抵制吸食鸦片的运动，并得到了欧洲传教士、少数接受国外教育的年轻华人，以及一小批呇呇华商的支持。1906 年是鸦片贸易史上的分水岭。这一年，菲律宾彻底禁绝了鸦片贸易，印度与清政府达成协议，在十年内逐步减少并消除鸦片贸易，而英国议会则通过了一项决议，谴责鸦片

---

① 一般拼做 Yin Suat Chuan。——译者注

贸易"在道德上站不住脚"。[61]同年,清政府总领事馆设立了新加坡拒毒会,由陈文烈出任主席,领事馆里还设立了禁烟局,由殷雪村和林文庆共同主持,多名峇峇华商为其提供了经费上的支持。

当时,鸦片贸易所产生的利润仍然占到殖民地总收入的一半,禁烟运动遭到了包税商、大多数华商和欧洲商人,以及英文媒体的反对。政府在经济利益和道德维护之间摇摆不定,但在殖民地事务部的坚持下,它还是在1907年任命了一个委员会着手调查鸦片问题。委员会在调查结果中认为,吸食鸦片对富人而言只是害处不大的流行恶习,但对穷人来说却更加有害,因为他们只吸食得起二手的鸦片残渣。调查结论认为吸食鸦片成瘾现象并不普遍,但在人力车夫当中却相当常见。他们通常都活不过35—40岁。总督约翰・安德森爵士准备禁绝这项恶习,并开征所得税以补充财政收入,但他的计划遭到了强烈的反对,不得不停止实施。非官方立法议员和欧洲以及亚洲商人都反对开征所得税,他们还认为禁止吸食鸦片会使移民不再前来。

最后妥协的结果是,政府没有全面禁烟,而是在1910年将鸦片的生产和销售业务收归官营。政府在巴西班让(Pasir Panjang)建立了工厂,生产高质量的鸦片,还买断并销毁了所有鸦片残渣。这些举措控制住了严重的滥用情况,不过鸦片贸易收入一直到20世纪20年代还仍然占了政府总收入的几乎一半。到了1934年,这个比例降到大约四分之一,被烟草税、石油和烈酒税超过。人们需要拿到许可证才能购买鸦片,政府希望逐步禁绝这项恶习,但一直到二战爆发,它仍然在继续生产鸦片。

1909年,政府任命了一个官方委员会,负责调查死亡率过高和贫民窟恶劣的生活状况。这次调查导致了市政机关的重组。安德森总督想使政府掌握全权,雇用专业的行政技术官员,把市政委员会转为一个纯粹的建议性机构。1913年颁布的市政法令保留了市政委员会,但其成员将由总督提名。总督还将控制市政预算。两位白人非官方立法议员反对放弃选举原则(尽管市政选举在这些年里根本引不起人们的兴趣,很少有人会来投票),但立法议员、新加坡中华总商会中的重要人物

128 陈若锦宣称，华人社群不反对采取提名制。1913 年市政法令在经过一些小修改后，一直沿用到二战前。

教育的发展没能跟上经济发展的步伐。1870 年时，伍利调查委员会向立法会议提交的报告中称，“殖民地教育的状况从前和现在都很落后”。调查委员会建议改组所有现存的学校，将它们均置于一名教育总监的统管之下；鼓励发展世俗化教育；扩展马来人和华人的本土文化教育；以及改进女性受教育的状况。比起当局准备采取的措施来，这些措施过于超前了。1872 年时，政府任命斯金纳(A. M. Skinner)为督学，算是接受了调查委员会的一项建议，但其他建议则完全被忽略掉了。

与其印度前辈一样，当时的殖民地管理层也觉得自己肩负着将马来语作为本土语言来推广本土基础教育的任务。但至于要政府出面促进其他如印度语和各种华人方言(大多数移民操持的语言)教育的发展，公众则没有提出这类要求，而且实行起来也不太可能。

尽管基督教传教士和斯金纳(他担任海峡殖民地学督一职长达 30 年)作了很多努力，但马来语教育并没有兴盛起来。1876 年时，天猛公把自己在直落布兰雅的府邸改造成了一所马来学院，雄心勃勃地想在这里进行马来语和英语的双语教育，并培训马来教师。但这项计划最终没有成功。马来语中等教育没有切实发展起来，教师培训后来也转到了马来半岛的学校中。莱佛士书院于 1885 年重启马来语教育，但八年后又因乏人支持而放弃。19 世纪 90 年代早期，卫理公会传教士谢拉贝尔(W. G. Shellabear)试图在马来人社群中推广基督教教育，但却发现，自纪魄礼的时代以来，穆斯林们对基督教教育的抗拒程度正在增加。马来青少年教育由此跌入低谷，而教育马来年轻女性的尝试则压根就没有成功过。1893 年，一个推选出来的委员会对新加坡马来语教育不力的状况进行了调查，其后，一些较小的学校被关闭，但这并没有促使剩下的学校在教育质量上面作改善。这些学校只提供非常基础的马来语教育，学生根本没有机会学习英语。

华语教育交由华人社群自行操办。政府在 1873 年和 1876 年先后建立了两所英语、泰米尔语双语学校，但它们最后都改成了英语学校，因为泰米尔人社群并不想受教育。美以美女校(Methodist Girls's School)的命运与此类似。这所学校原是为满足泰米尔年轻女性而设，但不久就因为缺乏相应需求而改成了英语中等学校。至19世纪末，政府没有兴办任何提供泰米尔语教育的机构。

在20世纪前，新加坡当局都不认为自己有责任对民众开展英语教育，但觉得有必要资助私立英语学校(大多数由基督教传教团兴办)。尽管官方并没有出台什么激励措施，但学习英语能带来求职上的优势，这在19世纪末大大推动了英语初级教育的发展。业已建立的教会学校改进了教学质量，而莱佛士书院在赫利特(R. W. Hullett)的领导下开始兴盛。赫利特于1871至1906年间担任该校的校长，后来又成为海峡殖民地的督学和公众督导(Director of Public Instruction)。[62]新的教会学校也建立起来，如1871年的圣安德烈学校和1879年的圣安东
尼学校。美国卫理公会传教团于1885年在新加坡建立了基地，并分别 129
于1886年和1887年创建了英华男校(Anglo-Chinese Boys' School)和美以美女校。到1915年时，它已经在新加坡创办了七所学校。

虽则如此，只有一所学校提供中等教育，即莱佛士书院。它自1884年起开设中级班。金文泰在19世纪80年代先后担任殖民地的辅政司、总督，当政期间，他试图推动高等教育的发展，但收效甚微。他想开办一所技术学院、一所调查学校和一所普通高等院校。这个计划有些超前于时代，只有少数富裕的华人和欧亚裔表示感兴趣。1889年时，一所培训药剂师的医学校建立，但第二年又停办，因为只有两名学生注册入学。不过金文泰也不是全无建树，他于1889年成功地为海峡殖民地争取到两项一年一度的女王奖学金，于1891年引进了高级剑桥会考(Senior Cambridge examination)，并以这个考试作为评定授予两项奖学金的依据。

金文泰的教育发展计划在当时遭到了欧洲人社群的批评。最为猛烈的抨击来自《新加坡自由西报》。该报批评他忽视了涵盖面更广的基础教育，尽管女王奖学金计划已经证实了他的设想：提升大众教育水

平最为快捷有效的方式,应该是从“头部”开始。几年来,得到女王奖学金赴英留学的学生们陆续返回新加坡,成为医生、律师和教师。他们在政府公务部门中找不到用武之地,因为高级公职只能由纯欧洲血统的英国人担任。但他们却成为各个行业中的领袖人物,成为立法议员、市政委员、太平局绅和富商。受过英式教育的亚裔精英构成了一个新的领导阶层,并促使新加坡社会缓慢地开始西方化、现代化。他们的言传身教在当地催生了对西方教育和医生、律师专业职业的尊重,也使得亚裔社群开始逐步认同并接受西方医学、英国司法体系和欧洲的教育方式。有钱的新加坡父母则纷纷自费把考不上女王奖学金的子女送往英国留学,此举一时间蔚然成风。少数英国留学归国人员的影响,以及越来越多的孩子在新加坡本土接受英语教育,这一切使得新加坡人的观念和特征渐渐产生了重大的转变。

到了 20 世纪初,除继续提供免费的马来语初级教育外,海峡殖民管理当局开始承担起更多兴办英语教育的责任,不过,他们仍然不管中文和泰米尔语教育,把这一块留给慈善机构去操心。1902 年颁布了一部教育法,它奠定了此后 20 年间官方教育政策的基调。政府开始兴办英语小学。1903 年,它接管了莱佛士书院,并将其改成纯粹的中等学院;1909 年,它又设立了一个教育委员会。在 1904 至 1911 年间英语学校中教职员工的职位翻了一倍,英语教育在 20 世纪头 20 年中继续稳步发展。

迫于以陈若锦为首的海峡殖民地华人的压力,新加坡当局同意创建一所医学校,但前提是请愿者们要能募集起 7.1 万元来补充启动经费。然而民众对建校计划热情高涨,几乎在一夜之间就筹措到了 8.7 万元,让当局惊讶不已。第一批的 23 名学生于 1905 年注册入学,1912
130 年,学校正式定名为爱德华七世医学校。起初,教员都是由政府或私人部门的从业者兼职,1920 年时学校升级为爱德华国王医学院,开始聘请全职教员。学院依托新建的欧南全科医院(Outram General Hospital)为基础,并成为未来的马来亚大学中第一个组建的学院。

英语教育发展的促动,以及现代华语学校的迅速普及,使得新加坡社会发生了巨大的变化。新的职业化上层阶层和受过良好教育的中产阶级出现;教育具有了新的价值,它能够带来在社群内地位的提升;女性解放也缓慢启动。英语教育是进入上层社会的敲门砖。它能使少数出类拔萃的聪明人成为职业精英,投身公共政务,也能使更多的普通民众有机会受雇于公务部门和商业企业。

教育发展态势对社会总体的效果,是形成了新的社会分层,把受英语教育的人群与受本土教育的人群分隔开来,拉大了各个社群之间的距离(但社会最上层人士除外),强化了种族、文化和语言上的差异,加剧了贫富分化。除了极个别天赋极佳的马来学生可能有机会考入英语中等学校外,对大多数马来人和泰米尔人来说,初级教育不能带他们通向任何地方,无法提供给他们在新加坡社会中向上流动的希望。而接受华语教育的学生一般只能在新加坡华人社会和经济部门活动。虽然各个中文方言群体也仍然各自为政,但受华语教育还是受英语教育已越来越成为划分人群的最主要标准。

教育的普及以及对国际事务的日益关注,刺激了 19 世纪最后 25 年里英语媒体的发展和首批本土语言报纸的出现。

《新加坡自由西报》于 1869 年停办,《海峡时报》于是成为新加坡唯一的英文报纸,不过一场火灾差点让它也无以为继。其资产公开拍卖只拍到 40 元,其所有者兼编辑约翰·卡梅伦宣告破产。他随后成功地救活了这份报纸,但其经营却始终存在经费上的问题。卡梅伦在 1881 年逝世,1887 年时他的遗孀任命了一位年轻的苏格兰职业报人阿诺特·里德(Arnot Reid)担任报纸的编辑。里德在这个岗位上工作了 12 年,首次成功地使报纸的发行量突破 200 份(above 200 mark)。里德退休后,一位才华横溢的英国报人亚历山大·威廉·斯蒂尔(Alexander William Still)继任为主编,并且一干就是 18 年。他在任期间,《海峡时报》在商业上取得了极大的成功。

1887 年,《新加坡自由西报》在圣克莱尔(W. G. St. Clair)卓有成效的领导下复刊。圣克莱尔此后主编该报直至 1916 年。他和斯蒂尔齐头并进,《新加坡自由西报》早上出版,《海峡时报》傍晚出版,两报虽然存在竞争,但却共同吸引了越来越多的受英语教育人群的关注。[63]

与英文报纸还算不错的运气相比,大多数早期的本土语言报纸处境都相当艰难。《土生回教徒》是土生回教徒社群的报纸,初创于 1876 年并一直存续了将近 20 年。该报直至 1888 年都一直由穆罕默德·赛义德·本·达达·默海丁(Mohammed Said bin Dada Mohyiddin)主编。他是莱佛士书院的一名教师,马来和印度穆斯林混血儿。《土生回教徒》大多数版面刊载的都是商业信息,不太对政府政策评头论足。上面的新闻一般都来源于本地的新闻报纸以及埃及和阿拉伯地区的报
131 纸。它的"读者来信"栏目做得有声有色,其关注的要点则是马来社群的落后性,渴望推动本土语言教育的发展并推广马来语。

其他一些马来语刊物,如《东方之星》和《领袖》(*Al-Imam*)存续时间都不长。《东方之星》是唯一一份采用罗马字印刷的马来语刊物,是宋旺相在 1894 年为峇峇华人群体创立的,但它只存在了一年。《领袖》是新加坡第一份改革派刊物,创刊于 1906 年,得到印度尼西亚和阿拉伯商人的经济赞助。它的主要赞助者包括穆罕默德·塔希尔·本·贾拉鲁丁(Mohammed Tahir bin Jalaluddin)和赛义德·谢赫·本·艾哈迈德·哈迪(Sayyid Shaykh bin Ahmad Al-Hadi)。他们都与中东地区的现代化运动关系密切。穆罕默德·塔希尔·本·贾拉鲁丁 1869 年出生于米南加保,在麦加接受教育,1899 年,作为一名教师兼学者返回南亚,此后直至 1957 年逝世,他大多数时候都生活在霹雳和柔佛。他的密友赛义德·谢赫·本·艾哈迈德·哈迪主要在廖内受的教育,但曾多次去中东,1901 至 1909 年间他帮父亲打理在新加坡的公司。哈迪人很活络,文笔也不错,协助建立了若干学习俱乐部,在新加坡的马来穆斯林中名声很响。《领袖》不关心政治,而旨在复兴伊斯兰教的纯洁性和力量,使穆斯林的教育实现现代化,并以此提高整个穆斯林群体的道德和物质水平。《领袖》仅仅存在了不到两年的时间,但它却为其后的穆斯林马来语改革派刊物奠定了基调,其读者群则主要针对宗教导师和受过教育的穆斯林商人阶层。

在“马来新闻之父”穆罕默德·尤诺斯·本·阿卜杜拉(Mohammed Eunos bin Abdullah)的激励和推动下,马来报业独立发展起来,并持续兴盛了 25 年。穆罕默德·尤诺斯于 1876 年出生在苏门答腊,是一位富裕的米南加保商人之子。他在甘榜格南长大,在莱佛士书院接受教育。1907 年,《新加坡自由西报》的拥有人邀请穆罕默德·尤诺斯主编《马来前锋报》,作为《新加坡自由西报》的马来文版。

《马来前锋报》是马来民族第一份重要报纸,其流通范围覆盖了海峡殖民地和马来诸邦。它的形式是世俗化的,内容上强调马来城市居民读者关心的事宜。它最初一星期出版三期,部分由爪夷文(即古马来文)写成,部分则针对峇峇华人读者,用罗马字写成。1915 年,它改为日报,但三年后《新加坡自由西报》把它卖给了一群印度商人。1922 年,它因被控以文字诽谤他人而被课以罚款,结果经济上出现困难,只好停刊。

而在此期间的 1914 年,穆罕默德·尤诺斯成为一份新的英文报纸——《马来亚论坛报》马来文版的主编。与《马来前锋报》一样,这份新报纸也持温和的进步主义立场:它主要针对马来人城市中产阶级,总体上是支持殖民地当局的,但有时也会以不太尖锐的措词批评一下其有关马来人的一些政策。[64]

1888 年,《新加坡欧亚裔之声》(*Singapore Eurasian Advocate*)创刊,但仅维持了三年,第二份针对欧亚裔群体的英文报纸仅在 1900 年昙花一现就没有了。一份泰米尔语报纸(*Singai Nesan*)于 1888 年问世,但发行量很小。

薛有礼在 1881 年创办了这里的第一份中文报纸——《叻报》
(*Lat Pau*)。薛是第五代峇峇华人,他的祖父在 19 世纪 20 年代时从
马六甲来到新加坡。薛有礼是汇丰银行的买办,在此地欧洲人的商
业圈里很出名。他还与中国国内联系密切,并与他们那一代人大多
数所追求的一样,想要加强新加坡的华人与其母国的联系。到 1900 132
年时,《叻报》的发行量仍然不足 500 份,一直处在亏本经营的状态,
直到 20 世纪下半叶,[65]随着受过教育的华人阅读群体扩大,才渐渐

扭亏为盈。

《叻报》主要关心的是商界,对殖民地政治状况则不予置评。它是一份持保守派立场的报纸,支持儒家价值观,反对打破中国传统,比如对于19世纪90年代在新加坡华人中闹得沸沸扬扬的剪辫子运动,它就是持否定态度。这使它赢得了不少富裕人士的支持,但这样的立场却遭到了改革派报纸——《总汇新报》的挑战。1909年,薛有礼的侄子薛中华(See Tiong Wah)接管了《叻报》。与他叔叔一样,薛中华是汇丰银行的买办,著名的公众人物,而且还是太平局绅、市政委员和新加坡中华总商会会长,以及福建会馆的领导人。他使《叻报》扭亏为盈,但在其于1921年去世后,这份报纸还是衰落了,并最终于1932年停办。

到19世纪80年代,"大不列颠和平"面临着潜在的威胁,导致对这块殖民地防务问题的讨论重启。最让人们担心的,是俄国海军力量的再次崛起。1885年,由于日益担心英俄之间会在阿富汗开战,伦敦的海峡殖民地协会向殖民地事务部请愿,请求驻防马六甲海峡一带,并建议,只要陆军部提供枪炮和其他装备,殖民地就应该为新加坡防御工事建设买单。

新加坡商人不仅希望海港地区能得到保护,也希望城区也能有类似保护。可是在1886年,英国开始在新港和绝后岛(Blakang Mati Island,即今圣淘沙岛)修筑工事,却未理会城镇区域,立法会议中顿时爆发了强烈呼声。但殖民地事务部坚称无意让新加坡变成一个"海军要塞",而仅负责保护港口区域免受一些突发的小规模攻击,至于新加坡的全面防御重任,则交由皇家海军完成。

1890年,伦敦方面要求新加坡为驻军及其他新建军事设施支付6万英镑,并提出海峡殖民地每年上缴的军费应翻倍,至10万英镑。立法会议同意了驻军开支,但其中的非官方人士却一致反对军费翻倍,当地英文媒体更将其指斥为"帝国的劫掠"。新加坡人召开了公众聚会,并送了一份请愿书到英国议会,提出,新加坡如今可是帝国重要的据点,英政府应多费心力和财力加以对待。[66]总督金文泰支持了这次请愿活动,并警告殖民地事务部说,双方关系搞僵“将对有效治理不利”。但伦敦方面仍坚持应全额上缴翻倍的军费。

1891 年开始的经济萧条以及白银的贬值,迫使海峡殖民地动用储备款支付军费,并相应地精简机构、延缓公共工程建设及减少教育支出。1895 年,在就军费问题提出严正抗议但终究无果之后,非官方立法议员集体辞职,太平局绅和华人参事局中的成员也紧随其后。立法会议只得休会数月。伦敦方面最后终于同意少量减少军费,但与此同时也将削减一些防御工事。这一商定额度此后成为军费基数,直到 20 世纪 20 年代,伦敦为新建海军基地才谋求再增缴款额。这一次新加坡仍然强烈表示反对。此次争论贯穿了整个 20 年代,1933 年,双方长达 133
40 年的扯皮才告一段落,这一年,殖民地不情不愿地同意每年上缴其财政收入的 20%,即 400 万元。

新加坡的抗议之所以效果没那么显著,是因为 1867 年它要求转为王室直辖殖民地时曾答应了一个条件,即它会自行承担军费开支。在这个问题上,历任总督一直都站在新加坡这边与伦敦方面抗争,但他们却被迫在立法会议上根据官方议员多数派的意见否决掉非官方议员提出的反对之声,而这种否决权几乎只在这件事上动用过。英国的海上霸权此时受到了法国的挑战,因为法国已控制了整个印度支那,在 1887 年时还正打算开凿一条穿越克拉地峡的运河。甚至连日本也构成了潜在的威胁。1886 年 2 月,总督弗雷德里克·韦尔德(Frederic Weld)在写给一个朋友的私信中说:“日本部署了两艘非常高级的装甲船驻在附近的纽卡斯尔要塞。这一带没有什么能与它们抗衡。我们海军中有人曾和它们遭遇,那人回来说,如果交战的话,它们一艘船就能抵得上我们在这片海域的所有舰船了——那些都是用高级垃圾制作的,根本派不上用场。”[67]

19 世纪 80 年代,国际局势动荡不安,这促使英国海军部开始考察各个港口,希望在东方建立一个新的海军基地。他们曾看中新加坡,但有关确切选址和征地的事宜一直解决不好,拖到了 1889 年。到此时,本来好像迫在眉睫的危机就这么过去了,海军部也就不再热心张罗这件事了。

可到了1896年,英国对新的俄法联盟顾忌重重,又担忧德国在经济上与自己的竞争以及它殖民扩张的野心,于是海军基地的建议又提了出来。在19世纪80年代,"新海军至上主义"风行一时,成为国际各国接受的准则。该理论称国家实力取决于制海权,而海军实力的关键在于重型战舰。许多国家,尤其是德国正在加紧建设自己的海军。

海军军备竞赛以及商业优势日益受到挑战,重新燃起了英国政府在新加坡建设一个海军基地的兴趣,但新一轮国际对抗的激烈程度却又逐渐打消了它的这个念头。紧张的态势诱使英国在面对德国海军带来的威胁时,把自己的舰队都集结在本土领海中,而希望通过与其他大国结盟来保护自己的海外帝国。1902年,英国与日本达成一项共同防卫条约,三年后,日本在日俄战争中获胜,消除了俄国在东方对英国制海权构成的威胁。1904年,英法之间达成相互谅解,法国不再与其对抗,而且使英国在地中海海域获得了一位共同防御的盟友。海军上将约翰·费希尔爵士(Sir John Fisher)于1904年出任海军首席大臣,他集中加强英国海军在北海的实力,而从东方和地中海海域撤军,关闭了海外地区已有的海军基地,并放弃了新加坡基地的建设计划。

英国得以将海军力量集结到本土领海一带,对它在一战中与德国抗争起到了至关重要的作用,但从长远来看,这对新加坡产生了不利影响。当时的英国人可能会骄傲地宣称:"这个港口正如它过往的进步所显示的,它的辉煌还刚刚开始。"[68]"在联合王国国旗的庇护下,所有人都生活得和乐而富足,莱佛士的塑像慈爱地俯看着这一片和谐景象,所有这一切,与这位新加坡城创始者的设想和政策是如此的一致。"[69]但就在这种自满情绪之下,却潜伏着一个并不吉利的事实:英国要依靠法国和日本的友情相助才能在一场国际大战即将爆发的前夕,保护本国贸易的顺畅发展和捍卫自己在东方的帝国。

1. 陈若锦，1920 年。（鸣谢 National Museum of Singapore，National Heritage Board。）

2. 市场上的华人小贩，20 世纪初。（Collection of James Song，鸣谢 National Archives of Singapore。）

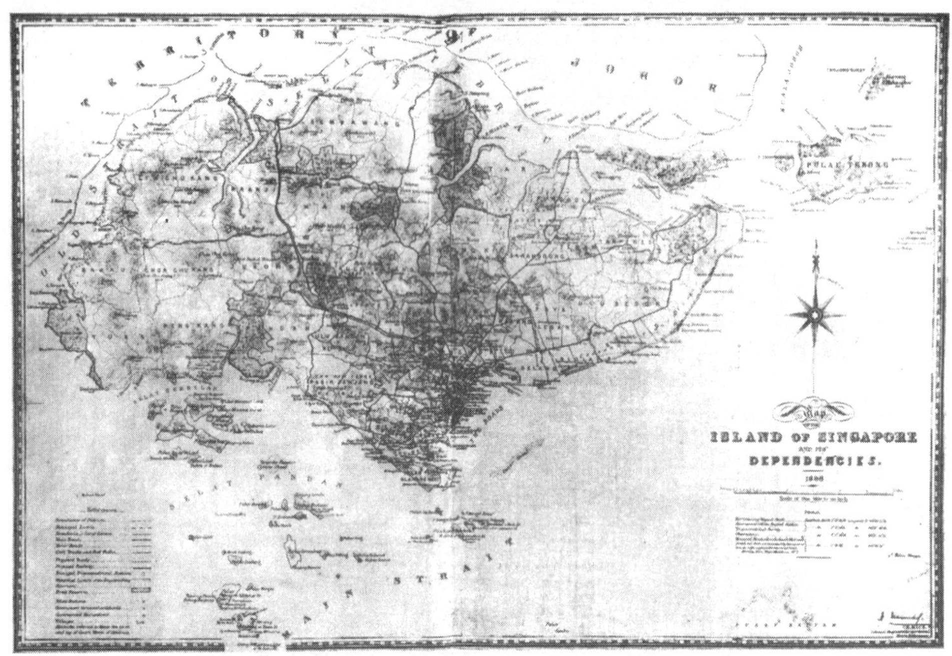

3. 新加坡地图，1898 年。（摘自 Buckley，C. B. *An anecdotal history of old times in Singapore 1819 －1867*，Singapore：Oxford University Press，1984。）

4. 新加坡女子学校的学生们聚在一起的照片，1900 年。（承蒙 the National Archives of Singapore 允许使用。）

5. 莱佛士坊,1900 年。(承蒙 the National Archives of Singapore 允许使用。)

137 # 第四章 “东方大洋里的克拉彭站”(1914－1941)[1]

当第一次世界大战爆发,而中国的革命正如火如荼地进行时,新加坡却始终置身事外。但事实上,这两大事件结合起来,却暗自改变了新加坡的历史。在当时看来,这段战时年月对新加坡而言,似乎只是意味着:英帝国的权威不可动摇,新加坡是其东方领地的支柱,外界纷扰的影响极易屏蔽,因而可以超然于外。但现在回看时则发现,那段相对而言的平静时期其实可以看做是序曲,它将导向 1942 年的那场灾祸,进而引爆此后数年的政治风暴。在这段时期里,新加坡的未来命运主要由外部事件所决定,被国际上交替上演的繁荣与衰退所决定,被中国和日本国内事态的发展所决定,被东京、华盛顿和伦敦所作的决策所决定。

1914 年 8 月,第一次世界大战爆发,新加坡的德裔居民被集体收押,德国船只被扣,德国人的财产被没收。英国居民们看到这些变化时心情很复杂。20 世纪初,一群更加张扬高调的年轻德国商人来到新加坡,他们与早年来这里的那些温和的德国商人截然不同,让这里的英国商人觉得有些不是滋味,不太好受。德国制造的商品充斥了新加坡的市场,德国人群体的规模迅速扩大,而富丽堂皇的条顿俱乐部很快就使邻近的东陵俱乐部黯然失色,人气锐减,会所也年久失修,残破不堪。

这里的德国人热情好客,大方豪迈,成为新加坡西方人社交圈的活力之源和灵魂群体。因此,战争爆发后,他们其实是被舒舒服服地安置在了条顿俱乐部里,仆役们也仍随侍在侧。著名的德国商人、贝恩・梅耶公司的领导人迪恩(A. Diehn)甚至还获准进城处理本公司事宜。

在战争初期,新加坡曾担心,德国东亚分舰队的一艘巡洋舰“埃姆登”号会单独来袭。因为它在 1914 年 10 月袭击了槟榔屿。但“埃姆登”号直接驶过了新加坡,没有试图攻击这座如今已有驻防工事的海港。它只在其后的 11 月在科科斯群岛附近造成了一定破坏,之后就再无动作,而德国海军在这一带的攻势也就此结束。

欧洲战事的纷扰与血腥似乎遥不可及,新加坡的现役驻军也大为 138
缩减,只余一个印度兵团——孟加拉第五轻步兵团,以及少量英国的炮兵和工程兵。新加坡来复枪志愿团于 1904 年解散,但 1914 年又新成立了一个新加坡炮兵志愿团,由 450 名勇士组成。[2]一支锡克马来联邦先遣部队曾从霹雳调过来加强新加坡的防御军力,可 1914 年 12 月,定居在新加坡的锡克教徒贾咯特・辛(Jagat Singh)却鼓励队中的士兵起来闹事,拒绝在海外服役。所以在此之后,这支军队大部分回了太平(Taiping)。德国军舰侵袭的可能性消失后,新加坡的局势似乎相当平静,于是在 1915 年 2 月,第五轻步兵团奉命开往香港。但就在出发的前夕,部分印度士兵发动了兵变。这次兵变打碎了新加坡表面平静的状态。新加坡当局此前一直以为威胁主要来自海上,至于内部的骚乱,只需少量兵力就可以平息,因此它根本没有就如何应对驻军的突然发难想过应急策略。

但实际上这次发难也不算突然,而是酝酿已久。军官们疏于管束下属,却忙于互相争斗,上头又指令不明,这些都大大挫伤了第五轻步兵团的士气。更雪上加霜的是,当时英国正在和穆斯林国家奥斯曼土耳其作战,而第五轻步兵团里清一色全是旁遮普的穆斯林,他们心里肯定不好受,于是也很容易受到他人影响,滋生不满情绪。卡西姆・曼苏尔(Kassim Mansoor)原是一个咖啡店的老板,来自古吉拉特,就住在亚历山大军营旁。马来警员是新加坡警察队伍的主力,他之前企图挑起他们的不满情绪，但没有成功，不过，他在印度士兵中的努力却有成效得多。1915 年 1 月，他更是写信给土耳其驻仰光领事，请求土耳其派一艘战舰到新加坡来，接走这些亲土耳其的印度穆斯林士兵，这一举动致使他于 1915 年 1 月被捕。

这支印度军队当时负责看守被关在东陵军营里的德国战俘，其中包括“埃姆登”号的部分船员，为首的是领航官奥伯路特南特·尤利乌斯·劳特巴赫(Oberleutnant Julius Lauterbach)。劳特巴赫是个快活的胖子，原来经商，后来进海军任职。他是个中国通，在新加坡也混得很熟，所以当初作为战犯被押解来新加坡时，让他沦为阶下囚的英国人在码头竟像欢迎英雄般接待他。这些德国人和印度看守们的关系搞得很好，胆大妄为的劳特巴赫还煽动起他们对英国雇主的不满。

于是就在即将启程前往香港时，印度军队里弥漫着怨恨和怀疑的情绪，还有流言称他们不是要被送往香港，而是被送到法国或土耳其打仗，甚至英国人有可能故意凿沉他们的船。终于，在 2 月 15 日，印度士兵们杀掉了几个长官，占领了亚历山大军营，释放了德国战俘，并三五成群地拥到城里，见欧洲人就杀。

这个印度兵团有 800 多名身强力壮的士兵，如果指挥得力的话，本来有可能完全控制市区的，因为当时正值中国新年假期，他们把殖民地政府彻底打了个措手不及。可是就在他们初步取得胜利后，领导者们却不知道接下来该做什么了。他们请德国人来领导这支队伍，但被拒绝。在这场动乱发生之前，德国人就已经基本挖好了一条逃跑用的隧道，很多人正好趁此机会溜走，比如劳特巴赫和迪恩就带着几个人在夜里逃走了。这些德国人有些最后辗转回到德国，但大多数战俘则没有那么大胆，而是选择留在战俘营里。

缓过神来之后，政府赶紧从郊区把欧洲妇女和儿童集中起来，再分
139 送到派兵把守的市区酒店里，或停泊在港口的船只上，以护周全。军队司令官迅速行动，集结了一支由各方支持力量组成的杂牌军：警察、新加坡炮兵志愿团、英国工兵、炮兵和水手，以及苏丹亲自从柔佛带来的一队人马，总数约为 500 人，其中仅有一半接受过军事训练。当局还格

外招募了近400名市民临时警员,而盟友法国、日本和俄国的舰队船员在听到消息后也急忙赶来救援。

镇压行动持续了10天。叛乱者们分散到了新加坡岛的西部和北部,还有一些人逃到了柔佛,但最终也被苏丹抓住,送回了新加坡。审判过程从2月一直持续到1915年5月,卡西姆·曼苏尔被绞死,41名叛乱者(包括2名军官)被枪决,其余126人被监禁或送回印度。死刑执行是在欧南监狱公开举行的,有来自各个种族的上千人前来观看,其中包括一些欧洲要人和他们的妻子。第五轻步兵团的指挥官被撤职,兵团残部被派往南非。新加坡的警察队伍进行了重组,所有欧洲男性都被勒令接受军事训练。在第一次世界大战余下的时间里,新加坡仅驻扎有一小队英国军队,辅以当地的志愿军。

这场兵变发生后,新加坡所有的印度居民都必须进行资料登记,这让这群大体上忠于帝国的人产生了很多抱怨不满。其他新加坡人则把这场兵变轻蔑地称为“十日奇迹”。它没能动员起广大民众前来相助。新加坡岛东部地区并没有受到动乱的影响,在牛车水里,新年庆祝活动仍在照常进行。但这一事件也对人们提出了警告:新加坡能重获和平完全靠的是盟国舰队的帮助,而前来支援英国的四艘战舰中有两艘是日本的巡洋舰,所招募的临时警员中有近一半是日本人。这说明,在发生国际性危机时,新加坡的安危严重依赖于日本的友情援助。一些日本观察家非常惊异于大英帝国内部联系的松散,也很自傲于日本介入所起的关键作用,他们希望这次事件能给自己傲慢的盟友们上一课,教会他们以后要更加尊重拯救了他们的日本。[3]第一次世界大战使日本得以在新加坡扩大影响力,开展更多商业活动,[4]但印度士兵这场兵变的全部教训,新加坡人要到27年后的中国新年期间,才真正体会到。

新加坡在1919年举行了开埠100周年纪念活动,全岛上下一片欢腾。战争结束了,世界又恢复正常了,贸易则进入繁荣发展期。战时的短缺刺激了对进口商品的需求,尤其是对汽车,而这大大有利于橡胶业的发展。

欢乐盛世转瞬即逝，1920 年，战后短暂的繁荣让位给了一场萧条。1920 年 2 月，橡胶价格触到每磅 1.15 元的高点，但到了 12 月，却已降至每磅 30 分。锡的价值在 2 月份时高达每担 212 元，到了 12 月却已降到每担 90 元。

到 1922 年，马来亚已走出了萧条状态。当年实施的“史蒂文森橡胶产量限制计划”对出口作出了限额规定，有助于稳定橡胶的价格。牙直利公司等一批企业在萧条时期以低廉的价格购入橡胶园，此时则启
140 动了新的种植计划，并进行产业多元化发展，把触角伸入棕榈油工业。到 1923 年时，黑暗的日子终于过去，对锡、橡胶和石油的需求开始高涨。1923 年新柔长堤(Johor Causeway)修通，将新加坡与马来半岛大陆通过公路和铁路连接在了一起，从而为新加坡贸易的发展注入了新的动力。锡的价格在 1926 年和 1927 年再创高峰。移民潮再次来到，1927 年，华人移民数创下了史无前例的纪录，高达 36 万人。

许多人在一夜之间就聚敛了巨额的财富。陈嘉庚的生意在 20 世纪 20 年代中期最是风生水起，据说仅 1925 年一年，他就赚了 800 万元。像他一样的百万富翁还有不少：李光前(Lee Kong Chian)，1894 年出生于福建，他在新加坡一开始是当老师，后来转行经商。他娶了陈嘉庚的女儿，还开办了自己的李氏橡胶公司；郑古悦(Tay Koh Yat)，1880 年生于福建，22 岁时来到新加坡，逐渐成为巴士公司大亨；陈六使(Tan Lark Sye)，1896 年出生于陈嘉庚的家乡——集美村，年轻时来到新加坡，后成为橡胶富商、工业家；胡文虎(Aw Boon Haw)，新加坡极少见的著名客家商人之一，于 1893 年出生在仰光，靠制药生意发家，人称“(虎标)万金油大王”。

在这段欣欣向荣的岁月里，政府的支出迅速增长，尤其是在此前一直忽略的警力治安、教育和医药服务领域。市政委员会的运转在一战期间中断，此时不单重启还扩大了规模，并实施了大规模的全方位改革计划，以应对新加坡人口的增长，弥补之前在各方面的不足之处。

就在一战爆发前夕，市政当局已开始消灭会传播疟疾的蚊虫，从 1911 年以来，因疟疾导致的死亡人数大大下降。1913 年，铺设了第一

批污水排放管道,政府也开始接管粪便处理工作。1910 年时高达 345‰的婴儿死亡率,在 1912 年实行了护士家访制后便逐渐下降。

1913 年,米德尔顿隔离医院建成,而在整个 20 世纪 20 年代,政府实施了一项宏大的医院建设计划,医务人员则主要为爱德华国王医学院的毕业生。新的欧南全科医院和特拉法加尔麻风病人之家均于 1926 年建成开放,板桥心理医院是在 1927 年,竹脚女性医院则是在 1928 年。

到第一次世界大战结束时,机动车辆运输工具已日益受到欢迎,这既带来了机遇,也引起了不少问题。1912 年,消防车的动力源由马拉改为引擎驱动,大大提高了应对火灾的效率。汽车使人们可以搬离拥挤的中心城区,但私家汽车的数量从 1915 年的 842 辆猛增到 1920 年的 3 506 辆后,道路建设跟不上,拥堵成了大问题。公共交通设施仍然不足,大多数人出行还是靠电车和人力车,但在战后,华人运营的“蚊子巴士”成为常见出行工具。新加坡有轨电车公司倒闭后,第一家引擎驱动的公共交通工具公司——新加坡电车公司于 1925 年成立,主要运营无轨电车和小型巴士,而众多华人巴士小业主们则通过兼并,于 1935 年建立了两家巴士公司。市政当局为了应对日益繁忙的交通状况,重铺了路面,并于 1932 年在丹戎百葛修建起一家现代化的火车站。

在 20 世纪 20 年代,中心城区之外的地方极少有电力照明,不过第 141
一家市营发电厂倒是于 1927 年在圣詹姆士落成。1929 年,柔佛的莆莱蓄水池投入使用,为新加坡供水,1940 年,实里达蓄水池建成。1927 年,新加坡改良信托局成立(Singapore Improvement Trust),这是一个由政府出资设立的法定机构,致力于与市政当局一同建立公共住房。它的建立开启了新加坡清理贫民陋屋区的首次尝试。

1928 年间,一批新的公共建筑物落成,主要有浮尔顿大厦(邮政总局即在楼内),而新的市政大厦(后来的市政厅)则于 1929 年利用欧洲酒店原址的部分地块建成。一位阔别新加坡八年的美国游客,在 1929 年再次来到新加坡时说:“你已经进步了如此之多,这多么令人惊叹!哦,我几乎已认不出这个地方了。”[5]

在两次大战之间的间隔期里，新加坡华人对殖民地当局的态度发生了明显的变化。在20世纪早期，他们大多依恋故国，积极响应正在萌芽的中国民族主义，而对殖民地当局则消极以对。中华民国刚成立时，新加坡华人民众反应热烈，但当新政权在建立之初遭遇了诸多波折时，狂喜也就渐渐被失望和反思所取代。

在第一次世界大战期间，海峡华人领袖公开表示忠于英国，并动员本社群的资源以表支持。他们号召在海峡地区出生的华人青年志愿参军，组织募捐活动为国家战时贷款(National War Loan)募集资金，并捐出大量钱财购买飞机和其他物资，支持通过《战时征税法案》加征所得税(该法案于1917年由立法会议通过)。英国从这些支持行动中获益良多，但这些行动只影响到少数人，即使是在峇峇华人中也是如此。大多数新加坡华人还是一心向着中国，而中华民国号召南洋华人忠诚于祖国也给新加坡当局制造了不少麻烦。

孙中山领导的革命团体同盟会在革命胜利后改组为国民党，并于1912年在新加坡设立了一个支部，由林文庆、林义顺等人担任第一批领导人。该党致力于获得南洋华人的支持以重建中国的经济，但募款活动很快就遇到了阻碍，因为由“老派的”保皇党改革家控制的新加坡中华商务总会①与“新生的”由国民党控制的新加坡华侨总商会②(主要由中小华商和店老板组成)形成了竞争。[6] 1913年，袁世凯在中国攫取了权力，并将曾扶持过他的国民党宣布为非法党派，而国民党在新加坡的支部也在内部纷争和殖民地政府质疑的双重压力下，于次年正式解散。

新加坡的华商群体曾多次表现出对中国事务的积极参与。1905年，他们为了反对美国出台限制华人移民的《排华法案》，抵制对美贸易。三年后，中国与日本因一艘船只被扣引发纠纷，他们又抵制日货以

---

① 1906年成立，1915年改名为中华总商会。——译者注

② 1912年建立，1914年停止活动。——译者注

示对中方的支持。1915 年,日本推出"二十一条"又引发了新一轮的抵制运动。这些都是和平抗议活动,参与者也仅限于商人群体,但到了
1919 年后,连普通民众也关心起中国的政治局势来,海外华人参与的 142
性质及他们与新加坡当局的关系也因此改变。

一些福建青年曾在 1919 年的"五四运动"中发挥重要作用,他们之后来到新加坡寻求支持,激起了一场大规模游行示威活动,最后还发生了暴力冲突。日本人的商店、工厂、作坊和住宅遭到洗劫,甚至连那些一穷二白的人力车夫也拒绝拉日本客人。[7]殖民地当局坚决采取行动镇压了这些暴动。1923 年,中华总商会和中国驻新加坡总领事为了抗议日本侵吞中国的领土,组织了一次大规模的和平抵制运动,而这也让殖民地当局不太赞同。[8]

20 年代初期,孙中山成功地在南中国重组政府,试图为革命运动注入新的活动,国民党的运势再次走强。该党希望让南洋的华语学校信奉本党的信条,因此从中国国内派出教师并运送课本前往南洋。1924 年,孙中山还成立了海外部,旨在密切联系南洋华人。

新加坡的华人早有心表示支持,于是,孙中山的努力得到了热烈的响应。他们捐出大笔资金在新加坡和中国国内开办学校,并大笔投资于中国的民族工业。陈嘉庚尤其积极,他在福建创立了多所学校,捐资 400 多万元建立并运营了厦门大学。(这所大学于 1921 年成立,林文庆为该校首任校长。)陈的财力也确实雄厚,他的商业帝国在 20 年代中期臻于极盛,一共雇佣了 1 万名工人,涉及的产业包括橡胶种植与加工、航运、进出口贸易、罐头加工、碾米、稻米买卖、报刊和资产管理,他也因此被称为"马来亚的亨利·福特"。[9]

对中国政局的关注催生了许多政治俱乐部组织,也刺激了人们对中文报纸的需求。部分中文报纸终于开始赢利,如陈嘉庚在 1923 年创办的《南洋商报》,以及胡文虎在 1929 年创办的《星洲日报》。

新加坡中华总商会在强化人们的中国民族主义情感方面作用巨大。在第二次世界大战之前,该商会的领导人几乎全出生于中国国内。

虽然像陈嘉庚、胡文虎和李光前等受华语教育的百万富翁与殖民地当局的联系并不紧密,但他们在华人移民当中的影响力却不容小觑。

华语学校是新加坡培育中国民族主义情感的主要场所,而爱国的新加坡华侨还经常把自己的孩子送回中国接受中等教育,尤其是送往南京的暨南学堂。1919 年,陈嘉庚出面筹款,创建了新加坡的第一所中学——南洋华侨中学(或简称“华中”)。该校招收男生,教授一直到大学预科的课程。这所新学校的教学语言是“国语”(Kuo-yu),即普通话,而没有采用任何一个地方群体的方言。这种语言曾得到清政府、保皇派、革命派和国民党的一致提倡,作为维系中国各区域的一条纽带。

1919 年,华人学生和教师积极参与反日游行示威活动,最终还引发暴力事件。这让海峡殖民地当局感到警醒,让它开始注意到华语学校可能具有的政治颠覆性,迫使它放弃以往对华语教育采取的放任自
143 流政策。1920 年通过了一条教育法令,要求所有学校、教师和管理人员都必须注册登记,并赋予政府制定法规指导学校运营的权力。华语学校对此十分反感,组织了数次请愿活动和抗议集会。1923 年,政府首次向华语学校提供资助款,但申请者却寥寥,因为一旦申请,就意味着必须接受政府更多的指导和监管,还必须承诺放弃使用“国语”教学,改用地区方言。

20 世纪 20 年代中期,华人中激进的左翼政治运动有所发展,首次表现出反英反殖民主义的情绪,让当局变得更加担忧。在 1924 至 1927 年国共合作期间,共产党开始控制国民党新加坡支部的左翼力量。共产主义到底是怎样在新加坡兴起的,其源头已不可知。在第一次世界大战期间,殖民地当局驱逐了一小群来自中国国内的华人教师和记者,因为他们传播无政府主义和共产主义思想。但中国共产党的代表要到 1922 年前后才来到新加坡。[10] 中国共产党派出代表傅大庆(Fu Ta Ching)于 1925 年从上海来到这里,组织该地的共产主义运动,同年,共产国际派驻东南亚地区的主要代表陈马六甲(Tan Malaka)在新加坡待了几个月,把这里当做基地,准备在印度尼西亚策动一场起义。信奉共产主义的教师和共产党人在以“国语”教学的夜校中最为成

功,这些学校在20年代初大量涌现。而最受影响的则是夜校中的海南学生。1926年,共产党建立起了南洋总工会。

在1920至1922年的经济萧条期,帮会吸收了很多海南"新客"入会,因为它们可以让这些人找到新的谋生之道,而这却给左翼政治运动带来了打击。为了应对黑帮势力扩张的现象,政府于1924年颁布了一项帮会法令,加大了惩治黑帮流氓团伙的力度,并对国民党从严镇压,严格控制共产党和帮会在其中扩大影响。1925年,国民党在马来亚全境正式被禁,不过一支由左翼力量主导的分支仍在新加坡活动。1926年,当局关闭了12所惹麻烦的新加坡学校,驱逐了若干教师和学生,并颁布了从严控制学校登记注册的相关法规。

当时的新加坡被称为"东方芝加哥",是持枪匪徒和街头黑帮的天堂。他们在牛车水和乡村区域横行肆虐。1927年,谋杀案数量再创新高,黑帮火拼每天都在上演。警察队伍虽然刚改革过,但仍然难以应对这样大规模的暴力和颠覆活动。1919年,警局特设了政治部(Special Branch),专门处理政治颠覆活动。1924年,警校成立,旨在提高教育和体能素质,优化招募选拔机制。尽管如此,这支队伍仍然力量不足,而且腐败事件频出。警察队伍中的英国警官极少,而且他们大多被要求学习马来语而不是华语。但新加坡当时发生的犯罪活动中,90%与华人有关。另外,统治阶级日益将自己与亚裔人群隔离开来的倾向,也意味着警队的领导机制是脱离新加坡下层社会现实状况的。

国民党左翼的激进主义行为疏远了峇峇华人和许多中国本土出生的华人。1927年3月,在一场为纪念孙中山逝世两周年而举行的集会
上爆发了暴力事件。这次集会是得到官方许可后举行的,参与人数众 144
多,其中包括约2 000名海南人,他们大多是在校的学生。当组织者开始发表反共产党的演讲时,台下的抗议者开始分发反殖民主义的宣传册,以示不满。海南学生们随后转往牛车水。警察勒令他们散去,遭到拒绝。警察有些慌了,有人开枪,打死六人。官方对这次组织不力的事件正式进行了调查,结果发现共产党的影响力已大出他们的意料,尤其是在学校里。政府于是关闭了多所夜校,查禁了几种课本,自此开始高

度警觉，时刻准备镇压共产主义运动。

1927年末，荷兰镇压了爪哇的一次共产主义起义，在中国，国共决裂，共产主义运动在东南亚陷入低潮。爪哇起义失败后，共产国际驻东南亚的主要代表陈马六甲认为，共产主义运动未来的希望要寄托在城市中的华人身上，并试图据此在新加坡重振共产主义运动。共产党人深入学校，组织罢工，但他们的活动均被警察破坏。南洋总工会被禁，共产党领导人入狱。到20世纪末，南洋的共产主义运动处于低潮。新加坡的警察和中国领事馆宣布其非法，四处追捕共产党人，共产国际却还顽固地让他们严格执行推动无产阶级革命发展的路线，且不准与自由主义派或民族主义派合作，这内外压力的交织使得共产党陷于孤立，只有新加坡最穷苦的华人还和他们站在一起。

1930年，共产党决定对南洋的机构进行改组，成立了马来亚共产党，总部在新加坡，隶属于共产国际设在上海的远东局。两个先锋组织——新加坡华文中学教师联合会和新加坡学生联合会，在华侨中学和崇福女子学校(Tiong Wah Girls' School)发动了数次学生罢课活动。

但他们的成功没有持续多久。1931年4月，共产国际派了一名法国人约瑟夫·迪克鲁(Joseph Ducroux)，化名塞尔日·勒弗朗(Serge Lefranc)，来到新加坡监管马来亚共产主义运动的重组情况。但他在两个月后就被逮捕并遭驱逐，而他的通讯录又暴露了远东地区共产主义运动的组织架构，导致另外15人被捕，马来亚共产党的组织完全被毁。到1932年初，这个党派基本已被根除。

共产党的噩运起初让国民党受益。1927年国共合作破裂时，新加坡的华人大多站在了国民党这边，而国民党在中国的北伐及统一运动也让他们印象深刻。在国内站稳脚跟后，国民党立刻试图对南洋华人实现更有力的控制。1929年的《国籍法》再次重申了清朝末期确立的“同根同源”原则，把所有按父系追溯有中国血统的人都视为中国人，而不管他们或他们的祖辈已在海外生活了多少年。为了让南洋所有的协会组织忠于自己，南京政府在这一年还颁布了新的法令，规定了商会的活动范围,1932年,它又建立了海外党务部。国民党提出的口号之一是“无华文教育,无海外华人”。1927年,国民党成立专门的教育局,并 145
起草了让海外华语学校注册登记的规定,以指导它们设置课程,鼓励南洋华侨到中国国内接受高等教育。1929年,中华民国教育部启动了一项推动海外教育发展的五年计划,次年又制定了一项二十年计划,意在通过向当地富人和组织征税来养活海外的教育机构。到1935年时,“国语”成为通用教学语言,得到新加坡所有华语学校的普遍采用。

在20世纪20年代末,国民党呼吁海外华人忠于民国的政策得到了南洋地区华人积极而热情的响应,其海外党员人数迅速膨胀。在新加坡,它得到了众多著名华人的支持,而海峡殖民地当局起初对国民党及其反共产主义的活动都抱着宽容的态度。

但到了1929年底,金文泰爵士担任总督之职后,情况却发生了变化。这次任命似乎相当合适,因为金文泰精通广东话和普通话,有与华人群体打交道的丰富经验。他在殖民地的任职生涯始于1899年在香港任干事,后来则升任为辅政司,此后他转往英属圭亚那和锡兰任职,1925年返回香港担任总督。作为一个享有盛誉的管理者和中国通,在马来亚面临大萧条的第一次打击的紧要关头,他的到来得到了新加坡人的欢迎。可是,金文泰在香港的任职,由于中国国内局势的动荡波及香港,实在是非很多。当他来到新加坡时,对国民党极不信任,并确信,要压制煽动颠覆活动,只能采取铁腕措施。他针对颠覆活动和经济萧条采取的铁腕措施是分族群制定施行的,引致了普遍的反对。[11]

为了遏制主要由华人制造的反殖民地宣传,他对亚洲语言报刊进行审查,强化了对国民党在新加坡活动实施的禁令,还禁止为中国国内国民党活动举行募资。禁令再次强化,这对很多支持国民党的马来亚著名华人来说是沉重的打击,一时反对声浪高涨。英国政府不得不作出些许让步,允许新加坡华人加入中国国民党,但仍不准他们在新加坡当地设立支部。

很多峇峇华人领袖虽并不太介意查禁国民党,但金文泰其他针对教育和移民的措施却激怒了他们,因为他们觉得其中有种族歧视和反华人的倾向。1932年,为了应对经济大萧条的加深,金文泰采取了一项经济措施,撤销对华语和泰米尔语学校的补助金。这意味着只有马来语教育是免费的,只有英语初级教育才享受补助。

限制移民的政策激起了更大规模的反对。在大萧条爆发前夕,当局起草了一份《移民限制法令》,限制男性非熟练工的流入,目的在于提高劳工的整体素质,改善移民群体性别失衡的情况。该法令遭到了雇主们和新加坡商会的强烈反对,不得不暂时搁置,但最终,它还是不顾欧洲商人们的反对于1930年实施,旨在遏制不断上升的失业率。[12]男性非熟练工移民的数量有了限额,而且这个额度在1931年和1932年
146 一减再减。效果是显著的。华人移民的数量从1930年的24.2万骤跌到1933年的不到2.8万。至于法令重点针对的男性劳工,其下跌幅度则更加大。他们的数量从1930年的15.8万,下跌到1933年的不足1.4万。

1933年,《移民限制法令》被《外国人法令》取代。新法令对外国人的流入设置限制,并向他们征收登陆费。"外国人"实际上就是指华人,因为这项法令不会影响到身为大英帝国臣民的英国人和印度人,而其他外来群体的人数又很少。峇峇华人和移民来的华人联合起来,对《外国人法令》所具有的社会、种族和政治含义提出抗议,指责殖民地政府放弃了一贯的中立政策,转而倾向于对华人大加歧视。新加坡中华总商会提出了严正的抗议,抗议活动的领袖是立法议员陈桢禄(Tan Cheng Lock)。他是祖籍福建的峇峇华人,其家族早在18世纪就已定居在马六甲。陈桢禄抱怨说,华人数世纪以来对马来亚贡献良多,该法令对他们实在有失公允。1932年10月,他在立法会议上痛心疾首地说道:

> 政府没有制定一贯的和具有建议性的政策,来赢取在海峡殖民地及马来亚其他地方出生的华人的心,虽然他们是这个国家的臣民,也没有相关政策来催生和强化他们对自己出生或归化的国度所抱有的爱国之情和发自内心的热爱……这让人不得不认为,

> 该法令是一项反华政策的组成部分,这项政策别有政治深意,充满了恐惧和不信任之情,认为华人整个群体毫无贡献,毫不值得铭记和赞扬。

华人事务秘书承认,限制移民数量的部分原因是为了遏制政治异议。政府实施的政策导致了族群间的紧张气氛,大萧条时期的诸种法令导致海峡地区的华人开始质疑自己在马来亚未来的命运。

除了对移民实行限制流入措施外,在萧条时期,政府还自掏腰包把大量华人和印度人移居到别的地方去。1931 年,向外移民的数量在新加坡历史上首次超过了移民流入的数量,这一趋势在接下来的两年间得到了延续。不过,仍然有一些人从半岛移居到这里,尤其是一些印度裔橡胶种植园工人,他们在失业后就流浪到新加坡来了。

大萧条对新加坡的打击相当大,作为一个重要港口,它非常依赖国际贸易的发展,尤其是马来亚对美洲市场的锡和橡胶出口业。早在萧条发生之前,这两种价格波动极大的商品就已经处于生产过剩状态。“史蒂文森橡胶产量限制计划”并未完全取得成功,且于 1928 年被废止,因为荷属东印度群岛拒绝参与合作,而 1926 至 1927 年间,锡的价格飙升,加剧了过度生产的状况。世界经济的崩溃使这些问题加剧为一场严重的危机。橡胶的价格从 1929 年的平均 34 分降到 1932 年 6 月时前所未有的低点——4.95 分。锡价在 1931 年降至平均 60 元每担。新加坡的财政收入大为缩水,但公共支出却在 1931 年再创新高,其部分原因在于,当局起初想要通过上马公共工程建设计划来遏制失业率的上升。第二年,政府降低了薪水,裁减了很多公共雇员,削减了 147
公共工程和医疗服务项目,与此同时提高了税率。这是一个相当艰难的时期,这座岛屿成为了一个让人失望的地方,无论是对哪一个族群来说,对失业的橡胶种植园工人和锡矿工(他们从马来半岛南下想到这里寻找工作)是如此,对商人、店铺老板、被裁的公务人员、公司雇员,还是劳工们来说也是如此。

随着全世界经济状况好转，新加坡借助较高的税率和更加有效的出口限制计划，逐步走出了衰退。1933 年，财政收支状况再次达到平衡。1931 年，首个国际锡产量控制计划形成，锡的价格开始缓慢地回升。但各方却迟迟没有就橡胶产量限制计划达成一致，不过在 1934 年，一项旨在规范橡胶出口，限制新增种植量的协议终于签订，其效力一直维持到第二次世界大战爆发前。

在这一时期，贸易保护措施引发了激烈的争论。1932 年，英国殖民地事务部要求各殖民地和保护领土实行对帝国有利的关税政策，遭到强烈反对。新加坡商会和立法会议还激烈反对英国方面对外国纺织品进口施加限额的要求。此项措施本来主要是为了对抗日本的廉价纺织品输入，由于反对声浪过高，最后不得不凭借官方议员的绝对多数票，才于 1934 年在立法会议强制通过。至此，自由贸易和自由移民这两项相伴相生的原则全因大萧条而被取消。

这次萧条还给华人经商的方式带来了重大变化。在此之前，新加坡华人在发展现代资本机构或银行业方面行动迟缓，倾向于依赖区域性组织和家族关系，以更私人化的方式从事贸易。19 世纪末，欧洲资本开始涌入马来亚的锡矿业和橡胶业，新加坡华人采用买办体制来适应新的西方资本制度。买办是一种受委托的中间商，他向欧洲机构提供担保，为华商提供贷款，接受双方的委托佣金，并从雇用他的欧洲公司或银行领取一份薪金。这个体制运转良好，促进了资本投资和经济发展，但它使华人受制于西方的资本。这场世界性的衰退教会他们，依赖欧洲资本是多么危险，尤其是在初级产品生产业中，于是从此以后，目光远大、深有抱负的华人开始转而投资次级产业和现代银行业。[13] 此前华人开办的银行都有地域“帮”派的局限：福建、潮州或广东等，但在 1932 年，三家福建的票号合并，组成了新加坡最大的华人银行——华侨银行(有限公司)。

可是，新加坡在 20 世纪 20 年代末曾享受过的那种高度繁荣并没有重现，一直到第二次世界大战爆发前，它始终面对着许多经济问题。英国实行帝国利益至上的贸易政策，以及荷兰着手在荷属西印度群岛发展生胶加工业,都使新加坡的转口贸易受到了影响。不过,作为应对之策,富有进取心的新加坡华商也开始在苏门答腊和荷属婆罗洲建立自己的橡胶厂。

萧条结束,一切重回正常状态之际,正值 1934 年新总督珊顿·托 148
马斯爵士(Sir Shenton Thomas)到任之时。金文泰的离任让很多人觉得如释重负。华人是因为他所实施的移民和教育政策而与其大有隔阂,而欧洲裔的官员和平民则是觉得很难和他打交道。警察总监(Inspector General of Police)就曾坦言,金文泰“太聪明了,当他的幕僚太麻烦”。[14]至于马来人的感受,借用一位著名的马来亚锡兰人记者的话来说,他“太学究气了,和那个年代的马来大众格格不入,他们都是些‘嘻嘻哈哈’,在俱乐部里混在一起的普通人”。[15]

《海峡时报》认为:“目前需要一名管理能力出众且善用谋略的人(来接管政局),他将……安抚在过去三年中已被严重惹恼的众人。”[16]珊顿·托马斯正是承担这一任务的理想人选。他平易近人,富有同情心,很快就和这里的欧洲人打成一片。他重启了公共工程建设项目,从而遏制了失业率。1935 年,他还重新向华语和泰米尔语学校发放政府补助金。

从表面上看,富人和小康人家在 20 世纪 30 年代末生活得实在再舒服不过了,尤其是对这里的欧洲人来说,这个年代的生活就是优雅地居住在华美的宅坻里,周围草地环绕,身畔仆役成群,而市中心和高尚住宅区的公共环境也整饬得相当不错。

新加坡冷藏公司率先在马来亚推行卫生的食品加工和供应链,有助于使人们的日常生活变得前所未有的便捷和健康。1923 年,这家公司生产出了新加坡的第一批冰淇淋;1926 年,它建立了一家养猪场,三年后,又在武吉知马建了一家奶牛场;1930 年,它开始制作面包,三年后又创办了一家百货公司。冷藏设备运来了金马伦高原(Cameron Highlands)的蔬菜、新西兰的肉类、南非和美国的水果,以及欧洲的日用百货。除了新鲜的牛奶、水果、蔬菜和罐装食品外,新加坡人还能享用到本地区酿造的啤酒。马来亚酿酒厂于 1932 年创立,次年,一家德国人开办的酿酒厂也建了起来。

在各种俱乐部里，人们可以游泳、打网球、打桥牌、打高尔夫或飞行，而无线电广播和电影院也越来越散发出吸引力。1915 年，新加坡建起了第一家商业无线电广播站，但直到 1957 年，英国马来亚广播公司在新加坡首次开设其商业广播站后，无线收音机等设备才普及起来。

汽车日益常见，它使富人们可以去到更远的郊区游玩，从而促使生活方式发生着改变。高尔夫俱乐部于 1924 年搬到了武吉知马山上新建的一处开阔场地，1927 年，第二家岛屿高尔夫俱乐部也在附近开张，同年，新加坡飞行俱乐部创立。1937 年，赛马活动改在武吉知马新建的马术俱乐部举行，这里有当时全亚洲最漂亮的赛道。20 世纪 30 年代，为了给新的公共建筑腾出地方，欧洲大酒店暂时关闭，莱佛士大酒店于是成为欧洲社群社交活动的中心场所，而在 30 年代中期开办的海景大酒店，则是他们最爱的周日欢聚场所。游泳俱乐部很活跃，在巴西班让的椰树林一带还有一家露天的夜间游泳场。鸡尾酒会和奢华的晚宴在当时风行。不过，这种种娱乐活动虽然丰富而愉悦，却很有节制，所有酒店、酒馆和俱乐部都会在午夜之前结束营业。

149 无线电和飞机加快了与外部世界联系的速度。新加坡的首次成功飞行是在 1911 年由一名法国人在法雷尔公园(Farrer Park)完成的，1919 年，罗斯·史密斯(Ross Smith)上尉孤身飞行，并在首届英格兰-澳大利亚飞行大赛中获胜，在这次载入史册的飞行途中，他就曾中途降落在法雷尔公园。很多飞行先驱们都习惯将新加坡当做他们飞行旅途的中转站，但新加坡自身的航空事业却发展得很缓慢。1923 年，英国政府决定在三巴旺建一个飞行基地，就在设想中的海军基地不远处，另外还在实里达建一个皇家空军基地。实里达飞行基地于 20 世纪 20 年代末完工，起初既为皇家空军服务，也为民用飞机服务。但空中交通的日常化要等到 30 年代才出现在新加坡。

1931 年，金文泰在立法议会上说，新加坡将成为“世界上最大也最重要的机场之一”。这一年，第一封航空信件从伦敦送达，1934 年，帝国航空公司和澳洲航空公司开设了每周往返的航班。1937年，一座带有一条草坪跑道的民用机场在加冷落成，到30年代末，每天都有航班从这里飞往吉隆坡、怡保和槟榔屿。载人商务旅行在当时还风险很大，也不常见，但航空提供了迅捷的邮政和报刊递送服务，使新加坡能更密切地接触到外部世界的事务。

尽管如此，这里的西方人社群仍抱着一种狭隘的心态。这里宽敞明净、平和慵懒的氛围代表了一种最为肤浅的优雅生活，有人说，新加坡是个“生活高质但思想低质”[17]的地方。这座城市曾在19世纪和20世纪之交呈现出对音乐和美妙的音乐会的热爱，但如今，这种情绪已不复存在，在两次世界大战之间的间隔期里，新加坡非常缺乏文化上的深度，这也让来访的表演艺术家们吃了不少苦头。1922年，世界顶尖的芭蕾舞蹈家安娜·帕夫洛娃(Anna Pavlova)前来进行一场慈善演出，但戏剧爱好者协会(Amateur Dramatic Society)却因为要排演吉尔伯特和沙利文的歌剧，霸占了市政厅。帕夫洛娃只好在条顿俱乐部狭窄的舞台上演出。但在演出期间，一个华人道具工实在太过敬业，在她跳雪中舞那一段时，一口气倒空了好几篮子模拟飘雪的废纸碎片。帕夫洛娃非常生气，拒绝再演第二场。

随着行政体系的日益精细、学校和技术服务机构的增加、商业的发展，以及军事基地的兴建，越来越多的欧洲人来到了新加坡。与这一趋势相悖的是，一如在东南亚其他被殖民的地区一样，欧洲人的涌来，以及政府越来越深地介入人们的日常生活，都抑制了统治阶层和被统治人群之间的社会接触，导致亚裔人群与欧洲人之间的鸿沟越来越深。欧洲人在这里处于少数族群地位，但很多人却都不由自主地养成了趾高气扬的“新加坡范儿”(Singaporities)。统治阶层对这种疏离状态不仅不反感，还大加提倡，旨在对抗影院、西方教育和大众媒体的快速去魅作用，为自己保留最后一丝神秘色彩，好为能享受优越地位制造理由。

甚至连基督教会也没有把亚裔和欧洲人群团结到一起。欧洲人到圣安德烈大教堂和耶稣善牧主大教堂做礼拜，而华人则去圣彼得和圣保罗教堂(Sts. Peter and Paul Church),印度人去露德圣母教堂(Church of Our lady of Lourdes)。欧亚人群汇聚在一起的唯一几处公共场所是上海风格的娱乐场所,即所谓的三大“世界”:1923 年开办的“新世界”、1931 年开办的“大世界”,以及 1935 年开办的“欢乐世界”。

150 在这座城市那些更为拥挤的街区里,贫穷、陋室和罪恶比比皆是,但大多数欧洲人的生活却与这一切绝缘。在 20 世纪 30 年代,新加坡对富裕的亚裔人群而言,也是一个颇为舒适的地方。新建设施带来的便利也多少惠及大众,比如医疗保健条件的改善、便宜的电影、游乐园和观光车等娱乐设施,以及法律和公共秩序的加强。但穷苦大众的处境仍然很悲惨。[18]佝偻病和营养不良现象都很常见,因脚气病而导致的婴儿死亡率也非常高。

到 30 年代时,帮派冲突虽仍时有发生,但警察的控制能力已大为增强。电话、汽车和广播通讯手段方便了他们开展工作,而且,当时的高级警员都是从基层职位一步步培养上来的,素质有了保障。用于警员培训的公共资金充足,警察局的经费也不再捉襟见肘,一项明证就是,在这一时期,除了 1939 年建成的最高法院大楼外,最让人印象深刻的公共建筑就是警察局的几幢大楼了。警员们时刻保持警惕,密切监控帮派的各项活动,尤其是叛乱迹象。警员队伍已壮大到 2 000 人,他们经常武力驱逐不法分子。因此,对大多数人而言,新加坡成为了一个更加和平安宁的地方。

已没有多少人敢公然作恶。在 30 年代,那些想来现场亲眼看看耸人听闻的暴行的旅人,只能失望地发现,新加坡从表面看起来是个非常宁静、循法的港口城市,与它“罪恶之城”(Singalore)的名号不再切合。由于当局对吸食鸦片施加了管控,进行了限制,鸦片馆正在迅速消失,而开办妓院也成为非法的。直到 20 年代,马来街(Malay Street)上臭名昭著的红灯区里还聚集着大量妓女,其中许多来自东欧。她们做皮肉生意一路往东漂泊,若干年下来,年老色衰,最终沦落到在新加坡讨生活。1914 年,贩卖女孩为妓遭禁,在 20 年代期间,对妓院老板的管控也不断收紧。到1927年,贩卖外来女子为妓被叫停。三年后,在激烈的争论声中,妓院被取缔,但卖淫仍属合法。取缔妓院的法令并不算全然获得成功,而是将妓院逼到往地下发展,卖淫人群受到黑帮势力的支配。到20世纪30年代,马来街的生意大不如前,顾客们都流往了更为隐蔽的劳明达街(Lavender Street)、密驼路(Middle Road)上大受欢迎的日本“小姐”处和樟宜的日本酒馆,以及在多美歌(Dhoby Ghaut)成排的“轿子”队里做生意的卖淫女子那里。

在30年代,买卖儿童现象在新加坡很普遍,当地有买卖“妹仔”(*mui tsai*)的习俗,即富人家“收养”穷人家的女孩。这类收养有时会给女孩们带来好运,但却也伴随着受虐待的可能。“妹仔”们常常被当做不要钱的家奴甚至家妓,受尽欺凌。当局试图革除这种风俗,但效果并不明显。1926年和1933年先后出台了相关法律,禁止购买“妹仔”,禁止雇佣年龄在10岁以下的童仆,但都没有成效,因为要确定“妹仔”的真实年龄或她们是否被买卖都很难。殖民地事务部任命了一个委员会,专门调查马来亚和香港的“妹仔”问题。委员会提交的多数派报告认为新加坡的情况很乐观,但政府却接受了声称该体制虐待了年轻女性的少数派报告。全面禁止买卖“妹仔”,要求保护女孩权益的立法于1939年通过,但由于第二次世界大战爆发,该法并未实施。[19]

当局并未采取多少措施来改善女性的法律地位。有几位峇峇华人 151
领袖呼吁遵照西方的形式改革婚姻制度,但大多数华人还是想要继续遵循传统形式。除了为妾室及其子女在主家去世后提供法律援助外,新加坡政府行事谨慎,不太干涉华人的婚姻习俗。殖民地事务部于1926年组建了一个华人婚姻委员会(Chinese Marriage Committee),但由于华人社群内部就此事争论不休,其工作也没有取得什么进展。1940年颁布的《民事婚姻条例》(Civil Marriage Ordinance)提出一夫一妻制婚姻的自愿登记制度,但华人传统的婚姻也仍然得到承认。

当局采取了一些改善劳工工作条件的措施。华人中的偿债契约劳工于1914年被禁止,1920年、1923年和1930年先后出台了一系列劳工法令,旨在加强对工人的保护。在20世纪30年代,华民护卫司署免费受理华人劳工提交的劳资纠纷案件。但殖民地政府并不倾向于在当地形成西方式的工会组织，而新加坡的社会环境也无助于劳工们组织起来。尽管一个马来海员协会于1916年成立，但对大规模劳工运动感兴趣的马来人寥寥无几。印度人在1938年其契约偿债劳工体制被废除之前，也对组建劳工组织毫无兴趣。华人原先就有行会组织，是最先起来创立现代劳工组织的，但这批最早的劳工组织，由于与国民党和共产党的政治活动联系得过于紧密，常常遭到当局的镇压，也使真正的大型工人运动无法成形。

国民党鼓励工会在南洋的发展，以此作为争取华人劳工支持、吸收劳工捐款的手段。共产党人也积极与之竞争。1930年，马来亚共产党成立，原先的南海总工会(South Seas General Labour Union)随之更名为马来亚总工会(Malayan General Labour Union)，隶属于共产国际的分支机构——泛太平洋工会秘书处(Pan-Pacific Trade Union Secretariat)。它的成员主要是非熟练的劳工，以海南人为主。

中国国内国共两党的分裂，以及随后的大萧条和马来亚共产党在1931至1932年间被毁，都沉重打击了新生的工会运动。不过，到30年代中期，由于工资水平和劳动环境并没有随着经济的复苏而得到相应的改善，大量新加坡劳工滋生了不满情绪。共产党人利用这种不满，于1936年掀起了新加坡第一次大规模的工人抗议运动。新加坡的海员们举行示威，希望打破有特许权的出租房屋机构对海员招募的垄断。市政和运输工人、凤梨罐头厂的雇工，以及建筑工人也都举行了罢工。

这些罢工活动都没有取得成功。事实上，在整个30年代，殖民地当局一直很注意清除共产党人对工会的影响。警局专设的政治部负责此事，他们常常过于严厉，把工人们真正表达苦痛的举动也视同政治颠覆行为，而雇主们也利用这种心态，对工人更加严苛。华民护卫司署在缓解警察的高压措施和雇主的剥削方面取得了一定成效，但因为它过多地参与了施行禁令、审查媒体和调查政治颠覆行为等行动，在两次大战之间的间隔期中，华民护卫司署本身也变得越来越不受欢迎，更别说从中调解斡旋了。[20]

就在欧洲爆发战争前夕,英国开始着手将英式的劳工法令扩展到 152
各殖民地。1940 年,新加坡通过了《工业法庭法》(Industrial Courts Bill)和《工会法》(Trade Union Bill),1941 年又通过了《工会纠纷条例》(Trade Disputes Ordinance)。但无论是雇主还是劳工,对这些法令都反应冷淡,直到太平洋战争爆发,马来亚仍没有一家工会按照 1940 年条例[1]进行注册登记。1941 年 8 月,当局规定,基础工业部门和公共交通部门的劳工举行罢工为违法行为。但随后日军入侵,劳工问题也就暂时被搁置。

经济规模的增长和就业机会的增加,提升了人们对教育的需求。政府的教育支出虽仍不足财政收入的 6%,但在 1924 至 1932 年间却也翻了近一番。大多数资金都投到了英语学校上,但这无法跟上需求,尤其是来自海峡华人的需求的增长。

1917 年,海峡英籍华人公会呼吁加强高等教育和技术教育。当局决定,为了庆祝新加坡开埠百年,创建一所文理学院。1928 年,莱佛士学院[2]开办。学院会给毕业生颁发文凭,大多数学生毕业后去了中学教书,或成为政府的基层雇员。新加坡第二所公立中学——维多利亚学校(Victoria School)于 1931 年开办。接受英语教育的新加坡人,在大萧条来临之前不愁找不到工作,但随萧条突然而至的失业潮,让他们开始批评起英语教育不太实用来。在 30 年代,教育发展的重点更多地放在实用培训和职业培训方面,关注如何使教学内容贴近当地的需求。1929 年,第一家公立商业学校创办,1938 年,一个官方的委员会建议大力发展职业教育和科学培训。

该委员会由威廉·麦克里恩爵士(Sir William McLean)领导,受命调查马来亚的高等教育状况。许多海峡地区的华人和印度人希望这

---

① 原文如此,疑为 1941 年。——译者注

② Raffles College,请勿与之前的莱佛士书院(Raffles Institution)混淆,前者为高等教育机构,后者为中等教育机构。——译者注

里能有一所大学，但海峡殖民地政府和这里的英国人群均认为，创立一所大学的时机尚不成熟。麦克里恩委员会也赞同这一观点。[21]新加坡的医学院(1937 年又新增了牙医分院)在东方享有盛名，但麦克里恩委员会认为，总体而言，莱佛士学院还不符合国际上通行的大学标准，它也还不能很好地因地制宜，满足当地的要求。该委员会建议，莱佛士学院应创立华语和马来语院系，从而推广本地语言教育。它还提议，在莱佛士学院旁边再建一所技术学院。这些建议都没被采纳实施，高等教育问题总的来说没有得到处理。卫理公会传教团打算建立一所英华双语的大学学院，还为此成立了一个委员会，邀陈嘉庚和陈桢禄担任委员共同商议。但这个计划最终搁浅，相关资金也逐渐转投给了英华男校。

到 1939 年时，新加坡有 7.2 万名在校生，其中 3.8 万名在华语学校，2.7 万名在英语学校，近 6 000 人在马来语学校，还有 1 000 人在泰米尔语学校。[22]仍有大批儿童，尤其是女童根本没有上学，因为当地除了公立的马来语学校外，其他教育机构都是收费的。而马来父母们虽然有免费教育，也不太想让女孩受教育。迟至 1916 年，新加坡仅有不到 100 名女童在上学。

153 海峡殖民地当局向马来儿童提供四年免费的马来语初级教育，给予英语学校大量补贴、扶助和指导，同时也给某些华语和泰米尔语学校发放少量助学款。而中级教育就必须自力更生了。莱佛士书院和维多利亚学校所设的奖学金名额很少，只有极富天赋的学生才有幸拿到。这些奖学金项目成就了一些著名人物，他们无一例外地都来自中上阶层家庭。但对于大多数学生而言，这些项目并没有为他们提供多少机会。

1916 年，理查德・温斯泰德(Richard Winstedt)受命担任海峡殖民地与马来联邦教育总监(Director of Education for the Colony and the Federated Malay States)。这提振了马来语教育。从 1919 年开始，官方下令，优秀的马来学生可以转往英语学校就读，且学费全免。从 1924 年开始，专为这类转校生开设的英语强化班诞生。不过，想要从马来小学升上英语中学，没有相当的天赋、努力和父母的支持，仍是很难实现的。

马来语教育的内容并不切合新加坡社会的需求,而是与马来诸邦所实行的政策紧密挂钩的。那里的教育长官温斯泰德希望通过教育马来人成为更棒的农人和渔民,来防止社会解体,使马来人对他们传统的生活方式感到满意。马来语学校并没有为学生提供进入新加坡的商业生活之路。这种基础的本土语言教育使大多数马来学生无法与新加坡的主流发展趋势相融。

新加坡的泰米尔语学校也没有为学生提供多少发展前景,只不过让他们能充当非熟练的劳工。1920 年,新加坡开始实行学校登记注册制度,此时当地仅有一所泰米尔语学校是由美国卫理公会传教团创办的。1923 年后,政府开始发放助学款,这类学校于是又多了几所,到 1941 年时,新加坡共有 18 所泰米尔语学校登记在册,均由泰米尔人团体或基督教传教团运营。

华语学校仍一如既往地竭力与政府保持距离。它们很少接受助学款,因为随之而来的是更多的官方控制。尽管当局尝试加强监管、关闭对着干的学校并驱逐惹麻烦的老师,但华语学校还是坚持从中国境内引进教师和教科书,教导学生们心向母国。富裕的新加坡华商慷慨捐资助学,因此尽管与当局有摩擦,国民党和共产党的内战也造成一定负面影响,但许多华语学校在 20 世纪 30 年代时仍发展势头不错。不过,它们无法为学生打开门路,获得政府公职,或进入华人圈子以外的商业世界。大多数华语学校的学生只受过初级教育,毕业后大多从事手工劳动。

就这样,当局在 19 世纪半心半意地多次尝试推行基于本土语言的教育,但最后都失败了。除了若干华语学校外,本土语言教育大都停留在初级阶段,因为再往上延伸也没有什么商业价值。在 20 世纪头十年里,政府应公众的吁求发展了英语中等教育,在各个族群富有才干的精英团体之间建立了短暂的联系纽带。但这种联系又让精英们脱离了自身的文化根基,与本族群的大众相疏离。这样的危险信号在 30 年代时被人们认识到,于是麦克里恩委员会建议在英语学校里开设本土语言

作为第二语言课程。但在第二次世界大战之前,这一倡议并未被付诸
154 实践,教育体系仍然是按族群和社会阶层分隔开来的。它为接受英语
教育的少数人创造了美好的发展前景,但却让接受本土语言教育的大
多数人注定只能从事没什么技术含量的低等级工作。

虽然人们主要看重的是英语教育能带来好工作,但它仍不可避免地传播了某些西方的观念、态度和生活方式。英美的电影和曲棍球及网球等运动,都成了时尚。新加坡的男人们脱下本土的传统服装,穿上了欧式的西服。许多年轻的亚裔女子也接受了西式潮流,在 30 年代,无袖连衣裙、高跟鞋和雪茄烟在海峡地区的华人女青年中盛行一时,成为把握风尚、精致优雅的象征。

受过教育的亚裔中产阶级的壮大推动了报刊的发展,无论是本土语言的,还是英语的。槟榔屿出版的《海峡回声》(*Straits Echo*)创办于 1911 年,是第一份面向海峡华人的英文报纸。作为一份报道生动及时的刊物,它吸引了一批忠实的读者,但其发行范围仅限于马来亚北部地区。对新加坡影响更大的是《马来亚论坛报》。它创办于 1914 年,得到了林文庆和一群亚欧混血人士的支持,旨在“表达当地社群的观点和诉求”。

当时已有的两份英文报纸都比较欧化,而《马来亚论坛报》却面向各个族群中讲英语的人们。它满足了这一需求上的空白,因此,尽管其面对来自《新加坡自由西报》和《海峡时报》的竞争,仍发展势头强劲。1937 年,《马来亚论坛报》据称发行了 1.3 万份,远远超过《海峡时报》。[23]在大萧条时期,《海峡时报》的发行量降到 6 000 份,为了提高自身的竞争力,它于是把价格降到 5 分钱,和《马来亚论坛报》一样,效果立竿见影。到 20 世纪 30 年代末,它的订数升到了 1.5 万份,到第二次世界大战爆发前夕,《海峡时报》声称其亚裔读者的数量已超过了欧裔读者。

华语教育的发展和人们对中国国内事务越来越关注,这都提振了中文报纸的销售情况。到 1935 年时,胡文虎的《星洲日报》在新加坡和

马来亚拥有3万人的读者群，陈嘉庚的《南洋商报》也有近1万的销量。

在这一时期，马来语报刊媒体的特点发生了改变。在此之前，主要的马来文报刊都与相应的英文报刊相关联，但(旧)《马来亚论坛报》(马来文版)于1931年停办，而在20世纪30年代期间，新加坡的马来语媒体都由阿拉伯人控制着。阿尔萨哥夫家族创办了《马来报》(*Warta Melayu*)。它从1930至1941年每天出版，最初的主编是翁·本·加法尔(Onn bin Ja'afar)。1934年，翁在阿拉伯人的经济资助下，创办并主编了(新)《马来亚论坛报》(马来文版)。这份报刊在新加坡一直出版到1937年，此后迁往新山。

为了摆脱阿拉伯人的控制，马来的记者们创办了《马来前锋报》。它从1939年起在新加坡每日出版，直到日军占领这里。《马来前锋报》是第一份完全由马来人掌控的报纸，其运营资金是从马来农民、出租车司机和其他普通民众那里广泛募集而来的。该报由著名人物阿卜杜勒·拉希姆·卡贾伊(Abdul Rahim Kajai)主编。马来语出版物在20世纪30年代期间逐步走向成熟，涌现出一批很有专业精神和素养的马来记者。但马来语报刊主要关注马来半岛事务，而此时，马来政治和文化生活中心则从新加坡转移到了槟榔屿和马来诸邦。

在两次大战之间的间隔期里，新加坡的土地价格飙升，受此影响最 155
大的是马来人。他们希望保持半田园化的生活，但如今却发现自己在这座由英国人和华人主导的城市中成了受人忽视的少数族群。不过他们最直接憎恨的对象是富有的阿拉伯家族，因为这些家族购买了大批地产。

这些年正是阿拉伯裔在此地最兴旺发达的岁月。有钱的阿拉伯人一如既往地赞助慈善事业和公共工程(如阿尔卡夫家族在1929年开办了一批日式风格的公共园林)，但新一代的阿拉伯人通常采纳了西方的生活方式，脱离穆斯林群体中的广大民众。他们中有些人还接受了英语教育，就比如阿拉伯社群在20年代的领袖赛义德·穆罕默德·本·奥马尔·萨哥夫。

曾主宰马来亚-穆斯林社群长达50年之久的阿拉伯人和土生回教徒,其领导地位在此时受到新一代马来人的挑战。这些马来人大多受的英语教育,且受到西方世俗化观点的影响。穆罕默德·尤诺斯·本·阿卜杜拉就是其中最出类拔萃的一位。由于在马来社会福利组织中很出名,还是政府在第一次世界大战期间成立的穆斯林参事局(Muslim Advisory Board)的委员,他因此又被任命为太平局绅,并于1922年成为第一位马来市政议员。他将一群受过教育、具有现代思想的马来人聚拢在自己身边,其中就有第一位马来人医生阿卜杜勒·萨马德(Abdul Samad)和身为甘榜格南王室成员的滕姑·卡迪尔(Tengku Kadir)。他们共同与新加坡穆斯林协会对抗,指斥其为富人的俱乐部,并创办了与它相抗衡的穆斯林学会(Muslim Institute),以顾及普通马来民众的需求。

1924年,殖民地当局决定再在立法会议中增加一名亚裔代表,以此为契机,两大协会的对抗达到高潮。穆斯林协会推选候选人的标准是,必须为穆斯林,但穆斯林学会想推举一名马来人。英国人更倾向于按种族归属来选择,而不是按宗教信仰,遂任命穆罕默德·尤诺斯为第一位马来人立法议员。

为了支持尤诺斯成为马来人的代言人,新加坡马来人联盟(Kesatuan Melayu Singapura)于1924年成立,穆罕默德是其第一任主席。[24]该联盟主要面向马来人,只吸纳马来半岛和群岛本土的马来人为成员,因此也就把阿拉伯人和印度裔穆斯林排除在外。新加坡马来人联盟积极关注的第一件事是为因修建加冷机场而被迫搬迁的马来人争取权益。1927年,立法会议对穆罕默德的呼吁作出回应,在城市东郊的芽笼士乃(Geylang Serai)留出600多亩土地给这些马来人作重新安置之用。1928年,这一地区正式注册登记为马来村(Kampung Melayu),成为新加坡第一个以此为名的马来人保留区。

新加坡马来人联盟的领导人主要是受英语教育的马来记者、政府官员和中产阶级商人。他们与马来半岛诸邦那些马来贵族精英有很大差别。他们向新加坡政府施压以求改善马来人的状况,尤其是增加他们受教育的机会。穆罕默德·尤诺斯在立法会议中发起的运动最终使一所面向马来人的商业学校于 1929 年创办。1934 年尤诺斯去世后，恩伯克·苏伦接替了他在立法会议的议席，并继任为新加坡马来人联盟(Kesatuan Melayu Singapura)的主席。在他的领导下，这个机构在 156 整个 20 世纪 30 年代期间始终与政府通力合作，仅针对当局与马来人相关的政策提出些温和的批评，并与更为极端的印度尼西亚激进派划清界限。

新加坡马来人联盟是第一个政治化的马来人组织，但却很难被描述为一个民族主义党派。它并不反对英国的统治，却更关注在海峡地区华人政治吁求高涨之时，保护马来人的利益。新加坡马来人联盟的领导人创办新的《马来前锋报》，其目的更多是功利性的而非政治煽动性的，它不反对英国人，但往往针对华人，有时也批评马来人之外的其他穆斯林群体。其主要关注的是马来人面临的具体问题，尤其是教育问题。

但新加坡马来人联盟仍然具有很重要的政治意义。它是战后建立的马来民族统一机构(United Malays National Organization, UMNO)①的先驱组织。马来人联盟还在 30 年代时激励了马来诸邦内类似组织的出现。1940 年，在新加坡举行的第二次马来人各协会会议上，翁·本·加法尔笃定地表示，马来人的协会组织将使马来人“重新获得曾从他们手中溜走的政治和公民权利”。不过，六年后，当这位拿督成功地激发起马来人的政治热情时，他的活动重心是在马来半岛，而不是新加坡。

虽然他们找到的家佣、文员、司机或劳工等工作让他们来到了城市，但在 30 年代，马来人仍能在一定程度上保留自己传统的生活方式，宁静地居住在马来村舍风格的房屋里，周围几乎只有马来人。这样的马来人保留区以甘榜和芽笼士乃为代表。有些小规模的马来人社区几乎完全未受现代化的影响。随着航运和商业机构侵占了直落布兰雅，

① 简称“巫统”。——译者注

许多马来人沿海岸迁徙，在巴西班让形成了一个大型的聚居区。他们在这里以捕鱼、烧制木炭和在海湾赶牛车运货为生。在20世纪30年代，加冷机场的扩建又导致更多的马来人搬迁，这些人于是搬到了比巴西班让更西边的地方，建立了一个新的居民点，在这里，他们继续以捕鱼和种植水果为生。

在新加坡岛以南诸岛，以及本岛北部和东部海岸线的边远区域，那里的马来村庄几乎完全没与现代化带来的种种进步发生接触。当海军基地、军营和军用机场的建设迫使这里的村民不得不搬迁时，他们就在其他偏远的海岸地区安定下来，继续干自己的老营生。官方实施的教育政策也鼓励马来人固守他们习以为常的生活方式。随着城市区域所提供机会的增多，城市的吸引力日渐增强，但还算不上不可抗拒。

受英语教育的亚裔中产阶级在两次大战的间隔期中迅速壮大，而在海峡地区出生的新加坡人占总人口的比例也在增加。1921年，华人中只有四分之一是在海峡地区出生的，十年后，这个比例增加到36%，而20世纪30年代实行的移民限制措施则限制了中国本土出生移民的流入。1933年，这类男性移民每月的限额是1 000人。已经移民过来的华人则倾向于待在本地区，不随意返乡，因为害怕一旦回了中国，就回不了新加坡了。由于对女性移民的限制措施直到1938年才出台，女性移民所占比在此期间有所增长，华人男性因此比以往更有机会在新加坡找到老婆结婚。而在30年代中期，海峡地区华人的生育率也高于其他族群。[25]尽管如此，直到第二次世界大战爆发前，本土移民过来的
157 华人仍比海峡地区出生的多，甚至就连海峡地区出生的华人也大多会选择上华语学校(如果他们想受教育的话)。

华人中民族主义和“国语”教育的发展削弱了其内部传统上按方言或地域分群的习惯，但也没有完全将其破坏。这种发展趋势还强化了接受华语教育和接受英语教育的华人之间的差异，其中的重要原因是，富裕的新加坡华人家庭有些把儿子送到孙中山在北京创办的大学或厦门的大学深造，而有些则把儿子送往英国的大学或香港的英文大学。

在30年代,香港大学的学生中,来自新加坡和马来亚的几乎与香港本地的持平。[26]受华语教育,具有投身政治倾向的学生专注于中国本土的问题和日本的威胁。多年来,新加坡的反日情绪一直在增强。1928年,国民党在山东与日军发生冲突,以及1931年日军入侵中国东北时,新加坡的华人都开展了抵制日货运动。

在这段时期,国民党在新加坡的发展正处于低潮,但日军侵占东北以及随后1937年抗日战争爆发,使其再次迎来复兴契机。国民党号召南洋华人积极捐款,号召青年志愿者返回祖国投身抗战大业,许多新加坡华人领袖早有此意,因此积极响应,尤其是陈嘉庚。在第一次世界大战结束后,陈嘉庚把自己的大部分财产都投到发展教育事业中,1933年大萧条期间,财力削弱的他经受不住冲击,宣告破产。此后,他把重振家业的任务留给了女婿李光前(李光前投资橡胶和凤梨种植业及银行业,成功崛起),自己则一心投入中国的民族事业,成为南洋华人民族救亡运动的领军人物。他与中国驻新加坡总领事高凌百(Kao Ling-pai),以及蒋介石和其他中国国内的国民党领导人均私交甚好。

1937年8月,抗日战争爆发后一个月,在中华总商会中占主导地位的福建华人群体成立了新加坡华侨筹赈祖国难民总会(Singapore Chinese General Association for the Relief of Refugees in China),陈嘉庚出任主席。10月,他又成为以新加坡为中心的马来亚筹款运动的领导人。国民党也派来前任总领事刁作谦(Tiao Tso-chi'en),负责组织向马来亚华人出售民国政府的债券,还派出代表,在当地的中华总商会等组织的帮助下开展抵制日货运动,并招徕秘密帮派加入爱国运动。

新加坡殖民政府对反日情绪的高涨感到不安。华人不再光顾日本商店、牙医、其他医生和理发师的生意。他们的抵制造成日本与马来亚之间的贸易额急跌,在1938年下降了近70%。华人企业主解雇日本员工,华语学校进行反日宣传,中国学生用石块袭击日本学童,华人还严密监视出售日货的华人、印度人和马来人商店。成群结队的年轻人,尤其是“红血旅”(Red blood Brigade)会恐吓不实行抵制的中国商贩,到他们店里捣乱,切掉店主的耳朵,有的甚至进行谋杀活动。日本驻新加坡总领事郡司喜一(Gunji Kiichi)提出抗议,殖民地当局遂禁止再举行反日游行示威,禁止从中国引进有反日思想的教科书,并严禁华语学校再进行具有煽动性的宣传,也不许教授反日歌曲。他们还禁止再为
158 中国国内的战争募捐,陈嘉庚保证,自己所募款项只是为了赈济难民和死难者家属,对此种说法,殖民地当局也将信将疑。

英国人对共产党人渗透到民族救亡运动中去尤其感到担忧。1931年塞尔日·勒弗朗被捕后,共产主义组织陷入群龙无首的混乱状态,警察与“马来亚的无冕之王”——华民护卫司署时时保持警惕,经常采取行动,也使剩余的共产党力量无法利用大萧条给人们带来的艰困岁月鼓动民众的情绪。但在1934年,共产国际新派的代表——安南[①]人莱特(别名黄金岳)来到这里,成为马来亚共产党的总书记,共产党人迎来了新的开始。

共产国际远东局命令马来亚共产党首先要牢固确立对劳工的领导,因此共产党人在1936年爆发的若干罢工和劳工纠纷中起了很大作用。1935年,共产国际的政策发生了极大的转变,抛弃了之前坚持直接发动无产阶级革命的立场,转而支持与民族主义的反帝斗争相结合。马来亚共产党此时刚好可借助爱国华人华侨的反日斗争。1936年12月,中国共产党与国民党结成抗日民族统一战线,此后共产党人迅速渗透入南洋华人民族救亡运动中,并更改了旗下各个组织的名称,使其听起来更具爱国主义色彩,比如,总工会就改名为了劳工阶级抗敌后援会(Labouring Classes' Anti-Enemy-Backing-Up Society)。

1937年,中国抗日战争爆发,给马来亚共产党创造了扩大其支持面的机会。尽管该党属非法党派,但它可以全马来亚民族解放运动的名义开展活动。在1937至1941年间,共产党人利用进行抗日活动的机会扩大了自身对易受影响的青年学生、心怀不满的劳工乃至更有身份地位的社群领导人的号召力。马来亚共产党还组建了一系列的委员会,有些是由骨干成员构成的秘密组织,而另一些如中华民族解放先锋

① 20世纪三四十年代时对越南人的称呼,因越南古称“安南”。——译者注

队(Chinese National Liberation Vanguard Corps)等组织则是公开的，还吸引了陈嘉庚和其他爱国领袖加入。

随着日军侵入中国华东地区，并于 1938 年 5 月占领厦门，还轰炸了广州、汕头和海南，新加坡的反日情绪更加高涨。不过，警察驱散了游行示威和抗议集会的队伍。官方禁止游行和街头集会，并派出警力捣毁了一些地下组织。但禁令与逮捕行动只是让群情更为激愤，局势更加动荡。而英国当局此时则对共产党影响力的扩大及其与秘密帮派间的联系深感不安。

在中国驻新加坡总领事以及时任中华总商会主席李光前的支持下，陈嘉庚加大了为中国国内募款的力度，并创立了系统的募捐方式：各方言群体负责从本群体募集相应款项。总的募款目标是让所有新加坡华人(包括在海峡地区出生的)都有所奉献，无论是每位劳工从工资里捐出 1%，还是商人们更大笔的捐献。此外，还有为筹款举行的戏剧
表演及旗日[1]活动。华人移民起初热情积极地予以响应，但此后橡胶 159
和锡的价格低迷，募捐活动遇到困难。国民党方面向陈嘉庚施加了一定压力，要求他多多募集，而中文报纸采取的措施是同时公布热心捐助者和拒绝捐助者的姓名。

1938 年 10 月，来自南洋各国的代表齐聚新加坡开会，决定为了协调爱国活动，成立南洋华侨筹赈总会(Nanyang Chinese Relief General Association)，陈嘉庚当选为主席。他创办的《南洋商报》成为该会的机关报，而会中起主导作用的则是来自马来亚和新加坡的华人。它在南洋各地设有 30 个分会，活跃的会员超过 2 万人。总会开展的活动包括：筹款、鼓励人们购买中华民国政府发行的债券、推动对华的工业投资，以及招募年轻人前往修筑缅甸公路。

这个组织是这一地区的海外华人最接近于统一行动的产物了，但它很快就被宗派和个人间的竞争毁掉。陈嘉庚是最著名的华人领袖，

---

① flag day，指慈善基金的募捐日活动，因每位捐赠者可得一小旗或小贴纸以示参与而得名。——译者注

但陈延谦(Tan Ean Kiam,福建人氏,银行家,时任华侨银行执行董事)和胡文虎(他拥有广东华侨和客家群体的支持)也想要掌控权力。筹赈总会乃由福建人主导,这激起了广东人的不满,而会中根本没有客家人的代表。胡文虎通过他所有的《星洲日报》和客家会馆独立开展募捐活动。而峇峇华人在总会中也没有有力的代表人物,这让他们不太愿意参加它组织的筹款活动。

1938 年 12 月,汪精卫抛开蒋介石,与日本人合作,在南京建立了一个傀儡政府,遭到南洋华人的一致反对。南洋华人民族救亡运动遂于 1939 年达到其最高声势。汪精卫和马来亚的联系由来已久,可一直追溯到 20 世纪初辛亥革命发生之前,他想利用这种联系,把南洋华人争取到自己这边来。但陈嘉庚拒绝支持他,反而敦促蒋介石继续与他抗争。新加坡华人也支持陈嘉庚的立场,《南洋商报》和《星洲日报》及其他新加坡的中文报刊纷纷发文谴责汪精卫是叛徒、卖国贼。

此时,蒋介石和国民党在新加坡华人中的声望达到顶点,新加坡华人似乎已完全团结起来共同抗日。然而,在统一战线的旗号之下,国民党和共产党仍在争夺政权,这种明争暗斗最终逐步耗损了南洋华侨筹赈总会的力量。

1939 年 4 月,马来亚共产党号召“各族群联合起来,组成统一阵线,为争取民主体制,反抗日本-轴心国势力而斗争”。因为它积极抗日,该党声望日升,到 1940 年 5 月时,据称已有 5 万到 6 万名党员。[27]它与中国国民党就争取陈嘉庚等并不倾向于社会主义但非常爱国的华侨而展开了竞争。

国民党力图强化海外华人对自己的支持。1939 年,中华民国政府设立了华侨投资信息办公室,次年初,又派国民党中央海外部部长吴铁城(Wu T'ieh-ch'eng)将军前往马来亚,力图促进当地对中国国内新兴民族工业的投资。吴铁城来访后,抗日的青年组织——三民主义青年团在这里成立,重庆方面随后又采取了一系列措施,力图更紧密地掌握马来亚的华人民族救亡运动。

战争在欧洲爆发后,马来亚经济开始繁荣,利用经济繁荣带来的收益,新加坡的华人加大了对中国国内工业的扶持力度。但他们对国民党却越来越感到失望。重庆方面对新加坡救亡运动的干涉让陈嘉庚觉得气愤,有关中国国内局势的报道又让他忧心忡忡。他决定接受吴铁城的邀请,亲自到国内看看。1940 年 3 月,陈嘉庚从新加坡出发,前往重庆。在接下来的九个月时间里,他走访了中国许多地方,修建缅甸公路的南洋志愿者们的工作环境让他非常沮丧,蒋介石手下众多官员的腐败则让他大为震惊。与此相反,毛泽东和共产党人在延安表现出斯巴达式的朴素与自律,给他留下了深刻的好印象。

等回到新加坡时,陈嘉庚已经开始公开批评国民党,在 1941 年 3 月召开的南洋华侨筹赈总会代表大会上,他严厉指责中华民国政府在新加坡的活动方式,这导致他与驻新加坡总领事高凌百发生冲突。虽然他顺利连任该会主席,但国民党已开始四下活动,诋毁他的声望。两者的矛盾威胁到了整个南洋华人民族救亡运动的发展。

峇峇华人是这里的少数族群,他们号称“国王的华人”,为自己身为英国的臣民而自豪。他们并不太参与中国国内的政治,也不太热心于国民党发起的活动。他们渴望的是在新加坡的公共生活中起更大作用,拥有更大空间。通过海峡英籍华人公会和他们在立法会议中的代表,这群华人努力为自身争取更好的受教育机会和更多政治权利。

峇峇华人领袖持续向政府要求更多受英语教育的机会。这个群体在 1905 年医学校建立和 1928 年资助莱佛士学院的活动中都发挥了很大的实际作用。在 20 世纪 30 年代,他们又向当局呼吁实行免费的初级英语教育,以及在英语学校设立更多的奖学金。有些人还希望英语能成为当地的通用语言,并游说鼓励创办一所大学。

随着英语教育规模的稳步扩展,许多海峡地区的华人、印度人和欧亚裔转变为英国式的职业人士和商人,其中最杰出的人物则获准进入行政、立法和市政机构,还赢得了英帝国授予的荣誉封号。但社会壁垒仍在加厚。虽然总督实行包容多种族的政策,但私底下各族群的人彼此间却不怎么来往。跨种族通婚不受欢迎,而亚裔人群也被禁止在马来亚公务机构中担任高级职务，也不能获得欧洲人社交俱乐部的会员资格。

这种情况让海峡地区的华人感到沮丧，但此时他们的愤怒和遗憾情绪都还没有转化为有组织的反抗。殖民地政府傲慢虚妄，盛气凌人，但还算是个好政府。虽然受过英语教育的有才华的亚裔在政治或官僚机构中没什么发展前景，但他们通过成为职业精英和经商获得的物质酬报还是相当可观的。

在第二次世界大战爆发前夕，新加坡的政府在许多方面仍与普通大众的生活相距甚远。高级管理权仅掌握在马来亚公务机构中一小群人手中，这个群体的规模非常小，仅限于“父母双方都为纯正欧洲血统的生而为大英臣民的人”，而其他英国臣民，不分种族，均可申请中级行
161 政和技术岗位。海峡地区医疗机构从 1932 年起开始招收亚裔，但亚裔医生几乎没人能从底层岗位往上晋升。从英国大学毕业的亚裔可申请海峡地区公务机构(创建于 1934 年)以及海峡地区立法机构(创办于 1937 年)中的职位，可惜成功进入者屈指可数。亚裔在马来亚公务机构中根本没有晋升的指望，因为这些机构的官员可能被派往“英属马来亚”的任何一个地方任职，但马来统治者却拒不接受任何非马来人亚裔进入本邦的公务机构。

新加坡的宪法[28]自 1867 年起就没有改动过，根据宪法的规定，总督要开展工作，应先咨询欧裔平民中的上层人士，以及讲英语的亚裔人群中部分有钱人士和职业精英。最受欢迎也往往最成功的总督是那些循规蹈矩的。劳伦斯·基里玛爵士(Sir Laurence Guillemard)曾于 1919 至 1927 年任新加坡总督，按他的说法，“总督的主要职责就是让这块殖民地保持和平、繁荣和安全”。[29]雄心勃勃、锐意革新的总督们(就比如基里玛)招致了反对，遭遇了阻碍，而不那么有本事但却平和方正的总督们却能多年静静地治理和建设这里。

在两次大战之间的间隔时期，英国设在马来亚的管理机构缺乏效率的组织结构再次招致质疑，这一时期两位杰出的总督——劳伦斯·

基里玛爵士和金文泰爵士因而尝试修改宪法,提高行政管理机构的效率。

基里玛之前在英国财政部任职,政绩斐然,到任后,他重新审视了安德森有关增强高级专员对吉隆坡的权威,以及让新加坡和马来诸邦的管理构架更加一致的提案。1925 年,他提出废除布政司一职,将吉隆坡集中掌握的一些权力分别下放给各邦政府,并使各邦能更直接地与高级专员联系。基里玛保证,这些举措将不会导致权力再次集中到新加坡,“不会有什么让殖民地合并或融为一体的险恶计划”。但他的提议遭到马来联邦境内商事企业的强烈抵制,在此后的经济繁荣期里,不得不先搁置起来。

1931 年,正是大萧条最严重的时期,金文泰宣布,将采取措施将联邦政府的权力下放给各邦政府。他把这一举措视为将整个半岛统一为一个马来亚联盟的前奏。他希望这个联盟将“催生各个马来兄弟民族国家,它们既为各自的历史独立性和如今的自治而骄傲,又会共同携手,努力为半岛上的马来人以及其他已将这里当做自己的家的外族移民谋福祉”。

金文泰的计划从字面上看来非常合理,有条不紊。马来苏丹们对能拥有更大自治权的前景表示欢迎,创建一个马来人民族国家的想法也赢得了不少支持。1926 年,陈桢禄在立法议会中宣称:“最终目标应为一个自我管理的英属马来亚,有一个共同的联邦政府和议会”,他还呼吁要“在人们心中营建马来精神和意识,彻底消灭狭隘的种族和社群情感”。

但他代表的只是少数人的观点,大多数人对马来亚联盟的想法充满疑虑。马来属邦中的各邦担心,联系的加强会蚕食它们的独立性。 162
马来联邦内的商人则仍在担心此举会让他们受制于新加坡,而新加坡商人却害怕一个马来亚共同市场形成后会对外征收关税,从而危及新加坡宝贵的自由贸易转运港地位。1931 年,金文泰任命了一个主要由新加坡商人组成的委员会,负责调查建立马来亚关税同盟的可行性,但委员会众人一致提交的报告认为:“这样一个同盟在本质上就违背了本殖民地的利益,在任何可预见的环境下都不得人心。”报告还称:“新加坡和槟榔屿的利益在很大程度上是超脱于马来亚之外的。”

而华人作为本地区的少数族群,担心马来亚联盟形成后,他们的利益会受到损害。因为新的修宪提案出台之时,正值移民限制条款颁布,当地语言报刊审查制度、禁绝国民党活动的禁令以及政府削减对华语学校的补助金等措施实行之际,再加上大萧条造成的艰难时世,这一切使马来半岛和新加坡的种族仇恨情绪前所未有地高涨。

英国政府派殖民地事务常务次官萨缪尔·威尔森爵士(Sir Samuel Wilson)前往调查。他的报告于 1933 年公布。在报告中,威尔森建议,本地区统一由一个中央政府管辖从经济上看十分有优势,但英国致力于保留各邦的独立:“维持马来统治者们的地位、权威和声望应始终是英国所实行政策的一个关键点:鼓励实行间接统治或许是最为有效的防御机制,可以有效防止按西方体制建立民众政府将会导致的马来人的沦落。”[30]

威尔森发现,马来联邦的官员和商业领袖们都把布政司看做是代表他们抵制高级专员和新加坡殖民政府的机构,但他建议降低布政司的地位,并逐步把农业、教育、医疗和公共工程等技术部门的职权划归各邦。

殖民地事务部采纳了威尔森的建议,马来亚也将其作为较为公正的折中方案大体予以接受。该方案在处事中平方正的新总督珊顿·托马斯爵士的掌控下,推行得很顺利。1935 年,布政司被地位相比较而言更低些的辅政司所取代。许多职能部门划归各邦,但与此同时,也创建了一些马来亚共同的部门,而其他设在新加坡的部门的负责人则成为马来诸邦的顾问。这给了新加坡更大的决策控制权,有利于推动行政一体化,但先前要建立一个政治与经济同盟的野心勃勃的计划已不复存在。若干年后,很多人都开始承认,金文泰建立马来亚共同体的设想非常有远见,但在当时,无论是马来联邦、马来属邦,还是海峡殖民地,哪一方都不准备为这样一种设计作出牺牲。其结果只能是,为了平息各地区和各阶层的忧虑和彼此间的嫉恨情绪,不得不付出代价,任由马来亚四分五裂,形同一盘散沙。

基里玛在海峡殖民地内部进行的修宪改革则更有成效。新加坡在20世纪20年代都没有对此类改革的呼声,社会上下对官方在提名和治理方面拥有大部分发言权的统治形式大体都能接受。在第一次世界大战前,有评论家将这视为“在新加坡这样的地方值得关注推 163
荐的一项特征;在市政和殖民地事务中相对来说很少有为己谋私利的现象”。[31]政治事务都由高层去操心,人们觉得下层人士插手并不合适。

基里玛着手增加人们的政治参与程度。1921年,他引入了一项制度,允许若干组织机构提名市政议员:海峡殖民地协会新加坡分会可提名三人,新加坡商会与中华总商会各提名两人,海峡英籍华人公会、欧亚裔人士协会、穆斯林参事局和印度裔参事局各提名一人。

1920年,基里玛负责甄选人员,组成了旨在为立法会议改革出谋划策的委员会。该委员会提议,让平民在会议中构成大多数,由7名欧洲人和8名亚裔组成,这样就多于会中的12名官方议员,但总督有权搁置议会议程。海峡殖民地协会新加坡分会对这一建议表示欢迎,但殖民地事务部拒绝承认“这一违背责任与控制权必须统一原则的设想”。[32]基里玛于是对提案进行了若干修改,慢慢进行了一些变动。从1924年起,总督提名立法会议中的两名非官方议员进入行政会议。立法会议扩大规模至26人,非官方与官员议员人数各占一半,总督拥有决定性一票。槟榔屿商会和新加坡商会有权各提名一名平民,其余则由总督按族群来提名:5名欧洲人(其中包括来自槟榔屿和马六甲各1名)、3名英籍华人、1名马来人、1名印度人和1名欧亚裔。

1930年,海峡殖民地协会新加坡分会针对行政会议提出了类似的建议:官员和非官方议员人数相等,还建议非官方立法议员应由一个由各个种族的英国臣民组成的小组投票选出。这项建议没获得什么支持,《海峡时报》称之为“滑稽可笑的方案”,“又蠢又笨”。[33]有人认为,在一个被种族、宗教和语言划分成如此多小群体的社会中，总督会比“大众”选举出的政府更能权衡社会的公平正义，而“民”选政府实际上只能代表富裕的商人阶层。

起初只有欧洲人群对宪政改革有兴趣。在当地，对政治建言献策的组织机构仅有两家：海峡殖民地协会新加坡分会和英属马来亚协会。两者的会员主要都是欧洲人。英属马来亚协会于 1920 年在伦敦成立，是海峡殖民地协会衍生出的新组织，目的是扩大活动范围至涵盖马来诸邦的种植业、采矿业和商业利益方面的事项。该协会请海峡殖民地协会新加坡分会解散，将成员并入新生的协会，但遭到拒绝。新加坡分会坚持认为它可以独力顾全海峡殖民地的利益。

1921 年，基里玛颁布了《所得税法》，这使得两个互相争斗的协会摒弃了异议，一致对外。英属马来亚协会的主席达比希尔(C. W. Darbishire)称该法“足以让斯坦福 · 莱佛士爵士在墓中都不得安生”。[34]达比希尔进而抨击基里玛，说人们早已在议论他的“挥霍无度”
164 和奢侈浪费，用公款购买游艇，总督府中家仆成群。这些指责让人想起当年人们对沃德的诟病，而也正是当年的指责才催生了海峡殖民地协会。

不受欢迎的所得税法最终被撤销，但以它为契机，两个协会却自此走到了一起，开始了长期的合作。到 1927 年，海峡殖民地协会新加坡分会有 700 多名会员，并被称为“正迅速发展为海峡殖民地最为重要的非官方组织”。[35]不过，海峡英籍华人公会此时已开始在政治动议中起主导作用(虽然立场比较温和)，其最活跃的代表人物是陈桢禄。陈于 1883 年出生在马六甲一个富裕的峇峇华人家庭，曾当过六年的中学校长，后进入橡胶业，管理过数家公司。[36]他在 1912 至 1922 年间在马六甲当市政委员，1923 至 1934 年为立法议员，1933 至 1935 年间为行政议员。1937 年，他代表这块殖民地参加了英王乔治六世的加冕礼。1928 年，陈桢禄呼吁立法会议和行政会议均应实行非官方议员多数制和直接民选代表制，选民应涵盖所有在海峡殖民地安家的人，但这一倡议没有得到回应。[37]海峡英籍华人公会向金文泰施压，希望他能增加立法会议和行政会议中华人代表的名额,但没有取得成功。陈桢禄在20世纪30年代期间一直在为自己的政治主张而努力活动,在立法会议中激昂陈词,反对金文泰实行的带有歧视色彩的反华立法,他还在1932年向萨缪尔·威尔森爵士呈递了一份备忘录,名为《华人为何感到不安》。[38]英国社会党下院议员亚瑟·克里奇琼斯(Arthur Creech-Jones)曾在议会中提出过有关海峡殖民地的问题,陈桢禄与他建立了联系,双方于1939年6月在下议院碰面。此外,陈还试图与赞成其立场的议会成员保持定期联系,希望他们能就马来亚的宪政、教育和社会改革向议会施压。[39]但就在陈桢禄返回马来亚几个星期之后,欧洲就爆发了战争,他之前的对话努力就此终结。

但陈桢禄的做法只能代表少数人。大多数亚裔似乎对有限地参与新加坡的公共生活感到满足,更何况,限制的程度在20世纪30年代还有所放宽。所有出生在新加坡的人都自动成为英国的臣民,有权被任命入行政、立法会议或市政委员会,或进入海峡殖民地的医疗、司法和行政机构。他们还可以为各种管理机构服务,如教育委员会、新加坡海港局、认证委员会和医院管理委员会等。他们也可以承担各种按种族和宗教设立的议事局(政府会就有关事宜咨询这些组织)的工作,或参加商会的委员会。事实上,积极活跃在公共生活中的亚裔很少,各个商会由一小群富商掌控着,而对官方或半官方活动感兴趣的只有少数受英语教育的亚裔。

除了被宣布为非法的马来亚共产党外,在第二次世界大战爆发前夕,新加坡没有政治党派。地方主义、在政治上活跃的华人优先关注的是中国国内的局势,以及战前几年相对平静繁荣的景象,这些都不太鼓励政治运动的发展。在带有一定政治色彩的若干组织中,新加坡马来人联盟没有具体的政治纲领,而持温和自由主义立场的海峡英籍华人公会和海峡殖民地协会新加坡分会又都只有几百名会员。

此时的宪政体制满足了殖民统治欲达到的有限目标。富人和受 165
过良好教育的人虽然没有最终掌握权力,但他们在政府中有一定发言权，当局对他们的吁求一般也会关注。而大众则对参政漠不关心，但也不会积极与政府对抗。新加坡仍然只是若干移民群体的混合体，这些人的文化、利益和忠诚的根源都扎在了异国，可能是英国、印度或中国，他们最终的愿望也是叶落归根，返回故土。新加坡的人们对殖民地当局操控政府并无不满，而且总体而言，这种掌握创造的管理机构的效率还算不赖。1932 年，一位欧洲非官方立法议员勾勒了这样一幅图景："未来的某位历史学家会把海峡殖民地的今天视为它所经历的'黄金时代'，在这样一个时代里，治理的技艺交由训练有素的专家们负责，普通民众则得以不受政体阻碍，自由地追寻他们平凡的梦想。"

立法会议中官方议员所占的多数地位很少被动用来压制非官方议员的意见，但它也并没有伪装成一个民主的机构，其设立的初衷就是作为一个能反映不同群体的意见的咨询机构，旨在为政府提供一个与公众交流的平台，为新立法测试大众的反应。这个机构的官方性和提名制使其更像一个政府部门，而不是公众利益的捍卫者。官员占多数扼杀了它的活力，使所召开的会议一般出席率都很低，议事过程再怎么往好里说，也很"形式化，单调乏味，点到为止"，[40]只不过是"持续地讲些含糊不清的冗长废话，完全触及不到海峡地区的生活现实"。[41]

对新加坡的中上层欧裔和亚裔人士而言，20 世纪 30 年代末是舒适惬意的年代。公共设施改善带来的部分好处也惠及广大民众，但正如一位敏锐的美国年轻人所发觉的："殖民地的政府由一小群圈内人操控着，他们生活得奢侈而舒适，远离正折磨着大部分民众的贫穷之苦……这是一个由富人和权贵所掌握，并为他们服务的政府，它略去不顾的边角地方，魔鬼横行无忌——这样说并不为过。"[42]英国的殖民统治已经失去了它在这个世纪之初曾有的活力和激情。它变得倦怠、自满而傲慢，但却似乎仍一如既往地在新加坡有着不可撼动的地位。"帝国主义似乎总是致力于延续和巩固其统治，除非它受到一种迫使它收缩或退却的力量。"[43]

1. 金文泰爵士。（承蒙 the National Archives of Malaysia 允许使用。）

2. 林文庆博士，1890 年。（承蒙 the National Archives of Singapore 允许使用。）

3. 陈嘉庚，1929 年。（承蒙 the National Archives of Singapore 允许使用。）

4. 宋旺相夫妇。

5. 莱佛士码头的“蚊子”巴士，1935 年。（Collection of FW York，鸣谢 the National Archives of Singapore。）

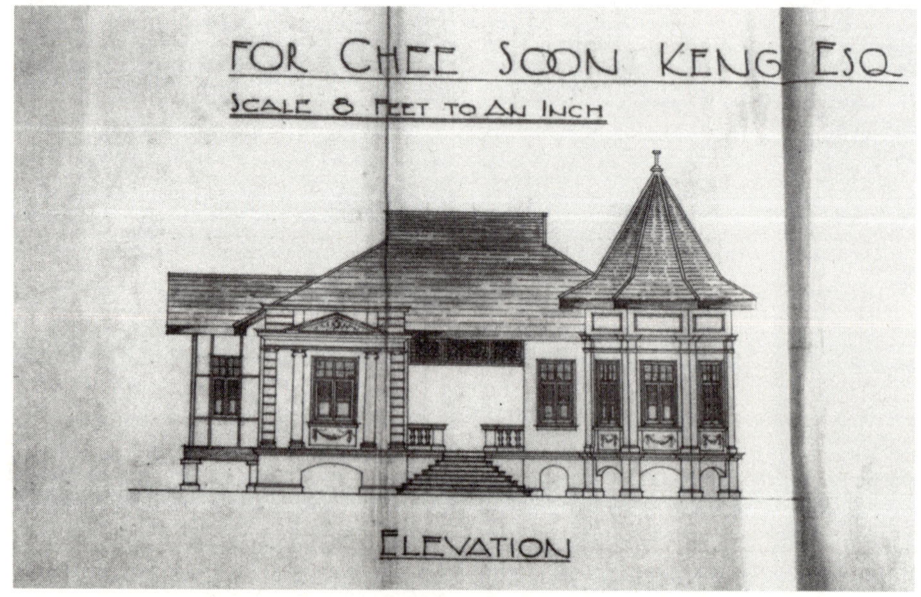

6. 徐顺庆在东陵路的宅邸的建筑图纸，1930 年。（承蒙 the National Archives of Singapore 允许使用。）

7. 新柔长堤景象，1930 年。（Collection of Roland Craske，鸣谢 the National Archives of Singapore。）

8. 乌节路旧景，1918 年。（承蒙 the National Archives of Singapore 允许使用。）

169

第五章　东方的战争 (1941－1942)

1941 年 12 月 8 日清晨，日本的战斗机轰炸了新加坡。他们轰炸的主要目标是实里达和登加机场，但也轰炸了位于市中心的莱佛士坊。新加坡城正处于睡梦之中，对此毫无防备，街道和海港里的船只闪耀着灯光，而民事防空警备队的总部里空无一人。对新加坡的民众而言，这次轰炸，以及第二天早上看到的各大报纸的头条新闻，就是战争即将开始的最初迹象。一系列灾难自此开启，并在不到 70 天的时间里，迫使英国人投降，把新加坡交给了日本人。

这场灾祸的源头要追溯到这个世纪初。当时，英国集中精力应付德国海军在欧洲对自己造成的威胁，于是便和日本结成同盟，来维护自身在东方的利益。它对日本的依赖之深，在 1915 年印度大起义中体现得非常明显，也使人们开始怀疑，英国是否有能力捍卫它在东方的帝国领土。在第一次世界大战后，英国政府重新审视了它的海军政策。在欧洲，德国海军造成的威胁已经被清除，但在东方，各国的实力对比却发生了变化。日本的控制范围扩展到中国的一些地区，以及从前由德国控制的太平洋诸岛屿，这就使它变成了英国的对手和潜在的敌人。

为了应对这种改变，1919 年，前第一海务大臣杰里科爵士（Lord

Jellicoe)提议，建立一支强大的帝国舰队，拟由英国、澳大利亚和新西兰的军舰组成，驻扎在远东。虽然这项提议受到澳大利亚人的欢迎，但在英国本土却并不受青睐。英国刚打完一场“为结束所有战争而打的战争”，实在无心在海外启动花费不菲的防务项目，转而把全部财力物力都投放在国内改革上。1919 年 8 月，英国政府采纳了“十年之治”的政治纲领，其主旨在于，各项政策的制定都将基于这一前提，即英国在下一个十年里不会被拖入另一场重大战事中去。按照美国的意思，当1921 年英日同盟到期时，英国没有再续订条约。替代它的，是 1922 年 170
华盛顿会议上达成的《限制海军军备条约》。在条约中，英国、美国、日本和法国同意限制各自的海军规模，不在太平洋地区建立陆军或海军基地。此举让英国与美国达成了含糊的盟友关系，代价却是放弃与日本的权责清晰的防务同盟，虽然到此时为止，日本在太平洋地区的利益刚好与其形成互补。

远东地区面临的威胁，将均由驻扎在英国本土的皇家海军主力舰队出发前往解决，但在这一地区还是应该建立一个海军基地，以提供维修和停泊设施。1921 年 6 月，英国政府正式同意将基地设在新加坡。1923 年，伦敦方面通过决议，拨款 1 100 万英镑作为营建基地的启动资金，其余资金将由马来诸邦、澳大利亚、新西兰和香港提供。他们没有选择继续开发已经拥挤不堪且易攻难守的岌巴港一带，而选择把海军基地建在柔佛海峡地区，并在邻近的实里达建立一个机场和一个海上飞机的基地。起初，英国政府预计，从本土派出的增援部队能在六个星期内抵达远东地区，因此，只要在这里驻守一小队人马，再建立一个坚固的海防工事，当地守军就足以支持到援军抵达了。他们也曾考虑过，敌方可能从柔佛发动进攻，但又觉得概率非常小[1]，况且，在 20 世纪 20 年代时，东方看来实在不太可能会发生战事，因此，海军基地的建设进程不是受战略考虑的影响，而是受英国国内因素的左右。基地建设是保守党提出的项目，工党从一开始就加以反对。其党魁拉姆西 · 麦克唐纳(Ramsay MacDonald)斥之为“在新加坡进行的狂野而挥霍的荒唐行为”，认为这威胁到国际上的安定团结，而且浪费了宝贵的资源。

1924 年，麦克唐纳的工党政府在英国上台，不受他青睐的新加坡基地建设计划自然要遭殃，不过，为修建基地而必须进行的沼泽排干项目，却因为有利于公共卫生而继续进行。等到这些前期准备工作都已经完成后，保守党又重新上台执政了。在 1929 年之前，基地建设一直在缓步推进，但这一年，又一届工党政府上台，为了推动国际裁减军备，它搁置了所有后续建设项目。然而，东京方面的举动日益具有挑衅意味，促使英国政府终结了这种犹豫反复的态度。1931 年，日本占领了中国东北，并于次年退出了国际联盟。随着日本构成的威胁加剧，新加坡基地的建设工程重启，而且还开始加速进行。1935 年，日本退出了伦敦裁减军备会议组织，1936 年，它又终止履行《华盛顿条约》[①]，并与德国签署了《反共产国际协定》。1937 年，日本发动侵华战争。

与此同时，纳粹德国和墨索里尼统治下的意大利在欧洲气焰嚣张，这更让英国警觉到，和平正日益受到威胁，于是在 1937 年开始对帝国的防务状况展开全面的评估。初步设想建立新加坡基地时，一位英国将军曾表达了这样的忧虑：恐怕“我们建起一个中转站，并按照我们的需要在那里屯兵，结果却将它作为礼物送给了错误的对象”。[2]1867 年，殖民地事务部在批准将新加坡转为王室直辖殖民地时，就曾有过这样的忧虑，而如今，建设一个坚固却兵力不足的军事基地又以更大和更危险的形式唤回了这种顾虑的幽灵。

与基地建设相关的作战策略，取决于增援舰队能够迅速从英国本土赶到新加坡，但早在 1926 年，针对英国认为在战时能够派出足够舰船前往东方的假设，澳大利亚就已经提出过质疑。帝国的参谋们在 1937 年 5 月时警告帝国会议说，新加坡基地如果没有舰队的支持，并
171 不足以防御敌军，而澳大利亚和新西兰也呼吁，让一支舰队在和平时期就驻扎在远东地区。英国则重申了自己的立场，坚持要把海军力量集

① 即 1922 年《限制海军军备条约》。——译者注

中部署在欧洲，仅当东方爆发战事时才派遣舰队前来增援。尽管马来亚地区的军队总司令威廉·多比（William Dobbie）上将在1936年3月时指出，英国政府的设想是不切实际的，但政府仍然坚持原先的设想，认为增援兵力能够在42天内抵达新加坡。

1937年，新加坡当地的英军驻军指挥官们建议，海军基地的防卫措施应与整个马来半岛的防务是一体的。多比和他的参谋长白思华设想了这样一种战时状况：英国海军没能及时赶到，而日军可能会从马来半岛本土一路攻来。白思华还从日军的角度拟定了一份作战计划，这份计划与四年后日军的实际进攻计划惊人地一致！他的整个构想的基础是，日军会在马来半岛的东北角登陆，可能是在宋卡府（Singgora），次级登陆点可能在北大年和哥打巴鲁（Kota Bharu）。他认为，12月到次年3月的东北季风会让在这一带登陆变得方便可行，而且，这一时节沿海可见度比较差，也会有利于登陆的进行。1938年7月，多比提出，要防卫新加坡海军基地，就必须守住整个半岛，而且考虑到飞机越来越广的运用，要加强空军的力量，并在马来亚半岛北部和柔佛建防御工事。陆军部否决了军事设施的建设计划，但在哥打巴鲁、关丹（Kuantan）和柔佛东部修建了机场。不过，机场的选址首先考虑的是建设起来方便，却没有看到这些地方很难进行防守。

此时，新加坡的各项建设正在全速展开。1938年，英王乔治六世船坞建成。它可以停泊最大型的船只。《悉尼先驱晨报》将新加坡基地称为"东方的直布罗陀……通往东方的关口……展示英军力量的堡垒"。[3]登加和三巴旺修起了新的军用机场，而樟宜一带的原始森林被开垦出来，沼泽地被排干，以便在海军基地以东部署重型武器和对空防御设施。1938年，基地附近的史拉兰（Selarang）建成了若干兵营，能够容纳一个步兵营的兵力。至1941年，海军基地及担任其防卫任务的樟宜要塞全部完工。报刊媒体夸张地对其大加推崇，说这是"新的、更大也更棒的直布罗陀要塞，是世界各地海军、陆军和战略力量结合部署中最令人生畏的无敌组合之一"。[4]

1938年10月，日军占领了广州，1939年初，又占领了海南岛，从而使他们的兵力更容易触及新加坡。但在1939年3月，欧洲日益紧张的局势迫使英国延长了之前设想的增援期限，从42天增加到了70天。英国和美国越来越密切合作，一致应对日本的扩张，但两国仍然希望能与日本保持友好关系。而在马来亚，地方官员、英国平民和亚裔人群都普遍沉浸在一种对局势漠不关心、虚妄无知的氛围中，驻军和民政当局以及各支军事力量之间并没有形成精诚合作的态势。

1939年9月，战事在欧洲爆发，派海军增援应对新加坡可能发生的危机的预期期限再次延长，从70天增加到180天。时任第一海务大
172 臣的温斯顿·丘吉尔曾承诺，一旦帝国的东方领土受到威胁，对新加坡、澳大利亚和新西兰的防卫将优先于地中海地区。可是，在欧洲战事刚爆发的那几个月里，冲突似乎不大可能蔓延到远东地区去，而伦敦方面给马来亚定位的角色很轻松——“钱仓”，任务主要是全力生产，而不是专注于防务。1939年，马来亚生产的橡胶占到全球产量的近40%，锡产量占到近60%，大部分供应给了美国市场。它成为英联邦第二大赢利大户，仅次于加拿大。对于当地的平民而言，欧洲的战事把新加坡变成了一个又有目标又有激情的活动中心。20世纪30年代时对锡和橡胶产量的刻意压制，已经被全力生产所代替。生产带来的利润和爱国热情共同促成了一种“生产即是美德”的感觉。唯一让新加坡的商业社群感到不满的是战时强加的所得税。这是总督于1941年2月，利用官方议员在立法会议中的多数地位，不顾议会内其他人士的怨愤之情强行通过的。

中国和欧洲的战事极大地刺激了人们对新闻的关注，提振了新加坡各家英文报纸的销量。《马来亚论坛报》的读者群主要定位在亚裔人群，它持强烈支持中国民族主义运动的立场。其竞争对手《海峡时报》则优先关注西方的商业利益，试图鼓舞士气，粉饰在欧洲发生的各种战争灾祸。不过，两份报纸都一致反对日本办的英文报纸——《新加坡先驱报》(*Singapore Herald*)。这份报纸创办于1939年4月，主编为行事活跃、精力旺盛的藤井达树(Tatsuki Fuji)。在他的主导下，《新加坡先驱报》极力美化日本人，而且处处针对《马来亚论坛报》亲重庆的

立场。

1939 年 8 月，德国与苏联签订了互不侵犯条约后，共产国际指示马来亚共产党在当地鼓动工人造反，以阻碍英国为战争作准备。在欧洲战事爆发的最初几个月里，马来亚总工会在新加坡组织了多次罢工，还于 1940 年五一劳动节那天举行了一次大型的非法集会。共产党在当地的支持者主要是为华人公司打工的非熟练劳工，但却没能赢得这里工人运动的主力——那些在铁路和巴士公司、港务局、市政系统以及海军基地工作的人员的支持。新加坡当局迅速采取行动逮捕并驱逐了煽动罢工集会的领导人，解散了参与这些活动的若干工会组织。

殖民地政府或许是根据莱特提供的情报，对马来亚共产党的局限性和政策变化了如指掌。该党秉持的亲苏联而反英国的立场是不利于其自身发展的，因为这削弱了它吸引、掌控抗日的华人爱国者的能力。1940 年 9 月，中国共产党指示本党在马来亚的分部，停止一切反英活动，集中精力巩固抗日统一战线。[5] 此后，新加坡的罢工运动就逐渐平息。

大英帝国在过去 20 年间的远东政策依赖于若干前提，但在 1940 年的夏天，欧洲发生的战乱让这些基础相继瓦解：法国和荷兰沦陷，英国从敦刻尔克大撤退，而意大利成为德国的盟友参战。在本土面临入侵威胁的情况下，英国为保护自己的大西洋生命线而苦苦作战，它面临的敌人不止是德国，还包括意大利和法国维希政权。纷繁的战事将地中海变成了一片充满敌意的海域，也让英国根本无力抽调出一支舰队派往远东地区。1940 年 8 月，总参谋部决定，在远东的防御不能局限于新加坡，而应该扩展到整个马来半岛，空军应成为主要的防御力量，同时也要加强陆军的支援。在足够的空军战力到位之前，必须部署大量的地面部队。

1940 年 7 月，美国为了阻止日本获得武器、钢铁、石油和其他重要 173
的战略物资，实行了第一批经济制裁措施。远东的局势变得更加剑拔弩张。制裁措施的逐步启动迫使日本作出选择：要么放弃侵华行动，要么亲自占领主要的战争物资供应地。日军在 9 月占领了印度支那北部,并与德国和意大利签订了一份十年条约,结成轴心国,协同进行军事行动。

气氛一时间变得极为紧张。新加坡人对当地所有的日本居民都疑心重重,觉得他们都是间谍。东京方面已经下令,要求在新加坡曾经繁盛一时的日本妓女们回国,理由是有辱国威。但仍有约 4 000 名日本居民留了下来,其中有商人、记者、牙医、摄影师、理发师和大约 1 500 名渔民。新加坡警局的政治部密切监视着这些人。在欧洲战事爆发的第一年中,有一些人因从事间谍活动而被捕,其中就包括日本驻新加坡总领事的媒体随员筱崎护(Mamoru Shinozaki)。

1940 年 11 月,退休的空军上将罗伯特·布鲁克-波帕姆爵士(Sir Robert Brooke-Popham)抵达新加坡,出任远东地区陆空军总司令,但他无权指挥海军、民兵,也没有民事行政管理权。因为增援舰队根本无法及时赶到,空军力量也无法达到需要的水平,防守的重任就落在了陆军身上。在 1940 年的最后几个星期里,从印度和英国来的增援步兵陆续来到,1941 年 2 月,新组建的澳大利亚第八师派出的第一批兵力抵达,几个星期后,又来了一支印度师。在 1940 年 6 月至 1941 年 4 月间,马来亚驻扎的英联邦军队的数量增长到之前的三倍,但这些士兵大都没有作战经验,而且缺乏辅助武器和坦克。布鲁克-波帕姆向伦敦方面请求增派更多的飞机,但考虑到英国在敦刻尔克的损失以及中东地区新的增援需要,马来亚的战备需求根本无法得到满足。

可是,随着陆军增援兵力的陆续抵达,以及英美间关系日益紧密,而日本又似乎被困在中国,新加坡在 1940 年夏天经历的紧张气氛很快又重新被虚妄与自满的情绪所取代。外籍平民和公务员们的社会生活又恢复了轻松惬意、无忧无虑的氛围。此时,欧洲正在实行斯巴达式的战时限量供应制度,上演着紧张的生死斗争,而与之形成鲜明对比的是,新加坡犹如一个“小小的天堂”。[6]这里平和宁静,物资供应丰富,食品不需要限量配给,人们也没有紧迫感或危机感。遵从白厅的指示,当地政府仍然把橡胶和锡的生产放在首位,优先于对志愿参军者的训练和防御工事的建设。陆军部为了防止锡和橡胶生产业出现劳工流失，给修筑防御工事的劳工开出的工资低得不切实际，还不到市场价的一半。

《新加坡自由西报》在 1941 年 1 月刊登了这样的评论："消息灵通的人士大多数都相信，日本在当前的困境下，不会再额外采取什么冒险行动。"[7]大多数军中人士都自信满满地认为，日本在中国遇到的越来越大的麻烦，以及它对苏联对其本土进攻的担忧会让它无暇顾及在东南亚开辟新战场。英美两国于 1941 年初的几个月里在华盛顿举行了秘密会谈，讨论在东方的合作事宜。英国本来希望美国可以派军舰驻扎在新加坡，但美国更倾向于让整支太平洋舰队都待在珍珠港。而两个大国都一致同意，欧洲才是优先关注的地区。

德国于 1941 年 6 月入侵苏联结束了日本对苏联进攻的担忧，使它 174
能腾出手来更自由地行动。但丘吉尔相信，日本会同意与其盟友德国一起进攻苏联，而不是选择在东南亚新开辟战场，在热带作战。因为这不仅会让它与英国和荷兰为敌，[8]还使它要与美国对抗。德国与苏联开战彻底结束了共产党在新加坡推动的工人运动，让支持共产党和国民党的人士更加紧密地团结在了一起。马来亚共产党仍然是不合法的，但它在新加坡设有一个总部，在马来亚半岛本土也有多个分部，号称拥有 5 000 多名成员和 10 万名支持者。[9]该党控制着海外华人抗日动员委员会，并在新加坡建立了一个特别行动委员会，旨在训练游击队员从事抗敌活动。殖民地当局希望不要惹怒日本人，因此还在逮捕支持同情共产党的华人，总的来说，也不太鼓励民间的抗日活动。他们尤其对三民主义青年团的活动，以及华语学校里的教学宣传感到担忧，而一直到太平洋战争爆发之前，南洋华人民族救亡运动都在持续地给当局制造难堪。

在外来者们看来，新加坡当时舒适而富足的物质条件显得非常不真实，甚至有些失了体统。持这种观点的包括白思华。他当时是帝国总参谋部的副总参谋长，并于 1941 年 5 月作为马来亚战区的总司令重返此地。三个月后,被任命为马来亚司令部总工程师的伊万·辛森(Ivan Simson)也是这么想的。他之前在被围困的英国主持防御工作,到新加坡之后,军中懒散悠闲的生活,以及没人试图组织民众起来自我防御的状况,都让他感到大为震惊。

不过,新加坡大多数的欧裔居民此时都在努力工作,把大部分空余时间都用来履行各项民事防御任务。《英格兰永存》(There'll Always Be An England)是1941年唱响新加坡的主旋律,表明人们普遍感觉到英国正在为生存而战,但同时,新加坡却仍只是一个对其深为同情,也很有助益但却相距遥远的旁观者。新加坡的统治阶层因为既不相信他们的能力,也不相信他们的忠诚度,所以并不想让亚裔人群参与到防御工作中来。志愿军只招收极少量的亚裔,英国正规军更是完全将他们拒之门外,罔顾《马来亚论坛报》在1939年5月曾呼吁招募亚裔的信息。[10]统治阶层认为,当地民众如果察觉到任何麻烦来临的迹象,都会产生恐慌,而且他们肯定不愿意为一个外来的政权而受苦和牺牲。尤其关键的是,尽管在1941年2月,英国殖民事务大臣亲自发了一封私人电报给当时的总督珊顿·托马斯,敦促其考虑日本已经公开加入轴心国的事实,使新加坡的政策也开始反映白厅对蒋介石方面与日俱增的赞同立场,[11]但新加坡当局仍然维持着战前对国民党活动的怀疑和防备心理。

日本关注的主要事项是,结束对华战争,并保证能从东南亚获取为达成这一目的所需的原材料。1941年6月,日本与巴达维亚的荷兰当局就原油供应问题展开的谈判破裂,次月,美国(英国和荷兰东印度公司也紧随其后)冻结了日本的资产,掐断了它的海外贸易并停止向其供应石油。在此之前,马来亚当局为了安抚日本,对贸易限制措施执行得不是很严格,但现在一切都开始严格得到贯彻,日本因此突然就失去了半岛地区供给它的铁、铝土和船运服务。[12]

175 东京方面迫使法国维希政权给它在印度支那南部提供基地,并最终获得了一个离新加坡750英里的海军基地,以及离马来亚半岛北部仅300英里的机场。白思华请求增援,但丘吉尔和英国军队的高官们都不准备把资源从激战正酣的中东战区转移到迄今为止仍只存在潜在威胁的马来亚地区。丘吉尔后来就承认:“在我看来,与我们当时面临的其他紧迫状况相比,(马来亚所受的)来自日本的全部威胁只能算是一缕不详的微光。”[13]

当时的新加坡和马来亚都极易受到攻击,处境非常危险。这里缺少飞机,没有战舰、航空母舰、重巡洋舰或潜艇。这个地区想要保持安全,完全取决于继续与日本维持和平,或至少能让战争拖到1942年春天再爆发,因为援军估计那时就能抵达东方战区。虽则如此,新加坡却没有什么紧迫感和危机感,布鲁克-波帕姆则还在持续地向英国内阁发送充满乐观情绪的报告。1941年10月1日,他还向伦敦方面保证:“在这个时候,日本最不可能想做的事情就是发动一场针对亚洲南部(the South)的战争。”

尽管马来亚与美国人和荷兰人都开展了非正式的合作,但统一的领导构架并没有形成,当局也没有作出任何尝试以精简行政,并巩固英国对马来亚的军事控制。1941年9月,英国内阁的一名部长达夫·库珀(Duff Cooper)被派往新加坡,但肩负的使命却相当含糊:调查东南亚和澳大拉西亚①的各个盟国具有的多种行政形式。为了协调这里复杂的管理结构,他建议任命一名远东总司令,但直到太平洋战争爆发,伦敦也仍然还在“考虑”这一建议。

新加坡当局还是很不愿意分派人手去建筑防御工事,或采取任何可能使民众情绪低落、让公众丧失信心的行动。因此,虽然辛森在1941年10月提议沿新加坡岛北岸建筑一组防御工事,并在新山一带加筑一圈外围工事,但其建议却被置之不理。而修筑防空洞的提议也被否决了,理由是:地下水的水位波动很大,修筑防空洞很困难。

1941年10月,白思华号召亚裔人群站出来与志愿军并肩奋斗,但却没有给出任何有关形势危急的暗示。同月,布鲁克-波帕姆公开宣称,英国不需要美国海军的援助,并在12月初召开的一次新闻发布会

① Australasia,泛指澳大利亚、新西兰及其附近的南太平洋诸岛。——译者注

上信誓旦旦地说,日本非常惧怕英国的力量,因此不会袭击马来亚。[14]

新加坡当局仍然试图与日本保持友好关系。日本所有的《新加坡先驱报》的代表迟至 1941 年 9 月时,还获准参加新闻发布会和军事示威活动。在贸易禁令断绝了日本的对外贸易之前,滞留在新加坡的日本商人也为数不少。10 月初,日本官方派出一艘运输船把大约 600 名日商遣返回国。这个月月末,日本驻新加坡总领事鹤见健(Tsurumi Ken)被召回了日本,但新加坡大多数的日裔摄影师、理发师和牙医还是留了下来,《新加坡先驱报》和日文的《新加坡日报》也一直坚持出版,直到战争爆发。

一直到 12 月 6 日,《新加坡先驱报》还在鼓吹“和平能够得到拯救”。这一立场被视做有利于鼓舞民众,因此受到英国当局的欢迎。但官方这种压制任何可能使民心浮动的消息或观点的政策,却让外媒驻新加坡的通讯员以及新加坡本地的记者感到不满。《马来亚论坛报》于
176 1941 年 10 月称:“马来亚现在正处在半梦半醒之间那种昏昏沉沉的状态中,可以说,我们这些身在马来亚的人都还懵懂地躺在床上。”

在 1941 年夏秋之际那种充满混沌和不确定的气氛中,英国试图恰当地兼顾俄国发出的增援请求和澳大利亚就加强派驻新加坡和马来亚的军事力量提出的要求。在这一过程中,政治上的考虑取得了比战略上的考虑更优先的地位。澳大利亚人、新加坡当地的驻军官员,以及伦敦的军事首脑们都认识到,空中力量非常关键,它能阻止侵略军站稳脚跟、建立据点。总参谋部的人建议派遣战机和由四艘旧战舰组成的小舰队前往东方,1942 年初再派两艘战舰前往增援。但丘吉尔却决定把可调度的坦克和战斗机派往俄国,转派“威尔士亲王”号以及一艘老旧的巡洋舰“驱逐”号和一艘航空母舰前往新加坡。“威尔士亲王”号是当时最先进的战舰,行动迅速,被昵称为“永不沉没”号,堪称是英国皇家海军的骄傲。这位首相确信,它具有的威慑力能让日本人选择和平,而且将“同时让各方暗暗感到恐惧和威胁”。

丘吉尔的这一决策罔顾了所有专家的建议,其中包括第一海务大臣、海军上将汤姆·菲利普斯爵士(Sir Tom Phillips)。菲利普斯爵士

其后将出任东方舰队的总司令。战局的发展证明,丘吉尔的决策是错误的。新型的现代"飓风"战斗机本来能在新加坡发挥非常重要的作用,但在俄国战场上却毫无用处。"威尔士亲王"号对日本也没有起到震慑作用,其时,日方已经认定,无休止的外交争论已经浪费了太多时间,应该积极备战了。

1941 年初,在中国战场上已久经历练的辻政信大佐①得到一小笔经费,受命率领在台湾的南方军事研究所(Southern Military Studies)的一队研究人员,开始调查关于丛林作战的事宜。两名曾经在 1940 年 9 月前往马来亚的日军高级军官起草了一份报告呈递给辻政信。他们建议,对新加坡的进攻务必要从北部发起,还指出,英国在马来亚的空军力量严重不足,而且现有战机也十分老旧。[15] 正如白思华和多比曾经敏锐指出的,辻政信很快认识到,正面进攻新加坡的可行性非常小,但它的后门却始终敞开着。而且他也发觉英国的种种宣传最终愚弄的只是本国的民众。

辻政信以极大的热情和魄力接受了受指派的任务。他面临的挑战非常巨大,因为日军此前并无丛林作战的经验。那些习惯于在寒冷的气候条件下作战的士兵必须重新得到训练以面对热带的新环境,而他们在中国战场上使用过的装甲车,到了这里都得装上大轮子。日军在曼谷建立了一个由藤原岩市(Iwaichi Fujiwara)少佐主管的谍报中心,在战争爆发前的三个月内,他们派出了一批精通马来语、英语、广东话或客家话的间谍前往新加坡和马来亚收集情报,并在驻马来亚北部的印度军队中搅起事端。

日本的主要长期作战计划是准备进攻苏联,直到 1941 年 9 月,日本内阁才决定,如果试图说服美国取消经济制裁的谈判失败,就集中力量向南方发动一场进攻。1941 年 10 月,内阁里的温和派辞职,激进的东条英机(Hideki Tojo)出任首相。次月初,日本确定发动进攻。日方

① 日军于二战时期实行的军衔等级系统,大佐相当于上校,中佐相当于中校,少佐相当于少校。——译者注

并不奢望全面取得胜利，只想迫使美国和英国妥协议和，以保证它在此地能继续获得对华战争所需的各种资源。

177 日本的第二十五军是专为入侵马来亚而匆忙组建起来的。领导它的是山下奉文(Tomoyuku Yamashita)中将。山下奉文可能是日本最有才干的将领，他与东条英机年龄相仿，两人之间存在竞争关系。就在不久前，他率领日本的军事使团到德国和意大利考察了六个月。在这次考察中，虽然对希特勒的印象不怎么样(山下奉文觉得，“当我必须当面与他交谈时，他表现得就像一个银行职员”)，但德国军队的专业化程度却给他留下了很深的印象。回到东京后，山下奉文积极推动对军队进行大刀阔斧的改革，而在马来亚战役中，他把自己在德国学到的大多数东西都付诸实践。他注重细节，强调精确的策略谋划，全然不理会那些强调精神力量更甚于物质实力的人的谬论。

派给山下的师团本来有四个，但他只打算动用三个，因为他知道，当他的供应线从国内向南扩展后，只能支持这么多人的需求。第二十五军包括帝国卫队、久经沙场的第十八师团和作战经验丰富的王牌部队第五师团——这是日军中数一数二的队伍。侵略军共计有 2.6 万人，其中 1.73 万的作战部队可以马上投入战斗。只要在最初的登陆战中得到足够的海上和空中掩护，山下对赢得胜利信心十足。颇有能力的铃木宗作(Sosaku Suzuki)担任山下的总参谋长，而辻政信则是战略策划部门的负责人。除了帝国卫队的司令官西村琢磨(Takuma Nishimura)外，其他将领都很快被山下奉文的强势性格所折服。山下很快就赢得了手下将领的尊重，军中上下把他当做英雄来尊奉。就连辻政信，虽为东条英机的追随者，理应属于敌对派系，也承认山下是一个“能如同秋霜般严格在麾下部队推行军令和道德原则”的人。但他对山下的赞赏却没有得到相应的回馈：山下奉文在自己的日记中却是这样评论辻政信的：“这个人太自我中心，太老奸巨猾。他就是个老狐狸，实在不配投身军中报效祖国。这个人善耍手段，一定要密切监视，加以控制。”[16]

与此同时，达夫·库珀、布鲁克-波帕姆和其他英国领导人仍然相信，日本将进攻苏联，因此肯定不会在东北季风时节入侵马来亚。他们相当肯定地认为，日军在进行了多年的对华战争后，已经是疲劳之师，他们的士兵已筋疲力尽，他们的战机也已破旧不堪。

1941 年 12 月 2 日，“威尔士亲王”号和“驱逐”号风光地溯柔佛海峡而上，进入新加坡的海军基地，这一景象让新加坡人大感安心。总督布鲁克-波帕姆、白思华、达夫·库珀，以及当地空军和海军的负责人，还有其他上流社会人士纷纷到基地迎接它们的来临，整个海军基地就犹如“军舰开放日[①]时的朴次茅斯”。[17]按达夫·库珀的话来说，这两艘战舰“传递了一种绝对安全的感觉”。[18]但同来的航空母舰并没有与两艘战舰一同驶入基地，因为它搁浅了。而为其护航的只有四艘小型的驱逐舰，其中两艘已经伤痕累累。正如澳大利亚的一位高级军官所评论的，这支舰队“迅速从奶油变成了脱脂牛奶”[②]。[19]没有空中力量的掩护，这些战舰在新加坡很容易受到攻击，因此菲利普斯建议，让它们撤回马尼拉去。

到 12 月第一个星期接近尾声时，新加坡的气氛是充满希望，生气勃勃的。军人们被召回军中待命，水手被召回船上忙碌起来，海军基地里实行灯火管制。但城镇地区却没有采取类似的警戒措施。日本的进攻竟会如此迅速而强劲，它的战机如此高效，它的士兵们如此士气高昂，对于这一切，无论是民政还是军政当局，都有些出乎意料。

日本人知道，取胜的关键在于突然袭击，从而让美国的太平洋舰队 178
在措手不及的情况下就瘫痪，使己方牢牢地在马来半岛上登陆立足。他们也的确贯彻了这一战略思想。在 12 月 7 日夜至 8 日凌晨（马来亚时间）的短短几个小时里，日军摧毁了美国驻扎在珍珠港的舰队，入侵香港和菲律宾，在泰国南部宋卡府登陆，并以北大年和哥打巴鲁为辅助登陆地点，还对新加坡进行了第一次轰炸。

---

① Navy Week，欧美国家海军的一项活动，在一段固定的时间内，基地开放让公众参观。——译者注

② 意为规模缩减严重。——译者注

而英国从一开始就丧失了先机。先前曾有人提出一项“斗牛士”(Matador)计划,建议派兵前往泰国南部,从而在日军抵达马来亚之前就先行阻断它的进攻。但白厅的犹豫磨蹭使这个计划根本来不及实施。泰国方面对山下奉文主力部队的登陆行动几乎没有进行抵抗,不到几个小时,日军就在宋卡府、北大年和哥打巴鲁完成登陆。菲利普斯海军上将此时必须将其舰队撤出新加坡,以摆脱完全暴露在日军攻击下的状态,他于是下令北进,试图拦截更多日军登陆作战。可是在没有航空母舰支持的情况下,这项作战计划实在很不明智,再怎么往好里说也是充满风险的。可是直到舰队已经进发后,菲利普斯才得知,哥打巴鲁机场已经被日军控制,他将完全得不到空中支援。日军已经发现舰队的行踪,菲利普斯连忙命令舰队掉头,但为时已晚,日军的空中和鱼雷轰炸铺天盖地而来。到12月10日下午,两艘主力战舰均被击沉,英国东方舰队的总司令菲利普斯海军上将也已命丧黄泉。日军掌握了制海权。这场战役大大打击了防御部队的士气,却让日军兴奋不已。

占据空中优势十分关键。从理论上说空中力量是英国防御力量的基石,可它偏偏严重不足。1940年秋,总参谋部的人员一致同意,派遣582架战机到马来亚最为合适,但他们估计,伦敦方面只能派出336架。而在日军入侵当天,马来亚地区只有158架英军战机,其中还有24架是早已老旧过时的“雷击”(Vildebeestes)战机。[20]不到24小时,日军就掌握了制空权;他们击落了一大半部署在马来亚北部的英国战机,占领了北部防御力量严重不足的机场——这在其后的战斗中帮了他们的大忙。英国的防御计划取决于掌握制空权以击退日军的进攻,直到增援舰队抵达,而陆军则起到辅助作用,负责扼守海滩,保卫机场,并集中守护海军基地和新加坡本岛。可是在马来亚战役的头两天里,这一防御计划的基础就已经崩溃。制空权已经失去。海军基地已经空空荡荡。陆军此后不得不担负起主要的战斗任务,在半岛各地作战。

战争爆发之时,达夫·库珀被任命为常驻远东事务大臣(Resident Minister for Far Eastern Affairs),他组建了一个远东战争委员会(Far

East War Council),成员包括总督、白思华、海军和空军司令,以及一名澳大利亚的代表。委员会每天都会晤磋商。日本的报纸被查封,日裔居民被逮捕,后来送往印度的一个临时拘押营。作为远东战区总司令,布鲁克-波帕姆在战争爆发当天发布了一项指令,宣称马来亚已经准备好“挫败想要威胁我们的理想、财产与和平的敌对势力”,摧毁“被自身无休止地在中国进行的肆意攻伐而拖垮的日本”的军力。

一场新加坡战役已经只是时间问题,其战果则取决于英军是否能把日军牵制在马来半岛上,增援部队能否及时抵达新加坡。战争爆发 179
时,马来亚有三个满员的英联邦步兵师——一个澳大利亚的和两个印度的,但军中士兵大部分都没有接受过多少正规的训练,装备也很差。他们没有配备坦克,装甲车极少,反坦克或可移动的对空武器也寥寥无几。伦敦总参谋部决定,把正打算派往中东的英国第十八师转分到新加坡,并配给一定数量的反坦克和对空作战部队。可是,要在几个月内组建起一支远东舰队却不太可能,更别说提供更多的空中支援了。

而日军在大胆的策略谋划、好运气及之前取胜的鼓舞下,强力突进,一路横扫马来半岛。他们的主力部队由纪律严明、吃苦耐劳且精力充沛的士兵组成。这些士兵已经在侵华战争中并肩作战过,配合默契,而且对水陆两栖作战很有经验。山下奉文利用己方掌握的制空权和制海权,灵活机动地采取渗透、正面围攻和侧翼包抄等战术,把守军打得晕头转向,被迫节节撤退以免与大后方失去联系。由于运输通讯系统仅有一条主要公路和铁路,受此限制,英方的守军缺乏机动性,日军可以各个击破。在没有坦克和反坦克大炮,也没有事先修好的防御线的情况下,英联邦军队只能一步步撤退,而日军则向南面一步步紧逼。此外,英联邦的各位高级官员之间还存在矛盾。最麻烦的是戈登·贝纳特(Gordon Bennett)少将。他是澳大利亚师的指挥官,虽然英勇无畏但也暴躁易怒。他对部署在马来亚北部的印度师的指挥官刘易斯·希思(Lewis Heath)少将采取撤退战略颇有微词,也不太赞同身在柔佛的白思华对澳大利亚和印度军队的部署。

半岛上的难民一路南逃,涌进新加坡,而为了保持民众的士气,当局实行严格的新闻审查制度，严密监视报纸上刊登有关战争造成灾难的消息。各家报纸被禁止报道槟榔屿于 12 月 18 日陷落的消息，但民众很快就都知道了。有传言说欧洲人已撤出马来半岛，任由当地居民自生自灭，这让新加坡人感到恐惧。在一场气氛紧张的新闻发布会上，各个社群的领导人要求布鲁克-波帕姆保证，这种种族歧视的举动不会在新加坡出现。

圣诞节那天，日军开始从槟榔屿的无线电广播站展开宣传攻势，三天后，又从空中向新加坡投递了第一批宣传册。他们敦促亚裔人群起来反对压在头上的欧洲主子，并在家中点灯为记号，从而免受日机的轰炸。一位观察者称："1915 年的印度军队哗变就像一片阴云，压抑了人们对战争的讨论"，[21]让英国当局极为关注增强人们的信心，维持正常秩序，安抚恐慌情绪。有人提议，应要求甚至鼓励外籍妇女和儿童撤出新加坡，但总督为避免受到种族歧视的指责，拒绝了这项建议。结果，除了美国人外，只有少量其他族群的人撤离，在 1941 年 12 月期间，驶离新加坡的船只常常空空荡荡。同样的气氛也弥漫在民事管理机构中：官员们仍然在为细枝末节争吵，致力于处理行政备忘录、公文、程序上的问题，专注于考虑相比之下微不足道的法律事宜。这种不愿将真实情报公之于众，不愿引领民众积极备战的情绪导致了人们对最高领导层的广泛批评。老迈的布鲁克-波帕姆说起话来犹犹豫豫，缺乏敏锐度，难以鼓舞民众的信心。早在太平洋战争爆发之前，伦敦方面就已
180 决定由亨利·波纳尔将军替换布鲁克-波帕姆。波纳尔于 1941 年 12 月 23 日抵达新加坡，受到当地民众的热情欢迎，并被寄予了极高的期望。

最强烈的批评声是针对行政管理层的，尤其是对总督珊顿·托马斯爵士。一位美国记者把他描述成"一个无知的人……被公务机构琐事、陈词滥调困住的奴隶……他生活在一个幻想的世界里"。[22]托马斯为人和善，勤恳尽职，八年前，为了平息其前任导致的公众不满情绪，谨慎地引领马来亚走出经济萧条，他被选为总督。他成功地完成了这项任务，并与手下的官员以及欧裔和亚裔民众形成了良好亲善的关系。

但在如今战争全面爆发的时期，托马斯却不是能够引领和鼓舞殖民地人民的合适人选。善于妥协调和，愿意咨询和听取他人的意见，必要时也能虚心接受手下官员的建议，这些让他在和平时期能够成为一名卓有成效且广受欢迎的总督，但在战争危机来临时，却会让他成为一名底气不足、摇摆不定且缺乏决断力的领导人。托马斯在广播讲话里主题不明的絮絮叨叨无法激发民众的信心和信任感。而对总督的批评也扩展到了针对整个马来亚公务机构，此时，人们把它描述为“由享有特权的平庸之辈掌管的一个19世纪的陈旧体系，却想要应对一场20世纪的危机”。[23]澳大利亚派驻远东战争委员会的一名代表向澳大利亚政府抱怨说：“马来亚公务机构过分信奉老式的官僚信条，认为行动就意味着冒把事情搞砸的风险，而无为反倒是最妥当的。”[24]《海峡时报》在直言不讳的乔治·西布里奇(George Seabridge)的编辑风格下，在马来亚战争进行的全程都在炮轰公务机构，而且在第二年1月末辅政司更替事件中起到了重要作用。

媒体和公众的议论表明，他们都把希望主要寄托在了达夫·库珀身上。库珀为人坚定，精力充沛，他所作的广播演讲也令人印象深刻：态度明确，开诚布公，从不说陈词滥调。《海峡时报》支持库珀，呼吁他重组机构，主持新加坡的政务，[25]但库珀作为远东战争委员会主席所拥有的权力并没有很明确的界定。这让他行事颇受总督和公务机构的掣肘。库珀提出任命辛森准将为全民防御总监，就这方面在新加坡和柔佛拥有绝对的权力，但总督却限制了辛森的权力范围。托马斯还很不愿意听从库珀关于实施戒严令的建议。虽然在12月末，经过修订的戒严令和宵禁法开始实施，但军方所拥有的权力仍然相当有限，而新加坡一直到战争结束之时都没有彻底实施戒严令。

尽管对某些军事和民政领导人感到失望，但新加坡总的来说还是弥漫着一种不愿面对现实的平静气氛。“要塞”一词的广泛使用让新加坡人相信，他们的岛屿仍然被守护得固若金汤，尽管他们亲眼所见的现实并非如此。而且在战争爆发第一天的那场轰炸之后，整个12月，新加坡也没有遭受几次空袭。于是在新年当天，《海峡时报》发表评论说：“天翻地覆的变化发生得如此迅猛,让我们至今还有点晕眩”,但“我们没有被压垮,我们也不应被压垮…… 我们应该欢欣鼓舞地迎接 1943 年①的来临”。

作为创建统一军事指挥权的最后一次尝试,陆军元帅阿奇博尔德·韦弗尔(Archibald Wavell)被任命为远东地区最高司令官,统领这里的英国、美国、澳大利亚和荷兰军队。韦弗尔于 1942 年 1 月 7 日抵达新加坡,但他把自己的司令部设在了爪哇,并带走了波纳尔,让其担
181 任他的总参谋长。韦弗尔的任命生效后带来的影响首先是:伦敦召回了达夫·库珀,因为在最高司令官设立后,他的职位就有些多余了。库珀的离任激起了公众极大的反响。虽然他并没有取得什么实质性的成就,但对新加坡人来说,却犹如一口不同于大环境的新鲜空气。《海峡时报》称他是“对抗如今造成我们产生诸多焦虑的纸上谈兵心态的最后堡垒”,[26]呼吁让他留任,但没有成功。

库珀离任后,《海峡时报》又呼吁为新加坡任命一名督军,统领新加坡的军政事务并厉行精兵简政。但波纳尔没有就此采取任何措施。珊顿·托马斯向马来亚公务机构发出了指示:“注重纸面讨论的日子已经过去……信件交流与报告往来的日子已经过去……如今最重要的事是迅速行动。”但正如《海峡时报》所评论的:“这项声明整整晚了两年半。”

在韦弗尔被任命之时,马来亚的战事已经进行到了一个关键阶段。就在他抵达新加坡的当天,日军在仕林河(Slim River)击溃了印度第十一师,以及阿盖尔和萨瑟兰苏格兰军团。1 月 11 日,他们占领了吉隆坡,五天后,又攻破了澳大利亚人在麻坡河(Muar River)的防线。这已经是设在半岛上的最后一道防线了,白思华在之前曾警告澳大利亚人的指挥官戈登·贝纳特说:“如果这道防线失守,新加坡战役也就败了。”

1 月 19 日,韦弗尔致电丘吉尔,警告说,如果柔佛陷落,新加坡可能守不住。丘吉尔闻言大为震惊。他先前认为,在日军等待攻打新加

① 原书如此,似应为 1942 年。——译者注

坡各座要塞的装备到达期间,其进逼势头会减缓并得到遏制,而这将为英国援军到位争取到时间。可是此时,他第一次意识到,新加坡的北岸并没有要塞环护。他断言:“沿海的兵营和海军基地并不能称之为要塞,所谓要塞,乃是指四面设防、环护周全的堡垒。”

直到那时,英国的政治领导人仍然非常不了解新加坡的情况,他们所使用的术语愚弄到了他们自身。有关新加坡“要塞”、堪称“东方的直布罗陀”的传说流传甚广,除了日本的战略策划者和少数英国军方领导人外,大家都因此产生了一种虚幻的安全感。正如丘吉尔后来所作的评论:“新加坡没有陆上防护的可能性犹如一艘战舰没有底就出战一样,几乎从未出现在我脑海里。”[27]

丘吉尔下令要招募“所有男性人口”巩固防御工事。“必须以最大程度的强制力度行事。”“必须捍卫全岛的完整,直到每一批军队阵亡,每一个要塞被毁:最后,新加坡城也要改为一座堡垒,誓死得到捍卫。绝不考虑投降。”“我要清清楚楚地说明,我希望每一寸土地都得到捍卫,每一件物品或防御工事都要被彻底摧毁,以免落入敌人之手,投降绝不是我们应该考虑的问题,除非我们已在新加坡城的废墟中坚持战斗了足够长的时间。”

丘吉尔此时开始担心,日军攻占新加坡已不可避免,英联邦的军队最多能把日军的胜利变为一场皮鲁斯式的胜利①而已。他询问手下的参谋们,在战中尽量避免损失,并把新鲜的增援力量派去防守缅甸是不是更好。但最终他决定要长期作战,这更多地是出于政治上而不是军事上的考虑。其原因部分是对新加坡和马来亚的责任感,部分也是为 182
了在气势上不输给正在英勇作战保卫祖国的苏联盟军,以及在菲律宾顽强抵抗的美国人和菲律宾人。但英国最优先考虑的是它对澳大利亚负有的责任,而澳大利亚认为守住新加坡是守住本土的关键。圣诞节那天,丘吉尔曾经向澳大利亚总理约翰·柯廷(John Curtin)许诺,英方将“以最顽强的姿态”防守新加坡。有关英国政府正在讨论放弃新加

① Pyrrhic victory,意为获胜一方也付出很大代价才获得的胜利。——译者注

坡的报道致使澳大利亚战时内阁于1月23日召开了一次紧急会议，其时，柯廷致电丘吉尔，称任何撤退行为都将是对他的国家的“不可原谅的背叛”。他抱怨说：“我们已经忠实地履行了我们应做的。我们希望你们不要用撤退来让共同的事业落空。”远东委员会驻扎在新加坡，在它的一次会议上，澳大利亚的代表指责英方认为新加坡“仅仅具有情感上的价值”，并悲叹道，澳大利亚的第八师团可能会被困在新加坡，白白牺牲掉，而英国的增援部队却将被派往缅甸。此番言论最后导致双方在会上展开了一番唇枪舌剑的相互指责。

于是，新的英联邦增援部队不断地被派往新加坡。1月初，印度第四十五旅抵达新加坡；1月22日，第四十四旅的7 000名印度士兵抵达；两天后，3 000名澳大利亚士兵抵达；1月29日，英国第十八师的主力抵达，2月5日，其剩余兵力也已到来。印度士兵所接受的训练并不充分，而澳大利亚士兵则完全是刚招募来的，许多人从应征入伍到派往此地仅经过了不到两周的时间。那部分英军本来是被派往中东的沙漠作战的，结果中途转来了这里，他们的体力和精神状态都不错，但却没有战斗经验，而且，在来的途中还被灌输了轻视即将面对的日军对手的思想。用他们中的一员的话来形容，他们就是一群“比这里最苍翠繁茂的青草还要生嫩的愣头青”。[28]

动员当地民众自我防卫的措施终于姗姗来迟。大约有8 000名平民已经加入了志愿军，其中有近2 000人组成了海峡殖民地志愿军团的新加坡营。另有5 000人加入了辅助性的医疗、消防和防空部队，还有1 000人成为志愿警察和民兵。

应总督的要求，陈嘉庚召开了一次新加坡中华总商会的大会，并成立了新加坡华侨抗敌动员总会，由他出任主席，另外还建立了一支由郑古悦(Tay Koh Yat)领导的志愿警察队伍，和由林谋盛(Lim Bo Seng)领导的劳工队伍。[29]马来亚共产党虽然属于非法组织，但此时其成员的行动也受到英方的欢迎。英方称他们是“英国事业的忠实支持者”。共产党号召全面开战的声明刊登在了当地的三份英文报纸上，政治犯也得到了释放。珊顿·托马斯对此没有任何疑虑。他告知国务大臣：“在这危急关头，战后的情形不在考虑范围内。”[30]

成千上万的华人群起响应，他们来自社会的各个阶层，有老有少，有穷有富。动员总会敦促政府为一支华人武装提供装备，游行者们走上大街，唱着中国的抗战歌曲，高举写着“给我们武器，我们要战斗”的标语。星华义勇军（Singapore Chinese Anti-Japanese Volunteer Battalion）组建。由于它归马来联邦警察部门的约翰·达利（John Dalley）指挥，因此一般又被称为“达尔军”（Dalforce）。达利启用胡铁军（Hu Tie Jun）为其副手，在一所华人学校里建立了自己的指挥部。183
他手下的这支队伍是一个大杂烩，包括了各所中学以及莱佛士学院的男女学生、文员、人力车夫和舞厅的女招待等各色人等，一共编为八个营，每营约150人。这支队伍身着蓝色制服，袖子上绣有红色的三角徽章，头戴黄色头巾。他们的武器很简陋，大多是猎枪、帕兰刀①和手榴弹。这群志愿军匆匆接受了为期十天的密集训练。2月4日，他们受命守卫裕廊路（Jurong Road），在这里，他们英勇地抵抗了入侵日军，甚至在达利于2月13日宣布正式解散这支队伍之后，他们也仍然没有放弃对日军的抵抗。[31]

动员总会每天都在华民护卫司署开会，为必要的服役工作调配人力，并在林谋盛的领导下从事防御工事的建筑工作。林谋盛是一位著名的福建商人，曾在莱佛士书院和香港大学接受教育。他在战前华人的抗日活动中非常活跃，以致当时英国当局曾考虑要将他驱逐出境。但现在，应总督的要求，他成立了华人民防联络会（Chincsc Liaison Committee for Civil Defence），并得到了马来亚共产党的帮助。此时的马来亚共产党号称控制着约七十个工会，其中包括建筑工人和码头工人的工会。1月29日，立法会议终于匆匆通过了一项决议，批准招募劳工服役为合法行为，两天后，英国政府同意提高劳工的工资和赔偿金额度。但政府到这个时候才想要招募劳工，或让劳工关注政府，已经为时已晚，因为频繁的空袭使得在一些重要区域干活变得十分危险，工人

① Parang，马来人使用的一种带鞘砍刀。——译者注

们都不愿冒这么大的风险，而且林谋盛的联络会已经成为有能力召集劳工的唯一组织。此外，即使是在这样的危难关头，旧日的恩怨仍然威胁到新加坡华人新形成的团结阵线。重庆方面要求英国当局解除陈嘉庚作为动员总会领导人的职务，但总督没有答应，其坚持认为陈嘉庚的作用不可替代，而且他也不是共产党人，不应卷入党派之争。[32] 而陈嘉庚虽然愿意出面组织志愿警察部队和劳工团，但却反对将平民武装起来去与日本人作战，因为他相信，英国人总有一天会将平民武装弃之不顾，任他们去面对来自日方的疯狂报复。他指责英方阻碍战前的南洋华人抗日救亡运动，[33] 在达尔军成立后，陈嘉庚结清了手下雇员的薪水，关闭了自己的企业，于 2 月 3 日逃离新加坡。[34]

直到 1 月下半月，日军对新加坡的空袭才变得频繁起来。虽然其主要的轰炸目标是各个机场（它们是新加坡展开反击的唯一希望），但也有大量炸弹被投掷在了城镇地区，在人口密集的街区造成了极大的伤亡。日军通常每晚会空袭三次，白天也差不多如此。

尽管面临着空袭造成的大屠杀，但新加坡当地的民众却并没有陷入恐慌，侨民群体仍不相信战争危险已迫在眉睫，还试图维持自己的生活“常态”。他们直到 1 月末才开始大批撤离。撤离的优先权赋予了母亲和孩子们，老人和没有小孩的人只能等待，而服兵役的适龄欧裔和亚裔男性则无法得到政府颁布的撤退许可，反而被要求注册服役。银行里人满为患，很多顾客连门都进不去。到 1 月最后几周，民用轿车和自行车都被当局征用，交通出行也变得相当麻烦。酒店、出租公寓和个人家中都挤满了从半岛内陆逃来的难民，很多饭馆和俱乐部都关门大吉，但莱佛士大酒店却仍然坚持每晚举行舞会，电影院和新世界娱乐场也一直开到了投降的前几天。

184 1 月 27 日，韦弗尔下令准许白思华在必要的情况下撤入岛内，但也告诉白思华，必须不惜一切代价守住新加坡。在这个月的最后几天里，英联邦剩余的 3 万军队沿着新柔长堤有序撤退，幸存的 90 名阿盖尔和萨瑟兰苏格兰军团以及戈登高地兵吹奏风笛，鼓舞士气。撤退完毕后，在林谋盛领导的码头工人联合会的帮助下，他们在长堤上炸出了一个 60 码的断口。撤退当天的气氛十分紧张,残余的海军船只也行动起来,帮助用船将幸存士兵摆渡到岛上,不过还好,日军的战机没有前来干扰撤退进程。

24 小时后,疑惑不解的新加坡民众终于明白过来,他们的岛屿已经被围困了,但审查机构还是不准记者们在报道中使用“围攻”(siege)这个字眼,大多数平民也一直不知道情况到底有多么危急。

进入岛内的这些部队已经经历了连续七个星期的撤退之旅,吃尽了苦头,遭到大批的杀戮,已经筋疲力尽,饥肠辘辘,灰头土脸,饱受惊吓。由于登加、实里达和三巴旺的军用机场始终处于日军从半岛发动的炮轰之下,剩余的轰炸机和战斗机都撤往了苏门答腊,只有一支由八架“飓风”战斗机和六架行动迟缓的布鲁斯特“水牛”战斗机组成的战机分队还留在加冷机场,可是被炸得坑坑洼洼的跑道使它们起飞非常困难。新加坡岛的北部沿岸并没有事先建筑好的防御工事,这些从半岛撤进来的士兵虽然已经筋疲力尽,但也不得不自己动手修筑这最后的防线。新加坡在和平时期的人口总数为 55 万,但随着难民大量从半岛涌入,岛内人口已经翻倍。军事领导人对这种状况持悲观态度,因为这会加大防守的难度,而且也会给食物和淡水的供给造成相当大的压力,可是,民政当局为了避免造成族群间的矛盾,不敢轻易实施只准许欧裔少数族群进入而不让大批亚裔进入的政策。

接下来的八天天气晴好,日军和英联邦的军队就这么隔着柔佛海峡对峙,其间的水域还不到 1 000 英尺宽。日军在紧张地集结,准备发动最后的进攻,而英联邦的军队则在匆忙地作防御准备。山下奉文把总部设在了苏丹位于新山的宫殿里,宫殿处在高点,他从这里可以观察到新加坡岛内、海军基地以及登加机场的情况。由于日军的侦察机可以不受阻碍地在新加坡上空盘旋,这给防御的部署造成了困难。在此期间,新加坡的大炮几乎完全沉默,一方面是为了节约弹药,另一方面也是为了甚至在这最后关头,也还能安抚民众的情绪。防御人员没有采取任何措施在柔佛海峡埋下水雷,可能是为了不伤害从半岛大陆逃来的士兵,或为了不阻碍夜间在海峡游弋侦查的澳大利亚巡逻船。

新加坡防御计划的核心目标本来是保护海军基地,如今却已没有意义。柔佛海峡的对岸已经落入敌手,海军基地已经毫无用处,而且舰队残余的船只也已经驶离。在英联邦军队撤入新加坡岛的当天,大多数欧裔的海军和民事船坞工作人员都已经离开新加坡去往锡兰,把毁掉基地这项不怎么振奋人心的任务留给了那些迷惑不解且厌倦战事的陆军士兵们,哪怕他们当初的首要任务本来是要保护这个基地的。正如波纳尔在他的日记中指出的:“建设和保卫新加坡的全部理由,这项耗费了数百万英镑的事业,如今全完了……这个长长的故事就是这么结尾的。”[35]

此时,守军的目标是尽可能久地守住新加坡,并尽量加大日军的伤
185 亡和损失。这是一个临时应变的目标,此前的防御计划从未提及。新加坡之前修筑的长期防御工事都是设计来保护基地和港口免受海上来的攻击的。在通往海军基地的樟宜入口处以及新港的入口处,都修筑有永久性的海岸防御工事。从樟宜沿着本岛南部海岸 20 英里的海滩,均防护严密,筑有碉堡、反坦克障碍,架有带倒刺的铁丝网,还埋了地雷,另有完善的对海作战设备作为辅助。但整条北部海岸却完全没有防护,禁不起攻击。就算岛内的大炮可以调整角度转向这一侧开火也没有用,因为它们只配备了穿透装甲的炮弹,却没有能造成人员大面积伤亡的炮弹。

政府官署、商店和其他商事企业都在正常营业,但整座城市给人的感觉就像“一艘没有舵的船”。[36]要在这场突如其来的危机中守住新加坡,积极而灵活的领导力量必不可少,但无论是总督还是军队总司令,都不是能在如此危急的时刻唤起人们的紧迫感和力量的领导人。据波纳尔所说,托马斯需要“不断地推动、激励”才会紧张和行动起来,但白思华却不会这么做,因为他“很有见识,但却不是能实际全程掌控一场如此艰难的战争的人”,他自己“就是个不会鼓舞人心、相当悲观的领导人”。[37]作为殖民地的总督,托马斯认为自己的首要任务是让这块殖民地在他的治理下井井有条,而不是在军事上有什么

作为，而且他也反对实施任何形式的彻底的焦土政策。他最关心的是防止民众恐慌骚乱，他也可能是领导层中唯一真正相信，在柔佛被放弃之后，新加坡仍然守得住的人。此前，槟榔屿曾出现不经官方允许的欧裔人群撤离潮，对民众的信心造成了很大打击，托马斯于是命令侨民和本地人官员都要坚守自己的岗位，严令禁止出现与槟榔屿类似的状况。

白思华在英联邦各支军队撤入新加坡岛后，就成了他们的全权领导。但对于命运突然加诸在他身上的这一角色，他也并不胜任。白思华充满勇气，亲切仁慈，而且一贯是一名颇有谋略的军人，他是“一名优秀的善于战略策划的将军”[38]，但他并不是一位天生的领袖和战地指挥官，而且也不能迅速地根据环境的变化进行策略调整。虽然他身边的人都认为他充满魅力，让人印象深刻，但他却缺乏公众曝光率和影响力。白思华身材矮小，显得羞涩且过分敏感，而他一向镇定的神态也很容易被人误解为冷漠无情和软弱无力。根据山下奉文的判断，白思华“是个亲切的好人”，但不能鼓舞人心，“他擅长纸上谈兵，但在需要作出实战决策时，却退缩迟疑”。[39]接连七个星期，白思华白天到前线巡查，大多数晚上又都在工作，这让他疲惫不堪。他最终制订了一个坚守三个月的防御计划，但却从心底里相信，这场战役己方已经输了。看到日军以几乎与他四年前的设想完全相同的路线和兵力一路横扫马来半岛，白思华感觉自己似乎正在经历一场结局已知的噩梦，并被这种感觉所蛊惑，接受了将战败的命运。他也知道，一方面要求血战到底，一方面又实行焦土政策和系统地对设施进行破坏，这样的命令是自相矛盾的。1 月末，陆军部下令，要求新加坡当局务必毁掉一切可能对敌方有价值的东西，白思华则表示反对：“你没有办法同时以百分之百的效率一边战斗，一边毁掉设施。”[40]此外，当局只能保证少数人安全逃离，又无法在不打击民众信心的前提下对欧裔和亚裔民众区分对待，在这种情况下，想要在面临一场艰苦的最后决战之时，把没有战斗力的人员全部撤走，这也是不可能的。

有人说，当时的白思华“在看到任何计划实施的可能性之前，首先 186

看到的是所面临的障碍”。[41]可能真是这样。新加坡当时的石油和弹药供应都很充足，食物也够支撑六个月，此外，如果严格实行限量供应政策的话，新加坡岛在淡水供应方面完全无后顾之忧。与来袭的日军相比，守军占有相当大的人数优势，而且，虽然英联邦军队在经历了数个星期的撤退旅程后大多疲惫不堪，士气低落，但在战火重燃之前，他们还是有一小段时间能休养生息，好好调整一下。而且他们还能得到新加坡志愿军、马来军团(在战前刚扩编到了两个营)和达尔军的帮助。对于达尔军中的民众来说，如果新加坡失陷，他们就将失去一切，所以他们都准备好要血战到底了。韦弗尔请新加坡守军务必坚持一个月的时间，届时援军就会抵达解围。一支装甲旅将在 3 月初抵达，更多的船只已在前往援救的路上，还有 51 架飓风战机的部件已经运抵岛上，就等组装起来投入战斗了。

英联邦军队面对的日军，并不是他们之前想象的那支战斗力低下、组织混乱、被在中国的多年战争弄得筋疲力尽的军容不整的队伍，而是一支训练有素、纪律严明的队伍，还装备有最先进的战斗机和武器。在第一次遭遇之后，起初那种不合时宜的轻视日军的情绪被敬畏感所取代，而且还让英方过分高估了日军的实力。如果之前那种骄傲自大的情绪没有完全转化为之后让人战斗力涣散的受打击和败者心理的话，也许守军本来是可以察觉到进攻者种种潜在的弱点并加以利用的。虽然日本的士兵作战英勇，但日军在策略谋划和供给方面存在缺陷。指挥权分散，迷信等级制度和个人荣誉导致各支队伍之间互相猜疑嫉妒，而过分拘泥于事先的计划，使日军在突然受到挫折时就会陷入互相指责甚至几近恐慌的状态。

马来亚战役的胜利让日军产生了一种兴奋愉悦感和不同寻常的和谐气氛。战争进展顺利神速，这使得战地指挥官可以在不受到太多来自东京或位于西贡的南方军总部的干扰的情况下自行推进。确实，辻政信就提到，“陆军、海军和空军前所未有地进行了协同作战”，[42]进攻其他地方的日军，其决策往往受到争吵和嫉妒的阻碍，但在这场战役中却没有。

从战争伊始,帝国卫队的指挥官——脾气暴躁又顽固不化的西村琢磨对自己的不服从行为就让山下奉文深为担忧。与第二十五军的其他组成部队不同,帝国卫队虽然是一支精锐之师,但自从 1905 年的日俄战争以来就没再参与过实战,也没有接受过密集的实战训练。此外,南方军总司令、陆军元帅寺内寿一伯爵(Count Terauchi Hisaichi)在针对新加坡的最后总攻即将开始之前,把大部分的空军力量都转往轰炸苏门答腊,这也让山下奉文十分恼怒。正因如此,英联邦的各支残部才能在不受干扰的情况下有序撤入新加坡岛,而没有在抵达新柔长堤之前就被粉碎消灭。而且,如果掌握了制空权,日军本可以对送增援部队到新加坡来的运兵船造成极大损伤的,但实际上日军在此期间只击沉了一艘运兵船——“亚洲女皇”号。它在 2 月 5 日进入新加坡的港口时遭到轰炸而沉没,虽然船上大部分士兵都成功上岸,但随船带来的为第十八师提供的装备却大部分没能幸免。

日本的报纸对山下奉文的胜利大加赞美,在他进逼柔佛海峡之时,这位“马来亚之虎”已经成了日本的民族英雄。但他的成功激起了首相东条英机和顶头上司寺内寿一的妒忌和计较。山下奉文撕掉 187
了南方军总司令部发来的如何进攻新加坡的指令[43],转而制定了自己的计划,但他也知道,此后就别想指望总部还会给他提供什么协作支持了。

与此同时,在新加坡岛上,守军也没能避免此类问题。在位于福康宁的指挥总部——人们通常把它称为“混乱堡”(Confusion Castle),上上下下争论声不断。在战争委员会的会议上,澳大利亚人与英国人总是有矛盾。戈登·贝纳特忍受不了龟缩挨打,主张反攻,还要求任命一名军事顾问,负责鼓动公务机构领导层积极采取行动,但他的建议没有被采纳。

2 月 4 日,所有平民都撤出了北部沿岸纵深 1 英里的环形地带,两天后,摧毁海军基地的计划启动:焚烧被弃的石油形成了烟雾,笼罩在整个岛屿的上空。为了安抚民心,白思华在第二天召开了新闻发布会,宣称:“今天,我们被围困在这个岛屿要塞中。我们的任务就是,守住这个要塞,直到援军到来——它肯定会到来。我们决心完成任务。”他的话没什么说服力,而且私底下他也知道,送来新加坡的援军只会被白白牺牲掉。

在半岛进行的战役中,日军的人员伤亡和物资消耗也很大,但山下奉文没有听从其负责供给的属下的建议,决定不给疲惫不堪的英联邦军队留下喘息和补充军力的机会,迅速对新加坡采取攻势。因为英方没有侦察机,在半岛大陆上也没有潜伏的间谍,日方完全掌握了主动权,他们可以自主地选择发动进攻的形式和时间。日军的弹药和食物开始短缺,供应线也逐渐跟不上,而摆在他们面前的任务却非常艰巨:他们要渡过海峡,对阵一支人数上占优势的军队。不过,因为日军已经查获了英军所有精心准备的关于新加坡岛的地图,所以他们在地形了解方面比守军还有优势;此外,通过侦查,他们也已经知道,柔佛海峡和对岸的海滩上都没有埋地雷,而且守军部署得很分散。要进攻取胜,速度和奇袭是关键。

在守军这一方,想要有效地防守,就必须阻止日军在海滩上站稳脚跟,建立据点,于是白思华决定,分散军队派往所有沙滩区域,手上几乎不留后备力量。这一战略把他束缚在了被动防守的位置上。他指挥的最大一支兵力为英国第十八师团,驻扎在了新柔长堤的东北面,据说一支日军舰队正在向这一区域驶来,而日本帝国卫队也对这里进行了佯攻,还占领了乌敏岛,并炮轰樟宜。这是山下奉文制订的计划,为了强化这种假象,他派出空的运兵船明目张胆地向东驶去,故意弄得灯火通明,喧哗声震天,但却在黑夜掩护下悄然返航。而他真正的攻击地点是在西北面,目标是完全控制登加军用机场,并占领武吉知马山上的岛内制高点。

2 月 7 日晚至 8 日凌晨,一艘澳大利亚巡逻船报告说,发现日军在新柔长堤柔佛那端的西面大批集结,但日军攻击之迅猛还是让守军措手不及。日军的第五和第十八师团起初一直藏在丛林和橡胶园中,直到 2 月 8 日傍晚时分才突然在水岸边集结。日军在宋卡府登陆后,就利用铁路从陆上和船只从海上运来了一批折叠船,并在那里完成了必要的组装以运送陆战炮等武器。如今,数千名日军就利用这些船只,带着必要的装备,在黑夜的掩护下悄无声息地从西北海岸登陆,并顺着溪流和输水道渗透入内陆,直到防守该地的澳大利亚守军发现自己已经被从侧翼包抄,围得严严实实。经过了数小时绝望而摸不着头脑的肉搏战之后,守军被迫退到克兰芝(Kranji)和裕廊河之间的一条狭长地带。这里的地形倒还比较适合防御,但除了一条尚未完工的反坦克战壕外,没有任何准备好的防御工事。

到黎明时分,日军的两个师团已经在岛上牢牢地站稳了脚跟,部分大炮也已经运送上岸。8日白天结束时,他们占领了登加机场,山下奉文及其参谋人员也于当天晚上跨过海峡登陆。帝国卫队计划在克兰芝强行登陆,但执行情况相当糟糕。原因是从万礼河(Mandai River)上蔓延过来的燃烧的石油造成了火圈,困住了先头部队,西村琢磨随即按兵不动,并要求取消进攻计划。这次石油泄漏事件完全是场意外,但帝国卫队怕守军会故意大规模地采取这一策略。西村琢磨的举动让山下奉文大为震怒。山下命令继续进攻,不久,日军控制了新柔长堤在新加坡的这一端。守军先前对长堤的破坏并不彻底,不到四天,山下奉文手下的工程兵就修复了公路并投入使用。

日军在岛上站稳脚跟后,守军的唯一希望就是,把他们阻截在裕廊-克兰芝防线之外。白思华还事先勾勒出了最后在城镇周边死守的计划,打算如果这条防线失守,就撤退到那里拼命死守。但一名指挥官却误将这一预备计划当做是立即生效的撤退命令加以执行,导致裕廊-克兰芝防线的防守力量被削弱。2月10日,丘吉尔致电韦弗尔,坚称:

> 在这一阶段,绝对不能考虑保存军队或疏散民众。这场战斗,我们必须不惜一切代价苦撑到底……司令官和高级军官应与属下共存亡。大英帝国和英国军队的荣誉都在经受考验。我希望你确保毫不留情地对待任何软弱逃避的行为……这牵涉到我们的国家

和我们的民族的全部名誉。[44]

韦弗尔在这一天最后一次到访新加坡。他敦促白思华,决不能投降,还建议发动一次坚定的反击战,捍卫克兰芝-裕廊防线。

达尔军和其他华人非正规军事武装虽然装备很差,却始终与英联邦的军队并肩战斗,许多武装力量一直战斗到全军覆没。但到2月11日凌晨时分,这条防线被攻破了,日军控制了武吉知马村。能攻破这条最后的防线,让山下奉文很高兴,日军的飞机也开始投递宣传单,呼吁新加坡投降。但激烈的抵抗仍在继续。第二天,白思华将部队撤到了城周边的最后阵地——巴西班让至加冷一带。

最后一批英国战机于2月11日飞往苏门答腊,此时,加冷机场已经处在日军的频繁轰炸之下,根本无法使用。在这之后,日军可以利用侦查气球,从高空不受干扰地监视岛内的一切情况,槟榔屿的无线电广播站也在不停地向这里播送让守军和民众士气低落的消息和宣传。城镇内一片混乱与绝望的景象。约100万人如今就挤在离新加坡河岸边不到3英里半径的圆形区域内,没日没夜地遭受白天的
189 空袭和夜晚的炮击。城中没有防空洞,而郊外的疏散营地现在已经落入日本人手中。一到空袭的时候,牛车水里拥挤的居民区就变成了无处可逃的死人窟。在战争进行的最后几天里到底有多少平民被杀,这个数字已经无法统计。有些人估计可能是每天500人,而有些人估计是每天2 000人。耸人听闻的惨剧也时有发生,如泰瑟尔的印度基地医院是木结构建筑,在空袭中被大火烧毁,院内近200名病人全部被活活烧死。正规医院里人满为患,酒店、学校和俱乐部也被当局接管,改造成临时医院。废弃的石油燃烧后形成的黑雾笼罩了全城,烟火灰像雨一样簌簌落下。

军队不仅要在拥挤的城市里进行最后的巷战,还要一边执行焦土政策。总督下令毁掉所有库存的橡胶以及布拉尼岛上的炼锡厂。日本士兵在中国攻占了各座城市之后,常常喝得醉醺醺的四处行凶胡闹,而新加坡恰恰是全东南亚的酒精饮品供应商,城中储存着大量烈酒。为

了避免重蹈覆辙，总督下令将它们悉数毁掉，包括大约150多万瓶烈性酒和6万加仑三蒸酒(samsu)。军队要求毁掉华人的小作坊，但这些都是所有者们赖以谋生的家当，托马斯总督遂拒绝了这一要求，但他却不顾所有人的强烈反对，下令摧毁了英国人拥有的机械工厂内的库存和设备。城中的无线电广播站被夷为平地，货币也大多被烧毁，但港口设施的摧毁进程却受阻了，因为港务局的核心工程技术人员在事先没有通知政府的情况下已经撤走。

2月13日，尽管马来军团第一营进行了殊死抵抗，日军还是突破了巴西班让山的山口。到这天下午，整座城市都处在日军大炮的射程范围内。已经没有可以据守的阵地了，前线就紧挨着人口密集的城镇地区。日军占领了所有的蓄水池，不过他们没有放水，因为他们知道，如果这么做的话，以后想再让蓄水池恢复工作会很麻烦。但城中的水管早已被空袭和炮击炸得千疮百孔，输送到城中的水大多都在中途白白流失了。到2月14日，城中的大部分区域，包括各家医院，都已经无水可用。因为没有劳动力来清扫建筑物残骸、掩埋死者或修理被炸坏的下水道，城里到处都是秽物和尸体。

白思华向韦弗尔请求考虑投降，以避免殊死抵抗后日军必然会进行的大屠杀，但韦弗尔在2月13日回电说："你必须继续尽量坚持下去，给敌军造成尽可能的伤亡，如果有必要的话，家家户户都要力拼到底。"第二天，总督请求白思华下令投降，还致电殖民地事务部，警告他们说情况已经异常危急，但韦弗尔仍然坚持说："你们的英勇抵抗是具有特殊意义的，必须最大限度地坚持下去。"

如今不仅是总督，而且所有军事指挥官都认为再继续下去已经毫无意义。戈登·贝纳特在事先没有告知白思华的情况下就致电澳大利亚总理，宣称，如果敌人进了城，为了避免无谓的人员牺牲，他将投降。受上头命令的制约，白思华只好下令继续抵抗，但开始着手撤离军中的护士、重要的参谋和技术人员。此时港口里只剩下寥寥的几条船，可搭载3 000人，上述人员得到了其中一大半的位置。剩下的位置给了平民，主要是欧裔的妇女和儿童，以及在抗日运动和最后保卫新加坡的战

190 斗中表现得英勇积极的华人。从战争开始以来，新加坡第一次真正出现了争相逃跑的混乱局面，也出现了军队的逃兵努力要搭上撤退船只的丑恶景象。日军的战机还在头顶轰炸，哥烈码头(Clifford Pier)和各个船坞都是一片混乱。而且，日本海军还扼守在后来被称为“轰炸之路”的邦咯海峡处，准备拦截撤退的船只。在两天的撤退之旅中，44 艘撤退船只仅有 4 艘得以逃脱，其余全部被日军击沉，几乎所有在这一最后时刻逃离新加坡的人员均被俘或被杀。

虽然仍在敦促白思华坚持下去，但韦弗尔也于 2 月 14 日致电丘吉尔，告诉他，局势已经毫无挽回的希望。首相在看不到继续战斗还有什么价值的情况下，终于允许投降。2 月 15 日是星期天，也是中国的新年。这天早上，白思华在福康宁最后一次召开会议。他们的汽油和弹药供应已经几近枯竭。设在学校和俱乐部里的临时医院已经拥挤不堪，而 1 万名病人硬是挤在了仅有 1 000 个床位的全科医院里。城中部分区域，包括平民医院，已经断水达 24 个小时，流行病疫情随时可能出现。士兵们成群结队地逃跑，在街上游逛。大街上满是倾覆的轿车和电车，车辆一辆辆挤得动弹不得。想要反击根本不可能。

在会上，所有人一致同意应该投降，以避免抵抗后必然来临的大屠杀。会议决定派遣辅政司休·弗雷泽(Hugh Fraser)前往与日方会晤，商讨缔结和约的条件。山下奉文本来预料守军会激烈抵抗到底，当听说英国人打算议和时，他大吃一惊，起初还以为是什么诡计。白思华并不知道，这位日本将军的处境也很艰难，根本承受不起浪费和拖延时间。日军的弹药也快用完了，供给线已经跟不上，而且山下奉文还担心，英军会把他的部队拖进家家户户与之殊死搏斗的巷战，而这对他在人数上占劣势的部队来说，实在是一场灾难。山下手下的高级军官都在敦促他撤军，但他决定强迫他们服从。他决定利用仅存的那点弹药大肆发射一通，以虚张声势，制造日方还弹药充足的假象，然后就在当晚对中心城区发动全面进攻，目标是将守军切成两半，狠狠打击英军，迫使其在发现日方弱点之前承认战败。[45]考虑到守军已经军心涣散，山下奉文这项大胆地从中部切入城区，直达新加坡河沿岸的作战计划很可能会取得成功，从而使得毫无管束的日军士兵直接面对一群没有还手之力的平民百姓。[46]

山下奉文疑虑重重又小心翼翼，于是要求白思华亲自前来自己设在武吉知马山上原福特汽车工厂里的总部。谈判伊始，两位对手完全是在自说自话。白思华以为日方已经接受了他的投降，所以就开始讨论具体的条件，但山下奉文却一下一下地敲着桌子，不断唐突地问白思华是不是真的要投降。白思华并不理解山下奉文的疑虑，反而误以为这位身材魁梧、双目炯炯有神的日本将军是在羞辱自己。在经过了一个小时莫名其妙的争论后，山下奉文迫使白思华正式承认投降，但也接受了这位英国指挥官的条件，即日军不会在第二天早上之前进城。山下奉文认为白思华人不错，值得信任，考虑到自己并不乐观的处境，能和平地接管新加坡城而不需再流血战斗，他实在是乐意之至。一队全副武装的英联邦士兵将在日军接管之前负责维持城中的治安，白思华还下令，要求所有部队均原地待命，保证有序地完成投降和交接。有少 191
数人在停火后选择了逃跑，其中就包括戈登·贝纳特。他成功地抵达澳大利亚，但随后受到了官方的惩罚。

下午 3 点左右，枪炮声基本平息，到晚上 8 点 30 分，城中一片死寂。在经历了前一个星期的战争恐怖和嘈杂后，投降日的这个夜晚异常地安静，甚至平静得透着几分古怪。胜利让日本及其盟友们感到兴奋不已。前一年，德国军队的指挥官曾对山下奉文说，攻占新加坡可能需要五个师团和十八个月的时间。[47]但事实上，日军的这次行动只调动了三个师团的兵力，仅仅用了两个月出头的时间。对英国人来说，失去新加坡是他们在第二次世界大战中经历的最灰暗的时刻。用温斯顿·丘吉尔的话来说，这是“英国历史上最大的一次灾难，最大规模的一次投降”。

替罪羊是倒霉的白思华。新加坡一役断送了他本来光明的前途。他作为战俘先后在新加坡、日本和中国东北被囚禁了三年多，饱尝艰难困苦，受尽虐待。最终，在第二次世界大战结束后，他在没有得到正名的情况下退休。一直到1966年去世,白思华的名誉也没有得到恢复,但他也始终拒绝为自己辩白,只站出来维护过曾在自己手下服役的那些人的名誉。但甚至连当年与白思华矛盾最为尖锐的戈登·贝纳特也承认:"应受责难的是整个体系,而不是某个人。"[48]

韦弗尔曾经说,只要新加坡再坚持一个月,大批援军就能集结起来赶到,逼退日本人。但山下奉文和辻政信却认为,英国人只要再多坚持三天,日军就将被迫停止进攻。不过,即使白思华认识到了日军处境不妙,坚持抵抗下去要付出的代价仍然将是惊人的。在面对尸横遍野的废墟时,更加铁血、坚定和冷漠的指挥官可能会继续抵抗,让新加坡作为祭品被牺牲掉,从而成就此役和自己的荣光,并就此在英国的军事史上留名。投降之后,在日军占领新加坡的头几天里,有数千名华人丧命,对许多被俘的英国、澳大利亚和印度士兵来说,战死沙场也可能还好过他们之后被关在战俘营,或到泰国臭名昭著的"死亡铁路"服劳役的命运。然而,对1942年2月时的大多数新加坡民众来说,新加坡没有遇到一位坚持血战到底的指挥官实在是一件幸事。眼前的这个敌人将在此后的战争中凭借自己的战略,公然羞辱更久经沙场、装备更加优越的部队,而马来亚战役是英联邦的军队与其的第一次遭遇。正如英军的一位指挥官后来所说:"这场战役是英式学院派与日式实干派对抗的一个案例。他们(日本人)并不是嗜血狂人,但却非常脚踏实地,又迫切求胜,因此显得咄咄逼人,而且行动非常非常迅速。"[49]

守军起初大大低估了自己的对手,而且无论是在半岛大陆还是在新加坡作战时,都犯下了大量战略上的失误,另外,他们制订的长期防御计划也因第二次世界大战头两年中发生的一场场意想不到的灾难而沦为废纸。他们最后所遭受的苦难的种子,早在战前的岁月中就已经播下:在官方吝于付出金钱且无休止的争吵中,在各方面军队的缺乏合作中,在建立一个没有海军的海军基地时,以及修建事实上并没有战机停驻也没有地面部队加以防护的军用机场时。"为了替代无法派驻此地的舰队,(英国)修建了新加坡的海军基地",[50]这个基地创立时预计将面对的各种局势实际上从未出现过。最后,蒙难的种子还源于这

样一个事实——“大英帝国的军事力量部署得太分散了。”[51]新加坡的 192
失守对同盟国此后的战争努力造成的实际损害是巨大的。它为日本征服荷属东印度群岛开辟了道路,也让日本获得了本来对同盟国具有重要价值的大量石油、橡胶和锡矿资源。不过,新加坡的失陷没有像澳大利亚人之前担心的那样,导致日军入侵澳大利亚本土。而且,作为一个海军基地,新加坡在日本手中也没有发挥什么作用,正如它之前在英国手中一样,日军所拥有的海军优势仍然在 1942 年 6 月的中途岛战役之后宣告终结。

日军占领新加坡之后,辻政信宣称:“大不列颠(从 1819 年以来)在这里,在远东苦心经营的一切如今已就此终止。”[52]的确,当日本人接管新加坡城时,英国政权创建的马来亚经济体在他们面前只展现为一片废墟:储备的橡胶已化为灰烬,布拉尼岛上的炼锡厂早已被毁,毛广岛上的石油也在大火中耗尽。但辻政信的断言并不准。因为仅仅三年半后,英国又重新掌管了新加坡。物质上蒙受的巨大损失并没有让英国的帝国体制戛然而止,但 1942 年头六个星期里发生的这一系列事件却表明,先前作为殖民统治基础的许多假设都是虚假的。它摧毁了陈旧的种族优越性假设,以及这样一种可能性:殖民强权能够或应该在不需依赖其臣服者协作的情况下保护他们。达尔军和华人非正规军的英雄主义是那么鼓舞人心,马来人兵团和海峡殖民地志愿军团中亚裔士兵们战斗起来是那么不屈不挠,起辅助作用的平民志愿劳工是那么具有奉献精神,而这里的普通民众在面对危险和死亡时又是那么地具有大无畏气概,这些都让英国在马来亚的统治阶层大为震惊。他们为自己从前怀疑新加坡本地人的才干感到羞愧,他们曾把陈嘉庚和林谋盛等人视为给自己制造难堪的麻烦人物,而此时却必须仰仗他们的帮助,这样的事实同样让他们无地自容。在这场防守战中,有那么几天,族群间的隔阂和冷漠疏离都消失了。在马来亚战役这一阙悲壮的军事史诗中,大多数角色都是外来人,当地民众直到故事落幕,也只是扮演着旁观者和受害者的角色,但在此后的新加坡决战中,新加坡民众却充分显示了自己的铮铮铁骨。

1. 保卫新加坡。图中显示了遭袭后的废墟,1941 年。(承蒙 the State Library of Victoria 允许使用。)

2. 位于桥北路的苏丹清真寺在日军对新加坡的一次空袭中受损,1942 年。(承蒙 the National Archives of Singapore 允许使用。)

3. 1941年5月，白思华走下飞机，来到此地，受命担任马来亚总司令。（承蒙 the Imperial War Museum 允许使用。）

4. 日军在马来亚和新加坡的总指挥官山下奉文中将，1942年。（© CORBIS）

5. 在日军攻陷新加坡之前，新加坡的防御堡垒正在发射炮火，1941年。（承蒙 the National Archives of Singapore 允许使用。）

195

第六章　昭南：南方之光（1942—1945）

战时的惨痛经历过去了，接下来降临的是日本占领时期的苦痛历程。新加坡人感觉有些麻木，缓不过神来，不敢相信所发生的一切。直到最后一刻，他们都始终相信着英国的声明。一个多世纪以来，在英国人的统治下，新加坡的安全被视为理所当然的，但忽然之间，就在短短几个星期的时间里，这个似乎强大的政权其外强中干的本性就暴露无遗。

英方正式投降的第二天早上，一小队日本宪兵（kempei，即军事警察）抵达城中接管权力，但日军主力仍按兵不动。投降的最后程序是有条不紊进行的，这意味着新加坡城逃过一劫，不必经历由无人管束的日本士兵施行的不分族群的大屠杀，以及奸淫掳掠造成的恐怖气氛，而这一切正是岛内西北地区之前曾遭受过的。在交战的最后几天里，日军还犯下种种恶行，闯入英方的战地医院肆意行凶，用刺刀刺杀医生、护士和病人，但投降之后，这一切没有复现。

尽管如此，在正式投降后的第二天里，亚裔人群几乎家家都紧闭门窗，足不出户，差不多所有的商户也都关门歇业，以防万一。只有新加坡冷藏公司的门市还在营业，由经理本人和少数几个职员负责运营。当天他们的生意非常红火，光临的顾客主要是欧裔人群。[1]除此之外，日本人发现,此时的新加坡犹如一座“死城”,[2]只有一小队印度和英国士兵在负责治安巡视,街上能看到的也只有一群群无精打采、神情沮丧的英联邦士兵。

第二天,也就是2月17日,这天早上,欧裔人群,包括男人、女人和小孩,都被召集到政府大厦前的大草场,被审讯和盘问了好几个小时。所有来自英国、澳大利亚及其欧洲盟国的战俘都将被拘押在樟宜,而樟宜监狱原有的平民和军事犯人,包括之前马来和印度军团里的英国军官,则被安排在附近史拉兰的军营里。刚过中午,英国和澳大利亚军队就整齐地列队出发行进,开始了前往被拘押地的14英里旅程。他们在午夜时分抵达了目的地,一些落伍的士兵则一直到第二天凌晨才跌跌撞撞地来到营地。一路上,在道旁目睹这支队伍行进的亚裔人群(主要 196
是马来人和印度人),大多都带着疑惑沉默地看着这一切,而并没有如日本人所期望的那样,表现出欢欣鼓舞的情绪。欧裔平民则集中到了距这里5英里开外的开利开尔宫(Karikal Mahal)。这个建筑群由一幢主别墅和五幢样式相同的宅邸组成,从前是一位被称为“马来亚牛王”的印度富商及其五位妻子的府邸。3月初,这些被临时拘押者们踏上了转往樟宜监狱的痛苦而漫长的旅程,只有少数人是被卡车运过去的,而大多数人则只能徒步艰难地跋涉前往。

在投降日那天晚上,马来军团幸存的8位军官和600名其他兵士被集中在凯普尔滨海高尔夫球场。日军起初友好地与他们寒暄,称其为亚洲的兄弟,并敦促这些马来人和印度人放弃对英国王室的忠诚,转而效忠于日本天皇。5名马来军官拒绝了,于是被当场处决,他们的下属大多数被拘捕,其他人则获准回家。第一批约100人被装上卡车,据说是要送到火车站去,但实际上是开去被全员处决了。剩下的人四散而去,有些回了半岛内陆,有些则与战时跟随军队来到新加坡的家人会合,并被安置在了甘榜格南的马来王宫一带。少数马来人后来加入了日本志愿军,其他人则逃到半岛内陆,加入了那里的游击队。仍然留在新加坡的马来士兵们,在二战剩下的时间里始终处在日本宪兵队的严密监视之下。[3]

印度战俘则被号召加入印度国民军，与英国抗争，争取印度的独立。尽管承受着重重压力，但大多数印度职业军人都坚定地保持着对英国的忠诚，其中的辜加兵[①]更是无一人变节。他们有些遭到了毒打、折磨甚至被杀，那些剩下的拒绝变节的军人则被宣称不具有被按战俘对待的资格，被囚禁在实里达。但也有其他许多人认为，前主人既然这样轻易地将他们弃之不顾，他们这样忠心耿耿实在有些不值。在马来亚战役和新加坡保卫战中，印度军队承担了在马来亚北部激战的重任，而新调来的预备队既没有得到训练，也没有得到足够的装备，就这样被送到了柔佛的战场上。于是，最终，大约有 2 万名印度士兵自愿加入了印度国民军，他们或者是为了生存下去，或者是真的认为，这是一个使印度摆脱英国统治的好机会。

正式投降的两天后，日军在莱佛士学院设立了自己的军事总部，他们的军用车辆沿着武吉知马路连成一线驶入，每辆都飘扬着日本国旗，司机们还使劲地鸣笛。“声音很嘈杂，但洋溢着愉悦，事实上，整个过程有种节日的气氛。”[4]山下奉文并无意进行一场胜利大游行，相反，他举行了一场纪念死难者的庄重仪式。他并没有宣称征服新加坡是一项丰功伟绩，只认为是“计谋生效了”，[5]而且，他只是把这座岛屿看做是通往荷属东印度及澳大利亚的跳板。

日本人占领这里之后，将新加坡改名为昭南（Syonan，意为“南方之光”），将其定为日本占领的南方地区的首府。他们面临的第一批任务包括：修复战争造成的损害，掩埋死者，清除各种残骸，并让市政管理体系重新运转。在 24 小时之内，日军把全科医院里所有的病人都扫地出门，腾出地方来安置他们的伤患。这些被赶出来的病人若是成人，
197 就会被遣送回家或转移到曲棍球俱乐部、维多利亚厅或新加坡俱乐部，小孩则被转送到精神病院，婴儿则被送给了任何愿意照顾他们的人。

---

① Gurkhas，意为“廓尔喀人”，为居住在尼泊尔廓尔喀等地区的一个民族，新加坡用“辜加兵”指这些廓尔喀族士兵。——译者注

日军迅速采取措施，向抢劫团伙开火并当场处决了一些不服从者，从而制止了趁乱打劫的行为。其中的印度人和马来人往往只受到警告后就被释放了，但华人抢劫者却当即被斩首，他们的头颅被悬挂起来示众。因为日军士兵会挨家挨户地搜查，如果看到哪些人家里明明没有电却有很多电器或贵重家具，就会将屋主逮捕。有的人为谨慎起见，防止因此被捕，就自行将劫掠所得付之一炬。[6]

日本人占领新加坡城后，命令水务系统、煤气系统、电力系统和市政机关的雇员均需在数天内前来报到复工。他们还要求医生前来注册，私人诊所和药房也于 3 月 1 日重新开张。战俘们开始承担清理废墟残骸的工作。供水管道得到修复，不过，全城的自来水供应直到六个星期之后才恢复正常。由于被弃石油燃烧产生的浓烟漂浮在空中长达一个多月不散，城中的空气也一直很浑浊。

日本人非常急切地要恢复自己的媒体宣传渠道。广播电台的工作人员以及其他必不可少的员工都被召来复工。3 月，广播重新开始，节目大多是新闻和宣传。所有的接收装置都被封了波段，只能接收日本人发射的中波波段，而收听海外新闻则是严格被禁止的行为。

投降日两天后，一份有爪夷文和罗马字母两种版本的马来语报纸《马来新闻》(*Berita Malai*)开始出版。到这个星期末，印度语言、中文和英文的报纸都开始出版。《星洲日报》改名为《昭南日报》继续出版，《海峡时报》也改名为《昭南时报》。《昭南时报》起初还是由《海峡时报》的原班人马编辑出版，但在 1942 年 12 月，即马来亚战役爆发一周年的时候，它又被改名为《昭南新闻》，同时发行日文版和英文版。英文版由原来《新加坡先驱报》的主编藤井达树负责编辑。他原先被关押在印度战俘营里，后来被用于交换在远东其他地方被俘的英国战俘而得以出狱，并于 1942 年 11 月返回了新加坡。

考虑到新加坡在战略和经济上的重要性，日本人想要让它成为自己的永久殖民地，并认识到，想要重建这里的经济，就必须使华人与己合作。早在 1941 年 3 月，日军总参谋部就达成了一项秘密策略，强调一旦清除了与日方敌对的国民党和共产党分子之后，就需要实行安抚政策。这项策略说得很含糊，但日军取胜的速度过于迅速，总参谋部的人员还来不及制订任何详细的执行计划，军队就已经占领了新加坡。日军在这里残忍地实施了“肃清”行动，给新加坡华人带来了巨大的灾难，也使他们对日本征服者产生了深深的仇恨。[7]在此之后，想要实行安抚政策已无可能。

山下奉文很清楚日军的状况并不好，非常希望避免游击队袭击自己手下那支已经筋疲力尽的队伍，因此下令立即彻底清除抵抗力量。辻政信受命负责这次行动，而昭南警备司令官河村三郎（Saburo Kawamura）少将和昭南宪兵队队长大石正行（Masyuki Oishi）①大佐则受命共同实施“对怀有敌意的华人的严厉惩罚”。与德国盖世太保
198 (Gestapo)隶属于民政部门不同，宪兵队是由日本军部管辖的军事警察组织，其成员都接受了专门的审讯手段培训，任务是摧毁任何对军事统治的抵抗力量。它拥有逮捕平民和军人进行审讯逼问的权力。当时在新加坡的正式宪兵只有约 200 人，但从军中又招募了 1 000 人的预备队。预备队的成员大多是入伍的农民，年轻而粗暴，他们的暴虐情绪早已因华人非正规部队在新加坡战役期间对他们的激烈抵抗而沸腾不已。

辻政信接到的命令是，要“严格遵守军事法的规定和精神”行事，但法条中的指令并不清晰，其结果是出现了一场大屠杀式的“肃清”行动。为了一网打尽各种可疑分子，日军以辻政信的名义下令，在投降日三天后，所有年龄在 18 至 50 岁之间的华人男性都要自备一星期的干粮，到检证“营地”报到。宪兵队挨家挨户搜查，用刺刀顶着适龄的华人男性出来，有时候也带走女人、小孩和老人，把他们统统赶到五个主要的集中营地。在那里他们被宪兵们挨个盘查。宪兵在戴着头罩的奸细的帮助下，把那些据说为反日分子的人抓出来。

这些检证营地里并没有什么统一遵循的制度、章法和组织形式。

---

① 原文如此，疑拼写有误，应为 Masayuki Oishi。——译者注

大多数宪兵都是狂妄无知的预备队员，他们其实并不清楚自己要做些什么，而且也只会讲日语。有些集中营地相对而言还比较有效率，送走了被抓来的女人、小孩和老人，挑出了那些曾积极参加抗日活动的人，然后就放走了其他的人。但在其他营地，成千上万的华人被羁留在这里长达一星期，就挤在露天的空地上，没有食物、水和遮风挡雨的地方，还经常被踢打，受鞭挞。宪兵们很多都极度仇华，因此随心所欲地折磨被拘押者。在有些地方，他们抓住所有华人学校的老师和记者，还有新近从中国本土来的人。有时候，他们把所有的海南人都抓起来，因为共产主义在这个社群当中相当盛行，有时候又抓捕所有身上有文身的人，因为这些人很可能是某个帮会的成员。而在另一些地方，他们又把穿着比较讲究，或者戴着眼镜，或者有英文名字的人挑出来，有时则甚至把原来曾在欧裔家庭中做工的仆役统统抓起来。通过了盘查检证的人会得到一张用中文写着“已验”的良民证，或者在手臂或衣服上被盖上一个圆形的油墨章(他们必须费心地在此后几个月里保护好这个章)。

而那些不幸被挑出来的人则被盖上三角形的章，从营地被带离。有些人进了监狱，但大多数人被用绳子捆在一起，或者用船运出海，在绝后岛(即今圣淘沙岛)附近被扔到海里，或者被从樟宜海滩往海里赶，被机枪扫射致死。在东部郊区实乞纳(Siglap)，紧随“肃清”行动而来的是一场大规模的屠杀，有好几百人被处决。在日军占领后的头两个星期里，死于大屠杀的华人到底有多少，其确切数字已经无法知道。日本方面后来承认杀害了5 000人，但实际数字估计可能更接近2.5万，许多华人估计的数字则更高。大屠杀的情况一直是机密，这场灾难的规模之大，直到二战结束后才曝光。几乎没有人生还，但许多家庭仍然抱有一丝希望，觉得自己的失踪的亲人或许只是被强征到别的什么地方做劳工去了。

14天后，“肃清”行动忽然被叫停，因为此时日方开始认识到，这种方法不但过于野蛮，而且也没有什么效果。大屠杀虽然残杀了成千上万的普通民众，但很多重要人物却逃脱了日军布下的天罗地网。因此， 199
在山下奉文的参谋副长马奈木敬信(Keishin Manaki)少将的命令下，

大规模的盘查检证行动中止了，转而开始集中追捕一些关键人物。

但这些人很多早已逃之夭夭。达尔军的剩余力量秘密撤往了半岛内陆，进入丛林地带，组建了一支名为马来亚人民抗日军(Malayan People's Anti-Japanese Army, MPAJA)的游击队。作为日方主要追捕目标的陈嘉庚，已经逃往苏门答腊，继而又转往爪哇，在那里，在二战剩余的时间中，他始终化名居住在一间不起眼的小木屋里，尽管日方悬赏100万荷兰盾索要他的首级，还严刑拷打一些知情人逼问他的去向，但却没有人背叛他、供出他的所在地。李光前此时身在美国，而胡文虎也去往了香港。郑古悦是新加坡支持国民党的中坚人物(他同时还是新加坡筹赈会的成员，新加坡华侨抗敌动员总会民兵队的领导人)，他逃往了爪哇，隐姓埋名生活在那里，但他的长子却被日本人抓住并杀害。林谋盛乘一条舢板船在英军投降的三天前逃脱，但他的许多亲人都被宪兵队逮捕，此后再无音讯。林谋盛途经苏门答腊转往印度，并在那里招募到一批人在马来亚继续从事地下抗日活动。

其他人留在了新加坡并遭到逮捕，其中包括新加坡中华总商会的副会长陈六使、新加坡义勇军中华人队伍的领导人叶平玉(Yap Pheng Geck)，以及林文庆博士。日方最大的收获是马来亚共产党的总书记莱特。在太平洋战争爆发前，英国镇压马来亚共产党最严厉的那段时期里，莱特因为告密，所以一直没有被英国当局逮捕，而如今，他又同意秘密与日方合作。

日本人本来还希望新加坡的华人能够自愿与之合作，但“肃清”行动毁掉了这种可能性。虽然日本人起初在某些殖民地受到了解放者般的待遇，但在新加坡，这种情况从未出现过。一开始他们还是有绝佳的机会让民众合作的。他们的胜利在这个一向崇尚物质成就的社群中激起了敬畏之情，而且相比之下，他们让之前的英国统治者显得“软弱无力，完全靠不住”。[8]虽然在新加坡没有什么民族运动可资利用，不过这里的社群内部差别极大，始终存在裂痕，当初唯一整合了这个社群的力量是共同臣服于英国人的政权，但如今这个政权却让他们大失所望：

许多华人在此之前就已经对华民护卫司署失望透顶，就在新加坡陷落前不久，中华总商会还在向总督请愿，要撤掉华民事务秘书。大批印度人则被印度本土的反英民族主义运动搞得群情激奋，而这里的马来人一向贫穷且备受忽视，欧亚裔则游离于本土的任何一个族群之外，而且被殖民地的统治阶层禁止谋取高位或争取社会平等权。在这种情况下，日本人本来很有希望引发这些民众对己方的认同之情的。

日方一直在宣扬这样一种听来很振奋人心的理念：全亚洲平等，并合作建立“大东亚新秩序”，包括日本、中国和东南亚一带。在马来亚战役期间，辻政信一直试图向手下灌输一种使命感。他编制了一本名为《只要读了它——就能赢得这场战争》的小册子，复印了 4 万册，分发给“前线将士，他们是为解放亚洲的崇高理想而战”。“如今我们将担负起上天赋予日本的伟大使命，作为全远东地区人民的代表，坚定地给予欧洲人在这一带长达数世纪的侵略以重重的最后一击。”[9]

日本人宣称，他们的政策是在从前的殖民地恢复种族间的平等。 200
投降后的第五天，山下奉文向昭南的民众许诺：“我们扫荡了那些英国人造成的蔑视民众、缺乏公义的因素，并以互相扶助的心态与所有受这些制度所苦的人民分享过往的伤痛和如今的喜悦。”他还宣称，日本的意图是要建立“大东亚共荣圈，它将遵循寰宇大道(Great Spirit Cosmocracy)，实现公正的新秩序，让各个民族和个体都能按照自己的天赋和才能各得其所。”[10] 日方谴责了英国实行的分而治之的政策，敦促亚洲人民以“八纮一宇”(*hakko-ichiu*，意为四海之内皆兄弟)的兄弟精神团结起来，尊重彼此的宗教信仰、习俗和语言。

新加坡陷落十天后，《昭南时报》宣称：“引领 300 万马来民众投入到大东亚圣战中，并在东亚最强大的国家和领袖大日本帝国的庇护下，引导他们遵从日本的军事统治，这是我们伟大的责任和荣光。”[11] 两个月后，这份报纸又再次强调：“日本不仅希望，而且坚持要在它影响力所及的所有领土上实现民族间的和谐……马来亚旧的管理体制，细致地强化了优待某些人而镇压其他人的政策，这只能让所有民众都生活在政治上低人一等的命运中。”[12] 然而，在这些文字发表之时，日本人在新加坡的所作所为已经全然败坏了他们最初曾得到过的赞赏、敬畏和尊重之情。

日本人还强调:"最紧迫的任务之一是,要破除由傲慢而狡黠的英国人留下的各种陈规陋习,并携手并肩……推动以强调德性和精神修养原则为基础的东方文化的复兴大业。"要清楚英国统治留下的各种外在形式并不难,不过日本人还是需要在本国人才尚未到达前的作为过渡期的那几个月里,保留和借用一批英国医生、护士、工程师和其他专家人才。这些人被拘押在麦士威路(Maxwell Road)的海关大楼里。日据时期的头12个月,新加坡的主教通过假释得以继续住在城中,而在最初的一段时间里,圣安德烈大教堂的黑特神父(Reverend Hayter)也获准离开拘押营,到医院里走访信仰基督教的病人。[13]在整个日据时期,新加坡植物园的园长、其助手,以及渔业总监都被拘禁在植物园和博物馆内。日本天皇本人就是一个生物学爱好者,还是伦敦林奈学会(London Linnean Society)的会员,因此,他下令日军所占领土上的博物馆、图书馆和科学收藏品都必须得到保留。新加坡投降后不久,田中馆秀三(Hidezo Tanakadate)教授即从西贡来到这里,旨在保护莱佛士博物馆里的地理学藏品。快到1942年年底的时候,日本科学委员会任命羽根田弥太(Yata Haneda)博士担任昭南植物园的园长,郡场宽(Kwan Koribu)①教授为昭南博物馆的馆长。② 德川侯爵③对马来亚了解颇深,而且与柔佛苏丹易卜拉欣的私交甚好,因此作为日本昭南政府的军政顾问来到这里,还被任命为植物园和博物馆的总负责人。侯爵本人是一名植物学家,曾于1929年率日本代表团参加在爪哇举行的太平洋科学会议,还曾走访马来半岛、婆罗洲和苏拉威西等地。被拘押的英国科学家与负责看管他们的这些著名日本学人在研究和管理工作中

① 原文如此,疑拼写有误,应为Kwan Koriba。——译者注

② 日本占领新加坡后,新加坡植物园和莱佛士博物馆分别改名为昭南植物园和昭南博物馆,关于上述两位学者的任职,原文说法如此,但根据日文文献记录,郡场宽担任的是植物园的园长,羽根田弥太则负责管理博物馆。——译者注

③ 指德川义亲(Yoshichika Tokugawa)。——译者注

合作无间，这招来了其他被拘押者的不少痛骂悲叹声和指责声，但这却
意味着战前收藏的那些书籍、档案和科学文献都得以避免被毁的命运， 201
而且即使在战争年月里，这里的科学研究工作仍然卓有成效地进行着。[14]

这项积极的成就在总体而言具有破坏性的日本战时统治环境中，是一个多少能弥补些许其罪过的例外，[15]在德川侯爵强有力而慷慨的保护下，植物园内的生活相对来说还挺舒适惬意，这与其他囚犯那物资匮乏且深受暴力折磨的生活形成了鲜明的对比。武士道的准则认为士兵投降是不名誉的行为，而且日本也从来没有批准并加入保障战俘应受到人道主义待遇的1929年《日内瓦公约》。因此，日本人对战俘施加各种残酷折磨、严刑逼供，一人犯错就整群惩罚，还处决逃跑者，对此他们毫不手软。从理论上讲，被拘押的平民理应得到更好的待遇，但实际上，樟宜的战俘营和平民拘押营中的生活条件并没有多大差别。

起初，被囚的欧洲人是自行管理组织的，因为日方人手不足，而且战俘们可以在新加坡岛的东端一带相当自由地活动。在这最初的几个月里，俘虏们重新审视整场战役里发生的种种灾难，开始怪罪他们的领导人，整个群体四分五裂，相互指责。英国人和澳大利亚人、指挥官和其他军人之间都充斥着对彼此的怨恨不满情绪。监狱医院里的条件非常糟糕。有好几个星期，里面挤入了2 000多个病人，到1942年秋天，这些病人已经有四分之一死去，被埋在了樟宜。

白思华要军队继续正常操练，这让士兵们很不满，但因为这些举措，不到两个月，秩序和纪律有所恢复。日本人会调若干队俘虏出去工作，到1942年4月时，有8 000多人在外劳作：在武吉知马修建神社和战争纪念碑，维修船坞，以及从船上卸货等。这样的劳作机会很受欢迎，因为它们意味着可以得到更多的食物，还有机会用物品交换或偷偷拿一些供养品，尤其是所卸货物是食品时。此外，他们还能因此得到一点工资，虽然每天不过10分钱。

1942年8月，日方加紧了安全监管措施。400名身份较高的平民囚犯和战俘，包括白思华和珊顿·托马斯，被转往台湾。此后，日方在

这里建立起自己的营地管理机构,由福荣少将[①]负责。1942 年 9 月,总数达 1.5 万多人的战俘被集中到史拉兰广场(Selarang Square)上,日方要求他们每人签署一份保证不逃跑的承诺书,但战俘们拒不合作。日方因此让他们滞留在广场上长达三天,不提供食物和任何遮风挡雨的设施。最终,在日本人公开处决了四名抓回来的逃跑者后,战俘队中的军官们命令各自的下属在承诺书上签了字。

史拉兰广场事件并没有打击战俘队伍的士气,相反,事实上还加强了他们的团结,激起了他们同仇敌忾的情绪。在之前的操练和种种磨难中,他们已经学会了遵守纪律、积累资源和自力更生,并逐渐形成并分享了各种各样的技能。战俘们开辟园地种植蔬菜,养鸡,在营地里开办小作坊生产肥皂、纸张、牙粉、扫帚和厨房用具等物品。到 1943 年初,营地里还建起了一所"大学",拥有 120 名教师和 2 000 多名学生,另外还有一个剧团,一份营地内的期刊和一个水平还不错的澳大利亚交响乐团给战俘们提供娱乐。起初,日方准许囚犯们获取、阅读《昭南时报》,后来又横加禁止。尽管如此,囚犯们仍然借助秘密藏好的无线电接收装置保持着与外界的联系,利用这些装置,他们能听到来自伦敦、新德里和美国的新闻。

202 辜加兵战俘营同样也按照军营原有的方式维持着军人该有的秩序和纪律,但位于实里达的印度战俘营内的情况却非常糟糕。这些部队已经失去了所有的英籍军官,很多印度军官或者被处决,或者加入了印度国民军,而且,在战俘营内部,印度教徒、穆斯林和锡克教徒之间始终摩擦不断。即使在编制仍然整齐的部队里,纪律也非常松弛,而且这里的患病率和死亡率都相当高。

虽然日方逼迫囚犯们承诺不逃跑,但事实上,就算真想逃跑也几乎不可能。因此,C. E. 麦科马克(C. E. McCormac)的成功逃跑实在是例外中的例外。他是一名前英国皇家空军,组织了 17 名外出劳作的战俘逃跑。在一名葡萄牙籍欧亚裔看守的帮助下,他们从巴西班让逃脱,

---

① 即福荣真平(Shinpei Fukuye)。——译者注

并在克兰芝乘一条小船逃出了新加坡岛。四名幸存者在马六甲海峡搭上了一架荷兰的水上飞机，而麦科马克则最终抵达了澳大利亚。[16]

被关押的第一年，樟宜监狱的情况还算差强人意。敌国平民总管朝日五十四(Isoshi Asahi)担任过八年的日本驻伦敦大使。他是一个体量关怀他人的人，并不施行什么虐待措施，唯一折磨囚犯们的是锡克和其他印度看守。囚犯面临的主要困难是食物的短缺。1942 年 10 月，日方降低了所有战俘和平民拘押营的口粮定量，不过，虽然每顿的量减少了，但各餐的供应在此后的 12 个月内还是基本保证的。

战俘和被拘押的平民之间接触很少，被拘押在樟宜监狱内的男囚和女囚之间也无法交流。平民男性囚犯有时候会得到离开监狱外出劳作的机会，但除了两名偶尔会被派到城中看病的女医生外，女人和小孩们始终都被关在营地内部。女囚营里的生活艰苦而凄凉，但她们还是建起了一所学校，有 18 个月的时间，还坚持发行了一份在营地内流通的新闻快报。

考虑到新加坡在战略和经济上具有的重要性，日本打算将其变为自己的永久殖民地。1942 年 3 月，日本人在这里建立起了一个军事管理机构军政监部(*gunseikan-bu*)，由渡边渡(Wataru Watanabe)大佐担任总务部长，另外还将昭南新设立为特别市(*tokubetsu-si*)，由大达茂雄(Shigeo Odate)①担任市长，而前任总领事丰田薰(Kaoru Toyota)则担任他的副手。除了行事正常的市政府功能外，特别市还兼并了之前的一些政府部门，而且它所管辖的领土范围除新加坡外，还扩展到了迦利姆群岛和廖内半岛。

大达茂雄是一位一流的管理者，而且曾在日占中国地区有过非常丰富的民事管理经验。在就任市长的同时，他也获得了将军的荣誉称号。新加坡是日本在南洋最重要的中心，但驻扎在这里的日本高级民事官员却从来没有超过 20 名。而且，民政和军政当局之间还始终存在

① 原文如此，疑有误，应拼写为 Shigeo Odachi。——译者注

着矛盾。大达茂雄有时候凭借自己的军衔和个人魅力能够迫使渡边渡屈服,但事实上特别市民政机构是从属于军政监部的。而军政监部认为,管理的第一要务就是要确保安全和满足战争的需要。

高级官员的缺乏迫使军政监部引入了一批阶位较低的日本官员,以及台湾人和朝鲜人(这些投靠日本的朝鲜人历来具有冷酷无情、胆大妄为的名声)。引入的台湾人对军政监部来说非常有用,因为他们会讲在新加坡当地使用最广泛的闽南语,可以充当翻译和宪兵,而那些朝鲜人一般既不会讲汉语,又不会讲英语,主要充当狱卒。

在日据时期最初那 14 天里的恐怖统治中,华人受尽折磨惊吓,但
203 没有人敢站出来为这个族群说话。而立场更为温和的日本人则希望与华人达成谅解。最初的此类尝试是由筱崎护作出的。他当时刚从樟宜监狱被释放出来。筱崎护选择了林文庆作为两族交流的中间人。林文庆当时已是 72 岁的老人,五年前刚从厦门退休回到新加坡养老。他很不情愿接受这个角色,据说,还曾假装每日喝得酩酊大醉,试图逃避与日人合作。[17]但最终他被说服了,出面组织了昭南华侨协会(Syonan Overseas Chinese Association),并担任会长,由在新加坡出生的广东籍著名商人兼银行家 S. Q. Wong 担任副会长。筱崎护说服宪兵队承认该协会,还让他们释放了陈六使等著名华人领袖,使他们加入该协会。约 250 名知名华人聚集在当时封锁起来的闽南吾庐俱乐部(Goh Loo Club)里,参加了昭南华侨协会的创立仪式。军政监部现场授予他们“忠诚华侨官员”的袖标。这些人就此成立了一个维持治安的委员会。

筱崎护后来声称,他创立华侨协会是为了保护华人社群,[18]但渡边渡却倾向于采取强硬立场,于是将华侨协会转交给了自己同样持强硬立场的民政方面的得力干将高濑通(Toru Takase)。[19]在冷酷无情的台湾人黄堆金(Wee Twee Kim,战前是一家日本公司在新加坡分店的管理人)的协助下,高濑通利用华侨协会来恐吓华人,并攫取他们的财富。

东京方面希望当地的日本军政当局能够自己养活自己,渡边渡于是决定向马来亚地区的华人征税。而且这样还能一举两得,一方面可

以使军政机构得到足够的经费，另一方面也能让华人为他们之前的仇日言行付出代价。高濑通日复一日地把华人领袖召到军政机关来，威吓勒索他们贡献钱财。领袖们被他吓得不轻，纷纷表示将全力支持日方。于是渡边渡开始出面召见他们，命令他们在一个月内筹集 5 000 万元的“奉纳金”。一个以陈延谦(华侨银行的执行董事)为首的筹款委员会匆匆组建了起来。在这 5 000 万当中，新加坡分配到的承担份额是 1 000 万，其他的将由马来半岛各地的华人分担。

日本人提供了搜集到的税收和财产记录，在这种情况下，没人可以逃避支付“奉纳金”。新加坡的华人决定，向个人财产在 3 000 元以上的人征收 8%的财产税，对公司资产则征收 5%的税。但是，要筹集这样一笔巨款实在是一项艰巨的任务，因为它已经占到马来亚地区流通货币总量的四分之一。到这个月末，筹款委员会仅筹集到总数的三分之一。马来亚的华人领袖们又被召到了新加坡，日方威胁说若不能筹齐就要对华人社群施行报复，不过，日本人也把截止日期又宽限了一个月。但款项到期仍然没能筹齐，华人领袖们再次被召到新加坡严加训斥了一番，截止期限也再一次宽限到了 6 月底。但到期后，5 000 万只勉强筹集到了差不多一半，日方于是同意华人向横滨正金银行(Yokohama Specie Bank，占据了渣打银行在新加坡的营业场所)贷一笔一年内还清的贷款，以补上剩余的款项。

渡边渡宣称，“奉纳金”抽走了流通中过剩的货币，因此可以抑制通货膨胀，他提出的另一条冠冕堂皇的理由是，这笔钱又用在了本地的支出上。但就在针对华人的大屠杀过去才没多久的时候，日方又提出要征收这笔钱，而且募款的手段也极为粗暴，这只能让新加坡的华人对日治政权更加怒火中烧。

印度人、马来人和欧亚裔看到华人受压榨，倒也没有表现出特别的 204
义愤，但却害怕下一个就要轮到本族群了。日本人的确希望各个族群都能臣服于新的日治政权，但他们对每个族群所采取的策略却有很大的不同。

因为他们并不打算在这个阶段扶持在新加坡开始萌芽的马来民族主义运动的任何苗头，所以日方像英国人之前所做的那样，对马来人有些置之不理，放任自流。而对于年轻的记者萨马德·伊斯梅尔(Samad Ismail)来说，从之前担任《马来前锋报》的助理编辑，到如今担任《马来新闻报》的主编，这个位置能使他更好地宣扬自己反殖民主义的立场。

欧亚裔的问题则有些特殊，虽然从来没有被英国人视为与之平等的族群，但他们也始终与亚裔人群保持着距离。这些人一般都受过英语教育，是基督徒，以英语为母语，从事的大多是属于中产阶级的白领类工作。这些人明明地位低人一等，但又拥有某些特权，因此具有一种虚幻的优越感。而日本人就想要打破他们的这种优越感，于是声称："在新秩序中，没有哪个人群是'高人一等'的。"其父或其母是欧洲人的欧亚裔被关进了拘押营，其他人则在3月间被聚集到巴东训话："在这之前，你们一直放纵地追逐个人主义和自由主义。你们习惯了轻松闲适地玩乐生活。但只关心私人和自己的事务的时代已经一去不复返了……在一个新的伟大亚洲，一个新的纪元开始了。"物质主义将被丢弃，欧亚裔们应该"重新寻回被他们完全遗忘掉的灵性生活"。[20]他们被勒令将自己当做亚洲人看待，忘掉种族优越感，换掉文员的工作，转而去当农民、店员或其他类似的工作。有少数人作出了响应，但总体而言，欧亚裔们在日据时期一直是一个不被信赖、笼罩着郁郁寡欢气氛的群体，与新的政权始终不太合拍。许多人将当地的法籍罗马天主教大主教德瓦尔(Devals)视为本群体的领袖，或者向欧亚裔福利协会(Eurasian Welfare Association)——同样由筱崎护创建，领导人为查尔斯·帕格勒博士(Dr. Charles Paglar)——靠拢。

日方针对亚裔犹太人群体的政策有些摇摆不定。在3月中旬，所有的犹太人都被要求身份注册，有一些非常富有的犹太人则被抓了起来，直到支付了一大笔保释金后才得到释放。可是到了后来，所有的犹太居民都渐渐被收押。

新加坡日治当局接到的命令是，对待印度裔人群要谨慎和善，将其视为盟友。但大多数印度穆斯林都并不愿参加印度国民军，而希望建立一个印度穆斯林协会来保护他们作为少数族群的利益。日方拒绝了这一要求，但到 1943 年底时，同意创建了印度裔福利协会(Indian Welfare Association)，由纳丹博士(Dr. Nathan)领导，旨在充当市政当局与印度裔人群的沟通纽带。大多数锡克人和“自由的印度人”①受雇担任警察、码头巡警和俘虏营的看守。而拒绝与日治当局合作的印度人所受的折磨与其说来自日本人，还不如说主要来自他们那些加入了印度独立联盟(Indian Independence League)和印度国民军的同胞们。

市政当局逐步采取了措施，着手恢复日常秩序。英国人投降后的几天内，当局采用行政手段固定了价格，而所有从半岛内陆逃来的难民也被勒令返回他们的家园，以减轻给新加坡各项资源造成的压力。之前在新加坡开办私人诊所的安藤医生(Dr. Kozo Ando)，成了日治市政当局的医学部长官。他下令各家各户保持家中清洁，消灭蚊虫，还进行了针对天花和霍乱的疫苗接种。

筱崎护担任了教育部的长官，他试图采取措施，尽快让各所学校恢 205
复正常教学。这是一项艰巨的任务，因为所有欧裔和部分当地的老师都已被收押，其他一些已经被杀害，而且大多数学校的房舍都被军队占据着。尽管如此，部分英语、马来语和印度人的学校还是在 4 月重开。日方不太愿意恢复华语学校，但到 1942 年 6 月，还是有 25 所华语学校恢复了教学活动。

这些学校复课后，接到的第一项任务是，组织一次盛大的游行欢庆活动，庆祝 4 月底天皇的生日。数千名学童手拿小旗，唱着日本国歌，游行到了巴东。山下奉文检阅了这次游行，之后又出席了有 400 多名社区领袖参加的在亚德菲酒店举行的一场聚会。这是山下奉文与新加坡人的第一次直接接触，新加坡人对这位“马来亚之虎”真是又敬畏又害怕。但他安抚他们说，既然他们如今都已经是日本的子民了，就没什

① 指没有明确信仰归属的印度人。——译者注

么好怕的。

两个月后，山下奉文第二次公开露面，接受华人募集的“奉纳金”。60名颇具声望的华人领袖参加了这次在浮尔顿大厦内前新加坡中华总商会旧址举行的仪式。尽管之前他们受过种种让人神智难免慌乱的威吓，但山下奉文还是给他们留下了深刻的印象。山下向他们发表了长达一个多小时的讲话，大谈日本的目标和野心，最后他说，因为日本人是神的后裔，而欧洲人是猿猴的后裔，所以在任何一场神与猿猴的战争中，神的胜利是确定无疑的。

这是山下奉文最后一次在新加坡的正式亮相。之后，寺内寿一决定将日本南方军的总部从西贡转移到新加坡，而山下奉文则于1942年7月被派往中国东北。他本打算在赴任途中先回一趟东京，当面向天皇报告马来亚战役的情况，但却得到命令，直接前往赴任。他在那里一直无所事事，直到1944年10月才受命率军抵抗美国人对菲律宾发动的进攻。山下奉文奋力进行了无望的抵抗，之后于1945年9月正式向美国人投降。具有讽刺意味的是，刚被释放出来的白思华也参加了这次受降仪式。对山下和白思华来说，新加坡的陷落都是其悲剧命运的起点，但相比之下，山下奉文的这出剧目更加跌宕起伏。他成为第一个作为战争罪犯接受美国人审判的日本将军，被控在菲律宾犯下了暴行，但对这场战役他并没有实际指挥权。美国总统杜鲁门否决了少数人提出的对其从轻发落的建议，于是山下奉文最终在1946年2月被处以绞刑。当时的两位美国高等法院法官称这次行刑是“以司法名义施行的私刑”。

在日据早期，主张温和对待华人的日本官员被军队指责为太软弱，甚至被指责为不爱国。1942年6月，黄堆金指控筱崎护帮助“敌人”，犯有叛国罪。为了让筱崎护逃脱被逮捕的命运，市长大达茂雄把他送回了日本。在华人支付了“奉纳金”以及第二十五军撤走后，日本军方与民政管理机构之间的斗争开始平息，军政当局对华人的疯狂镇压也告停止。渡边渡继续主张实施强硬措施，但高濑通被送回了日本，而黄堆金又被解雇,这让他顿失左膀右臂,锐气大减。

1942 年 8 月,筱崎护从日本回到新加坡,担任市政当局的福利部
长官,华侨协会也再次交由他管理。在日据时期剩余的时间里,这个协 206
会一直扮演着华人社群与日本当局之间中间人的角色,不过,协会内部却充满着各种裂痕,尤其是在海峡出生的华人与从中国本土移民来的华人之间。海峡出生的华人在太平洋战争之前的那段时间里,并没有积极地对中国本土的民族运动表示出支持,因此,他们责怪华人移民连累自己遭受了日本人的报复。而华人移民由于在战前曾积极支持过抗日政治活动,如今为了保存性命,往往表现得与日方很合作。林文庆人望很高,可以声称代表这两个群体,但他不是像陈嘉庚那样有力的领导人物,而且,有很多人还误以为是他帮助日本人创立华侨协会来榨取华人的钱财。

虽然日方承诺,只要华人与之合作,就不会歧视他们,但事实上,新加坡和马来亚的华人所受的待遇,比他们在东南亚其他地方的同胞所受的待遇更差。在新加坡,他们总是最先被榨取钱财的群体,一旦发生一些小偷小摸的罪行,他们也总是最先被怀疑和逮捕的对象。许多年轻的华人女性都被抓进了日本人的妓院,而许多年轻的华人男性则被抓去当劳工。还有数千人(详细数目已不可知)在宪兵队的手上饱受折磨,甚至死亡。

对大多数华人来说,要想生存下去,就意味着要适应这个新的政权。日本人发现,马来亚的华人让人捉摸不透,因为他们是“巧妙掌握最低限度反抗这条线的大师”。[21] 他们为日本人捐资助战,他们向日本人赠送礼物,他们组织晚宴和展示忠心的游行活动,但这一切只是为了“买到”和平。在合作的表象之下涌动着的是深深的敌意。中国本土多年来饱受日本人的蹂躏,日本占领新加坡的头 14 天里施行诸种暴行,以及日方向华人攫取巨额“奉纳金”,这一切都不断加深了华人对日治政权的憎恨。

日本施行的扫清殖民地经济上层结构、将所占领土融入“大东亚共

荣圈"的政策给新加坡造成了严重的困境,因为这个地区转运港的经济是与以西方为主导的国际经济紧密联系在一起的。日方声称,他们的目标是要把新加坡改造为一个自给自足的经济体,但事实上,这里的工业、交通通讯、商业和金融业都被转为为战争机器服务。三井和三菱等日本大公司得到了对马来亚经济中重要部门的控制权,如船运、交通、橡胶生产、锡和铜矿业、棕榈油业,以及稻米的配给。其他附属贸易和产业则交给了日本或台湾的私营商人,而其他非日本的商人则需要获取特别颁发的许可证才能进入特定行业。从 1942 年中期开始,新加坡就充斥着日本的商人和特许权谋求者①,以及饭馆、酒店和艺妓屋老板。

日本人建立了同业行会②以垄断供应短缺的关键物资。这种垄断组织的目的在于更有效地保证对军队的供应,但事实上,行会体系只是创造出一个受政府保护的黑市,其最顶端的操控者是一小群日本商人,具体运营者则是新加坡当地的商人。日本人施加的种种限制挑战并激发了当地华商的聪明才智,随着时间的推移,他们重新取得了原先的中间商地位,再次扮演起这个获利颇丰且不可或缺的角色。新加坡的经
207 济于是演变为"日本的官方控制与华人的精明算计和自我谋利的结合体"。[22]在许多同业行会中,表面上是日本人在运作,但幕后的真正掌控者却是华商。

在日据早期,奢侈品都很便宜,因为趁乱打劫的人为了逃避被抓,纷纷抛售抢来的东西,而富有的华人则变卖家产以支付摊到自己身上的那份"奉纳金"。但日常生活必需品却很稀缺。新加坡非自然形态的经济严重依赖于转口贸易和食品进口。早在 1942 年 4 月,商店的存货就几乎卖空了,各家各户尽量囤点东西,而投机者则囤积居奇。黑市十分兴盛,几乎每样东西都是"私底下交易",价格飙升,比如食品价格就是半岛内陆地区的城镇的两到三倍。1943 年 6 月,《昭南新闻》称,价

① 原文为罗马拼音 *rikenyas*,即日文中的"利権屋"。——译者注

② 原文为罗马拼音 *kumiai*,即日文中的"組合"。——译者注

格水平已经升至战前的三倍。同年 8 月，军政监部出台了严厉的打击投机倒把行为的法规，但却进一步加剧了价格的上升，因为如今买方还得为卖方所承担的风险埋单。

日方发行了军票以替代英国的货币，而军票的泛滥则使新加坡陷入了长期的严重通货膨胀之中，一旦战争局势开始不利于日本，其所发纸币的价值更是大幅滑坡。这些军票纸币通常被叫做“香蕉”或“椰子”，因为它们的票面上印有这些植物的图案。第一批军票是定量发行的，但此后的各批次却完全毫无节制，而且其印制技术十分低劣，使得伪造起来非常容易。

新加坡因此充斥着这些几乎一文不值的纸币。每个人都知道，一旦这场战争结束，日本的纸币就会毫无用处，因此一拿到手就赶紧换成商品，使得珠宝、地产和其他耐用品的价格直线上升。在 1944 年初，日方对地产交易特别开征重税，试图打击其中的炒作行为，但逃税还是比较容易的，这项措施形同虚设，只是进一步推高了价格。到 1945 年 3 月，战前卖 5 000 至 6 000 元的商铺已经卖到了 16 万至 25 万元。城镇内的住宅地的价格是战前的 50 至 60 倍。由于住房过于紧张，人们租赁一间小间都需要交纳 5 000 元的转让费，而一幢房子的更是高达 4 万至 6 万元。甚至连巴士车票、电影票和报纸都是以黑市价格出售的，到 1945 年 6 月，一瓶轩尼诗白兰地已经卖到 4 000 至 5 000 元。

这种状况鼓励了人们的贪婪和投机。从事非法勾当的人暴富。贿赂和腐败横行。那些受到压榨的人反过来又去压榨其他人。商人们倒可以转嫁他们所承受的压力，“就像在玩一场通胀传球游戏，每个人一接到球就忙不迭地把它转出去”。[23]大胆的交易者只要能昧着良心，结交日本官员，交纳贿赂金和保护费，并为日本的战时金库作些贡献，就能快进快出大赚一笔。人们赚钱容易，花钱也如流水，因为存钱根本没有任何价值。尽管面临物资短缺，但咖啡厅、游乐场、赌坊和电影院里却人潮涌动，满是日本人、黑市商人及其合作者。三个娱乐“大世界”中有两个都重新开张了，主要就是给人们赌博提供场所。整个新加坡充斥着及时行乐的荒唐气氛。

有些人不愿意与日治政权有任何牵连,他们辞掉了工作,变卖家产,清贫地生活。但大多数人认为让自己的家人挨饿绝不是什么美德,于是也就靠着"我与你合作,你给我行个方便"的方式生存下去。进入黑市交易已经成为生活下去的必要条件,因此是受人尊敬的行为。善于见机行事成为人们看重的美德,而那些曾经潦倒但又重新积聚起财富的商人则受到广泛的尊敬。

208 新加坡的社会构成和人们的价值观已经被颠覆。大胆的商人、从事非法贸易者和赌徒成了新富阶层,跻身上流社会。日据时期为以前处于社会底层的人,如沿街叫卖的小贩、人力车夫,以及饭店、电影院和娱乐场里的员工提供了回报丰厚的机会:成为中间人。而劳工们也可以要求得到更高的工资,或者要求一部分工资直接以稻米或布匹的形式发放。反倒是文员、教师以及其他的白领人士,他们从前在新加坡的社会处境还不错,如今却发现,要依靠一份固定工资过活实在相当艰难。老人们的境况最为糟糕,因为日本人拒绝按原来的规定发放养老金。新加坡的富人以前很喜欢炫耀自己的财富,但现在却觉得还是藏富装穷为妙。以前开车的人现在都改骑自行车了。领带、皮鞋和长筒袜统统都省略了,人们现在只穿短袜、无领汗衫和橡胶拖鞋。

为了抑制通货膨胀,将资金转用于支持战争,日方试图将富余的钱财吸引到国家发行的彩票、赌博和储蓄推动运动中。1943 年 8 月,新加坡发行了第一种彩票,这一年年底,赌博在经历了一个多世纪后再次合法化。两项举措都大受欢迎,但对抑制通货膨胀却毫无作用。储蓄推动运动于 1944 年 2 月启动,到战争结束时,新加坡正经历着第四次这样的运动,而政府本来还预定在 1945 年 9 月再发行一种彩票。储蓄推动运动在新加坡进行得最有成效,在 1944 至 1945 年间,筹集到的储蓄金额相当可观,达 281 546 000 元。响应储蓄运动的人们都欣然掏了腰包,因为反正这些纸币事实上也不值什么,而且他们都把这些"储蓄"看做是为购买和平安宁付出的献金,而不是为了支持日本的作战,或为自己的未来投资。

最基本的食物——稻米变得非常昂贵,因为从缅甸进口稻米已经无望,而且日本人为了进一步的作战需要,囤积了大批粮食。日方鼓励新加坡人自己种植粮食。他们组织了菜园耕作竞赛,为耕种者提供技术指导,为小户主提供贷款,并把蔬菜种植加入到了学校的课程当中。但人们对此的响应并不积极,到 1944 年,之前的鼓励措施转为了威吓强制。不参加自力更生运动就是消极怠工,蓄意破坏,会受到相应的惩罚。政府的雇员都被强制参与蔬菜种植活动。人们于是在自家园地里种起了木薯,因为这种植物不需要精心栽培也能长得郁郁葱葱。但到 1945 年,当战争已经显然接近尾声时,就连这种简单的园地劳作也被放弃了。

在促进替代性工业的发展方面,日本人则更为成功,激发了新加坡人的创造才能。这些工业生产出来的产品大多数都是专门用来代替一些获取不到的进口物资的：麻绳和缆绳是用凤梨纤维做的;纸是用竹子、凤梨叶子以及茅草做的;烈性酒是用木薯酿制的;油脂和润滑油是从棕榈油中提取的;机动车用的燃料是橡胶油和汽油混合而成的。弹药军火也在小规模地生产,而在 1942 年 11 月,新加坡制造的第一艘蒸汽轮船启用。当地兴起了许多小型的肥皂厂,有一段时间,新加坡还向泰国出口肥皂。不过,这些替代性工业并不太高效实用,在日据时期结束后也极少继续存在。唯一的例外是三轮车。这是一种华人机械师改造出来替代出租车的交通工具,由一辆自行车拉动。它在战后仍然是一种便宜而广受欢迎的交通工具,直到 20 世纪 70 年代初才绝迹。

虽然战时发展的这些工业都没能扎下根来,但它们展示了新加坡人的聪明才智,以及他们具备未来进行工业化的潜在能力。华人仍然是新加坡经济的支柱,而他们互助合作和在区域内人脉很广的传统则 209
帮助他们即使在面对日据时期的艰难处境之时,也能生存甚至有时还能繁荣发展。

新加坡人首要关注的是怎样生存下去,以及保障物质方面的安全,这与日方所倡导的精神复兴、结束西方殖民地时代的物质主义格格不入。英军投降后的第五天,山下奉文呼吁新加坡人接纳“日本精神”,共同为“道德一统”而努力。

日方宣称的目标之一是灌输作为亚洲人的意识和自豪感。报纸、广播和电影院都致力于进行这类宣传,有些电影院还专门以低廉的价格播放文教类纪录片。日方还非常重视对天皇的崇拜。天皇的生日被定为公共假日,在这一天,每个人都要面朝东北方,对着东京的方向静立致敬一分钟。新加坡的时间也往前调了两个小时,以与东京时间一致。甚至还有人提议要修建一条新加坡至东京的铁路。

日本人认为:“在所有可资利用的宣传手段中,教育是影响最为深远的。而且它可以根据所宣传政策的特点,任意设计和变更。”[24] 日方恢复新加坡各所学校的初衷是让儿童不要再在街上游逛,也让老师们能够就业。用筱崎护的话来说:“我只是在打发时间。”[25] 但到 1942 年年中时,日方已经开始着手制定一种更加具有连贯性的教育政策。[26] 他们集中推动职业教育和初级教育的发展,打算在新加坡实施像日本本土一样的八年学校教育。英国人之前关注的是各门学科知识的学习,但日本人摒弃了这一目标,转而青睐人格塑造、体能训练和职业教育课程。日治当局本来希望创建一个统合一致的教育体系,但在实践中,却不得不接管从英国殖民时代继承的以各种语言教学的学校,虽然他们把所有带殖民色彩的、英文的、中文的或有宗教色彩的校名统统都改掉了。日本对英语、马来语和华语学校进行了直接管理,还建立了几所针对印度人的“国民”学校,但这些“国民”学校的老师大多都没有相应的教师资格,而且其课程也主要是宣扬印度的独立运动。在马来人的学校里,用马来语教学是被允许的,因为这是当地人的语言,但在其他学校里,日方则鼓励师生学习并使用日语,尤其是在华语学校里。渡边渡希望一开始就彻底禁绝在学校中使用英语,但大达茂雄说服了他,称这是不现实的,因此日语作为教学语言的推广是逐步进行的。

在英国殖民时代,发给英语学校老师的薪水比其他学校老师的更高,但到了日据时期,所有学校老师的薪水都一样,1943 年,初级教育的学费和书费全部免除。日方宣称的教育宗旨是:“激发忠诚感,唤醒国民意识。”所有的初级学校都采用了日本式的课程设置,上午的第一项课业是面对日本的方向，高唱日本的国歌和其他日本爱国歌曲。有些老师是从日本派过来的，而当地的老师也必须学习日语。当局开办了免费的日语学习夜校，无线电广播里也会播出日语学习课程。老师们以及学习日语的政府雇员们都能得到学习补贴，那些学得特别好的还能得到升迁，并被送到日本接受进一步的语言培训。许多老师和学生都很积极地学习日语，到 1944 年时，华语和英语学校已经经常能直接使用日语授课了。但日语和新加坡当地通常使用的其他语言差异很大，而且学校里的学习时间大部分都被体能训练、园艺耕作和歌唱等活动占据了，因此，日语想要完全替代其他语言成为教学语言仍然比较困 210
难。此外，许多家长并不愿意送自己的孩子去上学，所以学校里的班级规模都很小。在日据时期，学校里的学生数量从来没有超过 7 000，而到 1945 年时，学生数量更是骤降到几百人。[27]

日方教育政策的重点是技术和职业教育。到 1943 年 3 月，新加坡有六所技术学校。1943 年，陈笃生医院的医学院也重新开办，并召回了之前的学生，但几个月后，它就搬去了马六甲。同年还开办了两所教师培训学校。但即使是在这些技术学校里，所授课程也主要是语言学习、教条灌输和一些与职业技术培训基本需要相悖的、根据战争需要设计出的科目。在海军建设与工程中心开办的一项为期六个月的学习课程，却花了一半的时间学习日语。同样的，在师范学院和主要官员培训学校里，学员们大部分的时间都花在了学习语言、“日本精神”、军事科学和园艺上。

日方承诺要实行宗教宽容，但宗教组织，尤其是基督教的，都被置于严密监视之下。间谍参加各种宗教活动，赞美诗的歌词受到审查，而布道则被禁止。

为了替代西化的知识分子阶层，日本人希望按照自己的模式打造一小批知识精英，这些人要相信日本社会的优越性。他们精心挑选了一批学生送到日本去学习日本模式。从各块被占领土上选出来前往日本受训的学生共有 400 至 500 人，但在其中，只有 12 人来自马来亚或新加坡。[28]

官方在宣传中敦促创建“亚洲人的亚洲！遵从日本的领导，消除英美影响的所有痕迹！”[29]莱佛士的雕像被收进了博物馆，原先各种英文标识统统换成了日文的。日治当局鼓励人们看日本的电影，但在于1943年11月完全被禁之前，英美的电影仍然很受欢迎。当局想要完全废弃英语的使用。《昭南时报》在1942年9月称：“我们被迫使用敌人的语言，这实在是件令人遗憾的事……使用曾剥削和压迫过我们的人的语言，实在有失体面。”1943年1月，日治当局威胁说要禁止在邮件和电话交谈中使用英语。日语和马来语成为仅有的两种官方语言，但事实上，即使单在官方文件中禁用英文也是不可能的。在其他所占领土上，除了日语外，日本人还鼓励使用本地语言，以代替原来使用的欧洲语言，但新加坡并没有本土的通用语言，而日语又是一种比较难学的外来语言，因此，要禁绝英语绝非易事。

新加坡人其实还挺喜欢日本人实行的某些教条灌输方式的，尤其是日本的电影和音乐，但总体而言，那些翻来覆去说个不停的宣传语，以及对日本所取得的种种胜利的集中宣扬实在让他们感到厌烦。在这些宣传中，所有西方的东西都被视为是腐蚀心智、令人退化的，而日本的文化原则却相反，是坚韧、有序和具有牺牲精神的。日本人有意让新加坡人看到半饥不饱、衣不蔽体的英国和澳大利亚战俘外出干体力活的场面，旨在强化人们对所宣传的文化对比的印象，但结果却适得其反，因为日本人其实同样也践踏了新加坡当地人的尊严，看到这些画面只能让他们想起自己所受的屈辱而已。

日据时期新加坡也有一批受人尊敬的军事和民政官员，但由于高级官员短缺，许多在新加坡当权的人事实上都是些低等级的干部。虽
211 然日本人作为新加坡的新主人一直在向新加坡人宣扬亚裔平等、反物质主义、反西方主义和具有献身精神的理念，但他们自己却嗜好宽大的英国和美国产轿车，住在殖民地时代兴建的别墅里，也很喜欢网球、高尔夫和赛马等西式运动。新加坡两家主要的百货公司——罗宾逊家和里特家，在日据时期仅向日本顾客开放，办公楼里的某些电梯设备也仅供日本人使用。与前线的严酷条件相差甚远的是，新加坡对日本人来

说，就是一处闲适惬意之所。发大财的机会吸引了越来越多胆大妄为的日本商人和冒险家来到此地，以致在新加坡的日常用语中，投机商不再用英语的“profiteer”，而改用日语中的“*rikenya*”来指称。管理体系效率低下，腐败横行，法规得不到遵行，而本地的商人都以智胜日本人为荣、为乐。这一切所导致的结果是，人们普遍轻视日本人及其宣扬的文化。

但这种轻视之情中又混杂着畏惧：每天都害怕被殴打和掌掴，被逮捕、下毒、折磨甚至杀害的可怕威胁总是挥之不去。司法系统从属于军政系统，1942 年 4 月，日本人在最高法院大楼里建立了一个军事法庭，用于审判政治犯。民事和刑事法庭于次月恢复，依循原有法律体系（只要它们不与军政当局的规定发生冲突）审判相关案件，但旧的对犯人的人身保护令（*habeas corpus*）则遭到废除。虽然案件审理也接受公开听证，但最终审判结果却往往取决于私底下的贿赂与暗箱操作。

负责清除反日因素的主要机构是宪兵队。它掌握着生杀大权，并雇佣了一批专门揭发不忠诚嫌疑犯的密探和告密者。民众发现，谨慎的做法是消灭一切显示自己与殖民政权有联系的证据，并毁掉家中的英文书、儿子的童子军服，以及西方的留声机唱片。受英语教育的人士、基督教徒，以及富裕的专家人士最容易受迫害，他们常常受到那些无耻之极的告密者的勒索，所以一般都尽可能地在遇到麻烦时给自己找个日本人做庇护人。

战前的正规警察们大多放弃了自己的工作，而日据时期新招募的警察往往是一些残忍腐化之徒。警察中的特设部门事实上拥有无限的权力，这些人审判迫害起自己的同胞来，其肆意妄为和残忍之程度并不亚于宪兵队。日治当局还采取了一种集体安保制度，这让人回想起早年的甲必丹体制。1942 年 7 月，所有的家户都被要求登记注册，家长们此后得到一份“和平居住证”(peace living certificate)，然后要对家中所有人的行为负责。还有一些人被任命为“锡当”(*sidang*)，管理的范围更宽，一星级别的锡当要负责由 30 户人家组成的一甲，并向管理大区的或二星级别的锡当报告本甲的情况。每十甲由一名警察预备队人员监管，到1944年5月，各户各甲又都由一个协会管理。该协会负责安排每个年龄在16至45岁之间的男性参加夜间巡逻。

让新加坡的普通民众始终处于紧张不安情绪中的，不仅是日本人的残忍，而且还有他们的反复无常、不露声色，让人捉摸不定。人们往往都不知道自己为什么被捕，因什么罪名而受到指控。而且宪兵队的不同分队之间似乎也存在竞争，他们争相抓捕嫌疑犯，因此，即使被这一拨人释放了，也不能保证就不会再被另一拨人抓起来。家里有收音机、批评日本人，甚至只是抱怨一下物价太高，都成了政治性的“错误”。告密者的一句话就可能导致被抓，有些人被抓到宪兵队完全只是由于
212 其他人因为私仇而加以陷害。没有人敢挺身而出，为遭指控的人仗义执言。被逮捕的人如果家里不能筹够钱通过贿赂把他们赎回来的话，就会不经审讯被监禁起来。这些监牢里环境恶劣，犯人常常挨饿，还会饱受折磨。在整个日据时期，流言四起，四邻相疑，人心惶惶，告密和私刑横行，根本不能安全自由地发表言论。再怎么往好里说，日常生活中也充满了阴郁的气氛，人们完全失去了生活的目标。[30]新加坡人日复一日随波逐流地活着，一赚到钱就挥霍一空，因为无法为自己或全家的未来作什么预见和谋划。

日本人白白浪费了曾拥有的机会。他们起初制定的目标本来可以吸引新加坡人与之一同奋斗的，但正如当时有人所说的：“如果日本人能少空谈什么‘诚心’，而多点同情民众的实干表示的话，那日本的历史以及东亚的历史都将因此而不同。”[31]然而日本人并没有实践所谓的亚洲同胞论，反而实施的是残忍的暴政。正如一位深受日治政权所害的人所言：“毫无疑问，日本所取得的成就是令人羡慕的，但他们却忘了要有人情味。”[32]

军事上的迅速取胜增强了日本人的民族优越感，他们确信，东南亚国家将满怀崇敬地接受他们的领导。强调自愿献身精神，忠于天皇，将国家摆在高于家庭和个人的位置，这些的确勉强激发了人们的一丝敬意。但日本人自高自大，千篇一律地吹嘘其战无不胜，却与许多民政官

员和军中人士的恶劣行为及其统治的不公与低效形成鲜明对比，而两方面又合起来使其大失民心。

于是，所谓的“大东亚共荣圈”在实际中只能被解释为“恐怕将共同贫困”①、处境艰难、死气沉沉与剥削压榨。粗俗的物质主义与日常生活的腐化堕落虽然可以保证生存下去，却使得注重精神和道德升华的号召成为空谈。日本人那千篇一律、空洞乏味的宣传让所谓的解放殖民地人民的崇高使命变得虚伪可笑至极。而且，虽然他们声称要致力于实现亚洲的团结，但事实上，他们却对各个族群区分对待，让这里的人们甚至比在英国统治时期更加地四分五裂。

在新加坡当地继续进行抵抗是不现实的，但达尔军的剩余力量逃到了马来半岛大陆的丛林中，形成了马来亚人民抗日军的核心力量。这支队伍到日据时期结束时，已经吸引了数千名追随者。但它并没能成功地招募到大量马来人和印度裔人口，其主要组成部分是华人。这些人大多数并没有什么党派归属，只是纯粹地想要抗击日本人的爱国者，不过这支队伍的领导则是共产党。

在 1942 年 9 月的雪兰莪黑风洞(Batu Caves)事件中，由于莱特向日本人告密，这支游击力量的 18 名最高层领导人被害，领导力量几乎被摧毁殆尽。在此后的一年中，马来亚人民抗日军由陈平[Chin Peng，原名王文华(Ong Boon Hua)]等更年轻一代领导人进行了重组。陈平在 1940 年投身抗日运动时年仅 15 岁，但到日据时期结束时，已经成为马来亚共产党霹雳州州委书记。1943 年 5 月，英国“一三六”部队的代表(包括林谋盛)来到马来亚，试图与马来亚人民抗日军取得联系。林谋盛不幸被日本人抓获，在严刑逼供下不肯透露丝毫信息，最终在几个月后英勇牺牲。不过，“一三六”部队和马来亚人民抗日军还是成功地达成协议，同意为解放马来亚而共同奋斗。[33]然而，在日据时期，因为害

---

① “大东亚共荣圈”英文为“co-prosperity sphere”，这里，人们把它稍微变形一下，成为“co-poverty fear”。——译者注

怕日军会对无辜的平民横加报复，因此，游击队并不敢大规模地进行破
213 坏活动，而一直在等待时机准备与他们最终的敌人：西方帝国主义做斗争。在此期间，他们主要是在队伍中进行党政教育，并逐步适应丛林生活，还从他们暂时的英国盟友那里获取了武器、钱财和有用的信息。

到1943年时，由于局势越来越不利于日方，日治政权的官员也变得越来越焦躁不安，政令变化无常，行事戾气十足。这年6月，大达茂雄升任东京都长官，能力和魅力都不如他的内藤宽一(Kanichi Naito)继任昭南市市长，并一直任职到二战结束。而行事温和的朝日五十四也在这一年卸任平民总管一职，他的继任者(Sanemitsu Tominaga)在美国接受的教育，行事立场更为强硬，这使得被拘押者的日子更加不好过了。

无论是对战俘还是对被拘押的平民来说，这段岁月都是居住条件拥挤、疾病横行、食不果腹和营养不良的年代，在英国陆军部提出将为幸存官员在日据时期待在新加坡提供的"食宿费"减少500英镑后，情况变得更加糟糕。[34]食物和药物都很短缺，被拘押者深受痢疾、溃疡、皮肤病、脚气病和白喉等病症的困扰。劳工队每天要长时间干繁重的体力活，而且日本人还特意让他们在公众可以看到的地方劳作，以此羞辱欧洲人。其他没有被拘押的人也常常因为微小的过失而被殴打或鞭挞，而且总是担心宪兵队会以怀疑他们拥有无线电接收设备或从事间谍活动为由来抓人。这类事件中最严重的一起发生在1943年10月。当时一支由英国和澳大利亚的六名士兵及水手组成的"Z特遣队"进行了一项叫做"杰维克行动"(Operation Jaywick)①的大胆冒险：他们乘坐一艘旧渔船靠近新加坡，然后在黑夜的掩护下利用折叠充气筏潜入新加坡港，在停在港内的船只上安放吸附式水雷，成功地炸沉(或使其失灵)了七艘船，其中还包括一艘大型的油轮。之后，特遣队又悄悄溜

① Jaywick是当时在新加坡普遍使用的一种除臭剂的名字，寓意此行动要除掉日本垃圾。——译者注

走，成功地返回澳大利亚。由于留下的蛛丝马迹太少，日本人于是确信，这次炸船事件是马来半岛大陆上的英国游击队所为，而新加坡城镇里的居民和樟宜监狱里的内应为他们提供了信息，即这些被拘押的平民也参与了这项行动。

然而事实上，被拘押者们与这次行动毫无关联，但日本人不相信。1943年10月10日，即“双十”那一天，日本宪兵队冲到樟宜监狱，进行了长达一天的彻底搜查，逮捕了一批嫌疑犯。此后，他们又进行了多次搜查和逮捕活动，一共带走了57名被拘押者，其中包括新加坡英国圣公会的大主教、前辅政司休·弗雷泽，前信息官罗伯特·斯科特(Robert Scott)，以及两名妇女——女囚营的领袖塞西莉·威廉姆斯博士(Dr. Cicely Williams)和女囚营内报纸的主编弗雷迪·布鲁姆(Freddy Bloom)。其后的五个月里，这些嫌疑犯一直被关在宪兵队的总部。他们不分男女，全都挤在非常狭小的牢房里。牢房里没有床，电灯整晚都亮着，每个人根本都找不到躺下的地方，只能站着或蹲着。他们得到的食物极少，总是处在饥饿的状态中，而且还要反复受长时间的审讯、殴打和折磨。日本人这么做，只是徒劳地想要嫌疑犯们承认他们与炸船事件有关。最终有一名嫌疑犯被处决，15人因不堪受刑而死(其中包括弗雷泽)，而包括罗伯特·斯科特在内的其他人则被判长期监禁，转往恐怖的欧南监狱。

虽然这些审讯没能发现有关“杰维克行动”的任何线索，但确实找到了其他一些事情的证据。日本人发现，樟宜监狱与城镇内的居民之
间有联系，居民们会给他们传递消息，把利用秘密的无线电接收设备收 214
到的新闻转告他们，有时候还会给他们送食物、钱和收音机。这些发现又导致约50名新加坡居民被捕，罪名仍是怀疑与港口破坏事件有关。被逮捕的人中包括欧亚裔的莱斯利·霍夫曼(Leslie Hoffman)。他曾在《马来亚论坛报》当过记者，在战前经常直言不讳地批评日本人。被捕后，他遭受了大量折磨，最后被送进了欧南监狱。第二次世界大战结束后，霍夫曼担任《海峡时报》的主编长达14年，不过这都是后话了。受到尤其可怕的酷刑的还有蔡素梅[Choy Su-mei，或称 Elizabeth

Choy(伊丽莎白・蔡)]女士。她在战前曾是一名英语教师,她的丈夫在和平时期则是一家英国公司的簿记员,这时候在照管精神病院的食堂。蔡素梅被捕后被监禁了六个多月,作为唯一的一名女性,和其他20名男性一同被塞在一间狭小的牢房间里。日本人强迫她一直跪着,不准她说话,还不断痛殴她,电击她,对她施以水刑。她丈夫则被送进了欧南监狱,所受的折磨使他的身体此后再没恢复过来。不过在战后,蔡素梅被授予了官佐勋章(OBE)。一直到2006年以95岁高龄去世之前,她始终活跃在新加坡的政界、教育界和慈善事业中。[35] 1944年12月,第二支英澳特遣队再次出动,实施"老虎行动"(Operation Rimau)①,但这次他们在新加坡沿岸被抓获。直到这时,日本人才搞清楚前一次袭击的真实情况。[36]但此时,嫌疑犯们所受的戕害早已不可挽回。

"双十事件"后,平民被拘押者的处境变得更加艰难,但比起军事战俘来说,他们还是要幸运得多。这些军事战俘有数千人被送去日本的工厂和矿山做工,或被送去修泰缅铁路。另外,比起数千名被送去新几内亚及荷属东印度群岛其他地方做苦工的印度裔军事战俘来说,他们的遭遇也要好得多。

1943年3月,第一批600名军事战俘被送到雪兰莪,并自此被分到半岛内陆地区。日本人说要把他们送到山里的修养营去,但实际上是要他们去修连接泰国和缅甸的那条死亡铁路。在1943年全年中,又有更多的战俘被送往泰国、婆罗洲和日本,直到雪兰莪营地里已经找不出能充任劳工的人了。1943年末,日本人决定利用战俘的劳力清扫地面、填平沼泽和修建跑道,在樟宜建一处机场。于是在1944年5月间,樟宜监狱里被拘押的平民转去了位于森路(Sime Road)的一个旧的皇家空军基地,而所有的战俘则转进了樟宜监狱。前往修筑铁路的劳工中还活着的也被送了回来,他们还带回了关于那里恶劣条件的消息(有超过三分之一的人死在了那里)。渐渐地,这所本来只能容纳600人的

① Rimau为马来语,意为"老虎"。——译者注

监狱竟塞进了近1.2万人！每人的食物定量在1944年遭到削减，在1945年初又再次遭到削减，而新加坡当地的通货膨胀又极其严重，战俘劳工们领到的那点可怜的工资在黑市上根本什么都买不到。为了尽快让机场建成，日本人连生病的战俘也不放过，必须与其他人一起参加劳动。虽然施工现场不断有人被殴打，繁重的劳动让饥肠辘辘的人们不堪重负，而战俘们又始终在进行一场既要表现得努力劳作以免被鞭挞，又要可以延缓施工进度以妨碍日方的拉锯战，机场的修建还是在逐步进行着，并最终于1945年5月完工。在战争结束后，这处机场得到加固和拓宽，成为英国皇家空军的一个驻扎点，后来，它又成为樟宜机场的前身。

日本人不仅派遣战俘劳工去修筑泰缅铁路，他们还征集平民劳工
前往。想要锁定可征集的目标很简单，因为所有的劳工都必须到市劳 215
工部登记，拿到许可证后才能找到工作。于是那些失业的人群就成为了第一批被纠集起来为日军干活，或被强迫送到其他地方充当劳工的对象。

1943年12月，军政监部在马来亚各地成立了强制劳工服务团。每150名男丁中就要出20名年龄在15至45岁之间的劳工，此后，这一强制令又扩大到包括妇女在内。从1944年12月开始，从军年龄的男性被禁止从事招待、公司杂工、售货员、厨师、裁缝、掮客或其他类似的职业，这些工作都将留给女性来做。饭馆、咖啡厅和其他非生活必要的机构都被勒令关闭。所有男性都被编入军事劳工团或去修筑防御工事。

在被遣往修筑泰缅铁路的平民劳工中，只有约600人来自新加坡。第一批200名劳工是在1943年5月派出的，他们是被开出的高额工资吸引，自愿前往的。在此后的两个月里，又有两批劳工被派去。但到8月时，有关修筑铁路的地方条件相当恶劣的消息逐渐传到了新加坡。作为负责劳工和福利事务的长官，筱崎护声称，他已经为新加坡赢得了免于再派出劳工的豁免权，但为了应付军方，就又派了一小队无业游民

前往。

1943 年 8 月,面对日益严峻的食品供给形势和人们日益增长的不满情绪,日本军政当局决定加强治安防护措施,并要求大批减少新加坡的人口。为了避免军方为达到这一目标再进行一次规模更大的屠杀,筱崎护开始推动人们自愿移民到马来半岛内陆地区建立农垦定居点。

第一次此类尝试是与华侨协会共同开展的。日方承诺说新的定居点拥有自治权,而且在其能自给自足之前,市政当局会负责为他们提供食物。若干华人领袖前往柔佛考察,在兴楼(Endau)选定了一个合适的地点。他们还为这次移民活动募集了 100 万元,派人前去清扫丛林,负责招募自愿前往的移民先锋。到 1944 年 9 月,这个被林文庆称为"华人的乌托邦"的定居点已经有了 1.2 万名居民。尽管定居点遭到了游击队的袭击,但这里运转良好,所生产的产品基本能够自足,居民的健康状况也不错。但新加坡人大多是城市居民,不习惯从事农耕,因此,兴楼定居点在战争结束后就被废弃。

新加坡的欧亚裔人士和华人天主教徒也在森美兰州的马口建设了一个类似的定居点,但这个项目却是一场彻头彻尾的灾难:所选的地点环境不够卫生,土壤也不够肥沃,前往定居的人又多是不能适应艰苦拓荒条件的中产阶级白领。最终,这些拓荒者们大多死在了马口,其中包括他们的领导人——德瓦尔主教。幸存的人则返回了新加坡。

尽管物质条件在不断恶化,但日本强势地位的弱化,也让新加坡从中获得了一些补偿。因为这诱使东京方面赋予东南亚人更多的权力来管理自身,让他们因为得益而支持日本,共同反对西方殖民势力卷土重来。起初,日本打算将马来亚融入自己的帝国,形式是设置一个受保护诸邦的联盟,由一名常驻新加坡的大总督管理。而新加坡将仍然是日本的一块殖民地。但是,从 1943 年年中开始,随着日本从攻方转为守
216 方,他们的想法也发生了改变。虽然也没提独立的事情,但日本已经不再把马来亚说成是日本的领土,而是说,要携手共进,共同建设"新

马来”。

1943年3月，藤村益藏(Masuzo Fujimura)少将接替了渡边渡执掌军政监部，他行事更为温和，此后，日本的政治控制开始逐渐松动。咨政委员会在各个马来土邦和城镇建立。昭南咨政委员会建立于1943年12月，由一名日本人担任主席，成员包括六名华人代表、四名马来人代表、三名印度人代表、一名欧亚裔代表和一名阿拉伯人代表。这个委员会没有提出政策或讨论政策的权力，而且也只有在市长认为合适的时候才予以召集。事实上它并没有参政议政的权力，只是单纯地接受指令，而这些指令主要就是要他们支持日本作战。1944年3月，日本建立了一个信息与舆论委员会，由市长亲自挂帅，旨在报道公众舆论，宣传政府政策，采取的方式是演讲、散发宣传册和广播。

1944年，马来亚军政监部的总务部长滨田弘(Hiroshi Hamada)为赢得华人更积极的支持，为新加坡的华人创立了一个读书俱乐部(*epposho*)，但并没有取得什么成效。第二年，也就是1945年的7月，日本人又建立了辅导所(*hodosho*)，旨在听取新加坡各个族群的怨言和建议。但这也没有奏效。

日本现在处在战略收缩撤退阶段，他们认为，接下来将要与同盟国军队进行一场长期的拉锯战，于是试图在这段时期里让当地民众与己方合作。所以，在日本占领马来亚的最后几个月里，他们曾谈到要给予马来亚自治权，但却仅隐约提到过要让新加坡独立。东条英机称新加坡是“建设大东亚的关键环节”[37]，是整个地区的中心，地区事务应在这里得到讨论，有关邻近各国各地区的政治决策应在这里制定。1943年7月，东条英机在新加坡会见了缅甸政治领导人巴莫(Ba Maw)，另外，新加坡还是“自由印度临时政府”的第一个总部，也是打算于1945年召开的旨在讨论印度尼西亚独立事宜的预备会议的召开地点。新加坡对自身的政治地位并没有什么设想或奢望，本地区的其他国家在日本占领后期时，都有一些民族主义领导人获得了相当大的权力和影响力，但在新加坡，却没有任何本土的管理人员或社群领袖能有足够的分量来得到这一切。

新加坡出现的唯一比较重要的民族主义运动，是当地印度裔支持印度独立的行动。日本早在 1941 年就开始利用印度独立这桩政治事项来做文章，甚至早于他们发动马来亚战役。藤原岩市少佐从他位于曼谷的总部与印度独立同盟的一位组织者——普利坦・辛(Pritam Singh)保持着联络，还派人前往马来亚北部的印度部队，去鼓动他们的不满情绪。藤原和普利坦・辛跟随入侵的日本军队来到马来亚。在这里，他们赢得了莫汉・辛(Mohan Singh)上尉的支持。莫汉・辛是英属印度军队的一名在编军官，但他组织了一支印度分遣队，与入侵的日军并肩作战。日军官兵接到指令，对待印度裔要和善，不要惹怒他们，也不要对他们胡乱劫掠。在马来亚战役期间，他们常常派印度战俘回到原部队里，捎去日本人请他们投降的口信，以此试图诱使印度士兵变节。大约有 200 名印度人参加了日军入侵新加坡之前在乌敏岛进行的战斗，后来，他们又参加了新加坡岛战役。[38]

217 新加坡岛投降后，藤原岩市、莫汉・辛和普利坦・辛在法雷尔公园向聚集在这里的印度军队讲话，并成功说服一半人加入由莫汉・辛领导的印度国民军，与日本人共同为了印度的解放而战斗。普利坦・辛在马来亚各地组织起印度独立同盟的分支，马来亚的总部则设在新加坡，由新加坡一位著名的律师戈霍(S. C. Goho)出任第一任主席。莫汉・辛、戈霍、普利坦・辛，以及印度独立同盟和印度国民军的其他领导人于 1942 年 3 月前往东京，参加一次商讨印度独立事宜的会议，但普利坦・辛在途中因为飞机失事而身亡。

两个月后，印度独立同盟的创始人拉什・贝哈里・鲍斯(Rash Behari Bose)从日本来到新加坡。鲍斯生于 1886 年，1915 年他在印度策划一场起义未果后逃往日本。1921 年，他在东京创立了印度独立同盟，后来娶了一位日本太太，并于 1923 年成为日本公民。[39]鲍斯从新加坡向马来亚各地广播，呼吁这个地区的所有印度人加入印度独立运动。1942 年 6 月，日本人组织了一次印度独立同盟的大会，举办地点是在曼谷。会议决定，要以武力终结英国对印度的统治。

鲍斯的呼吁引来了不少回应，尤其是在锡克教徒和印度教徒中间。但第一次组织印度国民军的尝试失败了。日本人并不愿意帮助印度人创建一支真正富有战斗力的军队，而倾向于把他们分成一支一支的小分队，插到日本军队中去。莫汉·辛是一位真正的爱国者，他起初把日本人看做是拯救他的祖国的解放者，但没多久就认识到，所谓的印度国民军根本就是为宣传造出来的幌子而已。

印度社群内部也各有各的想法。许多印度穆斯林担心，这场运动将意味着他们被占大多数的印度教徒吞并掉。即使是印度国民军的支持者和成员们，也开始批评莫汉·辛及其他领导人安逸的生活方式。他们住在快乐山(Mount Pleasant)上的豪宅里，在新加坡四处游逛，而且经常和日本人一道在酒店和饭馆里玩乐。他们的生活方式与其追随者们所过的斯巴达式生活形成鲜明对比，导致一时间流言四起，传说莫汉·辛在利用这场运动实现自己的野心，并从中大捞一笔，甚至有人说是他策划了普利坦·辛的那场空难。[40]

1942 年 12 月，日本人把莫汉·辛软禁在了家里，第一支印度国民军也被解散。国民军起初以本舍尔(Bhonsale)中校为首重组，后来又改由莫汉·辛的二把手吉拉尼(Gilani)领导，但这支队伍已经人心涣散，再无气势。拉什·贝哈里·鲍斯想方设法，希望保持印度独立运动的活力，但却应者寥寥，因为在他的同胞们看来，鲍斯在多年流亡之后，已经更像日本人而不是印度人，他们都把他看做是东京的傀儡。

不过，1943 年 7 月，一位新的精力充沛的领导人来到了新加坡，这场运动的形势也随之改变。苏巴斯·钱德拉·鲍斯(Subhas Chandra Bose)曾是印度议会的议长。当第二次世界大战在欧洲爆发时，他本来希望趁此机会，利用武力实现印度的独立，但其他议会领导人拒绝了这项提议，他于是辞职抗议。之后，鲍斯组建起一支武装力量——“前进集团”(Forward Bloc)，英国人因此软禁了他。但鲍斯成功逃往德国，随后又从那里乘潜艇来到新加坡。

拉什·贝哈里·鲍斯此时已经年迈，而且深受肺结核的折磨，他很 218
愿意把领导权移交给苏巴斯·钱德拉·鲍斯。这位精力充沛的“内塔吉”(Netaji,意为“领袖”,是他后来的称谓)鼓动起印度社群的热情,为独立运动注入了新的生命力与活力。1943年7月,他在国泰大厦召集了一次大规模的集会,会上,庞大的人群聆听着他那有魔力般的演讲,发出阵阵欢呼声。没过多久,印度国民军就再度成军,并在巴丹接受了日本首相东条英机、新加坡各社群领袖,以及约2 000名观礼者的检阅。苏巴斯·钱德拉·鲍斯把新加坡描述为“英帝国的坟墓”[41],并着手统领远东各地的印度人为将英国人驱逐出印度而努力。他到日本占领的各个地方巡游,募集钱款和人员。1943年10月,他又在新加坡国泰影院组织了一次集会,在会上,他宣布“自由印度临时政府”(Azad Hind)成立,并正式向英国和美国宣战。

兴冲冲跑来加入新的印度国民军和印度独立联盟的,不仅包括原印度国民军的成员,还包括许多之前根本不想与莫汉·辛的第一支国民军扯上关系的平民和战俘。东方各地的印度人都到新加坡来参军。成千上万的泰米尔和马拉亚力劳工前来报名,男孩和女孩们组成了一支“童子军”,有些年轻人被作为骨干力量送往东京培训,还有约600名妇女参加了专设的女兵队伍——詹西女王联队(Ranee of Jhansi Regiment),由一位马德拉斯出生的医生拉希米·斯瓦米纳詹(Lakshmi Swaminathan)领导。加入者被要求每天都要进行一次祷告,祷词一开始是向“自由印度”和“内塔吉”苏巴斯·钱德拉·鲍斯宣誓效忠。富裕的印度家庭捐献了大量的金银珠宝,印度富商们捐出了大笔钱财。相比之下,印度穆斯林对这件事则没有那么热情,但他们也大多捐了一些财物,这部分是出于害怕受到报复,部分也是因为,如果加入印度独立同盟,就能多少避免一些来自日本宪兵队的迫害。没有工作的印度人全都被编进了这支队伍里,其中有些人是被宪兵队强迫加入的。

到1943年底,印度国民军已经有了两个师。第一师虽然装备很差,也没有接受什么训练,但士气却很高昂。他们被送往缅甸,与日军协同作战。1944年1月,苏巴斯·钱德拉·鲍斯把“自由印度临时政府”的总部迁往仰光。在此后的数月间,新加坡民众对“自由印度”事业的热情支持达到狂热的程度，当地的其他社群虽然很不喜欢印度裔社群与日本人合作，但又很羡慕他们热情洋溢且目标明确的状态。在这一年的 2 月到 4 月里，缅甸战场告捷的消息占满了新加坡报纸的版面。当印度国民军抵达印缅边界地点，在印度的领土上扬起自己的大旗后，又引来一批新兵员纷纷加入，之前持观望态度的人也前来参与，印度本土的商人则慷慨解囊，资助“自由印度”的事业。在前景似乎一片光明的情况下，新加坡的印度裔人群翘首企盼，准备庆祝英帕尔被攻占，可是，胜利却到此为止了，报纸上的捷报也不复出现了。新加坡人有好几个星期都不清楚缅甸的情况到底怎样了，但渐渐有一些散兵游勇回到了新加坡，带回日本人被打退的消息，也带回了印度国民军被击溃、士兵四散逃离的消息。

但苏巴斯·钱德拉·鲍斯并没有就此失去信心。他在 1945 年 5 月回到新加坡，在加东设立了自己的总部，试图重新唤起人们对他的支持。但这场运动却再也没能恢复元气。年轻人并不希望为一项前景堪忧的冒险搭上自己的性命，商人们也不想为一桩赔钱的买卖白白投资。
1945 年 8 月，苏巴斯·钱德拉·鲍斯在台湾死于一场空难，印度独立 219
同盟在新加坡为他举行了一场正式的追悼会，但公众并没有举行什么相关的悼念活动，也没有太多人因为他的离去而显得很悲痛。

尽管日本人严禁报道有关日本战局逆转的消息，但他们败象已露的新闻还是开始逐步透过日本设置的重重宣传幕墙，传了出去。1944 年 11 月，美国空军对新加坡港实施了第一次空袭。从此以后，盟军的飞机就常常在新加坡上空出现，但它们并没有狂轰滥炸，而只是小规模定点投放炸弹，因为盟军并不想破坏以后他们用得上的设施，所以倾向于轰炸其周边水域，破坏其铁路和海上交通，切断新加坡与外界的联系。[42]

听到日本溃败的消息，新加坡人是高兴的，但他们也心怀前途未卜的不确定感，甚至不好的预感。新加坡人担心，解放新加坡的战斗或许会比新加坡沦陷的战斗更加严酷和血腥。日本人在征募当地民众参军，还全力催促战俘们修筑防御工事，打算利用这些工事血战到底。战俘和被拘押的平民都担心，等到日本人全面溃败时，就会对自己痛下杀手。当地还有流言说，所有受过英语教育的新加坡人，还有那些有里通英国嫌疑的人，都已经上了黑名单，一旦英国进攻新加坡，他们就全得遭殃。新加坡人确信，日本人一定打算顽抗到底，而且会杀掉所有不与他们合作的平民。

日常生活已经变得几乎让人难以忍受。有些战俘从修筑泰缅铁路的苦差中幸存下来，被带回了新加坡，但就连他们都对这里已经司空见惯的饥荒场景，以及人们的绝望情绪感到震惊。买米的队伍排成了长龙。由于设备已经老旧损坏，又没有新的可以更换，所以水、电和煤气等基本物资的供应早就断了。医院缺少设备和药品，根本没有办法应对在日据时期逐渐流行起来的脚气病、热病，以及其他疾病。就连那些有全职工作的人，也要想方设法在薪水之外找到其他的资金来源，才能付得起在黑市上飙升的食品和药品价格。很多人都因为营养不良而死去，但最可怜的却是一批爪哇劳工。这一批劳工大约有 1 万人，是被日本人强行抓来新加坡的，等到他们的健康状况已经不适合劳动之后，日本人就把他们像卑贱的野狗一样扔在街上，任其自生自灭。

战俘和平民被拘押者也正处在最艰难的时刻。在日据时期那最后几个恐怖的月份里，配给的口粮还不够塞牙缝，很多人都没能熬过这几个月。在 1945 年初，日本人又役使近 6 000 名战俘加入了战俘劳工队，在新加坡和柔佛修筑防御工事。而从 1945 年 5 月开始，他们在巴丹密集地对平民进行军训，受训的还包括女性。很明显，日本人和英国人不同，他们不打算让新加坡人仅仅充当看客，而是积极征募新加坡人参加新加坡的保卫战。1945 年 5 月，欧洲战场的战争已经结束，以及仰光已经被盟军收复的消息，穿过重重封锁，传到了新加坡，新加坡人秘密欢庆了这些胜利。到 1945 年 7 月时，盟军的飞机几乎每天都能看到，新加坡的解放只是时间问题了。

最终，日本对新加坡的统治非常平静就结束了，并没有经历一场收复战役的惨烈和恐怖。原子弹爆炸、日本多座城市被毁，以及日本国内反战游行的消息，最初只有几名日本高级军官才知道。因此，突然听说战争结束，停止敌对，这甚至让在新加坡的大多数日本军官都感到震惊。

樟宜监狱里的战俘，通过秘密收听广播，已经在8月15日就知道 220
了日本投降的消息，但日本人直到两天之后才正式公开宣布。战俘们也是到这时才得到通知说日本投降了的。但其实筱崎护的公开讲话里，甚至没有提到日本无条件投降了，只是说，天皇决定结束战争。因为担心日本的士兵们听到这个消息会接受不了，所以他告诫新加坡人，不要悬挂英国国旗，也不要公开大肆庆祝。他的公开声明一发表，立刻导致人们纷纷想要赶紧用光日本发行的货币，几天工夫，物价就直线飙升。咖啡馆把价格提高到了原来的三倍，就连人力车夫也把车费翻了一倍。

8月21日，新加坡的报纸首次正式刊登了日本投降的消息。昭南华侨协会以及其他亲日组织都纷纷解散，很多警察、官员、有钱的汉奸都赶紧悄悄外逃，通日的台湾人则因为可以伪装成当地的闽南华人，就隐姓埋名混迹到人群中去了。随着各个日本机构用几乎是白送的价格抛售它们囤积的物资，日本雇主们在这最后的时刻通过发放粮食和物资来收买人心，新加坡又突然出现了通货紧缩的状况。日本的各种标志都被撕了下来，人们到处都在烧毁太阳旗，而有远见的裁缝已经在加紧赶制盟军的旗帜了。

日本人为自己在裕廊设立了一个临时营地，除了几名官员留下来与即将到来的英国管理人员交接外，其他人大都收拾起金银细软去了那里。接下来是三个星期焦急的等待期，因为西南太平洋盟军总司令麦克阿瑟(Douglas MacArthur)将军下令，要等日本正式向他投降之后，各支盟军队伍才能登陆或收复各片领土。

各支战俘劳工队都被送回了樟宜，没过几天，这所监狱里的战俘就多达1.2万人了。英国的飞机往这里扔下传单，告诉战俘们安心留下，月末的时候，医生和各种供给品用降落伞投放到了监狱营地里。文官方面，总督已经被带离新加坡，辅政司已死，其他官员则表现得与他们在香港的同事们很不同，日本投降的消息没有让他们觉得兴奋，而是感觉有些麻木和眩晕。他们没有试图重新控制局势，而是遵照指示，留在了森路的拘押营里。因为抗日游击队的活动主要局限在马来半岛的丛林地带，所以新加坡并没有经历像半岛内陆地区那样的浴血奋战、私刑拷打、民族仇恨。另外，马来半岛在日本统治崩溃和英国人重返当地的过渡期中，局势是由马来亚人民抗日军控制的，他们对日本人和汉奸等一干人进行了报复和清算，其程度也是新加坡没有经历过的。相反，在这几个因为等待而焦虑不安的星期里，新加坡岛笼罩在一种“流言恐怖”中。[43]华人青年成群结队地乘坐电车和卡车，挥舞着共产党的旗帜，到处搜捕汉奸和通敌者。“人民的审讯”在芽笼区上演，黄堆金等数名汉奸经过这样的审判被处决。一些锡克教徒看守及马来人警察也被杀，但大多数都逃走了。前印度国民军的官兵惶惶不安地驻在他们位于比达里（Bidadari）的军营里，很多人因为害怕受到惩罚而开溜逃走了。

《昭南新闻》呼吁大家保持平静，但日本的统治已经崩溃，所发行的军票已变得一文不值，趁火打劫的现象比比皆是。大多数新加坡人都很不耐烦地等着英国人快点回来，但又不敢公开庆祝，怕日本士兵因此对他们施行打击报复。9 月 5 日，英国的军舰终于来了，英联邦的军队
221 登上新加坡岛，受到热烈的欢迎。欢迎的队伍从帝国船坞一直排到了国泰大厦，绵延达三英里。人们挥舞着英国、美国、苏联和中国国民党等各色旗帜。一星期后，也就是 9 月 12 日，在围观人群的嘲笑声中，五名日本将军和两名舰队司令，率领日本代表团，一级级登上市政大厦的台阶，正式向东南亚盟军总司令、海军元帅路易斯·蒙巴顿勋爵（Lord Louis Mountbatten）投降。

1942 年英国人投降时曾使用过的那面英国旗帜，此后一直藏在樟宜监狱里，如今又由战时一直关在女子拘押营里的托马斯夫人升起来，飘扬在了这座城市的上空。这面旗帜是旧政权回归的一种象征。日本人不可战胜的神话也就此土崩瓦解。“新加坡又重回英国怀抱了！我们迎来解放日了！”9 月 7 日，《海峡时报》在其战后的第一期上如此宣

扬道。

但是,归来的英联邦军队面对的是一个已经全然不同的新加坡和一个已然发生改变的东南亚。在回归的几个月后,英国人举行了隆重的仪式,重新把莱佛士的雕像安置在了女王宫。但正如让政信所说,这尊雕像多多少少已经有些褪色了。“胜利的光环当然会闪耀在英国的国旗上,但如今,它旧日的荣光却已经所剩无几了。”新加坡人如释重负,是真心诚意地欢迎英国政权的回归,因为这个政权是善意的,它的不足之处是因为各种疏漏才犯下的错误,在人们的记忆中,它没有与残忍联系在一起,没有与以暴力压榨民众联系在一起。然而,衡量一个殖民地政权是否足够强大的最终标准是,它是否有能力保护自己的属地。而在这个方面,英国殖民政权虽然作出过尝试,但却难以胜任。于是,旧日那种对英国保护能力的无条件信任,已经一去不复返了。

在这一时刻,英国人的回归意味着一场噩梦的终结。但是,接下来将是另一个忧患重重的十年,只有在这十年过去之后,新加坡的新一代领导人才会出现。他们经历过英国人投降带来的震撼,经历过残酷的日据时期,也经历过战后变迁之风带来的兴奋与激情,他们,将站出来挑战英国人对新加坡的统治权。

1. 苏巴斯·钱德拉·鲍斯抵达新加坡,1945 年。(Collection of Nirvan Thivy,鸣谢 the National Archives of Singapore。)

2. 日本占领新加坡:四美路营地中的战俘,1942 年。(承蒙 the National Archives of Singapore 允许使用。)

3. 投降的日本兵士。(承蒙 the National Archives of Singapore 允许使用。)

4. 新加坡街景一瞥,1945 年。(承蒙 the National Archives of Singapore 允许使用。)

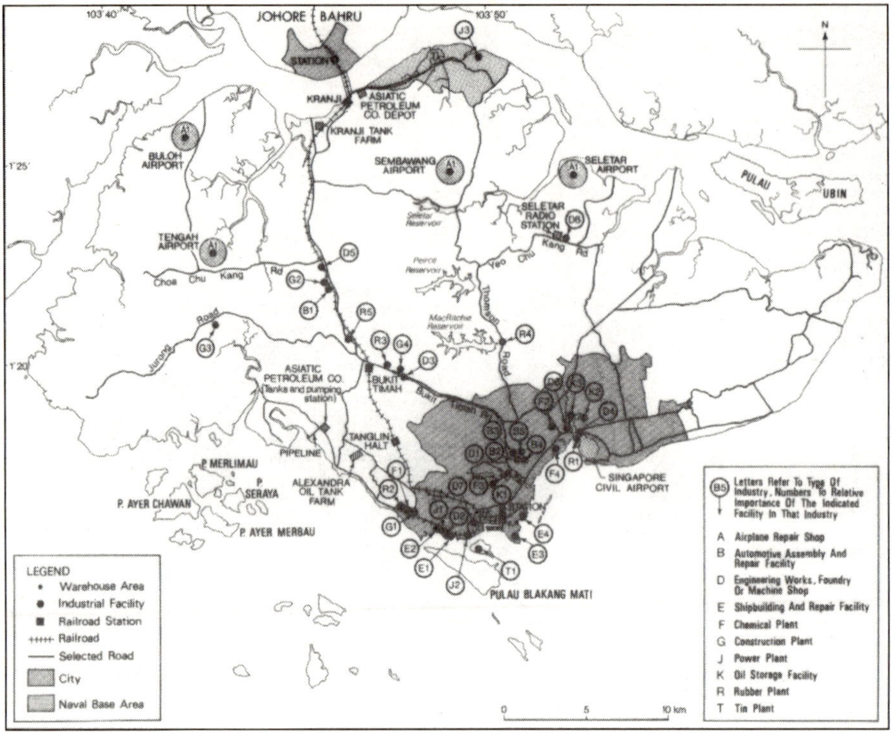

5. 新加坡的战略设施分布图。(鸣谢 Paul H. Kratoska。)

6. 新加坡帝国船坞一带的航拍照片,显示出轰炸造成的损毁状况,1945 年。(鸣谢 Paul H. Kratoska。)

第七章　战争的后果（1945－1955） 225

有人认为，英国人重返马来亚时，发现“这里所有的人都参与到了大规模的社会、政治和文化起义之中”[1]，但却仍然决定要重新施行旧日的统治方式。这种看法在两方面都误导了人们。一方面，虽然殖民时代又延长了，但当地大多数人最关注的不是这个，而是尽快让生活回归常态：找到工作，有舒适的住所，能上学，能吃饱。可以说，在 1945 年 9 月时，新加坡人最关心的不是政治变革，而是口粮问题。另一方面，重新回到此地的英国人却远远没有选择回归“常态”，而是带来了一个激进的政治重组新计划。这个计划将让马来亚变得天翻地覆，并激起此地最为老式的那种族群冲突。

英国殖民地事务部早在英国势力在马来亚崩溃后的几个月里就开始立即着手制订未来的发展计划。[2]在制订计划时，他们最迫切的着重点是平息美国人的批评，并先发制人，让华盛顿和重庆方面没有借口提出永久结束英国在东南亚的殖民统治。“英属马来亚”日益显现的不合时宜感，让伦敦方面的官员感到不舒服已经有些年头了。那里有成堆的保护领，“保守的总督及其由古怪落伍的贵族们组成的顾问团”。[3]殖民地事务部的助理次官（Assistant Permanent Under-Secretary）爱德华・根特（Edward Gent）尤其这么认为。他曾在 1932 年陪同萨缪尔·威尔逊爵士到访马来亚,并将殖民地统治突然被打断看做是一个良机,刚好能用统一的政治结构替换掉战前那种乱七八糟的体系。这种变革能确保行政效率和军事安全,还能为英国政府宣称要鼓励地方自治的政策提供便利。[4]

最初有人提出了这样一个方案:将马来诸邦、海峡殖民地、北婆罗洲、沙捞越和文莱合为一体,以新加坡作为“天然的贸易和通讯中心”[5],但被以不成熟为由予以否决。于是根特又提出一个替代性方案:把海
226 峡殖民地拆分开来,将原先的四个加入联邦的马来土邦和五个没有加入联邦的马来属邦、霹雳以及马六甲合成为一个马来亚联盟,而把新加坡单立出来,作为负责协调英国对这一地区所有领地政策的大总督的驻地。[6]

之所以将新加坡单立出来,是为了不妨碍到本来已经很麻烦的成立马来亚联盟的相关谈判,因为要说服马来苏丹们交出主权并赋予各个移民群体公民权业已问题重重。而为什么试图将新加坡纳入联盟会造成麻烦,也是有充分理由的:在历史上,它与马来半岛之间的关系中一直充满着妒忌和不信任情绪,而它作为自由港的地位,作为帝国战略要地的价值,以及作为一个人口主要为华人的城市,这些都与半岛的情况不相协调。[7]另外,在获得解放之后,作为盟军对日作战的东南亚物流中心,新加坡岛在一段相当长的时期内仍然会处于军事统治之下,这一点是可以预计到的,而马来亚地区的其他部分则可能很快就会建立文官政府。

英国的战时内阁于1944年5月原则上同意了这一宪政框架,而解放后行政管理的具体建设事宜则交给了马来亚策划小组。这个小小的机构于1943年7月组建,只有六位成员,包括法律专家、前乌干达检察总长拉尔夫·洪恩(Ralph Hone),以及帕特里克·麦克克荣(Patrick MacKerron)等马来亚公务机构的高级官员。麦克克荣在该地区沦陷时恰巧不在本地,因此也就逃过了被日军拘押的命运。

计划的制订征询了与马来亚有过接触的人士的意见,但这些人大部分都更倾向于建立一个松散的联邦,而不是创建一个统一的国家,而

且他们也大多反对把新加坡分离出去。时任殖民地事务部经济顾问(后来成为马来亚大学的第一任副校长)的西德尼·凯恩(Sidney Caine)与根特进行了一番激烈的唇枪舌剑，他提出，在将一个成形的计划加在当地人民头上之前，最好先等等，听听当地人民自己的意见再说。由于新加坡与马来半岛在经济上是相互依存的，把这个岛屿分离出去就相当于把伦敦从英国割离。凯恩主张，在保证某些能确保新加坡自由港地位的措施到位之后，合并将给这个地区带来经济和行政上的好处，而且还能鼓励马来民族主义意识的增长。"如果我们模糊而不是凸显半岛上种族之间的差异，那我们将得百利而无一害。"[8] 可是，根特却把这一建议抛到一边，同样遭此命运的还有一些在印度避难的马来亚人士提出的他不爱听的建议。这些建言人士包括陈桢禄及其子陈修信(Tan Siew Sin)，还有两位战前新加坡的市政议员：著名英裔律师约翰·雷考克(John Laycock)，和华侨银行的联席常务董事陈振传(Tan Chin Tuan)。1942 年 12 月，印度马来亚人协会(Malayan Association of India)成立，但在与欧裔会员争争吵吵了几个月后，1943 年 9 月，会中的华人成员独立出来，成立了他们自己的华侨协会，由陈桢禄任会长，陈振传任副会长，陈修信任秘书长。1943 年 11 月，陈桢禄向殖民地事务部呈递了一份很长的备忘录，呼吁联合海峡殖民地和所有马来土邦成立一个联盟或联邦，且给所有以马来亚为家的人们赋予平等的权利和代表权。殖民地事务部欣赏这份备忘录所持的温和立场，但陈的保持海峡殖民地完整性的建议却并没有打动他们。他们对陈表示感谢，并含糊地表示将来要保持更密切的联系，随后就将这份建议束之高阁，完全将其忽略。[9]

印度方面随后又呈递了一份备忘录，这次是由约翰·雷考克和陈 227
振传，联合柔佛王室的东姑·阿布·巴卡尔(Tunku Abu Bakar)，以及一位新加坡的英裔商人奥利弗·霍尔特(Oliver Holt)所呈递的。他们表示反对将政治中心从新加坡迁往吉隆坡的任何可能的抉择，因为这"有悖于地理因素和良好的常识判断"。殖民地事务部同样把这份建议抛到了一边，认为它"对指导我们形成未来的政策没有任何帮助"。[10] 设在伦敦的英属马来亚协会也提交了一份建议，要求建立一个把海峡殖民地包括在内的联邦，但同样没有得到多少重视。

英国政府完全是在一片黑灯瞎火中盲目制订计划，对马来亚当时的情况完全一无所知。随着欧洲的战事结束，盟军将重新夺回新加坡视为第一要务，并打算将该岛作为十个师的供应基地，其中两个师将常驻马来亚。[11]他们希望在1946年年初占领新加坡，但又对所有从欧洲调配过来的军队是否能在那年夏天之前到远东地区全面展开行动表示怀疑，而在军队完全就位之后，他们又预计，要完全打败日军，可能要经过数月的艰苦战斗。在这段时间中，英国人打算测试“当地人民的性情”以及他们对宪政提案的反应。可就在1945年8月，当重新夺取新加坡的“急潮”行动计划还在仰光商讨细节时，日本人投降了。太平洋战争如此突然的结束实在出乎他们意料之外，也打破了之前所有的政治计划。十天后，在1945年8月25日，抢在英国还没完全准备好让军队登陆新加坡之前，马来亚共产党的中央执行委员会发布了一份“解放的八点宣言”，其核心目标是，“在马来亚建立一个民主政府，其选民将囊括各邦和抗日队伍中的所有种族”。陈平后来因此指控莱特犯下了叛国罪，因为他放弃了在帝国主义军队重新占领该地区之前进行斗争的黄金机会，但无论这位总书记当时发表宣言的动机是什么，这份表明合作态度的“温和立场”宣言并没有完全受到盟军总司令路易斯·蒙巴顿勋爵的欢迎。知道共产党领导的游击队势力不会形成敌对带来的如释重负，却与这样一种尴尬情绪掺杂在了一起：共产党人“相当于偷走了我们的惊雷，我们在政治上将非常有价值的进步政策就这样(在公布时)丧失了惊喜的成分。”[12]这份宣言的内容与殖民地事务部自身的计划非常相似，因此伦敦方面担心，他们长期以来精心制定的计划看起来似乎是马来亚共产党的行动迫使他们施行的，内容也似乎是模仿共产党的宣言的。

在放弃了长期征询后再决定的希望后，英国政府派出了一名公使——哈罗德·麦克迈克尔爵士(Sir Harold MacMichael)，前往与诸位苏丹重新订约。与此同时，在1945年10月英国议会结束夏季休会期重新召开后,殖民大臣即向议会宣读了新的政策,并着手准备将具体措施写入一份白皮书中,预定于 1946 年 1 月发表。他强调,新加坡与马来大陆有千丝万缕的联系,但不应强制让两者合并。“如果它将自然发展的话,那就必须实行合并,而不成熟地强迫具有如此不同利益的主体合并成为一个整体,则会引起摩擦,还可能为这个地区的未来蒙上阴影。”

退休的诸位前任总督和马来亚的高级政府官员们反对英方提议的分治,并要求在殖民地事务部召开一次会议。珊顿·托马斯爵士在被拘押期间就自己拟定了一份重组马来亚的详细计划,认为英政府这份 228
分别设立两个总督,又设一个统摄性的大总督的计划“在构想上太繁杂和夸张”。“新加坡的总督将没有足够的事情可做。”但托马斯的反对并没有引起殖民地事务部的重视,[13]金文泰爵士则认为,将新加坡排除在联盟之外宛如“挖掉马来亚的心脏”[14],但他的主张同样被忽略掉了。

英国战时内阁同意将新加坡分离出去之后,就不再细细思量它的未来,而殖民地事务部则一心一意开始处理马来半岛上复杂的事务。在经历了长时间的军事统治之后,英方期望这个岛屿成为“一个哥伦比亚特区”,即英国在东南亚的大总督的驻地,并拥有自己的地方政府。[15]殖民地事务部的《远东的宪政重建》备忘录草案于 1943 年 7 月出台,其中对于新加坡到底将成为一块货真价实的殖民地,还是仅被当做一个扩大的市级政权,实在语焉不详。[16]

于是,当英国人于 1945 年 9 月登陆新加坡岛时,一切都还悬而未决。此时,该岛成为由盟军总司令蒙巴顿勋爵领导的英国军政府的总部。蒙巴顿勋爵当时全权控制着东南亚地区的政治和行政。他授权马来亚民事最高长官拉尔夫·洪恩爵士管理民事政府,而帕特里克·麦克克荣则为其副手,管理新加坡。

英国军事政权的官员们立即接管了民事事务,并启动了一个旨在将拘押在此地的侨民尽可能遣返回国的项目。遣返的对象不仅包括政府雇员,还包括商事企业的雇员、种植园工人、矿工等。他们本来计划

> 限制英语出版物，仅保留一份官方的小报《马来亚时报》(*Malayan Times*)，但这个计划却被《海峡时报》记者们的努力挫败了。当地的记者们在解放时保护了印刷机器和新闻用纸免于遭受被洗劫的命运，而他们的欧洲同事一从拘押营出来就立即加入了他们的行列。他们共同违反了不准印刷的命令，不到 24 小时就出版并免费发放了《海峡时报》在战后的第一期。这一切让蒙巴顿爵士印象非常深刻，他于是让《海峡时报》继续办下去，却停办了官方的《马来亚时报》。[17]

麦克克荣和洪恩都建议将原先的英方派驻机构和地方机构合并成统一的一个新加坡岛议会，[18]但殖民地事务部却决定保险起见，不做变更，或者用他们的话说，要保留“经过检验的成功的政府机构”。先前海峡殖民地时期由行政会议、立法会议和市政委员会以及乡村局(rural board)组成的繁复架构将予以保留，但地方的代表权将有希望增加。

与此同时，洪恩主持创办了一个新加坡咨政委员会，由 17 位政府提名的人选组成，包括陈振传、李光前和前游击队领导人、马来亚共产党新加坡市委主席吴天旺(Wu Tian Wang)。委员会的第一次会议是在友好亲切的气氛中召开的，富有建设性，但此后，该委员会却越来越对英方主政之下重建的缓慢进程、贸易限制措施以及艰困的生活状况持批评态度。[19]

新加坡人曾对作为解放者归来的英国人表示欢迎，但当迅速恢复常态的希望消退之后，民众与英当局之间的蜜月开始变得苦涩。正如英国关于这段时期的官方史书所记载的：“虽然各种宣传把盟军‘解放
229 者’与敌军‘侵占者’两相区分，但对那些被‘解放’的人们来说，这两者的界限并没有那么分明。”[20]

和平并没有结束饥荒与物资短缺。食物供应不足，船运一片混乱，而且邻近的那些产粮国也并没有多余的粮食可供出口。一些基础生存物资的价格很快就飙升到战前的十倍，而控制粮食、鱼类和蔬菜价格的法规却执行不力。《1946 年新加坡年度报告》哀叹道：“错误的希望、失望、偶尔的缓解，以及最严重的，在将已经空空如也的食品柜再搜刮了

一遍后,对下个月将会发生什么怀有的噩梦般的期待。”[21]

铁路和船坞都已被盟军的空袭摧毁,六艘大型船只的残骸堵塞了港口,70%的堆货栈遭到毁坏,所有的拖船都已不能使用。港务局的各种机械设备有一大半都被毁或失踪,而战前所有的起重机和推土机都已经不知去向。

市镇区域无人照管,肮脏残破,街道上满是枪炮造成的坑坑洼洼,水、电、煤的供应全部中断,电话线路也不通。人满为患,贫穷与疾病肆虐由来已久。在日据期间对住所的庞大需求量迫使成千上万的人们私自占地,搭建起众多卫生条件极差、各种日常设施缺乏的棚屋。1945年,新加坡的死亡率是战前的两倍,医院都缺医少药,甚至连桌几和床铺都没有。

最紧迫的问题之一就是恢复法律的权威和秩序。但即将上任的管理层发现,现有的警察队伍“不过是群制服不整、装备不足、毫无纪律性的乌合之众”,“资源不足,看上去脏兮兮的,出于生活所迫随时准备贪污腐败,而且胆大妄为,不受管束”[22]。人们对这些警察充满憎恨与鄙夷之情,贬之为日人高压统治的走狗,这种情绪是如此强烈,以致解放后的数周内,各处警局都不得不关停并派人把守,以防人们趁机复仇。

充斥于整个社会的是日据时期最糟糕的一笔遗产——公共与私人生活的两相腐败:日本人重新使赌博与卖淫合法化,赌场和妓院遍地都是,吸食鸦片的现象死灰复燃,投机倒把行为比比皆是,行贿受贿之举也屡见不鲜。或许这其中危害最大的还是人们都趋向采取玩世不恭的态度,鄙弃了旧日正直、勤勉和节俭等种种美德,却选择靠投机致富,然后再挥霍一空。但那些投机者和汉奸却往往在解放后仍然飞黄腾达,公仆们却在重新履职之前接受令人倍感屈辱的盘查。因为重建的英国管理机构倾向于依赖那些在过去有功于殖民政权,后来又能与日治政权合作愉快的人:职业的生存专家,即那些善于见风使舵、见机行事,在日据时期也混得风生水起的人。

英国军政府的高级官员都是些正派人士,但下层官僚就没有那么正直严谨了,先前曾吸引了品质最差的那些日本人的黑市勾当,现在又把最腐化的一群西方人吸引了进来。有华人对一位马来亚公务机构的高级官员说:“我们华人还从来不知道有像他们这样的欧洲人。”[23]英国军政府随意征用没收私人财产,对粮食的分配极为失当。它的财政混乱,腐败臭名尽人皆知,这些都遭到咨政委员会的公开批评,它的名称缩写“BMA”也被讥讽者重新解释为了“黑市政府”①[24]。军政府执政了七个月,就将其在解放之初拥有的公信度损毁殆尽,使得英国人在新加坡的声望甚至比 1942 年 2 月时还要低。[25]

230 但至少日据时期的恐怖和残忍已经消失了,此外,尽管带来了许多失望,充满各种效率低下的现象,可英国军政府还是取得了一些成就。它认定的最优先解决的事项是修复各种公共设施,恢复水电煤的供应。英国皇家海军不到八个星期就把港口移交给文官控制,法庭得以重开,汉奸和其他社会不欢迎分子被从警察队伍中清理出去,新的警察招募行动也随后启动。

当局还很快对人们最为急迫的教育需求作出了安排,不到三个星期,就重开了 14 所马来语学校和 14 所英语学校。尽管缺乏必要的设备,教学楼也破旧失修,但教师们却怀着极大的热情精神百倍地投入到了教学工作中,他们不仅想方设法满足人们对受教育的巨大渴望,还参与到分发食品和其他供应品,帮助解决其他社会苦难等活动中。华人也很快行动起来,重开他们的学校。到 1945 年年底,已经有 66 所华语学校、37 所英语学校和 21 所马来语学校正常授课。除了招收适龄新生外,因日本统治而耽误入学的超龄孩子也需要入学,因此,到 1946 年 3 月,在校学童人数一共达到 6.2 万人。恢复高等教育花费了更长的时间,不过,到 1946 年 6 月时,医学院已经召回了原来的在校生,并和莱佛士书院一道,于这年的 10 月招收了第一批新生。

复原工作的关键是要复兴马来亚的经济,但军政府并不太适合完成这项任务。复兴政策的目的在于尽快恢复私营工商企业的活动,而不是动摇新加坡的自由港地位,但军政府一开始选择了七家轻工业、商

① 黑市政府的英文全称为 black market administration,缩写也是 BMA。——译者注

业和采矿业领域的龙头企业(六家在新加坡,一家在雪兰莪),给予他们进出口方面的优先权,还可优先招募从军中返回的人员。[26]直到1946年的头几个月,其他外资企业能重新开工的非常少。而逃到海外避难的亚裔商人,又找不到可以安然返回的途径。此外,各家公司的大部分雇员都流失掉了,它们的商业档案也被洗劫一空,办公楼则不是被当局征用就是已残破失修无法使用。

当局成立了一个战争罪委员会,专门调查战时发生的屠杀事件,1945年10月,专门审理此类案件的特别法庭设立。宪兵队成员、监狱看守以及其他被控犯下暴行的日本人被关押在樟宜监狱等候审判,其他7 000多日侨则拘押在裕廊。此后,陆续有日本战俘从邻近各国押解来,其中有1.2万人在此后两年内被雇为劳工。

印度国民军和印度独立联盟的支持者们都受到了审查。其中大多数人都得到赦免,但很多从前曾是在编的士兵则被英国军队开除了军籍,有些军官则送往德里等待审判。印度军队推倒了印度国民军在滨海大道竖起的纪念碑,日本人所建的神社和战争纪念物也被扫清。

公众要求严惩叛徒的呼声很高,因此被逮捕的人也很多,其中包括欧亚混血社群和印度裔社群的领袖人物,如查尔斯·帕格勒和戈霍,以及《马来新闻》的编辑萨马德·伊斯梅尔。1946年3月,对这三人的审讯都终止了,但帕格勒的案件却引得英裔人群群情激愤。他们大都将欧亚混血人群与日方的合作看做是严重的背叛行为,但筱崎护(他已无罪获释,并被英国陆军安全部雇为翻译)却为帕格勒辩护。人们对他人 231
的指控多是称这些人有告密或诬陷行为。但法院发现,要审查相关证据,并区分哪些是借机报复,哪些是确有苦楚冤情很难。于是,英国当局从疗伤复原的宗旨出发,只要通日行为没有造成实质性的伤害,就均予以宽恕。而最为臭名昭著的莱特则向英方自首寻求庇护。他在此后的两年里仍然是马来亚共产党的总书记,却一直在其马来人民抗日军中的同事不知情的情况下,秘密地与英方合作。

首例战犯审判案件于1946年1月开庭,审理的是虐待印度战俘案。这些战俘当时被作为强迫劳工送往了荷属东印度群岛。紧随其后,于 1946 年 3 月开庭审理的是“双十案”。21 名新加坡宪兵队的成员,包括其当时的队长晴三(Sumida Haruzo)中佐,被控在始于 1943 年 10 月 10 日从樟宜监狱发端的恐怖统治期间,折磨并杀害被拘押者及平民。由于他们犯下的罪行都历历可数,幸存者的证词也非常充分,而受害者们对作恶者都记忆深刻,因此案件审理很快就有了结果:有 14 名被告被判有罪,其中,包括晴三在内的 8 人被处决,其他 6 人被监禁。

对“肃清案”的审判结果则大不相同。该案是最后才审理的,于 1947 年 3 月在维多利亚纪念厅开庭,被告包括河村三郎和大石正行。在肃清期间痛失长子的郑古悦,带头组建了一个新加坡华人大屠杀请愿委员会,而富裕的华人也纷纷慷慨解囊,贡献财力和精力支持证据收集工作。然而,针对具体个人所犯罪行的证据不足。另外,在据说要对此案负责的人中,山下已经被处决,辻政信失踪,其他人则已经在战争中丧命。兼之幸存者又寥寥,无法出庭一一指正具体的罪犯,而那些具体执行屠杀命令的又是些无名小卒,根本无迹可寻,还可能已经死在了战场上。有关辻政信设定了要屠杀 5 万华人之目标的证据较确凿,[27] 但到底是谁最初下达了肃清命令却不得而知,况且命令的内容又很含糊。[28] 河村三郎和大石正行最后被判死刑,另有五人被判终身监禁,但华人社群对如此深重的罪行却得到如此不相称的宽大处理感到愤怒。大屠杀请愿委员会向总督呼吁复审此案,但没有得到答复。针对具体罪行的证据不足,何况这些罪行又是由不知姓名的罪犯对各个受害者犯下的,因此无法有足够的证人和证据呈递给法庭,以确认更多的罪犯。这种结果在华人看来,似乎表明英国人只关心让针对一小部分英人的罪行得到法律的公正严惩,却不在意要公正地对待针对成千上万华人犯下的暴行。

许多年后的 1962 年 3 月,建筑工人在一直相传是战时大屠杀发生地的实乞纳发现了大批坟墓。这一发现再次让华人社群炸开了锅,新加坡中华总商会和华语媒体都重提旧事,要求日本对在大屠杀中痛失亲人的家庭进行赔偿,以安抚遇害者们孤苦游荡的魂灵。但这一事件恰巧发生在新加坡政治的一个关键敏感时期,李光耀怕左翼势力会借

机挑起事端,造成族群间的分裂,因此,在为1963年8月举行的一次公 232
众集会所作的主题发言中,李光耀强调,这场屠杀是对新加坡全体民众犯下的罪行。1965年8月,就在新加坡独立后不久,日本终于同意就这一血案对新加坡政府进行赔偿。新加坡建起了一座人民战争纪念碑,数千个装有遇害者遗骸的骨灰坛就埋在了纪念碑下面。这座碑有四根立柱,代表新加坡的四大族群,表明他们因共同的苦难经历而团结起来。[29]

在解放之初,共产党人被视为大英雄,由马来亚共产党主导的马来亚抗日人民军作为人们心目中的抗日爱国英雄,在广大民众以及华人中产阶级中都享有很高的声望。当时,共产党采取的是温和路线,他们同意解散本党武装力量,而寻求以政治颠覆的手段来达成本党的目标。

1946年1月,马来亚人民抗日军在新加坡的巴东进行了最后一次令人深为感动的游行,蒙巴顿爵士亲自为这些抗日领袖(其中包括游击队的队长陈平)授予了勋章。之后,抗日军正式宣告解散。枪支和弹药都上缴了,但其实共产党还秘密隐藏了大量的武器,并建立了一个由前军中人员组成的协会,以继续保持该组织的存在。

新加坡在战后的政治气氛,对共产党扩大其影响力非常理想。蒙巴顿爵士是一个持自由主义观念的人,他非常想要鼓励人们自由表达自己的政治观点,另外,作为对其战时合作的奖赏,英国也首次觉得必须承认马来亚共产党的合法性。吴天旺进入咨政委员会后,以反对行政腐败的公共形象出现,渐渐积累起一定的政治资本。

马来亚共产党的新加坡市委员会规模很小,它主要是通过若干个一线组织来发挥作用,其中最重要的是总工会。通过这个组织,共产党可以在新加坡的劳工中间笃定地找到一大批追随者。对共产党人来说,这是一片未开垦的处女地。日本人镇压了劳工的反叛,战后,没有任何既存的劳工组织,而战前通过的自由主义劳工立法允许与工厂所有权无关的人参与工会的管理,且对工会经费的使用所施加的限制也非常少。

就在日本投降后不久,总工会就在新加坡建立了自己的总部,并在马来亚地区的其他城市中设立了支部。它向工人承诺,将致力于寻求更好的工作条件,更短的工作时间,并创建一个全马来亚劳工阶级联合阵线(All-Malayan Working Class United Front)。马来亚共产党在战时获得的荣耀与威信,加上战争刚结束时人们面临的流离失所、失业、通货膨胀以及物资短缺等各种不幸,使得总工会可以很快发展一大批会员。

1945 年 10 月,总工会成功组织 7 000 名码头工人进行了一场要求加工资的罢工,随后,新加坡电车公司雇员、医院员工、消防员,甚至卡巴莱歌舞表演的女演员们都进行了罢工。蒙巴顿不想对这些组织起来的劳工使用武力,呼吁用不带任何威胁措施的友好谈判的形式来解决争端。但总工会的行动策略却变得越来越激进,这导致官方的立场也渐渐强硬起来,并开始使用日本战俘来取代罢工者的位置,而这反过来又导致了更多劳工纠纷的产生。

233 导致不满情绪产生的原因真的数不胜数。全岛各地失业率都很高,食物稀缺,生活成本却飞速上升。1945 年 12 月,大米配给削减到三卡提(*kati*,相当于 600 克)每星期,这引发了一场有 6 000 名劳工参加的大型示威活动。劳工们聚集到巴东,要求获得更多的口粮配给和更高的工资。这次事件发生后,英国军政府禁止民众未获许可进行集会和游行。

到 1945 年底,新加坡总工会已经下辖 60 多个工会。1946 年 1 月,英国军政府监禁了总工会的总书记孙广(Soon Khwong),理由是他恐吓他人,歪曲事实。总工会于是举行了一场持续两天的大罢工表示抗议。总共有 17.3 万名劳工参加了这次罢工,新加坡的运输系统因此瘫痪。政府最后作出让步,释放了孙广。这让共产党人确信,英国军政府非常软弱,不敢对他们采取强硬措施。

1946 年 2 月,新加坡总工会和马来亚总工会下辖的所有工会,合并组成了泛马来亚劳工联合会(Pan-Malayan Federation of Trade Unions),该联合会有两大分支:一个在马来半岛大陆,另一个则被称为新加坡劳工联合会。这两大分支组织都由马来亚共产党掌控，与世界劳工联合会保持着密切联系。泛马来亚劳工联合会号称有45万会员，它于1946年2月15日正式宣告成立。这一天恰好是英军在新加坡战役中战败的周年纪念日，马来亚共产党向当局申请在这一天举行游行活动，提出的理由是，为了悼念这"哀痛的一天"。英国军政府拒绝了他们的申请，并在他们计划游行的前夜，逮捕了27名共产党的领导人，其中有10人在此之后未经审讯便被驱逐出境。遭遇了这次挫折之后，共产党人放弃了直接行动的方式，转而秘密地逐步扩展对工会运动的掌控度，并支持其他激进团体的活动，以寻求宪政制度方面的改变。

英国军事统治在1946年4月终结。此时，马来亚联盟在马来半岛大陆正式成立，新加坡则单独作为一块王室直辖殖民地，转由文官政府管理，其总督为富兰克林·金逊爵士(Sir Franklin Gimson)。

当政的英国工党政府有些不情不愿地接受了战时内阁作出的解散海峡殖民地的决定。[30]但事实上新加坡与马来亚联盟之间仍然存在着千丝万缕的联系：货币、高等教育、移民、所得税、民用航空、邮政以及电报业务都仍将以泛马来地区为基础统一运作。正如英国政府所宣称的："女王陛下的政府所采取的政策，并不排除或歧视日后以某种方式让新加坡与马来亚联盟融合，组成更大联盟的可能性。只要它认为人们渴望这样一种形式。"[31]

英国在战后提出的宪政方案让马来亚大吃一惊。战争削弱了殖民地当局，却没有创造一种足够积极有力的民族主义势力来取代它，这一地区也缺乏能迅速对英国提出的改变作出回应的政治组织。大多数新加坡人对变革方案没有什么兴趣，但少数群体却直言不讳地从各种角度对把新加坡单立出来提出了抗议。马来亚共产党认为这种分立威胁到了它所设想的统一的马来亚共和国。新加坡马来人联盟不希望看到半岛和新加坡马来人之间出现任何壁垒。而中华总商会则反对将作为"马来亚经济、政治和文化"[32]中心的新加坡割离出来。

建立马来亚联盟的提议催生了新加坡第一个真正的本土政党的诞 234

生,它就是跨种族的马来亚民主同盟(Malayan Democratic Union)。该党支持建立马来亚联盟,但坚持认为新加坡也应该被包括在内。马来亚民主同盟的纲领于 1945 年 12 月发表,其立场比较温和,提出要通过扩大在立法议会中的代表权,以及以自由主义立场改革对公民的限制和要求,来实现自治,并逐步实现下列目标:让新加坡成为作为英联邦一员的自治的马来亚的一部分。该党呼吁进行社会和教育改革:扩大住房建设项目的实施,建立融合一体的学校,让操不同语言的群体能在同一屋檐下学习,建立一所当地的大学,以及建立民主的工会组织。它还是唯一支持引入所得税以为社会改善项目提供资金支持的声音。

马来亚民主同盟的主席和财政官是何亚廉(Philip Hoalim)。他是一位知名的律师,出生在英属圭亚那,但此前已在新加坡从业长达 16 年。[33]该党的成员大多是接受英语教育的中产阶级,核心是大学文化程度的专业人士。他们的政治观点都比较温和,并坚信要联合起来为实现马来亚的独立和统一而奋斗。可是,从一开始,该党的实际领导权就掌握在激进的左派手中,如剑桥毕业的律师李光耀和约翰·伊伯(John Eber,是他创立了这个党派),以及毕业于莱佛士书院经济专业的记者余柱业(Eu Chooi Yip,他是领取薪水的党务秘书)。吴天旺也给予了该党极大的支持,到 1948 年时,马来亚民主同盟已经成为与马来亚共产党并肩战斗的组织。

与此同时,在马来半岛上,建立马来亚联盟的方案招致激烈的反对,而且催生了马来民族统一机构。这个组织于 1946 年 3 月在吉隆坡成立,就在新政府即将启动的前夕。巫统抵制马来亚联盟的成立仪式,声称新旧政府对马来诸邦主权的移交是无效的,因为各邦的苏丹是被迫签署条约,放弃自身权利的。另外,新提议的公民法向移民社群提供了平等的政治地位,这对马来人是不公平的。反对声浪之强烈,以及巫统在马来社会各阶层所得到的支持之广泛、之热烈,让英国人大受打击。他们于是秘密咨询了巫统领导人和马来诸邦的苏丹,并根据他们的意见,对联盟方案进行了修改。新的方案是半岛各邦和各殖民地组成联邦,对公民权的限制也更严格,更加保障马来人及其苏丹的权益,而选举代表制的实行则被无限期推迟。[34]原马来亚联盟保留下来的唯一一个特征是,新加坡仍然被排除在外。因为这是马来人领袖们所坚持的。他们认为,如果新加坡被纳入马来亚联邦的话,华人的数量就会超过马来人。

马来人民族主义情绪的泛起,刺激了一场与其相对抗的运动的发展,尤其是在新加坡。共产党人将新修改的宪政方案指斥为“彻底暴露了英帝国主义的罪恶”,并于 1946 年 9 月在法雷尔公园组织了一次有 2 万人参加的大型集会,要求马来亚自治,并赋予所有以马来亚为家的人们平等权。1946 年 10 月,马来亚民主同盟要求政府任命一个能代表社会各界、各群体的委员会,共同讨论新的宪政方案。各个反对新修订方案的群体决定共同建立一条统一战线。1946 年 12 月,他们创建了泛马来亚共同行动委员会(Pan-Malayan Council of Joint Action),由曾积极投入抗战斗争的老兵、华人领袖陈桢禄担任主席。这个组织 235
包括了马来亚民主同盟、马来亚印度裔大会、新加坡妇女联合会、新加坡文员联合会、总工会、海峡英籍华人公会、新加坡印度裔商会、新加坡泰米尔人协会,以及其他许多社群、商业、妇女和青年组织。[35]马来亚共产党虽然不是该组织的正式成员,但却是幕后的主导力量,由一系列台前组织代表它出面活动,其中最主要的是马来亚人民抗日军退伍同志会(Malayan People's Anti-Japanese Ex-Serice Comrades' Association)。

泛马来亚共同行动委员会虽然声称可代表居住在本地区的非马来人的意见,英国人应该就新方案征询他们的意见,但英国人却不承认他们的代表权,并坚持只咨询巫统领导人和马来统治者们的意见。1947 年 4 月,泛马来亚共同行动委员会与人民联合阵线(Pusat Tenaga Ra'ayat)正式结盟。人民联合阵线是由左翼的马来民族党(Malay Nationalist Party)等组织组成的联盟,马来民族党反对持保守立场的、由贵族阶层主导的巫统。该党的奋斗目标是让马来亚与印度尼西亚合并。

泛马来亚共同行动委员会其后更名为全马来亚共同行动委员会,由约翰・伊伯任总书记。他起草了一份与英国新修订的方案针锋相对的方案，名为《人民的马来亚宪政提议》(*The People's Constitutional Proposals for Malaya*)。[36]这份提议要求把新加坡纳入实行联邦制的马来亚中去，联邦的行政事务交由一个行政会议管理，对立法议会负责，议会由居住在马来亚的所有成年男性选举产生。但提议中也有一些保证措施，确保在15年的过渡期内，马来人在议会中占多数席位。

全马来亚共同行动委员会组织了多次群众集会，1947年10月，它得到新加坡和马来亚其他地方的各个中华总商会的支持，发动了一次全地区的哈塔尔(*hartal*，即经济抵制)。这是反对新方案的各方力量团结行动的最高潮，得到了各个移民群体的热情响应。但受英语教育的阶层对此却应者寥寥，这引来马来人的强烈敌意。英国人最后还是采纳了马来领袖们的建议，认为各个族群之间的差异太显著，没有办法在这个地区马上建立一个各族群平等的自治国家，而应该如巫统所建议的，要让移民逐步同化并融入一个马来国家，这个国家将在英国的指导下慢慢实现独立。以这一观点为基础，原先设想的马来亚联盟，最后在1948年2月改为马来亚联邦。新加坡仍然不在其中，仍然是一块独立的王室直辖殖民地。

共同行动委员会与人民联合阵线的结盟本来就只有这一个共同目标，在这样的情况下，同盟迅速瓦解。参加了共同行动委员会的中华总商会虽然反对将新加坡单列出来，也反对限制公民权，但他们并不赞赏激进的《人民的马来亚宪政提议》，他们也并不想要和马来亚共产党扯上什么联系。于是，当陈桢禄在1948年1月呼吁发动第二次哈塔尔时，总商会拒绝参与，并自此脱离反对新方案的运动。1948年3月，马来亚共产党也收回了对委员会的支持。在缺乏资金和民众支持的情况下，全马来共同行动委员会很快解体。

就这样，新加坡被单独放在了一边，独立探索自己的道路，独立解决自身碰到的政治架构问题。不过，马来亚联邦中发生的事件很快就将深深地影响到这块殖民地。

可在当时，大多数新加坡人最关心的还是如何克服日常生活中的

艰辛。食物仍然极度缺乏。1947 年 5 月,每人每周的大米配给甚至降 236
到了 1.5 卡提,竟等同于日据时期的最低值。新加坡人只好改吃木薯充饥,卖面包、罐装牛奶和其他食品的地方也总是排着长长的队伍。营养不良和胃溃疡盛行一时,工资的涨幅远远跟不上物价的涨幅。有些雇主会免费或低价向雇员提供大米,政府也在 1947 年设立了人民餐馆,以严格控制的价格向民众供应饭食。但这些措施都只能惠及一小部分人,无法减轻大众的苦痛。在这样的境况中,帮会又兴盛起来,社会上的暴力事件再度猖獗。战前颁布的《帮会法令》,在战争刚刚结束时本来已经暂时废止了,但面对此种状况,便又在 1947 年 4 月恢复生效。

马来亚共产党利用民众普遍的不满情绪,推动自身政治目标的实现,采取的方式仍然是重新鼓动劳工运动。1946 至 1947 年间,总工会在港务局、公共交通、消防和邮政、医院等多个部门,以及多家私人企业(有华人的也有欧洲人的)中组织了罢工活动。有些罢工有数千劳工参与,持续时间长达数星期。这些罢工大多数都成功地为工人争取到了更高的工资,马来亚共产党也因此声望大增,更多的劳工纷纷加入它所辖的各家工会。

不太愿意加入的劳工也被迫参加到这些工会当中。新加坡劳工联合会建立了一支新加坡劳工保护团,其成员包括帮会流氓和原来马来亚人民抗日军的成员。他们采取各种手段抵制不是由共产党组建的工会。在恩威并用之下,到 1947 年年初时,新加坡劳工联合会声称,它已经控制了四分之三有组织的劳工力量,并打算控制码头、市政机构、公共设施和交通运输系统。强有力的领导、成功的罢工活动,辅以其他各种手段,让马来亚共产党牢牢控制了劳工队伍。除非民主的工会能在当地扎根,人们的生活水平又能得到切实改善,否则这种掌控很难被打破。

为了在马来亚形成合法的民主工会运动,1945 年 12 月,英国政府任命约翰·布雷泽尔(John Brazier)为英国军政府的工业关系顾问,后又转任泛马来亚工会顾问。布雷泽尔之前曾组织过全国铁路工人工会,有“战斗的杰克”之称。他精力充沛,且坚定地反对共产主义和帝国主义,热切地想创建与政治无涉的工会组织。不过,他所处的立场非常尴尬和窘迫。雇主们不喜欢他,殖民政府给他的支持实际上又很少,而且他发现,劳工们并不想加入他的组织,这一方面是因为害怕共产党的威吓,另一方面也害怕政府会进行镇压。虽然面临着重重困境,但从1947年3月开始,殖民地当局还是开始根据1940年的《工会法令》注册认可了一批非政治性的工会。这使得官方能对它们的财政状况和成员构成进行更深入的指导,防止它们把经费用于政治目的。

与此同时,随着世界范围内对橡胶和锡的需求上升,新加坡的复苏加快了,人们的生活水平也终于开始改善。尽管还在实行配额制度,货币流通方面也有限制,还有多次罢工的干扰,但到1947年时,贸易额已经大大超过了战前的水平,到1948年时,马来亚的橡胶产量甚至超过了战前在1940年创下的峰值。贸易的扩展,当局对配给制和价格控制更强有力的执行,以及1948年的大丰收,终结了严重的短缺和艰难状况。到1949年时,各项社会服务至少已经恢复到了战前的水平,而婴儿死亡率和全体人口的死亡率则降至有史以来最低水平。[37]

237 在此之前,由于劳工们面对的苦痛实在太深刻,因此马来亚共产党在他们中间的鼓动和组织取得了相当大的成功,但在经济状况稳步好转之后,马来亚共产党的活动就不那么有效了。马来亚共产党经常利用工会的活动来达成政治目的,而不是为工人们谋求更好的工作条件,到1947年年底时,新加坡的许多劳工对马来亚共产党的这种做法已经感到失望。1948年年初,英国派了一个代表团,到新加坡来调查工会的状况。它的调查结果揭示出,马来亚共产党存在利用罢工来达到纯粹的政治目的的情况。他们“号召罢工,但不支付参加罢工的酬劳……会提出一些工人的要求,但不会为此去进行谈判……只是不断地催促工会领导人行动行动行动,不断干涉他们的决定……”[38]当共产党人启动一项与工资或劳动条件没有什么关系的反叛计划时,劳工们开始变得越来越不愿意参加罢工或缴纳工会会费了,于是,新加坡劳工联合会在1947年最后几个月里发动的几场罢工,都没有取得什么成效。

在新加坡于1946年被单列出来之后,殖民地当局打算采取措施,逐步实现当地的自治,并培养广大民众对新加坡的忠诚和热爱,使他们把这里当做他们长久的家园。这里的居民仍然非常多元而混杂,大约包括78％的华人,12％的马来人和印度尼西亚人,7％的印度人,以及3％的欧亚混血人种、欧洲人及其他少数族群。[39]战乱,以及随后于20世纪30年代开始实施的移民限制令,改变了当地人口的特征和面貌,人们在这里居留的时间变长了,人口结构也更加趋于平衡:女性、儿童和老人的比例都在上升。1931年,成年男性占到了总人口的一半,但到1947年时,仅为三分之一。

在各个群体之中,华人尤其表现得愿意在这里安顿下来。1931年的人口普查显示,新加坡的华人只有38％是在海峡地区出生的,但到1947年时,这一比例已经上升到60％,到了20世纪50年代中期,更是上升到70％。根据1947年进行的一项社会调查的结果,出生在中国的华人移民当中,有一大半再也没有回过中国,或往仍在母国的家庭寄钱,因此,他们与母国的联系实际上比人们通常认为的更加少些。[40]

而相比之下,印度裔却与母国保持了更为紧密的私人联系。印度男性孤身前来新加坡工作仍是他们惯常的做法,与其他群体相比,来到新加坡的印度女性的比例仍然偏低。大多数印度裔还会往仍在印度的家里寄钱,并频繁往返于印度和新加坡两地。

在1947至1957年间,新加坡的印度裔人口增长迅速。其中有三分之二是来自马来亚联邦的移民,他们被更高的工资水平和更多的工作机会吸引到了新加坡。还有一波从印度北部来的移民潮,主要是锡克教徒和信德人,他们主要在1947至1948年间来到新加坡,其时,印度因为独立和之后的印巴分治而动荡不安。另外,在二战刚刚结束的几年里,很多马拉亚力人从喀拉拉邦来到这里。他们有些受雇为建筑工人,但大多数都从事文员工作,或开个小商店,通常都在逐步兴建起来的英国各处军事基地或附近找到工作。

虽然大多数印度人、巴基斯坦人和锡兰人仍然深深依恋自己的母

238 国,很多人也仍然会回到母国结婚,把孩子送回母国受教育,或最后落叶归根回到那里,但也有越来越多的人选择在新加坡永久定居下来。从 20 世纪 50 年代末开始,当移民限制措施开始收紧时,印度移民的数量渐渐减少,只剩下一小部分专业人士和富商及其家眷。[41]

在解放后的两年里,新加坡总督在一个咨政委员会的帮助下进行治理。这个委员会完全由官员及经提名产生的民间人士组成。金逊最开始任命了 6 名民间人士,后来又将数量提升到 11 人,从而使新加坡的咨政委员会中首次出现民间人士数量多于官员、亚裔数量多于欧洲人的情况。咨政委员会仍然只是一个提供建议的机构,没有决策权,但金逊一般也不会独断专裁,他唯一一次运用总督的权力强行通过政令是为了实行所得税法。1860 年、1910 年和 1921 年三次实施所得税的努力,都遭到民众的强烈反对,因此,最终只在战时实行过。由于咨政委员会中的民间人士、国际商会、中华总商会,以及新加坡协会(由海峡殖民地协会演变而来)反对,总督在只得到马来亚民主同盟支持的情况下,最后是以总督令的形式强行发布的所得税法令。

根据 1947 年人口普查的结果,本地出生的新加坡人在总人口中所占的比例之高出乎人们的意料。这一结果有力地支持了要求提高政治责任和地方自治权的呼声。殖民地当局与咨政委员会密切合作,计划分步骤地发展既存的行政和立法机构,并扩大代表权,逐步将权力移交给新加坡人。

作为该计划的第一步,一部新宪法得到制定。该法将在定于 1948 年 3 月举行的选举进行后实施,它创立了一个官方议员占多数席位的行政会议(Executive Council),以及一个立法会议(Legislative Council),其中有 9 名官方议员和 13 名非官方议员。这 13 人中,4 人由总督提名,3 人由商会选定。咨政委员会的若干委员对商会选择制很不赞同,斥之为“有悖于任何一种民主观念”。[42]剩下的 6 名委员将由当地符合条件的成年英国公民选举产生。这些公民在参选之前必须至少已在新加坡居住一年。

殖民地事务部本来希望立法议员将由新加坡的各个社群选举产生,但马来亚民主同盟强烈反对这一方案,咨政委员会也一致认为,立法议员应该代表各个地理区域。总督对某些保留事项拥有决定权,并可否决立法会议的决议。他的权力在当地仍然不受制约,只需对身在伦敦的殖民事务大臣负责。新加坡的宪法比马来亚联盟及之后的马来亚联邦的都更为自由。后两部宪法中均没有提及选举产生立法议员的事宜。但这一宪政改革并没有使马来亚民主同盟中尚武的激进派感到满意,他们决定抵制选举,并在法雷尔公园举行群众抗议集会。

此举为新加坡进步党(Singapore Progressive Party)腾出了地方。该党成立于 1947 年 8 月,目的就是要参加 1948 年的选举。进步党的创始人是几位律师:陈才清(C. C. Tan)、约翰·雷考克和马拉尔(N. A. Mallal),其领导人均来自海峡英籍华人公会或新加坡协会,属于一直以来就与殖民政权关系密切的商人或专业人士阶层。雷考克和巴基 239
斯坦出生的马拉尔在 30 年代都曾担任过市政委员,而进步党的第一任党主席陈才清,则是战后建立的咨政委员会的非官方委员之一。进步党很愿意与英方合作,以逐步增加选举产生的委员,并最终创制一个对立法议会(legislative assembly)负责的部长内阁的方式,稳步推进宪政改革。与马来亚共产党和马来亚民主同盟不同,这完全是一个新加坡本土的党派,它的目标是,在新加坡与马来半岛上的政权合并之前,先实现岛内的自治。进步党只招收英籍或英国保护地的臣民为会员,其会员中,中等或较高收入阶层占到约四分之三。[43]

进步党是唯一一个参加了 1948 年竞选的党派。它最终获得了六个竞选产生的席位中的三席,另外三席被独立竞选人士获得。所有当选者都是律师,其中三名是印度人,一名华人,一名欧洲人,还有一名马来人。

二战刚结束后的那段时期里,新加坡政治的一个显著特征是,印度人虽是这里的少数族群,却扮演了最重要的角色。由于合法积极参政的权利仅赋予英国臣民,所以印度人占有绝对的优势,不过,他们也确实比其他族群表现得更渴望抓住参政议政的机会。当时,新加坡潜在的选民总数可能有 20 多万,但最后注册参加 1948 年投票的只有 2.3 万人,其中有 1 万多名印度人。而参加竞选的 15 名候选人中,有 8 名印度人。

作为一个少数民族,未来在实行自治的新加坡将处于何种地位?印度人的政治热情,在一定程度上正是出于对这一问题的关注。但他们的热情也反映了这个民族对民族国家和工业化时代民主政治的偏好,以及他们因 1947 年印度成功独立而增强的自信心。印度的独立让新加坡的印度裔更有地位了,也更有自豪感了,也让他们在正寻求自治的新加坡政界变得重要。这种重要性是他们此前不曾有过而之后也未再有过的。没有任何一位成功当选的印度人是作为社群利益的代言人出现的,1948 年的选举表明,新加坡人再次摆脱了族群间的摩擦。1948 年 10 月,总督金逊满意地评论道:"别的地方所熟知的那种社群主义在新加坡从来都不突出,而且我很确信,以后也不会,因为,要是出现这种状况的话,真正的民主体系也就无从建立了。"英国人还计划扩大市政委员会的权力,让它变得更加民主,并作为培养新加坡人学会自治的平台。二战前的行政体系中,无论是市政委员会还是乡村局,其所有的成员均为官员或总督提名的人选。这一体制在 1946 年作为过渡性体制重新启用,但与此同时,英方任命了一个以约翰·雷考克为首的委员会,负责设计一个更为自由民主的体制方案。这个方案提出,市政委员会中三分之二的成员将由选举产生,选民包括满足一定财产和居住条件的英国臣民或受英国保护的人群。第一次市政委员会的选举是在 1949 年举行的,进步党又大获全胜,赢得了 18 个由选举产生的席位中的 13 席。但公众对这次选举并不感兴趣,在潜在的 10 万选民中,仅有不到 10%注册投票。

到 1948 年新的立法会议召开之时,新加坡似乎已经准备好稳步推进宪政和社会改革了,虽然这种改革算不上大刀阔斧。

而此时的马来亚共产党则被内部的混乱和丑闻搞得焦头烂额。1947 年 3 月,莱特是双面间谍的流言传得沸沸扬扬,他却带着党的活动经费忽然失踪,这给了马来亚共产党一棒重击。莱特的行踪渐渐暴露,后来在曼谷被杀。马来亚共产党新的领导人陈平倾向于进行军事 240
斗争,以应对劳工运动不再奏效,以及马来亚共产党在马来亚体制争论中失败(1948 年 2 月,马来亚联邦成立,标志着英国赢得了这场竞争)的状况。以群众斗争的方式来对抗英国的帝国主义,马来亚共产党采取这一新政策,可能受到 1948 年 2 月在加尔各答召开的一次国际共产主义会议的影响,当时它也派出了两名代表,参加这次会议。此外,澳大利亚共产党的领导人劳伦斯·沙尔基(Lawrence Sharkey)参加完会议,从加尔各答返回澳大利亚的途中,在新加坡待了两个星期,在这段时间里,他可能也曾敦促马来亚共产党在马来亚举行起义。

第一次考验马来亚共产党实力的时刻出现在 1948 年 2 月。当时,新加坡海港局开始绕过包工头,直接雇佣码头工人。这项举措对劳工是有利的,但却威胁到马来亚共产党原先对契约劳工的掌控。由共产党控制的新加坡海港局工会于是举行了一次罢工,但这次罢工不到 48 小时就瓦解了,许多劳工经过这次事件后,开始确信,马来亚共产党根本不为他们的利益着想。这次罢工还导致该工会的领导人被捕,一批与已被当局解散的非法组织——新加坡劳工保护团有关的文件也被发现。新加坡劳工联合会随后又试图发动一场全面罢工,但没有成功。它还计划在五一劳动节那天举行一次大规模集会游行,希望能召集到 10 万人参加。但当局禁止了这次游行,马来亚共产党领导人也作出了取消游行的决定。于是,1948 年的这个五一节,就成了新加坡在数年内经历过的第一个没有犯罪事件发生的五一节。

显然,马来亚共产党已经无法掌控劳工运动,在新加坡城中进行革命也根本没有胜算。于是,在 1948 年 5 月,该党的大多数领导人物都先后离开新加坡前往马来亚联邦。在联邦的地域上,之前的马来亚人民抗日军再次成立。这一年的 5－6 月间,发生了一系列暴力事件,联邦于是宣布进入紧急状态,而这一状态此后竟一直持续了 12 年。一星期后,新加坡也实行了紧急状态条例,集会、结社和罢工均遭禁止,当局有权不经审讯逮捕嫌疑人。所有的激进政治党派都遭到质疑,因为它们曾与马来亚共产党并肩奋斗,呼吁马来亚与新加坡一体化的宪政架构。当局宣布马来亚共产党为非法组织,逮捕了马来民族党的多位领导人。马来亚民主同盟则自行解散。早在马来半岛上风云涌动的前夕,新加坡劳工联合会就已经悄然解散,所以,等到警察来突袭其总部时,才发现这里已人去楼空,所有的文件也不知去向。

虽然武装冲突仅出现在半岛大陆上,但紧急状态条例的实施对新加坡还是产生了深远的影响,改变了政治发展的进程。紧急状态条例的执行,在最初的几年里是非常严格的:警察局的政治部敏锐地追踪任何可能与政治颠覆相关的蛛丝马迹,数百人因此被逮捕。一些早先成立的组织被定为非法,被迫转入地下活动,而新的组织想要成立则非常困难。

左翼政治运动在新加坡发展受阻的直接影响是,保守派的政治家们因此获得了广大的政治舞台。他们愿意与殖民地当局密切合作,在
241 不打乱固有经济现状的前提下,共同促进政治构架的逐步改革和社会的改良。于是,在接下来的七年里,新加坡进步党都活跃在正式的政治舞台上。

不过,1948 年选举过后没多久,新加坡工党(Singapore Labour Party)成立了,与新加坡进步党形成竞争。新加坡工党的创始人是三位受过英语教育的印度裔工会领袖:新加坡海员工会的主席马吉德(M. A. Majid),以及陆军文职人员联合会(Army Civil Services Union)的两位领导人——印度出生的蒂凡那(C. V. Devan Nair)和锡兰出生的彼得·威廉姆斯(Peter Williams)。他们还招募了一位英语学校的校长弗朗西斯·托马斯(Francis Thomas),此人已在新加坡当了 14 年的老师。另外,他们请来了立法议员林有福(Lim Yew Hock)出任党主席。林有福是第三代海峡华人,于 1914 年出生在新加坡。他最初只是一名普通文员,但后来全职担任新加坡文员与行政人员工会(Singapore Clerical and Administrative Workeers Union)的总书记,1948 年经总督提名,作为劳工利益的代表,进入立法会议。他此后又

成为新加坡职工总会(Singapore Trade Union Congress)的创始人之一。

新加坡工党系以英国工党为模板创立,寻求以增进劳工实际利益,改善工作条件,更公平地分配财富等手段,消除共产党对劳工运动的影响。它计划到1954年使新加坡实现自治,随后再与马来亚联邦合并,实现全面独立,在“马来亚”建立“一个社会主义社会”,将橡胶和锡产业均收归国有。与新加坡所有其他政党一样,该党的领导层和成员也很多元,来自不同的族群,但其收入层次低于进步党。新加坡工党的领导人大多接受的是英语教育,其中许多是印度移民,有少数人受过高等教育,但大多数人都是工会里的工作人员和文员。该党的凝聚力并不强:它缺少资金支持,领导人之间的妒忌情绪和野心冲突也削弱了它。不久,持温和立场的林有福,以及费边主义者弗朗西斯・托马斯就与彼得・威廉姆斯领导的更加激进的左翼产生了矛盾。1951年,围绕市政选举提名产生的私人争斗与骂战,导致该党发生派系分裂。到1952年时,威廉姆斯获得了党派控制权,将林有福赶了出去。但工党内部已经陷入一片混乱,这使得进步党在立法会议和市政选举中大获全胜。当政后的进步党和殖民地当局都认识到,如果新加坡想要成为一个安定、自治的社会,就必须以新的立场对待社会福利和教育事宜。

第二次世界大战后,国民们开始要求官方更积极地提供社会服务,改善国内和殖民地的生活条件,这使得欧洲各国关于政府角色的观点发生了巨大转变。1929年通过的探索性殖民地福利与发展立法(Pioneer Colonial Welfare and Development Legislation)在力度上非常谨慎,但毕竟引入了政府需承担责任这一原则。艾德礼领导的工党政府实施的是温和的费边主义社会政策,而受英语教育的新加坡人早就对这种政策心有戚戚,因此一拍即合,不过,公司老板们(有时也包括新加坡当地的殖民政府)的响应就没那么热烈了。

在第二次世界大战之前,新加坡的社会福利事业主要是慈善机构在操持。它们有时候会获得一定的政府补助。不过,在1946年6月,当局成立了社会福利部。该部门最初主要是为了应对战后极端艰困的状况而设立的，它通过开办人民餐馆、儿童喂养中心以及民意局来帮助难民和流离失所的人们。随着生活状况慢慢回归常态，这个部门的工
242 作就逐步扩展到更多地提供一些长期服务。1947 年，它开展了一项有关生活条件的调查，其结果显示新加坡人民生活仍非常艰难，人口过度拥挤，令人震惊。截至当年，新加坡的人口已经从 1931 年的 56 万人增加到了 94.1 万人，而且还在持续迅猛增长。大多数人都挤在内城区域，这里每户人家大都居住在一室户或者小隔间里，而有四分之一的非熟练工家庭，其居住空间甚至还更小。[44]还有些人根本就没有固定的住所。店铺的杂役们在店关门之后，晚上就睡在地板上，这已经成了惯例。在人满为患的牛车水里，同一个铺位可能被分时段租给所谓的“寻空人”(spacemen)：夜间租给日工，日间则租给夜班工人。

1948 年，一个住房委员会在报告中称：“新加坡所患的是巨人症。拜盲目而缺乏规划的发展方式所赐……一个杂乱无章的混杂地就此诞生。”[45]在城市人口中，仅有不到三分之一对自己的居住条件感到满意，而且情况还在恶化：由于人口增速过快，新加坡改良信托局的住房建设项目只能大致满足每年新增人口中三分之一的人的要求。它也无法着手消除贫民窟以及数千处令人难以忍受的临时搭建的小棚屋。受这些令人震惊的发现的促动，新加坡政府在 1948 年时增加了给新加坡改良信托局的拨款，启动了一项过渡计划，旨在为 3.6 万民众提供住房，同时还提出了一项重大计划，准备开建辐射状的卫星城。进步党建议成立住房信托局，这成了日后的建屋发展局的先声。

战后的殖民政府还在发展教育事业方面承担起了更多的责任。它不仅需要恢复被日据时期打乱的正常教育，随着社会日渐安定，儿童数量日渐增多，它还需要增建更多的教育设施，以满足新的社会状况对教育的更大也更多元的需求。此外，它也需要通过教育来培育普遍的公民意识，为将来的自治做好准备。

在战争刚刚结束后的几年里，有批评家指出，以英语为媒介的教育，割断了新加坡人与固有文化根源的联系。[46]于是，在 1946 年，督学提出，要扩展本土语言初级教育的规模，而英语小学则仅限于招收以英

语为母语人士的子女。不料,此提议却遭到咨政委员会中非官方委员的反对,称英语是当地唯一一种通用语言。陈才清主张,只要父母愿意,其子女就应该得到机会,接受以英语为媒介的初级教育。[47]

有鉴于上述观点,1947年,当局启动了一个“十年计划”,向儿童提供六年的初级教育,其媒介语言可根据父母的意愿,在四大主要语言中任选一种。政府继续资助马来语学校,也给符合其标准的泰米尔语和华语学校提供补贴。但大部分的资源都用在了扩展以英语为媒介的教育上,因为当地人对这种教育的需求量最大。究其根源,则在于英语教育能让学生有更多的机会接受中等和高等教育,而且,学生因此找到好工作的概率也更大。到1957年时,以英语教学的学校中,在校学生的数量已经是战前1941年的数量的四倍。殖民政府将英语学校看做是“到目前为止让我们的年轻人更加具有马来亚意识的摇篮”,所以也愿意不断加大对以英语为媒介的学校的资金支持力度,相对而言,也就忽视了华语及其他本土语言学校。

这一时期的重点虽在扩展初级教育上,但公务员队伍的本土化以及社会的现代化,都让受过良好教育的精英阶层获得了更多的表现机会。1949年,爱德华国王医学院与莱佛士书院合并,组建了一所独立的以英语为教学媒介的马来亚大学,[48]这所大学最初选址在了新加坡, 243
但也面向马来亚联邦以及英属婆罗洲领地招生。次年,一所新加坡教师培训学院也诞生了。

社会服务的改善方面也取得了些微进步。1949年颁布的《青年法令》巩固并扩展了之前的保护青少年的立法,强化了战前就制定的禁止“妹仔”制度的法律,建立了一家青少年法庭,实施了针对青少年的缓刑制度,并开办了青少年感化院。同年,一项为期十年的医疗计划启动,旨在扩展医疗保健服务,增加医疗设施,此外,当局还采纳了一项为期五年的社会福利计划。老人、残疾人和有小孩的寡妇得以领取社会保障金。1954年,进步党推动通过了《中央公积金法案》,该法案在第二年的5月由新一届政府开始推行,目的是为劳工提供退休金。之前一项类似的由雇主施行的项目把大多数劳工都排除在外。由殖民政府任命的退休金委员会提议由国家支付这笔钱,但雇主联盟及新加坡职工总会都倾向于实施强制储蓄制度,由雇主和雇员共同分担。最终,殖民政府决定采用当时更为流行的自助式中央公积金制度。这项决定给新加坡带来了非常深远的影响,这是当时的决策者们没有预想到的。因为另一种方案——由税收支持的国家支付方式,将使今日的新加坡变为一个国家负担沉重的福利国家。[49]

发展教育和其他社会服务的资金,部分来源于新实施的所得税法带来的财政收入,部分来源于朝鲜战争给新加坡带来的经济繁荣所产生的收益。1951 年在新加坡的贸易发展史上是一个值得记住的日子,这一年,橡胶的价格升至每磅 2 元,锡的价格则涨到了战前水平的五倍。

政治制度方面的改革则进展缓慢。1951 年,殖民地当局把立法会议中由民选产生的席位增加到了九个,并允许非官方立法议员从内部选择两人参加行政会议。总督金逊将这一举措形容为"一项新的政治实验",因为这样的话,行政会议中官方议员的人数与非官方议员的人数就相等了,不过,在最后的政治决策方面,总督仍然保留了原有的否决权以及他在货币、金融、贸易税、条约签订、国防、族群和宗教事务方面的特权。

在 1951 年的选举中,进步党赢得了九个民选席位当中的六席。蔡素梅没能成功当选,但由总督提名进入了立法会议,成为其中第一名女性成员。在此后的四年里,进步党继续主导着立法会议。起初,他们对宪政改革的缓慢进展并没有什么意见,但马来亚联邦在这方面的进展却加大了他们对这一问题的关注,开始致力于推动改革的加速进行,以尽快在新加坡实现有效的自治。1951 年,巫统的新主席东姑·阿都拉曼(Tunku Abdul Rahman)①为联邦提出了"独立"(Merdeka)这一口号,吉隆坡实施了成员制度,联邦的各加盟领地将按一定比例向联邦政

① 也译做"东姑·阿卜杜勒·拉赫曼"。——译者注

府输送部长人选,负责政府中特定的职能。

1953 年,进步党设立了一个“十年目标”,计划在十年后让新加坡实现自治,随后,新加坡将与马来亚联邦合并,最终实现全面独立。与此同时,他们呼吁让立法会议的席位主要由民选产生,并按照联邦的方式,实施成员制度。这些建议受到了殖民地当局的欢迎。总督约翰· 244
尼科尔爵士(Sir John Nicoll)还责成进步党负责起草关于建立此类政府的具体计划。在当局看来,进步党是一个可以信赖的团体,在它手中,向自治政府的过渡能够以有序、和平的方式实现,不会影响到经济的发展。但是,英国人担心,大众的政治冷漠会是建立民主政府面临的最大障碍,而且,他们也承认,“现行宪法在很大程度上没有满足华人的期望”[50],因此,英国人确信,如果在中央和地方各级政府为当地民众提供更富有挑战性的机会,会提高他们参政议政的热情。

基于上述考虑,1953 年,当局委任乔治·伦德尔爵士(Sir George Rendel)领导一个委员会,负责评估殖民地的宪政结构,包括中央和市级政府的关系。伦德尔委员会的成员包括总检察长和市政议会(City Council)的议长,以及由立法会议的非官方议员提名的华人、马来人和印度人代表,还有一名由总督提名的欧洲民间人士代表。该委员会成立后,着手设计一个“完备的政治和宪法结构体系,旨在使新加坡能发展成为一个自足和自治的体系,以后无论它最终融入哪个更大的系统中,都能以自足和自治的方式运转下去”。[51]

虽然它的设计原则中并没有使新加坡能与马来亚联邦联系更紧密这一条,但伦德尔委员会认为,这两块领地在地理、经济、政治和防务方面都密不可分,“想要为任何一方的构架设计出一种清晰明确的长期解决方案,如果不考虑到另一方,是非常难的”。因此,如果新加坡最终实现全面独立的基础是与马来亚联邦建立更为紧密的联系,该委员会希望,它提出的建议将不会妨碍到这种前景的实现。

不过,它的主要目的是,使一个主要由民选产生的政府,能够有效地掌控地方政策的制定和实施,鼓励政治意识和政治责任的生发。换句话说,就是要建立一个“拥有真正的权力和权威,并切实负起责任的政体”,以此为进一步的宪政建设提供坚实的基础。该委员会建议,把地方政府分离出来,交给一个新的,建立在全岛范围内,完全由民选产生的“市政与岛务委员会”(City and Island Council)管理。针对中央政府,它提议,建立由32名成员组成的一院制立法议会(Legislative Assembly),其中25名议员由民选产生,3名为作为当然议员的政府部长(*ex officio* ministers),4名为获提名的民间人士。商会将丧失原有的特殊投票权。选民将自动注册获得资格,其分区将按地理区域划分,而不是按照族群划分。

至于行政会议,伦德尔委员会的建议是,用由9名部长组成的委员会替换行政会议,9名部长中,3名由总督任命,其余6名由立法议会中占最多数席位的党派的领袖(他将行使相当于总理的许多职权)推荐产生。这个部长委员会类似于内阁,采取集体负责制,除了外交事务、内部安全和防务问题外,它可以全权处理所有其他事务。民选产生的立法议员将负责商务、工业、劳工、移民、社会福利、教育、住房、通讯、公众设施和医疗卫生事务,其他三个关键部门分别由财务官、总检察长和布
245 政司(前身为辅政司)掌管。新加坡中华总商会曾呼吁实施官方语言多元制,但伦德尔委员会对此表示反对,建议继续保留英语作为唯一的官方语言。

英国政府接受了伦德尔委员会有关殖民地中央政府的提议,着手安排在1955年进行选举,以实施新的宪法。至于市政府的重组问题,英国方面把最终决定权留给了选举产生的新政府。

共产党人在马来亚的武装起义最终失败了,但它却改变了民族主义在马来亚联邦和新加坡的发展方向,因为这场起义毁掉了以前的激进党派,以及泛马来亚政治运动。

紧急状态条例的实施,政治集会的被禁(竞选时期除外),制造麻烦人士的被囚,以及左翼党派的被取缔,这一切让新加坡在若干年内,在表面上看起来和平而安宁。在这些年里,殖民政府稳步推动着一个更加自由、更能代表民众的管理层的建立,少数活跃在政坛上的新加坡人

则致力于保证获得某种类似于部长的权力，以及在立法机构中更多的席位。这种种景象都让人感觉很不真实。对大多数新加坡人而言，立法会议的那些事情，全是由一群衣冠楚楚的人士用英语在那里辩论来辩论去，与他们的生活，或他们面临的各种问题根本毫无关系。

紧急状态条例的目的是杜绝各种政治颠覆行为，但它却在事实上压制了在立法会议之外进行的几乎所有政治活动，而殖民地当局却被立法会议所表现出的温和性误导了。传统上英国人依靠立法会议来获知公众意见，但在这一阶段，议员们自身是与广大民众隔离的。尤其是其中的华人非官方议员，他们全都是受英语教育的、跻身上流社会的海峡华人，在各个方面看起来都与英国统治阶层更加接近，却在很大程度上与他们的广大同胞相当疏离。英国人设想，要让立法会议和市政委员会逐步变得更加由选举产生，更加由亚裔主导，并能稳步担负起管理新加坡事务的责任。然而，这两个机构却远远没有成为民主的自由培训场和独立的奠基石，相反，还成了政治进步的绊脚石。选举权仅赋予英国臣民，以及坚持用英语作为唯一的官方语言，这使得立法会议和市政委员会中全是欧洲人，以及受英语教育、倾向于西化的富有的职业人士和商人。这些人的利益和思维方式都与统治阶层是一致的。在战后的第一个十年中，非官方议员们仅与政府发生过一次冲突，其起因是事关他们自身利益的所得税法。

战后第一个十年中的政治体制完全与新加坡当地的实务脱节：它们没有激起大众对政治的关注，也没能让政府真正触及当地发展的趋势。非官方议员们对政府政策的支持，事实上使得殖民地当局完全没有发现，在平静的表象下呼之欲出的社会不满情绪。

四名由选举产生的非官方立法议员有时被称为“女王派”，他们被新加坡人看做是殖民地当局的傀儡，而三名商会的代表则被劳工领袖们斥为商业资本主义的代言人。总而言之，选举产生的议员，其民众代表性其实和提名产生的议员也相差无几。巅峰时期的进步党拥有约4 000名成员，许多富裕的支持者给了它大量的资金捐助。这个党派一 246
直是一个稳定的同质化群体，其领导层的更替也波澜不惊。但是，该党与劳工阶层接触极少,它也从来没有试图取得广大民众的支持。进步党只招收英国本土或英国保护地的臣民为正式成员,该党的党员有四分之三都来自中上收入阶层。他们青睐保守的经济政策,希望让新加坡本土企业和外资企业机会均等。他们期望讲英语的人群能一直掌控政权,支持缓步开展宪政架构改革,逐步实现公务员队伍的马来亚本土化。华人民众把进步党人视为媚外者,认为他们只知道一味支持殖民政府实施的并不受欢迎的教育、语言、移民、公民资格和公务服务政策。

对于受华语教育的人们,以及少数受英语教育的激进人士而言,立法会议的种种活动根本不切实际,完全不痛不痒,那个时代真正的政治活动,都发生在会议室之外的广阔世界中。

在实施紧急状态条例的最初几年里,左翼政治根本不可能公开地在新加坡繁荣发展。当时弥漫的担忧与不安定情绪使得言论自由不可能实现,也扼杀了争论,阻碍了学生、知识分子和工会活动家们在公共生活中扮演积极的角色。被压制的包括各种各样的政治情绪。最左的是此时已属非法组织的马来亚共产党的骨干成员,他们致力于动员广大民众,用武力推翻殖民政权,摧毁资本主义经济体系,建立一个马克思列宁主义的国家。其他一些人也强烈反对殖民主义,倾向于开展激进的社会和经济变革,重新分配财富,但他们反对使用暴力。还有很多人对殖民地经济中的不平等和不公正之处深感不满,最关心的是为劳工阶层获取更好的生活和工作条件。还有一些人想要建立自主的、更加自由的社会,不要外来势力的统治和干涉。而对大多数的人来说,他们并没有明确的政治立场,但却被剥夺了正常的言论和表达的权利。

马来亚共产党虽然把活动中心放在了马来半岛大陆,但其创立的新加坡城镇委员会仍然在新加坡秘密活动着,其直接上级是马来亚共产党设在柔佛北部的南马来亚政治局。1949 年,城镇委员会建立了劳工保护团和反英同盟,同盟包括一个新加坡学生反英同盟,其在用华语授课的中学和新建的马来亚大学中都设立了分支。劳工保护团曾在大世界游艺城里用炸弹袭击过总督,使其受了轻伤。反英同盟是一个秘密组织,吸引了各色反殖民主义激进分子的参与,可以说是选拔合适的加入马来亚共产党人选的练兵场。[52]

马来亚民主同盟虽然解散了,但其之前的成员们仍然坚持着该党
的理念,彼此之间也保持着联系。他们中有些人甚至还住在同一屋檐
下。新加坡当时的住房很贵也很稀缺,人们经常会拼屋住。同住一处
使一批左翼激进派聚到了一起,其中就包括原马来亚民主同盟的中坚
力量。这群人住在或常造访一处年久失修、摇摇欲坠的老房子。此屋 247
曾是苏巴斯·钱德拉·鲍斯的总部。斯人已逝,旧屋亦残,悲凉气氛倒
也称。这些聚集在一起的人包括余柱业、林建寿(Lim Kean Siew)、教
师沙尔玛(P. V. Sharma)、约翰·伊伯、蒂凡那、萨马德·伊斯梅尔以
及信那谈比·拉惹勒南。拉惹勒南于1915年出生在锡兰,但从婴儿时
期就一直在马来亚长大。他在莱佛士书院念完书后,前往伦敦学习法
律。二战期间,他被困在了英格兰,于是当了记者谋生。拉惹勒南后来
成为人民行动党内阁的核心成员之一,不过在当时,他的主要活动是在
《马来亚论坛报》上发表言辞激烈的反殖民主义言论,从1950年开始,
又把论战阵地转移到了《新加坡标准报》(*Singapore Standard*)上。

新加坡的警察在搜捕有颠覆政府嫌疑的人员方面非常积极。新颁布的《学校注册法令》,让他们获得了更大的权力,来搜查甚至关闭有此嫌疑的学校。据此,他们在1950年关闭了两所主要的中学达数星期,解雇了若干名教师,开除了一大批学生。1950年12月,警察成功地将新加坡市镇委员会(Singapore Town Committee)的大多数成员一网打尽,没过多久,他们又逮捕了33名讲英语的激进分子,包括约翰·伊伯、蒂凡那、沙尔玛、萨马德·伊斯梅尔以及两名马来亚大学的学生詹姆斯·普都遮里(James Puthucheary)和多拉·马吉德(Dollah Majid)。其他一些人成功地逃脱了,如余柱业逃到廖内避难,林建寿辗转去往北京,还有一名更年轻的参加了反英同盟的记者方壮壁(Fang Chuan Pi)——这位后来常被人称做"全权代表"的年轻人,当时成功地潜伏在了新加坡秘密活动。从1948至1953年,依照紧急状态条例被逮捕的新加坡人总计约为1 200人,在此期间,反英同盟逐步瓦解。

在这段时期,马来亚共产党没能抓住一个难得的可以给当局制造麻烦显示自己力量的机会:1950 年 12 月的赫托暴乱。玛丽亚·赫托(Maria Hertogh)是一个 13 岁的小姑娘,是荷兰籍的欧亚裔,在日占时期,她的父母被拘禁,她因此与父母失散,由一个穆斯林家庭抚养长大。她的亲生父母和养父母其后发生了争夺抚养权的官司,这场纷争引起了新加坡的马来、印度尼西亚和印度穆斯林的关注。法官判决将女孩送回荷兰,而不负责任的英语媒体不经意地刊登了她在女修道院里祈祷的照片,这两件事相加,激发了暴力活动的发生。当地的马来文报刊则在一边煽风点火。新加坡的警察总长任由事态发展至失控的地步。在两天的暴乱活动中,欧洲人和欧亚裔均遭到袭击,共有 18 人被杀,173 人受伤,72 辆汽车被烧,199 辆汽车被砸。华人帮会反应迅速,趁着暴乱制造了一些事端,但马来亚共产党显然对事态的发展有点措手不及,反应不过来。等到它开始介入,号召新加坡各种族联合起来反抗英国的统治时,法律和秩序都已经恢复。[53]

新加坡当时确实民生疾苦,且语言、教育和文化方面多有不公正,诸多不满酝酿已久,渐如一锅沸水,偏偏对各种颠覆政府的嫌犯还行血腥镇压,就如同给这锅沸水又紧紧地盖上了锅盖。再加上周边地区,尤其是中国发生的诸多事件的影响,形势因此变得更趋棘手。

1949 年,中国建立了共产主义政权,这使殖民地当局对新加坡人卷入中国政局的态度变得强硬,也让当地受华语教育者中支持共产党和支持国民党两派的纷争重起。这两个政党当时在新加坡都已遭禁,
248 马来亚共产党是在马来亚宣布进入紧急状态时被宣布为非法的,而国民党则是因为没能在 1949 年成功完成注册登记。但两党的支持者私底下仍然上演着忠诚之争。反共产党报纸《中兴日报》(*Chung Hsing Fit Pao*)的董事长郑古悦,是亲国民党派的领袖,而陈嘉庚则认为中国共产党是中国的救星,公开表示支持他们的事业。

对新加坡的大多数华人而言,中国共产党在母国取得的胜利,结束

了那里多年的内战,因此,无论他们的政治立场如何,这一事件都搅动了他们的情绪。虽然这并不必然表示他们会同情并拥护马来亚共产党,或其在马来亚成立一个共和国的计划,但英国早已被游击队在马来亚联邦的活动搞得头大不已,鉴于华人共产党人是游击队的主力,他们很担心北京方面会鼓动马来亚华人起来反抗殖民地当局的权威。

新生的中华人民共和国最初似乎倾向于采取与国民党相同的政策来获取南洋华人的忠诚。1949 年,北京方面成立了华侨事务委员会,并请南洋的华人组织、学校和报刊与该委员会建立联系。一些归国华侨作为南洋华侨的代表,被选入全国人民代表大会。新中国从 1949 年开始,对海外华侨广播,三年后,又开展了专门针对他们的中国新闻报道服务。它表现出对支持海外华语教育的兴趣,鼓励南洋华人与在中国本土的亲人保持联系并寄送钱款回国,还邀请他们把自己的子女送回中国接受教育,呼吁医生、工程师和教师等专业人才回来建设祖国。

新加坡殖民地当局认为这项政策威胁到了他们培养新加坡人对新加坡共同的公民忠诚感的努力,还认为这在实质上威胁到了新加坡和马来亚的安全。他们禁止新加坡华人与新中国联系,在 1950 年,又颁布法令,禁止回访中国的华人再回到新加坡。陈嘉庚因为其投资建设的教育机构在内战岁月中被毁,当时又开始重建,为了查看重建的情况,他在 1950 年去了趟中国。可是,等他要返回新加坡时,英国当局却拒绝让他入境。陈嘉庚自此再也没有踏上新加坡的土地,并在 1957 年放弃了自己早在 40 年前就已经获得的英国国籍。中国共产党给陈嘉庚在国内安排了一个职位,但这只是一个为年迈的爱国者设立的荣誉职位,并没有实权。他一直生活在福建省,只偶尔到北京开开会。1961 年,陈嘉庚在自己的家乡与世长辞。

新加坡受华语教育人群传统上的领袖们,就殖民政府对他们认为是中国爱国主义表现的行为作出的管控措施深表遗憾。新加坡中华总商会在二战前就是华人社群最有影响的代言人,在 1950 年时仍然被视为“新加坡华人最重要的社团”[54]。当时,它有 2 000 名个人会员,还有 60 多个成员共计 1 万多人的组织会员。

随着新中国的日益崛起，中华总商会的自信心也在增强，而它的许多领导人，如李光前和陈六使，又在朝鲜战争为新加坡带来的繁荣中获利颇丰。然而，他们却总是感到自己被排除在地方政治圈子之外，对新加坡自治或马来亚独立后，自己的前景如何，感到忧心忡忡。他们认为
249 当局的许多措施危害到了自己所珍视的华人移民的利益。尤其是英语教学体系的建设，让他们觉得损害了自己的语言和文化根基。可是，自己还要为这样的措施纳税，这更让新加坡的华人觉得不满。

仅赋予海峡出生的居民或受英语教育的英国公民政治参与权，这将大多数移民和受本土语言教育的新加坡人排除在外。而在二战刚结束时，他们约占到全部成年人群的一半。1946 年，中华总商会开始采取行动，呼吁在立法会议和市政委员会中实行多工作语言制，还呼吁让中文成为官方语言之一。从 1951 年开始，它发动了一场持续了两年的运动，要求让在本地长时间定居的华人移民也能享受到伦德尔宪法规定的公民权。殖民地当局拒绝取消政治参与限制，此举得到了进步党和海峡英籍华人公会的支持。

1950 年实施的《移民法》限制访问中国，这让中华总商会感到愤怒。虽然这一立法旨在禁止亲共产党人士进入新加坡，但它实际上影响到了所有的华人。

对尊重传统的华人来说，殖民地当局采取的政策中，最让他们感到不安的地方，是它对以华语为媒介的教育构成了威胁。1952 年，马来亚联邦实行了一项新的教育政策，引起新加坡华人的关注。这项政策只鼓励发展英语和马来语学校教育。新加坡的华人担心，当局也倾向于葬送新加坡的华语教育：殖民政府把大部分的资金都投向了以英语为媒介的学校，似乎乐见华语教育萎缩直至消亡。

华语学校完全没有表现出要融入任何一种国家统一教育体系的愿望，仍然由独立的管理委员会运营。虽然中华民国政府在二战刚结束的几年里投入了大笔津贴来重振新加坡的华语学校，但它们在软硬件方面仍然无法与殖民政府资助下的英语学校相提并论。华语学校设施不足，人满为患，老师们没有接受过培训，所得薪酬也仅为英语学校教

师的大约三分之一。殖民政府很晚才开始被迫着手处理这一问题。1953年12月颁布的一份白皮书规定,如果华语学校管理有效且同时采用华语和英语作为教学语言,当局就会给予资助。尽管如此,华语学校的教学质量日益下降,而英语教育能为人们提供更好的发展机会,这些都将越来越多的儿童吸引到了以英语为媒介的学校中。1954年,英语学校的新入学人数首次超过华语学校。大多数华语学校的学生最后只接受初级教育,只能找到一些没有技术含量或技术含量很低的工作。新加坡当时只有九所华文中学,根本没有以华语为媒介的高等教育机构。大量华人青年于是结伴前往中华人民共和国上大学,他们的父母常常表示反对,但却无力阻止,只能在码头含泪目送儿女远航而去。北京当时欢迎华侨学生前来,并给予他们多种特权和津贴,对来者不设最低学历门槛,还开办了专门的学校,对他们进行集中的语言教育和政治宣传。1954年,前往他们心目中新的圣地的新加坡青年,其数量达到巅峰,但这场朝圣之旅只能是一场单程旅行,因为新加坡当局禁止他们返回这块殖民地。

1953年,时任中华总商会会长的陈六使哀叹道,英语教育导致“税
收增加,设下重重陷阱,培养出一群愚人,浪费了公共资金”。[55]他提议 250
在新加坡建立一所华文大学,面向整个地区服务。当地华人,不分贫富,对此都表示出热烈的响应。百万富翁们慷慨解囊,陈六使本人就捐出了50万元;福建会馆捐出了一块地处裕廊的大地块;出租车司机和人力车夫们也合力捐献了自己一天的收入,总数也达到2万元。陈六使和陈嘉庚是同乡,当年来到新加坡时,他还是一个身无分文的年轻人,只受过三年的初级教育,当文员都不够格。于是,他到陈嘉庚的橡胶厂当了一名工人,并以此为起点,最终成为橡胶业巨头和新加坡数一数二的富豪。陈六使很热心地推动华语教育的发展,希望为年轻人提供当年他因为教育程度太低而无法享受到的机会。[56]

来自马来亚和新加坡的留学生发现,在英国谈论政治,氛围就宽松许多。新一代的新加坡政治家就在那里开始涌现。1942年,看似坚如

磐石的殖民统治却在一夜之间崩溃，新加坡要在此后的艰难岁月中存活下来，需要一批真正有创造精神的领导人。这一切共同构筑了必要的条件，有利于在受英语教育的中产阶级中培育一批卓越的政治领导人。这一阶层曾毫无异义地接受了殖民社会，以及自己在其中几近特权阶级的地位。

1949 年，六名学生在伦敦创立了一个讨论小组——马来亚论坛。这六人中包括了马来西亚未来的首相敦阿都拉萨（Tun Abdul Razak）[①]，而论坛主席则是吴庆瑞（Goh Keng Swee）。吴于 1918 年出生在马六甲，毕业于莱佛士学院，获得经济学学位，在二战中参加了新加坡义勇军，战争结束后，前往伦敦深造。1950 年返回新加坡时，他卸去了马来亚论坛主席之职，由同为马来亚人且同为莱佛士学院毕业生的生理学家杜进才（Toh Chin Chye）接任。杜于 1926 年出生在马来西亚的巴都牙也（Batu Gajah）。在此后的三年里，杜进才积极推动论坛的发展，出版了一份论坛通讯——《独立》（*Merdeka*），将来自马来半岛和新加坡的具有政治思想的留学生们凝聚到了一起。这些非正式的讨论活动，为马来亚的独立运动提供了支持，新加坡的留学生们决心要奋斗不息，让这块殖民地作为统一的马来亚的一部分获得独立，并留在英联邦里，那时候，种族平等和财富的均衡分配将得到实现。

马来亚论坛的举办地点定在伦敦，因为大多数留学的研究生都在这里学习，而且他们多住在大学里专门的宿舍——马来亚大厦里。论坛成员们还与李光耀保持着联系。李当时在剑桥大学读书。他是第四代峇峇华人，其曾祖父最初来到马来亚时身无分文，但靠白手起家赚得了足够的钱，在中国本土捐了个官职，返回故里，却把妻儿留在了新加坡。李光耀出生于 1923 年，其时，他家境殷实，在当地属于中产阶级。他首先在莱佛士书院上学，新加坡沦陷于日本之手那年，他刚好进入莱佛士学院念一年级。

李光耀以优异的成绩拿到了律师从业资格，于 1950 年 8 月回到新

① 又译做敦拉萨或阿卜杜勒·拉扎克。——译者注

加坡。他很快在当地闯出了名头,大家都知道这个反应敏捷、胜绩斐然的庭辩律师。他加入了新加坡一家著名的律师事务所——翁与雷考克事务所,并在 1951 年的立法会议选举中为约翰·雷考克和进步党助选。可是,李光耀对这些海峡华人政治家们慢条斯理的政治改革节奏感到不满,他认为,未来并不属于这些"女王的华人",而属于那些能获得更广泛支持的人。

李稳步建立起了自己的关系网络和影响力。因为翁和雷考克事务 251
所是《马来亚前锋报》的法律顾问,他有一次被派去见萨马德·伊斯梅尔。伊斯梅尔当时是被关押在圣约翰岛的十名政治犯之一。这次会面给李光耀打开了一扇窗,了解并接触到新加坡的激进派政治。萨马德把李介绍给了一同关押在圣约翰岛的蒂凡那。蒂凡那是新加坡教师工会的领导人,通过他,李光耀有机会接触到极左翼的华人学生领袖,以及马来亚大学的在校生们。

李渐渐又担任了数家工会的法律顾问,首先是讲英语的政府雇员工会。1952 年 5 月,在一场邮政系统的劳资纠纷中,他代表邮政和电信劳工联合会进行谈判。这是新加坡进入紧急状态以来,爆发的第一次公共事业劳工的罢工。这场和平罢工活动持续了两个星期,最后,劳资双方达成协议,为工人提高工资。这次成功的谈判让李光耀成了下层民众心目中的英雄,还让他认识了拉惹勒南。拉惹勒南当时在《新加坡标准报》上为邮政工人们的利益疾呼。

在工会的工作还让李光耀接触到了在政府中任管理职位的当地人。他们当时非常痛恨公共系统中始终存在的种族歧视。1946 年,英国政府开始对各个殖民地政府实行本土化政策。[57] 从 1948 年开始,本土的职员得到在马来亚公务机构晋升为管理人员的机会,1950 年,就在马来亚大学有了第一批毕业生时,新加坡建立了一个公务员招募委员会(Public Services Commission),负责在当地招募公务员。政府雇佣的亚裔职员越来越多,但他们很快就对自己与外籍职员在待遇和晋升机会上的差别感到不满。公务员招募委员会实际上只负责低级管理职位的招聘,高级公务人员的任命权仍然属于伦敦,英国方面也没有给出将这些职位也马来亚化的具体日期。外籍官员把公务员看做是一群与政治无涉的管理者,认为马来亚化应该是一个逐步实现的进程,随着外籍职员渐渐退休,本土职员自然就能晋升上来。可本土的公务员对此却持相反的观点,认为,除非新加坡人也掌握了官僚体系,否则所谓的政治改革就毫无意义。

1952 年,殖民政府决定给欧洲裔官员专门发放一笔家庭津贴,亚裔官员的不满情绪因此爆发。在这场纷争中,李光耀为吴庆瑞和肯尼·伯恩(Kenny M. Byrne)提供了法律支援。肯尼·伯恩是一名出生在马来亚并在牛津接受教育的欧亚裔政府官员,在日据时期,他曾出任太平局绅,组建了一个共同行动委员会,这个委员会在战后继续存在。为了反对政府这项政策,该委员会集结了来自 21 个政府部门的雇员工会的代表(其中包括伯恩两年前组建的本土高级官员协会的代表),组织了一场大规模的示威游行活动,迫使当局增加了对低收入本土雇员的津贴。这一事件使得马来亚化问题成为了一个重要的政治问题。

到 1953 年时,强力政治镇压的气氛已然消散。随着马来亚联邦政府在半岛内陆地区与马来亚共产党的斗争中占得上风,新加坡的紧张气氛也渐渐放松下来。被关押的政治犯被释放。有些人离开了新加坡,约翰·伊伯去了伦敦,沙尔玛回了印度,詹姆斯·普都遮里和多拉·马吉德则回到大学任教,成为马来亚大学社会主义者俱乐部的创始会员。

马来亚共产党趁着镇压松懈之际,在 1954 年再次采用了联合阵线
252 的政策,开始着手向公开合法的组织中渗透,其主要目标是华语学校和工会。反英同盟的规模迅速扩大,到 1954 年,成员人数已经超过 2 000。马来亚共产党在伦德尔宪法的规定、新政党的出现、建立一所以华语为媒介的大学的动议,以及工会活动的复兴中看到了自己未来发展的机会。与此同时,他们也利用学生和劳工们的苦痛和不满情绪来开展工作。

有些华语学校的学生有才华,也有抱负,但在当时的新加坡却得不到什么发展机会,因此难免心生沮丧,与此同时,中国共产党在中国本土取得的胜利增强了他们的自豪感,这两种情绪相加,助推了亲华、反殖民主义情绪的产生。华文中学的毕业生没有资格进入以英语为媒介的马来亚大学,也去不了海外那些讲英语的大学。而新加坡政府部门和一些准公共部门也不招收接受本土语言教育的学生。这些中学里有些学生是 20 岁出头的年轻人,因为在日据时期,中学都关闭了,这些超龄学生到战争结束后才升入中学。面对机会的缺乏,这些年轻人和他们的老师当然有理由对殖民政府感到不满。他们向往北京的新中国政权,急切地渴望阅读从中国来的禁书和共产主义宣传册。尽管在过去,上海的暨南大学也会向前去念书的马来亚学生提供奖学金,但去新中国深造还是有些令人望而却步,因为这意味着永远离开自己的家。这些学生中,最出类拔萃的有两个人,他们都是华文中学的毕业生,也都曾担任新加坡学生反英同盟分支的领导人:一个是林清祥(Lim Chin Siong),[58]他于 1933 年出生在新加坡,但一直在柔佛长大;另一个是方水双(Fong Swee Suan),他比林清祥年长两岁,出生在马来半岛。林在 1949 年时回到新加坡,就读于天主教中学,次年,又转往华文中学。在那里,他和方水双都参与组织了罢课活动,警察因此突然搜查了华文中学。方水双好容易才逃脱这次追捕,之后,他退学了,而林清祥则在 1952 年被开除。此后,他们都找了一份薪水不高的工作,方水双做了售票员,林清祥当了代课老师。两人把大部分的精力都放在了为左翼争取民众支持上。

1954 年 5 月,政府决定招募 2 500 名年轻人作为预备役入伍。这激起了大规模的学生示威游行活动。警察驱散了游行队伍,许多学生被捕。这又引发了要求释放被捕学生的新游行,而且,几乎所有的学生都拒绝注册服役。李光耀作为英女王的顾问——著名律师普利特(D. N. Pritt)的助手,为在骚乱中被捕的学生辩护,此后,马来亚大学社会主义者俱乐部刊物《黎明》(*Fajar*)的编委会被控出版据说很反动的刊物,他们二人又为编委会担任了辩护律师。编委会最后被宣判无罪。[59]

这两起案件引起了公众的愤怒，也让李光耀“左派律师”的名声更加响亮。

为了应对华语学校中越来越明显的骚动态势，1954 年 9 月，政府通过了《学校注册修订法令》，进一步扩展了当局的权力，使其能以颠覆政府罪关闭学校。与此同时，当局也采取了怀柔措施，给予华语学校一笔 120 万元的补助款。这一资助额与英语学校得到的数额是相同的。但要拿到补助是有附加条件的。学校的日常事务虽然仍由校管会运
253 营，但政府提出，要组建一个董事会，由三名官员和六名华人代表组成，负责分配补助款，并督导教学原则、课程和课本的选择，所有事务的最终决定权则由总督掌握。对此，中华总商会提出了抗议，认为董事会应该完全由华人来组织和运作，而新提供的补助金额亦无法满足学生群体的要求。通常由亲国民党的富商组成的华语学校委员会，发现它已经难以管束那些不守规矩的超龄学生；学生们也提出了抗议，认为政府应无权干涉教学的内容和方法。当局与校方的谈判最终破裂，四分之三的华语学校，包括主要的中学，均拒绝接受补助，而学生中共产党支部的领袖组建了新加坡华文中学学生联合会（Singapore Chinese Middle School Students' Union）。但殖民政府拒绝了它注册为合法组织的要求。

到 1954 年年中时，学生中的共产党领袖开始引导学生支持劳工的抗议活动。此时劳工运动的形势非常适合共产主义力量渗透其间。官方的政策原则上只镇压共产党人领导的工会，并希望建立起民主的工会组织运动，作为抗击共产主义的一种手段。可是，在实际运作中，由于紧急状态实行后，当局对工会的活动监控严密，合法工会的发展几无可能，因为劳工们都不敢加入，害怕因此遭到警察的指控。

1948 年，相关立法进行了修订，要求工会领导人必须在工会相关行业中从业三年以上。修订后的法律还限制不同行业的工会组成联盟。这些规定使职业的政治煽动家们无法担任工会领导人，也自动解散了泛马来亚劳工联合会。在紧急状态实施后的数月内，工会的成员数量急剧减少，大多数工会都告解体。

从1949年开始,政府鼓励组建新加坡职工总会(Singapore Trade Union Congress)。在经历了诸多争论之后,总会终于在1951年成立,不到一年,其成员人数就号称已有2.3万。它的会员大多是讲英语的白领文员,领导人大多为印度裔,因为这个职工总会没能吸引大多数讲中文的体力劳动者参与。职工总会组织不力,由于无法为会员提供什么实质性的好处,收不到会费,经济上也捉襟见肘。没过多久,它就发生了分裂。政府组建民主工会的努力宣告失败,而更雪上加霜的是许多新加坡雇主的短视。尽管朝鲜战争给新加坡带来了繁荣,他们的利润都在增加,然而,他们却想要利用劳工运动群龙无首的状况,拼命压低工人的工资。这一切正中马来亚共产党的下怀。新加坡职工总会得不到劳工们的信任,其领导层又重演了与其关系密切的新加坡工党的旧戏码:因内部争斗和妒恨而分裂。到1953年时,该会已经基本上名存实亡。它没有为改善大多数会员的福利而做过任何可书可写的事情。1954年,失业率比1947年做社会调查时得到的数据还要高,大多数劳工阶层家庭仍然生活在令人震惊的糟糕环境中。[60]

华人民众把他们的苦难怪罪在殖民政权的头上,对受英语教育的人群享受的特权地位感到愤愤不平。新一代倾向于武装斗争的青年学生领袖开始着手把劳工运动引导到反帝国主义的事业中去。1954年5月,林清祥成为新成立的新加坡工厂和商店劳工联合会(Singapore Factory and Shop Workers' Union)的总书记。尽管年纪轻轻,脸庞还略显孩子气,举止"谦逊,有时有些天真"[61],但林清祥是坚定的激进派, 254
还是一位非常富有感染力的演说家。无论是用他祖籍的福建方言,还是用普通话,他都能以雄辩的口才打动并影响到大批听众。

在层层设分会的制度下,新加坡工厂和商店劳工联合会的管理非常有效,它还采用了总工会在二战刚结束的岁月里曾使用过的那些行之有效的手段,利用能给罢工者带来切实好处的成功罢工活动,一步步巩固自己的群众基础。1954年的一系列小规模罢工活动,为劳工们带来了多年来不曾有过的条件改善。1955年2月,它在巴耶利峇巴士公司组织了第一次大规模的罢工。从那以后,新加坡工厂和商店劳工联合会发动了多次罢工活动,为劳工们成功赢得了更高的工资和更好的工作条件,也因此吸引了数千名新的入会者。其会员人数从 1954 年 4 月的 375 人,飙升到 1955 年底的近 3 万人,其组织会员则包括 30 个产业工会。

虽然其会员大多是华人,但该联合会的 12 人行政委员会里既有受华语教育的,也有受英语教育的支持武装斗争者:方水双,新加坡巴士劳工联合会书记;蒂凡那,新加坡电车公司雇员工会的顾问;贾米特·辛,海港局员工协会的书记,以及桑德拉·伍德赫尔(Sandra Woodhull),海军基地劳工联合会书记。受华语教育的和受英语教育的激进派(主要是印度裔),在工厂和商店劳工联合会中首次携起手来,共同将学生和工人政治活动统合成武装反抗殖民主义的运动,而这与英国当局及进步党人所设计的温和平稳的宪政改革方式全然相反。激进派新加坡人并不希望看到新加坡独立时还带有充满殖民色彩的经济体制,因为这个体制将由传统的受英语教育的精英主导。

1954 年,伦德尔报告的发布,以及次年将举行选举以实现一定程度自治的前景,激发了公众的大量讨论,并使得人们纷纷与政府展开协商,希望建立新的政党和联盟机构。

到此时为止,新加坡工党已经名存实亡。1954 年 7 月,林有福和弗朗西斯·托马斯聚集起原来的那批社会主义者,成立了由著名律师大卫·马歇尔领导的劳工阵线(Labour Front)。马歇尔时年 47 岁,是新加坡人数极少但地位显赫的犹太社群的一员,不过,他并不出身于其中最富有的家庭中。他于 20 世纪 30 年代在伦敦获得了律师执业资格,在日军入侵时期,与新加坡义勇军一道战斗过,其后被作为战俘送到北海道的煤矿做苦力。到 50 年代初时,他因为无辜的嫌犯辩护而赢得了很高的声望。马歇尔极富人道主义同情心,擅长演讲,其庭辩非常有说服力。他非常热心为弱势群体出头。他钦佩英国的法律体系,关注个人的尊严与自由,这一切让他在很多方面都很像一个欧洲人,但或许正因如此,他才更痛恨他视为腐蚀和耻辱的殖民统治。在战前他就

直言不讳地批评过英国的殖民主义,因此受邀参加了马来亚民主同盟,
可不久就因反感该党宗旨过度激烈的共产主义式阐发而脱离该党。此
后,在1954年,他拒绝为马来亚大学社会主义者俱乐部刊物的编委会
辩护,认为他们虽声称自己是社会主义者,但却利用《黎明》大肆宣扬共
产主义。[62]在同一时期,他加入了进步党,但后来又退党了,因为该党满 255
足于非常缓慢地实现独立。也是在1954年,他接受了邀请,出任新成
立的劳工阵线的领导人。

与此同时,其他一些富有抱负的政治家们则每周末都在李光耀家地下室的餐厅里聚会,其中包括1953年从伦敦返回新加坡的杜进才。马来亚论坛之前的许多成员已经对政治失去了兴趣,而在马来亚大学里,除了社会主义者俱乐部的骨干们外,大多数学生都更愿意一心为自己谋得更好的事业发展,成为受英语教育的精英,在毕业后得到诱人的工作,这一切都让杜进才感到非常失望。而李光耀则对受华语教育的年轻人为政治献身的精神印象深刻,其中的代表人物就是林清祥。

劳工阵线的领导人与李光耀进行了接触,但双方的谈判并没有取得什么实质性进展,因为李光耀认为,与极端坚持武装斗争的激进派联合可能更有好处。当时为非法组织的马来亚共产党认为,若能与李所代表的群体联合,就有可能将受英语教育的左派作为自己在公开场合的政党代言人,从而利用新宪法提供的机会,为最终的武装斗争作准备,因此对结盟意向表示欢迎。而李光耀等人,如今已经充分认识到了受华语教育的民众拥有的力量和他们积聚的不满情绪,觉得与这样的人结成同盟,虽然充满危险,但却是通往政治上成功的唯一途径,未来属于能够让受华语教育的广大民众效忠的政治家。

从圣约翰岛获释后,萨马德·伊斯梅尔和蒂凡那都加入了这个地下室①讨论圈。此时,这个群体已经越来越壮大,触及到了紧急状态条例所限制的政治集会的规模。杜进才提议,解决这个困境的方法是注册成立一个政党,人民行动党因此应运而生。[63]1954年10月,该党在维

① 指在李光耀家的地下室。——译者注

多利亚纪念厅宣告成立，由李光耀任秘书长，杜进才任主席，常务委员会中则包括工联主义者(trade unionists)，以及受华语教育和受英语教育的激进派。这次成立大会聚集了1 500多人，是自1948年新加坡实行紧急状态条例以来，规模最大的一次集会。但集会全程进行得非常有序而平稳。萨马德·伊斯梅尔和方水双属于创始会员，但林清祥不是。巫统领导人东姑·阿都拉曼以及时任马来亚华人协会会长的陈桢禄双双出席了这次大会，这表明，新成立的人民行动党不希望仅关注新加坡一地的事务，而想要从更宽广的马来亚整体的角度来考虑问题。人民行动党声言，要在即将到来的大选中在以下方面进行呼吁：立即与马来亚联邦合并，一道实现独立；取消紧急状态条例；实现平等普遍的马来亚公民权；让公务员队伍完全马来亚化；实行免费的义务教育；鼓励本土工业的发展；修订工会法和劳工宪章。

富有的华人移民社群对伦德尔宪法为受华语教育的人群提供的新政治机会反应更慢些，但就在1955年选举举行前夕，中华总商会中一部分有影响力的人成立了民主党。它的组织结构松散，但财力却十分雄厚，大部分的捐款来自陈六使。该党宣称要推动华语教育和中华文化的发展，让华语成为官方语言，为出生在中国本土的华人移民赢得自由主义的完全公民身份。尽管名为民主党，但这个新党派在经济纲领方面比较保守，人们通常将其称之为“富翁党”。

在各方纷纷跃跃欲试的情况下，选举日在一天天临近，这场竞选活动将拉开新加坡发展史上一个新的时代。

1. 一家装瓶厂，1949 年。（承蒙 the Ministry of Information, Communications and the Arts 允许使用，鸣谢 the National Archives of Singapore。）

2. 一名走街串巷的小贩把货品拿到各处村庄叫卖，1950 年。（承蒙 the National Archives of Singapore 允许使用。）

3. 金杰路上由新加坡改良信托局修建的公寓，旁边还围着旧式的亚答屋，1945年。(承蒙 the Ministry of Information, Communications and the Arts 允许使用，鸣谢 the National Archives of Singapore。)

4. 克罗士街、厦门街和客纳街一带的空中俯瞰图，1950年。(Collection of Chu Sui Mang，鸣谢 the National Archives of Singapore。)

5. 加冷机场，1950 年。（鸣谢 the Civil Aviation Authority of Singapore 和 the National Archives of Singapore。）

6. 史丹福路与桥北路交汇处的首都戏院(Capitol theatre)，约 20 世纪 50 至 70 年代间。（承蒙 the National Archives of Singapore 允许使用。）

259 # 第八章　通往“默迪卡”[①]之路（1955－1965）

新加坡人似乎不太情愿独立，伦德尔宪法的目的是唤起他们产生对自治的渴望。殖民地当局此前已花了十年时间，想为一场旨在使这里的政治变得成熟的运动注入活力，但似乎没有任何取得成功的迹象。然而，1955 年的选举标志着，新加坡人在政治上已经觉醒了，而且非常活跃。这场选举开启了此后数年生机勃勃的宪政建设斗争。在这段斗争岁月里，新的民族主义领导人崭露头角，新加坡民众真正关切的事情也开始进入政治讨论领域。

这场履行了新宪法要求的选举，是在 1955 年 4 月举行的。它是一场别开生面的政治竞选活动，这在新加坡历史上还是头一遭出现。而紧急状态法令的临时放松，也让竞选的气氛更加热烈。但竞争的热度并不是由阵容最庞大、实力也明显最强的两大竞争者——进步党和民主党带来的。两党都派出了大批候选人，希望能赢得足够的席位，完全控制议会。它们也只把对方看做自己最势均力敌的对手。两党着力争取的选民主要是传统的中产阶级，对广大民众则不大上心，对参选的左翼政党也不太在意。它们在差不多 18 个选区进行了正面较量。

① Merdeka，马来语，意为“独立，自由”，此处为音译。——译者注

虽然无论是人民行动党，还是劳工阵线，都并不指望赢得多少席位，但真正鼓动起民众的却正是这两个左翼新政党。人民行动党认为，"按照伦德尔宪法组成一届政府，就好比让我们把双手绑在身后做事"，[1]因此没打算认认真真地参加竞选，而且它也没有足够的实力来赢得选举。党内的极左派主张抵制竞选，直接采取其他行动，但最终温和派占了上风，于是，人民行动党决定，象征性地派出四名候选人参选。但是，他们密集地举行了一系列竞选活动，吸引了大批民众的关注，其中包括大量华人选民，这些人对之前的选举一直表现得漠不关心。

劳工阵线派出了17名候选人，希望在新的立法议会中成为一个实力强劲的反对党。该党的竞选纲领包括：呼吁新加坡与马来亚合并， 260
迅速实现独立；承诺在四年内使公共管理部门完全马来亚化；赋予22万在中国本土出生的华人移民新加坡公民权；取消紧急状态条例；官方法律语言实行多语言制。在一篇发人深思、令人热血沸腾的竞选宣言——《我相信》中，马歇尔指斥殖民主义是一种剥削，承诺实行"充满活力的社会主义"，以抗击"共产主义的逐步僵化"。马歇尔把他在庭审时那种唱做俱佳的表演技巧也应用到了竞选演讲中，以此调动广大民众的激情。他甚至许下了非常夸张的竞选诺言，称"渴望独立的年轻人已经等待得不耐烦了，他们的激情即将如火山喷发"。[2]

最后的选举结果，无论是对胜利者、失败者，还是英国当局而言，都相当震撼。大卫·马歇尔领导的劳工阵线崛起为第一大党，获得10个席位，人民行动党只派出4人竞选，结果竟获得3席，进步党只赢得4席，民主党只有2席。除了林有福之外，旧的立法议员没有一人连任。一些此前由商会提名或选择进入立法会议的议员，选择不参与闹哄哄的选举活动，其他人则因为与旧政权有关联，或者与殖民地当局合作密切，而得不到选民的信任。陈才清、约翰·雷考克和纳西尔·马拉尔均失去了之前拥有的席位。

各个右翼政党失利，部分是因为它们争取的都是温和派选民，结果导致选票分散，但主要还是由于它们没有认识到，选民的总体特征已经发生了变化。选民自动注册制已经把选民的总数从7.6万增加到了

30 万,其中大多数是属于劳工阶层的华人。左翼政党力求获得新选民的支持,而进步党却仍然继续着先前的保守政策:那种不受欢迎的、亲殖民政权的政策。民主党虽然提倡华族文化、语言、教育和公民身份,但却具有非常强烈的精英沙文主义倾向,难以激起中产阶级海峡华人的热情,而"百万富翁党"的资本主义经济政策,与它的对手进步党的也没什么差别,因此,大多数华人趋向选择立场更为激进的劳工阵线和人民行动党。

1955 年的选举埋葬了保守主义政治,也结束了中华总商会直接享有政治权力的年代。次年,进步党与民主党合并,组建了自由社会党(Liberal Socialist Party),但这个新党派的名字取得实在不怎么恰当,难以吸引民众的支持,注定要在接下来的大选中折戟。未来属于那些左翼政治家们,他们希望尽可能快地实现自治,并争取大众的支持,共同反对殖民统治。

马歇尔领导的劳工阵线得到立法议会中 3 名联盟[3]议员、当然议员,以及 2 名获提名当选的非官方议员的支持,各色人等加在一起,有 18 人,在一共有 32 名成员的立法议会中成为多数派,获得了组建政府的权力。这届事实上由少数派组建的政府,其地位从一开始就不怎么稳固,不过,在野反对派也并不团结,他们包括 6 名自由社会党人、3 名人民行动党人(包括李光耀和林清祥)、3 名独立委员,以及 2 名获提名当选的非官方成员。

一届由左翼少数派组建的政府,面对着由一部分保守派和一部分极端左翼派构成的在野反对派——这种局面是谁都没预想到的。英国政府设想的是,新立法议会的主力应该都是些熟面孔,即进步党的那些
261 老立法议员。它希望,强有力的进步党会在一小群激进反对派的鞭策下,领导新加坡以和平有序的方式逐步过渡到自治阶段,让经济和防务事务能不受转型的影响。但这种希望落空了。

伦德尔宪法规定,要创建一个对立法议会负责的内阁,但却没有界定首席部长的职权和地位。因此,大卫·马歇尔发现,自己突然获得的

权力其实有名无实。他没有从政的经验,没有在议会里待过,而且从性格上来讲,也不适合担任少数派政府的领导人,因为这个职位特别需要具有克制力和外交手腕。从天性上讲,也从当时的形势考虑,大卫·马歇尔其实更适合担任反对派领袖,但他不愿意面对这个事实,结果是,他没有强有力的多数派作为后盾,来实施当初许下的雄心勃勃的竞选诺言,而且还被迫同作为反对派的人民行动党比较,看谁能代表左翼。李光耀从一开始就对伦德尔宪法不太赞同,认为"我们觉得这部宪法虽然有种种矫饰,但实质上仍是殖民主义的产物"。马歇尔也觉得,这部宪法只是麻醉当地民族主义抱负的小恩小惠,但这就使他陷入了一种很艰难的境地:要执行一部他鄙视的宪法。与此同时,反对派人民行动党敦促马歇尔实现他的竞选承诺,取缔紧急状态条例,向英方要求立即实现自治。因此,从就任伊始,马歇尔就被迫不断向当局索要更多的权力。

要想维持这种复杂的局面,需要总督和首席部长相互理解,且深谙微妙的政治之道。可惜的是,这两人都不具备这两种特质。在大英帝国的其他属地,英国人很快就承认了强有力的民族主义领导人,就比如在马来亚联邦。马来亚联邦于 1955 年 7 月举行的选举同样产生了出乎意料的结果。东姑·阿都拉曼领导的联盟党(Alliance Party)获得了几乎全部的席位(只有一席不属于他们),获得了决定的掌控权,因此伦敦方面同意他们加速独立的进程。依照宪法,新加坡在帝国内的地位应该更加自由,但马来亚联邦很快后来居上,它在 1957 年成为一个完全独立的国家。

新加坡同样出现了政治新局面,但英国人对此的反应却大不相同。少数派政府缺乏坚实的根基,马歇尔的胜利也并没有让他具有清晰明确的权力。总督约翰·尼科尔则用实际行动让马歇尔明白了这一点。按照伦德尔宪法的规定,总督必须咨询首席部长的意见,却没有明确说,必须遵照首席部长的意见。尼科尔思想僵化,缺乏想象力,他试图把首席部长马歇尔完全当成一个摆设,有一段时间,甚至连办公室都没帮他安排,直到马歇尔威胁说,要在秘书处门前的大树下摆上自己的办公桌，尼科尔才让步。因为英国殖民地的总督习惯使用红墨水签字书写，任性的马歇尔于是针锋相对地使用了绿墨水，还一直把这个习惯保留到了晚年。尼科尔本来预计，议会的领导人只能是工商部长，但马歇尔却是个不肯被弹压的人，他坚持认为，首席部长的内阁成员不能兼职，于是格外创立了一个工商部。

马歇尔获胜也给人民行动党中的温和派带来了意想不到的麻烦，因为他们被迫让自己的路线变得更左倾，以保持比政府立场更激进的定位。而这就刺激到了党内的极端派。从一开始，人民行动党就是反帝国主义和坚持社会主义的，但它的内部分为两派，一派是李光耀领导的温和派，一派是林清祥领导的极端左派。在 20 世纪 50 年代的新加坡，共产党人与非共产党人进行联盟，其实如同在进行一项非常危险的
262 游戏。在受英语教育的人群看来，李光耀虽然是党内最有发言权的人物，但在建党初期，人民行动党内的实权派当为林清祥及其领导的极端左派，即武装斗争派。他们掌握着左翼学生、有组织的劳工，以及大部分华人的支持。[4]对此，温和派人士从一开始就心知肚明。在 1955 年的竞选当中，李光耀的团队根本没有得到学生和讲中文的工会团体的支持，于此形成鲜明对比的是，这两个群体却热情洋溢地为林清祥和蒂凡那摇旗呐喊。在李光耀看来，有一点非常明确，“我们的联合阵线只是权宜之计罢了”。[5]尽管如此，李光耀还是利用他的影响力，确保他的数名左翼盟友得以当上一些关键工会的带薪秘书之职。这其中包括：前马来亚大学社会主义者俱乐部成员贾米特·辛当上了新加坡海港局工会秘书，桑德拉·伍德赫尔当上了海军基地工会秘书。在当时，马来亚共产党似乎很有希望操纵新生的人民行动党，把它变为第二个马来亚民主同盟。

优雅闲适、一副绅士做派地进行政治争论的时代就此结束。两大主要政敌——马歇尔和李光耀之间的唇枪舌剑，让立法议会厅里的气氛骤然升温，也让人们纷纷涌入，挤满了之前空空荡荡的公众席。这两人都善于雄辩，个性也都强势，有很多共同点。他们均属于受英语教育

的中产阶级阶层,但却又分属两个少数民族群体——犹太人和客家人,而且两人都因作风强硬、雷厉风行和坚忍不拔而著称。两人都是新进入议会的,但又都很享受议员演讲时搅动全场的感觉和议会辩论时迸发的火花。他们都是接受英语教育并在英国取得执业资格的律师,均寻求以英国的宪政为框架,让新加坡作为更大的实体——马来亚的一部分获得独立,而且要创立一个非共产主义的新加坡。

但两人的共同点也就到此为止了。他们在原则、风格和方法上存在着根本性的差异。马歇尔虽然热爱活跃在政治舞台上,但他却并不长于在这条政治长廊上漫步。马歇尔鲁莽冲动,性情急躁,缺乏耐心,常常任性而为,处事不懂得迂回,视妥协为欺瞒、卑劣的行径。李光耀则富有远见,喜欢事前先作谨慎的谋划,遇事沉着冷静,绝不冲动。对马歇尔来说,个体的权利和自由,人类的公正、尊严和平等,以及保护弱势群体,是至关重要的。但李光耀却认为社会高于个人,而且不愿意与那些他认为的弱者或傻瓜打交道。马歇尔毫不掩饰他对马来亚共产党的反感,公开表明他不想与极端左派有什么牵连,只依赖非共产主义的新加坡职工总会来获取大众的支持。为了弥合他的受英语教育中产阶级背景与普通民众之间的差异,他召开"会见人民"会,即亲自公开办公,谈论解决每个人的问题。而李光耀则认为,想要获得受华语教育的大众的支持,唯一的方法就是与左翼领导人在工会运动和华文中学活动中携手。正如他在1955年所说的:"谁想在新加坡让讲中文的民众追随他,持反共产党人的立场是行不通的。"

马歇尔对那个时代的政治和社会生活中的各种顽疾感触颇深,渴
望尽快着手处理战后岁月中大多被掩盖和忽视的这些关键问题:本土 263
语言教育、多语言的地位、公民身份,以及马来亚化。新政府太弱,无法
处理好这些事务,极左翼很快就抓住了这一点大做文章,而人民行动党
内的温和派也同样热切地期望政府能迅速处理这些问题,以便让党内
的左翼失去煽风点火的工具。

这种种情况相加造成的结果是狂风暴雨般可怕的争斗,虽然这种

争斗在日后古怪地产生了确定并持久的正面影响，但在当时，新加坡却似乎陷入了一片混乱之中。林清祥和其他极左翼领导人无视宪政框架内的途径，选择发动学生和劳工运动，最后汇合成一场浩大的直接武装运动，充满了暴力，造成了破坏。就在选举前夕，约1万名华文中学的学生举行了一场罢课活动，要求将新加坡华文中学学生联合会注册为正式的合法组织。华文中学的学生虽人数不多，但充满热情，他们集结起来，积极活动，在大选期间为人民行动党摇旗呐喊，此后又继续支持各种暴动和劳工的罢工活动。1955年5月，学生们与工人们一道，把福利巴士公司的一场罢工演变为了一场暴动，制造了一个恐怖之夜，导致多人死亡。[6]马歇尔不听总督的建议，拒绝动用军队恢复秩序，最终，这场罢工以新加坡巴士劳工联合会及其盟友新加坡工厂和商店劳工联合会的胜利告终。

劳工阵线政府逮捕了几名学生，并威胁要关闭与此次暴乱相关的学校，除非它们开除滋事的学生领袖，加强纪律监管。2 000名学生于是聚集在中正中学，拒绝离开，要求释放学生领袖，取消严厉的学校规章。新加坡工厂和商店劳工联合会则声称要召集一次大罢工，声援学生。

首席部长拒绝采取严厉镇压措施，因为他真心同情华人学生的要求，并将问题的根源归咎于殖民地当局的教育政策，他坚称："我们的孩子现在的状况好比是生病了。这个时候不应该动用皮鞭和刀子。"马歇尔重新开放了被关闭的几所学校，并任命了一个由各政党所派代表组成的委员会，负责调查华语教育中存在的问题。这个委员会最终制定了一项长期的妥协性政策，但在当时，马歇尔的举动却被理解为向学生示弱，因此，欢欣鼓舞的学生们在中正中学举行了一场大规模的胜利游行。

马歇尔还同意让新加坡华文中学学生联合会注册，条件是它需与政治无涉。马来亚共产党示意学生们接受条件，但却并不打算真的遵守。在该联合会的正式成立大会上，它抨击了《公共安全法令》，对新加坡电车公司工人的罢工活动表示了支持。新加坡华文中学学生联合会的组织管理十分有效，它由一个执行委员会领导，在每所中学设立分会，其下又设下级分会和小组，总成员数近1万人。学生联合会很快成为各所华文中学中最有力量的组织，他们对不认同其革命主张的教师暴力相向，校方则发现，自己根本无力对其加以管束。

1955年五六月间，在尚武派的煽动下，劳工们频频挑起事端。新加坡工厂和商店劳工联合会的会员人数急剧增加。6月，极左翼劳工领袖试图将海港局的一场劳资纠纷升级为总罢工。劳工阵线政府先发制人，逮捕了包括方水双在内的五名领导人，阻止了事态的升级。但这 264
次事件却表明，马来亚共产党企图利用工会组织达到其政治目的，而且此招还颇具威力。马歇尔指责人民行动党的立法议会议员们，"公然试图用暴徒的政府取代由人民选出的代表组成的政府"。在1955年发生的近300场罢工活动中，只有三分之一提出了提高工资、改善工作条件的要求，其余均为声援某些活动，或要求释放被囚的工会领导人。

新政府一上台就风波不断，马歇尔的少数派地位迫使他在与殖民地当局打交道时，必须采取更加强硬的态度。英方认为马歇尔应对暴乱的举措太过软弱，对此很不赞同，而首席部长因为缺乏政治经验，且在骨子里同情闹事的工人和学生，因此与总督府的关系越闹越僵。导致争议的一个主要事件是紧急状态条例。马歇尔曾声称要废除这项血腥的立法，它违背了他对个人自由的推崇，可是，身为政府领导人，他又需要保留这项法令来维持公共秩序。为了让马歇尔能够实践他的竞选承诺，尼科尔提出，让首席部长废除紧急状态条例，然后再由总督加以恢复，这样一来，马歇尔就能保全名声，把所有的责任都推到殖民地当局头上，而且又让殖民地恢复和平和秩序。可是，马歇尔不愿这么做，将总督好意提出的迂回措施指斥为政治欺骗之举。

为了不让极左翼反对派占得上风，马歇尔试图加强自己的权力。1955年7月，他要求任命四名副部长。新任总督罗伯特·布莱克(Robert Black)拒绝了这一要求，马歇尔于是威胁说要辞职，除非新加坡能立即获得自治。他声称，现在的问题是，"到底是由总督治理，还是由我们治理"。考虑到他就任几个月来糟糕的开局，这一要求提得实在有些过分。但英国方面担心，一旦马歇尔离开，更为激进也更不负责任的政府可能上台。因此殖民地事务部裁定，总督此后要依据首席部长的建议行事，它还同意，不再等到本届立法议会结束其任期，而待其运行一年后就开始就宪政架构进行谈判。尽管马歇尔没有政治经验，又面临着重重困难，但他在任上其实取得了不少成绩。他迫使英方尊重他对首席部长这个角色的诠释方式，成功加任了数名部长，还早早地把英国人带到了谈判桌前。此外，他也切实采取措施，着手处理根本性的民生疾苦问题。马歇尔任命了一个多党派委员会，调查华文教育的状况，又任命了一个由著名医生斯林尼瓦桑（B. R. Sreenivasan）领导的委员会，研究马来亚化事宜。他的这届政府于 1955 年 12 月通过了一项《劳工法令》，对工作时长作出了限制，还起草了实行一视同仁的新加坡公民身份的草案。虽然殖民地事务部和总督都觉得马歇尔让他们头疼不已，让他们有些愤恨，但他也赢得了他们的敬意。

1956 年 4 月，宪政架构谈判在伦敦召开。殖民地事务部在谈判中表现谨慎。殖民事务大臣警告说："我们不想要新加坡变为共产主义中国的前哨，或者说，北京事实上的殖民地。"马歇尔则持相反立场，认为"独立将使大部分民众团结起来，共同反对共产主义"，对此，殖民事务
265 大臣并不认同。马歇尔要求在 1957 年 4 月前使内务实现全面自治，英国仅负责外交政策和外部防务事务，且新加坡对防务事务还拥有否决权，在外交事务方面也拥有质询权。

英国政府已打算答应新加坡的大多数要求：完全由选举产生的议会，取消当然议员，新加坡单独实行一视同仁的公民身份，新加坡自行控制商贸事务。但它坚持保留一个防务委员会，其中英方与新加坡应有相同比例的委员，而英方的特派专员将拥有最终决定权。殖民地事务部承诺，只在紧急状态下才会动用最终决定权，但没有答应马歇尔提出的完全废除此项权力的要求，而谈判就因这一点破裂。

就是否接受伦敦方面的提议，新加坡代表团出现了意见分歧。但马歇尔早就打定主意，决不接受任何讨价还价。他拒绝妥协，一无所获

地回到了新加坡。媒体对此进行了猛烈的批评,立法议会中的辩论也对他不利。[7]他违背了自己让新加坡获得自治的声明,于是在1956年6月引咎辞职。马歇尔的辞职纯属他本人的决定,并非被迫为之,在劳工阵线内部也没有引起矛盾。首席副部长兼劳工部长林有福接替了他的职位,保留了马歇尔时期的整个内阁,并继续依赖于劳工阵线与其盟党的联合。

林有福的地位同样远算不上稳固。劳工阵线是为参加1955年大选而仓促组建的,当时,它只有300至400名成员。上台执政后,该党开始构建自己的组织,到1955年年底,至少根据纸面的数据,它已经有了约5 500名成员。但执政第一年间所经历的麻烦和反对,让它那脆弱的组织结构承受了非常大的压力。两名原属劳工阵线的议员倒戈,成为反对派独立议员,因此,到1956年9月时,在25名由选举产生的议员中,林有福只能得到11人的支持。他唯一可以依仗的是,反对势力依然四分五裂。

这一届虚弱的政府很快面临发生在多所华文中学的一场新危机。华语教育委员会在1956年2月发布了最终的调查报告,指责殖民地当局实施区别对待的教育政策,建议对所有学校和所有四种主要语言及文化一视同仁。[8]该委员会在报告中作出结论称,要创建一个多种族的和谐的新加坡,其最好的方式就是打破教育体系之间的隔离,鼓励不同种族的年轻人融合在一起。为了实现这一目的,该委员会敦促实施双语言的初级教育,使用统一的字母表,统一的教科书,给予同等的资助,给予教师同等的薪酬,给予接受不同语言教育的毕业生同等的进公务部门工作的机会。[9]它还建议禁止学生参与政治活动。政府决定推行报告的建议,而这使它与共产主义者和激进的华人学生及教师产生了冲突。

1956年9月,作为一场反颠覆行为的全面运动的组成部分,林有福政府取缔了七个共产党的前台组织,其中包括新加坡华文学校学生联合会。它还关闭了两所华文中学,开除了142名中学学生,其中包括部分已经二十来岁的"工读学生"(professional students)。在林清祥和其他左翼领导人的组织下,2 000 名学生随后在六所华文学校举行了静坐示威活动。教师和父母劝说均无效后,警察动用催泪瓦斯驱散了学266 生,但他们又组成了游行队伍,在城市多处引发了暴乱,导致 15 人丧生,100 多人受伤。新加坡因此戒严了两天,马来亚联邦派出警察和军队赶来协助镇压。警察在搜查新加坡工厂和商店劳工联合会总部时,发现了一批文件,上面显示劳工领导人参与了学生的示威活动。这个工会因此于 1956 年 10 月被解散,林清祥和詹姆斯·普都遮里等极左翼人士被逮捕。[10]

这次坚决的行动,让林有福于 1957 年 3 月率领第二个多党派代表团前往伦敦重启有关自治的谈判时,有了更坚实的谈判基础。林有福不同于措辞激烈的马歇尔,他在谈判中显得谦逊友好,柔韧圆滑,而且面带微笑,让殖民地事务部感到更加意气相投。1957 年的谈判相对来说也更容易些,因为马来亚联邦就快要独立了。殖民地事务部提出,创建一个由七人组成的内部安全委员会,新加坡和英国各占三席,第七名代表将由马来亚联邦任命。这一提议满足了新加坡的自尊,以及它渴望与联邦合并的愿望。决定权交给了马来亚联邦,而联邦与英国一样,希望防止新加坡被颠覆。无论如何,这次新加坡代表团接受的宪政构架,其实与马歇尔在前一年拒绝的类似。[11]

该提案交到立法议会讨论时,马歇尔称之为“虚假的宪政”,对代表团接受这种之前在他领导下遭摒弃的方案提出了批评,尤其严厉批评了李光耀。这次事件后,马歇尔和李光耀均辞去议员职务。但李光耀很快就赢得了捍卫此提案的一次补选,再次进入议会。但马歇尔却暂时离开了政界。

立法议会中的大多数人赞成接受英国的提案,并决定,派出第三个多党派代表团于 1958 年前往伦敦,定下新宪法的最后条款。

新加坡将实现自治,而其内部安全事务将由英国和持保守立场的马来亚联邦掌控,这一前景促使共产党人再次开展武装斗争。左翼学生运动的主阵地从中学转移到了新建的南洋大学(它在 1956 年招收了第一批学生),虽然当时其校园还没有完全建成。建筑工程全部完工后,在热烈的气氛和创纪录的交通拥堵情况下,南洋大学于 1958 年 3 月正式落成。据说落成典礼仅邀请了 2 000 名宾客,但前来观礼的竟达 1 万人。通往裕廊只有一条长 12 英里的乡村公路,它狭窄,多弯,此时挤满了过热熄火的车辆。当晚原定在城中举行的一次重要的官方活动,由于总督、大法官和其他要员直到第二天早上还困在大学校园,不得不被迫取消。毫无疑问,人人都能感受到大量新加坡华人对此释放出的热情,无论他们是激进派还是保守派,无论他们是穷人还是富人。

但这种热情却没有相匹配的有效管理措施和积极的课业学习气氛。作为南洋大学校委会的主席,陈六使把学校当做了他私人的一项产业。与其他富有但同样没受过多少教育的富商捐资者们一道,他任 267
命了一批不太胜任的人,导致学校管理无方。偏偏他们面对的又是一群闹腾的学生。这些学生对学习不太上心,对政治抗议活动却十分起劲。这所新大学很快成为滋生事端的温床,因为被禁的新加坡华文中学学生联合会的前成员们,又在这里建起了南洋大学学生联合会,并组织了一系列抗议和暴力活动。

与此同时,马来亚共产党开始着手复兴它在工会的势力,打算渗透入新加坡职工总会,并全面控制人民行动党。尽管一批工会骨干被捕,强大的新加坡工厂和商店联合会又遭解散,但到 1957 年年中,共产党人还是成功地建起了新的工会核心。他们试图主导 1957 年 5 月的劳动节庆祝活动,此后又以野餐作掩护,组织了大规模的集会,并通过人民行动党的文化和教育委员会,扩展他们在该党内的影响。此后,左翼领导人开始着手将温和派从人民行动党的中央执行委员会中清除出去。[12]

在 1955 年人民行动党的第一次年度党大会上,极左翼在中央执行委员会的选举中没有得到席位。在 1956 年的大会上,左翼在 12 席中也只占到 4 席,不过林清祥的个人得票数是所有人中最高的。在 1957 年 8 月举行的第三次年度大会上,温和派和极左派为争夺党的控制权展开了激烈的竞争。极左派反对李光耀作为多党派代表团成员在伦敦接受的自治方案，反对英方提议的内部安全委员会方案，也反对寻求与马来亚联邦合并的独立方式。极左派在这次大会的选举中赢得了半数席位，温和派的未来似乎岌岌可危，杜进才和李光耀也从领导岗位上退了下来。

面对共产主义造成的普遍威胁，林有福政府采取行动，逮捕了 35 名活跃的共产主义者，其中包括人民行动党中央执行委员会新当选的 5 名成员，以及 11 名党支部的干部，另外还有一些工会领导人、学生和记者。林有福的目标是，从学生和劳工运动中剔除极左翼的影响，尤其要重点保障新加坡职工总会，因为这是他自己的党派的根基。这次逮捕行动打击了极左派在人民行动党内部的势力，让温和派有机会重新掌握党内控制权。形势如此急剧地峰回路转，而且大大有利于李光耀及其同仁，因此，包括党内的激进派在内的许多人都认为，他应该也秘密参与了林有福和殖民地当局的筹划。为了巩固控制权，温和派把中央执行委员会的任期延长到了两年，并创立了一个骨干体系，将人民行动党的成员分成四类，只有完全符合条件的骨干才有权投票选举中央执行委员会。骨干应为识字的新加坡公民，且应年满 21 岁。这两个条件自动就将大多数学生，以及许多在中国本土出生的华人移民劳工排除在外，而他们是党内共产主义左翼最热情的支持者。虽然人民行动党的大多数党员仍然是受华语教育的人群，但要成为骨干，必须得到中央执行委员会的认可，这就强化了受英语教育的温和派领导人的权威。

268 但温和派继续公开表示支持他们的左翼同仁，并呼吁释放他们被囚的同志。这培育了他们在大众中的受欢迎度，但让外籍人士和许多新加坡中产阶级对他们充满疑惑。与此同时，尽管受英语教育的人民行动党领导人直言不讳地反对殖民主义，而且他们激烈地反对劳工阵线政府，但李光耀仍然在立法议会中起了重要作用。他是马歇尔任命的多党派教育委员会的成员之一，也是前往伦敦谈判自治问题的代表团成员之一，因此，他在 1955 至 1959 年这段时期新加坡所取得的进展中起到了建设性的作用，但又并没有被人们视做与统治政权合作。

英国政府对林有福政府在镇压颠覆活动中的总体表现感到满意，而马来亚联邦在1957年8月的独立，也是更进一步巩固其地位的因素。新加坡立法议会向联邦独立送出了贺电，称:“我们新加坡人期盼这一天早日到来，让我们的力量可以融入你们的力量之中，结束我们之间的分离状况。”

马来亚化、公民身份以及教育等关键事项也逐步取得了进展。1956年12月，在经过激烈的争论后，立法议会终于接受了马来亚化委员会提交的主题报告。该报告倡议，要在两年内，让所有公共服务部门非专业性的管理岗位全部实现本土化，剩下的专业性岗位则在四年内实现。次年，一个拥有充分行政权力的公务员招募委员会成立，马来亚化的进程迅速得到推进。

1957年颁布的《公民身份法令》解决了有关公民身份的争论。它赋予所有出生在新加坡或马来亚联邦的居民，以及在本地居住两年以上的英国公民，还有所有在本殖民地已经居住十年以上、愿意宣誓效忠新加坡的人以公民身份。这相当于让22万不是在本地出生的华人移民获得了选举权。

1957年12月，一项基于之前多党派委员会提案的《教育法令》出台，原则上给予四大主要语言平等权，这也成为此后30年新加坡教育政策的基调。不过，1955年教育局改为教育部时启动的改革，到这个时候已经开始产生影响。该部新开设了96所小学和11所中学；创建了一批技术和商业学校；启动了一个充满活力的成人教育计划；为马来语和泰米尔语教师开办了培训学校；还在1958年建立了一所工艺学院。[13]

1958年4月，第三个多党派代表团前往伦敦商讨宪政构架，此时，前景似乎已光明得多，双方也很快就新宪法的条款达成一致。英国国会于1958年8月通过了《新加坡自治邦法》，将新加坡的地位从殖民地转为“邦”，享有管理包括经济在内的所有内部事务的自治权。[14]立法议会由51人组成，由包括新加坡全体公民在内的选民投票选举产生，其辩论过程可以英语、马来语、普通话或泰米尔语中任一种语言进行。首席部长有权选择内阁成员，在经过一段短暂的过渡期后，新加坡还将选出一位国家元首(Yang di-Pertuan Negara①)。内部安全事务将由内部
269 安全委员会负责。该委员会由新加坡、英国和马来亚联邦的代表组成。[15]英国政府虽然控制着外交和防务政策，但只有在极端危急的情况下，它才可以中止宪法，由其特派专员全面接管政府。唯一引发争论的一点是：英方坚持，已被认定为颠覆分子的人员，不得参加预定于1959年5月举行的第一次选举(它将使新宪法生效)。这就意味着，关押在樟宜监狱里的政治犯们，不能作为候选人参选。

与此同时，在新加坡当地，人们的关注焦点已经从立法议会转到了迄今为止还很平静、庄严甚至有点乏味的市政厅。英国人认为地方下级政府很重要，因为它们可以作为让人们熟悉民主的培训场，所以在二战结束后，扩展了其规模。1951年，新加坡成为市。在随后的四年里，先后有三个委员会就地方政府的问题进行了研究，提交了报告。第一个委员会只有一个人，就是希尔(L. C. Hill)博士。他是英国本土的一位地方政府专家，在1951年受命研究新加坡的情况。希尔建议，增加市政议会的权力，让它完全由选民投票选举产生，并将多种政府或类似政府承担的功能移交给它，如公共卫生保健、通讯和住房建设。他还提议扩展乡村地区委员会的职责，从而使所有成年人都能在地方各级政府的实践中得到行使政治权利的培训。[16]

伦德尔委员会在其就宪政提出的方案框架内，也考虑了地方政府的问题，并建议削减地方政府规模，统设一个全岛市政与岛务委员会即可。马歇尔担心，这样一个机构会与立法议会形成竞争，于是，在1955年任命了另外一个由市政主席(Municipal President)帕西·麦克尼斯(Percy Mcneice)领导的委员会，按照希尔报告中的思路筹建各自独立的市政和地区委员会。[17]

作为该委员会的成果，1957年7月，新的地方政府法规出台。新

① 马来语，意为“国家的领袖”。——译者注

加坡改良信托局和新加坡海港局仍然保持原先的独立地位,市政议会的职权基本上没有改变,而乡村地区委员会也仍然“只不过是一个名誉性的乡村地区顾问委员会”。[18]不过,市政议会的人员构成和选举机制却发生了极大的变化。新的市政议会共有成员32人,完全由选举产生,其中一人将被选为市长。候选人只要操四大主要语言中的任意一种,都可参选,市政辩论程序中也同时允许使用四种语言。所有成年人,只要满足一定的居住年限条件,均将自动注册为选民,从而使得并不是英国臣民的50万新选民获得了选举权。

在这种情况下,于1957年12月举行的新市政议会的选举改变了之前选举的状况,破天荒地引来了人们的关注,竞争态势也很火热。原先主宰着市政议会的自由社会党人在此次选举中仅保留了7个席位。新进者后来居上,尤其是人民行动党的候选人。他们在竞选活动中承诺,要抗击腐败,重组市政议会以更好地为民众服务。因此,尽管该党最激进的左翼领导人在数月前被捕,人民行动党还是战果辉煌。它派出14位候选人参选,最后拿到13个席位,成为新市政议会中的第一大党。

王永元(Ong Eng Guan)是人民行动党的创始会员兼财务官,他出生于柔佛,后在澳大利亚接受教育。在此次选举中,当选为市长。他是
坚定的反殖民主义者,但又不是共产主义者,在华人民众中很受欢迎。 270
当他们还在李光耀家的地下室聚谈时期,他就已经显示出敢于大胆采取新措施的倾向。当时,杜进才担心他们的集会会触犯禁令,王永元于是提议,为防万一,把聚谈的书面记录都埋在李家的花园里。[19]他不惧权威,行事往往出人意料,作为市长,他非常厌恶变成“装点门面的摆设,仅仅参加几次鸡尾酒会”,于是对市政议会大加改造。对改造后的市政议会,他很贴切地形容为“全世界最有争议的市政议会”[20]。王市长按照自己的意愿任免官员,强迫某些人辞职,在不咨询市政议会的情况下擅自发布市长令,而在市政议会讲话时,他不谈政务,却屡屡一连几个小时长篇大论,历数所谓殖民主义的恶行。在他领导下,市政议会经常召开长达一整天的会议,有时甚至还会开到晚上。会上争辩激烈,

紧张的气氛和超长的时间让人有些筋疲力尽。时人称他们的会议是“一场华人的嘉年华狂欢,其间人们以折磨英国人、抚慰小贩为乐”。[21]他们有时候会把会场移到拥挤的公共长廊,有时候,那些之前从未踏足市政厅的穿着短衫的劳工们就拥在他们四周。其他政党的代表渐渐开始联手制止王的举措。他们反对他建立一个专门的市长基金的打算,称该基金被用于政治目的。他们还指控他因为成员的政治背景而故意将其免职,还滥用职权以获取政治影响力(尤其是给小贩滥发执照)。

1959 年 3 月,政府接管了市政议会的部分职权,次月,王永元及其他人民行动党市政委员集体辞职,而林有福政府则任命了一个委员会,负责调查这届市政议会据说存在的违规行为。

人民行动党开始积极准备,力争在使新宪法生效的普选中夺取权力。自新加坡市政议会被查封后,方壮壁隐姓埋名,秘密活动了八年,而在 1958 年 3 月,他与李光耀私下见了一次面。此时他仍不到 30 岁,但马来亚共产党已赋予他全权(他也因此得到“全权代表”这个绰号),负责修补人民行动党内部两派间已经出现裂痕的关系,希望他能让温和派产生这样的印象:虽然在过去数年里,马来亚共产党遇到了一系列挫折,但它仍然在幕后发挥着强大的影响力。方李的这次会面只是一个开端,这样的碰面此后还会多次进行,马来亚共产党借机表达了对人民行动党的支持,前提是,人民行动党当政后,会允许共产党人自由活动。这一系列会面似乎增进了双方的相互理解,但也让李光耀高估了极左翼的实力,同时也让共产党人过分相信他们这可能的盟友与左翼人士的相知相携程度。

人民行动党着手拟定了本党全面的政治、经济和社会纲领,之后,从 1959 年 2 月开始,人民行动党启动了一场为选举先期造势的运动,每周召开一次群众集会,向公众宣传本党的政策。在第一次集会上,他们指控劳工阵线收取了美国政府提供的资金后,教育部长周瑞麒(Chew Swee Kee)将其挪为己用。李光耀呼吁,“鉴于公众对此事的厌恶情绪,以及本届政府已经失去公众的信任”,林有福政府应该马上全体辞职。时任通讯与工程部长的弗朗西斯·托马斯,不满林有福的行事风格,也不认同林有福认为在必要时可借助黑社会力量粉碎人民行动党的观点,于是提出辞职,并转而支持李光耀要求组建委员会调查政府的主张。劳工阵线因此分裂。林有福组建了一个新的政党——新加 271 坡人民联盟党(Singapore People's Alliance Party)以参加即将到来的大选。不过,这个所谓的新党,其实就是劳工阵线的领导层,再加上少数其自由社会党人盟友而已。

调查听证会举行的时间仅比 1959 年 5 月的大选早几个星期,其间披露的秘闻、各种传言以及证词都对当局不利,导致政府大失民心。相反,人民行动党的候选人却以纯洁的反腐败者形象出现,为选民提供了充满建设性的经济与社会改革纲领,声称本党要做一个“有原则的党,而不是建立在机会主义基础上的党”。[22]人民行动党的领导人承诺,要建立“廉洁高效的政府”,着力解决教育、劳工、工会、社会保障、住房、乡村发展、卫生保健和女性地位等问题。他们立誓,要与马来亚联邦融合,共同实现独立。他们的首要目标是,“为广大民众创造幸福、充实和安全的生活”。[23]大企业对其立场感到担心和疑虑,但选民们却大为受用。人民行动党参加了全部 51 个选区的角逐,最后横扫票箱,拿到了 43 个席位。剩下的 8 席,4 席归新加坡人民联盟党,3 席归巫统-马来亚华人公会联盟党的候选人,还有 1 席由 1 名独立竞选人夺得。新加坡有史以来第一次有了一个完全由选举产生的政府,而且劳工阶层还牢牢地掌握了多数派地位。[24]

1959 年后,之前的一批政治领导人都不再是新加坡政治领域的主角。林有福回到了新选举产生的议会中,但其威望已大不如前,大卫·马歇尔借助工会力量的支持,创建了一个新党——工人党(Workers' Party),但却在竞选中落败。劳工阵线无力严明党纪,组织不力,失去了草根民众的支持,因内部纷争、官司和丑闻缠身而逐渐走向没落,而它旧日的功绩也因此被遗忘多年。用弗朗西斯·托马斯的话来说,马歇尔政府“在精神上大大鼓舞了民众”。[25]劳工阵线在伦德尔议会运转期间,为新加坡赢得了完全的内部自治权;它创建了独立的新加坡公民身份；它设计了一项计划，迅速实现了公务部门人员的马来亚化；它确立了官方语言多元制的原则；它启动的教育政策，化解了即将爆发的严重危机，在原则上赋予四大主要语言教学体系以长期的平等权；它还与吉隆坡方面保持着和谐的关系，从而使得合并之路切实可行。

此外，劳工阵线政府通过着手处理各项危及新加坡未来前景的基本问题，起到了安全阀的作用，因为，到 1955 年时，殖民政府已经基本上与新加坡的广大民众严重疏离，社会情绪极其不满，情势十分危险。1956 年，一位官员将新加坡政治部(Singapore Special Branch)称为“毫无疑问，是全世界和亚洲的共产主义打交道最厉害的权威”[26]，但高压政策使得殖民地当局看不到社会状况的其他方面，诱使他们不假思索地将真正的民生疾苦表达也当做颠覆政府的情绪。

尽管它有种种不足，而且王永元在担任新加坡市长期间做了太多不负责任的事情，但劳工阵线移交给下届政府的整套机制很完备，没受到什么损伤，这就为此后更加有纪律、更冷静、更脚踏实地、考虑也更周全的人民行动党上台后取得成功奠定了基础。

272 人民行动党在选举中大获全胜，让大多数保守派、商人和有产阶级，尤其是侨民，心里都凉飕飕的。他们把这场胜利视为一曲前奏，接下来将会建立不负责任、无法无天的政府，最终降临的则是共产主义。到此时为止，人民行动党的种种举动从表面上看来，都完全是在搅局，看不到什么建设性，而且，李光耀的团队对极左翼所提出的各种过分要求都公开表示了支持。在过去的四年里，立法议会中的一场场风波，市政厅里的喧嚣，反帝国主义的演说、罢工和示威游行都在困扰着新加坡，也消磨了商人们对此地的信心。人民行动党声势浩大的竞选活动，及其一些极端主义的做法和鼓动工人对抗雇主的行为，都让专业人士和商界人士感到心寒。欧洲人士的俱乐部都准备关门大吉，地产价格下跌，资本开始外逃，《海峡时报》和其他很多外资公司把总部迁往吉隆坡。整个商界都笼罩着一种阴郁低沉的气氛，这对于新加坡未来的经济健康发展而言，实在不是什么好兆头。

紧随选举而来的一系列事件也助长了这种种忧惧。李光耀拒绝任职,称要等到被关押的人民行动党人得到释放后才组阁,而且,他已经给这些人预留了政府职位。新政府发动了对西方文化的抨击,受英语教育的中产阶级此前一直享有特权,这时却受到重重打压。6 000 名公务员的津贴遭到削减,还被迫响应号召,在星期天参加"自愿的"体力劳动。西方的电影和杂志被视为腐蚀人心,或贬低了亚洲的文化,因此遭禁。当初的自由主义政府订立了英国臣民获得新加坡公民身份的条件,如今,这种可能性被取消。在这场反西方主义的浪潮中,就连莱佛士的塑像也是勉强才逃过一劫。

然而,事实上,情况并没有看上去那么动荡。新加坡面临的一些最关键的问题,如教育、语言和公民身份,都已经在逐步得到解决。人们普遍担心的反资本主义和反殖民主义的清算报复行动并没有发生。尽管人民行动党人在选战中言辞激烈,还积极鼓动民众的情绪,但这种种选战的兴奋场面实际上掩盖了该党那批讲英语的领导人的真实立场。1958 年在伦敦举行了宪政谈判后,李光耀已经让殖民地事务部感到满意,因为他表示能够组建温和派政府,掌控党内造成困扰的激进派。在 1955 年和 1959 年的立法议会选举中,以及 1957 年的市政议会选举中,人民行动党的温和派大声疾呼反对殖民主义,承诺实现社会主义,但他们所指的是增加社会福利,而不是遵循马克思列宁主义的意识形态。1959 年,他们虽然强调要自力更生,但也承认,要发展新加坡的经济,引进外资是不可或缺的。他们计划大刀阔斧地改革新加坡社会,但正如李光耀在就职广播演说里承诺的,这将是"一场以和平方式进行的社会革命"。

为了赢得受华语教育的广大民众的支持,也为了让本党的立场显得比劳工阵线政府更左倾,李光耀才不得不营建一种极左派的公众形象,但这其实与他长远的政治设计相悖。在当时,新加坡很少有人留意到,他在学生时代曾提倡费边主义的观点,彼时,他倾向建立一个温和的、非共产主义的社会主义国家,并在英联邦的框架内,用宪政改革的 273
方式实现新加坡的独立。人们也没有认识到,在过去的几年中,人民行动党的温和派是如何抓住各种机会,一步步赢得了对党的中央机构的控制权。

李光耀深谙英式宪政的实践方式,他熟练地运用这一长处巩固他的领导地位,凌驾于其左翼盟友之上。他认为,马来亚民主同盟决定抵制 1948 年选举,实在大错特错,无异于自杀,因此,他说服了林清祥、蒂凡纳和其他原本提倡直接自行采取行动的左翼领导人,坚持让人民行动党参加竞选,确保在 1955 年的新议会中占有一席之地。而在 1959 年 6 月入主新政府的,也只是人民行动党的温和派。早在他们的极左翼战友从监牢中释放出来之前,李光耀就组织改选了下一届将在任两年的党内中央执行委员会。林清祥和其他三名获释者虽然得到任命,在新政府中担任政治秘书,但均在不怎么重要的部门,并没有多大权力,而他们在党内也没有进入核心领导层。

新一届内阁中人才济济,令人印象深刻。领导核心由李光耀、杜进才、吴庆瑞和拉惹勒南组成,四人虽各有千秋,却能作为一个团队精诚合作。事实证明,这成为他们重要的力量源泉。他们的才能能够形成互补: 杜进才为党主席,致力于党务建设;吴庆瑞是一位务实的经济学家;拉惹勒南则是一位充满想象力的思想家、记者。这三人都极有才干,但却都甘居次席,将最首要的领导位置交给党内说英语的派别中最有公众影响力的人物——李光耀。李能言善辩,言辞引人入胜,行事风格干脆直接,分析能力极强。他的魅力不仅能吸引受英语教育的新加坡人,也让国外的名人及国际上的大学者印象深刻。他深知能用对方的母语和对方习惯的说话方式直接与人交谈的重要性。他当然有自己的局限: 海峡土生华人,接受英语教育,讲起方言来磕磕巴巴,会一点不太地道的马来语,而且不会读写汉字。不过,这些缺陷都因为林清祥对广大民众拥有的磁石般巨大吸引力而得到很好的弥补。李光耀也充分运用了自己善于掌握外语的能力,其第一个例证就是在日占时期接受培训,当上了日语翻译。在此后的岁月中,他又陆续学会了流利地讲马来语、普通话和闽南语。

人民行动党的所有领导人都是实干家,他们也吸引了与自己志趣相投的人：经济学家、银行家、建筑师和城市规划师。该党不仅摒弃了共产主义，也从总体上摒弃其他各种意识形态，并以此为荣。他们相信，民众想要的好政府，是能实实在在给他们提供工作、住房、学校和卫生保健设施的政府。

前任总督威廉·古德爵士(Sir William Goode)在头六个月里担任了国家元首。他善于换位思考，不将自己的观点强加于人，这些特质有助于他和新一届政府密切合作，顺利完成权力的交接。1959 年 12 月，曾任公共服务委员会主席的尤索夫·宾·伊萨克(Yusof bin Ishak)接任了他的职位。尤索夫 1910 年出生于霹雳，是一名政府官员的儿子。他在莱佛士书院接受教育，是学校里的一名超龄学生，也是一名运动健将。毕业后，他当了记者，并于 1938 年创办了新的《马来前锋报》。尤索夫生活俭朴，工作勤奋，自律而节制，还十分内向羞涩，可以说是激进
的、具有现代化思想的穆斯林的代表。他提倡多种族主义、世俗化和现 274
代化，敦促马来人要依靠自身的努力，通过提高教育水平来改善生活状况，而不是指望享有特权和保护。

总督职位撤掉后，英国殖民地当局的最高长官转任英国特派专员，与英国驻东南亚的最高专员同驻在一处办公。英国的特派专员虽然隐在幕后，但事实上却拥有相当大的潜在权力。他有权监督内阁会议的议程，并审查所有内阁文件。他还是内部安全委员会的主席，并拥有在紧急状态下搁置宪法、接管政府的终极权力。

在新一届立法议会开幕的会议上，国家元首宣读了一份施政宣言，其中，政府声称，要“结束殖民主义，建立一个独立、民主、非共产主义、社会主义的马来亚”，提出“新加坡的未来最终在于与马来亚联邦重新合并，成为一个独立国家中的一个邦”。

从一开始，人民行动党内部关于是否要与马来亚合并的问题，就一直存在分歧。财政部长吴庆瑞制定的经济政策，旨在与马来亚联邦形成共同市场，鼓励利用私人(如果必要的话也包括外来的)资本发展工业。但对建成资本主义的经济体，以及与反共产主义的马来亚联邦合

并的前景，党内的左翼却心怀戒备。而在上台执政之后，想要像在野时那样既限制左翼又不丧失他们背后坚实的群众基础，就没那么容易了。因此，当其领导人试图稳定经济，并为与马来亚联邦的合并作准备时，新政府很快就面临危机。人民行动党政府声称要在四年任期内就实现合并。英国政府也期望看到这两块领地能重新合并。1956 年，新加坡总督在上一届立法议会第二次会议开幕之际，曾这样说道："政府将继续促进和增强（与马来亚联邦的）联系纽带，最终结束双方的割裂状态，让这两块领地作为一个统一的国家融合为一体。"

虽然让双方隔离的"小裂痕"从物理意义上讲非常窄小，就是一道柔佛海峡，但两者在心理上的裂痕却在加大加宽。自从 1946 年分立之后，不同的宪政道路和教育政策已经让新加坡和马来亚联邦彼此之间越隔越远。东姑·阿都拉曼起初是愿意与新加坡作为一个统一的联邦重新合并的，但新加坡的领导人却不接受这种方式，1955 年 12 月，马歇尔和东姑就此进行的磋商没有取得任何结果。而到马来亚联邦于 1957 年实现独立之时，新加坡正被政治纷争弄得焦头烂额，马来亚的首相也不准备以任何形式来实现合并了。

吉隆坡的执政派本质上是右翼的保守联盟，新加坡在 1959 年经历的那场喧嚣的选战，以及人民行动党最终获胜的结果，都加大了他们对合并前景的抗拒心理。但新一届新加坡政府却不愿采纳任何要新加坡单独实现独立的建议。用拉惹勒南的话来说，一个统一的马来亚国，是"历史的必然"[27]。1960 年的一份政府公报则称："任何一个理性的人都不会相信，新加坡能够单独，能仅凭自身，就实现独立。"[28]"没有经济基础（指马来亚联邦），新加坡根本无法存活下去，"李光耀声称。吴庆瑞则得出这样的论断："无论我们采取什么措施，我们在经济方面要进
275 行重大变革，只有在新加坡与马来亚联邦融为一个经济整体的情况下才有可能。在政治上要求合并，是有很强的经济依据的。"

新一届政府认识到，"我们还必须消除……马来亚联邦的主体民族马来人的忧惧，这种心理，让他们不愿意接纳以华人为主体的新加坡"。[29]1954 年，人民行动党初创之时，就建立了一个马来事务局，由

《马来前锋报》的记者奥斯曼渥(Othman Wok)领导。[30]起初,人民行动党希望仿效巫统和马来亚华人公会在马来亚联邦的联盟,与新加坡的巫统分支结盟。1957 年,它提议与新加坡巫统分部在市政议会中结盟,但新加坡巫统根据吉隆坡方面的指示,拒绝了这项提议。结果,一些激进的新加坡马来人退出了巫统,转而加入越来越致力于解决马来人问题的人民行动党。

1956 年,人民行动党的温和派倡议,实行统一的教育体制,从而将马来亚联邦和新加坡联为一体。1958 年的宪法承认马来人是本地的土著居民,新政府还任命尤索夫·宾·伊萨克担任第一位本土的国家元首。它承认马来语为本土语言,并承诺,要通过教育和社会发展措施,改善新加坡马来人的生活状况和发展前景。1959 年,马来人教育咨询委员会成立,次年,第一所马来语中学开办,符合条件的新加坡马来公民可以享受免费的中学和大学教育,另外,他们还可以自由地争取奖学金和助学金。越来越多的学校和民众联络所在马来人居住的区域设立。1960 年,一个新的马来人定居点在三巴旺设立,它拥有自己的管委会、学校、民众联络所和清真寺。

尽管采取了上述安抚措施,但新加坡与马来亚联邦在 1960 年就建立泛马来亚共同市场的谈判却没有取得任何成果,人民行动党政府也发现,想要一方面让吉隆坡方面满意,另一方面又要让党内的极左翼满意,简直就是不可能的任务。虽然人民行动党的温和派把内部安全委员会视为与马来亚联邦建立的第一条宪政方面的纽带,但左翼激进派却把它看做是殖民主义和压迫的象征。针对政府将马来语设为国语,以及让华语学校服从由之前的劳工阵线政府制定的政策,左翼均进行了抨击。

人民行动党把与马来亚联邦合并当做一件紧要事务来抓,这不仅是为了早日促成政治独立,而且也是希望确保新加坡的经济活力。在 20 世纪 50 年代,英国的和新加坡的几乎所有政治家首先关注的都是政治问题,但新加坡当时面临的经济问题同样很严峻。1959 年,新加坡主要依靠的还是国际转口贸易,输出马来亚的几种固定商品,以及来自英国海军基地的一些收入。但新加坡的人口正在快速增长，其增长速度在全世界排名前列，而且有一大半人口的年龄都在 21 岁以下。1949 年，在市政委员会不情不愿的支持下，一群中产阶级华人和欧裔妇女一道，成立了一个家庭计划协会，但就连最穷困的新加坡人，也仍然把儿女看做是一笔重要的社会和经济财富。当时已经有大批非熟练或半熟练工失业，而传统的殖民主义经济体根本无法应对日渐增长的对工作的需求，或满足人们对教育、医疗卫生及其他社会服务的更高期
276 许。公众对改善住房条件、重新安置人口的呼声很高。根据 1958 年起草的一项总体规划，女王镇卫星城建立，成为重新安置人口的第一次尝试。但除此之外，劳工阵线在其执政时期再没有在这方面采取任何举措，而把精力主要放在了争取自治、制定教育政策、规定公民身份以及马来亚化问题上。

虽然新加坡是世界一流的港口，拥有完备的金融、保险和其他商业服务设施，但在 1955 年时，国际复兴开发银行表示了这样的担忧：经济的扩张速度可能赶不上人口的增长、社会服务承受的压力，以及人们对工作机会的需求。[31] 正如李光耀后来承认的，在接下来的数年间，作为反对党的人民行动党，一直利用工会“作为一面大旗，让我们可以躲在后面挑战整个体系”，而劳工造成的骚乱构成的威胁，几乎让经济趋于崩溃。泛马来亚共同市场的建立，看起来就像是遥不可及的梦境。

在 1959 年大选前，吴庆瑞曾呼吁大力进行工业化，以此作为加速经济增长的关键，从而一举解决失业率问题，并为社会改革提供资金。但在选战那激烈而浮躁的辩论狂潮中，吴庆瑞精心编织的计划根本没有引起注意。而人民行动党的获胜又吓跑了国内外的投资者，他们是吴的计划赖以实行的基石。

新政府的当务之急是稳定经济，让人们重拾信心。这种情况需要一个强有力的政府，以实施计划经济，采取切实有力的措施来抑制人口的过快增长，并约束劳工。尽管人民行动党在选举中大获全胜，但它并不是一个内部高度团结的党。选举的胜利立刻导致党内两派之间关系紧张起来。温和派希望安抚和拉拢马来亚联邦及资本家们，以提振经

济,而极左翼却想要建立一个独立的社会主义国家,消灭资本主义。政治风暴的阴云在新政府执政的头两年间逐步聚集,局势的不确定性和劳工骚乱吓退了发展工业化所需的投资。

人民行动党的温和派希望把工会转变为政府的同伴,但很多工联主义者并不欢迎这样的转变。1959 年,李光耀曾宣称:“人民行动党政府是站在劳工这边的政府”[32],他承诺,要以更高工资和更好工作条件的方式,让他们分享社会财富的增长。他警告说,不能任由劳资之间的斗争破坏经济。政府的目标是,不举行罢工,以集体谈判的方式解决纠纷,确保“工业发展,和平,公正”。1960 年,《工业关系法令》颁布,提出以调解、仲裁,集体谈判的方式解决纠纷。就在法令颁布的次月,工业仲裁法庭成立,其决定具有强制法律效力。政府还试图使全国职工总会(National Trades Union Congress)成为一个法定组织,以此来统一领导劳工运动,与政府密切合作,并成为有权召集罢工的唯一机构。但工联主义者们加以抵制。政府于是收回了成命,转而试图通过不准注册或注销注册的方式来控制工会。此举在人民行动党内部造成分歧,党内的裂痕进而反映在公开的争论和人们对政治稳定的信心减弱上。可人们对政治稳定的信心恰恰是经济强健的基础。

反对与马来亚合并的,不仅包括工会,而且还包括他们的学生盟友。这些学生如今以南洋大学(简称“南大”)为大本营,南洋大学学生联合会和南洋大学毕业生公会复兴了被禁的华文中学学生联合会当年 277
曾从事的政治煽动活动。学生会的执委会和刊物都被极左翼控制着,刊物上刊登了大量从新中国传来的宣传资料,以及与工人和农民有关的材料。不过,南洋大学的学生也确有他们的郁闷之处。1959 年 7 月,独立的普利斯科特委员会(Prescott Commission)发布了一份调查报告,严厉批评了这所新大学的整个管理体制、员工士气、课程设置、授课水平以及运营状况,并建议,不承认它颁发的学位。这对学生来说,是一项令人沮丧的沉重打击,因为这就意味着,他们拿到的文凭不能帮助他们在毕业后找到好工作,或者进一步深造。陈六使听到这个消息后,立马老泪纵横。经过几个月的激烈争论后,当局又任命了一个委员会调查这所大学的状况,可他们呈交的报告同样持否定态度。人民行动党对这样的结果也感到紧张,因为这就意味着,会有数百名沮丧的南大毕业生,拿着毫无竞争力的文凭,被扔到人才市场上。这很可能导致1955年时那种一触即发的局面再次出现,而且更加危急。政府于是提出了一个折中解决方案,决定试行招收南大的毕业生从事公务行政工作,并视个人表现,酌情提升至管理岗位。不过,这个方案并没能满足广大学生的要求,反而加剧了他们本来就已强烈的不满情绪和政治激进主义。

人民行动党内部发生的第一场公开争吵,不是在温和派与左派之间,而是与总是标新立异的王永元之间。虽然在担任市长期间,市政议会接受了调查听证,但他在党内的地位,以及在民众中间的受欢迎程度并没有因此受到影响。这场听证的过程充满了证人与辩护人之间激烈的互相指责和争吵,最后由于怕形成党派偏见而影响1959年的大选,调查听证中断。这个过程再也没有重启,到1959年7月时,相关的争论也烟消云散,因为人民行动党政府把市政议会并入了中央政府。市级行政与中央行政体系的合并是沃德总督在90年前就曾动议的,而人民行动党政府在上台后的几周内就完成了合并,无论其是焉非焉,市政民主治理的时代就此结束。

市政议会的大部分职能都转交给了国家发展部,该部还负责指导经济规划,督导港务局和住房局(创立于1960年,接管并扩展了新加坡改良信托局的职能)的工作。尽管王永元担任市长的表现太离经叛道,引发了许多争议,但他还是被任命为这个重要部门的部长,还成为内部安全委员会中三名新加坡代表之一。这项任命很快就引发了个人及原则之间的冲撞。王永元对李光耀的迅速崛起感到不满,认为威胁到了自己的事业,而人民行动党的领导层则担心,王永元诉诸华人沙文主义的举措,可能会阻碍他们与吉隆坡携手并重建经济的政策。此外,王永元对部门的管理方式,沿用了在担任市长期间的那套导致争议的手段,而在他领导期间,工业化停滞不前,住房建设水平甚至还低于前一年。

于是,没几个月,市政和港务局就从该部划了出去,王永元的职权大减,他于是决定挑战党内领导层。1960 年 6 月,他在正式场合指责党内领 278
导人创建了一个不民主的党内体制结构,而且也没能尽量快地实现独立和社会主义。他在党内没有得到什么响应之声,温和派和亲共产主义者都反对他。党的执行委员会指责他提出这些都只是借口,目的是掩盖他自己的野心和治理不当。王永元被解除了部长职务,并开除出党,成为威权主义的第一个牺牲品;讽刺的是,他自己也为这种体制的建立贡献了一份力量。

王永元辞去了立法议会议员的职务,人民行动党的执行委员会随即发动了一场带有恶意报复性质的抹黑口水仗,试图指责他品行不端,不值得信赖。但这却没能减弱他的个人魅力,王永元在原先拥立他进入议会的芳林选区仍然民望极高。1961 年 4 月,他参加了这个选区的补选,力图重新赢回自己的议员席位。他利用自己对民众的吸引力,大力宣扬华人沙文主义和反殖民主义,要求立即无条件地脱离英国,实现独立。尽管共产主义者选择支持政府提名的候选人,王永元仍以绝对优势赢得了补选。1961 年 6 月,他建立了反对党联合人民党(United People's Party)。

此次芳林选区补选的意义十分重大。虽然它形成了很大的威胁,产生了颠覆政府的危险,但这次危机却反而在另一方面拯救了人民行动党政府。在此之前,东姑·阿都拉曼一直希望独善其身,不让马来亚联邦去蹚新加坡政治这摊浑水。可是,这次事件让他觉得新加坡政府有倒台的危险,极端左翼领导人可能上台,这让他担忧新加坡可能会作为一个共产主义国家独立,有可能成为“第二个古巴”[33],威胁到马来亚的安全。因此,尽管成功合并面临着重重困难,马来亚的首相虽然不情愿,却也得出这样的结论,一个敌对的、独立的共产党人控制的新加坡比这更加可怕。1961 年 5 月,东姑·阿都拉曼在新加坡参加驻外记者协会举行的午宴,在宴会讲话中,他试探性地提议,马来亚、新加坡和婆罗洲三块领土“迟早”应共同为实现更紧密的“政治和经济合作”而努力。这一非正式且出人意料的建议,受到了新加坡官方热烈的欢迎,但却使人民行动党内的左派感到惊愕和恐慌，并立即促使温和派和极左翼发生了第一次公开冲突。吉隆坡的反共产主义政权将入主新加坡，这样的前景让左翼感到不寒而栗，他们希望的是新加坡能单独独立，这样他们就有信心能掌控局面。

人民行动党执行委员会与左翼这两派之间的冲突迟早是要爆发的，而到此时，领导层也希望扔掉“压在肩上的大包袱”[34]。而能够围绕合并一事来打这场迟早要打的战役，则让他们觉得很放松。因为反对派很难鼓动起民众的情绪，让他们反对合并。李光耀后来在自己的回忆录里写道：“合并事宜是绝佳的突破口。”[35]不过，接下来的斗争还是差点毁了人民行动党。

1961年安顺选区的一场补选，拉开了这场艰巨考验战的序幕。在选举中，林清祥和其他人民行动党内左翼的议员、官员和工会领袖没有支持政府提名的候选人，反而支持了与其竞争的大卫·马歇尔。马歇尔时任工人党的主席，最终以微弱优势赢得了这场补选。他的竞选纲领倡议要立即独立，撤销内部安全委员会，并要求英国立刻撤出其在新
279 加坡的军事基地。林清祥等人支持上述要求，除此之外，他们还反对与马来亚合并的提案，呼吁“在人民行动党内实行民主”，并要求释放所有的政治犯。

与此同时，詹姆斯·普都遮里与林清祥、桑德拉·伍德赫尔和方水双一道，决定立即前往英国最高专员舍科克爵士(Lord Selkirk)位于伊甸堂(Eden Hall)的宅邸，对其进行拜访。他们怀疑李光耀早就在与英国人合作，此行的目的是要确认，如果现任首席部长在选举中下台，他们获胜上台，英国人不会因此中止宪法。遵循其“来者是客”(open-door)的政策，舍科克爵士接见了这四位人民行动党内的持异议分子，并强调说，现行宪法足够自由，英方会尊重其效力。[36]

英国人想要尊重宪法的体制安排，以及之前设立的政治改革时间表，但李光耀此时正处在非常危急的时刻，这次“伊甸堂茶会”却在这时举行，实在让他有些恼火。他将这次茶会称为英国人的险恶阴谋，认为他们鼓励共产主义者积极公开活动，从而迫使李光耀要不就出手替他

们消灭左派，要不就辞职，让英国人能趁机介入，中止宪法。反对派讥笑李光耀的说辞是在编制“英国狮与共产党熊的童话故事”，但李却利用这一说法激发大众对其的支持，并铤而走险，要求立法议会对政府进行信心投票。

立法议会通宵达旦地就投票展开辩论，极左翼斥责与马来亚联邦合并的提案是帝国主义的阴谋。最后的投票结果是：27名议员投票支持政府，但有包括13名人民行动党左派在内的24名议员对政府投了不信任票。这些叛出人民行动党的左派(其中包括五名政务次长)随即组建了反对党——社会主义阵线(Barisan Sosialis 或 Socialist Front)，林清祥任总书记。但他们仍代表各自的选区，留在议会当中。

在议会之外，人民行动党的行政体制受到了更大的冲击。虽然温和派从1957年开始就控制了中央执行委员会，但共产主义者却巩固了他们对二级协会的行政层和基层党组织的控制。1961年7月两派决裂后，大多数党支部的核心人物都改投社会主义阵线，而人民行动党最基层的组织几乎全面瘫痪。几个小时之内，51个党支部中有35个集体辞职，23位受薪组织秘书中有19位退党。许多党支部完全消失，其中包括李光耀所属的丹戎巴葛支部，杜进才所在的梧槽支部和拉惹勒南所在的甘榜格南支部，退党者们甚至连支部驻地的各种设施也一扫而空。[37]其他一些支部也几近被毁，如有11个支部所剩党员不足25人，还有一个只剩10人。人民行动党损失了大部分积极活跃的党务工作者和大量民众支持者，其中有许多人并不亲共，但他们认为人民行动党已经前途暗淡，凶多吉少，所以选择“弃沉船逃生”。大量骨干成员退党，1962年，原属该党的党员中，只有20％缴纳了党费。[38]

社会主义阵线刚一成立，就对草根阶层具有强大的号召力，并控制了劳工团、人民协会和其他大多数原隶属于人民行动党的二级政治组织。在党组织之外，它还拥有南洋大学的在校生和毕业生，以及工联主 280
义者的大力支持。在两派决裂后，社会主义阵线控制了三分之二的有组织劳工，43个工会组织公开表示支持这个新的党派。

事实证明,这次危机正是李光耀和人民行动党运势的转折点。邦内危机重重,反倒促使新加坡政府怀着因几近绝望而迸发出的强大活力,继续大力推进合并谈判。东姑·阿都拉曼担心,单纯让马来亚和新加坡两地合并会让新加坡和华人获得太大的权力,因为华人社群将成为合并后政体中最大的族群,占总人口的43%,而马来人才占到41%。因此,他决定扩大合并的范围,推动马来亚、新加坡和三块英属婆罗洲领地合并。

1961年7月,英联邦议会协会在新加坡举行地区会议,来自马来亚、新加坡、北婆罗洲、文莱和沙捞越的代表借机进行了磋商,就合并的原则达成一致。次月,新加坡的首席部长与马来亚联邦首相会晤之后,正式发布了合并的原则性框架。到1961年11月,各方均表示同意,新加坡将成为一个特别邦,比提议建立的联邦中其他几方拥有更大的自治权,但新加坡的公民不会自动成为马来西亚的公民,因为马来亚联邦对移民群体获得公民身份的规定更加严格。新加坡在联邦政府中所拥有的代表比例,也会小于按其人口算出的比例,但能够保留原有的邦政府。英国同意了合并条款,但要求保留对新加坡军事基地的控制权。

社会主义阵线反对政府的合并方案,尤其抨击了限制公民权的条款。共产主义者希望看到新加坡成为一个统一的马来亚共和国的一部分,但这个共和国不是这个包括婆罗洲各领地在内的保守主义联邦。这个联邦是东姑·阿都拉曼设计出来阻止,而不是推动共产主义者掌管新加坡的。李光耀在多次广播讲话中,大力鼓动民众支持合并提案,并把社会主义阵线描绘成共产党的组织,称其想要破坏整个方案。政府决定将合并事宜交由全民公投决定,他们提出了三种可供选择的合并方案,但投票反对合并却不是选项之一。

新加坡、吉隆坡和婆罗洲领地上反对合并的各方力量开始联合起来行动。社会主义阵线的一些代表参加了印度尼西亚共产党于1961年12月召开的一次大会,会上通过了一项决议,谴责关于合并的“马来西亚提案”。1962年1月,一次会议在吉隆坡举行,(马来亚)社会主义阵线、社会主义阵线、沙捞越人民联合党以及文莱人民党联合起来反对这项计划。此后,社会主义阵线在大卫·马歇尔的劳工党以及王永元的人民联合党的支持下,派出由19名议员组成的代表团,前往联合国委员会申诉,称合并提案具有殖民主义色彩。但1962年7月,李光耀到纽约,成功地驳斥了这次控诉。[39]他随后转往伦敦,与英国人和马来亚人一道,着手完善最后的方案细节。

新加坡于1962年9月举行全民公投,此前的宣传和拉票运动之火 281
热,不亚于大选前的竞选活动。因为这事关政府的生死存亡。最终,有75%的选民投票赞成政府的提议,但有25%的选民,以弃权或提交废票的形式表示不赞成。虽然赢得了公投,但人民行动党的麻烦还远远没有结束。1962年7月,它的一名女议员退党,加入社会主义阵线,使得人民行动党失去了在议会的多数席位。此后,政府只得依赖林有福及其新加坡人民联盟党其他议员的支持,但他们仅在与马来亚合并这一件事上与人民行动党意见一致。因为处境过于凶险微妙,在一名政府部长去世导致一个议席空缺时,人民行动党甚至不敢举行补选,因为一旦补选,这个席位几乎毫无疑问会被社会主义阵线夺得。

1961年的夏天,新加坡的发展还面临着另一个重要的转折点:政府就新加坡经济的发展方向作出了非常关键的决策,这将带来十分深远的政治影响,而且也对决定这个国家未来的特征具有十分重要的作用。

1960年,应人民行动党政府的请求,一个联合国技术扶助小组访问了新加坡,就其工业化前景给出建议。小组由荷兰著名经济学家阿尔伯特·魏森梅斯(Albert Winsemius)率领。魏森梅斯曾对第二次世界大战结束后荷兰经济的复兴作出了重要贡献。专家们在新加坡待了两个月,他们认为,新加坡只是“亚洲一个暗角中小得可怜的市场”,还饱受罢工和政治动荡的困扰,越分析,就越感到它的发展前景暗淡。虽则如此,魏森梅斯却觉得这里的人们非常具有潜力,这让他印象深刻。技术小组最终拟定了一个四年计划。该计划于1961年6月开始实施,强调政府直接参与经济发展和工业增长,并创造条件,提供各种环境支持。[40]

1961年8月,经济发展局(Economic Development Board)建立,由韩瑞生(Hon Sui Sen)[41]出任局长。此人非常能干,且长期担任公务员,经验丰富。经济发展局的第一项举措是,在裕廊整治近4 000英亩的沼泽和荒地,改建为一个工业园区。[42]发展项目优先关注的是降低失业率,因此在第一个阶段,纺织业等劳动密集、低附加值的工业得到了重点发展,因为这些工业不需要工人有很高的技术,所需投资额也不是很高。而由于实行了税收优惠和临时的进口关税保护政策,一些新兴工业的投资者也蜂拥而至。

魏森梅斯坚持认为,经济计划要取得成功,需要满足三个方面的条件:恢复国外投资者的信心,摆脱共产主义者的影响,以及培育共同的马来亚市场。李光耀的政府对执行魏森梅斯的第一点建议毫无异议——保留莱佛士的塑像,正是为了安抚西方人的情绪。他们也乐于推动与马来亚联邦的合并,但想要胜过共产主义者,这在当时那种危机重重的情况下看来,实在是希望渺茫。

不过,国内的形势在1963年2月之后有所缓解。当时,内部安全委员会启动了"冷藏行动"(Operation Cold Store),在第一阶段,他们拘禁了100多名左翼政治家、工会活跃分子和学生领袖,这些人均反对合并组成马来西亚,而且可能与文莱人民党领导人阿扎哈里(A. M. Azahari)有联系。[43]阿扎哈里率领人民党赢得了文莱立法会议中所有由选举产生的席位,之后,开始反对文莱加入提议建立的马来西亚联
282 邦,要求文莱独立。该党于1962年发动了一场暴动,想要推翻苏丹奥马尔,但被马来亚、英国和英联邦的军队联手镇压下去。阿扎哈里逃往雅加达避难,那里已经成为整个地区反对成立马来西亚的人、共产党人和其他左翼团体聚集的地方。在"冷藏行动"中被拘禁的新加坡人包括林清祥、社会主义阵线中央执行委员会一半的成员,以及与该党走得很近的人士,比如记者赛义德·扎哈里。赛义德·扎哈里1929年出生在新加坡,1959年时,接替尤索夫·宾·伊萨克,主编在吉隆坡编发的《马来前锋报》。两年后,他领导了一场为期两个月的罢工,反对巫统接

管该报。在一次访问新加坡后,他被禁止返回马来亚联邦。社会主义阵线试图拉拢赛义德·扎哈里,因为他持极左翼观点,而且在马来人当中很有影响力,社会主义阵线想要利用他这两大特点,扩大本党的影响力。他也欣然出任该党刊物——《人民》的主编。1968年2月1日,他被推选领导新加坡人民党(Partai Rakyat Singapura),这是一个亲北京、反马来西亚的政党。他打算第二天动身去雅加达参加一个亚非记者的大会,但就在这天的凌晨时分,他被逮捕了,在拘禁中度过了之后的17年。[44]

"冷藏行动"的逮捕举措激起了多次抗议暴乱活动,而这又导致更多人被逮捕,这次主要是社会主义阵线第二梯队的领导人。社会主义阵线因此遭受了沉重的打击。人民行动党的对手们再一次在生死攸关的时刻被扫除了,而且这次又不是人民行动党出手完成的,它可以把责任全部推到别人身上,这一次是英国人和马来亚人。

在马来西亚合并提案的最后谈判中,李光耀取得了不少进展,使得最后的合并案对新加坡非常有利。《马来西亚协议》最终于1963年7月签订,根据该协议,新加坡、沙捞越和北婆罗洲(沙巴)将与马来亚联邦的各邦合并,共同组建马来西亚。[45]中央政府将掌控外交、国防和内部安全事务,而新加坡则在教育、经济和劳工问题上获得了相当大的自治权。它在共有127个席位的联邦立法议会中仅分到了15席,但却获准保留自己的政府和议会,以及地方元首和独立的公务员招募委员会。新加坡政府将全面负责行政管理和日常政策的制定,上交给中央政府的钱款被控制在税收收入的40%,相当于其全部财政收入的27%。

马来西亚联邦原定于1963年8月31日正式成立,[46]但因为印度尼西亚总统苏加诺提出反对,称马来西亚的构想是"新殖民主义者的阴谋",危害到他统一马来人世界的梦想,冬姑·阿都拉曼于是把成立日期推迟到了9月中旬,好先应对苏加诺的抗议。冬姑·阿都拉曼安排了一次联合国的调查行动,这次调查确认,婆罗洲领地的人民确实想要合并,但苏加诺仍然发动了一次武装斗争(Konfrontasi),反对新国家的成立。这场斗争持续了近三年。

可是，在1963年8月31日新联邦原定要成立的这天，李光耀单方面宣布新加坡脱离英国统治，获得自由和解放。因此，在成为马来西亚的一部分之前，这个小岛忽然就拥有了15天完全独立的日子。在这段
283 过渡期里，人民行动党见缝插针地安排了一次选举。在此之前，政府一直依赖新加坡人民联盟党议员的支持，才能抵住左翼议员的攻势，但只要与马来亚的合并顺利实现，与人民联盟党的合作基础也就不复存在，如今，它需要的是通过选举，更新巩固自己的权力。

有三个大党参加了1963年9月举行的这次选举：人民行动党、社会主义阵线和新组建的新加坡联盟(Singapore Alliance)，它由林有福新加坡人民联盟党的剩余成员、巫统的新加坡分部、马来亚华人公会，以及马来亚印度裔大会组成。

选举结果将会如何，在当时难以预测。社会主义阵线尽管核心领导人、党内骨干和许多工会及学生支持者都被拘禁，但它仍然在工人和学生(尤其是南大的学生)中拥有相当大的影响力。它也得到了华人社群领袖和资助了南大及华文中学的富商们的支持，其中最重要的就是陈六使。受华语教育的人群感到，自治的成果被受英语教育的人攫取了，而他们却仍然没有获得足够的影响力，仍然遭受歧视。[47]官方当时已经颁布政策，让华语学校享有与英语学校相同的补助额度，华语学校教师和英语学校教师同工同酬，华语学校的毕业生能够当上公务员，尽管如此，但南大的学生却极少能晋升到公务部门的管理岗位，华语学校也不愿意被纳入国家体系。1961年12月，华语学校学生抵制参加考试，抗议政府试图统一课程和考试的设置。

政府提议了一些举措，以期提高南洋大学的教学质量，并敦促其招收各族群的学生。但校方及其赞助者们反对这些提议，认为这将侵蚀原本具有的华人文化特色，1963年8月，中华总商会呼吁当局为华语教育投入更多的资金，遏制华语学校入学率下降的趋势。但人民行动党的政策取向是创建一个统一、一致的教育体系，总商会的吁求显然与之相悖，而政府的政策又被众多华人领袖认为是在破坏华人的教育体系和文化。左派则一直利用华语教育的问题大做文章，支持华人的立

场。因此，南洋大学的学生及毕业生公会支持社会主义阵线的选举活动，陈六使慷慨解囊，提供了坚实的资金基础。

此时的人民行动党已经不再拥有1959年参加竞选时那种广泛的民众支持率，但比起两年前的最艰难时期，它的处境显然已经好了很多。1961年的分裂让它元气大伤，不过此后，它积极努力，重建了各级党组织，招募了不少新成员，尤其是在印度裔和马来人群体中。许多反对派领袖这时都被收押，包括极富号召力的林清祥。而且，还有其他一些积极的因素有助于该党走出困境。它成功地达成了既定的政治目标：与马来亚联邦达成协议，完成合并；实践了1959年时许下的诺言，如期结束殖民统治，实现独立。另外，作为执政党，它在行事时拥有主动权。人民行动党政府很早就打算，一旦马来西亚成立，就马上举行选举，所以一直为此进行政策筹划。从1963年的头几个月开始，李光耀就利用自己身为总理的优势，亲自前往各个选区巡视，与选民接触，并重点拜访了乡村地区，这里是左派在50年代中期赢得颇高支持率的地方。而且，到这个时候，李光耀说方言的能力已经大有进步，能够直接与民众交流了。

1960年，人民协会创立，它独立于其他部门，直接由总理管辖。在 284
它的领导下，地方民众联络所作为与民众沟通的渠道发展起来。1952年，研究地方政府的希尔报告承认，"民众联络所应成为培养公民意识的摇篮"，因为"中央政府遥不可及，与民众缺乏接触，对大多数人而言，它只不过是个概念性的存在而已"。[48]民众联络所确实起到了很重要的作用，但不是以希尔所设想的方式，而是成为政府上通下达的重要工具，对巩固和加强人民行动党的地位作用显著。1959年，全新加坡只有24个民众联络所，但在接下来的四年里，人民行动党新建了100多个民众联络所，这些中心拥有各种娱乐休闲设施，有广播，后来又有电视，为地方民众提供了一个社交场所和娱乐休闲场所，这里还开设识字班，帮助社区民众学习文化知识。1963年，广播和电视台试运行，均为政府运营。

罢黜了王永元之后，人民行动党不再青睐社会主义理论，转而积极开展经济发展和社会变革项目。其中的第一要务是为新建公共住宅提供足够的资金。在人民行动党建党之初,支持它的富商并不多,但林金山(Lim Kim San)[49]是其中之一。他此时被任命为新设的建屋发展局的首任局长。在他的领导下,建屋发展局在成立的头三年里就建成大批住宅和商铺,其总数相当于新加坡改良信托局建制32年的成果。建屋发展局最开始负责新建住宅,清理贫民窟并重新安置内里居民,从1962年开始,其职责扩展到进行城区的建设规划和改建工程。

1963年,公用事业局建立,接管了原先由市政议会负责的水电煤等公用设施。医疗卫生设施也得到改善。1960年,一场大规模的"X光"运动启动,旨在抗击新加坡当时最主要的致命疾病——肺结核。学校里的医疗服务得到加强,更多针对妇女儿童的诊所建立,卫生和免疫条件得到普遍改善,尤其是在偏远的乡村地区。

教育经费从1960年的60万元,上升到1963年的1 000万元,同一时期,学校在校生人数从29万上升到43万。人民行动党声称,其教育政策首先着眼于提供普遍的免费初级教育,上台执政后不久,它迅速实施了一项学校建设计划,并加大了招募和培训教师的力度。师范院校的学生人数,从1959年的2 500人,上升到1965年的5 000人。多语言制和四大语言平等的原则得到大力提倡。1960年,第一所混合制学校开办,该校的学生可以选择以不同的语言进行学习,但均在一个学校里自由交往。在接下来的7年里,又有84所这样的学校创建起来。

人民行动党于1961年通过了一项《妇女宪章》,实践了其竞选时许下的要提高妇女地位的承诺。该宪章要求,婚姻必须注册,禁止一夫多妻制(穆斯林除外),规定除法庭宣判的之外,所有离婚均无效。[50]为了通过这项具有里程碑意义的法令,人民行动党确实打了一场硬战,因为甚至在党内都有许多人反对这项提案。它最后能顺利通过,主要应归功于陈翠嫦(Chan Choy Siong)的努力,[51]她是一位受人尊敬的女权主义者,还得到了肯尼·伯恩的支持。在此之前,女性在新加坡的政治生活中影响力甚微。最早的两名女立法议员诞生于1951年,她们是蔡杨

素梅——她没能赢得选举,但随后被任命为官委议员;以及维拉西尼· 285
梅农(Vilasini Menon)女士,她作为独立候选人成功当选。次年,新加坡妇女理事会(Singapore Council of Women)成立,蔡杨素梅出任主席,成员主要是受英语教育的上层社会妇女。她们呼吁废除一夫多妻制。但真正把这场运动推向高潮的,是年轻的陈翠嫦和她领导的人民行动党妇女联盟。陈翠嫦 1934 年出生在新加坡一个穷苦人家,但与和她同时代的许多华人女性相比,她接受了更好的教育,进入华人女子中学(Chinese Girls High School)读书,能流利地说普通话。她后来投身政界,1957 年年仅 23 岁时,就代表人民行动党当选市政议会议员。1957 至 1963 年,她在人民行动党中央执行委员会任职,负责与妇女儿童有关的项目,还在各级支部成立了妇女委员会。1956 年,她创建了人民行动党妇女联盟,组织了一系列大型群众集会。她还说服党内领导人,成立了妇女事务局,并将"一夫,一妻"写入 1959 年的竞选纲领中。人民行动党内的顽固守旧派虽不情愿,但也接受了上述建议,因为妇女的选票非常关键。陈翠嫦本人于 1959 年当选为立法议会议员,在新加坡独立后,也一直是人民行动党的一名国会议员,直到 1970 年隐退。

政府还采取了严厉的措施打击犯罪。当局充分利用紧急状态法令的规定,逮捕帮会成员,并严密监控其他各色人等。绑架团伙被捣毁,到 1963 年时,帮会掀起的事端已经大大减少,月平均值不到 1959 年的一半。

到 1963 年时,新加坡政府宣称自己拥有东南亚"最先进和开明的劳工立法",但平息工会活动,解决劳资冲突并不是那么容易。1961 年 7 月,社会主义阵线从人民行动党分裂出来后,工会运动也分裂为几个派系。由于亲共产主义者主导了新加坡职工总会的秘书处,政府注销了这个机构,并鼓励成立了一个替代性的组织——全国职工总会。而左派则针锋相对地建起了新加坡职工会联合总会(Singapore Association of Trade Unions),但它的许多领导人都在 1963 年 2 月的"冷藏行动"中遭到逮捕。

当新加坡在1963年9月举行选举时，人民行动党之前采取的一系列社会和经济举措已经开始彰显成效。四年发展计划提前完成，[52]住宅建设项目的成果超出预计，教育方面也有长足的发展。自治的头几年里，大批民众享受到了切实的好处。人民行动党还开始为工业化和生活水平的提高打下了更坚实的基础，通过扩展社会服务、住宅和教育的覆盖范围，在一定程度上推动了国民收入的再分配。它还改善了妇女的处境，并使各产业中劳资双方的关系变得更加和谐。

尽管如此，人民行动党在大选前还是担心，新加坡联盟会分走温和派人士的选票，从而让社会主义阵线完全控制议会。因此，它一方面以所取得的成果为依据，宣扬自己的经济和社会政策是卓有成效的，另一方面则尽可能利用法律允许的各种手段，来打击自己的对手。政府在最短的时间内完成了选举进程，要求候选人要亲自呈递材料，因而也就剥夺了被监禁的社会主义阵线领导人参选的资格，它还限制举行集会，冻结与之对抗的工会的资金，还注销了七个社会主义阵线主导的工会。[53]

286 选举鼓动了人们的情绪，从投票面上来看，似乎势均力敌，但让社会主义阵线和人民行动党双方的支持者都大吃一惊的是，执政党居然大胜，一举夺得51个议员席位中的37席。社会主义阵线赢得13席，余下的一席被王永元赢走，他是人民联合党候选人中仅存的硕果。最为失望的是新加坡联盟，它一败涂地，一无所获。其他一些熟悉的面孔也从这届议会中消失，比如林有福，他没有参加这次竞选，比如大卫·马歇尔，他遭遇惨败。于是，当新一届议会于1963年9月召开时，除了李光耀一人外，1955年那届立法议会的成员均已不在其中。

执政党的大胜，一方面要归功于它聪明而极致地利用了法律赋予它的权力，另一方面，它也大大受益于威斯敏斯特选举体系，该体系实行“得票第一者胜出”原则，即每选区仅选得票数最高的一名候选人，这使得人民行动党赢得了近73%的席位，虽然它仅获得了全部选票中的47%，因为它在某些选区的得票数相差非常悬殊。而社会主义阵线虽然拿到了35%的选票，但却只赢得13个席位。

执政党大胜还有另一个坚实的基础：它执政期间成果斐然，在它身上，商人和专业人士们最能看到建立有序高效政府的希望，而且它也已经为中产阶级和大部分劳工阶层切实提供了社会和经济方面的好处。许多之前反对人民行动党的右翼和温和派，如今都转而支持它，认为它能最好地保证稳定、法治和秩序。左派则正处在混乱状态之中，它虽然还拥有大批民众的支持，但却不够团结，而且还有大批领导人被监禁或驱逐出境。

1963年的大选标志着，局势第一次不再有利于左派，这成为新加坡政治中的一个转折点。它让执政党有了清晰明确的合法控制权，在吉隆坡的中央政府支持下，人民行动党的温和派利用新获得的权力和自信心，有力地平息了华人沙文主义和共产主义的影响。赢得大选后，它采取的第一批措施包括剥夺陈六使的公民身份。一批南大的在校生和毕业生实行罢课，举行示威游行，并与警察发生了冲突，马来西亚政府于是迅速采取措施，逮捕了一些学生。在选举中失利后，社会主义阵线开始转向直接采取行动，而这也是它的领导人一贯青睐的方式。1963年10月，社会主义阵线主导的新加坡职工会联合总会号召举行一系列罢工，但计划流产，之后，政府注销了这个机构。其领导人(包括三名社会主义阵线的议会议员)被逮捕。政府还解散了社会主义阵线主导的乡村协会和工头协会，注销了更多的由社会主义阵线控制的工会，并鼓励雇主开除社会主义阵线控制下的工会的干部。

这一系列事件的结果是，马来西亚正式成立才几个星期，新加坡的政治局势就已达到自1955年以来最稳固的局面。对学生抗议活动的坚决遏制仍在继续。1964年，来自两所大学、两所继续教育学院的华校生代表组成了学生全国行动阵线(Students' National Action Front)，他们举行示威活动，抗议引入学生资格证书的提案。南洋大学一直动荡不安，这导致政府在1964年6月发布了一份名为《南洋大学的共产主义》的白皮书，随后，政府又进一步采取行动，7月，解聘了21名非教学类职员，开除了100多名学生，11月，又开除了130名学生，还任命了一个由王赓武(Wang Gungwu)领导的课程评估委员会。

287 1963 年 9 月再次掌权后，面对本党自信心增强的新形势，李光耀希望能把新加坡建设成为“马来西亚的纽约，一个丰裕而公平的社会的工业基地”。他宣布，本届政府的头等要务是与马来西亚中央政府建立和谐的关系。但事实上，两者间的关系并不令人愉快。在《马来西亚协议》最终达成的那几个月里，新马一直在就金融、税收和贸易方面的问题苦苦博弈，有一阵子，谈判似乎陷入了僵局，因为新加坡实在太激进地在为自己的利益讨价还价了。

不过，1963 年 7 月，双方最后达成的条件还是偏向新加坡的，允许它保留 60%的财政收入，还可自行控制劳工和教育事务。协议中还包括建立共同市场的条款，比起马来亚联邦方面，新加坡显然更希望促成这一点。马来亚和新加坡都希望有一个扩展的市场，能销售它们新兴的工业生产出的产品。不过，新加坡却不愿放弃自己的自由港地位，而联邦则不希望降低关税壁垒，让本地工业面临来自新加坡的竞争，因为新加坡的工业受益于免税因而价格更低廉的原材料。马来亚的财政部长陈修信认为，自由港地位与建立共同市场是不能兼容的，新加坡只能在两者中任选其一。但新加坡成功地让《马来西亚协议》中包括了这样一个条款：将在此后 12 年内逐步建成共同市场，因此也就让这一过程对新加坡转口贸易的冲击尽可能减到了最小的程度。[54]

新加坡在捍卫这些有利条件的过程中，丧失了吉隆坡方面对它的好感，双方关系上的裂痕也因此一直没能修复。不过，尽管经济和财政方面存在种种冲突，但在 1963 年 9 月时，新马双方的短期政治利益却非常一致，因为双方的政府都希望遏制新加坡极左翼势力的发展。但颇具讽刺意味的是，让双方的关系更加恶化的却也正是政治利益方面的冲突，这种冲突还导致这段不愉快的短暂“婚姻”在不到两年后就闹得不可开交，并迅速解体。

人民行动党政府单方面宣布独立，并决定在马来西亚正式成立前马上举行一次选举，这些举动惹恼了中央政府。东姑・阿都拉曼访问了新加坡，并亲自表示了对新加坡选民背弃巫统联盟候选人的深深震惊。东姑把这种情况归咎于新加坡马来社群中出现了"少数叛徒",但新加坡马来人对人民行动党的支持正在逐步扩大,因为在当时看来,该党似乎比新加坡巫统更能促进他们的利益。政府推动了马来语和马来教育的发展,还与马来亚顺利合并,此举让新加坡马来人看到很多可期的好处。1961 年华人左派脱离人民行动党后,该党的马来人成员有所增长。比如,奥斯曼渥在 1963 年的选举中代表人民行动党当选为议会议员,选举结束后的次月,受命担任社会事务部部长,并一干就是 14 年,此后,又成为新加坡驻印度尼西亚的大使。

李光耀希望人民行动党能在中央政府中与巫统亲密合作。人民行动党把马来西亚的形成看做是建设一个社会主义社会的起点,并把保守的马来西亚华人公会视为实现这一目标的主要障碍。1963 年 5 月,联邦的财政部长、马来西亚华人公会的主席陈修信宣称,他的党派"要在新加坡履行职责,这就是新加坡未来实现稳定和进步的唯一希 288
望"。[55]人民行动党反感于该党侵入新加坡政界,还希望自己能逐步替代马来亚华人公会在中央政府联盟中第二大党的地位。就在 1963 年 9 月新加坡举行选举的前夕,针对选举中人民行动党候选人与巫统候选人相竞争的局面,李光耀声称:"我相信,东姑和敦阿都拉萨将和我们携手共进——不是在今天或下个月,而是在将来的岁月中。我们考虑的是数十年的长远愿景,而不是着眼于当下的选举。"[56]

在当时,新加坡的总理宣布,人民行动党不会参加 1964 年联邦举行的大选,在接下来的几个月里,新加坡政府也继续在向联邦巫统的领导人示好,但新加坡巫统在吉隆坡方面的支持下,却已经着手强化自己的力量,希望能与人民行动党相抗衡。

人民行动党因此改变了原先的策略,决心采取切实措施,积极参与马来西亚的政治。1964 年 3 月,在联邦举行大选的前夕,副总理杜进才宣布,人民行动党将派出一支候选人代表队伍参选,以期展示本党"在五年内将成为一支不可小觑的力量",因此,值得成为巫统考虑合作的对象。人民行动党当时最担心的是,马来亚激进的华人城市居民会弃马来亚华人公会(此时已改名为马来西亚华人公会)而去,转投受共产党人影响的社会主义阵线的怀抱。社会主义阵线从一开始就反对组建马来西亚，如今则和希望最终与印度尼西亚合并的激进马来人联起手来。他们形成的反马来西亚阵线，让人不由得想起近20年前，由左翼激进分子和马来-印度尼西亚民族主义者杂糅形成的联盟，其目的是反对组建马来亚联盟。而在人民行动党看来，这一反马来西亚阵线似乎威胁到了新联邦根基的稳固。

人民行动党的竞选纲领主要立足于支持马来西亚联邦。他们强调本党是反对社群主义的，但不会挑战马来人的特权地位，还承认马来语为本国的民族语言。他们宣称，他们参选不是为了与中央政府或巫统竞争，而只是要与马来西亚华人公会竞争。李光耀宣称："投票支持马来西亚华人公会，就是支持继续消极、自大和衰亡……政府的领导结构必须要有一次震动。"

人民行动党的领导人满怀热情地投身于组织这样一次震动，他们长达一个月的竞选活动也极大地刺激了人们的神经。在半岛大陆各处的城镇里，有大批民众参加了人民行动党组织的集会，尤其是由李光耀亲自发表演讲的集会。李认为本党已经卓有成效地让自己的纲领传达到了全国各处，对此，他信心满满。

但中央政府把新加坡介入联邦政治的举动视为背信弃义。在竞选活动的开幕集会上，东姑·阿都拉曼强调了与马来西亚华人公会的团结，对人民行动党提议的联盟则不屑一顾。他声称："我们不需要他们。"[57]

人民行动党最后的选举结果非常惨。尽管他们持反社群主义的立场，但选民们似乎认为人民行动党的候选人代表了未来华人新加坡在联邦将占主导地位。这是他们不希望看到的。人民行动党共派出了九名候选人参选，但只有蒂凡那一人当选。他是印度裔左派工会领导人，曾经被当局拘押，在1961年的大分裂中，保持了对人民行动党的忠诚。但蒂凡那在选区中的优势并不明显，只获得微弱的多数，而且这个选区选出的前任议员是一名独立候选人，并不是马华公会占强势地位的选
289 区。蒂凡那在马来西亚国会中势单力薄，根本没有什么影响力，而他在

此后数年中全力关注半岛的政治,却成为新加坡全国职工总会发展迟缓的主要因素。

人民行动党不明智地仓促介入联邦的政治,既没有做充分的准备,也没有在半岛大陆创建组织选举的机构或支部。这次行动也体现了其领导层在最初几年里非常明显的急功近利心态。1960 年,一份人民行动党的刊物在回顾本党执政第一年的情况时承认,犯下了“一些因仓促上马而导致的错误,而这又出于一种急于让整个世界拨乱反正的心态……这些错误不是源自所执行政策本身的欠考虑,而是源自不能耐住性子去让民众了解,去让民众做好准备。”[58]同样的,在 1964 年,新加坡的领导人们相信,要消除种族主义,最好的方式就是大力打击影响到所有族群的经济和社会不平等现象。但巫统-马来西亚华人公会联盟的领导人却坚信,种族间的不信任情绪,只有通过让人们逐渐学会如何共处,才能慢慢消解。东姑就曾抱怨说:“年轻人……总是想要一蹴而就。但为什么那么匆忙呢? ……为什么不慢慢花时间巩固国家呢?”[59]

但这次选举的失利也并不完全是由于策略上的失误。新加坡持社会主义立场的领导人们,与联邦政治推崇的保守主义和社群主义有些格格不入,因此在 1964 年的选举中,他们等于踏入了一个完全不熟悉的领域。这次选战其实彰显了新马两地不能相融的地方,以及双方的互不了解。而这从一开始就威胁到新加坡顺利融入马来西亚。想要把本质上城市化、商业化和工业化的新加坡社会,与马来亚联邦主要由乡村组成的社会连接为一体,即使环境非常有利,也仍然是一桩困难重重的任务。两地社会的基本经济需求具有根本性的差异,因此注定要在优先项和导向上产生冲突。

更为根本的差别是种族差异。马来亚和新加坡之前经历了不同的宪政发展和民族主义发展道路。马来亚在 1957 年的独立,是由三大族群中西方化的精英们联手赢得的,他们认识到,需要满足马来文化的发展愿望,需要改善处境不利的农民们的命运,只有这样才能长久地实现种族间的和谐共处。在马来人中间,对移民群体尤其是华人的不信任甚至憎恨情绪非常猖獗。尽管新中国政府制定实施了新的政策,不再采取国民党时期的呼吁效忠母国原则，而号召海外华人成为当地的公民，参与当地的政治，但马来人怀疑华人移民不会效忠于地方的情绪仍然一如既往地浓烈。不久前才刚刚停止实施的紧急状态法令，也造成了很深的裂痕，因为几乎所有采取了激进手段的共产主义者都是华人。另外，虽然事实上大多数当地华人很贫穷，但马来人却认为富裕的华人中产阶级夺走了他们在国家的财富中应得的份额。人民行动党试图将人们的政治关注从族群问题上带离，转而关注影响到所有族群的经济和社会问题，但这种政策却被误读为威胁到了马来人的特权，反而勾起了人民行动党希望消除的那种最为极端的社群主义情绪。

新加坡贸然闯入联邦政界的举动，对马来西亚的团结而言具有致命的打击。它使得巫统-马来西亚华人公会联盟更加巩固，激发了半岛上对新加坡各位领导人（尤其是李光耀）到底有什么政治野心的怀疑，
290 还奠定了新加坡与马来西亚中央政府的关系不断恶化的基调，随着不断出现的新问题，新马的关系江河日下。毫不奇怪，人民行动党对马来西亚华人公会的大加抨击，使马来西亚华人公会的主席陈修信对人民行动党产生了深深的敌意。陈相信，这次选举让马来西亚华人公会拥有了为马来亚华人代言的绝对权力，他指责人民行动党是在挑起无谓的热情，危及巫统-马来西亚华人公会已经实现的种族和谐。从一开始，陈修信就认为，新加坡从合并谈判中拿到的财政政策实在过于慷慨，但它却不愿意为联邦贡献自己应出的份额。基于这种种原因，陈修信和吴庆瑞之间开始了长期的拉锯战，因为吴庆瑞所持的观点正好相反，认为陈修信设计政策时故意要压制新加坡，阻碍它的发展，不关心它的权益，有时完全就是出于私怨。

新加坡人也开始尝到了并入马来西亚带来的压力和不和谐因素。[60]合并造成了与印度尼西亚的对立，这损害了双方之间的贸易，还引发了直接的暴力行动。在1963年9月至1965年5月间，抵制合并者在新加坡数次制造爆炸事件，印度尼西亚的军舰扣留了大量新加坡的渔船。工业化进展相当迟缓，吸引制造商前来裕廊工业园区非常困难，因此，有人戏称这个园区是“吴的蠢作”(Goh's Folly)[61]。新加坡已

有的华人企业和英国公司的分理机构，虽然仍然是经济的主力，但却并没有准备好成为引领工业化发展的先锋，国外的资本家则一直在观望。尽管有税收激励政策，但要投资在这样一个政局不稳、内部市场又很狭小的小岛上，大多数人都选择谨慎为好。有些来自香港和台湾的纺织品制造商发现，在新加坡作一些投资可以突破向英国出口纺织品数量的限额，但他们的活动只是恶化了新加坡与英国的关系，并没有提供大量的就业机会，更不用说为新加坡工业的发展奠定健康的基础了。人们原本希望，与马来亚联邦合并能够解决这种种问题，但很快，他们就开始抱怨，吉隆坡在颁发工业先锋认证及分享纺织品出口额度方面，对待新加坡太不公正，商人们越来越觉得，加入马来西亚付出的代价实在太高了。

新加坡马来人的失望情绪则更甚，他们本来以为，合并之后可以享受到联邦实施的各种在就业机会、提升指标和执照颁发方面的优待。在合并时，人民行动党政府也承诺，会推动马来语作为本土民族语言的地位，还要捍卫马来人的"政治、教育、宗教、经济和文化利益"。但除了提供针对教育的财政拨款，以帮助马来儿童获得提升自身的机会外，新加坡并不打算采纳联邦实施的特权体系。

新加坡巫统在 1963 年选举惨败后进行了重组，如今，随着不满情绪的升温，它只稍加宣传，就在马来人社群中得到积极的响应。1964 年 6 月，它要求政府制定帮助马来人的法律。李光耀提议与马来人代表会面，但就在此时，新加坡巫统集结了 150 个团体的代表，召开了一次大会。在这次于 7 月初召开的会议上，来自吉隆坡的巫统领导人，包括秘书长拿督赛义德·贾法尔·阿尔巴(Dato Syed Jaffar Albar)和其他一些激进派领导人，鼓动了人们的情绪，使之群起与所谓的歧视抗争。马来民族行动委员会成立，旨在要求获得特权。马来语的媒体则掀起了大幅度抨击人民行动党的宣传攻势，《马来前锋报》指责李光耀想要镇压穆斯林，把新加坡变成另一个以色列。它们尤其恶意针对人 291
民行动党的马来人议会议员，特别是社会事务部部长奥斯曼渥。他被斥责为伊斯兰的叛徒。几天后，100 个马来人政治、宗教、教育、文化和文学组织的代表与总理会面，但李光耀立场很强硬，拒绝在教育之外的领域作出任何让步。

7月末，在先知穆罕默德的生日庆典期间，人们的情绪达到狂热的地步。在芽笼区的一次穆斯林游行时，马来人和华人发生了冲突，之后其他区也相继发生类似事件。全岛实行宵禁，暴乱持续了一个多星期，这期间有23人被杀，数百人受伤。9月初，社群间的冲突再次爆发，此时，印度尼西亚发出了挑衅，印尼的军队还在马来半岛多处跳伞登陆，冲突于是更加复杂。不到一周，法治与秩序再次恢复，但气氛依然相当凝重，弥漫着不祥的预感和忧惧情绪。

暴乱的发生让当局大为震惊。1949年时，殖民政府曾认为自己已经消除了新加坡的种族问题，它这样评论道："本地不存在比较大的种族或文化关系方面的社会问题。所有的种族都和谐地工作和生活在一起。"[62]新加坡一直以自己实现了种族宽容为荣，但现在，这种宽容有史以来第一次受到了威胁。

受到社群冲突的震动，李光耀和东姑·阿都拉曼于1964年9月达成一项协议，在两年内回避敏感问题，但想实现"停火"并没有那么容易。次月，马来西亚的一位部长——穆罕默德·基尔·约哈里(Mohammad Khir Johari)宣称，新加坡联盟的目标是，在新加坡赢得下一次选举。杜进才则回击道，人民行动党要重整旗鼓，"登陆马来亚"。[63]1964年11月末，吴庆瑞又和陈修信交上了手，两人就引入营业税和个人所得税的预算提案展开的联邦国会辩论中斗得不可开交，因为这两个税种给新加坡的商业带来的负担尤其重。陈修信还警告说，新加坡向联邦上缴的财政收入最终会从40%上升到60%。

1964年12月中旬，东姑在吉隆坡会见了李光耀，两位领导人首次讨论了实行一种宽松宪政体制的可能性，在这种体制下，防务和外交事务都由中央政府负责。谈判一直持续到第二年的1月份，但在新加坡是否应该在联邦国会中派驻代表的问题上阻滞不前。马来西亚在英联邦中的伙伴们不愿看到任何可能削弱防务能力的体制重组。英国政府敦促东姑在印度尼西亚一直在挑衅的情况下，不要丧失警惕。1965年

3 月，李光耀应新西兰和澳大利亚政府的邀请出访两国，他的目标是借此坚定自己维持现有局面的决心。

与此同时，巫统和《马来前锋报》大举掀起了批评和辱骂攻势。赛义德·贾法尔·阿尔巴后来被李光耀称为“暴民煽动者”和“对新加坡怀有敌意的巫统领导人的打手”，此时，他指控李光耀引发了新加坡的暴乱活动，而且是共产党的代理人，完全是要“破坏马来西亚，挑拨马来人和华人互相争斗的”。李光耀启动了控告阿尔巴尔和《马来前锋报》诽谤罪的司法程序，但联邦政府很晚才任命了一个委员会，负责调查暴乱事项。听证会在 1965 年 4 月举行，但并不对外公开。

1964 年在联邦选举中失利后，人民行动党宣称，它将继续“种族多 292
元主义和马来西亚民族主义”政策，“提供一条通往更平等和公正社会的民主社会主义道路，关注马来和非马来人弱势群体，提高他们的教育和生活水平”。1965 年 4 月，马来亚半岛、新加坡、沙巴和沙捞越四地本来独立的联盟党实行合并，组建为马来西亚民族联盟党(Malaysian National Alliance Party)，针对这种变动，人民行动党开始拉拢马来西亚各地的激进党派，希望组建一个联合的反对派同盟。

1965 年 5 月 8 日，人民行动党和其他四个分别来自马来亚半岛和沙捞越的反对党的代表在新加坡召开会议，成立了马来西亚团结公会(Malaysian Solidarity Convention)，由杜进才出任主席。公会提出的口号是“民主的马来西亚人的马来西亚”，它呼吁取缔族群政治，代之以建立在“共同的政治意识形态、共同的社会和经济渴望”基础上的友好同盟。马来西亚团结公会声称自己不赞成社群主义，致力于改善各种族中弱势群体的命运。但公会吸引到的主要还是非马来人，尤其是华人，因为它寻求实现的平等也就意味着最终取消马来人的特权。

马来西亚团结公会是杜进才和拉惹勒南构想设计出来的，但巫统极端派系憎恨的焦点还是李光耀，他们认为，马来西亚团结公会是李光耀设想出来的，明显就是企图鼓动沙捞越和沙巴反对吉隆坡，他好趁机自己攫取权力。不论李光耀如何宣称自己是非社群主义者，自己提倡世俗化和现代化，在保守的马来人眼里，他代表的正是他们最害怕的那种华人：野心勃勃，威胁到他们的宗教和文化。

当时电视正日益成为在家中和民众联络所就能实现政治交流的最强势渠道，李光耀本人经常上电视，但他的每次露面都显得很张扬，太多棱角，根本没有采取任何措施来弱化上述印象。1965年5月，马来西亚信息和广播部部长威胁说，如果它们还诋毁中央政府，就要接管新加坡的广播和电视设施。针对新加坡文化部把它出版的《马来西亚之镜》分发到各所学校，吉隆坡方面也提出了抗议。但李光耀声称，分发举动非常必要，因为"（马来媒体）每天都倾泻出很多致命的有毒信息，称人民行动党是社群主义者，反对马来人"。[65]

人民行动党人发表的言论让东姑·阿都拉曼越来越生气。新加坡领导人在国外取得了极大的影响力，而国外媒体对马来西亚中央政府却有诸多批评，这些都让他非常敏感。李光耀广泛出访各国期间确实交到了不少高层的朋友，尤其是在与马来西亚同属英联邦的那些防务伙伴国中间。1964年9月在欧洲时，李光耀在英国工党议会协会组织的晚宴上，发表了一次取得极大反响的演讲，而他后来把在那次晚宴上与哈罗德·威尔逊进行的一场私人谈话描述为"我生命中最重要的时刻之一"。[66]这位待任总理在即将到来的英国大选的预备阶段中情绪高涨，因为工党几乎确定无疑地将取胜。而与威尔逊结下的友谊，以及来自他的帮助，将在此后的艰难岁月中起到十分关键的作用。李光耀在1965年春天出访澳大利亚和新西兰期间，给人们留下了相当好的印象，进一步巩固了他在国际上的声誉。然而，这种种赞誉并没有强化使
293 新加坡融入马来西亚的基础，反而让新加坡的总理敢于采取更为强硬的立场。1965年5月，他宣称："如果我们会制造麻烦，那就让我们现在就制造吧，不要等到五年或十年后。"[67]

5月末，联邦国会召开，人们的激动情绪达到高潮。马哈蒂尔·穆罕默德博士（Dr. Mahathir Mohamed）当时是巫统在国会中的一名后座议员，他发表了一篇针对人民行动党的长篇攻击性演说，指责该党是"亲共产主义者，积极地反对马来人"。李光耀发表了一次广播讲话，这也将是他在马来西亚国会的最后一次演讲。他操着流利的马来语，脱

稿讲了一个小时,痛斥中央政府的政策。陈修信贬斥李光耀为"马来西亚和马来亚历史上最搅局的因素",声称,只要李光耀还是总理,合作就不可能实现。《海峡时报》的一篇社论称李光耀实在"胆大妄为"。[68]巫统的极端派系要求逮捕李光耀和人民行动党其他的部长成员,巫统内的年轻党员则烧毁了一尊新加坡总理的塑像,走上街头游行,拿着(用马来语)写的横幅:"逮捕李光耀! 打垮李光耀!"英国最高专员黑德爵士(Lord Head)出面调解,东姑·阿都拉曼的回复称,他一点也不信任(李),对他是完全感到失望。另一方面,李光耀却存心挑衅,渴望与马来人主导的马来西亚正面冲撞,甚至准备好了被逮捕。黑德告诉伦敦方面说:"我们现在面临着一场严重的危机。"而英国政府则警告东姑·阿都拉曼,不能用武力迫使新加坡总理下台。[69]

几天后,1965年6月6日,来自马来西亚各地的代表热情洋溢地挤满了新加坡国家剧院,参加马来西亚团结公会的第一次大会。李光耀为大会作了闭幕发言,这次演讲通过"新加坡广播"频道广播了出去,媒体也对其进行了广泛的报道,因而在吉隆坡引发了更大的反对声浪。

怀着悲伤和焦虑的情绪,东姑·阿都拉曼在6月中旬出发前往参加在伦敦召开的英联邦政府首脑会议,他在那里病倒了,进了医院。与此同时在吉隆坡,6月29日,敦阿都拉萨会见了李光耀。这位新加坡的总理后来描述说,这次会面是"最让人不舒服的两小时……观点根本没有交集"。[70]听到敦阿都拉萨对这次会面的报告,又接到政治部发出的警告,称可能发生暴乱,还躺在病床上的东姑担心,局势正在脱离自己可控制的范围:与李光耀达成妥协似乎全无可能,而且他也不再能掌控自己党内的极端派系。用武力迫使人民行动党政府下台,或逮捕其领导人,这样的做法并不现实,而且还会遭到英国人和澳大利亚人的反对。再三权衡利弊之后,新马分立似乎是唯一的解决办法。东姑于是让敦阿都拉萨去试探高层内阁成员们对此作何看法:"为了防止身体其余部分也腐坏",[71]要把新加坡切除出去。

随后的几个星期里,有关逮捕和暗杀的流言满天飞,由于东姑迟迟不能回国,危机愈演愈烈。一小群高层政治家私底下进行了一系列秘密会谈,往来穿梭开展外交努力。7 月中旬,敦阿都拉萨会见了吴庆瑞,抛出解散关系的可能性。到这时,吴庆瑞已经确信,唯有完全摆脱吉隆坡的控制,新加坡的经济才能繁荣发展。在征询了李光耀、林金山
294 和新加坡司法部长 E. W.(艾迪)·巴克尔(E. W. Barker)的意见后,吴庆瑞受命于 7 月 20 日重返吉隆坡,与敦阿都拉萨及马来西亚的外务部长伊斯梅尔·本·达托·阿卜杜尔·拉赫曼进一步磋商。双方同意,只要分离过程能在人民行动党政府还没深深涉足马来西亚团结公会之前迅速完成,就同意新马分立,而所有准备工作将秘密完成,分离声明将协同一致同时发布,分立协议将在 8 月 9 日联邦国会重新召开时,作为既成事实递交给国会,所有正式的法律程序也将在同一天全部完成。

在新加坡,只有一小群人知晓这个计划。数月来,唇枪舌剑的互相辱骂在公众的注视下持续上演,但有关新马分立的实际安排却仅有一小群人秘密进行着。不仅公务员和政府秘书们完全不知情,就连人民行动党内阁中的一些高级官员也被蒙在鼓里,主要有杜进才和拉惹勒南,他们是马来西亚团结公会的创始人和热情的推动者。英联邦的防务伙伴们也一点风声都没有听到。

没有手下的司法官员和秘书们的协助,艾迪·巴克尔只好到新加坡大学的法律图书馆去查阅先例,亲自起草宪法修订案。就在起草的过程中,新加坡的核心领导圈子还是提心吊胆的,怕这个计划会出差错。东姑仍然还在伦敦,敦阿都拉萨一向谨小慎微,犹豫不决,此时也继续在支吾搪塞。7 月末,敦阿都拉萨巡视了新加坡岛的南部,并发表言论称,人民行动党在乡村发展方面进展迟缓,而陈修信则指责中国银行资助了颠覆活动,要求关闭其在新加坡的分行。但这家分行对当地许多小企业来说至关重要,而且它对该岛与中国大规模的粮食贸易影响深远。

7 月底,李光耀离开新加坡,去金马伦高原和家人度过一年一度的假期。8 月 3 日,吴庆瑞和敦阿都拉萨在吉隆坡会面,同意此事应紧锣

密鼓地进行。东姑计划在第二天从伦敦返回,吴庆瑞和巴克尔将于8月6日在吉隆坡完成文件的起草,任何的修订意见将在8月7日通过,最后的文件将在8月8日签署,新马分立的消息将在8月9日公之于众并正式生效。

在公众舆论一片喧嚣的背景下,要火速地秘密完成整个过程,是需要相当的创造力和谋略的。返回吉隆坡后,东姑召开了一个媒体见面会来安抚公众,称他将与李光耀碰面协商,但实际上,他的主意早已打定。吴庆瑞打电话给身在金马伦高原的李光耀,用的是吞吞吐吐的普通话,以避免接线员听出什么蛛丝马迹。第二天早上,李光耀在吉隆坡与吴庆瑞和巴克尔碰面,同意了文件的草案。吴庆瑞和巴克尔随即将文件呈递给敦阿都拉萨、伊斯梅尔以及联邦的总检察长。修订案获得了一致通过,但因为没有下级人员的协助,部长们只好亲自录入,这项工作一直持续到过了午夜才完成。尽管已经是深夜,李光耀还是打电话给杜进才和拉惹勒南,要他们从新加坡赶到吉隆坡。为了避免引起公众怀疑,也为了避免两人如果同行前来,可能会在路上达成什么牢固的共识,李是分别通知两人的。

第二天一早抵达吉隆坡后,杜进才知道了分立的消息,大感痛
心,拉惹勒南随后赶到,对此事也感到非常遗憾。两人与李光耀及吴
庆瑞争论了数个小时,仍然没有被说服,还是拒绝签字。为了避免内
阁分裂,李光耀造访了马来西亚首相,提议改执行没那么激进的邦联
方案,但东姑决心已定。两位新加坡的部长还是不肯同意,李光耀只 295
好再次造访马来西亚的首相,敦促他直接与这两人谈谈。东姑拒绝
了,但同意写个便条给杜进才,建议他同意分立方案,因为事情已经没
有回旋的余地了。杜进才和拉惹勒南终于屈服了,但心里仍然万般不
情愿。

8月8日,星期天,为了避开公众,李光耀乘坐马来西亚皇家空军的一架飞机回到新加坡,确保人民行动党的其他内阁部长成员签字同意分立文件。对那些出生在马来半岛的人来说,这个消息实在令人震惊,王邦文(Ong Pang Boon)更是当场惊呆了,但他们最后都签了字。

一套文件随后被送往吉隆坡，另一套则拿给了新加坡公务员首长(Head of Civil Service)斯坦利·斯图尔特(Stanley Stewart)。他把政府的打印机和手下的员工都锁在打印室里，直到特别公报和独立声明都已经准备好在第二天上午发表。加密的解释文件也准备好了，将发送给英国首相，以及澳大利亚和新西兰的总理。

新加坡的常任秘书和议员们、驻新加坡的大使们，还有记者，都得到邀请，在8月9日上午前来聆听简报。独立声明于上午10点通过新加坡广播宣读，宣告新加坡岛独立，将对其领土拥有完全的主权。[72]就在同一时间，东姑在吉隆坡的联邦国会上宣读了新马分立的消息，让议员们震惊不已。到黄昏时，分立法案的三读程序在国会两院都已完成，最高元首(Yang di-Pertuan Agong)代表王室表示同意。

与此同时，中午时分，李光耀在新加坡举行了一次媒体见面会，他在会上的发言声情并茂，情绪激动到泣不成声，会议也不得不因此中断了20分钟。后来，这位新加坡的总理把这个“悲痛时刻”归因于一种罪恶感，因为他辜负了马来西亚团结公会，他还描述说，第二天与团结公会三位领导人的会面，是“我生命中最痛苦的会面之一”。[73]

当地的媒体也大吃一惊。就在前一天，《周末时报》还对东姑的返回表示欢迎，希望这能结束“喧嚣的骂仗”。[74]新加坡公报发了一期特刊，收录了分立协议和附属文件。它在快到10点的时候分发给了赶来的各路记者，但记者们却被禁止在消息公布之前离开或打电话。[75]

马来西亚在英联邦里的那些防务伙伴国，为吉隆坡和新加坡之间关系持续恶化已经担心了数月之久。6月初，英国最高专员往白厅发回一条不好的消息，称可能发生暴乱。分立消息的正式发布让各方惊愕不已，一时间，相关的外交活动频繁。就在10天前，李光耀在经吉隆坡去金马伦高原的路上前往拜会了黑德爵士，但没有给出任何关于分立可能发生的暗示。英国高级专员也只是在正式消息发布之前的数小时，才知晓分立谈判已经尘埃落定，听闻消息后，他显得有些惊慌失措，连忙赶到东姑举行的深夜晚宴现场，徒劳地想挽回分立的发生。[76]

在英国,首相哈罗德·威尔逊此时正在西西里岛度假,英联邦关系大臣则远在西非。但在8月10日,威尔逊给李光耀发去一份照会表示谅解,并承认了这个新诞生的国家。澳大利亚、新西兰和美国也很快承认了新加坡的独立。新加坡成为英联邦成员,9月20日,获准加入联合国;而新共和国的三位推举人中,就包括马来西亚的伊斯梅尔博士。

1. 大卫·马歇尔，新加坡第一任首席部长（1955—1956 年在任）。（鸣谢 Jean Marshall。）

2. 人民行动党秘书长李光耀与多党派代表团的其他成员一起，正要出发前往伦敦参加第一次为独立举行的谈判，1956 年。（承蒙 the Ministry of Information, Communications and the Arts 允许使用，鸣谢 the National Archives of Singapore。）

3. 新加坡自治邦的第一届立法议会。人民行动党的部长们从市政厅步行前往国会大厦，1959 年。（承蒙 the Ministry of Information，Communications and the Arts 允许使用，鸣谢 the National Archives of Singapore。）

4. 国会开幕，1965 年。（承蒙 the Ministry of Information，Communications and the Arts 允许使用，鸣谢 the National Archives of Singapore。）

5. 新加坡街景一瞥,1960 年。(Collection of Henry Seid,鸣谢 the National Archives of Singapore。)

6. 莱佛士坊,1965 年。(承蒙 the Ministry of Information, Communications and the Arts 允许使用,鸣谢 the National Archives of Singapore。)

第九章　新生的国家（1965—1990） 299

新加坡民众根本不知晓在幕后紧锣密鼓进行着的一切，因此，当他们发现，自己忽然就成了独立的新加坡的公民时，实在有些目瞪口呆。人民行动党的领导层（其实也包括其他各个党派的负责人）此前一直在驳斥有关本岛应单独独立的提议。1962年，新加坡向联合国呈递了一份有关殖民主义的官方备忘录，其中坚称："新加坡……在淡水供应、贸易和生存方面都依赖马来西亚联邦。它要独立生存不太可能。"[1]而就在新马分立前不到两个月，李光耀还宣称："分立的问题不必讨论。如果有变动，也是更进一步加强联系，而不是倒退。"[2]可如今，新加坡要孤军奋战了，它必须把不可能变为可能。它必须生存下去。

大多数新加坡人都被震惊到了，但他们并不一定很沮丧。社群主义的压力引发了1964年的种族骚乱，这种情绪在1965年年中臻于极致，达到歇斯底里的程度。分立能够避免这种情绪再次爆发，这让很多人感到如释重负。有些商人则毫不掩饰自己欢欣鼓舞的情绪，非常欢迎自此摆脱吉隆坡制定的税收政策。

公众抗议或示威活动没有发生，岛内依然平静，内阁虽然内部暗流汹涌，但表面上仍然团结一致。新加坡想要决定自己的经济命运，就必须切断与半岛的联盟关系——吴庆瑞可能是内阁中唯一相信这一点的人。分立是不可避免的，对这种看法，李光耀当初赞同得有些勉强，不过，后来他精力充沛地运筹帷幄，积极促成了分立的最终顺利达成。虽则如此，与马来西亚的分立对他来说，仍然在政治上具有相当大的冲击力。而对他的同僚们来说，这种冲击对每个人都有着不同的含义。李光耀是新加坡人，但他的部长们大多来自半岛内陆。新加坡出生，但在半岛成长的奥斯曼渥，看到将新柔长堤两端的马来人团结起来的前景就此破灭，感到非常遗憾。作为团结公会的创始人兼主席，杜进才觉得自己背叛了马来西亚团结公会，因此深觉懊悔。他后来曾说，在人民行
300 动党的整个内阁中，只有他和拉惹勒南“真心相信马来西亚”，[3]当初其他人使诈，把他们两个排除在分立筹划过程之外，后来在他们最终前往吉隆坡时，又设计让两人分别前往，不能碰头沟通，这一切都让他感到难过。杜进才相信，若假以时日，马来西亚团结公会一定能让马来西亚的同胞们赞同它的纲领。

各位当事人的性格，以及他们之间的个人恩怨，是导致新马分立的重要因素：李光耀咄咄逼人，赛义德·贾法尔·阿尔巴情绪张扬，陈修信毫不退让，敦阿都拉萨优柔寡断。个人间的成见很多：吴庆瑞认为陈修信不愿设身处地为新加坡的经济健康着想，这是新马分立的重要原因；陈修信却指责新加坡的领导人们太贪婪；东姑·阿都拉曼很不喜欢李光耀的急功近利；李光耀又指责赛义德·贾法尔·阿尔巴蓄意挑起宗教冲突。但与此同时，新马两地的高层人物间长期积累的私人关系、结下的友谊，又有助于减缓分立带来的冲击：这包括他们在中学、大学或海外时建立的联系，最主要的则是吴庆瑞和敦阿都拉萨在莱佛士学院读书期间，以及他们在伦敦共同创建马来亚论坛时结下的友谊。

英联邦的防务伙伴国们之前非常担忧马来西亚会在马来西亚-印度尼西亚冲突(Konfrontasi)期间解体，而且新马在筹划分立期间，一直把它们蒙在鼓里，考虑到这以往的种种，这些国家接受分立时表现出的镇定和克制实在非常令人惊讶。李光耀曾推断，虽然看似矛盾，但马印对抗时期恰恰是启动分立的安全时机，其依据是，马印对抗带来的严重危机，会确保盟友们群起支持，因此此时分立，即使出现什么事端，也

可在外来支援下加以应对。事实证明,他的判断是正确的。而李光耀在出访各国期间给人们留下的极佳印象,以及他娴熟地在海外培养私人关系的能力,又使得国际上倾向于同情新加坡,认为它是一个弱小的受害者,受到马来极端主义的欺压和威胁。李光耀曾盛赞哈罗德·威尔逊"救了我的命",威尔逊还真的非常相信这句赞美。[4]国外的政治家们对这位聪慧而精明的领导人,谅解到了几近纵容的程度,因为他们钦佩他,认为他代表了西方所青睐的现代立场。

澳大利亚的媒体大受震动,它们哀叹,新马分立为苏加诺总统和马印对抗再添动力,伦敦的报刊则把分立看做是英国对东南亚政策的一次大失败,而苏联的新闻机构塔斯社,却很赞赏"这个新殖民主义产物"的迅速瓦解。新加坡本地的英文媒体,之前一直在竭尽全力促成团结,极力批评李光耀在分离之前一直表现出的桀骜挑衅。但此时,它们却在极力安抚人们的情绪,抚平分立造成的伤痕。《海峡时报》坚称,情况"并没有恶化到令亲者痛仇者快的地步"[5],不到一个星期,它又采访了分立筹划的一些主要参与者,奉献给读者一篇详细而坦诚的阐述,展示出新马分立是双方协商一致达成的协议,并不是仓促恐慌之下作出的决定。[6]

分立之初,人民行动党政府在谈到马来西亚时,说是"分在两个国家的同一个民族",认为新加坡迟早会重新获准加入联邦。[7]因此,马来语仍然是民族语言,新的国歌是用马来语演唱的,之前的地方元首——身为穆斯林的尤索夫·宾·伊萨克,也成为共和国的第一任总统。

马来西亚的领导人中,却极少有人对重新统一的前景持乐观态度。
1965 年 8 月,在联邦国会发表演说宣布新马分立时,东姑·阿都拉曼 301
谈及"破碎的梦想",并宣称:"我相信,分开才能让我们找到团结之路,或者,用人们常说的俗语来说就是,距离产生美。"不过,在私底下他还是希望,等到孤军奋战撑不下去的时候,受了教训的新加坡就会试图遵照中央政府提出的条件,重返联邦。

分立协议涉及在经济、防务和外交政策方面的合作,但新马分立的最初几个月里,双方的关系却变得愈发紧张。[8]双方的政府着手创立的经济模式形成了竞争,而不是合作。先前那批投资创建了产业的制造商,指望从统一的国内市场中获益,但配额制、各种条框以及报复性关税使得他们面临重重压力。新加坡有限度地重新恢复了与印度尼西亚的易货贸易,这让马来西亚大为光火,作为报复,马方威胁说要把自己的橡胶和棕榈油出口贸易转往巴生港[Port Kelang,原瑞天咸港(Port Swettenham)]。新加坡质疑马来西亚在本岛驻军的权力,更让东姑·阿都拉曼恼火的是,它还单方面退出了共同防务委员会和联合行动委员会。与此同时,新柔长堤两端实施的移民控制政策,给此前一直在半岛大陆和新加坡岛之间自由来往的人们造成了不小的麻烦。在联邦时期让双方关系变坏的政治和个人抹黑论战还在继续,只是程度稍微收敛了一点而已。李光耀说马来西亚是“一个中世纪的封建社会”[9],巫统则继续专挑人民行动党中的马来领导人大加抨击,说他们不忠于自己的种族,“就像失了豆荚的豆子”。[10]

随着人们对新加坡自身活力的信心逐步增强,对重新联合的讨论之声越来越少。人民行动党领导人精心培育出了独立的民族国家意识,因此,没过几年,大多数新加坡人都开始接受,新加坡单独独立是必然的。而关于新加坡短暂加入马来西亚的那段时期,产生了许多不太现实的神话般的猜测。有人称,合并是人民行动党特意设计的策略,目的是摆脱左翼反对派,然后再实现完全的独立。还有一些人把合并看做是英国和吉隆坡设计的反华人阴谋,一个“充满狂想,在起居室里构想出来的不切实际的计划”。[11]

新马分立时,人民行动党政府在国内的地位非常稳固。1961 年时,新加坡岛似乎不可避免要发生政治骚乱,因此,不论曾如何痛苦,当初的合并确实有助于防止骚乱的发生。极少有新加坡人把新马分立的责任怪罪在人民行动党领导人的身上,他们认为这是“始料未及的独立”[12],而不是新加坡被逐出了联邦。内阁没有发生公开的分裂,领导层也没有出现任何变动,该党在 1965 年的最后几个月里还新招募了不少党员。甚至在 1965 年 7 月,在最终导致分立的那几个狂热的星期里,人民行动党仍然实力坚挺。这体现在一桩补选事件里:王永元辞去了议员职务,人民行动党在直接补选中与社会主义阵线对抗,结果以极大的优势获胜。这场补选的发生地正是芳林选区,四年前,也是在这个选区,人民行动党大败,促使东姑·阿都拉曼提议新马合并。

1965 年的焦点是政治危机,但最关键也最紧迫的问题却在经济方面。尽管过去几年进行了一系列努力,但新加坡仍然严重依赖转口贸易。在早期,工业化主要集中于发展劳动密集型产业,以扫除失业现象,同时生产进口产品的替代品,面向提议建立的马来西亚共同市场生产。但如今,建立一个这样的共同市场的前景已经日渐黯淡,而新加坡作为马来半岛财政、金融和航运中心的传统角色,由于马来西亚试图绕 302
开新加坡的港口,并针对新加坡的工业品筑起关税壁垒以保护半岛大陆的经济发展项目,也受到极大威胁。为了应对新形势,快速建立外向型的工业经济势在必行。

1965 年 9 月中旬,阿尔伯特·魏森梅斯博士应邀重返新加坡,从此之后,直到他于 1984 年退休,都一直是新加坡政府的首席经济顾问,每年都会造访新加坡共和国两到三次。当时,新加坡的处境很危险,但也充满了挑战性,令人跃跃欲试。魏森梅斯发现新加坡很愿意优先发展经济,也乐于切实听从他的建议。这位荷兰经济学家与新加坡数任财政部长——林金山、吴庆瑞和韩瑞生精诚合作,共同成为了人们所称的新加坡"经济奇迹"的设计师。人民行动党对劳工力量严加管束,大力贯彻内部安全法令以压制政治不稳定因素,有些政治家所持的政策观点与现行政策相左,可能危及一心一意对经济效率的追求,人民行动党也毫不留情面地让他们靠边站,这种种举措,在很大程度上都能以集中关注经济事务来加以解释。

在那个时代,一批雄心勃勃的第三世界国家为了振兴经济,流行采取的方式是树立保护性的关税壁垒,实行进口限额,与大型跨国企业保持距离。但魏森梅斯为新加坡经济发展开出的药方却与此大相径庭。国家将不会保护效率低下的本土工业企业,后来也不为国有航空公司提供此类保护,新加坡共和国邀请大型跨国公司把资本、技术和技能带到这里来。魏森梅斯亲自引来了大型石油公司壳牌和埃索,还说服荷兰的工业巨头飞利浦在新加坡建立工厂。新加坡本来就已经是一个拥有相当数量商业设施的国际港口,此时则进一步扩展,发展成为金融中心和国际交通枢纽,拥有一个世界一流的集装箱码头和一个设施完备的机场。在独立之初,新加坡70%的外资都来自英国,但它马上着手在国际上更广泛地宣传本地在经济上具有吸引力的地方,加大力度吸引本地和境外的资本,以使贸易和投资模式多元化。[13]在一代人的时间里,新加坡的经济就将从转口贸易,转向根基更宽广的制造业、炼油业、金融业和服务业。

马来西亚中央政府逮捕了社会主义阵线的一批核心领导人,这已经让它的力量大为削弱,但它的实力又进一步大打折扣,因为它指斥新加坡共和国的独立是虚幻不真实的,因此疏远了部分原先的支持者。该党声称,新共和国是一个新殖民主义国家,防务条约把它和英国绑在了一起,其经济被外国资本家主导,其自由被内部安全法令所限。在过去数年里逃过了被逮捕命运的五名社会主义阵线议员,在1965年12月新共和国国会第一次召开时进行了抵制,并在十个月后正式辞职。社会主义阵线转向它一直青睐的直接行动,再次试图利用学生的不满情绪作为政治武器。1965年12月,王赓武的课程评估报告发布,报告建议以旨在让毕业生能胜任公共管理服务岗位,能推动这个新生国家
303 的经济和工业增长的课程为核心。学生为此举行了抗议和抵制活动,社会主义阵线出面支持。更多的学生被捕,政府为了防止未来出现更多的惹事学生,坚持将适应性资格证作为进入大学的必备证书。这导致南洋大学爆发了更多的暴力活动,义安学院内更加动荡,新加坡大学则发生了抗议活动。政府取缔了1966年11月成立的学生全国行动阵线,开除了近200名南洋大学和义安学院的学生,将其中并非本国公民的学生驱逐出境,并监禁了煽动学生惹事的社会主义阵线成员。

当时的环境并不利于社会主义阵线开展武装斗争。在国内,骨干被逮捕,以及工会被注销都破坏了它对劳工的控制。在海外,1965年9

月,随着印度尼西亚共产党的消失,与雅加达的马来亚民族解放同盟的联系也告中断。

社会主义阵线也不能指望新中国会施以援手。新中国极少干涉东南亚的事务。虽然北京也很欢迎来自南洋的投资和汇给亲友的款项,但一些海外华人的举动往往会给它与睦邻国家的关系造成困扰。从1954年起,北京正式出台了政策,鼓励海外华人认同自己的居住国,次年,在大卫·马歇尔访华时,新中国的领导人也安抚他说,新加坡的华人,包括从中国本土过去的移民,都会积极加入新加坡国籍。华侨学生采取的武斗之烈度,往往超出了北京能接受的程度,而且它还惊讶地发现,1956年新加坡发生暴力学生示威活动的责任被部分归咎于它。北京的教育体系也不再毫无条件的向华侨学生敞开,到20世纪50年代末,它开始择优录取这些学生。新加坡的学生曾经群起纷纷前往中国就学,但这股潮流渐渐消退,因为选拔制让他们感到幻灭,况且南洋大学的开办,也让他们有机会在本土就能接受华语高等教育。

新加坡政府起初对中华人民共和国还是有些疑虑,1967年,在"文化大革命"期间,就担心有人会鼓动海外华人闹事。但事实上,什么也没发生,北京实行的仍然是平静的不干涉政策。从19世纪90年代开始,保皇派、维新派、革命党人和国民政府一直沿用着让海外华人只一心向着母国、对居住国持疏离态度的政策,但新中国毫无疑问没有继续这种传统。[14]

到1965年12月新加坡共和国的第一届国会召开时,人民行动党的领导人们已经从新马分立带来的震撼中恢复过来,开始为这个新的城市国家制定雄心勃勃的发展计划。政府机制仅做了微调,主要是任命了一位不具有行政职能的总统作为国家元首,宪政框架总体上得以保留,总理和内阁掌握权力,对一院制国会(之前的立法议会)负责。国会议员由具有选举资格的公民选出,最长任期五年。[15]

这个新国家保留了1959年12月时公布的国歌、国旗和国徽方案(也是在这一年的这个时候,地方元首取代了英国任命的总督)。因为这些方案也同样适用于新加坡的新状态：国旗的红白两色，象征着普遍的兄弟情义和纯洁，白色的新月代表冉冉升起的年轻国家，五颗星代表民主、和平、进步、正义和平等。国徽也蕴含着相同的主题，只是两侧
304 还增加了两个动物图案，一侧是一只新加坡狮，另一侧是一只老虎，揭示了新加坡岛与马来半岛的联系由来已久。为了培育人们忠于新的共和国，外交部长拉惹勒南编制了一份“新加坡誓词”，1966 年 8 月，经内阁批准通过，从此以后，学校集会和国庆典礼上都要宣读这份誓词：“我们，新加坡的公民们，宣誓我们将作为一个统一的民族，不分种族、语言或宗教，共同建设一个建立在正义和平等基础上的民主社会，为我们的国家寻得幸福、繁荣和进步。”

国家的凝聚力建基于一个多种族、多语言的世俗社会。1965 年 12 月，李光耀在国会发表演讲，强调：“种族多元主义和世俗国家是我们利益之所系，因为反对种族多元主义和世俗主义，将带来极大的危险。”之前为与马来亚联邦合并而发起的运动排除了要培育一种完全针对新加坡的认同感，而要在一个各种移民混杂形成的社会中创立国家意识又特别困难。大多数新生国家创立国家意识时采取的方式是，大力提倡本土人口占绝大多数的族群的文化，但新加坡不能照搬照抄，因为这可能激起华人沙文主义。新加坡官方的政策是，并不试图掩盖族群间的差异，而是赞颂文化多元带来的丰富性，但又尝试着在这之上创生一种专属于新加坡人的认同感和特定的价值观。1965 年，就这一政策，拉惹勒南对联合国大会作出了这样的解释：“如果我们现在这一代人能在接下来的 30 年里坚定不移地执行这项政策，那么我们就将成功地创造出独特的新加坡人。他是这样一种人：从四种伟大的文明源泉中汲取营养，但又不完全归属于这四种中的任何一种。”

虽然存在着语言、肤色、宗教和文化的差异，但这个岛国很小，各个部分的联系很紧密。每个民众联络所都拥有广播设备和电视机，政府运营的新加坡广播系统大力服务于国家意识的建设。政府试图加强人们的纪律，培育人们的奉献精神，希望让人们意识到，这是一个“艰困的社会”，斯巴达式的艰苦奋斗将有利于提高士气，提升道德水平，希望清

除高层政治和日常管理中可能出现的腐败。在理论上,所有主要的语言、宗教和文化都平等地得到承认,但当局还是期望新加坡人能接受现代新加坡那种普遍的政治、经济和社会伦理精神,包括其所带有的浓厚传统中国文化色彩:强调自律、勤奋、竞争、自立、看重今世的成就,渴望切实的收获。在这一过程中,某些社群比其他社群更能适应这些观念。

新生的新加坡共和国运气不错,因为初独立的那几年,国际经济形势非常好,新加坡可以借助有力的环境,在工业化方面突飞猛进,创造出大量就业机会,并极大改善了人们的生活水平。随着马来西亚-印度尼西亚冲突于 1966 年 6 月结束,与印度尼西亚之间的贸易额有了提升,而美国逐步加大对越南战争的投入,也使得作为主要供应中心的新加坡获益良多。1967 年,中东发生“七日战争”,苏伊士运河因此关闭,而现代新加坡发家致富,在很大程度上都是依赖这条运河,但就连这样不利的条件,也仍然给新加坡带来了一线希望:它的船舶修理生意大大红火起来。此外,与日本和美国的贸易额日渐增长,这也减轻了新加坡对苏伊士运河的依赖程度,蒸汽船设计上的改进则缩短了从好望角绕道航行花费的时间。

正当新加坡的自信心逐日增强之际,1968 年 1 月,英国突然宣布, 305
将在三年内逐步撤销驻新加坡的军事基地。这对新加坡是一次很大的冲击,因为撤军不仅威胁到它的安全,也影响了它的经济。在新马分立时,新加坡的防务仍然得到了《英马防务协议》(AMDA)的保障,直到 1967 年,英国的政策也还是缓步缩小基地规模。但在接下来的几个月里,经济问题的频发促使英国政府确信,它已无力向苏伊士运河以东地区提供保护,因此决定加速撤军。

寇松爵士(Lord Curzon)早在 20 世纪初就悲观地预言过,丧失印度将预示着英国帝国主义的终结。如果我们想到这一点,就会觉得,英国居然没有更快改变政策,实在有些令人惊讶。第二次世界大战后,英国处在破产的边缘,面对这样的国家状况,1947 年,工党政府提议,在此后数年内大幅削减海外防卫支出，这也就意味着将放弃新加坡的军事基地。但这个计划遭到外交部和军事参谋们的反对，他们认为，远东和新加坡基地对帝国防务而言至关重要，后来，人们的关注点转移到马来亚的紧急状态上来，到1950年朝鲜战争爆发，这个计划就此搁置。[16]

此后，针对苏伊士以东地区，一项新的计划又形成，它不主张逐步撤出东南亚，反而使马来亚和新加坡在白厅的防务筹划中占据了越来越重要的地位。英国的政治家和军事参谋们都同意，在这个动荡而脆弱的地区，英国仍然应该起到关键的作用，因为它要捍卫剩余的殖民领地，要与澳大利亚和新西兰合作保卫英联邦，要在冷战中成为一股主要的反共产主义力量。[17]在这个英制货币流通的区域，马来亚是赚取元的堡垒，20世纪50年代，其赚取的元几乎占到大英帝国/英联邦的三分之一。1953年，根据一项澳新马联盟[18]的协议，英国、澳大利亚和新西兰同意共同创建英联邦战略预备队（Commonwealth Strategic Reserve）。次年，英国同美国、澳大利亚、新西兰、泰国、菲律宾还有巴基斯坦一道，成立了东南亚条约组织（SEATO），设想在这个地区建立与北大西洋公约组织（NATO）类似的机制，以共同保障安全。

在1956年苏伊士运河危机爆发伊始，新任首相哈罗德·麦克米伦（Harold Macmillan）和他手下强势的国防大臣邓肯·桑迪斯（Duncan Sandys）一道，着手重新制订此后五年的战略，宗旨是，一方面削减所需人力和资金，另一方面继续维持英国作为全球大国的地位。[19]这项计划打算让英国作为北大西洋公约组织、东南亚条约组织或澳新马联盟等地区集团的一员，与其他国家共同承担防务重担；通过发展替代性的核威慑力量，削减传统军队规模；逐步结束全民义务兵役制，建立一支规模更小的职业军队。其最终目标是关闭海外的常驻军事基地，主要依靠驻在英国本土的、能快速作出反应的战略储备部队。这支部队将在第一时间派往出现问题的地区执行任务，并支持联合国的行动。针对眼前的局势，桑迪斯的防务计划具体指出，将英国在苏伊士运河以东的海军力量维持在现有水平，在新加坡保持一支“具有相当实力的多兵种、能海陆空全线作战的舰队”[20]，以履行英国对马来亚、澳新马联盟及其他英联邦伙伴国的承诺。1957 年 10 月,就在马来亚独立后,英国和马来亚签署的《英马防务协议》生效,对英国而言,新加坡基地由此变得更加重要,因为吉隆坡拒绝加入澳新马联盟,新加坡的基地就成为英国 306
部署在马来亚地区的军队开往澳新马的唯一通道。

在接下来的几年里,英国派驻德国的军队大幅削减,1962 年,国民兵役制最终废除。尽管军队人数减少了,但为了支持海军的现代化改造,空军规模的扩展,以及满足替代义务服役的国民的志愿兵们日益增长的经济要求,英国总体的防务支出却增长了。1960 至 1961 年间,近一半的海外预算花在了文官和武官们身上,给他们更高的工资,改善医疗、住房、教育、社会福利和休闲设施。[21]而这笔支出的大头又花在了新加坡这个远东的主要基地上,而且英方认为,从三军在此后五年到十年的部署考虑,这样支出是必要的。[22]

1962 年 12 月,第一艘核驱动的海军舰艇全面试航成功,军舰将可配备最先进的设备,国防大臣宣称:“在苏伊士运河以东横跨印度洋的整个海域,皇家海军将在保卫自由世界的贸易和商业方面发挥主导作用”。[23]英国在马尔代夫的冈岛(Gan)建立了一个空军基地,这个基地于 1961 年全面投入使用。在 20 世纪 60 年代,英国以前所未有的规模,在新加坡的防务设施上一掷千金。这使得军队能快速调配,镇压了 1962 年 12 月发生在文莱的起义,并参加澳新马联盟举行的超大规模海上演习,也使得英军在应对自 1963 年开始的马印对抗时,能显示出强大的威慑力。

国防部统一为“能迅速作出反应的、灵活变通的、几乎具有无穷调适能力的制定防务政策的唯一机构”后,白厅的目标是集中精力建设驻扎在英国本土的战略预备部队。截至 1964 年年初,皇家海军有近一半的人员都在苏伊士运河以东地区服役,大量英国士兵和辜加兵在文莱执行任务,而且其数量还在持续增加,英国政府也许下诺言,“只要这些地区的局势,以及我们的朋友和同盟的关键利益还需要”[24],远东的各处军事基地就还会保留。

这种敢放豪言的自大很快就开始动摇。1964 年 10 月,哈罗德·

威尔逊的工党上台执政，他们面临的是经济发展的停滞和支出过高造成的严重赤字。尽管如此，无论首相本人，还是他的国防大臣丹尼斯·希利(Denis Healey)，都强烈倾向于恪守对远东地区作出的防务承诺。1964 年 11 月刚上任不久，威尔逊就告诉自己的内阁成员们，他视维持英国在东方扮演的角色为“一种信条”[25]，几个月后，他又警告说，任何要求从苏伊士运河以东地区撤回英国军队的提案，都“毫无疑问是招致核灾难的方案”。

1965 年 2 月，在呈递给国会的第一份防务报告中，新政府警示道，它继承的防务部队“驻防范围实在太大，在某种程度上，装备又不足”。它抱怨说，保守党在执政的数十年间，“没有真正试图根据自身的军事资源来恰当地许下政治承诺，在使供应给防务之用的资源与本国经济状况相适应方面，所做的就更少了”。[26]威尔逊的政府宣称“防务必须服务于外交政策，而不是支配外交政策”，强调接下来十年中的第一要务，是保卫英国本土，支持北约的行动，与此同时，必须削减在海外的军事
307 任务数量，减轻防务带来的压力。而截至当时，远东地区部署着英国最大规模的海外部队，为的是履行对马来西亚和东南亚条约组织的承诺。英国两党的领袖都全力支持保卫马来西亚免受马印对抗的冲击，新政府认为，如果该地区仍不稳定，军事基地仍然确有必要保留，在这样的情况下还放弃这些基地，那就是不负责任的行为：“我们在这些基地的驻军，我们的英联邦伙伴，以及我们军队具有的机动能力，都使得我们能够为全球广大地区维持和平作出贡献，这种责任不是其他国家能够承担的。”[27]

1966 年 2 月发布的年度回顾仍然坚称，英国应该继续在远东“扮演富有建设性的重要角色”，因为这一地区在未来十年中，最可能对英联邦构成威胁，只要新加坡和马来西亚还表示欢迎，英国在那里的基地就会继续保留。但同样需要注意的是，要让钱花得物有所值，方法是要建立“现代化的、机动灵活的和有效的军队”[28]，并要在接下来的数年中，逐步削减防务开支在国民生产总值中所占的比重。[29]优先选择是，帮助友国和盟国建设它们自己的军队，“要推动这样的发展，即让当地

民众在没有外来军事力量帮助的情况下,能够和平地生活”,这样一来,英国也可以逐步从中东和远东的常驻军事基地撤出,在出现危机时,则从英国本土直接派遣军队支援即可。[30]

12 年的马来亚紧急状态结束后,紧接着又是三年的马印对抗,这些都让英国的财政窘境雪上加霜。英国有 5 万人的军队卷入马印对抗,使得远东司令部的军费支出,从 1964 年的 7 000 万英镑,上升到 1966 年的 2.5 亿英镑。[31]随着马印对抗于 1966 年结束,节约开支的希望开始增大,没几个月,英军就几乎全员撤离婆罗洲。[32]但支持工党的民众却已经变得越来越没耐心,因为他们一向反对在防务上大笔支出,1966 年 10 月,工党召开年度会议,在会上,有人呼吁关闭远东的基地。[33]

随着东南亚海域的局势达到过去数年来最为平静的状态,1967 年 4 月,英国内阁设定了一张时间表,准备到 1970 或 1971 年时,将远东司令部的规模削减一半,并从 1973 年开始,逐步从各个基地撤军,整个过程将于 1977 年完成。希利将逐步撤军的意图告知了新加坡。虽然并没有面临什么危机,但李光耀还是于 1967 年 6 月到访伦敦,并于 10 月再度前往,请英方放慢撤出的步伐,让英国的战斗部队一直待到 1975 年,[34]从而留出足够的时间,让新加坡增强自身的防御能力。

在独立之时,新加坡的武装力量包括两个步兵营,一个创建于 1956 年,另一个创建于 1962 年,另外还有一个部分动员起来的志愿步兵营,一个志愿炮兵团,一个装甲车中队,另有总数约为 50 名军官和 1 000名士兵的工程兵和通讯兵。一支小型志愿部队曾在紧急状态时期,与马来亚辅助空军部队协作执行任务,但已在 1960 年解散。在马来西亚联邦成立时,若干属于原先的海峡殖民地皇家海军志愿预备队的巡逻船,收归皇家马来亚海军领导。这支部队驻扎在勿兰(Woodlands),毗邻海军基地。

分立之后,新加坡旋即成立了内部暨防御部(Ministry of the 308
Interior and Defence,MINDEF),由吴庆瑞领导。他在接下来具有关键意义的两年里,一直负责掌控这个部门。李光耀不愿意支出大笔国防开支,因此倾向于只组建一支志愿性质的地方自卫队,在国防上继续依赖《英马防务协议》提供的援助。但吴庆瑞主张建立一支有相当实力的独立军队,以普遍的男性兵役制为基础,以一支强干的正规军为核心。[35]李光耀最后遵从了吴庆瑞的主张。根据这个方案,1965年11月,内部暨防御部制订了计划,组建一支小规模的正规军,辅以国民服役组成的大部队。1966年2月,一场大规模的征兵动员运动启动,两个正规步兵团与新加坡义勇团合并,组建了第一个新加坡步兵旅。[36]1966年,新加坡武装部队军事训练学院在裕廊开办,而根据1967年3月通过的立法,国民兵役制度要求大多数新加坡男性公民在18岁时要接受一段时期的军事训练,之后就成为预备军事力量的一分子。

国民兵役制的主旨是以最小的花费维持一支有相当规模的防御力量,但政府也将其视为促进国家团结的有益工具。这个初生的共和国以以色列为榜样:它虽是一个小国,被充满敌意的邻居包围着,却找到了在战争中战胜远比自己强大得多的敌人的方法,而且,在这个国家中,强制兵役制组建的公民军队,以及兵役结束后长期作为预备队的义务,也有助于将各个族群融合在一起,形成共同的国家认同感。1965年年底,新加坡邀请了一个以色列代表团前来,还任命以色列的顾问负责训练新加坡的军队,这些顾问一直在新加坡待到1974年4月,产生了极大的影响。

与此同时,英国的经济继续停滞不前,1967年11月,一场严重的财政赤字危机迫使英国货币大幅贬值。即使到了这个时候,国防大臣希利还安抚新加坡说,这不会影响到稳步撤军的计划,但英国参谋部却开始坚持,对外承诺必须根据资源情况有所减少,这导致政策出现了根本性的转变。威尔逊和希利(在很多年里还包括参谋部)试图延缓变化的发生,调和继续重视苏伊士运河以东地区及缩减开支这两个根本无法相容的目标。有人曾说:“尤其是威尔逊,似乎不是从分析的角度,而是从情感方面下定决心,即使只能用更少的钱,也要让英国国旗在远东飘扬。”[37]

由于之前有这种种抗拒变化的安抚和尝试措施,当逐渐必须面对现实时,就反而给人带来更大的冲击。1968年1月中旬,在没有征询可能受到影响的各方的情况下,英国政府突然向国会宣布,迫切需要评估公共支出的整个构架,以厉行节约,而这其中就包括,在1971年4月之前,从马来西亚和新加坡的基地撤出全部英国军队。[38]

国防支出评估于次月公布,读来令人沮丧。军队履职将集中在欧洲和北大西洋,1969至1970年的海外防务预算将大幅削减,其后几年还会进一步紧缩:减少正式编制人员,逐步取消运输队伍,削减新的军舰建设计划,撤销辜加兵旅,取消飞机订单,并加速从马来西亚和新加坡撤军。[39]最关键的是,不管马来西亚和新加坡是否会遭遇威胁,将不再考虑在远东建立一支特别机动部队,即不再考虑建立提议的战略储备部队。[40]

1966年的白皮书综合考虑到了各方面的因素,但1968年1月所 309
作的决定却完全只从英国国内糟糕的经济形势出发,而这也给新加坡的安全和经济带来了意想不到的严重问题。英国的军事基地牵涉到新加坡20%的国民生产总值,在当地雇佣了2.5万人,并间接影响到另外数千人的生计。尽管新加坡正努力发展工业,实现经济多元化,但要消解因此带来的可预计的大规模失业及其对政局稳定造成的影响,似乎还希望渺茫。

新加坡的领导人一时间愤恨不已,而且有些慌乱,他们考虑退出英镑区①,对英国的航运、保险和金融企业采取报复性措施,但很快就意识到,如果这样做,新加坡所受的伤害会比英国还要严重。李光耀试图说服马来西亚、澳大利亚和新西兰,向英国政府施压,延缓撤军进程,但没有成功,他于是飞往伦敦,私下与英国内阁的各位大臣们及商界领袖会谈,并通过电视向英国公众发表演讲,此举非常有力,效果也很显著。[41]英国工业联合会(Confederation of British Industry)等经济组织出面声援,在野的保守党也暗示,如果它上台执政,将逆转从远东撤军的计划。威尔逊和希利是真心满怀同情,因为他们知道,英国这样突然

① sterling area,以英镑为中心的国际货币集团,成立于1939年。——译者注

改变政策,会给这个年轻的共和国,以及他们非常欣赏的李光耀带来多大的麻烦。英国内阁也渴望在条件允许的范围内尽可能提供一些帮助,于是将计划撤军完成的最后期限,推迟到了 1971 年 11 月,并在 1968 年 5 月,向新加坡慷慨地提供了一揽子援助计划。这包括一笔5 000万英镑的软贷款①(其中有 25%纯粹是免费赠送),对因此失业的雇员进行再培训,帮助建立防空体系,移交基地时各种设施均予以保留(总价值据估计约达 1 900 万英镑)。

新加坡政府于是不再把时间浪费在责难上,马上着手充分利用这笔非常有价值的临别遗赠,把英国国防部在过去几年里大手笔支出的成果全部纳为己用。英国军队之前占据了岛内超过十分之一的土地,其中包括许多最佳的地块,因此新加坡一下子就拿到了大量优良地产,还包括建于其上的相当数量的住宅、学校、医院、运动设施及其他一些附属设备。它还拿到了几乎所有的高技术设备,包括设备相当齐全的海军船坞。这个船坞的主体于 1968 年年底完成移交,成为新加坡新兴造船业的基础,也为其后兴起的石油勘探事业准备了平台。曾在裕廊工业发展中起到重要作用的韩瑞生[42],此时负责成立了基地经济改用局(Bases Economic Conversion Department),开发所获新资产的商业潜力,到 1970 年 4 月,大多数土地、建筑和设备的移交都已完成。[43]

人民行动党的领导人们总是很善于化险境为机会,他们利用这场危机,成功地把新加坡人更紧密地团结在了一起,以更大的干劲,力争在英国人最后撤离之前剩下的两年里,加紧发展经济,建设国防。

1968 年 4 月,执政党再次面临选举。但这次的结果早就在人们的预料之中。执政党已经不再需要像 1963 年时那样,采取一些政治手腕来确保自己能获胜了。他们的领导人应对危机及时而高效,新加坡人对此印象深刻,大多将他们视为带领民众走出当前困境的最佳选择。

---

① soft loan,指一种不要利率或利率低于市场水平的贷款,具有偿还周期长、贷款利率低等特点。——译者注

而反对党们这时均组织不力,很多领袖人物还关在监狱里。社会主义 310
阵线抵制了选举,工人党只推举两名候选人。在全部58个选区中,除了7个以外,人民行动党提名的候选人均在毫无竞争的情况下顺利当选,人民行动党横扫了全部席位,获得了多于84%的选票。

投票结果显示,选民坚定地支持执政党,而且,他们还准备为应对眼前明显的危机而作出牺牲,这使得政府能够大刀阔斧地开展工作,他们采取的某些措施,如果在其他时候推出,就似乎有压榨劳工的嫌疑。1965年12月第一届国会召开时,人民行动党曾宣布:“不负责任的工会过度发展……是我们不能承受的奢侈浪费行为。”[44]1968年8月出台的新法律就旨在约束劳工,限制罢工,提高生产力,创造能吸引投资者的良好环境。这些立法允许延长劳动时间,减少假期,限制发放加班费和津贴,缩减白领阶层的福利。而针对广大劳工的相应补偿措施包括病假、失业抚恤金,以及增加雇主交纳中央公积金的份额。[45]若不共渡难关,结果可能更加糟糕,因此各家工会虽心有不满,还是对有必要施行更加严格的新法律表示接受,1969年也成为自人民行动党执政一来,第一个没有发生一次罢工的年份。1971年,全国工资理事会(National Wages Council)成立,由政府、工会和雇主三方派代表组成,负责对制定工资政策提供指导意见,预防劳资纠纷发生,化对抗为合作。

为了推动出口导向的工业化进程,新加坡加大了吸引国内外投资和专家的力度。1968年7月,经济发展局重组,为发展提供资金支持的职能转移到了新加坡发展银行。该行由韩瑞生领导,为制造业企业提供长期融资服务,入股大量由私人资本投资兴建并主营的新兴产业企业。六个月后,国际贸易公司(Intraco)成立,由政府、新加坡发展银行和私人资本共同拥有,初始任务是,与实行国际贸易国有制的国家开展贸易。

新加坡迅速成长为一个金融中心和资本市场。1968年,它成为亚洲美元市场(Asia Dollar Market)的总部,1969年,它又成为黄金市场,而且在规模上迅速超过香港和贝鲁特。

政府计划让新加坡成为仅次于日本的亚洲第二大航运、船舶修理和造船业中心。1966年,新加坡共和国建立了自己的本地船只注册机制。两年后,政府向外国船只提供免税的注册登记制,在亚洲首先建立了“方便旗”[①]制度,并建立了国有的东方海皇轮船公司。1972年,全国船只理事会建立,旨在打破远东货运会议(Far Eastern Freight Conference)的垄断地位。后者的历史可追溯到1897年,受老资格的欧洲(主要是英国)航运公司控制。[46]1966至1968年间,造船和船舶修理的业务量几乎翻倍。1969年,新加坡成为英联邦最繁忙的港口,1972年,集装箱综合设施建成,使它成为东南亚的转运中心。到1975年时,它已跃升为全球第三大港口,仅次于鹿特丹和纽约,不过后来又被香港超过。

此前一直谨慎观望的外国投资者开始纷纷涌入新加坡。1968年,裕廊由新建的裕廊镇政局(Jurong Town Corporation)管理,到1970年
311 年底,这个之前被戏称为“吴的蠢作”的工业园区,已经接纳了264家工厂,共雇佣了3.2万名工人从事生产,另有100多家新进驻的工厂正在建设。

随着来自其他国家和地区的资本纷纷涌入,对英国的依赖程度大幅下降。这些资本来自西欧、日本、马来西亚、澳大利亚以及中国的香港和台湾等,但最大头来自美国。1972年,美国提供了新增国外投资的近一半,次年,它成为新加坡第二大贸易伙伴,仅次于马来西亚。到1972年时,新加坡的制造业企业中,有四分之一是外资或合资企业,这些企业占到新加坡工业产值的近70%,直接出口额的83%,雇佣了它一大半的劳动力。跨国公司(主要来自美国)受到热烈的欢迎,新加坡视其为扩展经济的有效方式,因为它们还能提供技术专家、管理和出口经验。

而对邻近的马来西亚出产的石油的需求,也导致资本、设备和专业

① flag of convenience,指允许商船不必交税就在本国注册,并悬挂本国国旗的制度。这样的船只在公海上可得到该国的保护。——译者注

人才涌入新加坡,因为它的地理位置和设施配备非常适合建立相关辅助产业。到1970年时,石油成为新加坡的出口支柱产业,占到共和国工业制成品总数的近40%。1973年,新加坡成为全球第三大炼油中心,仅次于休斯敦和鹿特丹。在当时,有30家主要的石油开采企业都设在新加坡,还有十多家相关的咨询、潜水和基建及专业工程公司。[47]

世界范围内造船和船舶维修业的兴盛,越南战争逐步升级带来的对供应品的需求,印度尼西亚经济的恢复,以及东南亚深海石油开采的发展,都让新加坡的经济大为受益。世界银行的一份报告指出:“1968年,新加坡迈入经济加速发展的新阶段,私人资本投资兴盛,失业率下降,政府收入增速喜人,总体储蓄开始超过投资额,外汇储备正在稳步积累。”在20世纪60年代,新加坡成功地使自己的经济实现了总量上的增长和多元化发展,其国民生产总值以复合年增长率超9%的速度递增,工业生产的年增速超过20%,工厂的数量比之前的三倍还多。

在1968年4月大选季,大多数新加坡人关注的是英国即将撤军给经济造成的困境,但政府最为关注的却是撤军对国家安全造成的影响。新加坡与马来西亚的关系闹得很僵。英国的数位大臣造访远东,征询两国政府的意见,以期在修订《英马防务协议》上达成一致,但却发现很难取得进展。因为吉隆坡对于以色列在新加坡具有的过度影响感到不快。新加坡共和国自身拥有的军队数量很少,在此之前也一直仅把很小一部分资源用在防务上,但在1968年选举获胜后,政府在防务上的支出增加到了原来的三倍,不到六个月时间,就上升到占国民生产总值的10%。[48]为了满足创立本国的空军和海军的需求,新加坡在4月建立了空军司令部,12月又建立了海军司令部。英国皇家空军帮助进行了培训,并在1969年4月将实里达空军基地移交给新加坡。经济的繁荣使得分配一定精力和资源用于防务变得相对容易起来。到1971年,防务支出占到预算的四分之一。撤军危机对共和国形成的挑战也提供了 312
一个契机,使举国上下团结一心,保家卫国,因此,没有人反对国民兵役制。

1970年6月，英国的大选将保守党重新送上了台，此时，新加坡已经为英军基地关闭作了长期准备。新政府宣布，它决心重新让安全问题成为国家的首要关注点，弥补“前后多份防务评估报告造成的伤害”，继续为维护世界和平与稳定承担“适当份额的”责任，履行条约规定的义务，支持东南亚条约组织。[49]不过，尽管它放出豪言，但撤军收缩的政策只是延缓了，并没有逆转。保守党人并不想一力背负保卫该地区的全部责任，为了代替《英马防务协议》，英国与马来西亚、新加坡、澳大利亚和新西兰共同签署了《五国防务协议》(Five-Power Defence Agreement)。该协议于1971年11月正式生效。[50]

极少量的英国、澳大利亚和新西兰军队，在海军和空军增援下，将作为信心保证常驻新加坡和马来西亚，并为当地的防务能力提供技术支持。这一协议强调了英联邦的作用，但并没有规定实质性的责任，用含糊的咨询和协商机制代替了确定的军事援助承诺来应对可能发生的危机。由于危机再未发生，这项协议的有效性从未得到验证，在新加坡的领导人看来，它至多也就是为他们建设共和国自身的防务提供了缓冲的时间。1973年，澳大利亚撤走了地面部队。1974年3月，工党政府重新在英国掌权，进一步紧缩撤军：1975年，最后一批英国海军部队和直升机离开；次年初，最后一批英国陆军离开。到1976年3月底，英国从新加坡的撤军已经全部完成，[51]次年，东南亚条约组织解散。殖民时代的最后一点遗存就此消散。

英国在东南亚野心勃勃的防务政策，在一定程度上造成了本国的经济窘境，但这些基地在稳定该地区局势方面确实发挥了很大作用，帮助新加坡和马来西亚安全地度过紧急状态时期和马印对抗时期。此外，英国在最后几年里的慷慨赠予，让新生的新加坡共和国获得了一大笔“嫁妆”，它充分发挥了这笔财物的作用，积极发展自身的经济和防务。

而它为新加坡留下的心理遗产可能也同样重要，人民行动党政府也充分利用了这种心理上的冲击，给国内民众上了一课，告诫他们，新加坡人必须始终自力更生，不能依赖外来的援助。这成为新加坡国家精神的基石。当时，英国将加速撤军的消息给人们造成了极大的心理冲击，而这旋即转化为一种催化剂，加强了新加坡人的团结感、纪律感，让他们干劲十足地投入到为维持生存而奋斗的战役中去。

新加坡在1969年2月庆祝了开埠150周年，当时，国内洋溢着乐观主义情绪和浓浓的节日气氛。它已经可以自豪地宣称切实取得了许多成就，而这一切，仅仅在四年前，在与马来西亚分立时，都看来是遥不可及，无法办到的。而1969年5月，严重的种族冲突在吉隆坡和马来半岛上多处发生，但新加坡却几乎丝毫没有受到波及。

到这个十年结束时，新加坡几乎实现了全部就业的状态，有些门类的人力还供不应求。尽管英国军方之前雇佣的1.7万名文职人员下岗了，但却丝毫没有对就业形势造成压力，对劳工的需求非常旺盛，以至于移民法案在1971年放松，允许非本国公民前来工作，到第二年，移民劳工已经占到劳动力的12％。

根据1970年世界银行和国际货币基金组织发布的报告，这个年轻 313
的共和国“普遍洋溢着兴奋的乐观气氛”，而“正是只争朝夕的紧迫感，让新加坡成为一个让居住在这里的人感到兴奋的地方，也正是这种紧迫感，辅以人道主义和对公民个人福祉的关怀，是新加坡能取得如此令人瞩目的发展和成就的核心因素”。

1971年1月，新加坡主办了两年一度的英联邦国家首脑大会，会议历时一周，其间风和日丽，气候宜人。这次大会没有取得什么成果，气氛紧张，争论不断，但作为大会主席，李光耀表现得相当运筹帷幄，再加上整个国家流露出的乐观上进气氛，展示出的繁荣昌盛景象，在很大程度上缓和了这次会议的不佳氛围。在英联邦内，新加坡代表着独立能带来的自豪感，这个美丽、繁荣的城市国家，在150年出头的时间里迅速崛起，成长为世界一流的港口和一个发展迅猛的现代化国家。一个秩序井然的社会，没有任何政治动荡迹象，没有任何劳工和学生骚乱活动，这在1971年的世界中实属罕见，也与新加坡自身在前些年出现的动荡局面形成鲜明对比。

人们原先觉得英国军队最终撤出时，新加坡的境况一定非常可怕。

但当这一天终于在 1971 年 11 月到来时，新加坡的《新国家报》(*New Nation*)却打出了这样的头版标题："英军撤出，波澜不兴。"[52]

新加坡视教育政策是培养国民意识，建设一个团结、稳定和繁荣国家最重要的长期手段。在其执政的前九年里，人民行动党政府把近三分之一的预算都投在了教育上。1959 年，该党坚称，"教育必须服务于一定主旨"，根据社会需要来安排。[53] 1965 年后，教育体系的设置服务于国家的塑造和建设事业。[54] 这是一条面临着重重困难的道路：要培养劳动力最大程度地发挥经济生产力本身就是一项非常艰巨的任务，更何况，在实践考虑之外，新加坡的教育还被赋予了极深的感情色彩，非常容易引起分裂，因此具有深远的社会和政治影响力。马来语是马来西亚和更广泛的马来亚-穆斯林地区的通用语言，也仍然是新加坡共和国的官方语言，但在新加坡，马来人是少数民族。现代华语教育所采用的媒介语言是普通话，但新加坡的华人之前极少使用，长期以来还被视为与坚持效忠母国、涉嫌颠覆行为相联系。而英语是全球现代化和国际商贸中使用的主要语言，但它又蕴含着是过去的殖民者和西方化精英使用的语言的意味。

1956 年所设定的四大语言将得到平等对待的政策，在理论上仍然有效，但此时，各所学校均更密切地纳入到统一的国家体系中，多语制、学习科学和技术，以及体育锻炼得到强调。

在独立之时，普遍的免费初级教育就已经实行，1966 至 1970 年的"五年计划"集中关注中等教育和高等教育。遵照林溪茂委员会(Lim Tay Boh Commission)的建议，[55] 从 1966 年开始，第二语言成为中学的必修课程。教育部长王邦文自己就既接受过华语教育，也接受过英语教育，他大力推动这项政策的贯彻执行。[56]

314 更多受中等教育的学生转到技术学校和职业学校就读，而在大学教育层面，强调的重点转向培养工程师、科学家和商业经理人。当局力劝父母把自己的孩子送到公立学校就读，因为这里会培育他们具备国家精神，并确保他们得到培训，掌握国家认为需要的技能和特长。私立的外国学校不再面向所有新加坡公众开放,从1971年开始,如果父母送孩子到国外念书(主要为了逃避服兵役),就要交纳极重的罚款。但这项政策只取得了部分成效。许多家境富裕的父母还是把自己的儿子送往国外的寄宿中学和大学上学,而且事实上对女儿的教育没有限制。

英式和中式教育传统都强调考试,在一个推崇成功的竞争社会里,英才教育的观念也很有市场。它为有能力的年轻人提供了诱人的机会,而不论他们的社会或民族背景。职业教育则与之配套,紧紧关注经济需求,确保大多数新加坡人能找到工作。这种教育体系的目标是,将每个孩子的有用能力发挥到极致。英语学校和华语学校里拔尖的学生被选拔出来,接受大学前的预备教育,1969年,一所服务于此目的的国立初级学院建立,这是一系列设备配备良好的初级学院中的第一所。这个体制在提供诱人奖励的同时,也给有天赋的年轻人施加了极大的压力,并把不那么聪明、不那么强的人推到了不太受重视的角落。出身贫寒的成功人士被推崇为榜样,但机会的"平等"渐渐地还是开始偏向那些富有野心和抱负的职业人士和中产阶级父母的孩子。

尽管马来语、华语和泰米尔语学校得到了设施上的改善和额外的资源,但政府中的职位,专业岗位和商业领域还是更青睐英语水平比较高的人。到1968年时,以英语为教学语言的学校中有超过30万学生,华语学校仅有13.5万,而马来语和泰米尔语小学的入学率一直在下降。

这一阶段人们偏向以英语为教学语言的学校,并不是政府政策刻意推动的结果。起初,政府坚持施压,希望普遍实行以英语为媒介的教育,这主要是因为马来人的代表提出,用本土语言教学实际上如同在殖民时代一样,使他们处在落后的状态。从1951年开始,政策开始发生转变,因为官方逐步将英语教学推行到新加坡马来语学校的政策遭遇了抵制。在1970年,新加坡马来教师联合会正式向当局请愿,要求实行以英语为主要教学语言的全国教育体系。但在当时,这样一种体系可能带来政治问题:印度尼西亚和马来西亚对这种政策充满质疑,部分想要维持传统华文教育的新加坡华人也敌视这项政策。

令人感觉矛盾的是，在殖民统治时期的歧视政策下，华语教育发展势头强劲，但当它平等地融入国家教育体系后，反倒开始萎缩。政治家和教育界的领袖人物都强调，学习英语对参与现代化和商贸活动确有必要，但学习自己的母语则能塑造人的基本价值观，如果没有这种价值基础，新加坡人就“完全没有文化归属，陷入迷失状态”。[57] 政府领导人毫不掩饰地表明，他们相信，华语教育能让人更为自律，更能坚韧地对
315 抗困境，也更愿意为了公众福祉而自我牺牲。总理和其他一些受英语教育的著名领导人，把自己的孩子送到华语学校就读，认为它们能更好地塑造人格。而其他父母从孩子的前途考虑，在自己没有办法在家里创造同样条件让孩子学习英语的情况下，还是倾向于送他们去英语学校。

不过，华语学校也不再像 20 世纪 50 年代时那样，无法为学生提供继续深造的机会。它们的在校生如今也将英语作为第二语言学习，还有机会升入南洋大学继续学习。不过南大的学生在与受英语教育的同龄人竞争商业和工业领域的职位时，往往胜算更小。即使在政府内部，在 1970 年时，虽然南大毕业的学生占到行政公务员的近 40%，但他们极少升到管理职位上。

华语学校入学率的持续下降，引起了中华总商会和华文报刊出版商们的重点关注，出版商们觉得，这会让他们潜在的读者群逐渐萎缩。1971 年 5 月，报纸提出严厉批评，称官方故意忽视华语教育和文化，这导致当局根据《内部安全法》(Internal Security Act)，逮捕了《南洋商报》编辑部的三名领导人，理由是“蓄意”发起“一场煽动华人民族情绪的运动”。

但随着时间的推移，人们对华语的态度发生了改变。普通话开始被视为打破方言壁垒的手段，后来也开始成为一种有用的商业工具。1979 年，在华文媒体和新加坡中华总商会的热情支持下，政府发起了一场提倡使用普通话的运动，敦促包括政府文员、工头、巴士售票员和出租车司机在内的所有人使用普通话来代替方言。而随着中华人民共和国实行改革开放，掌握普通话能让新加坡人在做生意时，比西方人以

及讲粤语的香港人更有优势。

到此时,实际情况已经证明,双语教育对许多新加坡年轻人而言实在非常吃力,甚至还可能带来这样的风险,将新加坡变成李光耀所描述的混杂的“卫星社会”(calypso society),没有自身的语言和独特的文化。1979 年,副总理吴庆瑞兼任教育部长,发起建立新教育体系。这个体系将学童在 9 岁时分入单一语言和双语两个体制,在 12 岁时又对他们作一次分级,分为正常、敏捷和出众三类。这项新政策旨在减轻学力有限的学生的负担,但在实践中,它却使克服教育体系的沉疴更加困难,实行了数年就不得不进行修改。

与此同时,大学和学院已渐渐不再涉足政治,甚至变得对政府非常温顺服从。以英语为教学语言的新加坡大学本来是独立的,但在独立之后的数年里,政府着手将其收归国家控制。担心此时横扫西方世界的学潮会波及新加坡,政治领导人们对持自由主义立场的西方教员提出严厉批评,还希望引导学生不修社会学等风行一时的课程,而学习那些被认为与国家建设“更相关的”课程。李光耀亲自出马,对全体学生发表讲话,杜进才则被任命为副校长。对许多教员和学生而言,这是一个痛苦的过程。而对所有提出要求深造的申请人进行审查,只允许获 316
得适合就学资格证的入学,这一提案遭到各所大学和义安学院的抗议。不过,新加坡大学的学生领袖们大体上还是支持现代化、脚踏实地的管理风格和能让受英语教育的学生大为受益的经济振兴的。而当他们确实抓住机会在某些方面表达出不同意见时,政府会表示出不鼓励争论的态度,学生们于是也就不再激烈地提出反对,因为他们知道,持异见有可能会妨碍他们将来的事业发展,毕竟这是一个政府控制了大多数资源的小社会。1964 年,持温和派立场的大学民主社会主义者俱乐部成立,对更加激进且亲社会主义阵线的新加坡大学社会主义者俱乐部形成挑战。社会主义者俱乐部逐渐衰落,并在 1971 年注销。

在 1974 至 1975 年经济衰退时期,新加坡大学学生会主席陈文彪因发动一场抗议活动,反对政府驱逐一批来自马来西亚和香港的学生而被捕。这次抗议活动跟 20 世纪 50 年代的抗议示威活动相比,势头已大不如前，但陈文彪在接受审判期间的表现却给人们留下了深刻的印象。陈因煽动劳工叛乱的罪名被判入狱一年，刑满释放后，他先是躲藏起来，后逃往伦敦，开始海外流亡生涯。1975年，政府重组了新加坡大学的学生会，学生干部不再由学生们直接选举产生，学校管理部门将控制学生会的经费。这标志着新加坡大学学生运动的终结。

1980年，新加坡大学和南洋大学合并，组成新加坡国立大学。多年来官方政策和民间独立开展的运动都在努力让英语和华语教育合流，这次合并标志着这种努力达到高潮。早在1960年，为了分散热衷政治的学生，新加坡大学开始接收华文中学的毕业生，同年，政府开始向优秀的华文中学毕业生提供奖学金，送他们出国深造。与此同时，吸引学生们接收华语教育的动力正在减弱。在南洋大学成立的头十年里，虽然（或许正是因为）校内政治气氛浓厚，但它不仅吸引到新加坡本地华校中的优秀学生，还吸引了来自印度尼西亚和马来西亚的学生。但进入华校的新加坡学生的数量正在持续下降，从1959年的近46%，下降到1977年的不到11%，而且，马来西亚和印度尼西亚此时也开始实施不鼓励学生前往新加坡就读的政策。南洋大学的教学质量因而不可避免地出现滑坡，未来继续坚持作为一所以华语为教学语言的大学的前景也岌岌可危。1975年，政府促使南大逐步引入英语作为教学语言，1977年，它开始与新加坡大学开设联合课程，三年后，两校正式合并。

在南大诞生时，很多人对它寄予厚望，如今它却消亡了，这让那些认为华语教育是一个“能够使人的品质变得高尚，人格变得纯洁”的教育体系（林文庆博士当年的话）的人感到悲伤。创立一个卓越的华人教育和文化中心，让它成为整个地区的灯塔，这个梦想就此破灭。但与此同时，新加坡国内原本有人担心，南洋大学的种种活动，会让华人学生倾向于一心效忠新中国，如今，这种担心也不复存在。其实，与前几代去往祖籍所在地的母国求学深造的学生们不同，南大的学生一直都更倾向于把新加坡视为自己的家乡。

317 长期以来，英语一直是官方的行政语言，而且越来越被接受为实现发展和现代化过程中的主要用语。1971年,它成为军队承认的正式语言,1987年,它被官方正式采纳为第一教学语言。到此时为止,新加坡已准备好推广英语为共同的统一用语,而不再顾虑其殖民主义起源。具有讽刺意味的是,1956年,政府实施政策,从官方角度赋予四大语言平等地位,并为所有新加坡儿童提供双语教育,这最终却使英语慢慢崛起为新加坡的主要语言。

在同一时期,这个岛屿的外观也在发生变化。联合国派遣了一系列代表团前来新加坡,根据他们提出的建议,1967年,政府制订了一个雄心勃勃的国家和城市建设计划。1966年通过了一项《土地征收法》,取代了之前力度有限的殖民时期法律,解除了对大刀阔斧开展大动作的法律障碍,赋予当局为公共目的购买私人土地的绝对权力。根据新法律,私人业主会获得补偿,但金额很低,如果这桩购买引起争议,国家仍然能拿走地产,但卖家直到法院处理完相关纠纷后才能拿到赔款。

这项法令对新加坡岛此后30年的发展起到了十分关键的作用。它让当局能自由地开展城区清理和改建工程,自由地规划建设新的城镇、工业地产、住宅和交通系统。政府上马了大规模的排水工程,以排干沼泽,减轻洪水的威胁,还开展了浩大的围海造田工程,工程沿从新加坡河到樟宜的整个东部海岸,以及从巴西班让开始的西部海岸全面展开,把南部沿海的诸岛与裕廊迅速扩展的工业园区连为一体。

此前,新加坡的人口主要集中在拥挤的中心区域,现在开始向外发散。老的市中心仍然是经济和行政枢纽,但在岛内各处,大型的城区改建计划让破旧的地方面貌焕然一新,现代化的钢筋水泥摩天大楼、高层公寓、酒店和商务楼拔地而起。全面的清理工程铲平了牛车水的大部分,马来村庄也纷纷消失,村民们搬进了重新安置的聚居点。贫民窟、棚户区和城乡结合部的小村庄让位给了新型的城镇,这里有现代化的住宅,有配套的购物中心、学校、市场、诊所和休闲娱乐设施。女王镇是第一个这样的新城镇,它在60年代中期建成,第二个规模更大的新镇——大巴窑于1973年建成,勿洛和直落布兰雅随后也建起了新镇。

在这之后，建设重心转移到了岛的北部，在勿兰建成了规模更大的一座新镇。

1964年，政府启动了一个“居者有其屋”计划，以国家提供大量补贴的方式，帮助低收入公民购买公寓房。国家鼓励公民购房，这样就让他们与国家的稳定更加利益相关，另一方面，这样也可以释放资本，促进进一步的发展。从1968年开始，购房者可以把自己的中央公积金结余款用于购房。1960年，建屋发展局初创时，新加坡只有9%的人口住在公共住宅里，到1975年时，这个数字上升到了42%。因为当时私人地产的价格已高，新加坡的中产阶级感到无力负担，所以，建屋发展局还开始着手为这个人群修建品质更高一些的房屋，满足他们的需求。到70年代末，70%的新加坡人住在公共住宅里，而到20世纪最后几年里，这个数字又进一步上升到了将近90%。

318 甚至还在殖民时代时，新加坡人就对旨在改善他们的健康状况及物质福祉的措施非常在意，独立后的政府就更不会阻止公民们推动自己的福利了。1968年，内容广泛的《环境卫生法》出台，并得到了积极的贯彻，这一法律旨在防止污染，促进清洁，要求实现环境的美观。“清洁、绿色和美观”是当时的口号。

随着人口的日益增长，工业需求的增加，以及住宅地产的兴建，公共设施也相应开始扩展。由于用水需求在1966至1971年间翻倍，为了满足需求的增长，1969年，实里达蓄水池完成扩建。到70年代初，近95%的人口用上了自来水，到1980年，主下水道系统已经贯通了全岛。

随着环境的普遍改善和公共住宅的大量建设，健康状况大大改善。到70年代时，新加坡的婴儿死亡率和预期寿命指标在发达国家中排名前列。由于实施了大规模的疫苗和免疫计划，天花、霍乱、白喉和小儿麻痹症实际上已经消失，而肺结核也不再是主要的杀手，让位给了“文明病”——癌症和心脏病。

体育教育在学校里得到大力提倡，既为了改善新增人口的健康状况，也为建设一支体魄强健的国民防卫力量。英国人把他们对体育的热情传递给了一部分富裕的新加坡人,尤其是欧亚裔和印度裔。[58]不过,在殖民统治时代,极少有新加坡人能玩得起高尔夫、曲棍球和网球,但在独立之后,这些运动开始在崛起的中产阶级中流行起来。在更为大众的层面,从 1966 年开始,国家组织了一项一年一度的运动节(Pesta Sukan),和每年的国庆节庆祝活动一同举行。1973 年,一个大型的国际性体育场馆群在旧的加冷机场一带拔地而起,使得新加坡在那一年有条件主办了东南亚运动会。

到 20 世纪 80 年代早期,新加坡已经解决了困扰着众多现代化大城市的许多环境问题,但在这场生气勃勃的再建设运动中,旧日新加坡的遗迹也几乎消失殆尽。随着私人地产价格的升高,占地广阔还带有花园的别墅和平房被宏伟气派的公寓群代替,从前那些亚洲和欧洲殖民风格的建筑曾使新加坡显得别有风味,如今也已经被看起来千篇一律的公共和私人建筑所取代。新兴城镇和干净的公共住宅,比起过去拥挤的棚户区和贫民窟而言,让广大民众享受到了更健康也更舒适的生活方式。但这种种改善后的面貌对旅游者们却毫无吸引力,他们宁愿看看异国的民众如此令人动容的贫穷景观。1986 年,市区重建局(Urban Redevelopment Authority)设计了六个保留区,旨在重现牛车水、甘榜格南和小印度昔日充满异国情调的东方景象,同时也可以保留殖民时代给新加坡留下的部分遗产,甚至连易装癖者们经常出没的布吉街也得到了重建。当局还下令,将莱佛士酒店再保留一个世纪。新加坡河在 20 世纪 80 年代初时几乎就已经形同一条开放的臭水沟,在接下来的岁月里也得到了清理,两岸的仓库得到重建,这里成为露天咖啡馆集中的热门区域。

在后来,重建和重新安置给一些人带来了痛苦,但在初始阶段,这
些热火朝天的清除、更新和现代化计划得到了广大民众热情的支持。 319
没人会为铲平人满为患的贫民窟感到遗憾,新建设工程使用的土地也常常是灌木丛生的荒地,多数是 19 世纪初具有破坏作用的甘密和胡椒种植园造成的糟糕后果。主要的问题是要重新认识陌生的邻居。官方的重新安置政策是避免形成各族群封闭自守的隔都,要打破过去的种

族隔离状态，创建一个多族群融合的社会，为了达到这样的目标，每幢公寓楼的居民都是各族群混居的，公寓的分配根据总人口中各个族群所占比例来安排。

在新加坡，土地是非常稀缺的资源，有效控制土地，对新加坡的飞速发展起到了十分关键的作用。《土地征收法》让当局能自由地开展雄心勃勃的计划，以低廉的成本迅速建成一批新城镇，建成大量住宅，并将它们分租给公民，此后再以国家补助的低价卖给他们。这阻止了土地投机活动，有助于控制通货膨胀和人们对涨工资的要求，并让拥有住房的劳工感到经济的发展与自己利益攸关。[59]

作为一个执行着严格移民限制措施的小岛，新加坡在很大程度上避免了乡村移民的大规模涌入，因而也避免了无产盲流过多造成的许多问题，而这往往是发展中国家大多数大城市逃不开的。但人口出生率过高却产生了威胁，使得人民行动党提高人民生活水平、降低大众失业率的承诺有可能无法兑现，大量政治、经济和社会问题也会随之产生。

到20世纪50年代末，人口的年增长率上升到4.4%，此后，有赖于家庭计划协会在过去十年中的努力，增长率稍有下降。这个协会是一个志愿性质的组织，由受英语教育的中上阶层亚裔和欧裔妇女负责运营。它的宗旨完全是慈善性质的：通过帮助已婚女性控制生育数量，控制家庭规模来减轻穷困家庭的负担。家庭计划协会面临着大量不理解和歧视(主要来自男性)，而且，她们只能向选择主动来到它的诊所的人提供帮助。

政府承认了这个协会取得的小小成就，[60]但希望采取更加强势的措施，1966年，它在新加坡家庭计划协会的基础上，创建了新加坡家庭计划与人口委员会。该委员会的宗旨不再是以温和和自愿的方式来对个人实行善举，而是从整个社会的利益出发削减出生率。委员会推行的控制出生率运动得到了官方权威的鼎力支持。

1972年，“一家只生两个孩子”的政策得到推行，辅以一系列利诱和惩罚机制。流产法得到肯定,妇女受到相当大的压力,让她们选择绝育或流掉第三个孩子。政府之前为大家庭提供的税收优惠和特权被取消,生第三个及以上孩子的医疗费用大幅上升,入学条件也进行了调整,向第一个和第二个孩子倾斜。这些强势的政策为某些家庭造成了苦痛,也让一些医生以及罗马天主教会觉得非常不舒服。但由于必须控制人口增长,这个原则还是得到举国上下的普遍接受。坚定而积极的官方行动,辅以新的医疗技术以及小岛上大多数民众的支持,这些政策取得了显著的成效。事实上,这些政策实在是太有效了,因为到 20 世纪 80 年代中期,新加坡的人口已经开始出现负增长。

新加坡政府强烈反对西方式的福利国家模式,而选择集中推行这 320
样的政策:让自强自立的公民能凭借自身的技能和努力,改善自己的生活水平。政府认为自己的作用在于,为人们提供获得体面的住房、良好的教育,以及不错的工作的机会。由公民自己存钱累积的中央公积金项目进行了扩展,能帮助人们购买住房,为医疗买单,并支持退休后养老,但国家出资的养老金和失业保险金,这两项在二战刚结束后十分流行的政策,却被束之高阁。

这种取向不强调对有残疾的、体弱的和天赋不够的人群的同情。1965 年后,以公共抚恤金形式付出去的资金总额持续下降。不到十年,领取福利补助的人数就从 1966 年的 2.2 万多人,下降到 1976 年的不足 7 000 人,领取者几乎只有接近赤贫者。官方的政策是,帮助人们自行改变自己的命运,推动家庭责任感,甚至鼓励老人也干些临时性的工作。[61]公共卫生和医疗服务之前是免费向有需要者提供的,此时也开始收取少量费用,但针对女性和儿童的福利诊所除外,对肺结核等危及社会的疾病的治疗也不在此列。对老弱病残的关怀和爱护几乎完全交由家庭或志愿性质的慈善组织负责。到 20 世纪 70 年代早期,隶属于新加坡社会服务理事会的慈善机构有 90 多家,它们得到了政府一定的资助,但主要还是依赖私人的捐助。

刚独立的那几年可能是新加坡历史上最有活力的年代,[62]它也为新加坡赢得了许多西方国家的钦佩。它们认为，这个弹丸小国充分利用了智慧的力量，成功地摆脱了自己任人摆布的危险处境，克服了各种看似无法克服的困难，走出了一条自己的路，而与此同时，一些更发达的社会却因犹豫不决而陷入困境。李光耀在国内和国际上都赢得了尊重，具有极大影响力。这个岛国及其领导层也因此迅速获得了超出本国面积或重要性的巨大声望。

当然，新加坡的迅速崛起也付出了代价。政治的稳定、经济的繁荣，以及国家认同的形成，是以部分牺牲了人民行动党早期的政治原则——民主、社会主义以及与邻国的亲善关系——才达成的。

新加坡的领导人擅长审时度势，化挑战为机遇，这让他们打赢了早期的多场战斗，也让他们在更和平稳定的年代牢牢掌控了权力。人民行动党的领导人很快就认识到这其中存在的风险。1960 年，在执政第一年结束之际，官方的一份出版物评论说，虽然政府必须为了公众福祉而限制个人的权利，“如果它做得太过头，变成了极权主义社会，那限制的初衷就已经不值得肯定了”。

1965 年 12 月，在脱离马来西亚后不久，李光耀在国会宣布，新加坡继承了这样一种倾向，太强调行政权力，因此需要“使宪法更加自由，减少行政权威对立法和司法的限制和约束”。但这样的变化并没有出现。

英国式的宪政使新加坡国会的权力很大，因为实行的是一院制。
321 1959 年，独立的地方政府又被撤销，1965 年，唯一有影响力的反对党——社会主义阵线又自行解散，国会的权力更是空前强大。1966 年，一个宪政委员会受命研究针对种族歧视立法的约束机制，但委员会最终一致提出，社群主义的风险可以忽略，但在执政党几乎垄断权力的情况下，有必要保护个人的权利。该委员会建议，任命独立的司法官员，负责处理行政中出现的过失和权力滥用，以及创建一个建议性质的国务院，由没有明显政治倾向的社会贤达组成，公开举行会议。它还建议，根本性的宪法条款只能经三分之二的国会多数同意之后，再进一步由全体选民的三分之二多数，通过全民公投表示同意，方能修订。[63]

这些新的宪政提议并没有激起公众或媒体的热烈讨论。[64]政府否决了举行全民公投的建议，但同意在修订宪法时需要保证国会三分之二的多数通过。他们同意设置司法监管官员，但迟迟没有正式任命。1970年，一个总统理事会创立，[65]但它的会议并不公开，其创始会员包括了在任的内阁成员，如李光耀、吴庆瑞和拉惹勒南，以及一些前政治领袖，如陈清才、大卫·马歇尔和弗朗西斯·托马斯·马歇尔。后者任职才七个月就宣布辞职，以抗议这个理事会在职能上的局限性，其程序的不公开性，以及成员中竟包括仍积极活动的政治家、内阁部长和常任秘书。1973年，理事会的规模进一步缩减，精简成少数派权益总统理事会，只负责在一项法案三读完成后，提请人们注意其中歧视某个族群的内容。

独立早期的岁月奠定了人民行动党政府的基础和执政模式。而与马来西亚的突然分立，以及随后英国突然放弃军事基地，都让新加坡人受到了过大的冲击，因此希望依赖强有力的领导层，引导他们渡过危机，因此，他们也愿意接受激进的，有时是让人不太舒服的劳工、国民服役、教育和家庭规模控制政策。新加坡不是一个一党制国家，但在独立后的16年里，人民行动党一直占有国会中所有的席位。这个共和国仍然定期举行以普选制为基础的选举，国会公开议政，一丝不苟地遵循它所效仿的英国式议会制度。当局鼓励后座议员扮演“忠实反对者”的角色，对官方政策提出论辩，但这样的国会论辩只是学院式的空谈，并没有实际效用。国会还成了男性的天下。积极倡导女权的陈翠嫦，曾成功游说颁布了《妇女宪章》，但在1968年的大选中，她成为唯一硕果仅存的女性议员，到1970年她退休后，在接下来的14年里，国会里完全没有了女性的踪影。

在刚独立的那些年里，新加坡人似乎一点都不关注人民行动党越来越大权在握的局面。他们积极响应各种脚踏实地的建设计划，积极废除各种阻碍经济发展的旧习俗，但他们却把主动权留给了政治家们，乐于让这些精力充沛、专注而果敢的领导人来引领自己。建设和发展的主要倡议者来自内阁和高级公务员，而不是专业人士、大学、媒体或 322

其他机构。李光耀曾宣称,独立的新加坡是依靠约150个人的能力、动力和奉献精神创建起来的,他这么说不无道理。人们大多接受人民行动党的领导,因为它非常有效,但政府的积极行动却倾向于使整个社会失去参政议政的动力。新加坡人渐渐养成了遵守指令的习惯,而执政领导层由于清楚认识到自己为建设国家花费了多少心血,也开始越来越不耐烦接受批评。

西方的自由主义者们对新加坡式的民主多少都心存疑虑,但用拉惹勒南的话来说:"人们更关心的是,什么是一个好的政府,而不希望要一个与此相反的政府。"新加坡顺应了20世纪70年代在东南亚大多数国家都存在的趋势,倾向于实施"有指导的"民主,而不是瞎指导的民主,让政治服从于经济发展和行政效率的需求。[66]

内阁班子精明强干且精力充沛。20世纪50年代和60年代初的各种斗争要求他们高度具有凝聚力,这让人民行动党的领导层在此后的岁月里也形成了高度团结的传统,尽管成员各有差异,但他们却能公开形成高度统一。他们强调实干甚于意识形态,把自己在法律、经济、商业、公共管理、学术、新闻、城市规划方面的专业技能因地制宜地用于解决时下的实际问题。在个人的生活方式上,他们不讲究铺张浪费,不图虚名,无论是总理还是其内阁成员,都不追求以竖碑塑像或让建筑或道路用自己的名字命名的方式来彰显自己的名望。

由于拥有垄断性的任免权和权威,人民行动党能吸收或中立潜在的持不同异议者。遭遇了1961年那场挫折后,人民行动党的领导人特别注意,不让权力集中在由地方选举产生的支部委员会手中。相反,中央执行委员会负责任命支部委员会,由当地选区的国会议员出任支部主席。到1965年时,人民行动党已经建立了党内外的控制和交流渠道,其后数年中,这个网络又进一步得到了巩固和发展。政府领导人经常到各个选区巡视,发表演说,参加社会集会,议员们仿照大卫·马歇尔在1955年开创的模式,经常举行与民众的见面会。政府试图通过人民行动党的各个支部、人民协会和公民组成的咨政委员会时时掌握民意走向。50年代时,受英语教育的统治集团没有一个能充分与民众进行沟通和交流,与这种情况形成鲜明对比的是,到 20 世纪 70 年代时,人民行动党人,尤其是李光耀掌握了必要的语言技能,可以直接与民众进行交流,时刻维系与本党力量之源的联系。

总理亲自出任人民协会管理委员会的主席,这个协会下辖 180 个民众联络所,近 400 个幼儿园,以及其他一些机构和设施。所有人民协会下属的幼儿园的老师都必须是人民行动党党员,因此这项为大众服务的教职,同时也肩负着观念培育的任务。[67]民众联络所的组织者由政府负责培训,它为人们,尤其是年轻人提供社交场所及娱乐休闲器材。

公民咨政委员会是从 1965 年初开始在每个选区建立起来的,在每个选区内部、各村和各街道也建立起自己的委员会。从理论上讲,咨政委员会是独立于党组织之外的,但这些由政府任命组织的委员会不可避免地成为了人民行动党的有机组成部分,成为支持该党,并为该党输送新鲜血液的途径。公民咨政委员会和民众联络所一方面可以听取舆 323
情,另一方面也为人民行动党的领导层提供了向民众解释官方政策的途径,但在这些机构内进行的沟通交流主要还是自上而下的。它们是官方政策下传至民众的传声筒,而不是批评和反对之声上传的载体。从某种程度上来说,由于在国会中不存在正式的反对力量,这使得政府的部长们不必受约束,不必从政治策略考虑而精心斟酌自己在公共场合的言行。这很符合该党领导人具有的分析性智识取向,他们解释起政策和有时承认自己的错误都非常坦率,这在媒体和言论更为自由的国家反倒看不到,但这并不表示他们就更加听从公众的意见。

广播和电视由官方直接控制,独立后没多久,政府就宣布,它有意利用这些方式,“继续培养国民的态度和对政治的理解”。[68]报纸是由商业企业所有的,但根据颁布自 1948 年的紧急状态法令,必须每年重新向有关部门申请更新许可证。人民行动党早在 1959 年大选期间,就已经与《海峡时报》以及国际报业协会(International Press Institute)发生了冲撞,它与当地媒体以及国际媒体的关系也一直不是很和谐。政府坚持认为它想要负责任的和富有建设性的地方媒体,而不受宗派主义或其他可能威胁到国家安全、种族和谐或民众福祉的因素的影响。有些国外机构希望进入新加坡的传媒界，新加坡官方对它们更是疑心重重，觉得它们是另有所图，想拿媒体服务于某种政治目的。

《海峡时报》虽然总部设在吉隆坡，但却是新加坡当地发行量最大的英文报纸。在1971年年初，除了《海峡时报》外，当地还出现了三份新报纸：《新国家报》、《东方日出》和《新加坡先驱报》。《南洋商报》和规模更小的《星洲日报》都由家族所有，仍然是最有影响力的中文日报。用爪夷文拼写的《马来前锋报》被指煽动种族情绪，前不久刚刚被禁，马来文的报纸只留下一份用罗马字母拼写的《每日新闻》。这份报纸是由《海峡时报》公司负责出版的。当地另外还有三份用印度地方语言出版的报纸，但它们只针对小众的泰米尔阅读人群。

新加坡的中文报刊越来越关注华校在校生持续下降，以及这可能导致的中文报纸发行量下降的问题。1971年5月，它们提出尖锐的批评，称政府忽视华语教育。当局根据《内部安全法》，逮捕了《南洋商报》编辑部的三名领导人，其中包括拥有这份报纸的家族的一位成员，理由是他们“蓄意”谋划了“一场煽动华人种族情绪的运动”。没过多久，政府指控称，共产主义者从香港为《东方日出》提供资金，这导致其高层人员引咎辞职，这份报纸也因此停办。几天后，政府又根据从海外收集到的证据，称有外国资本流入，控制《新加坡先驱报》。《论坛报》在其出刊的十个月中，对政府政策积极开展了一些批评，此时试图对政府的指控予以回击。但它的斗争很快就告终结，因为它的许可证被注销，身为侨民的行政高层也遭驱逐。此后，在赫尔辛基召开的国际报业协会大会
324 对新加坡当局的这些举动提出严正的批评，李光耀则回击称，“大众媒体能够创造一种氛围，让人们变得渴望从先进国家获取知识、技能和纪律原则……但报纸的自由，大众媒体的自由，必须服从于新加坡国家完整统一这一更高的需求，服从于民选政府目的的优先性。”[69]

当局针对各家报刊采取的行动，尤其是《新加坡先驱报》的命运，引发了始料未及的群情激奋和民众批评声浪，但这一切并没有持续多久。1974年，在经过长时间的意见征询后，《报纸与印刷媒体法》通过，没有

遭遇什么反对。这项新法令禁止新加坡的报纸接受来自海外政府和组织的资金,也不准接受非新加坡公民的个人提供的资金。报纸必须由其运营首脑是新加坡公民的公共报业公司来出版。此外,向管理层分发股份必须得到文化部部长的同意,管理持股人必须是新加坡公民或公司,而且他们将拥有加强的投票权。这项法令不仅阻止了外国涉足新加坡报界,使新加坡公民掌握了报纸的控制权,它还使政府掌握了足够的权力,阻止企图颠覆者掌握管理层股权,打击了华文媒体传统的家族掌控模式。而决定性的一击则是 1977 年通过的该法令的一条修正案,这条修正案禁止个人或家族持有超过 3%的普通股。

《海峡时报》公司的主席比尔·西蒙斯(A. C. Bill Simmons)对实现新闻自由的前景表示悲观,但他认为,公众的态度是最应该指责的。该报在 1972 年 11 月时敦促读者们应积极应对:“在新加坡建设一家成熟的、负责任的媒体,公众和政府与媒体人……负有同样重要的责任……‘不予置评’并不总是好的应对策略。”[70] 几个月后,西蒙斯向伦敦的经理悲伤地报告说:“媒体领域所发生的事件只是新加坡公众普遍承受的压力的体现……这里没有有组织的抗议活动,极少有人对公众事务表现出真正的关心。”[71]

劳工领袖和学生们一向引领着新加坡政治中的反对声浪,但这时他们的声音已经暗哑下去。1964 年,左派控制的新加坡职工会联合总会解散,倾向于采取武装斗争的工会领导人也被逮捕,有组织的劳工运动作为一支政治力量渐渐失去势头。人民行动党成立了全国职工总会来代替它,此后,该党与职工总会也一直关系密切。职工总会的第一任总书记蒂凡那于 1981 年成为共和国的总统;第二任总书记林子安(Lim Chee Onn)曾在内阁中任部长职务;其后的第三任总书记王鼎昌(Ong Teng Cheong),在出任总书记时,同时也是政府部长和人民行动党中央执行委员会的主席,此后他又担任过副总理,并最终成为共和国的总统。[72]

1968 年的劳工立法定下了合作的基调。1969 年,蒂凡那从马来西亚回到新加坡，着手为工会创立一个新的角色，立足于与政府携手共进。他坚持认为："一个现代化的新加坡，却有着老式的工会运动，这是一种令人难以忍受的矛盾。"于是推动"积极接受"政府的举措。在官方的鼓励下，全国职工总会开始涉足合作社、保险和商业领域。[73]

325 新式的工联主义(unionism)并没有激起人们的热情，工会成员人数逐渐下降，这主要是因为全国工资理事会接管了工会大部分的职能，而它所确定的福利标准，对加入工会的劳工和不加入工会的劳工是一样的。这种衰落趋势在1979年开始加速。这一年，两个最大工会的总书记均深陷丑闻当中。他们被控犯有违背信托罪，两人均在保释期间逃走，其后不知所终。20世纪80年代初，人民行动党试图效法日本的模式，创建广场工会(house union)，但此类试验彻底失败。到1986年时，工会的成员数已经下降到仅占全部劳工的16%，这些工会与国际劳工运动之间也几无联系。

随着宪政内批评制度这一安全阀的关闭，一些新加坡人开始关注政权本身的性质。人民行动党在1968年大获全胜，这充分表明了民众对其的信心和信任。与此同时，这也表明一种潜在的危险，即选民自愿将权威赋予一个政治集团，因而导致政府日益封闭孤立，促使其虚妄自大，滥用权力。次年，政府废除了由陪审团进行死刑审判的制度，代之以由两名法官联席审判的形式，这导致持异议者开始出现，他们举行了公众抗议活动，律师理事会(尤其是大卫·马歇尔)提出了反对意见。

1971年，政府对华文和英文报章采取的行动震惊了公众。公众一时之间群起支持《新加坡论坛报》的短暂斗争，这表明《新加坡论坛报》代表的对新加坡社会的过度组织化管束的积极批评赢得了民间潜在的自由主义力量的同情。而这让新加坡政府开始警觉。[74]

快节奏的现代化过程不可避免地造成压力和苦痛。城区改造让各个家庭被重新安置，原先的谋生之道被改变，人们开始面对不太熟悉的生活方式。新加坡最大的少数民族群体——马来人中的许多人，尤其觉得要适应国家提倡的新模式非常困难。经济的迅速扩张以及大型的城区改造和旧房重建计划,迫使许多马来村民搬进了新的公寓楼。全岛范围内对马来村庄的清理此时还没有开始,在早期,受到影响的只是原先比较残旧的区域。那些受到影响的人觉得,要从半乡村化的生活转而适应住在高层公寓里的城市生活,身边还满是并非马来人的邻居,这个过程实在有些艰难。与此同时,早期给予马来人的优待和激励措施也在逐步取消。虽然马来语被官方认定为当地民族语言,但是实际上,英语才是通用语言。给马来人的特别教育奖学金的发放已经越来越少,而且只限制发给那些实际表现突出的学生。有些马来人非常好地适应了新的环境,在工厂和写字楼里找到了工作,欢迎现代化公寓带来的生活便利,把自己的孩子送到以英语教学的学校就读,但对广大民众来说,适应过程是非常痛苦的。他们觉得,新加坡现在不再需要讨好吉隆坡了,于是他们这个族群就开始受到忽视了,这种情绪导致很多马来人把人民行动党中当选为国会议员的马来人视为本族的叛徒,而且,此时已没有政治组织可以传达这个族群的不满情绪。

1972 年大选来临前夕,马来少数民族、受英语教育的知识分子、受华语教育的保守人士,以及劳工都私下发出了不满的声音。人民行动党的强势和成功让旧日的反对党难以与其形成竞争,也让有力的新党派很难出现。反对党只能提供一些没什么作用或过时的政治平台,并不能提供什么能与执政政权相抗衡的替代模式。

有 15 个注册的政党都宣称代表着"民主社会主义"路线,这其中有 326
五个党派参加了竞选。[75]在这些党派中,社会主义阵线其实是最有影响力的,但该党内部四分五裂,而且党内大多数人都反对参加竞选。另外,它的许多领导人一直被监禁,它又常年游离在政治主流之外,始终没有获得正式的权力和资助,这些因素都大大削弱了这个党派的实力。李绍祖(Lee Siew Choh)并不享有先前那批领导人具有的广泛支持,而这批领导人此时已经退出了新加坡政坛。詹姆斯·普都遮里、桑德拉·伍德赫尔和方水双从监狱获释后,就迁往了吉隆坡。林清祥于 1969 年获释,随即离开新加坡,迁往英国。他当时仍然只有 36 岁,还很年轻，但心里已经千疮百孔，对现实充满了幻灭感，还被社会主义阵线指斥为叛徒。

执政党再次赢得了国会所有的席位，但只有八个席位是在没有遭遇竞争的情况下获得的，且有近三分之一的选票反对人民行动党。政府随即迅速着手分析这些选票的来源，并采取措施消除部分不满产生的根源，延缓若干马来人的重新安置计划，提高了一些低收入劳工的工资，但与此同时，他们也强化了对政治反对势力的压制。人民行动党声称，为了避免外国势力在幕后操纵和干涉，坚持让所有党派公开账目，以供审查。社会主义阵线因诽谤罪被课以巨额罚款，这让它元气大伤。

人民行动党能取得成功，也因为它在一定程度上改变了之前坚持的那种社会主义。为了实现向工业社会的转变，新加坡不再坚持原先的左派形象，以此来安抚疑虑重重的外国资本家，以及不愿意投资的本土资本家。要达到这个目的，不仅意味着实现政治稳定，也意味着要修改原先的社会主义纲领，包括国家计划指令制和经济财富的国家所有制。1960 年，人民行动党的领导人说："我们曾清楚地宣称，我们代表一个独立的、民主的、非共产主义的、社会主义的马来亚。但我们从来没有说过，我们代表一个独立的、民主的、非共产主义的、社会主义的新加坡……因为我们深知，新加坡要实现社会主义，在经济上是不可能的。"[76]独立之后，社会主义的理论被逐步放弃，代之以更加从实际出发的立场。

新加坡政府并不打算将生产资料国有化。正如李光耀在 1969 年所说的："在发展滞后的情况下，既没有管理阶层也没有技术阶层，这时，让国家掌握所有的基础工业完全没有意义。"新加坡政府相信，私人企业主能最好地发展和运用资本和技能，但也打算通过联合持股和进入董事会的形式，让国家对商业企业拥有宽泛的所有权。到 1974 年时，它直接或间接参与了 124 家公司，其中包括钢铁、造船、航运等关键工业，它还为私人投资者不太敢贸然进入的领域提供"种子"资本。新加坡发展银行帮助许多项目进行融资，如酒店、地产、炼油、出版、制糖和保险,其出发点有二:为国家赚取利润,为劳工提供专业指导。但当局拒绝利用公共资金救助陷入危机或不太经济的事业。

独立后的头八年取得了令人瞩目的进步,对外贸易以每年高于15%的速度扩展。新加坡共和国此时主要靠稳定的政局和训练有素的 327
劳工队伍来吸引投资者,而不再依靠最初的廉价劳动力和税收优惠政策。新加坡已经超越了第一个劳动密集型阶段,开始改变先前那种"血汗作坊"的形象,而鼓励发展更具技术含量的工业,这能培养劳工具有更高的技术水平,提高他们的生活水准。

1974年,新加坡遭遇了自新马分立依赖最严重的一次经济威胁:阿拉伯的石油出口国决定限制石油出口数量,提高价格,由此引发了一场世界性的衰退。新加坡的制造业严重依赖从中东输入的原油,所以这次事件让它大受打击。1974年,经济增长放缓,外国投资急剧减少,次年,经济增长率接近零。1975年8月,新加坡迎来独立十周年,但国庆日的庆典气氛却很凝重。不过,新加坡渡过萧条的方式却比其他国家都好些,工资没有削减,高失业率没有出现,社会也没有陷入紧张气氛中。服务业受到的影响没有制造业那么严重,公共工程上的支出有所增加,尤其是在住房和通讯方面,这降低了失业率,而且也改善了基础设施,为未来打下了更坚实的基础。

1976年,经济恢复了活力,来自国外的投资也开始回升。到1977时,人均收入已经是独立之初时的三倍,国际货币基金组织也首次开始讨论,新加坡是否已不再是符合接受国际援助条件的发展中国家。马来西亚、美国和日本是新加坡的主要贸易伙伴,1978年,这三个国家占到新加坡总出口额的40%,但英国和西欧也仍然是它重要的国际市场,它还寻求在第三世界国家开拓新的市场,并积极与中国和越南发展贸易。

新加坡在20世纪70年代末进入了经济发展的新阶段,"第二次工业革命"启动,旨在从劳动密集型工业转向科技含量更高的产业,并以管理层和劳工间的团队协作为基础,创立一种日本式的新工作伦理。1979年,技能发展基金(Skills Development Fund)创立,目的在于给劳工进行再培训，最终要在80年代结束时，让低工资的劳动密集型产业完全被取代。

其后的若干年中，经济进一步腾飞，人们的生活水平也进一步提高。由于政府鼓励发展的是动力型的经济，这种经济在现代社会中是非常脆弱的，想要立于不败之地，就需要始终保持自身具有高度的竞争力，始终处在扩张的状态，在工业生产和金融领域不断更新换代，走在前列。老一辈领导人继续表现出了一贯的坚忍不拔精神和良好的适应能力，带领新加坡顺利闯过全球经济衰退，经受住了地区政治变迁的考验。但他们却发现，想要激励新一代人积极应对危机变得愈加困难，这主要是因为，新加坡人已经产生了依赖心理，理所当然地认为，他们的领导人会找到解决之道的。

强有力的领导创造了一个遵纪守法、秩序井然的社会，但付出的代价是，人们缺乏独立自主的动能。针对这一点，吴庆瑞早在1970年就曾抱怨说，这种局面的结果是，“在新加坡，我们拥有的是智识上的遵从一致，而不是积极探索的精神，两方面统合在一起，造成了一种压抑的气氛，人们在智识上充满惰性，思想停滞不前。”

新加坡式的“社会主义民主”，很难套入西方人对这个词的理解。
328 国家并不打算占有生产资料，也并不打算创立一个福利国家，但政府创制规划，监管经济发展，以税收政策进行调节，给教育、住房和公共健康发放补助，希望让更多人享受到繁荣的成果。吴庆瑞宣称：“政府必须是经济的规划者和推动者，但自由企业体系，若以正确的方式加以培育，以灵活的方式加以掌控，就能成为强力有效、用途广泛的工具，用于经济发展。”[77]1977年，吴庆瑞解释说，政府的倾向是让新兴产业独立发展起来，或以国家和私人部门合作的方式促动其发展，但不打算将现存的工业国有化，因为这不会创造出新的就业机会、财富和收入，只不过是转移了所有制而已。[78]吸引境外资本的必要性，创造安全稳定的环境以吸引工业企业的必要性，以及为广大民众创造好的生活条件的必要性，催生出了一种类似于家长制资本主义(paternal capitalism)的混合经济模式。

国外的资本、专家和技术对促进经济的快速发展,巩固出口和维持技术上的领先地位具有十分关键的作用。然而新加坡在吸引境外投资者方面取得的成功,也让人们开始指责它在经济上形成了新殖民主义的对外依赖性。[79]

经济的快速扩张加速了财富的两极分化,而这正是人民行动党当初誓言要消除的。到 20 世纪 70 年代早期,新加坡的人均收入在亚洲已经跃升到第二位,仅次于日本,但财富中的一大部分都掌握在了一小群百万富翁手中,或流向了职业阶层和商业阶层。市场上管理人才奇缺,使得虚位以待的高薪工作成为少数受过良好教育的人群的专利。经济蓬勃发展带来的利益全都进了商业大亨们的口袋,劳工们却承受了经济发展带来的大部分苦痛。富足者和贫困者之间泾渭分明的程度几乎与殖民时代如出一辙。在 1959 年至 70 年代初之间,低收入劳工的工资仅增长了 5%,而行政管理层的工资却已是原来的两到三倍。

新加坡的经济具有的开放性,让它在面对自身无法控制的国际经济起伏时显得很脆弱,但与此同时,与比它更大的邻居们的竞争,又让它时刻保持着警醒,积极适应新形势,不断准备着对各种服务设施进行更新换代:扩展和现代化机场及港口设施、船舶修理设施,以及深海石油勘探设施。新加坡与发达经济体保持着密切的接触,这为它赢得了许多优势:优良的教育体系、高标准的英语水平,以及人才前往海外受训的机会。但也正是这些优势,又使得具有相当资质的人才面临着来自海外的更高物质报酬的诱惑,除非新加坡本国能用非常有吸引力的条件把他们留住。为了保持自身的竞争力,它需要在尝试让分配变得更公平之前,首先把经济蛋糕不断做大。正如李光耀在 1970 年时所说的:“我们在以带来苦痛、不够平等,也往往不够公平的方式不断发展。”

这个年轻共和国的短期目标是形成独特的国家认同,巩固国防军事上的安全,但它的长远利益却有赖于国际和平和地区和谐。这个国家实在太小了,根本无法有效地保卫自身,只能与其他强国结盟,而且它也承受不了把过多的资源花费在防务上。因为要依赖和平的环境和睦邻友好关系来维持自己国际商贸的发展,这个新生的国家必须为自己在东南亚找准定位,扮演邻居们能接受的角色,并寻求在东南亚的不断繁荣中获得自己应得的份额,而不是从一个停滞的地区经济体中攫取走大部分收益。

329 在独立之时,新加坡还处在英国的军事保护下,它的经济在很大程度上与英国息息相关,而且它与殖民主义具有千丝万缕的关系,这种牵扯持续的时间比东南亚其他任何一个国家的都要长。但在 20 世纪 70 年代,这些纽带已大大松弛,新加坡必须重新作为东南亚国家联盟的一员,确立自己的地位。在这个区域组织中,它是面积最小的国家,人口最少的国家,而且在族群构成和文化上也最与众不同。这个共和国需要赢得所有国家的承认,需要与所有国家建立友好关系,发展贸易,而不管它们的意识形态为何。独立后没多久,副总理杜进才和外交部长拉惹勒南就进行了频繁的外事访问,前往非洲和东欧,签订贸易协议,解释新马分立的原因,试图抗击反殖民主义集团在联合国中就其保留英国军事基地而可能提出的非难。

这些努力在很大程度上都取得了成功,但在这段时期,新加坡与东南亚其他国家的关系却不太令人愉快。最初,共和国为了创建国家认同,刻意强调了让本国与众不同的那些品质,而这却让它显得有些傲慢自大,令人讨厌。人民行动党的领导人形成了一种直接坦率的演说风格,这是新加坡人喜欢的,也让第一世界中的许多人感到耳目一新。但当他们用这种风格对邻国提出批评和否定时,就显得非常刺耳和莽撞。这个年轻的共和国为自己的快速发展感到自豪,自信心满满,对其他国家面临的困境却显得有些不耐烦,不能沉下心来去感同身受,往往不加深思熟虑就给出一些建议,也没有认识到,有些方法在自己这样的小国可能效果极佳,但移植到其他国家,由于它们所面临的问题远远复杂得多,因此可能没那么奏效。

新加坡提供服务性的基础设施,用于开发邻近地区的自然资源,这种获益方式贯穿于新加坡历史的始终,但也一直是导致不满情绪产生的根源。在现代,这种方式更是染上了种族主义的色彩。马来西亚和印度尼西亚一直想要让国内经济的掌控权分散在不同群体手中,但两国的华人仍然在商业中占有主导地位。而新加坡一直是东南亚大部分华人商贸活动的中枢,因此,它的繁荣使这个地区的其他国家产生了一些政治抵触情绪,会孤立它。印度尼西亚和马来西亚的领导人有时候会认为新加坡是一只经济寄生虫,会采取一些措施试图绕开它。印度尼西亚着手吸引主要石油服务企业的投资,建立自己的橡胶加工工业,而马来西亚则开始切断经历了政治上分家后仍然存在的官方政治联系。

在马印冲突期间,新加坡采用了一些过激的措辞来指责印度尼西亚,比如,有一次曾把印度尼西亚的企图心跟日本在 20 世纪 30 年代的所作所为相提并论,指责雅加达"想把自己装扮成东南亚的保护者"。[80] 1968 年,在马印冲突期间,两名印度尼西亚水兵策划了一场炸弹袭击,引起公愤,新加坡不顾苏加诺总统亲自提出的从宽处理请求,执意处死了这两人,结果导致雅加达发生反新加坡的暴力骚乱。骚乱期间,新加坡驻雅加达的大使幸亏及时逃脱,否则便有性命之忧。即使是这场短暂的冲突,也在实质上损伤了新加坡的利益,因为据估计,印度尼西亚有近五分之一的贸易都在新加坡中转,不过,由于这其中有大量走私行为,也因为妒忌情绪作祟,这个数字一直秘而不宣。

但英国军事力量的撤出却迫使新加坡和马来西亚加强联系,而冷战的气氛主宰了双方的政策调整。但之后,1971 年,中华人民共和国恢复在联合国的合法席位,中美关系得到改善,华盛顿和莫斯科开始和 330 解,1972 年年末,美国从越南撤军,1975 年,印度支那地区出现共产主义政权,这种种因素相结合,改变了自第二次世界大战结束以来国际关系的前提。

在新的环境下,新加坡担心,像它这样的小国的利益会遭到践踏。在 20 世纪五六十年代,亚非反殖民主义集团在联合国内是一股不可忽视的力量,如同一条第三世界统一战线,因此,各个强国在东西方冷战的背景下,对其尊重讨好有加,希望获得这股力量的支持。但到 70 年代早期，随着超级大国们开始转向传统的基于国家利益的政策，脆弱的亚非集团开始瓦解，诸多小国于是失去了讨价还价的能力。国际和平的前景并不意味着局部战争的结束，反而在某种程度上让这种战争更可能爆发。[81] 1973 年，英联邦政府首脑会议在渥太华召开期间，坦桑尼亚总统尼雷尔引用了一句非洲的谚语：大象打架，小草遭殃。但李光耀尖锐地回应道："大象调情，小草也遭殃。大象亲热，小草就大难临头。"

对东南亚各国而言，他们面临的最佳选择是，加强地区间的合作，说服对己友好的大国保证它们的领土和主权完整，让本国的邻近地区井然有序，并全力促进本国的繁荣与安宁。

但实现地区合作的道路也并非坦途。新加坡一力坚持，在 1967 年东盟成立时，成为了它的创始会员。[82] 当时，泰国外交部长塔纳·柯曼(Thanat Khoman)最初的构想是，组成一个四国同盟，包括印度尼西亚、马来西亚、泰国和菲律宾。但拉惹勒南敦促他把新加坡也加进去。[83] 在成立之初，东盟内的成员国并不团结，在经济方面与其说形成了互补，不如说仍然竞争不断，而且它们之间的关系还因其他因素而紧张不断。

新加坡一方面积极寻求大国的友谊和支持，另一方面也希望与各个邻国修复关系，建立更紧密的联系。在一个国际关系的前提已经改变的世界里，东南亚地区内部的团结凝聚力成为重要的因素，新加坡开始承认印度尼西亚是本地区天然的领袖。此外，尽管政治上的合并没能成功，马来西亚仍然是新加坡的主要贸易伙伴，两国的防务也密不可分，有必要共同携手，密切合作。

为合作迈出的第一步是，马来西亚和新加坡的领导人开始求同存异，抚平裂痕。1970 年，吴庆瑞制定了税收激励政策，鼓励新加坡人到马来西亚和印度尼西亚投资。1972 年，李光耀自新马分家以来首次访问吉隆坡，此时，敦阿都拉萨已经接任总理之职。在两人的亲切会谈中，李光耀承诺要展开合作。次年，敦阿都拉萨回访新加坡，整个行程洋溢着热情友好的气氛。但充满矛盾的是，两国关系改善之际，也正是它们之间最后的官方纽带断裂之时：1972年,联合航空公司终止,1973年结束的则是共同货币、橡胶和证券交易所,以及银行协会。这些纽带在终止之前,都曾导致两国发生摩擦。当时,马来西亚财政部长陈修信把两国比作“一对连体婴,除非分开,否则彼此未来的发展都会受到威胁”。新加坡和马来西亚在双方都关注的各个领域持续保持着密切的合作：联手抗击颠覆活动,禁绝毒品贸易,共同保护马六甲海峡地区。

1973年,李光耀13年来首次访问印度尼西亚。这次访问取得了 331
出乎意料的成功。五年前,新加坡曾处决了两名印度尼西亚水兵,如今,在他们的墓前,一场庄严的典礼举行。之后,李光耀和苏哈托总统举行了亲切的会谈,两位领导人发表了一份基调亲善的联合公报。两人都认识到,为了在一片危机重重的海域里保护弱小的自己,必须建立稳固的友谊,实现区域团结。次年,印度尼西亚总统对新加坡进行了友好回访。

这三个国家也都认识到,在抗击颠覆活动方面,三国利益攸关,而且,不论它们对人民行动党怀着怎样的情绪,印度尼西亚和马来西亚的领导人们都明白,新加坡目前的政权是最能保证共产主义者不会在新加坡夺权的。马来西亚和印度尼西亚一直为新加坡共和国使用以色列的军事顾问感到不安,于是,新加坡不再使用以色列军事顾问,也不再高调宣称自己是新加坡的以色列。正如吴庆瑞在1972年12月所说的,这实在是“太牵强的一种类比”。[84]

然而,虽然东盟的各个成员国都一致同意,有必要加强彼此之间的合作,但对于本地区应扮演的国际角色,各国的看法却并不一致。1972年,敦阿都拉萨提出,东南亚应该是一个“和平、自由和中立的区域”,东盟对这一提法表示支持,但新加坡对此却缺乏信心,更愿意寻求大国对本地区的切实支持。

1974年,国际石油危机爆发,1975年春,印度支那地区又出乎意料地建立了共产主义政权,这使得东盟各国更紧密地团结在了一起,新加坡则成为推动地区团结的领军人物。1976年2月,东盟峰会在巴厘举行，会上形成了《东盟协调一致宣言》。1978 年的吉隆坡峰会又再次确认了这一宣言。东盟启动了与所谓的“第三国”的对话，这其中包括澳大利亚、加拿大、欧洲经济共同体、日本、新西兰和美国，旨在以平等的姿态，建立“共生关系”。随后，在 1980 年，东盟与欧洲经济共同体又签署了一项合作协议。

虽然新加坡寻求与所有国家建立友好关系，但它对所谓的不结盟运动的发展却一直不太赞同。1976 年，拉惹勒南参加了在科伦坡举行的第五次不结盟运动峰会，在会上，他宣读了一份李光耀写的声明，质问这个运动是否真正是不结盟的，并提出，参与各国应尊重各个成员国不同的经济与政治体制，不要支持企图在各个国家都建立马克思主义制度的运动。[85]新加坡反对刻板地采取亲共产主义立场，反对不问青红皂白地谴责外国派驻的军事基地以及跨国公司。在当时，新加坡境内外资所有的炼油设备为全球第四大，为 1.5 万名劳工提供了就业机会，并间接造福了另外 5 万人。新加坡还采取了实际行动，不接受老挝提议的帮助新加坡、马来西亚、印度尼西亚和泰国通过斗争，实现“真正独立”的行动。在此后的岁月里，新加坡始终坚持呼吁不结盟运动要回归本义。[86]

印度支那地区建立共产主义政权，让东南亚国家感到震惊，也让它们开始怀疑美国保护它们的能力。这也促使该地区各国开始重新考虑本国与中国及苏联的关系。1974 年，马来西亚成为第一个与中国建立外交关系的东南亚国家。看到菲律宾和泰国也开始与北京进行会谈，新加坡于是在 1975 年派遣了友好贸易代表团访华，次年李光耀对中华
332 人民共和国进行了国事访问。为了淡化国内华人占人口大多数这一事实对区域内各国造成的影响，新加坡总理重申，新加坡将是东盟内最后一个与中国建立正式外交关系的国家。不过，与此同时，他积极加强与中国的贸易联系。1985 年，新华社在新加坡设立了分社。

1975 年，共产主义政权在印度支那地区建立后，极左派势力重整旗鼓，想在新加坡和马来西亚发动起义，但两国政府密切合作，逮捕了

马来亚共产党的军事外围组织——马来亚民族解放阵线的骨干力量。由于越来越与激进主义政治分道扬镳，1976年9月，人民行动党退出了社会党国际(Socialist International)。

1976年12月，政府举行大选，共有六个反对党派出候选人参加角逐，另有一名独立候选人参选。但人民行动党再次囊括了所有席位，并获得全部选票的72%。最引人瞩目的候选人是吴作栋(Goh Chok Tong)，他当时是新加坡国有的海皇轮船公司的董事经理，时年35岁，若干年后，他将接任李光耀，成为新加坡的总理。这次竞选活动也是另一个人在新加坡政坛的首秀，他就是詹时中(Chiam See Tong)。詹作为独立候选人低调参选，结果不太成功。对决虽然激烈，但他最终输给了人民行动党的元老林金山，不过，此后，他在第三次竞选时获胜，并一直连任，成为新加坡在任时间最长的反对党国会议员。

到20世纪70年代末，经济繁荣、政治稳定和人民行动党不可动摇的执政地位，这几个因素叠加在一起，促使新加坡的气氛变得更加宽松起来。一批政治犯获释，其中包括几名在1963年2月“冷藏行动”中被捕的人，主要有记者赛义德·扎哈里和人民行动党及其后的社会主义阵线的双料创始会员——林福寿博士。依据《内部安全法》，两人在未经审判的情况下被监禁了超过15年时间，1978年11月，他们获准得到有条件的自由，只能分别生活在两个离岸岛屿上，不过，最终在次年双双获释。

新加坡人的命运已大大改变，生活水平得到大幅提高，这让许多人感到心满意足，但新加坡的政治气氛仍不太轻松，反对派国会候选人及时政批评家承受的压力还相当大，许多政治犯虽然已经不能构成威胁，但还长时间在押，这些都让思想独立自由的新加坡人感到气馁，不愿意积极参与公共生活。这造成了一些问题。总理提出，寻找新加坡下一代领导人是此时最重要的一个政治问题，上述情形却造成新的观念和思想很难有机会发展。因此，新的领导人不是在激烈的竞选活动中脱颖而出的，而是逐步招募和培养出来，准备走马上任的。人民行动党的中央执行委员会根据学历背景、道德因素以及对党纲的忠诚度来选拔本党参加国会竞选的候选人。虽然该党的大多数支持者还只接受过初级教育,但政治领导人们招募的接班人却是和自己相似的专业人士:聪明机敏,受过良好的教育,在自己的专业领域经验丰富,但却没经历过什么政治风浪,因为他们大多数从没在竞选中遭遇激烈的挑战,也没有为建设公共福祉作出过什么个人牺牲。

此时,总理本人和他的大多数同僚还都刚刚 50 多岁,但李光耀已经开始着手任命有发展前景的新秀担当重要职务,希望开始把权力移
333 交给下一代领导人。三名新任高级政务部长均为接受过大学教育的专业技术人才,都才 30 多岁:经济学家吴作栋、银行家陈庆炎博士(Dr. Tony Tan Keng Yam),以及建筑学家王鼎昌。吴作栋原先是公务员,后在 32 岁时出任海皇轮船公司的董事经理,1976 年进入国会,次年被任命为财政部高级政务部长,1979 年出任贸工部部长。王鼎昌在澳大利亚和英国接受教育,成为一名建筑师和城镇规划师,1972 年赢得选举成为国会议员,时年 36 岁。1978 年,他受命担任交通部部长。陈庆炎博士最初是一名学者,后成为一名成功的银行家,1978 年出任华侨银行总经理。1979 年,他通过补选进入国会,时年 39 岁,一年后,出任教育部部长。1980 年大选前夕,人民行动党举行了一次党内大会,在会上,年轻的领导人与老一辈领导人共同坐上了主席台,李光耀把这一刻描述为人民行动党历史上的一个分水岭,“毕业生们在羽翼下接受教诲后,要开始自力更生了”。

1980 年的国会选举有七个反对党派出候选人参选,但执政党再次大获全胜,连续第四次赢得所有国会席位,并一举拿下全部选票的近 78%。

1980 年的选举胜利标志着人民行动党权力和自信心达到巅峰。1981 年,经济增长率创下八年来的最佳纪录。共和国也日益得到巩固,人们对其的认同感日益增强,而且,1980 年进行的人口普查还显示,超过 78%的人口出生在新加坡。

这种自信心满满的状态很快在 1981 年被打破,这一年,反对党工

人党的秘书长耶惹勒南(J. B. Jeyaretnam)在第六次尝试竞选国会议员时，终于通过一次补选赢得了国会的一席之地。他取得了52%的选票。耶惹勒南的胜利震动了执政的人民行动党，毕竟他们已经垄断国会长达13年之久。人民行动党的领导人以儒家的观点看待自身，把自己看做是慈爱的统治者：对人民来说亦父亦师，建立起明智的政府，行善政。他们虽然允许其他政党存在，而且也定期举行选举，但认为这些都只相当于民意测试，让民众能借此表达出某些不满，而不是借此选举反对党人士。人民行动党认为对抗性的党派政治没有必要。在1982年2月的一次讲话中，拉惹勒南说道："反对党的作用就是，肯定会让政府变坏。"人民行动党担心，耶惹勒南当选，就将成为败坏新加坡的第一步。

这一事件导致人民行动党对政治形势进行了重新评估，进一步发展修改了政党结构。从1961年的分裂开始，人民行动党就不再是一个群众党，它开始引入骨干体制，骨干由领导层负责甄选，其后，骨干们负责选举领导人。1982年，权力进一步巩固在了由14人组成的中央执行委员会手中，人民行动党还对自身的性质进行了重新定义，认为自己不仅仅是一个政治党派，而是一场全国性的运动。

在当时，人民行动党大约有9 000多名普通党员，但领导层已经不再通过党的机制与广大党众直接接触，李光耀和部长们采用的方式是，经常积极到各个选区巡游，四处解释人民行动党的政策。他们着手对公共住宅进行改造升级，并赋予居民委员会更重要的政治角色。这个机构是从1977年开始建立的，但此前一直没有起到太大作用，只不过以非正式的方式做一些物业管理方面的工作。

与此同时，政府更加强调政治稳定性，并加大了对本土和国外媒体 334
的监管力度。在1980年选举期间，《海峡时报》对反对党的竞选活动进行了广泛的报道，这惹怒了人民行动党，该党也把自己在1981年补选中受挫的原因部分归咎于《海峡时报》的举动。人民行动党的政治家们，尤其是李光耀，在80年代，花了大量精力关注和处理当地媒体的事务：1982年，任命退休的高级公务员纳丹(S. R. Nathan)出任《海峡时报》的主席；试图推动建立本土第二份英文报纸——《新加坡观察者》(*Singapore Monitor*)，但在经过漫长的酝酿期终于问世之后，这份报纸却仅仅维持了三年；对三家大型的华文和英文报业集团大举进行了重组，并担当了唯一一份存活到20世纪80年代的泰米尔文报纸的发行人角色。新加坡报业控股仍然是一家公共性质的商事企业，尽管官方出面进行了大量重组活动，但他们并没有怎么干涉编辑原则。当地媒体逐渐与政府达成谅解，但新加坡政府与国外媒体的关系却完全处在另外一种状态。

20世纪80年代中期，最具爆炸性的事件是所谓的“伟大婚姻争论”，媒体不必添砖加瓦，这场争论就已经非常热烈了。到这时为止，政府积极推动家庭规模限制政策取得了非常显著的成效，可以说是太过有效了，以致出生率达不到人口更新的需求，人口出现了负增长。下滑得最厉害的，则是受过良好教育的女性结婚生子的比例。1983年8月，在国庆讲话中，李光耀表达了自己的担心，认为如果高学历女性不能把她们被认为更加优越的基因传递给下一代的话，人口的素质将会降低。针对这种现象，虽然面对种种质疑，政府还是出台了一些激励措施，组织了一些相亲会，提高高学历母亲生子的限额，鼓励她们生四个孩子，并为这些孩子提供入学优待。对于这一带有优生学色彩的政策，各家报刊在自己的社论中，均表示出谨慎的态度，《海峡时报》呼吁先进行更广泛的调查，并请读者做了问卷调查。“伟大婚姻争论”引发了民众空前的热情和主要持反对态度的意见表达，其热烈之程度，是自20世纪40年代围绕个税征收提案引发大讨论以来所罕见的。这也表明，新加坡人显然对与自己切身相关的事情也通常表现得并不热衷。

到1986年时，出生率下降到1.44，创历史新低。这意味着，在三代人之内，人口将从250万萎缩到只有这一半的规模，[87]这样的人口数量是无法为新加坡提供足够的劳动力和防务力量的。而且，就在不远的将来，随着越来越多的老人需要供养，人口比例将可能出现失衡。由于各个族群的出生率并不均衡，人口的结构也将改变，马来人和印度裔的出生率相对而言比较稳定，但新加坡华人的人口出生率只有1.26，可能是全球最低的。

1987年,副总理吴作栋正式宣布,废除两个孩子政策。惩罚措施取消,取而代之的是一揽子激励政策,包括住房补贴、税收减免、优先入学权、医疗补贴和抚养孩子的津贴。所有这些措施旨在让三个甚至更多孩子的家庭重新成为主流,尤其是在更富足、教育水平更高的群体当中。官方预计,在这样的激励下,预计人口到20世纪90年代时能达到300万,到21世纪应稳定在约400万的水平,于是在规划新镇的建设时,其宗旨就是要满足这些人口对就业、住房、医疗卫生、娱乐休闲设施以及交通的需求。

照顾老人的责任主要由各个家庭自行承担,但官方实行了这样一 335
项政策:在30年时间里,为核心家庭建筑一批小型公寓,这表明,到1980年时,近五分之四的家庭只有父母和子女。政府希望能再现传统的三代同堂的中式家庭。它提倡儒家奉养高堂的美德,并为此提供实质的福利,如对那些将年老的父母接到一起生活的人实行遗产税减免,发放住房补贴等。尽管如此,总理还是说,“儒家道德和传统不是靠人们自发推崇孝行,而是靠立法来激励”,他个人对此“感到悲伤”。[88]

1984年,新加坡庆祝实现自治暨人民行动党执政25周年,但许多人此时已经认为他们享受到的相对来说较高的生活水平是理所当然的,因此,对人民行动党所施行的政策中带有的专断成分感到不能容忍。在那一年12月举行的大选中,30名人民行动党的候选人没有遭遇什么竞争就顺利当选,但该党的得票总数却下降得很厉害,仅占到全部选票的62%。人民行动党精心选择的一名候选人没能击败耶惹勒南,他再次连任;此外,这时已出任自由主义政党——新加坡民主党(Singapore Democratic Party)总书记的詹时中也成功当选,导致执政党再失一席。这次挫折在人民行动党的领导层中引发了有些过度的恐慌情绪。但事实上,国会中出现两名反对党议员根本对政府构成不了威胁,更何况,其后在1986年,耶惹勒南被控伪造他所领导的工人党的账目,因此丧失了议员席位。而且这也使得他在五年内不得再次参加竞选。能够取代人民行动党的力量并没有出现,但该党享有不可撼动的主导地位的时代已经结束。

李光耀对1984年12月大选结果的第一反应是,“如果……形势照这样发展下去,一人一票的选举体制,即使还不到让我们崩溃的地步的话,也必然导致我们的衰落”。新近被任命为第一副总理的吴作栋则谈及民主制度的危险,因为自上次大选以来的数年间,经济发展态势相当好,建屋发展局的公寓建设进度也达到史无前例的高速,国民收入的增速也是前所未有的,尽管如此,人民行动党所得的票数却出现了如此大幅度的下滑。[89]

政府开始考虑任命一批“理智的政治反对派”:接受种族多元主义、非共产主义和“新加坡现实处境”的国会议员。当局通过了这样一项立法,如果在竞选投票中成功当选的反对党候选人少于三名,政府就将向反对党提供“非选区”议员席位来补足差额,不过,这类议员的投票权具有一定限制。但这一旨在形成驯服的反对派的政策前景堪忧:一名国民团结党(National Solidarity Party)的候选人在大选中以微弱的劣势惜败,但之后他拒绝了当局提供的“非选区”议员席位,不愿成为第一位“理智的政治反对派”。

正在此时,老一辈开国领导人也开始逐渐让位给新的一代,有些人更乐于退位让贤,有些人则显得不那么心甘情愿。1981年,杜进才怀着不满情绪离开卫生部,退任后座议员。1984年,吴庆瑞退出政坛。当1985年1月李光耀任命新一届内阁时,老一辈中仅有三人出现在新名单中。1984年的选举还把李光耀的长子带到了政治舞台的最前列。李显龙在剑桥大学取得了优异的成绩,之后加入军队,并于1984年被
336 授予准将军衔,升任为军队的二把手。同年,他进入国会,1985年被任命为国防部副部长,1986年出任贸工部部长,这一年晚些时候,他还成为人民行动党新创立的青年派的领袖。李显龙能流利地讲英语、中文和马来语,擅长演讲,相当富有个人魅力。他也继承了父亲的一些特质,比如有些自负,喜欢直面敏感问题,而且不信任西方的自由主义媒体。此外,1984年的选举还见证了女性议员在时隔14年后的再次

出现。

大选后的几个月里发生了一些令人震惊的政治事件，主要有：1985 年 3 月，总统蒂凡那辞职；1986 年末，一名政府部长在接受腐败调查期间自杀。1981 年，第二任总统本杰明·薛尔思(Benjamin Sheares)逝世，蒂凡那接任为共和国总统。在那时，他还是最令人信赖的老一辈领导人之一。他的立场偏左翼，曾是反英同盟的成员，在 20 世纪 50 年代，曾被殖民地当局两次长时间监禁。在 1961 年危机中，蒂凡那坚定地与人民行动党的温和派站在了一起，在 60 年代中，他还成为唯一一名成功当选马来西亚国会议员的人民行动党候选人，其后，他又重组了新加坡的工会运动。他因被控酗酒而被迫辞职，这对共和国及政府的声誉都造成了沉重的打击。

李光耀开始把一些日常的行政工作都交给新一代领导人完成，吴作栋作为第一副总理，是年轻一代的领袖。老一辈的退隐本来是为了让年轻人站到前台，为政府注入新的能量和活力，以应对新的政治和经济问题。但这个新老交替的过程却在一定程度上加强了李光耀的地位，因为他的同辈人对他的影响力因此正在逐渐消退。吴庆瑞当年曾经在一系列问题上与李光耀意见相左，并成功地促使李采纳了自己的意见，比如在新马分家的问题上，在武装力量的构成上，以及教育政策上。但现在，李光耀却对自己提拔起来的年轻一代拥有无可争议的权威，这些年轻人还处在试用阶段，并没有完全自主。总理并没有因此退居幕后，相反，从日常行政事务中解脱出来，反倒让他更自由，能精神百倍地在政策方面进行指导，更积极地参与到公众的大讨论中去。

李光耀变得越来越固执己见，不能容忍别人反对他。他亲自发起了一场针对耶惹勒南的运动，此后又发起了针对其他批评政府人士的运动。他虽然经常说自己要退休，但实际上他的举动却表明，他并不打算放松对关键政策的掌控，也不打算甘冒 20 年努力毁于一旦的风险，放手让没经过大风大浪的年轻一代去闯。正如他在 1988 年 8 月所说的："就算我躺在病床上，甚至就算你们打算把我安葬在坟墓里了，如果我觉得有什么事情不对的话,就会再次起来。”

也就在这时,1985 年,经济出现下滑。那一年,新加坡的实际国内生产总值下降,人均收入也自独立以来首次减少。新加坡人这时已将经济的增长视为理所当然的,因此,衰退让他们大感震惊。制造业、炼油业和房地产业也都受到严重冲击,全国工资理事会受命在此后两年内冻结工资的增长。1985 年 12 月,总部设在新加坡的大型企业集团泛电工业(Pan-Electric Industries)接受破产管理,新加坡证券交易所为此破天荒地休市三天。经济问题一直持续到 1986 年,失业率预计还
337 将上升,新加坡元在外汇市场上也备受压力。政府宣布将裁减公务员队伍。商业和地产税、国防支出以及雇主对中央公积金的支付比例都大幅削减。而雇主对中央公积金的支付,作为一种储蓄形式,一直是经济的一大坚实基础,就在几个月前,李光耀还将其描述为“最后动用的储备”。

不过,这场衰退的持续时间比人们之前预期的更短。到 1986 年年末,经济已经开始重现上升势头。不过,这场相对而言短暂的挫折,却导致新加坡人开始重新评估新加坡经济赖以发展的前提。年轻一代领导人尤其倡导放松国家的管制。李显龙领导的一个调查委员会在 1987 年 3 月公布了自己的调查报告,建议“强化私有制”。

这场经济危机的发生,离人民行动党在 1984 年大选中失望地面对支持率的下降实在太近,因此,更促使领导层决心加强自己对国家的掌控能力,而这导致他们与当地和国际媒体、律师公会、罗马天主教会,以及美国国务院闹得很不愉快。早在 1967 年就颁布的《不受欢迎出版物法》(Undesirable Publications Act)已经规定,禁止被认为具有道德反动性或旨在煽动政治、宗教或族群矛盾的海外出版物流入。1986 年 5 月,《报纸与印刷媒体(修订)法案》颁布,它提出的惩罚措施相对而言较轻,将限制下列几类外国刊物的发行流通:被认为以不公平的方式影响新加坡政治的,“肆意进行有偏见的、歪曲的或带党派斗争色彩的报道”的,或拒绝刊登政府对媒体批评的回应的。这些刊物仍然可以在图

书馆里看到,也可以复印。这项法案的目的是,在摆脱限制言论和信息自由指控的情况下,打击这些报刊的销售量和广告收入。当地媒体纷纷针对这些提议表示了反对,其中包括一份由新加坡律师公会发布的媒体声明。这份声明由律师公会的会长萧添寿签署发表,称反对这项提案,因为它将阻碍观念的流通,并主张,外国记者应该有自由评论的权利。

除了在这件事上之外,律师公会及其会长在与自身直接相关的问题上也与当局发生了冲突,这就是《法律职业(修订)法案》。该法案提议,禁止犯有渎职行为的法律公会成员在各种理事会中任职,并禁止该公会在司法部部长没有发出请求的前提下,批评或抨击立法。

萧添寿于1956年加入新加坡司法部门,并很快闯出了名头,业界都知道这位富有进取心、上进心,且能力卓越的年轻律师。他曾获得公共管理(金质)奖章,并被任命为副总检察长,是一颗冉冉升起的新星,明显前途似锦。但在1970年,他却决定离开政府部门,自己执业。没过多久,在1973年,他就因不当申诉而被禁止执业一年。不过,在1986年,他被选为律师公会的会长,并宣称“计划进行一场更具力度也更谨慎的申诉抗议活动”。1986年9月,律师公会召开会议,讨论《法律职业(修订)法案》,并投票决定,要求政府撤销这项法案。李光耀感到愤怒,他回击称:“我的任务是,阻止职业团体政治化。”他向这些律师批评者提出挑战,让他们要不组织自己的政党,要不加入工人党。1986年10月,这项法案最终通过,这也就自动取消了萧添寿担任律师公会会长的资格,因为他在1973年一度被禁止执业。这项立法还有效地禁止了律师公会涉足政治领域。

《报纸与印刷媒体(修订)法案》也于1986年通过,并在一系列事件 338
中得到援引,处罚涉及《华尔街日报亚洲版》、《远东经济评论》、《时代》和《新闻周刊》,因此造成的舆论纷争一直闹到了美国国务院。《华尔街日报亚洲版》把对这项“香蕉共和国行动”的谴责拓展到了对新加坡政治中大量事件的批评,甚至包括“伟大婚姻争论”。在它看来,这场“伟大婚姻争论”有可能产生极大的风险,让这个国家“倒退为一个封闭落后的岛屿”。新加坡政府出版了一本包括所有相关文献的小册子，题为《倾听的权利》，李显龙还就这一事件，于1987年5月，前往设在赫尔辛基的世界报刊出版商公会为本国辩护。1990年，当局又进一步为《报纸与印刷媒体法》增加了一条修正案，这条修正案主要针对的是美国和香港的报刊，要求所有涉及东南亚时事、但“内容和编辑原则在新加坡以外制订”的出版物，要每年向政府申请获得许可证，而这份许可证将明确规定其可销售的份数。

而在此时，新加坡正因一场被称为“马克思阴谋”的事件而闹得全岛沸沸扬扬。《内部安全法》自颁布以来，常常时不时地被援引使用，而在1987年五六月间，它再次派上了用场，当局据此发动了“光谱行动”，逮捕了21名被控参与一个“马克思主义网络”的嫌疑人。被逮捕的人身份各异，有罗马天主教的牧师和教区社工、工人党的支持者、律师，还有一个先锋派戏剧团体的若干成员。据称，这个网络的首脑是陈华彪，他当时正流亡伦敦。与其密切合作的则是罗马天主教会设在新加坡的正义与和平委员会的执行秘书文森特·郑(Vincent Cheng)。

与和自己同代的许多神学院学生一样，文森特·郑放弃了在槟榔屿的神学院的学习，转而成为一名在社区服务的世俗教区社工。当时，罗马天主教会在全球范围内都正在淡化教条式的宣讲，转而关注扶助穷人、残疾人和被压迫者的实际工作。这种转变有时候会体现在革命性的马克思主义解放神学中(这种理论当时风靡了南美和菲律宾)，有时则体现为非马克思主义的，但同样激进的基督教学生运动、青年基督教劳工运动、工业福音主义，以及社区组织。1972年，郑被派往菲律宾接受基督教学生运动的一项领导人培训课程，此后他又在东南亚学习和工作了数年，在此期间，他接触到了工业福音主义及其矫正社会不公与贫困的运动。1982年，郑来到新加坡，在芽笼天主教中心工作，三年后，成为正义与和平委员会的负责人。

当时，由于得到大主教格列高利·杨(Gregory Yong)的赞许，青年基督教劳工运动、东亚基督教大会，以及芽笼天主教中心等组织在新加坡都很活跃。在这个共和国存在着被“经济奇迹”忽略的人群，在80

年代的萧条时期,有很多人失去了工作,尤其是大量非熟练或半熟练的移民劳工,他们并没有享受到新加坡国民享有的工作条件和保护措施,而这一切都为工业福音主义开展工作提供了沃土。芽笼天主教中心得到了当地的澳大利亚和法国神父的建议和帮助,也得到了赞同其理念 339
和工作的本土律师的支持。这批律师以张素兰(Teo Soh Lung)为代表,她是律师公会理事会的成员,也是工人党的支持者。这些律师无偿地为马来西亚劳工和菲律宾女佣提供法律支援。

作为正义与和平委员会的领导人,文森特·郑着手协调所有相关活动,让一些研究团队也投入到帮助穷人、受压迫者和失业者的实际行动中去:结束移民劳工所受的剥削;保证实行能保障生活的最低工资和较好的工作条件;谴责具有歧视性的措施,如给予高学历母亲的孩子的特权,专门提供给有天赋的孩子的学习项目,家庭规模控制政策,以及堕胎,等等。

正在此时,当局出面干涉了,首先逮捕了郑和一些教区社工,然后又扩大了逮捕行动涉及的范围。当局声称,陈华彪在伦敦组织的研究团队正在酝酿一个马克思主义的阴谋,这项阴谋受到了革命性的解放神学的启发,因此,将逮捕范围扩展到了包括教区社工、律师和其他在新加坡的有嫌疑人士。

格列高利大主教不希望教会与政府发生冲突,因此撤回了对这些活动的支持,并将在幕后指导青年基督教劳工运动的四名神父调往海外。"光谱行动"逮捕的大多数人很快就得到释放。他们大多数仅仅只是对慈善事业感兴趣而已,其他人也不太可能颠覆政权:尚达曼(Tharman Shanmugaratnam)日后将成为人民行动党内阁的一名部长,他当时也被逮捕,接受审问长达一星期,被要求就他在英国读本科时参加陈华彪的研究学习小组之事作出解释。还有一些人在1988年再次被捕,原因是他们曾声称自己被迫认罪,而且在第一次被捕期间遭受了虐待。不过,这次逮捕行动中有两名被监禁者——文森特·郑和张素兰,最终在1990年才获释。

所谓的"马克思主义阴谋"和解放神学传教最终被证明都只是莫须

有的神话而已，但这个插曲却揭示出，执政党的某些基本政策在社会上引起了许多潜在的不满情绪。在独立之时，人民行动党曾希望基督教会能有助于国家意识的建设，因为它能提供道德凝聚力，鼓励人们为社会的福祉而作出牺牲。但教会在许多方面并不赞同人民行动党所选择的国家建设道路，这条道路强调自强自立的精英主义、物质上的成就、商业进取精神和逐利动力。罗马天主教会对官方限制人口增长和推动堕胎的举措一直就感到不满。教区社工们改善移民劳工处境的努力也与官方的政策发生了抵牾，因为官方政策希望提高国民的技能和生活水准，把非熟练和半熟练的工作留给便宜、处置起来容易的移民劳工去做，对这些劳工，官方并不承担长期的照顾责任。一支与官方合作的劳工队伍，愿意为了获得公平但低廉的工资而长时间劳动，这是当初人民行动党为吸引投资者和雇主们而设计的对策，该党为解决失业问题开出的方案是，勒紧裤袋过日子，努力学习新技能，而不是伸手求助。当局认为，为了整个国家的福祉，需要培育、奖励和留住有才能的人，而在达到这个目标的过程中，不平等是不可避免的。

让官方感到不赞赏的，不仅是教区社工开展的活动，而且还有他们开展活动的方式：召开大会，鼓励有苦痛的劳工或公寓居民团结起来要求自身的权益；与局外人尤其是外国人合作；以与工人党的纲领相似
340 的路径涉足政治领域。当局坚定地认为，政府必须设定框架，教会不应“政治化”，因此出台了一部《维持宗教和谐法》，禁止宗教团体的领导人和追随者参与政治。

尽管 1987 年国际股票市场出现暴跌，到 1988 年年中时，新加坡的经济已重拾升势，人们如释重负，简直喜出望外。利用这种普遍的乐观情绪，1988 年 8 月，政府决定提前 15 个月举行一次大选，而官方的竞选宣言是“更多美好年月”。

为了为这次大选作准备，当局把 39 个选区合并为三个集选区，参加集选区的候选人应为三人团队，其中必须有一名来自少数族群的候选人。国会议员的数量也将翻倍，因为新镇的管理需要市政议员。李

光耀把这一举措称为让选民在地方政府中负起更大责任的方式,也能通过组建各种族混合的候选人团队,让人民行动党的种族构成变得更加多元。这一举措还被视为是排除怀有恶意的候选人,并让较小政党更难组队参选的方式。

如果人民行动党的目的就是上述诸条的话,那他们就准备接受震撼吧。在这次大选中,工人党的竞选团队差一点就在新组建的友诺士集选区获胜。耶惹勒南此时仍然不能参选,但他的党派成功组成了竞选所需的团队,参与友诺士集选区的角逐。这支团队包括一名马来人候选人和两名令人有些意外的新人:李绍祖和萧添寿。社会主义阵线解散时,李绍祖和剩下的一些成员加入了工人党。1988 年 5 月,政府根据《内部安全法》逮捕了萧添寿,理由是他与一名外国势力的代表密谋干涉新加坡的内部事务,那名受牵连的美国大使馆官员,以"干涉新加坡内政"为名,被驱逐出境。在被拘留质询了 72 天后,萧添寿被释放,此后,他加入了工人党。

工人党在友诺士的竞选活动是 20 年来反对党展开的最积极的竞选活动,在很大程度上调动了这个区的公众热情。他们的竞选团队最后以极微弱的差距输掉了选举。但这对人民行动党在总体选票中的份额影响甚微。在这次选举中,81 个选区里,人民行动党的候选人仅在 11 个选区没有遭遇激烈竞争就成功当选,而在其他席位的争夺中,他们必须与 8 个党派和 4 名独立候选人竞争。不过,最终,人民行动党还是只输了一席给詹时中。尽管如此,这却大大动摇了人民行动党的士气,还产生了这样一种可能性:两名令人生畏的反对党人物获得了填补两个非选区议员席位空缺的资格。但事实上,萧添寿没能在国会就职:在面临逃税指控的情况下,他逃往美国流亡度日。

在这一时期的最后几年中,新加坡的经济从衰退中恢复过来。李光耀打胜了几大战役,让律师公会和教会都不能参与政治,让当地的政治反对力量保持中立,限制国外的媒体。但这些胜利也付出了代价,那就是疏远了西方尤其是美国的媒体,让它们长期对新加坡怀有敌意,并与流亡海外的批评者关系密切。

1988年大选之后，与李光耀同代的老一辈领导人最终完全退出了
政治舞台：最后告别的是人民行动党的创始会员拉惹勒南和律师艾
341 迪·巴克尔。巴克尔在1963年代表人民行动党进入国会，此后连续五
次在没有竞争的情况下连任，从新加坡独立伊始，就一直领导着司法部。“自我更新”的整个过程也就此完成。这个过程进行得很平静，没有引起公众的争论，但有些老资格的部长觉得，让他们让位还早了点，他们那些没经过大风大浪洗礼的接班人们到底能力如何，还值得怀疑。

1990年11月，李光耀把总理之职交给了吴作栋，李显龙和王鼎昌则双双出任副总理。新的一代全面登上前台。

1. 一个卖豆浆的小贩推车走在哇央街上，1982 年。（Collection of Ronni Pinsler，鸣谢 the National Archives of Singapore。）

2. 一名男子带着他的鸟坐在牛车水一家华人咖啡店里，1965 年。（Collection of KF Wong，鸣谢 the National Archives of Singapore。）

3. 按"居者有其屋"计划，建屋发展局兴建的公屋举行抽签仪式，1967 年。（承蒙 the Ministry of Information, Communications and the Arts 允许使用，鸣谢 the National Archives of Singapore。）

4. 加冷基地回收后的景象，建有大量组屋，1970 年。（承蒙 the National Archives of Singapore 允许使用。）

5. 李光耀，总理（1959－1990 年在任），1976 年。（承蒙 the Ministry of Information，Communications and the Arts 允许使用，鸣谢 the National Archives of Singapore。）

6. 吴庆瑞博士，第一副总理（1973－1984 年在任），1984 年。（承蒙 the Ministry of Information，Communications and the Arts 允许使用，鸣谢 the National Archives of Singapore。）

7. 拉惹勒南，外交部长（1965－1980 年在任），1989 年。（Collection of the Ministry of Foreign Affairs，鸣谢 the National Archives of Singapore。）

8. 已去世的尤索夫·宾·伊萨克，新加坡共和国第一任总统（1965 – 1970 年在任），1965 年。（承蒙 the National Archives of Singapore 允许使用。）

9. 已去世的黄金辉博士，新加坡共和国第四任总统（1985 – 1993 年在任），1990 年。（承蒙 the Ministry of Information, Communications and the Arts 允许使用，鸣谢 the National Archives of Singapore。）

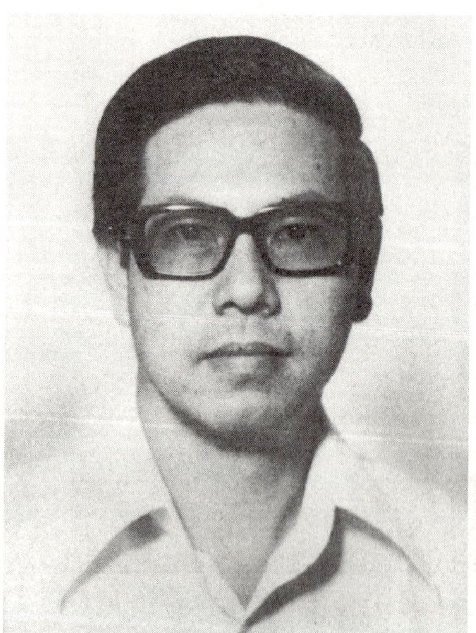

10. 已去世的王鼎昌先生，新加坡共和国第五任总统（1993 – 1999 年在任），1975 年。（承蒙 the Ministry of Information, Communications and the Arts 允许使用，鸣谢 the National Archives of Singapore。）

11. S.R. 纳丹阁下，新加坡共和国现任总统（1999 年至今）①。（承蒙新加坡总统府允许使用，鸣谢 the Ministry of Information, Communications and the Arts。）

① 2011 年，纳丹卸任，新加坡现任总统是陈庆炎。——译者注

12. 莱佛士坊的地铁建设工地，1987 年。（承蒙 the Ministry of Information，Communications and the Arts 允许使用，鸣谢 the National Archives of Singapore。）

347 # 第十章　新的卫士(1990－2005)

从 1959 年这块殖民地获得内部自治权开始,李光耀担任总理一职的时间,长达 30 多年。在这 30 年里,新加坡岛的面貌发生了很大的改变。政治骚乱、高失业率、贫困、无家可归和文盲遍地,这些在 20 世纪 50 年代很常见的现象,到这时已经几乎被人们遗忘,连带着被渐渐淡忘的还有:与马来西亚短暂"结合"期间曾有的动荡、骂仗和种种不愉快,新马分家带来的冲击,独立初期面临的重重困境,以及英国撤军曾可能造成的危机。到 1990 年时,新加坡已经是一个现代化的城市国家,它政局稳定,经济繁荣,人民生活水平之高,在亚洲名列前茅。

随着过去的同僚们纷纷退出政治前台,李光耀成为唯一还活跃的政治主导人物,越来越一言九鼎,起着左右决策的作用。但他辞去总理职务的决定,却并没有使新加坡的政治管理方式发生巨变,当然,这也正是他所希望的。在当时,他还保留了人民行动党秘书长的职位,因此还享有很大的权力,而且他也留在了内阁里,并不打算让自己只任个虚职。他现在虽然退居幕后了,把大部分的精力都花在海外访问上,但李光耀作为国务资政(Senior Minister),仍然密切关注着同僚们的政务处理情况,时不时公开发表讲话,评价新总理和其他内阁部长们的表现,语气俨然是一位校长在给自己手下的学院院长们作评断。虽然如此,在新加坡走向这个千年的最后十年之际,变迁之风正在刮起。在独立后的前 20 年里,这个共和国度过了最初的险境,实现了繁荣昌盛,但如今,国民们受教育程度更高了,生活也更富足了,他们不再想一门心思地关注经济发展,而希望过一种更加全面和有质量的生活。

为了让这个国家走上新的发展轨道,新的卫士们已经作了大量的准备工作。改变总统职务的性质的呼声首次出现在 20 世纪 80 年代初,呼吁者建议,未来的总统将拥有更大的权力,由全体选民直接选举 348
产生。但在当时,这项提议遭到了强烈反对,于是也就搁置下来。1988 年大选期间,有人怀疑,李光耀会对这个职位进行重新规划,然后自己出任总统,这个问题成为当年竞选活动中的一个热议话题。1990 年 3 月,相关提案再次出现,同年 10 月,最终在没有遭到反对的情况下通过。1991 年 1 月,宪法进行了相应的修改。新的总统将通过选举产生,任期六年,负有监管国家的大量储备基金的职责,并有权否决高级公务员和司法官员的任命。有资格的候选人局限为卸任的内阁部长、大法官、最高级别的公务员或大公司的领导人。1993 年黄金辉(Wee Kim Wee)总统的任期结束后,第一次选举将举行,选出按照新规则履职的总统。

政府还采取了谨慎的措施,逐步在国会中创建“反对派”。除了已经存在的非选区议员(如果在大选中,反对党候选人当选议员的人数少于三名,则任命非选区议员加以补足)外,1990 年 4 月通过一项法律,允许任命多达六名的官委议员。官委议员任期两年,但可再度接受任命而连任。被任命者在各自的专业领域成绩斐然,但又没有明显的政治倾向,当局希望,他们进入国会,能够提供独立的评论和有建设性的批评,提高政治辩论的水平。官委议员仅无权参与财政立法或宪法的投票,但获准以个人名义提出法案,针对这些法案的讨论,会比针对政府动议法案的讨论更加自由。詹时中反对任命官委议员,认为他们削弱了民选国会的权威,但这一制度仍然保留了下来。1997 年,官委议员的人数增加到九人。

1990 年 8 月,新加坡共和国迎来了自己独立 25 周年的庆典,上下一片和乐,一个口号响彻全国:“一个民族,一个国家,一个新加坡。”选民们希望，新的领导班子能够继续人民行动党在行政管理上的高效率，但是是以一种更自由的方式。1990 年 11 月，在就任总理两个星期前，吴作栋接受了《国际先驱导报》的采访，他展望前景，称要建成一个更安定祥和的新加坡，要扩大政治参与度。[1]在宣誓就职时，他这样说道：“我……向我的国民同胞们呼吁，和我一起，跑完下一轮竞赛。”

到 1990 年年底，所有的政治犯都已经获释，不过，还有一些人仍处在严密监控下，必须生活在离岛上，只能接受少数人的来访。1991 年 2 月，针对九名前左派持异见者的禁止访新令取消，这九人包括：詹姆斯和多米尼克・普都遮里、桑德拉・伍德赫尔、方水双和萨马德・伊斯梅尔。在这几个人中，除了萨马德・伊斯梅尔外，其他人被禁止通过新柔长堤访问新加坡，时间已长达近 20 年。

在新领导班子看来，最紧迫的要务是，让全国团结一心。拉惹勒南当年曾设想，独立后，要在一代人的时间里，实现真正的多种族国家团结，但这一目标到此时仍远远没有实现，在某种程度上，现代化还让族群间的隔阂更深了。李光耀曾公开承认，在他卸任后，新加坡还没有准备好，能接受一名印度裔出任总理。对许多马来人而言，经济的发展完全破坏了他们传统的生活方式，而语言及教育方面的问题仍然困扰着在人口中占多数地位的华人。

349 独立后，岛内开展了大规模的重建项目，马来人是受影响最大的群体。在殖民时期，其他族群都主要聚居在城区里，但马来人却广泛地分布在岛内各处。许多人住在离岛或沿海的渔村里，其他人是自给自足的小农，还有很多人依附在英国军事基地旁找活干并定居。即使是生活在城镇中的马来人，也仍成功地保持着半乡村化的生活方式，他们大多居住在城中专门划给马来人的保留区域里。第一块马来人保留居住区是惹兰友诺士(Jalan Eunos)马来村，它是在 1928 年创建的。当时，当局为了腾地方修建加冷机场，对土地进行清理，新加坡马来人联盟煽动马来人进行抵制，为了解决矛盾，这个保留居住区应运而生。随着岁月的流逝，惹兰友诺士的规模不断扩大，在高峰时有 1300 多处住房。在第二次世界大战后，更多的保留居住区创立：1957 年在巴西班让建立了西岸马来村;1959 年,亚逸格莫洛(Ayer Gemuroh)马来村建立,这个村庄是在英国皇家空军开设了樟宜空军基地之后,依托基地逐步发展起来的;最后,在 1962 年,柏淡巴当三巴旺马来村(Kampung Petempatan Melayu Sembawang)建立,它靠近英国在岛北部建立的军事机场和海军基地。

《土地征收法》和全岛改造的概念计划改变了所有这一切,在接下来的 20 年里,这些马来保留村被系统地拆除。20 世纪 60 年代大规模的贫民窟清除行动则集中在城镇区域,总体而言,受到华人和印度裔的欢迎。对部分马来人也一样,他们觉得,这表示他们可以告别年久失修、破旧不堪的棚屋,住进拥有各种现代化设施的公寓楼,不过,这也让他们必须和不熟悉的邻居住在一起,还让他们继续过去的正常营生方式变得困难。[2]其他一些人本来住在繁荣的乡村社区里,在保养得很好的带花园住宅里,享受着宁静的乡村生活,养养鸡,种种果树。但这些人统统都被移入了高层公寓楼里,政府这么做,不是为了提高他们的生活水平,而是因为,他们的土地被征用了,移作他用。当清除改造工程延伸到实行居民注册登记制的马来人保留居住区时,这项政策尤其不受欢迎。1966 年,在惹兰友诺士马来村,新入居民的登记工作停止,在接下来的若干年中,为了修建新的道路,部分居民被迁居出去,1981 年,最后一批住宅被拆除,以为一个新的集中建屋项目腾出地方。在 20 世纪 70 年代中期,建屋发展局拆掉了西岸马来村,为建樟宜国际机场,亚逸格莫洛马来村也整体夷平。柏淡巴当三巴旺马来村是最后被拆除的,时间是在 80 年代,执行者是裕廊镇政局。[3]传统的甘榜乡村区域渐渐都消失了,因为这些村庄大多不成比例地占有太多稀缺的土地资源,鼓励了社群封闭主义,阻碍了多种族一体民族国家的建设,此外,它们还代表着一种传统的生活方式,这种生活方式已显得过时,与现代新加坡格格不入。这场大规模的清理改建行动给许多人在心理上造成了深深的伤痛,许多以前生活在甘榜乡村的人们,尤其是老人们,要花相当长的时间,才能慢慢适应并接受他们人生中因此发生的剧变。

对大多数华人来说,英语变得越来越强势让他们感到难过。1990

年的人口普查表明,使用英语作为主要语言的家庭数量,在过去十年内翻了一番。政府领导人对中文的态度也在悄然发生着改变。1978年,官方构想并实施了“讲普通话”运动,这场运动成功地逐步减少了华人对方言的使用,但随后,由于英语迅速得到普及,普通话自身的地位也
350 开始受到威胁。英语从1987年开始成为学校使用的教学语言,并被普遍视为现代化的载体。不过,在20世纪80年代期间,新加坡与中国的商业联系加强,1990年10月,又与中华人民共和国正式全面建立外交关系,李光耀随即首次访华。在中国逐步实行改革开放后,普通话越来越被人们视为能带来商业机会的语言。1990年末,一年一度的“讲普通话”推广活动开始改变了重点关注人群,从以往的讲方言人群,改为了受英语教育的华人,敦促他们提高自己的普通话水平,不要失去与自己的传统文化根源的联系。

1988年10月,当时的第一副总理吴作栋提出,以类似于马来西亚“国家原则”[①]和印度尼西亚“建国五则”[②]的方式,提出新加坡的国家指导原则。一个由李显龙领导的国会委员会随即成立,专门负责此事。李显龙称,这项建设面临的主要障碍是西方化,这虽然给新加坡带来了举世瞩目的经济成就,但也腐蚀了传统的价值观:“新加坡的问题是,如何一方面实现现代都市化,但又不会变得找不到根基……我们的问题是要留住我们的根,保留我们的文化认同。”[4]

经过两年的讨论后,一份关于“共享价值观”的白皮书于1991年1月发布,这引发了国会内外受英语教育的自由主义者们热烈的讨论。如詹时中就认为,这项举措是“思想控制”。少数民族群体对此也有些看法,认为其中过分强调儒家思想。在经过了少许修订后,国家原则最终获得通过,它基于五项共享的价值观:国家高于社群,社会高于个人;家庭是社会的基本组成单位;社群要支持并尊重个人;求同存异;维

① Rukunegara,马来西亚的“国家原则”,共有五条,经常用其国花——朱瑾的五瓣花瓣来表示,具体内容为:信奉上苍;忠于君国;维护宪法;尊崇法治;培养德行。——译者注

② Pancasila,又可音译为“潘查希拉”,指印度尼西亚的五项密不可分的治国原则,即神道主义、人道主义、民族主义、民主主义和社会公正。——译者注

护种族和宗教和谐。开始有人提议,要把信奉上帝包括进去,作为第六项基本价值观,这个提案被否定,理由是与世俗社会的性质不协调。

次月,政府出版了一本小书,名为《新的竞赛》(*The Next Lap*)。[5]书中勾勒了新加坡下一个发展阶段的优先事务。这本书的出版也是长期筹划的产物。1988 年,吴作栋发表了一份供讨论的绿皮书——《求变之举》(*Action for Change*)。政府还任命了多个咨政委员会,负责考察社会、文化和休闲活动等各个方面的内容,它们的研究成果,与同期的其他一些调查研究报告一起,接受了国家长期发展委员会(Long Term National Development Committee)的评估,最终的产物就是这本《新的竞赛》。书中指出,在接下来的 20 至 30 年里,总体的目标是,动员全体国民,让新加坡变得“更加繁荣、开明和令人着迷”。“延续和变迁”并举:延续性体现在,第一代领导人为国家打下了坚实的基础,这是继续奋斗要依赖的根基,而且要继续维持经济的强势稳步增长,为此,“新加坡人必须更努力地奋斗,更精明地奋斗,更团结地奋斗”。延续性还体现在,新加坡仍然有“艰困社会”的成分,需要帮助不幸者自立自强:“我们必须避免福利国家的种种弊端”,但“我们的目标是,成为一个既有野性又有教养的社会”,让新加坡成为一个宜居的地方。人口在书中得到特别强调,被称为“我们最宝贵的资源”,因此,下一阶段的目标是,鼓励家庭规模的扩大,吸引有才能的移民,不鼓励向外移民,争取到 21 世纪时,让人口增加到 400 万。国内生产总值中,对教育的投入将从 3%上升到 4%,建立一个教育储备基金,帮助公民支付学校的各种费用。

审查制度也逐渐放松。信息与艺术部代理部长杨荣文(George 351
Yeo Yong Boon)[6]组建了一个委员会,专门负责评估与艺术和电影审查有关的法律。这个委员会由外交家、法学教授许通美(Tommy Koh)[7]领导,他也是国家文物局的局长,热心赞助艺术。委员会里各方代表云集,其中包括作家兼律师菲利普·耶惹勒南。他是工人党领袖 J. B. 耶惹勒南的儿子。在这个委员会的积极努力下,相关法律开始放宽,针对进口书刊的检查机制也没那么严厉了,不久,甚至连辛辣刺激的《时尚》(*Cosmopolitan*)也重新出现在了新加坡的书店里。

1991年8月,就在国庆日即将到来的前夕,吴作栋甚至开始渐渐获得国际媒体的赞赏,虽然它们所持的语气仍然比较谨慎,李光耀有点嫉妒地承认,他的继任"干得比我期望的还要好"。香港的《南华早报》评论说,在执政八个月后,吴作栋似乎已经更加适应,更加放松下来,比起自己的前任,他在与媒体进行讨论时,更加和善,也更加无拘无束。[8]在国庆日的电视讲话中,这位总理把"人民凝聚一体"作为自己的主要目标。他对李光耀取得的成就表示了敬意,但坚持说,他将"走自己的路",并勾勒了一个雄心勃勃的计划,准备对教育、住宅和医疗卫生进行改革。

本届政府的五年任期按理要在1993年结束,但因为局势看起来非常有利,也为了让自己提议的更加开放的行政体系获得合法性,1991年8月,吴作栋提前举行了大选。耶惹勒南指控人民行动党刻意提前举行选举,好让他因禁令在身而无法参选。吴作栋允诺,等这位工人党领袖的禁选期结束后,会给他一个机会,参加补选。詹时中提出了一个非常天才的竞选计划,依照这个计划,各个反对党达成协议,集中力量竞选81个议席中的40席,好以退为进,表面上承认人民行动党将取得总体上的胜利,但实际上,却让反对党在局部的力量加强,也让选民能更有余地来投反对党的票。这项策略果然奏效,人民行动党的多数地位进一步削弱:它获得的总票数下降到61%,在所有席位中,詹时中领导的新加坡民主党斩获三席,工人党的副秘书长刘程强(Low Thia Khiang)[9]为反对党赢得了第四席。人民行动党在国会中的多数地位仍然不可撼动,但这样的结果让吴作栋感到失望。在选举前,他曾威胁道,如果他没有赢得足够广泛的支持,就会转而采取更加维权主义的统治方式;选举后,他宣布,咨询协商政策仍然会继续,但建设更加开放的政治体系的步伐,将因此放慢。

到第二年的年末,这位总理个人的权威已经更为加强。经济继续在增长,采取了对高收入者加大纳税比例的政策,以及一系列民生项目——升级建屋发展局所建住宅,填满公民医疗储备账户,向出身贫寒的优秀学生提供助学金。这种种举措，让社会各个阶层都更进一步分享到了经济繁荣带来的好处。1992 年 12 月初，在李光耀的支持下，吴作栋接替李光耀，全票当选为人民行动党的秘书长。这个月的晚些时候，在之前向耶惹勒南承诺举行的补选中，总理派出了他自己所在集选区的四人团队，而耶惹勒南的工人党却没能组建出所要求的大竞选团队。几乎就在同时，1992 年 11 月，有消息称，两位副总理均患上了癌症，不过，王鼎昌的病情较轻，而李显龙在离职仅几个月后，病情也得到 352
了缓和。但是，吴作栋在党内选举和国会选举中取得胜利，以及他的两位副手出现健康问题，这些因素相加，让他具有了自就任总理以来最为强势的个人地位。李光耀毫不掩饰这一事实，即在最开始时，吴作栋是内阁属意的候选人，但并不是他本人的第一选择，可是，在经过了底气没那么足的试用期之后，吴作栋已经更加自信，更加坚定。

1987 年以后，经济的年增长率相当高，种种外界因素都没有干扰到这种高速增长。比如，第一次海湾战争爆发后，新加坡的主要贸易伙伴——美国陷入衰退，这个共和国的发展甚至也没有受到影响。从 20 世纪 80 年代后期开始，新加坡不再是一个单纯的投资输入国，而且，其财政预算也出现了经常性的盈余。到 1990 年时，新加坡共和国已经有了相当规模的外汇储备，并准备让经济朝着新的方向发展。自上台执政伊始，人民行动党奉行的就是积极的干预主义经济政策，通过经济发展局直接或间接地让国家介入商事企业，并利用中央公积金，作为控制通货膨胀和以低廉成本实现融资的方式。在 20 世纪 60 年代，政府确立的第一要务是，用低附加值的工业来消除失业率，在 70 年代，强调的中心转移到了使技能多元化并升级换代上，在这个十年的末期，新加坡共和国启动了一场瞄准更高技术的“第二次工业革命”。因为国家出资资助并管理商事企业，新加坡得了一个绰号——“新加坡公司”，这个“公司”成功地吸引到了贸易和投资。而到了 80 年代末 90 年代初，它需要把过剩的资本投资出去了。1989 年，政府支持促进本土中小企业的发展，但负责管理外汇储备的新加坡政府投资公司，也开始寻找机会开展海外投资,让新加坡成为地区和全球经济中一股重要的力量。新加坡共和国想要成为柔佛-廖内-新加坡成长三角区的中枢;它热烈支持东盟关于建立自由贸易区的提议,而这项提议正是在1992年东盟在新加坡举行的峰会上开始提出讨论的;它还积极寻求在欧洲以及其他海外经济体的投资机会。1994年,新加坡宣布,强力支持新成立的亚洲基础设施基金,并在各个新兴的亚洲经济体进行了大量投资,主要包括中华人民共和国、印度和越南。

选民们已经变得越来越见多识广,生活也优越富足,他们开始越来越不满于"保姆国家"施加的种种限制。1993年,第一次总统选举举行,激起了民众相当大的热情参与。前任副总理王鼎昌[10],由全国职工总会提名参加竞选,并得到了人民行动党的支持,但仍有超过41%的选票投给了他的竞争者——一位并非情愿出来竞选的前任会计主管,没有任何政治党派倾向。不过,王鼎昌本人非常平易近人,广受欢迎,在担任选区议员和内阁部长时都很勤勉,而且他的普通话、英语和闽南话都很流利。王鼎昌上的华侨中学,后来在阿德莱德大学和利物浦大学接受教育,成为一名合格的建筑师和城市规划师。他在樟宜国际机场(1981年建成)和大众捷运系统(1987年建成)的建设中都起到了非常重要的作用。[11]就职后,他一直很有主见,未受党派政治的影响,颇受欢迎,但在竞选时,人们一般认为他是人民行动党的人。

353 官委议员们利用自己被赋予的权力,积极以个人名义递交提案。这种提案比起官方动议的法律提案,具有更广泛的探讨空间。第一份这类提案是《供养父母法案》,是在1995年由翁长明(Walter Woon)[12]教授提出的,赋予贫困的父母权利,可要求其子女供养。该项提案在国会内部及媒体上都引发了热议。有些人感到震惊,因为他们相信,本国社会中深厚的孝行传统,让这样一项立法实在显得多余,但当几十例被子女忽视的父母把子女告上法庭时,他们才发现过去的想法全属虚妄。官委议员苏英医生(Dr. Kanwaljit Soin)[13]提出的一项法案也引起了广泛的讨论,这项法案旨在抗击针对女性的家庭暴力。不过,它最终被国会否决,但在1996年被一项政府立法所替代和补充,这项立法的内容更加广泛,提出修订《妇女宪章》,并加强政府在出现家庭暴力或离婚的情况时,对家庭成员的保护。

官委议员是当局挑选出来参与政治的,他们享受到了相当程度的自由,但政府并没有以同样宽容的态度来对待独立的学者、作家和其他未参政的时事评论者。1994年11月,在本地广受尊敬的一位作家林宝音(Catherine Lim),在《海峡时报》上发表了一篇带有温和批评口吻的分析文章,比较李光耀和新任总理这两届政府在执政风格上的不同点。结果,这给她招来了公开的批评,政府称,林宝音应该要不就加入某个政治党派,要不就把自己的意见提交给民意处理组(Feedback Unit),而不是公开发表这种可能会损害总理权威的言论。吴作栋坚持认为,此后凡是有反对意见的人,都应该自己进入政界,并应该尊重执政者,因为他们都是由选民选出来的,对选民负责。人民行动党声称,政府是由民众选举产生的,仅凭这一点,它就拥有限制咨政议政范围的权力:那些所谓的"越界评论者",如果自己不打算参加竞选,就没有权利对这个领域的事情指手画脚。

政府针对此事的严厉反应,在当时让人们大吃一惊,但人们其实应该早就料到政府会这么做。1989年,在引入官委议员之时,吴作栋解释说,此举旨在"让新加坡人享有更广泛的政治参与度,让政府朝着更具协商性的方向发展,使不同的意见能够被听到,更具建设性的异议能得到提交,从而进一步完善加强我们的政治体系"。在展望何谓更广泛的政治参与度时,吴作栋在就职前夕,接受《国际先驱导报》采访时说,"应该引导这种参与趋向富有意义的方向,焦点是关注实际事务,解决实际问题",而媒体的作用则是"报道,而非参与……不因放纵自己,对新加坡应如何发展妄作评论"。[14]在接下来的数年中,政府通过民意处理组、镇议会和政府国会委员会稳步创立了一系列机制,用于收集和宣传信息,听取并缓和异议。这些措施都旨在提供足够的平台,"使不同的意见能够被听到,更具建设性的异议能得到提交",公民们能够通过市政管理活动,为国家的政治生活贡献他们"有意义的参与"。人民行动党所认为的理想政府是具有共识的政府，而以不那么和善仁慈的角度来看待这种理想的人，则将其描述为“排除对抗性政治的国家意识形态”。[15]

本土的媒体开始接受人民行动党对它们角色的解释，而不再将自己看做是第四等级：不再声称拥有权利去抨击民选的政治家，或为国
354 家设立议程。但当局对在新加坡流通的海外报刊却采取了不同的标准，理由是，与他们在新加坡当地的同行们不同，外国记者并不需要为他们不负责任的言论承担同样的后果。1988 年 4 月，李光耀应邀在美国新闻报刊编辑公会的聚会上发表讲话，在讲话中，他把美国的媒体描绘成“行政当局的监控者、对手和审判官”。[16]不过，他坚决认为，不论是西方媒体，还是本土媒体，都不应该在新加坡扮演这样的角色。在相安无事了若干年后，1994 年，新加坡政府再次援引《报纸与印刷媒体法》，针对《国际先驱导报》和它所刊一系列文章的那位美国作者采取了惩罚措施。这些文章虽然没有指名道姓的提到新加坡，但却暗示，新加坡政府让司法体系遵从行政权力的意志，并依靠这样的体系，镇压已陷入不利境地的反对派政治家。这次事件进一步巩固了美国自由主义媒体之前对新加坡的印象，认为它就是一个威权主义国家。

总体而言，新加坡人寻求能更大程度地表达自己的观点，但他们却对亲自投身政治缺乏兴趣。人民行动党在稳定局势和繁荣经济方面取得的成功，让赚得足够身家过上舒适的生活变得更加可能，而且，比起直面政治中的明争暗斗，或遵从当内阁部长或国会后座议员所需遵守的原则，承受这些职务带来的艰辛来说，舒舒服服过自己的日子实在容易得多。除非应政府邀请，否则，极少有人愿意主动投身公共事务。执政党需要甄选政治人才，但对他们的要求也非常严格。在招募年轻的议员候选人(即未来的部长人选)时，或选择在某个专业领域已颇有成就的人出任部长时，它订立的标准相当高。不过，它也为这些人才提供了激励机制：鼓励年轻的国会议员将政治职责与成功的专业事业结合起来，并且在 1994 年，尽管面临着公众的重重批评，部长们的薪金仍得到大幅提升，达到可与商业领域中高管们相当的水平。然而，尽管获垂

青出任公职是一种荣耀,也能体现爱国精神,但它也是有风险的,因为一旦失败,就会面临公众的羞辱。

遵照"赋予他们管理职责,以此招安心存反意者"这一有力的信条,政府招募了一批能力很强但思想非常独立的公民,把他们委派到政治主流事务之外的公职上去,从而让这些潜在的政治异议者变得中立,比如,派一些人去领导新加坡的某些机构,或者派一些人担任驻外使节等。新加坡共和国的外交官群体中,包括了相当一部分直言不讳的批评家,比如大卫・马歇尔,他从反对派政治家摇身一变,在 1978 至 1993 年间,出任了新加坡驻法国大使;法学教授许通美[17],出任了新加坡外交部巡回大使;再如政治学教授陈庆珠(Chan Heng Chee)[18],出任了新加坡驻美国大使。

而当年那些选择正面与政府对抗的人,多落得悲凉下场。反对派政治家们不用再害怕被逮捕,以及不经审讯就遭监禁了:《内部安全法》并没有被废除,但已经多年没被启用了,前社会主义阵线议员谢太宝(Chia Thye Poh) 在 1966 年被捕,是新加坡最后也是监禁时间最长的一名政治犯,但在 1998 年,他所受的人身限制最终取消。而林清祥在与社会主义阵线闹翻后,便于 1969 年获释,之后,他前往英国学习深造,并在那里一待就是十年。再后来,他回到了新加坡,于 1996 年去世。此前流亡海外的一批著名左翼政治家,在这个世纪的下半叶,均获准返回新加坡。1989 年,经吴庆瑞批准,在中国避难的余柱业得以返国,[19]不久,沙尔玛也紧随其后回国。当年的"全权代表"之子,一名非常有才华的工程师,在 1990 年获准定居新加坡,此事也有赖于吴庆瑞的大力推动。"全权代表"本人希望获得重新入境权,1995 年,他在北 355
京与李光耀会面,但两人没能就相关条件达成一致。[20]对于它认为很危险,或可能对国家造成破坏的人物,人民行动党仍然坚持不让其好过。他们通常都会遭到讥讽和鄙视,被法院以存在经济问题的罪名苦苦纠缠,或被控犯下诽谤罪,尽管他们发表的言论在西方国家通常是被视做民主竞选程序中常见的口舌争论而得到容忍。

1997年1月,政府举行了一次大选,并确立了这样一个主题:"新加坡21世纪:让它成为我们最好的家园。"在经济发展势头强劲的背景下,吴作栋宣扬了六年来的成就,并提出一项详细的计划,引领共和国迈向新世纪,承诺要进一步实现稳定、经济发展和提高生活水平。为了将这一切付诸实践,他组建了一支24人的国会候选人队伍:他们都经过了精心的选择,均为在某个专业领域卓有成效的职业人士,来自各个不同的族群,所有人都是靠自己的努力积累下声望而逐步崛起的。

自1991年大选以来,各个反对党也经历了不少变化。耶惹勒南再次全面控制了工人党,詹时中领导着一个新的党派,而新加坡民主党在一群精力充沛的年轻领导人的带领下,立场开始大大左倾。神经心理学家徐顺全(Chee Soon Juan)在美国拿到博士学位后,就马上返国,接受了国立新加坡大学的一个教职。1992年12月,新加坡民主党组建了一个竞选团队,参与在吴作栋的选区举行的补选,但没有成功,徐顺全正是其中的一员。不久,徐顺全被控滥用院系的经费,失去了大学讲师的职位。他绝食抗议,并且对系主任提出了指控,结果却反被控以诽谤罪,付了一大笔精神损失费。以这样的方式开始自己的政治生涯,实在也够艰难的。1994年,为与"下一轮竞赛"针锋相对,徐顺全出版了《敢于变革》一书,提出为了实现人民行动党达成的这些物质成就,"自由、正义和新加坡人的精神都被无情地践踏了",如今,他们面临着"独裁主义这只政治怪兽"[21]的威胁。《敢于变革》一书题献给了"所有为民主而抗争的政治犯们,以及所有希望我们的国家实现开放、人权和正义的新加坡人",它呼吁实现"一种宽容而富有生机的多元主义",在这种制度下,为了代替"权力过大的国家精英面对一群被压服的民众"这种状况,"广大民众必须坚强勇敢地参与国家的政治"。他几乎对人民行动党各个方面的政策都进行了抨击,从"共享价值观"的概念、推动普通话代替方言的运动,到网络安全法规、劳工法、对女性的态度、对高学历母亲的税费减免、政府部长们的高工资,以及鼓励跨国公司的发展,等等。他提倡的则是个人主义,废除网络安全法规,赋予媒体自由,以及对财富进行再分配以扶助老人和穷人。

尽管新加坡民主党在1991年大选中一举斩获三个议席,成绩相当可观,但在徐顺全加入之前,该党已经受到内部纷争的困扰。徐顺全声称詹时中的十年温和斗争策略实在毫无成效,最终取代詹时中当选为秘书长。《敢于变革》中所提出的方案,被接纳为新加坡民主党的新纲 356
领,该党决定采取更加激进的立场。在经历了一系列纠纷和内斗后,詹时中被逐出民主党。他于是自立门户,成立了新加坡人民党(Singapore People's Party),旨在延续他坚持的温和自由主义立场,寻求放松网络安全法规的控制,呼吁建立一个"充满关怀、具有公民精神的社会,让民众不再畏惧参政"。

在这一系列背景下,人民行动党的候选人再一次在没有遭遇任何竞争的情况下,轻松拿下一大半由竞选产生的议席,[22]因而让人民行动党毫无悬念地确保了最后的胜利,但是,对其他席位的争夺却十分激烈。由于在前三次选举中,本党的总得票数一直在下滑,人民行动党决心要让这次选举成为一个分水岭,结束这种下滑的趋势。几个单人竞选选区合并成了集选区,另外一些集选区的规定参选人数,从四人上升到了五至六人,这就使小的党派组队参选变得更加困难。人民行动党决定把基层事务作为选战的重心:它指出,市政委员会已经在日常生活方面作出了不少改善,正在进行的一些项目也正在升级建屋发展局营建的住宅。吴作栋首次提出,将对支持政府候选人的选区(也可能是大选区中的某些分区)实行倾斜,优先发展那里的社区服务,优先进行旧屋改造项目。这项创举遭到了反对派的强烈抨击,认为有失公允。

种族问题是这次竞选中最热的议题。工人党在静山集选区(当时是一个需五人组队竞选的集选区)引发了民众的激情,受华语教育的选民对工人党团队成员之一——邓亮洪(Tang Liang Hong)更是报以热情的回应。邓亮洪是一位知名的律师,时年62岁,虽然曾被当局考虑任命为官委议员,但之前并未参政。他曾在南洋大学和新加坡大学接受教育,积极推动华语和儒家思想的发展。作为南洋艺术学院的前任主席,他曾参加过多所华校的校董会,认为华语在新加坡正日益不敌英语，对这种情况深为忧虑。在他的竞选活动中，邓亮洪声称受到了轻慢和歧视。总理和李光耀指控邓洪亮蓄意搅起种族对抗情绪，并亲自上庭作证。人民行动党最终还是保住了这个选区，但工人党获得了45％的选票。

总体而言，在这次大选中，人民行动党取得了自1984年以来最好的成绩，从反对党手中夺回了两个席位，而且总的票数也有所回升。刘程强代表工人党保住了一个议席，詹时中第四次连任，但这次是作为新加坡工人党的领导人，而徐顺全的新加坡民主党却一无所获。由于仅有两名反对党的候选人当选，耶惹勒南虽然落败，但在败选者中得票数最高，于是或任非选区议员。[23]

虽然最终获胜了，但在静山集选区遭遇的严重挑战，却让政府受到了极大的震动，而激烈的竞选活动也导致了不少法律争端。总理和李光耀指控邓亮洪诽谤，被判获得大笔赔偿金，而邓亮洪避居澳大利亚，
357 拒绝支付赔偿金，法庭遂宣布其破产。人民行动党的领导人也在对耶惹勒南的指控中赢得了大笔赔偿。次年，耶惹勒南被泰米尔语委员会的若干成员起诉，再次受到重罚，他也因此宣告破产。最终，在2001年5月，已经76岁的耶惹勒南辞去了工人党秘书长这个他担任了长达30年的职务，把领导连遭打击的工人党的重任交给了刘程强，自己则带着累累的创伤退出政坛。这位政治家为了实现他认为的民主、公平和正义的社会而奋斗不息，牺牲了自己安稳的事业，遭受了如此多的人身和经济打击，最终却被控不正直、诽谤他人，这样的结局，对他来说，实在让人唏嘘。李光耀将他指为“一个装腔作势的人，总是想要引起公众的关注，不管是因好事还是坏事”，[24]但也许让耶惹勒南结局凄凉的原因，是他的固执，是他总是坚持严厉抨击人民行动党的各个方面。大卫·马歇尔也直言不讳地批评了政府的诸多举措，但他却又愿意承认执政党取得的相当可观的成就。他就曾这样评论耶惹勒南：“如果加百列天使长亲自从天堂降下来，承担起人民行动党的角色，耶惹勒南也会抱怨说，天使长身上的光芒太亮了，而且他的翅膀也太占地方了。”

1997年的大选及其造成的后果，使得政治反对派们溃不成军。

1998 年,超过 22 个反对党进行了注册,但其中有 13 个党派完全没有活动,其他也极少开会碰头。新加坡民主党仍然麻烦缠身:1999 年,徐顺全被控非法召开公众集会,并因拒绝交纳罚款而短暂入狱。从一开始,人民行动党就不怎么瞧得上徐顺全,认为他只是一个冒失莽撞的年轻人,还声称他人格不健全。尽管他充满热情,一登场就雄心万丈,但徐顺全的激进风格其实疏远了选民:在他的领导下,新加坡民主党没能赢得一个议席,他的前任取得的成绩也丧失殆尽。

吴作栋呼吁各方要团结一心,抚平裂痕,他启动了一项广泛的咨政活动,旨在为新千年制订规划。在国会中,吴总理谈到,要鼓励公民社团的发展,“从而利用国民的天赋和能量,建设一个充满凝聚力、生机勃勃的国家”。公民社团组织曾在殖民地早期蓬勃发展,但在马来亚实行紧急状态时期,以及走向独立的过渡时期[25]受到压制,根据《帮会法令》,还遭查禁。最初于 1890 年出台的《帮会法令》,意在遏制华人帮会,要求各个组织都需要注册,并赋予政府解散这些组织的权力。第二次世界大战后,这一法令再次生效,所有社团都被要求重新注册。在马来亚紧急状态时期,政府经常援引这项法令,来控制或查禁激进的政治、劳工或学生组织。独立后,这项法令也仍然得以保留。

在诸如新加坡家庭计划协会等例子中,非政府组织的功能被政府接管,并继续运营下去。其他一些组织则完全就是由政府自己兴办的,最具代表性的就是回教社会发展理事会(Council on Education for Muslim Children,Mendaki),它是 1982 年成立的,是对李光耀发出的号召的呼应。李在这一年呼吁社群领导人着手处理马来年轻人学业成绩不佳的问题。政府为这个组织提供了启动资金,人民行动党的马来人议员与马来人社会和文化团体的代表们一道,加入了这个理事会。但总的来说,处于政府控制之外的各个组织团体,都多少受到了人民行 358
动党的质疑,而且,一旦它们的活动与官方政策相抵牾,就可能遭到冷遇。

公民团体的发展处于低潮,但“伟大婚姻争论”却在 1985 年推动了一个非政府组织的成立,它此后将成为新加坡最有影响力的非政府组织之一,这就是女性行动与研究协会(AWARE)。这次争论让在各个专业领域任职的妇女开始觉醒,尤其是让她们意识到 1961 年《妇女宪章》的局限性,促使她们起来保护女权运动已有的成果,并抗击残余的歧视。《妇女宪章》集中关注的是确立男女在法律上的平等地位,主要是废除除穆斯林人群之外的一夫多妻制。受英语教育的中产阶级妇女当年的这一提议,曾遭到男性的强烈反对,最终,是依靠陈翠嫦和她在女性同盟(它主要代表的是华人劳工女性的利益)中的同仁们的坚定努力,这项宪章才得以通过。考虑到女性选票在 1959 年大选中的重要性,人民行动党将这一宪章纳入到了它的纲领之中,尽管党内对此的反对声音也很强劲。1959 年,有四名女性赢得了议席,但这四名先驱中硕果仅存的一员——陈翠嫦于 1970 年辞职后,国会在此后的 14 年间始终是男性的天下。尽管李光耀本人认为自己的母亲非常了不起,自己的妻子非常聪明,对她俩充满敬意,但无论是他还是人民行动党的其他领导人,都没有表示出特别的兴趣,想要招募女性参政。

虽然在其通过之时,人们并没有把《妇女宪章》视为一场系统的拓展女性权利运动的第一步,但在此后的岁月中,总体而言,新加坡的女性不论其种族和社会背景,她们的命运都逐步得到了改善,与很多其他国家中的女性相比,她们的地位令人艳羡。从照顾大家庭的重担中解放出来后,女性受到鼓励,积极而全面地为国家的进步作出贡献。阿尔伯特·魏森梅斯博士承认,女工对发展劳动密集型的纺织业起到了十分关键的作用,而这一工业的发展构成了他制订的工业化计划的第一步骤。劳工阶层的女性能稳定地拿到工资,因建屋发展局建造的组屋而享受到了更好的居住条件,她们的孩子也能得到更多的机会接受教育,这些都让她们切实得到了好处。而受过良好教育的中产阶级女性能得到国家的倾斜辅助,更是获益良多。职业妇女受到尊敬,并得到税收减免措施的鼓励。由于不像男性那样需要服兵役,女性在得到雇佣和升职机会方面有了一定优势,这让她们悄悄地在中上层专业人士和商业圈中站稳了脚跟。而李光耀提出,鼓励受过高等教育的女性结婚,多生孩子,这项建议可能使女性重新退回到妻子和母亲的传统角色中去,因此让一群积极提倡女权者感到震惊。1984 年,这一小群人组织了一场名为“女性的选择,女性的生活”的研讨会,其后又成立了女性行动与研究协会。这个协会推动相关的研究,支持相关的法律改革,开展教育项目,并提供直接的帮助和建议,其最终目标是确保男女平等。[26]它有时因为没有把握住不可逾越的政治界限,与政府的人口和社会政策发生抵牾,会遭遇一定的困境。尽管如此,它还是在确保或推动相关改革方面起到了积极的建设性作用,其主席苏英医生也于 1992 年成为首位女性官委议员。

官方对未来的规划在 1997 年年中遭遇了重击,这一年,在经历了 359
十年不间断的发展和繁荣后,新加坡被卷入了一场地区性的经济危机。这场危机首先在泰国爆发,随后迅速波及整个东南亚。它带来的震动是极大的:就在前一年,经济合作与发展组织才刚刚把新加坡升级为“比较发达的发展中国家”。[27]

制造业、工程建设和商业全都受到了冲击,财政收入减少,到 1998 年年底,经济正式进入萧条阶段。政府在各个层面都实行了紧缩政策,削减部长和高级公务员们的薪水,缩减建屋发展局房屋改造计划的规模,通过降低工资来减少商业成本,将雇主承担的中央公积金份额减半,以阻止它们裁员。政府向老人和赤贫人口发放了一定的补助,但却拒绝接受工人党提出的一揽子旨在减轻民众疾苦的福利措施。相反,它坚持加大对经济基础设施、教育、培训项目,以及提高技能方面的投入,希望在熬过危机后,能以更加坚实有力的姿态面对未来。

由于政府拒绝将庞大的储备金用来广泛救济民众,它与王鼎昌总统发生了冲突。在 1999 年 6 月其总统任期即将结束时,王鼎昌宣布,不会寻求连任。他抱怨自己的否决权受到诸多限制,政府还设置重重阻挠,使他无法知晓储备金的详细信息。这是总统职能重新设定后,其权威第一次面临实际的考验。总理坚持认为,总统在很大程度上只是具有仪式象征性作用:是最后的安全阀,其权力主要在于,确保未来可能出现的不负责任的政府滥用储备金,或任命不恰当的人担任公职。

1999 年 7 月,国会通过了界定行政部门与总统职务间关系的新规则。由于没有其他符合条件的候选人,曾经担任公务员但此后主要担任外交使节的 S. R. 纳丹[28],在没有举行选举的情况下,于次月出任总统。

到此时,经济已经出现了温和复苏的迹象,这鼓舞着新加坡共和国更满怀希望地展望新世纪。1999 年 5 月,国会就一本官方出版物展开了长时间的争论。它名为《新加坡 21 世纪:我们共同做出改变》,是在过去两年中政府开展官方的咨政活动的结晶。它设想了公共部门、私人部门以及所有公民开展的三方合作,共同建立一个真正的多种族社会,在这个社会中,每个族群都有自己独特的身份认同,但所有这些身份叠加在一起,其核心就是新加坡的特性,这就是:机会均等和以英语为通用语言。

在 1999 年 8 月的国庆日,吴作栋提出展望,新加坡要成为“一个世界级的文艺复兴式的城市”,不仅拥有傲人的经济,而且在教育、艺术和体育方面都非常卓越。在主要目标中,公众参与和广泛咨政均被提及,他还提到,要让这个共和国成为“一个思想观念迸发的国度”。2000 年 9 月,一个户外演讲角建立,任何一位公民,只要他或她不违反法纪,尊重种族和宗教禁忌,不进行造谣中伤,都可以在这里自由发表讲话。

360 随着 20 世纪走向终结,人们认为,新加坡面临的主要难题是人口的老龄化,以及大学毕业生和技能的缺乏。1996 年,一个旨在实施温长明提出的《奉养父母法》的论坛成立,政府对此表示欢迎,将其视做一种有益的手段,通过加强家庭对年老者负有的责任,减轻医疗卫生及其他社会服务机构承受的压力。1998 年,退休年龄从 60 岁提高到了 62 岁。人口增长目标也进一步提高,期望在 21 世纪中叶时,新加坡的人口能上升到 500 万,但这个目标很难实现。尽管政府采取了鼓励结婚生子的措施,但人口自然增长率还是在下降。政府又再次增加了激励措施,这次是为生第二和第三个孩子发放津贴。移民法也开始放松,意在吸引国外的人才和劳工前来,到 20 世纪末,新加坡人口中有四分之一不是本国公民。在经历了两年的冻结期后,高级公务员和部长们的薪金大幅上涨,此举是一项旨在避免专业人士向海外移民并鼓励有才干的新加坡人返国的政策的组成部分。但这遭到了工人们的强烈反对,因为雇主们交纳中央公积金的份额此时仍没有完全恢复。工资最高者和工资最低者之间的收入鸿沟正在拉大。在非熟练工和一小群赤贫人口当中,失业的情况仍然很普遍。

遗憾的是,当信息技术的泡沫破裂,全球经济增长放缓之际,脆弱的复苏没能维持,经济再次陷入衰退。而在2001年9月11日,基地组织袭击世贸中心,举世震惊。新加坡立即发表声明,表示支持美国创建全球反恐怖主义联盟,但它也确信,恐怖主义主要不能靠军事力量来击败,而应该靠消除引发伊斯兰极端主义的原因,它还敦促第三世界和伊斯兰国家也应该参与进来。

为了确保足够的掌控力来抗击恐怖主义,解决持续的经济衰退,政府决定不遵照法律规定的时间,不等到次年8月,而提前举行大选。这一举动其实相当有风险,因为过去举行大选的时候,都是在经济状况良好的情况下。但政府赌赢了。人民行动党在55个议席的选举中没有遇到竞争,创下了新的纪录,2001年11月,它最终保住了84个议席中的82席,总得票率也大大提高,赢得了75%的选票。刘程强和詹时中都得以连任,但两人赢得选举时的票数优势都有所降低,而徐顺全的新加坡民主党再次颗粒无收。

吴作栋宣布,他会继续担任总理职务,直到衰退期结束,但打算在下次大选之前完成交接班,到那时,新一代领导人将担起重任。与此同时,他继续强调原先提出的政策,让公民积极参与地方事务,鼓励他们关心自己的社区。2001年11月,全岛被划分为五个社区,各设一名市长。五名市长均为议员,其级别相当于政务次长,另设有九个[①]社区发展理事会,负责管理当地的社会服务、福利、医疗卫生和体育事务。在

① 原文如此,疑有误,似乎应该为五个。新加坡在1997年大选后对应全岛的九个社区,设立了九个社区发展理事会,2001年11月区划调整为五个后,社区发展理事会也相应减为五个。——译者注

国会中，政府放松了原先的管制原则，允许人民行动党的后座议员自由发言和投票，而不再强求党内一致，不过在国家关键事项上，如安全、宪法和预算等方面，这一原则仍然有效。

361 “9·11”袭击后，新加坡的局势仍然稳定而平静，穆斯林们也没有受到骚扰，但这个共和国仍然感到担忧，作为一个第三世界国家中的一块资本主义飞地，一片穆斯林海洋中的一个主要由华人居住的岛屿，它感到自己非常脆弱，易受攻击。新加坡于是设立了国家安全秘书处，2001年12月，它逮捕了15名恐怖主义嫌犯，其中有13人根据《内部安全法》被监禁。据信，他们都是伊斯兰祈祷团(Jemaah Islamiah)的成员。这个组织的网络非常大，涵盖了马来西亚和印度尼西亚，它计划建立一个以爪哇为中心的伊斯兰国家，这个国家将包括马来半岛、印度尼西亚以及菲律宾南部。据说，这个组织与基地组织有关联，它的一些成员是在阿富汗接受的训练，听从印度尼西亚武装分子的命令。这次逮捕行动挫败了伊斯兰祈祷团本来制订的一项精密的袭击计划，该计划打算袭击新加坡的多处目标，且同时攻击美国驻吉隆坡和雅加达的大使馆。

这次危机又勾起了由来已久的对新加坡马来人地位问题的关注。政府承认，这个族群从整体上来看，仍然在繁荣程度上相对落后，而且在很多方面，由于采取了本意是要让他们受益的特别优待措施，比如免服兵役，免除高等教育学费，以及伊斯兰宗教学校(*madrasah*)享有特权等，他们反而陷入了孤立状态，与社会进步的主流趋势相隔离。但他们又非常不欢迎取消上述特权，受到与其他新加坡人一视同仁的待遇。不过，从1985年开始，国民兵役制还是扩展到针对包括马来人在内的所有男性公民，1990年，所有马来学生自动享有的高等教育学费免除待遇，被仅发放给贫困学生的助学金所替代。

教育是马来人进步最大的绊脚石。回教社会发展理事会作出的改善努力收效甚微，但在1991年穆斯林职业人士协会(Association of Muslim Professionals)成立后，马来人教育状况开始加速得到改观。这个协会是一个志愿性质的组织，独立于政府之外，它希望“在把马来或穆斯林新加坡人转变为一个生机勃勃的社群这一长期的发展进程中,起到积极的主导作用”,它们组织成功的穆斯林职业人士在家庭福利、提高工作技能和改善儿童的教育状况方面提供帮助。在 20 世纪最后十年中,马来人中产阶级的规模迅速扩大,越来越多的马来人接受了高等教育,并进入各个专业领域,但伊斯兰宗教学校的发展仍然滞后。1990 年,政府颁布了一项提案,要针对所有学校的教育水平设立最低标准,这导致其与穆斯林职业人士协会发生了激烈的口舌争论,不过,在总理及内阁资政与大批穆斯林社群的领导人会面后,紧张状态得到了缓解。双方最终达成妥协,国会中的马来人议员负责起草了一份马来人进步蓝图。

但 2001 年 12 月被捕的那些恐怖分子事实上并不是来自马来社群中最穷苦、最边缘化的接受宗教学校教育的阶层,这一发现让当局感到震惊。除一人外,这些人均为新加坡的中产阶级公民,他们在国立的世俗学校中接受教育,也都并没有积极参与清真寺的宗教活动。这样的结果打击到了政府实施的种族多元政策,作为应对,吴作栋、李显龙和其他资深部长们组织了一次大会,与 1 700 多名社群领导人就这次逮捕行动的影响进行了深入探讨,并强调需要更紧密地团结凝聚起来。穆斯林社群领袖们对此表示了强烈的支持,2002 年 1 月,一个新的草根阶层组织——族群互信圈(Inter-racial Confidence Circle)在每一个选区都设立起来。

2002 年 9 月,第二波逮捕行动展开,又有 21 名新加坡人被逮捕,
其中 18 人被关押,其余 3 人受到行动限制。与之前被逮捕的那些人不 362
同,他们全是蓝领工人,是恐怖组织中最底层的行动人员。这次逮捕行动破坏了伊斯兰祈祷团在新加坡的组织网络,但它对整个地区的威胁仍然很大。2002 年 10 月,吴作栋在另一次社群领导人的集会上,提出了一项宗教和谐法令的草案,2003 年 1 月,国会就一份论伊斯兰祈祷团及其跨国关系网的白皮书展开了辩论。三名反对党的国会议员也与人民行动党的议员们一道,一致支持政府的提议,同意加强安全措施,加大情报收集的力度,与此同时,增进社会团结和宗教和谐,鼓励穆斯

林社群通过宗教教育遏制极端主义的发展。

2001年12月,新加坡的失业率达到15年来的峰值,经济问题也亟须政府采取同样强有力的措施来加以应对。为了增进每位公民与国家休戚与共的程度,"新新加坡股票"(New Singapore Shares)发行,其中很大的份额被慷慨地发放给了穷人。

政府任命了一个经济评估委员会,由李显龙领导,其下设七个分会,分别由商人及政治家领导。该委员会负有提出长期结构调整计划的任务,以期应对来自中国和东北亚的越来越强力的竞争。2002年4月,委员会提出,建议政府逐步将国有企事业资产私有化,仅保留对新加坡港等战略区域的控制。该委员会还支持对税收和雇佣制度作出重大修改,以使劳动力市场实现自由化,创造更多的工作机会。

但萧条还在继续,并达到独立以来持续时间最长、最严重的程度。2002年10月,基地组织的恐怖分子又在巴厘岛进行了恐怖袭击,新加坡的经济受此影响,进一步遭受打击。第二年年初,许多港务工人被裁员,公务员的工资再次被削减,尤其是高层的。而2003年3月爆发的伊拉克战争,以及非典(SARS)的大规模流行都严重影响了旅游业,还使得新加坡航空业大幅萎缩,并最终犹如雪上加霜,让新加坡的经济再遭冲击。

不过,也有更积极的消息。新加坡与日本、新西兰和澳大利亚签署了双边自由贸易协定,最为振奋人心也最有价值的是,在2003年8月,经过了数年的艰苦谈判之后,它也成功与美国缔约。与此同时,为了减少对西方经济体的过度依赖,新加坡还与中国大陆以及港澳台地区积极发展商贸关系,2002年,对华贸易总额首次超过对美贸易额度。

从一开始,这个新生的小小共和国就认为,东盟对自身的安全和经济良性发展具有至关重要的作用。1967年东盟成立时,新加坡就是积极推动者,它还对文莱在1984年的加入,以及越南、缅甸、老挝和柬埔寨在20世纪90年代的相继加入表示欢迎。国际恐怖分子造成的威

胁,以及经济危机的爆发,更促使它加强与其他国家的双边关系,推动
地区和平与经济合作的发展。新加坡渴望尽快恢复东南亚的贸易和投
资,于是在2002年,它提出,要加快建成已经在构想中的东盟自由贸易
区,并欢迎积极吸引中国、日本、欧盟和美国与东盟建立更加紧密的联
系,还热情地支持发表一项合作抗击恐怖主义的联合声明;2002年,在
文莱召开的东盟大会上,它与美国共同促成了这项声明的发表。吴作 363
栋甚至还提出,要效仿欧盟的方式,在本地区形成更紧密的政治和军事
联系。

总体而言,新加坡与东盟中各个伙伴国家的关系都很和谐,在独立初期那种咄咄逼人的民族主义情绪已经得到沉淀升华,它变得更善解人意,更能体认和分担邻国所遇到的问题。1995年,新加坡处死了一名被控犯有谋杀罪的菲律宾女佣,马尼拉方面为了表示抗议,断绝与新加坡的外交关系有近一年的时间。但这样的外交冲突只是例外事件,很少发生。

为了维护政治稳定、经济繁荣和抗击恐怖主义,与自己最近的两个邻国马来西亚和印度尼西亚冰释前嫌,维持友好关系至关重要。在20世纪90年代,新加坡寻求更好地与马来西亚及印度尼西亚的经济进行融合。在苏哈托总统于1998年辞职之前,这个共和国与他治下的印度尼西亚始终密切合作,虽然其继任者上台后,新加坡与印度尼西亚的关系相对而言没那么亲密,但这并不妨碍两国就纳土纳岛西部天然气管道达成一项长期协议,2001年,吴作栋与印度尼西亚总统共同主持了这条管道的启用仪式。伊斯兰祈祷团据称策划于2001年12月袭击新加坡未遂,但它其后制造了巴厘岛和雅加达的惨案,遏制这个恐怖组织的共同目标,让这两个国家越走越近。

马来西亚和新加坡于1995年签署了一项双边防务合作条约,并在经过15年谈判后,最终就划定领海界限达成协议。但两国之间仍然涌动着不和谐的暗流:双方对新加坡岛上马来亚铁路所占土地的归属问题各执己见;李光耀就柔佛说了一番带有挑衅语气的评论,激起了巫统以及吉隆坡的马来语报刊的抗议,而李光耀那言辞犀利的回忆录第一

卷在1998年一出版，又让人们回忆起1965年不愉快的新马分家历程，相当于揭开了旧日的伤疤。不过，两国的最高领导人终于逐渐让双边关系进入平稳发展的轨道。2000年8月，李光耀十年来首次对吉隆坡进行了一次非正式访问，结果取得了意料之外的极大成功，而他的回忆录第二卷于次月出版后，在马来西亚获得了好评。2001年8月，李光耀与马来西亚总理马哈蒂尔在吉隆坡会晤，原则上同意以友好亲善的方式解决两国间的所有争端，细节问题则由官员来完成。但这在实践中却引发了一些麻烦。除了双方对灯塔岛——白礁的主权争议将提交海牙国际法庭裁定外，新加坡想将其他各项事务均在一个协议中商定解决，而马来西亚却坚持，先解决双方在水资源上的争端。1961年和1962年签署的相关协议规定，吉隆坡负责将生水供应给新加坡，新加坡则将处理过后的水输送给吉隆坡。这两个协议的有效期将分别持续到2011年和2061年。马来西亚希望提前修订协议，这引发了新柔长堤两端的公众的热议。与此同时，新加坡共和国为了减少对马来西亚的水资源的依赖，新建了一家海水淡化工厂，两个淡水蓄水池，以及一家污水循环利用工厂。政府认为，循环处理后的“新鲜水”既可用于工业，也可供家庭使用，在2002年8月国庆日那天，它向公众发放了数千瓶这样的“新鲜水”。

东北亚地区经济的逐步扩张，尤其是中国举世瞩目的发展，不仅带
364 来了挑战，也带来了新的机遇。新加坡继续与中华人民共和国保持着友好关系，鼓励双边投资、合资企业和商贸联系的发展。吴作栋和中国国家主席多次进行正式的互访，并同意共同建立高层理事会，寻求在多个领域进行合作开发。

新加坡虽然力图减少自身对西方经济体的依赖，但对它来说，继续与美国保持友好关系仍然具有十分重要的意义。但新加坡共和国对中国的态度并没有与克林顿政府站在一条阵线上，而在20世纪90年代中期，它又坚持惩罚一名故意破坏他人财产的美国青年，导致两国关系遇冷。不过，在这个世纪末，新加坡政府积极采取措施，缓解经济危机对本地区的冲击，赢得了通常对其采取批评态度的美国媒体的赞扬，此

外,在美国遭遇“9·11”袭击后,新加坡表示了支持,鉴于此,华盛顿方面称新加坡是一个“友好他国”。

在迈入新世纪之时,新加坡的社会也正在发生着变化。1980年,新加坡大学与南洋大学合并组建为国立新加坡大学后,高等教育发展迅猛。次年,在南大旧址处,南洋理工学院建立,十年后,它合并了国立教育学院,更名为南洋理工大学。2000年,新加坡管理大学创办,2003年,第五所理工专科学校建立。教育发展的重点是能够推动现代化和繁荣发展的科目:科学和技术、数学、工程学、经济学和工商管理,还有语言。虽然政府和私人都继续将才华出众的学生送到国外深造,新加坡此时已经更加强调提升本国高等学府的教学质量。各所高等院校与国外著名的大学正式开展合作,启动了共同授予学位的教学项目,大量各种各样的研究中心建立起来,旨在吸引海外及新加坡本土的研究生。新加坡希望自己成为“东方的波士顿”。

专业人士阶层正在持续壮大,他们积极进取,受过良好的教育,见多识广,因此也越来越不满意当局设立的禁言禁行限制。一系列公民社会组织开始涌现,就比如穆斯林职业人士协会以及其他族群建立的类似组织,旨在帮助群内学力不足的学生;1991年,新加坡印度人发展
协会(Singapore Indian Development Association)建立;次年,华人发 365
展援助理事会(Chinese Development Assistance Council)建立。一些新的学会组织也相继成立,如自然学会[29]和圆桌会(Roundtable,一群年轻的职业人士组成的讨论小组,致力于重新评估审视社团法令、内部安全法令和公共休闲法令)。有迹象表明,当局对公民社会团体的发展采取了宽容态度,比如,虽然穆斯林职业人士协会的活动与政府支持赞助的回教社会发展理事会多有重合,但政府还是接纳了它。自然协会对保护自然环境的关注,有时会与官方的发展策略发生冲突,比如,它就曾反对在双溪布洛鸟类保护区开发娱乐休闲设施,尽管如此,其首位女性主席倪敏博士(Dr. Geh Min)[30]虽在环境保护事业中表现积极,仍于2004年被政府任命为官委议员。

在世纪之交，女性在国会、工作场所及家庭中的地位都有了显著提高，而倪敏博士正是这一时期涌现出的一批杰出女性中的一员。在1984年的选举中，有三名女性进入国会，此后的历届选举中，女性议员的数量不断增多，不过，在21世纪的头十年里，女性选民中产生的议员代表数量与其整体规模相比，仍过少，也还没有哪位女性在内阁中担任最高级别的职务。2006年选举后，国会中有20名女议员：17名选举获胜的人民行动党议员（包括两名政务部长和一名地区长官），2名官委议员和一名反对党的非选区议员。在1984年的三名女议员先驱中，在任时间最久的是符喜泉（Yu-Foo Yee Shoon），她直到2006年还是国会议员，并且担任社区发展、青年和体育部的政务部长。1984年时当选的另一位女议员简丽中（Aline Wong），[31]连任长达17年，还担任了政府的高级政务部长，负责与妇女、儿童、家庭和医疗卫生有关的事务。她是人民行动党中女性支部的创始人之一，并担任其领导人16年之久，其后，她被任命为建屋发展局的局长。女性担任的最高政治职务为薛爱美博士（Dr. Seet Ai Mee）于1991年出任的社区发展和体育部代理部长一职。她在1988年选举中当选为议员，在1991年出任代理部长，但由于在当年晚些时候举行的选举中失去议席，其代理部长之职仅担任了两个月，随后她宣布退出政坛。还有若干名女性担任过官委议员，以及国会中各个委员会的主席。有少数几名女性成为外交官，最著名的是陈庆珠教授，她在1989年被任命为新加坡驻联合国常任代表，1996年，又被任命为驻美大使。在新加坡，女性越来越开始活跃在公务、商业、职业和学术领域。带有歧视色彩的行为渐渐消失：2003年，女性医学院学生的限额取消；2004年，男女共同的家主地位得到承认；2005年，男性与女性公务员的医疗补贴标准统一。女性倾向于特别关注医疗卫生、家庭和福利方面的事项，这往往与人民行动党的强硬政策不相协调。

吴作栋政府所认为的理想公民社会，应采取“不关心政治的积极行动主义”，[32]它将补充而不是抵触官方的活动，不越雷池一步，但却积极承担责任，开展有意义的慈善和文化活动。2000年1月，李显龙对“新加坡21世纪论坛”(Singapore 21 Forum)说,建设性的批评是能够接受的,如果其初衷是为了帮助政府,但如果其目的在于攻击或推翻政府,那就是不可接受的了。随着时间的推移,禁言禁行的范围在日益缩小,但与此同时,它到底什么时候、以何种方式取消,仍取决于政府。

而推动变化的急先锋或许当数迅速扩展的互联网了。它是全球化 366
进程中实现现代化、获取成功最为有效的工具之一,但也对现存的政治秩序形成了最大的挑战。新加坡政府总是很积极地普及最新的技术,因此非常热情洋溢地接纳了电脑化,为此制订了一系列计划:全国电脑化计划(1981－1985);此后在1992年,又推出一项“IT 2000”总体规划,设想将整个新加坡联接成一个“智慧岛”;还为新世纪制订了“Infocomm 21”总体规划。互联网让一种新的“政论性新闻”[33]的兴起成为可能。政府能掌控主流媒体,不管是通过对广播电视机构的直接国有化,还是间接地实行媒体注册许可制度,但互联网不需要获取报道许可证。新加坡是首批尝试制定规则,对本国乃至互联网上的言行扩大实行问责制的国家之一:1996年,政府制定了相关法规,要求网络提供商如果会涉及与新加坡有关的政治或宗教内容,需向新加坡相关的广播管理机构注册登记。国会的一项选举法令限制了注册的政治党派利用网络可开展的竞选活动,2006年5月的大选中,网络首次发挥了作用。但它对选举结果的影响微乎其微,人民行动党再次大胜,赢得了84个议席中的82席。但詹时中和刘程强获胜时优势进一步扩大。次年初,“新媒体”委员会成立,旨在研究有效的方法,对抗反政府博客的影响力。在一个互联网得到如此广泛应用,且其应用还受到鼓励的开放社会中,想要对其加以控制,事实上是根本不可能的。

2004年8月,当局又一次顺利进行了权力交接,吴作栋卸任总理之职,转由他的副手李显龙接任,吴作栋本人则转任国务资政,李光耀则被称为内阁资政(Minister Mentor)。吴刚出任总理时,公众总疑心这不过是一项权宜性的任命,目的是为了在更为年轻的李显龙能继承父亲的衣钵之前,比较像样地过渡一下。但吴作栋这一当就当了近14

年。上任伊始，这位新领导人的处境并不太舒服，因为他知道，自己的前任并不属意自己接班，而且还要在受到年轻的李显龙潜在的威胁造成的阴影之下。然而，这位“沉默的问题解决者”稳步赢得了尊重，在其担任总理期间，这三巨头始终合作无间，卓有成效。吴作栋静静地施加权威，李光耀则主要从事国际外交，在国内扮演父亲和导师的角色，而李显龙渐渐摆脱了年轻时那种急躁自负，愿意耐住性子，先慢慢度过这段为未来担任首脑而做准备的政治实习期。吴作栋曾被描述为“这个时代理想的领导人”，[34] 当老一辈领导人把新加坡从危险境地中带出来，进入物质大繁荣阶段后，这个国家已经准备好形成新的风格，而他的出现正逢其时。早年在国有的海皇轮船公司工作时，他曾被昵称为“一个整合的新加坡的年轻掌舵人”，而从政后，吴作栋把自己的商业和管理技能运用到了国家管理方面。

在他的指导下，这个共和国变得非常像一个商业上经营得非常成功的公司。国会选举就像每年的股东大会，在会上，主席会向全体与会人员报告公司在过去一年里的活动，概括其过去的成就，勾勒未来的发展计划，而股东们可借此机会提问，随后重新任命管理人员，讨论通过
367 策略方案。董事会负责招募和培养富有才华的新人，寻访来高级管理人员，安排高层首脑有序变动，并拿出公司的利润给股东们分红。虽然当局并不希望大选会迫使政府及其政策发生变动，但选举仍然是非常有用的晴雨表，能够测试出公众对官方的赞同程度，并探测出不满情绪的来源。虽然官方会毫不留情地处置政治异议分子，但对于他们反映的民生问题，政府确实会采取措施加以解决：1997 年大选中，低收入的华人劳工积极支持邓亮洪，政府于是对他们的生活状况进行了调查；徐顺全抨击公共休闲法令限制言论自由后，政府于 2000 年 9 月建起了演讲角；耶惹勒南抱怨政府在失业率高峰时索要太多，没几个月，政府就在 2003 年 5 月削减了部长们的薪水。

吴作栋当初承诺要建立的更加开放的政治体系，最终受到了重重限制，这让人们感到失望，让公众得到更多政治发言权的呼声因此变得更加强烈，但并没有人要求进行根本性的变革。尽管处境都很艰难，但

相比之下,熬过经济危机之后,新加坡的状况却比其他东南亚国家更好,信心也得以恢复。在吴作栋执政时期,这个共和国经历了独立以来最严重的经济萧条,但它最终成功熬了过来,此外,它还挫败了最危险的一次恐怖主义阴谋。政府在抗击危机中表现出的坚毅决心,不简单地寻求权宜之计,而坚持从未来前景出发作出必要的牺牲,这一切都赢得了选民们的赞同,也赢得了外国观察家们的尊重。在国内,虽然困难仍然存在,但公民们乐于追随政府的领导。其反恐措施获得了一致的支持,国内的政治斗争在这一问题面前也变得不那么重要了,而海外那些昔日不断批评新加坡的自由主义者们,也只得心不甘情不愿地承认,这个共和国对其经济困局和安全威胁的积极应对实在出色,而当他们自己的国家也开始采取类似的保护措施时,他们也就停止了对《国内安全法》的抨击。

2005 年 8 月,当新加坡迎来独立 40 周年庆典时,它回望过去,看到的是 40 年来取得的令世人瞩目的成就。当初那个似乎根本无法存活下去的幼小共和国,不但生存下来了,而且还蓬勃发展为世界上最富有也最稳定的国家之一。国内的和平没有被任何族群或宗教暴力问题搅乱。充满活力的行政体系和高效率的公务员队伍治理着这个国家,腐败事件极少发生。这个岛屿的景观变化翻天覆地,围海造田为它赢得了大片土地,一系列新镇建立,房地产发展健康有序,公共交通系统便捷高效。新加坡不再依赖转口贸易,它的经济结构非常平衡,其基础综合了制造业、工程建设以及服务业。21 世纪的新加坡是一个重要的金融中心,一流的国际交通枢纽,拥有世界上最大的集装箱码头之一,以及一个令人印象深刻的机场。这里大多数的人们享受着在亚洲数一数二的生活水准,住着舒适体面的住宅,接受良好的教育。这个共和国摆脱了过去那种令人不安宁的"毒蝎子"或寄生虫形象,成长为一个注重地区合作的国家,维护广大世界和平的一支重要力量。在一群富有才干且越来越经验丰富的外交官们的帮助下,这个"小小的红点"[35]在国际上发挥了高于其国力允许范围的重要作用。

368 据估计，新加坡2005年的人口将达440万，其中五分之一是暂住的外国劳工。在常住人口中，自独立以来，三大最主要社群各自所占的比例一直相当稳定：华人约占75%，马来人约占14%，印度人约占8%。剩下的3%由欧亚裔及其他一些规模很小的少数族群构成：英语流利、管理经验和商业经验丰富，这让欧亚裔人士具有优势，他们在殖民地时期一般都是中产阶级、官员、职业人士和商人，但在独立初期，曾在新加坡显赫一时的亚美尼亚、阿拉伯和犹太人群体大都选择移民海外，去往让他们更有家的感觉的国度。

虽然种族、肤色和宗教上的差异越来越不重要，对各自祖籍地的忠诚也慢慢减弱，但不同亚裔族群间通婚的情况还是比较少见，另外，虽然在公共住宅和混合制学校中实行的各种族混合政策似乎没有引起什么冲突，但这些不同族群的邻居们之间还是倾向于保持距离。

经济不断扩展导致的需求，以及本地极低的人口出生率，是导致外国人在人口中所占比例颇高的原因。2005年时，他们在总人口中占到了近18%，在劳动力总数中则占到了几乎30%。截至20世纪80年代早期，快速的工业化以及劳工技能升级导致普通劳动力短缺和工资上涨，这威胁到新加坡继续保持其国际竞争力。政府被迫修改了原来的家庭规模控制政策，还放松了移民管制。从1987年开始，低技能和无技能移民劳工从菲律宾、泰国或印度次大陆到来，受雇于制造业、建筑业和家政服务业。新加坡经济日益增长的精密程度也产生了招募国外高科技人才的需求，从20世纪90年代中期开始，政府出台了一揽子政策，旨在吸引并留住外籍专家。这些政策包括招募时的优待、住房补助，以及优先获取常住居民资格或公民身份等各方面的条款。1997年，香港回归中国时，政府还特别作出努力，吸引香港富裕的商人和专业人士阶层前来新加坡。到21世纪初，各个层次的移民都获准进入新加坡，既包括一流的专家、经理人和熟练工（2005年，他们的数量大概是9万人），也包括无技能或低技能劳工。新加坡是真心诚意地欢迎高科技和高技能人才来到，把他们看做是这里需要的居民，未来可能成为新加坡公民的人，但对无技能劳工，只能说它是不情愿地容忍其来到的,因为本地低收入劳工缺乏,他们是必要的来源。

尽管政府试图在学校推动宗教信条,倡导儒家思想,向人们灌输各种道德准则,但在世纪之交时,新加坡社会虽生机勃勃,发展态势良好,却有些物质主义,不太充满关怀和温暖。政治领导层摒弃了西方的福利国家概念,选择提倡私人慈善、忠孝美德、社会规范和家庭的力量,强调子女有赡养年迈父母的责任,家庭有帮扶处于困境的亲属的义务。国家为有能力的公民提供工作机会、教育、健康的环境和住房等基础设施,帮助他们依靠自身的努力摆脱贫困,但它却不认为自己对帮助残疾 369
人群负有主要责任,而且完全不认为自己有责任扶助那些身体健康的失业者。

在社会总体繁荣的情况下,还是有些群体被落下了。20 世纪 80 年代末,一批教会社工卷入所谓的“马克思主义阴谋”,其实,他们主要关注的是被忽略的移民劳工(尤其是外籍女佣)遭遇的困境。当局严格的工作许可制避免了非法入境的大量发生,但移民劳工仍然处境艰难,他们工资很低,如果遇到不负责任的雇主,还可能遭受剥削和虐待,但却得不到足够的保护。老年公民贫困化的问题则更加严峻。在理论上,中央公积金和医疗储蓄金是能够让人们在年老时过上舒适的退休生活的,各种医疗费用也能从中支出。在工作年龄时,人们需强制向这两个基金中大量储蓄,雇工向中央公积金交纳的份额是其工资的三分之一,雇主也需要交纳一定比例。但事实上,退休后,储蓄下来的钱可能已经大大减少,因为中央公积金的余额可以用来购买建屋发展局所建的组屋,而在经济萧条时期,雇主交纳的比例又会削减。2005 年,新加坡男性的预期寿命超过 79 岁,女性更是超过 84 岁,长寿再加上通货膨胀,让问题更加复杂,也让新加坡人觉得未来一片黯淡。女性尤其前景堪忧,因为她们的工资更低,还可能在某段时间内为了家庭而不上班。2005 年,65 岁以上人群占总人口的比例超过 8%,而且这个比例还在增长。李光耀曾有一次建议说,为了限制老龄人口为本群体谋利的能力,应给年龄在 35 至 40 岁之间的已婚父母额外的投票权。2006 年,前官委议员、时任总部设在英国的助老国际组织(HelpAge

International)负责人的苏英医生提出了一项没那么古怪的建议(但却会违背反福利国家的宗旨):呼吁由国家出资,向所有年龄超过 65 岁的新加坡公民发放养老金。

到 20 世纪结束时,新加坡 85%的土地属于国家,相比之下,当人民行动党初次上台执政时,土地国有率只有 44%。这些土地包括,从殖民地政府手中以及英国军队手中继承下来的原英国王室辖地,围海造田产生的土地,以及根据 1966 年《土地征收法》从私人手中获得的土地。2007 年,土地征收法进行了修订,此后征收的土地将完全按市场价格给付。但到此时,主要的改造项目都已经完成。土地征收法达到了其初衷,以相对合理的代价促成了岛内迅速完成大规模改造,也没有引起通货膨胀或土地囤积炒作。到世纪之交时,对建屋发展局所建公共住宅的需求已经下降,随着越来越多的人成功实现向上的社会流动,并且有能力购买私人地产,总人口中居住在公共住房的人的比例也开始下降。

但各种问题与不良状况仍然存在。有些是新加坡所特有的:国土面积局促、自然资源缺乏、土地和淡水资源供应不足。而其他一些问题
370 则与第一世界各个国家所面临的类似:人口老龄化、出生率下降,以及贫富差距拉大。成为一个全球性的城市国家,这还意味着必须时刻努力争取进一步增长,且还要受到国际经济波动的影响。新加坡还面临另外一重挑战,即如何巩固国民的认同感,如何协调政府体制与人群构成变化,以及人们越来越高的期待值之间的关系。

21 世纪初,新加坡是一个充满着不协调之处的国度。这个国家没有什么自然资源,但国家财富却相当可观。这个岛屿已经是世界上人口密度最高的地方之一了,但为了保持可观的经济发展水平,官方设定了人口增长到 500 万的目标,与此同时,依赖临时移民劳工构成其总劳动力的三分之一。这个国家鼓励国民吸收最新的信息技术,提高技能水平,接受更高层次的教育,但与此同时,它又试图对国民进行严格的

规训和控制。

在透明度、政治咨询和控制腐败方面,新加坡已经达到了自由主义民主政体应达到的多项标准,以普遍的公民选举权为基础的大选也定期举行。尽管采纳了威斯敏斯特式议会制和选举程序的原则和实践方式,这个共和国却发展出了自己独特的以国会主导的民主制。在其发源地,“得票第一者胜出”制意在通过两个势均力敌的党派之间的竞争,创建高效的政府,但移植到新加坡后,它却产生了事实上的权力垄断:在每次竞选投票中,总是同一个党派毫无悬念地拿到至少60%的选票,在大多数选区,它甚至连竞争对手都没有。

政府设立了许多渠道,用于民众交流,邀请人们参与讨论,向民众解释自身的政策等,随着时间的推移,它也变得更愿意听取草根阶层的意见,但所有的决策仍然是自上而下制定的。人民行动党的后座议员获得了更大的自由发言权,这促使国会中的辩论变得更加激烈,但却无助于改变根本的政治态势,一旦听到哪怕最温和的公众政治异议,政治领导人们就会高度紧张起来,立刻收缩尺度,祭出禁言禁行令。按照官方的说法,只有选举产生的政治家才能有权设定议程,因为只有他们才获得了选民的授权,而且也只有他们才真正对选民负责。但有几届大选中,近40%的选民投票反对政府,而且,由于很多选区的议席根本没有经过多方竞选,所以,大部分选民根本没有机会投票作选择。此外,即使是那些支持人民行动党的选民,他们也未必就赞同该党的每一项政策,或一项政策的每一个方面。

在20世纪90年代初,新加坡的国会选举被描述为“发育不良的政治表达途径”[36],而且,如果不说在形式上的话,它也仍然在从精神上继续偏离威斯敏斯特模式。吴作栋很乐于利用组屋改造计划来赢取投票支持率,这种方法首次运用是在1997年大选中。这确实有利于保证选民把票投给政府的候选人,但却在几个方面扭曲了选举结果:它诱使选民从个人得失的角度出发来投票;国会议员有责任代表选区内所有选民的利益,无论他们选举时有没有投赞成票,但这样的手段就违反了这一原则;它也让政府丧失了一个原本可以体察民情的有用渠道。作为替代,政府设立了其他途径以保持与选民的接触并收集信息,这些渠道并不仅限于竞选时节,而是全年开放的动态进程。

371 虽然在资本主义经济以及对技术和现代化的关注方面遵循了西方的模式,但新加坡共和国却摒弃了竞争性政治、个人主义和福利国家的概念。它的政治体系遭到西方自由主义者的强烈抨击,有时看起来像是一种极其严重的国家中央集权控制制度。[37]但从许多方面来说,它符合新加坡人强调实用性的特点,而且是从其继承的亚洲和殖民传统中自然演化而来的。选民们以及当地媒体都拥有共同的特征,即亚洲人对对抗性或竞争性政治的厌恶,他们也都愿意接受对权威的强调,而且,只要政治领导人们能够治理有方,能为民众谋福利,他们就愿意表示尊重和支持。在英国殖民统治的鼎盛时期,由总督、行政和立法会议构成的宪政体制提供的强有力的父权式管理体制,人们通常认为,民众很愿意让这些殖民主人们去"维修道路,疏通下水道",而自己则埋头赚钱,为家族的福祉而奋斗。在现代,选民们也大多愿意让政府牵头,引领他们前进。虽然常常有人抱怨民众在决策制定上发言权太有限,但却没有迹象表明,新加坡人希望采取激进的变革,而且,显然根本没有人会对行政上的高效和物质上的收获感到不满。

新加坡本地也时不时会出现一些激起公众热烈讨论的话题,就比如 1947 年征收所得税的提案,1984 年的"伟大婚姻争论",以及 2007 年就消除对同性恋的歧视的讨论。但总体而言,新加坡的自由主义者们都避免积极参与政治,这部分是因为让 1997 年大选变得一团糟的那种反对派所受的强烈个人冲击,个人在经济和法律上承担的风险,以及对事业就此被毁的担心。而且这也是因为,人民行动党已经根基深厚,掌握了政权,能决定个人的命运沉浮,似乎完全无法撼动。此外,反对派政治家们彼此之间又并不团结,他们只代表着不同的异议群体,而不是能替代政府的另一个领导群体。没有任何一个党派能形成值得信赖的替代性政治选择,它们也没有表现出要上台执政的愿望。詹时中为反对党们制订的策略是:不在大多数席位上与人民行动党竞争,而集中力量竞选几个席位,从而让选民们有机会选出实力更强的反对党候选人,送他们进入国会。这其实表明,他们已经承认,选民们根本无意要投票让执政党下台。政府取得的相当可观的成就得到了大多数民众的承认和接受,这其中甚至也包括最猛烈抨击它的反对派人士。但他们批评的也只是人民行动党的执政风格,不是它所实施的政策本身。

新加坡人从上学时期直到长大成人,都受到当局的牢牢掌控,他们受到激励,要好好学习,出类拔萃,要脚踏实地,要提高自身的技能,甚至在文化和行为举止方面,政府也为他们提供指导和规训。这个国家在经济、政治和社会上经历翻天覆地的变化促使年轻一代变得更加自信,使他们倾向于看轻前辈们所取得的成就。对艰难与危机的记忆正在褪色,于是有些新加坡人,尤其是年轻人,开始质疑所受的限制与规训,这一切在如今这种舒适的环境中似乎是不可忍受的。国外的观察家们通常对新加坡过去的经历并不太知晓,只是根据现状,就开始批评这个政权的威权主义色彩,有时候还贬低它取得的种种成就。

与此同时,新加坡在不远的过去曾拥有的脆弱性和它经历的种种危机,可能被老一辈领导人们看得太重了,让他们困在自己旧日的经历里,过于担忧未来的前景。但实际上,新加坡已不再是由彼此隔离的暂住族群组成的混合体,而是一个安定、繁荣、有教养、大多数人居有其屋的社会,不再是孕育危机的温床。

在一个气氛更加宽松自由的时代,再对个人进行牢固的约束和严 372
厉的对待似乎已经不合时宜,也不利于生产的发展。对少数几位左翼异议分子长期监禁,即使他们已经不再具有颠覆性的危害了,以及对持有政治反对意见的个人严逼死守,即使他们其实并不构成真正的威胁,这些举动似乎显得太过恶毒,反倒将这些人升华成了殉道的圣徒。坚持严惩的原则也延及犯罪的外国公民,不管他们是印度尼西亚破坏分子、菲律宾女谋杀犯,还是破坏他人财物的美国人,也无视他们国家的元首发来的从宽处理请求,这使得惩罚罪犯的重要性比维护良好的外交关系还要重要。此外,有些国外报刊登载的关于新加坡内务的文章读来令当局感到不快,对这些媒体,新加坡政府一律施以严惩,这导致国外形成了一种印象,认为新加坡政府的统治非常具有压迫性。但事实上，与大多数新加坡人的真实处境相比较，这种印象实在过于夸大。美国人掌控的网络媒体正反映了这种针对人民行动党政权的批评立场，而这种态势，是在新加坡政府与西方媒体的长期冲突中逐渐形成的。

虽然他们不太可能被左翼极端分子或外国媒体煽动闹事，但新加坡人还是非常谨慎，小心翼翼地避免参与公众活动。政府号召公民们承担起相应的责任，积极参与当地的各项实务。这项政策旨在让公民们保持忙碌的状态，既对当地作出贡献，又能让他们没空理会政治核心事务。而在殖民统治后期，当局将地方政府看做是培养自治精神并最终走向独立的训练场，这两种打算恰好相反。政府非常希望推动社区自助精神的形成，推动有用的慈善福利事业的发展，这些活动是政府不愿意插手也不愿意动用财政资金来进行的，但他们也很希望把这些活动保持在自己可掌控的范围内，因此，独立的公民社团仍然很难繁荣发展。对公民们来说，更安全也更简单的方式是，完全避开任何可能产生争议的活动，让官方去牵头，去引领，这种根深蒂固的习惯进一步发展，就成了对公众事务的冷漠疏离。

知识分子和学者们有些过度地怀念 20 世纪中期那种别开生面的政治活跃气氛，怀念那些具有献身精神和理想主义的人物，这些人物往往笃信激进的意识形态，最终在为失败的事业奋斗的过程中落得悲凉的下场。[38]但对大多数民众而言，那种激情状态已经不再是本国政治的一部分，演讲角初设时，人们对其抱有的热情也很快散去。似乎已没有什么事情是值得为此而抗争一番的了。针对殖民主义、共产主义和普遍贫困的战斗都已经胜利，大多数人已经没有想要寻求什么根本性变革的渴望了。

威斯敏斯特模式中对“忠诚反对派”的界定是，即使它抨击执政党的政策，还试图取而代之自己上台，但只要它支持更大的国家利益便可。但人民行动党并不接受这种定义。该党认为，当代威斯敏斯特式民主政权所实行的对抗性党派政治再怎么往好里说，至少也是低效率的，何况它还往往具有破坏性。19 世纪的英国哲学家约翰·斯图尔特·密尔(John Stuart Mill)曾经对基于普选权之上的民主制提出质疑,因为没有办法保证,民众能选出比他们自身更加睿智也更加具有美德的领导人。到21世纪初,西方国家已经丧失了对政治家们的尊重,常常对他们加以嘲讽。党派的对抗意味着政权更替频繁,政策规划非常短视,仅着眼于赢得下一次选举,还常常为迎合选民的喜好而发生变动。实行威斯敏斯特体制的民主政权常常发现,自己被各种利益集团、不经选举产生的"特别顾问",以及信用度值得怀疑的半官方组织围绕,很难在不侵犯个人自由的情况下找到保护公民的方式,但个人的自由 373
权利却恰恰是自由民主制的基础。

与此相反,人民行动党认为,理想的政府应该是共识性的政府,在这样的体制下,反对党没有存在的必要,只需一党赢得全民支持即可,而明智的政治领导人和勤奋且拒绝腐败的官员们将获得尊敬,一种公共与私人部门以及公民个人的和谐合作制将形成,所有人都将在这种体制下精诚合作。社会重于个人自由,因此不需要犹豫也不需要顾虑,只要某些个人被视为威胁到了整个群体,就可以把他们监禁起来,隔离开来。李光耀曾经在查塔姆大厦(Chatham House, 皇家国际事务研究所[the Royal Institute of International Affairs]所在地)说,如果他不必考虑选举结果,他就能真正从民众的利益出发来治理他们,[39]而且事实上由人民行动党一党统治的政府,确实在新加坡取得了令人瞩目的成就。因为自信自己能在未来一直保持掌控力,政府就能从长远角度考虑问题,认清未来的发展趋势,在广泛研究和咨询的基础上来制定恰当的政策和立法。国会的各个委员会听取专家的意见,邀请公民们提供建议,如果必要的话,也可为改善官方政策而提出"建设性的批评"。

然而,力求和谐一致也是有其负面作用的。2000年,切里安·乔治(Cherian George)描述了"这样一种政治气氛,它符合了'sterile'这个词所具有的两重意义:远离病毒害,非常洁净,但也缺乏生命活力"。[40]这种危险的状况是人民行动党领导人们曾经预见过的,也正应了李光耀在30年前曾经说过的一句话,他抱怨说,新加坡"有一种思想停滞、缺乏创见的压抑气氛"。[41]

李显龙的接班标志着他父亲 30 年前实施的“自我更新”策略进入了一个新的关键阶段。当年，李光耀非常希望让国家能持续得到有效的治理，避免出现老一辈领导人虽然年迈还抓住权力不放的情况，于是下定决心，启动一个系统的进程，吸纳有才能的年轻人进入国会，选择在各自专业领域内成绩斐然的人掌管政府各个部门。老一辈领导人对这项政策多有腹诽，不满就这样被一群没有经过风浪的政治新手取代。党主席杜进才尤其强烈反对李光耀的这项政策，认为未来的领导人应该像老一辈领导人一样，依靠自己的努力打拼，在政治阶梯上一步步上升。但李光耀的决心非常坚定，他以不容置疑的方式强力推行了自己的政策。1980 年大选后，他没有把杜进才选入自己的新一届内阁，以避免其他同僚也感染到这种不满情绪。[42]这次弃用实在显得有些过于无情。杜进才是马来亚论坛的核心组织者，人民行动党的创始会员，而且，从该党初创伊始，就一直担任党主席。[43]他从 1959 年人民行动党首次上台执政开始，就一直担任内阁部长，出任副总理也已多年。在当年与左翼激进分子抗争、危机重重的岁月里，他是李光耀不可或缺的左膀右臂。他也真心希望新马能够合并。尽管非常不满意新马分家以及分家完成的方式，但在独立后的头 15 年里，杜进才始终是一名恪尽职守、忠贞不贰的内阁部长。但如今，他就这样被踢到了国会的后座上。在国会郁郁寡欢地又度过了两届任期后，杜进才最终于 1988 年退出政坛。

在接下来的 20 年里，吸收新鲜血液进行自我更新的进程一直在稳
374 步推进。到 1988 年时，老一辈领导人全部隐退，取代他们的是精心挑选出来的第二代领导人：吴作栋、李显龙，以及他们的几位同代人。在每一次大选时，都有大批人民行动党的国会议员离任，经过精心挑选的政治新人组成的候选人团队随之登场。尽管已经转任内阁资政，但在新世纪来临之际，李光耀仍然活跃在政治舞台上，甚至比以前更加作用显著。旧日的对手不是过世，就是流亡海外，或者在新加坡静静地度过自己的余生。许多老朋友和盟友也已经谢幕退场。吴庆瑞和杜进才已经完全隐退，早已告别公众生活。其他人——艾迪·巴克尔于 2001

年,王鼎昌于2002年,两位前任总统蒂凡那(在加拿大)和黄金辉均于2005年,拉惹勒南和林金山于2006年都已去世。

到21世纪的最初十年,内阁、国会和人民行动党紧密合作,共同加强了中央的控制权。李光耀仍然担任国务资政,后来转任内阁资政,内阁中,满是他提拔起来的后辈。国会候选人由党的领导层选择,而不是由基层党支部推举产生。国会议员们与其说是人民的代表,不如说是政府的代表,在党内,骨干们则是由领导们选出的。政治体制实际上是在按照自己原有的样式进行自我复制。李光耀实践了他的诺言,哪怕躺进坟墓,也要把各项事务安排妥当。他为新加坡留下了一份独特的遗产:一种强有力的结构,它的设计初衷是,即使设计者过世了,它也能够留存下来。

高等教育的迅速扩展,以及蓬勃发展的专业人士阶层日益增长的期望值,共同形成了要求政治更加自由的压力,不过,这种趋势也毫无疑问正在慢慢增强。精英阶层越来越见多识广,他们与国际大环境的接触日益广泛,这促使他们更不愿接受一个受到牢牢掌控、重重规训的社会的制约,而力图顺应21世纪的潮流,创建一种更加宽松,不那么强求墨守成规的氛围。旧的国内安全法规和不经审讯就长时间关押政治犯,这些似乎都不再适合出现在一个雄心万丈的第一世界国家。女性对公众生活的影响力日渐增强,这有助于软化人们对不那么幸运的公民们(尤其是越来越庞大的穷苦老人群体)的态度,他们自身并没有可指摘之处,但却无法分享到生活水准的总体上升。对贫富分化日益加剧的关注也在增长,有人感觉,弱势群体越来越难以改善自己的命运。那些才能出众的人获得了非常慷慨的回报,但在现代,没那么有天赋的弱势人群却越来越难抓住机会,实现向上的社会流动。

但让政治环境更加宽松的压力,却与业已根深蒂固的体系形成了冲突。不仅国家组织体系已经非常强大了,而且大多数公民购买了住房成为业主,还持有新加坡的国债,于是维持现有政权的安全、稳定和繁荣就与他们有了直接的利益关系。

或许不论是西方的自由主义民主制,还是儒家的父权制,都不能很好地迎接21世纪的挑战,但一条可被各方接受的"第三条道路"却也可以找到。虽然徐顺全提倡的激进变革方案应者寥寥,但人们还是发出呼吁,要求政府更多地加强咨政联络工作。人们对全面建设福利国家并不甚提倡,但他们却强烈呼吁要放松官方的"不谈福利,但求各得其所"的信条,去包容和扶助那些在过去被称为"值得关注的穷人"的群体。只要人们确实是在机会均等的情况下靠自己的努力出人头地的,
375 重新分配财富的呼声就不会普遍出现。另一方面,李显龙已经承认,政治领域的禁言禁行令并不是永远刻在石碑上万世不易的,迟早会被取消。只要政策能够松动,就有可能达成妥协折中。

新加坡领导层的自我更新过程到底具有怎样的深远影响,如今还很难评估。李显龙的上位难免会引发流言,认为这是任人唯亲、裙带关系的表现,但这位李氏家族的第二代毫无疑问非常勤奋努力,而且能力出众。在这两代领导人之间,比家族传承更具有持久影响力的,是他们在执政思维上的传承,因为李显龙显然非常敬重他那位了不起的父亲,而且也很赞成他的执政哲学。李光耀作为总理,是以"同侪中居首者"的地位开始自己的事业的,在这个由同侪们组成的内阁中,人才济济,大家的性格、能力和优先关注项都有极大的不同,但他们却团结一心,取长补短,共同创建了这个共和国。未来的总理们也仍可能是这样同侪的领袖,他们均出自同一个通过自我更新不断存续下去的执政阶层。这个国家领导层的第一次自我更新取得了令人瞩目的成就,在第二代能力出众的领导人们的努力下,这个国家得到了迅速的发展,但20世纪下半叶实行的这些政策,不论它们如何卓越、如何成功,是否能够应对随21世纪而来的新世界——那个经历了互联网革命、全球化、国际恐怖主义和许多不可预料的问题的新世界,又或者是否新世纪的来临最终会要求从既有体系之外产生出新的挑战和新的立场,这些都仍然还是未知数。

在新加坡历史上,能够成功适应环境的变迁是一个不断再现的主题,也决定了它的未来命运。在历史上的某些时候,新加坡遭遇了重重

危机,差一点就熬不过去。然而每一次,预言噩运的先知都以失败告终。据占星家的说法,现代新加坡所处的星象组合位置,注定它将运道亨通。回顾过往,它不断因对机会的积极而巧妙的运用获得拯救,也被持续的对维持微妙平衡的需求,以及急中生智想出的应急策略所挽救,而这一切,直至现代,还在为它保驾护航。它初生时只是东印度公司一个地位不甚稳固的贸易站点,但在这个公司消失之后,它却存活了下来,被人们不甚情愿地接受为王室直辖殖民地,并逐步繁荣发展起来,成为大英帝国最重要最兴盛的港口之一。它也比大英帝国更长寿,在这个帝国解体之后,它一度曾可能成为"马来西亚联邦的纽约",但在新马仓促分家之后,它被独自丢下,成为一个似乎根本无法自立存活下去的国家。这样一个国家竟然独立了——这个事实违背了 20 世纪政治和经济的所有公认的概念,然而,它不断存活了下来,还大大地繁盛起来。

在进入新千年之际,新加坡仍然是一个充满着悖论的地方:儒家学说与亚当·斯密理论的奇异混合体;一个实行威权主义的宪政民主体;崇尚精英主义,强调个人成就与自强自立,但这又因强调个人对社会及家庭负有责任而得到中和;一个充满活力的经济体,一个在全球举足轻重的竞逐者,致力于实现现代化与发展,但又试图保持传统的价值观。它的领导人们常常把新加坡描述成一个"人工的"或"非自然的"国度,它唯一的自然资源就是这里的民众以及他们的才能,在这种情况下,现代新加坡时刻都要能够适应各种变迁,一丝一毫都不能懈怠。

1. 吴作栋，总理（1990－2004 年在任），1996 年。（鸣谢 the Institute of Policy Studies。）

2. 李显龙，总理（2004 年至今），2005 年。（承蒙 the Ministry of Information，Communications and the Arts 允许使用，鸣谢 the National Archives of Singapore。）

3. 新加坡的天际线及滨海艺术中心景观。（Mori Hidetaka 所摄，鸣谢 The Esplanade Co. Ltd。）

379

注　释

第一版导言

1. R. O. Winstedt, *Malaya and its History* (London, 1948), p. 61.

导　言

1. 1984 年 4 月 28 日,一场名为“适应性再利用:让传统区域融入现代城市元素”的研讨会在新加坡香格里拉大酒店举行,本文为呈递给该会的一篇论文。见:S. Rajaratnam, “The Uses and Abuses of the Past”. *Speeches*, VIII, 2 (March - April 1984), p. 5.
2. 同上, p. 6.
3. 律政部兼内政部政务部长 S. Jayakumar, “Awareness of our History must be promoted”, 21 July 1983, *Speeches*, I, 2 (July - August 1983), p. 62.
4. 第二副总理(主管外交) S. Rajaratnam, “Life-and-Death Struggle with Communists in 1950s - 1960s”, 18 June 1984, *Speeches*, VIII, 3 (May - June 1984), p. 8.
5. 教育部政务部长 Tay Eng Soon, “The 1950s - Singapore's Tumultuous Years”, 18 June 1984, *Speeches*, VIII, 3 (May - June 1984), p. 51.
6. 李显龙准将(贸工部代理部长)1986 年 7 月 2 日在旧金山的演讲, *Speeches*, X, 4 (July - August 1986), p. 53.
7. 外交部长兼文化部长 S. Dhanabalan, “Windows into Singapore's Past”, 26

May 1984, *Speeches*, VIII, 3 (May – June 1984), p. 33.

8. Ong Pang Boon, "It is necessary to preserve our history", August 1981, *Speeches*, V, 3 (September 1981), pp. 47 – 48.

9. 信息及艺术部部长 George Yong-Boon Yeo, 21 August 1993, *Speeches*, XVII, 4 (July – August 1993), p. 58.

10. 在 Albert Lau, "Nation Building and the Singapore Story"一文中得到仔细审视，见：Wang Gungwu (ed.), *Nation Building: Five Southeast Asian Histories* (Singapore, 2005), pp. 221 – 250.

11. *Straits Times* (hereafter *ST*), 9 February 1992.

12. K. Hack and K. Blackburn, *Did Singapore Have to Fall? Churchill and the Impregnable Fortress* (London, 2004), p. 179.

13. 总理吴作栋在展览开幕式上的讲话，1998 年 7 月 7 日。见：*Speeches*, XXII, 380
4 (July – August 1998), p. 2.

14. C. A. Trocki and M. D. Barr (eds.), *Paths Not Taken: Political Pluralism in Postwar Singapore* (Singapore, 2008).

15. 例如 M. H. Murfett, J. N. Miksic, B. P. Farrell and Chiang Ming Shun, *Between Two Oceans: A Military History of Singapore from First Settlement to Final British Withdrawal* (Oxford, 1999)；以及 J. N. Miksic and Cheryl-Ann Low Mei Gek (eds.), *Early Singapore 1300 – 1819: Evidence in Maps, Text and Artefacts* (Singapore, 2004).

16. Tan Tai Yong, in Aileen Lau and Laura Lau (eds.), *Maritime Heritage of Singapore* (Singapore, 2005), p. xiii.

17. C. Wake, "Raffles and the Rajas: The Founding of Singapore in Malayan and British Colonial History", *JMBRAS*, XLVIII, 1 (1975), pp. 47 – 73; Ernest C. T. Chew "Who was Singapore's Real Founder?", *Heritage Asia*, III, 1 (Penang, 2005), pp. 20 – 23.

18. K. J. Leonard, *Wei Yuan and China's Rediscovery of the Maritime World* (Cambridge, MA, 1984).

19. 同上，p. 100.

20. 同上，p. 135.

21. Yen Ching-hwang 的 *A Social History of the Chinese in Singapore and*

Malaya 1800 -1911 (Singapore, 1986)一书为了解早期岁月提供了有用的信息,但其对 19 世纪下半叶情况的描绘则更为详尽得多。

22. C. Wake, "Raffles and the Rajas: The Founding of Singapore in Malayan and British Colonial History", p. 73.
23. J. F. Warren, *Rickshaw Coolie: A People's History of Singapore* (*1880 - 1940*) (Singapore, 1986); J. F. Warren, *Ah Ku and Karayuki-san: Prostitution in Singapore, 1870 -1940* (Singapore, 1993).
24. C. Bayly and T. N. Harper, *Forgotten Armies: The Fall of British Asia, 1941 -1945* (London, 2004).
25. D. L. Kenley, *New Culture in a New World: The May Fourth Movement and the Chinese Diaspora in Singapore, 1919 -1932* (New York, 2003).
26. Yong Ching Fatt and R. B. McKenna, *The Kuomintang Movement in British Malaya, 1912 - 1949* (Singapore, 1990); Yong Ching Fatt, *Chinese Leadership and Power in Colonial Singapore* (Singapore, 1992); A. H. C. Ward, R. W. Chu and J. Salaff (eds. and trans.), *The Memoirs of Tan Kah Kee* (Singapore, 1994).
27. B. P. Farrell, *The Defence and Fall of Singapore 1940 -42* (Stroud, UK, 2005); K. Hack and K. Blackburn, *Did Singapore Have to Fall? Churchill and the Impregnable Fortress* (London and New York, 2004).
28. B. P. Farrell and S. Hunter (eds.), *Sixty Years On: The Fall of Singapore Revisited* (Singapore, 2002).
29. Yoji Akashi, "General Yamashita Tomoyuki: Commander of the 25th Army", in Farrell and Hunter (eds.), *Sixty Years On*, pp. 185 - 207.
30. Henry Pownall to Churchill, Comments 2 January 1949, Churchill Papers (Churchill Archives, Churchill College, University of Cambridge), CHUR 4/258, pp. 29 - 30.
31. Louis Allen, *Singapore 1941 -1942* (London, 1977; revised edition, London, 1993).
32. 主要有 Paul H. Kratoska 的著作,尤其是他的 *The Japanese Occupation of Malaya* (London, 1998)一书。
33. K. Blackburn, "Memory of the Sook Ching Massacre and the Creation of the

Civilian War Memorial of Singapore", *JMBRAS*, *LXXIII*, 2 (2000), pp. 71 - 90.

34. C. Bayly and T. N. Harper, *Forgotten Armies: The Fall of British Asia, 1941 - 1945* (London, 2004); and *Forgotten Wars: The End of Britain's Asian Empire* (London, 2007).

35. Chin Peng, *My Side of History* (Singapore, 2000). 381

36. D. Bloodworth, *The Tiger and the Trojan Horse* (Singapore, 1986; 2nd edition 2005).

37. 例如 C. A. Trocki, *Singapore: Wealth, Power and the Culture of Control* (London & New York, 2006);以及 Garry Rodan 的著作。

38. Lily Zubaidah Rahim, *The Singapore Dilemma: The Political and Educational Marginality of the Malay Community* (Kuala Lumpur, 1998).

39. Ernest C. T. Chew and Edwin Lee (eds.), *A History of Singapore* (Singapore, 1991).

40. Melanie Chew, *Leaders of Singapore* (Singapore, 1996).

41. Barr and Trocki (eds.), *Paths Not Taken*.

42. M. H. Murfett, J. N. Miksic, B. P. Farrell, and Chiang Ming Shun, *Between Two Oceans*.

43. Albert Lau, "The National Past and the Writing of the History of Singapore", in Ban Kah Choon, Anne Pakir and Tong Chee Kiong (eds.), *Imagining Singapore* (Singapore 1992; 2nd edition 1994), p. 64.

44. R. Worthington, *Governance in Singapore* (London & New York, 2003).

第一章 新的殖民地(1819 - 1826)

1. J. Miksic and Cheryl Ann Low Mei Gek (eds.), *Early Singapore 1300s - 1819: Evidence in Maps, Text and Artefacts* (Singapore, 2004).

2. P. Wheatley, *The Golden Khersonse* (Kuala Lumpur, 1961), p. 152.

3. Hsu Yun-ts'iao, "Notes on Malay Peninsula in Ancient Voyages", *JSSS*, V, 2 (1948), pp. 1 - 16; Hsu Yun-ts'iao, "The Historical Position of Singapore", in K. G. Tregonning (ed.), *Papers on Malayan History* (Singapore, 1962); Hsu Yun-ts'iao, "Singapore in the Remote Past", *JMBRAS*, XLV, 1

(1973), pp. 6 - 9. 至于康泰的《扶南风土记》(描述了他在约公元 231 年出使该国的见闻),仅有片段保留在宋代文献中。

4. G. R. Tibbetts, "The Malay Peninsula as known to the Arab Geographers", *Malayan Journal of Tropical Geography*, IX (Singapore, 1956), pp. 40 - 42; B. F. Colless, "The Ancient History of Singapore", *JSEAH*, X, 1 (1969), pp. 5 - 7.
5. Ibn Said, quoted in O. W. Wolters, *The Fall of Srivijaya in Malay History* (Ithaca, 1970), p. 11.
6. W. W. Rockhill, "Notes on the Relations and Trade of China with the Eastern Archipelago and the Coast of the Indian Ocean during the Fourteenth Century, Part II", *T'oung Pao*, XVI (Leiden, 1915), pp. 61 - 159. 其中翻译了汪大渊《岛夷志略》(1349)的片段。
7. Derek Heng Thiam Soon, "Economic Networks between the Malay Region and the Hinterlands of Quanzhou and Guangzhou", in Miksic and Low (eds.), *Early Singapore*, pp. 73 - 86.
8. J. Miksic, "14th-century Singapore: A Port of Trade", in Miksic and Low (eds.), *Early Singapore*, pp. 41 - 54.
9. A. Cortesao (ed. and trans.), *The Suma Oriental of Tomé Pires*, 2 vols. (London, 1944). II, pp. 231 - 232.
10. Kwa Chong Guan, in Miksic and Low (eds.), *Early Singapore*, p. 86.
11. P. Borschberg, in Miksic and Low (eds.), *Early Singapore*, p. 107.
12. 这两个王国当时是统一在一起的。
13. P. Borschberg, "Mapping Singapore and Southeast Asia", in Aileen Lau and Laura Lau (eds.), *Maritime Heritage of Singapore* (Singapore, 2005), pp. 43 - 46.
14. T. Barnard, in Miksic and Low (eds.), *Early Singapore*, pp. 118 - 123.
15. C. Trocki, *Prince of Pirates* (Singapore, 1979), p. 43, and map on p. 46.

382 16. P. Borschberg, "The Straits of Singapore" in Irene Lim (ed.) *Sketching the Straits* (Singapore, 2004), pp. 37 - 44; Kwa Chong Guan, "Sailing Past Singapore", in Miksic and Low (eds.), *Early Singapore*, pp. 95 - 105. 有关早期航海线路,以及龙牙门可能就是今天的岌巴港的讨论,见: J. V. Mills,

"Arab and Chinese Navigators in Malaysian Waters in about A. D. 1500", *JMBRAS*, XLVII, 2 (1974), pp. 1 - 82; C. A. Gibson-Hill, "Singapore Old Strait and New Harbour, 1300 - 1870", *Memoirs of the Raffles Museum*, No. 1 (Singapore, 1956), pp. 11 - 115; C. A. Gibson-Hill, "Singapore: Notes on the History of the Old Strait, 1580 - 1850", *JMBRAS*, XXVII, 1 (1954), pp. 163 - 214; R. Braddell, "Lung-ya-men and Tan-ma-hsi", *JMBRAS*, XXIII, 1 (1950), pp. 37 - 51; reprinted in *JMBRAS*, XLII, 1 (1969), pp. 10 - 24.

17. Captain Daniel Ross's "Chart of Singapore, February 1819", in John Bastin, *Sir Stamford Raffles's Account of the Founding of Singapore* (Eastbourne, 2004), p. 8.
18. 约翰·克劳弗德的亲历陈述收在 1825 年 11 月出版的《新加坡年鉴》中,重印见: J. H. Moor, *Notices of the Indian Archipelago* (Singapore, 1837; reprinted London, 1968), I, pp. 269 - 271. 塔欣(Tassin)所绘地图见 268 页。
19. D. E. Sopher, "The Sea Nomads", *Memoirs of the National Museum*, No. 5 (Singapore, 1965), p. 105.
20. J. R. Logan, "The Orang Biduanda Kallang of the River Pulai in Johore", *JIA*, I (1847), pp. 299 - 302; J. R. Logan, "The Orang Sletar of the Rivers and Creeks of the Old Strait and Estuary of the Johore", *JIA*, I (1847), p. 302; J. T. Thomson, "Remarks on the Seletar and Sabimba Tribes", *JIA*, I (1847), pp. 342 - 344; W. W. Skeat and H. N. Ridley, "The Orang Laut of Singapore", *JMBRAS*, XXXIII (1900), pp. 247 - 250, reprinted *JMBRAS*, XLII, 1 (1969), pp. 114 - 116.
21. W. Hartley, "Population of Singapore in 1819", *JMBRAS*, XI, 2 (1933), p. 177; reprinted *JMBRAS*, XLII, 1 (1969), pp. 112 - 113.
22. J. R. Logan, "The Piracy and Slave Trade of the Indian Archipelago", *JIA*, III (1849), p. 632.
23. 转引自: John Bastin, *William Farquhar First Resident and Commandant of Singapore* (Eastbourne, 2005), pp. 22 - 23.
24. Chief Secretary to Raffles, 28 November 1818, reprinted in Bastin, *Sir Stamford Raffles's Account of the Founding of Singapore* (Eastbourne,

2004), p. 46.

25. Supplementary instructions, Chief Secretary to Raffles, 5 December 1818, reprinted in Bastin, *Raffles's Account*, pp. 48 - 49.

26. Bastin, *Raffles's Account*, p. 13.

27. Raffles to Farquhar, 16 January 1819, 转引自: John Bastin, *William Farquhar*, p. 23. Instructions reprinted in full, in Bastin, *Raffles's Account*, pp. 16 - 19.

28. 丹尼尔·罗斯船长(1780—1849),一位生活在牙买加的富裕苏格兰种植园主和一名获得自由的女奴隶(有四分之一黑人血统)所生的儿子。他年仅 14 岁就加入了东印度公司的海军,花费了多年时间勘察中国南海沿岸和澳门、香港一带海域,最终于 1823 年晋升为该公司的海上总勘察师。

29. 莱佛士于 1819 年 2 月 13 日发给大总督的信件可见: John Bastin, *Sir Stamford Raffles's Account of the Founding of Singapore* (Eastbourne, 2004), Preface and pp. 24 - 25. 其中表明,他们一行人首次登陆是在 1 月 28 日傍晚,而不是之前普遍认为的 29 日早晨。

30. R. O. Winstedt, "Abdul-Jalil, Sultan of Johore (1966[①] - 1719), 'Abdu'l Jamal, Temenggong (ca) 1750, and Raffles' Founding of Singapore", *JMBRAS*, XI, 2 (1933), p. 165.

31. 约翰·巴斯汀提请人们注意莱佛士关于这次探险的报告,见: *Sir Stamford Raffles's Account*, Preface and p. 31.

383 32. J. A. E. Morley, "The Arabs and the Eastern Trade", *JMBRAS*, XXII, 1 (1945), p. 155.

33. A. H. Hill (ed. and trans.), "Hikayat Abdullah", *JMBRAS*, XXVII, 3 (1955), p. 142; reprinted Kuala Lumpur, 1970.

34. J. Bastin (ed.), "The Journal of Thomas Otho Travels, 1813 - 1820", *Memoirs of the Raffles Museum*, No. 4 (Singapore, 1957), pp. 142 - 156.

35. 重建及其规划在 H. F. Pearson, "Singapore from the Sea, June 1823", *JMBRAS*, XXVI, 1 (1953), pp. 43 - 55; reprinted *JMBRAS*, XLII, 1 (1969), pp. 133 - 144; 和"Lt. Jackson's Plan of Singapore", *JMBRAS*,

---

① 原书有误,似应为 1699。——译者注

XXVI, 1 (1953), pp. 200 - 204; reprinted *JMBRAS*, XLII, 1 (1969), pp. 161 - 165 中得到了描述,并配有插图。

36. C. M. Turnbull, "John Crawfurd" in *Oxford Dictionary of National Biography* (Oxford, 2004), Vol. 14, pp. 90 - 92.

37. *Singapore Chronicle*, 8 April 1830.

38. Raffles to Minto, in 1811, 转引自: Syed Mohd Khairudin Aljunied, *Raffles and Religion: A Study of Sir Thomas Stamford Raffles's Discourse on Religion among the Malays* (Kuala Lumpur, 2004), p. 17.

39. W. Milburn, *Oriental Commerce*, 2 vols. (London, 1813), I, p. 320.

40. 文本见: Buckley, pp. 106 - 107, and is also to be found in IOL, Raffles to Government of India, 7 June 1823, Enclosures to Secret Letters from Bengal (12 March 1824), L/P&S/5/103.

41. Roderick MacLean, *A Pattern of Change: The Singapore International Chamber of Commerce from 1837* (Singapore, 2000), p. 17.

42. H. E. Miller (trans.), "Extracts from the Letters of Col. Nahuijs", *JMBRAS*, XIX, 2 (1941), p. 195.

43. Advocate General to Secretary to Government of India, 16 August and 13 October 1823, IOL, L/P&S/5/103, No. 9 (12 March 1824).

44. Crawfurd to India, 10 January 1824 & Secretary to Government of India to Crawfurd, 5 March 1824, IOL, L/P&S/5/103, No. 9 (12 March 1824).

45. Crawfurd to India, 3 August 1824, P/BEN/SEC/328, no. 9 (4 March 1825); reprinted in full, Braddell, "Notices", *JIA*, VII (1853) pp. 350 - 354; Buckley, pp. 170 - 173. Text of treaty in J. de Vere Allen, A. J. Stockwell and L. R. Wright, *A Collection of Treaties and other Documents affecting the States of Malaysia, 1761 - 1963*, 2 vols. (London, 1981), pp. 30 - 32.

46. 《英荷条约》的文本见: Allen, Stockwell and Wright, *Treaties*, I, pp. 288 - 293; Article XII on Singapore and the Riau-Lingga archipelago, p. 291.

47. Directors to Bengal, 4 August 1824, F/4/878, Board Collections, 1826 - 1827. B. C. 22996, December 1825.

48. Crawfurd to Sec to Govt, Fort William, 1 October 1824, P/BEN/SEC/328 & B. C. 23009, p. 4.

49. Sec to Govt to Crawfurd, 4 March 1825, IOL, P/BEN/SEC/328.

第二章 “这块生机勃勃的、无与伦比的小小殖民地”(1826－1867)

1. J. Kathirithamby-Wells, “Early Singapore and the Inception of a British Administrative Tradition in the Straits Settlements (1819 - 1832)”, *JMBRAS*, XLII, 2 (1969), pp. 48 - 73. 其关注了新加坡早期行政管理状况。
2. J. R. Logan, “The Orang Binua of Johore”, *JIA*, 1 (1847), p. 300.
3. C. A. Gibson-Hill, “The Orang Laut of the Singapore River and the Sampan Panjang”, *JMBRAS*, XXV, 1 (1952), pp. 161 - 174; reprinted *JMBRAS*, XLII, 1 (1969), pp. 118 - 132.
4. N. H. Wright, *Respected Citizens: The History of the Armenians in Singapore and Malaysia* (Victoria, Australia, 2003), p. 45.
5. J. Crawfurd, *Journal of an Embassy from the Governor General of India to the Courts of Siam and Cochin China*, 2 vols. (London, 1828; reprinted Kuala Lumpur, 1967), II, p. 383.

384 6. Sharom Ahmat, “American Trade with Singapore, 1819 - 65”, *JMBRAS*, XXXVIII, 2 (1965), pp. 241 - 257; Sharom Ahmat, “Joseph Balestier: The First American Consul in Singapore, 1833 - 1852”, *JMBRAS*, XXXIX, 2 (1966), pp. 108 - 122.

7. *ST*, 10 January 1865.
8. *Singapore Free Press* (hereafter *SFP*), 6 January 1854.
9. 有关霍士堡灯塔的建造,见: J. T. Thomson, “Account of the Horsburgh Lighthouse”, *JIA*, VI (1852), pp. 376 - 498, and J. A. L. Pavitt, *First Pharos of the Eastern Seas: Horsburgh Lighthouse* (Singapore, 1966).
10. F. Pridmore, “Coins and Coinages of the Straits Settlements and British Malaya, 1786 to 1951”, *Memoirs of the Raffles Museum*, No. 2 (Singapore, 1955), pp. 28 - 40; C. H. Dakers, “Some Copper Tokens in the Raffles Museum, Singapore”, *JMBRAS*, XV, 2 (1937), pp. 127 - 129; E. Wodak, “Some Coins and Tokens of Malaya”, *JMBRAS*, XXIII, 3 (1950), pp. 143 - 147.

11. "Oriental Pirates", *United Service Journal*, III (1835), pp. 31 - 42; "The Malay Pirates", *United Service Journal*, I (1837), pp. 450 - 465; E. G. Festing (ed.), *Life of Commander Henry James, R. N.* (London, 1899), p. 262.
12. J. R. Logan, "The Piracy and Slave Trade of the Indian Archipelago", *JIA*, IV (1850), p. 145.
13. *SFP*, 17 March 1854.
14. *SFP*, 18 January 1866. H. Miller, *Pirates of the Far East* (London, 1970). 其给出了对该地区海盗情况的大致描述,很具可读性。
15. G. F. Davidson, *Trade and Travel in the Far East* (London, 1846), p. 69.
16. 转引自 *SFP*, 6 August 1852.
17. J. R. Logan, "Sago", *JIA*, III (1849), pp. 288 - 313.
18. J. Cameron, *Our Tropical Possessions in Malayan India* (London, 1865; reprinted Kuala Lumpur, 1965), p. 168.
19. J. T. Thomson, "General Report on the Residency of Singapore Drawn up Principally with a View of Illustrating Its Agricultural Statistics", *JIA*, III (1849), pp. 618 - 628, 744 - 755, IV (1850), pp. 27 - 141, 102 - 6, 134 - 143, 206 - 219; J. Balestier, "View of the State of Agriculture in the British Possessions in the Straits of Malacca", *JIA*, II (1848), pp. 139 - 150; T. Oxley, "Some Account of the Nutmeg and Its Cultivation", *JIA*, II (1848), pp. 641 - 660; J. Crawfurd, "Agriculture of Singapore", *JIA*, III (1849), pp. 508 - 511, reprinted from *Singapore Chronicles*, 1824.
20. J. C. Jackson, *Planters and Speculators: Chinese and European Agricultural Enterprise in Malaya, 1786 - 1921* (Kuala Lumpur, 1968), pp. 7 - 30; J. C. Jackson, "Chinese Agricultural Pioneering in Singapore and Johore", *JMBRAS*, XXXVIII, 1 (1965), pp. 77 - 105; P. Wheatley, "Land Use in the Vicinity of Singapore in the 1830s", *Malayan Journal of Tropical Geography*, II (Singapore, 1954), pp. 63 - 66.
21. C. M. Turnbull, "The Johore Gambier and Pepper Trade in the Mid-nineteenth Century", *JSSS*, XV, 1 (1959), pp. 43 - 55.
22. E. A. Brown, *Indiscreet Memories* (London, 1935), pp. 257 - 258.

23. G. W. Earl, *The Eastern Seas* (London, 1837; reprinted Kuala Lumpur, 1971), p. 145.
24. 门希·阿卜杜拉·本·阿卜杜勒·卡迪尔在 *Shaer Singapura Terbakar* 中给出了对 1830 年大火的在场描述,在"Shaer Kampong Gelam Terbakar oleh Abdullah b. Abdul-Kadir"中给出了对 1847 年大火的在场描述,用罗马字母记录,并由 C. 斯金纳作注的版本见: *JMBRAS*, XLV, 1 (1972), pp. 21 - 56.
25. K. S. Sandhu, "Tamil and Other Indian Convicts in the Straits Settlements. A. D. 1790 - 1873", *Proceedings of the First International Conference Seminar of Tamil Studies, Kuala Lumpur, Malaysia, 1966* (Kuala Lumpur, 1968), I, pp. 197 - 208; C. M. Turnbull, "Convicts in the Straits Settlements, 1826 - 1867", *JMBRAS*, XLIII, 1 (1970), pp. 87 - 103.
385 26. J. P. Mialaret, *Hinduism in Singapore* (Singapore, 1969). 其描述了新加坡的印度教寺庙和它们过往的历史。
27. B. W. Hodder, "Racial Groupings in Singapore", *Malayan Journal of Tropical Geography*, I (Singapore, 1953), pp. 25 - 36.
28. 以下作品讨论了新港的发展: C. A. Gibson-Hill, "Singapore Old Strait and New Harbour, 1300 - 1870", *Memoirs of the Raffles Museum*, No. 3 (Singapore, 1956), pp. 11 - 115; C. A. Gibson-Hill, "Singapore: Notes on the History of the Old Strait, 1580 - 1850", *JMBRAS*, XXVIL, 1 (1954), pp. 163 - 214; and C. D. Cowan, "New Harbour, Singapore and the Cruise of H. M. S. 'Maeander', 1848 - 1849", *JMBRAS*, XXXVIII, 2 (1965), pp. 229 -240.
29. J. Crawfurd, "Remarks on the Revenue", 21 October 1825, *JIA*, VIII (1854), p. 414.
30. SSR, H13, 24 December 1824.
31. R. MacLean, *A Pattern of Change* (Singapore, 2000).
32. G. W. Earl, *The Eastern Seas*, p. 383.
33. M. Freedman, *Lineage Organisation in Southeastern China* (London, 1958) and M. Freedman, *Chinese Lineage and Society: Fukien and Kwangtung* (London, 1966). 其提供了很有价值的背景资料。
34. Yen Ching-hwang, *A Social History of the Chinese in Singapore and Malaya*

1800 – 1911 (Singapore, 1986), p. 177.

35. Yen, *Social History*, p. 42.
36. Yen Ching-hwang, *Coolies and Mandarins: China's Protection of Overseas Chinese During the Late Ch'ing Period 1851 – 1911* (Singapore, 1985); and Yen, *Social History*, p. 112.
37. Yen, *Social History*, p. 113.
38. SSR, R17, pp. 65 – 66.
39. SSR, V37, p. 155.
40. 详细的描述见: J. T. Thomson, *Some Glimpses into Life in the Far East* (London, 1864); reprinted as *Glimpses into Life In Malayan Lands* (Singapore, 1984), pp. 307 – 311; H. Keppel, *A Sailor's Life under Four Sovereigns*, 3 vols. (London, 1899), III, p. 13.
41. *ST*, 21 December 1869.
42. L. Oliphant, *Narrative of the Earl of Stain's Mission to China and Japan*, 1 vols. (Edinburgh and London, 1859; reprinted Kuala Lumpur, 1970).
43. *SFP*, 29 December 1859.
44. *SFP*, 25 July 1851.
45. *SFP*, 21 July 1854.
46. RC Penang to Governor, 26 June 1861, SSR, DD 34, Item 86.
47. Belcher, *Voyage of the Samarang*, II, pp. 184 – 185.
48. SSR, W27, Item 231A.
49. C. K. Byrd, *Early Printing in the Straits Settlements, 1806 – 1858* (Singapore, 1971), pp. 13 – 17.
50. 1862－1863 年海峡殖民地管理状况年度报告。
51. Y. K. Lee, "Medical Education in the Straits, 1786 – 1871", *JMBRAS*, XLVI, 1 (1973), pp. 101 – 122.
52. *ST*, 17 August 1861.
53. *SFP*, 29 March 1849.
54. SSR, S25, Item I 52.
55. R. Little, "On the Habitual Use of Opium in Singapore", *JIA*, II (1848), pp. 1 – 79; T. Braddell, "Gambling and Opium Smoking In the Straits of

Malacca", *JIA*, New Series, I (1857), pp. 66 – 83.

56. Cheng U Wen, "Opium in the Straits Settlements", *JSEAH*, II (1961); Carl A. Trocki, *Opium and Empire* (Ithaca, 1990).

57. SSR, V37, p. 52; SSR, W46, Item 247.

386 58. *ST*, 18 June 1864.

59. F. S. Marryat, *Borneo and the Indian Archipelago* (London, 1848), p. 213; E. Belcher, *Narrative of the Voyage of H. M. S. "Samarang" during the Years 1843 – 1846*, 2 vols. (London, 1848), II, pp. 179 – 180; J. D. Ross, *Sixty Years: Life and Adventure in the Far East*, 2 vols. (London, 1911; reprinted London, 1968), I, pp. 58 – 59.

60. F. S. Marryat, *Borneo and the Indian Archipelago* (London, 1848), pp. 213 – 218.

61. *ST*, 14 January 1865.

62. *SFP*, 3 October 1851.

63. Correspondent "ZZ" to *SFP*, November 1850.

64. C. A. Gibson-Hill, "The Singapore Chronicle, 1824 – 1837", *JMBRAS*, XXVI, 1 (1953), pp. 175 – 199.

65. Y. K. Lee, "The Grand Jury in Early Singapore, 1819 – 1873", *JMBRAS*, XLVI, 2 (1973), pp. 55 – 150.

66. *ST*, 3 July and 7 August 1855.

67. *SFP*, 14 May 1857; C. M. Turnbull, "Communal Disturbances in the Straits Settlements in 1857", *JMBRAS*, XXXI, 1 (1958), pp. 96 – 146.

68. SSR, W25, Item 339; *ST*, 7 July 1857; *SFP*, 23 July 1857.

69. *SFP*, 17 September 1857; *ST*, 22 September 1857.

70. *PP*, 1862, xl (H. of C.), 259, pp. 585 – 588.

71. *PG*, 19, 26 September, 10 October; in *SFP*, 1, 8, 22 October 1857.

72. CO correspondence and minutes, 7 – 10 July 1860, CO 144/18.

73. *PP*, 1861, XIII, No. 423, pp. 69 – 373.

74. J. Cameron, Our Tropical Possessions in Malayan India, p. 48.

第三章　帝国正午(1867 – 1914)

1. Ord to Parker (CO), 6 July 1866, Carnarvon Papers, PRO 30/6 (The

National Archives, London).

2. *London and China Telegraph*, 26 January 1867.

3. *ST*, 21 March 1867.

4. 有关早期年月的带有讽刺意味的描述，见：G. Dana, *Letters of "Extinguisher" and Chronicles of St. George* (Singapore, 1870).

5. Ord to CO, 15 July 1867, GD 1, No. 61.

6. COD 2, No. 71.

7. 关于殖民地早期人们对印度当局管理体系低效的种种印象，见：A. Anson, *About Others and Myself* (London, 1920).

8. Legislative Council minutes, 18 December 1867, 1 E 1, p. 41.

9. Minutes of meeting to form the Straits Settlements Association in Napier to Buckingham, 7 February 1868, in Buckingham to Ord, 17 February 1868, COD 3, No. 27.

10. Straits Settlements Association, *Memorandum Regarding the Government of the Straits Settlements*, 26 April 1869, in S. of S. to Ord, 1 June 1869, COD 7, No. 95.

11. P. C. Campbell, *Chinese Coolie Emigration to Countries Within the British Empire* (London, 1923; reprinted London, 1971), pp. 6 - 7.

12. S. of S. to Ord, 1868, COD 4, Nos. 77, 99, 119, and 166.

13. *ST*, 15 September 1873; CO 273/70, Nos. 290 and 291.

14. *SFP*, 24 April 1936.

15. *ST*, 12 January 1874.

16. 1873 年 1 月 1 日报告的节选，见：CO to Ord, 11 June 1873, COD/C 5.

17. Lim Joo Hock, "Chinese Female Immigration into the Straits Settlements, 1860 - 1901", *JSSS*, XXII, 2 (1967), pp. 58 - 110.

18. R. N. Jackson, *Pickering: Protector of Chinese* (Kuala Lumpur, 1965), p. 97.

19. 转引自：Ng Siew Yoong, "The Chinese Protectorate in Singapore, 1877 - 387
1900", *JSEAH*, II (1961), p. 95.

20. Wong Lin Ken, *The Malayan Tin Industry to 1914* (Arizona, 1965).

21. K. G. Tregonning, *Straits Tin: A Brief Account of the First Seventy-five*

Years of the Strait Trading Company Ltd., *1887 -1962* (Singapore, 1962).

22. J. H. Drabble, *Rubber in Malaya*, *1876 -1922* (Kuala Lumpur, 1973).

23. Chiang Hai Ding, "The Origin of the Malayan Currency System", *JMBRAS*, XXXIX, 1 (1966), pp. 1 - 18; W. A. Shaw and Mohammed Kassim Haji Ali, *Paper Currency of Malaysia*, *Singapore and Brunei*, *1849 - 1970* (Kuala Lumpur, 1971); and F. Pridmore, "Coins and Coinages of the Straits Settlements and British Malaya, 1786 to 1951", *Memoirs of the Raffles Museum*, No. 2 (Singapore, 1955).

24. *ST*, 16 May 1872.

25. 牙直利公司的历史在 S. Cunyngham-Brown, *The Traders* (London, 1970)一书中有所阐述。

26. B. Cable, *A Hundred-Year History of the P. & O.* (*Peninsular and Oriental Steam Navigation Company*), *1837 -1937* (London, 1937).

27. G. Blake, *The Ben Line*, *1825 -1955* (London, 1956).

28. E. Jennings, *Mansfields: Transport and Distribution in Southeast Asia* (Singapore, 1973). 该公司早期的艰辛奋斗史,见:"Diary of George John Mansfield, 1863 - 1866", MSS Ind. Ocn. r 11 (Rhodes House, Oxford).

29. R. Kipling, "The Song of the Cities", in *The Seven Seas* (London, 1896), p. 175.

30. 转引自: J. Morris, *Pax Britannica* (London, 1968), p. 148.

31. 见: Yip Yat Hoong, *The Development of the Tin Mining Industry of Malaya* (Kuala Lumpur, 1969).

32. Philip Loh Fook Seng, *The Malay States: Political Change and Social Policy*, *1877 -1895* (Kuala Lumpur, 1969), pp. 104 - 105.

33. *PG*, 20 August 1908.

34. *PG*, 7 June 1906.

35. W. R. Roff, *The Origins of Malay Nationalism* (New Haven and Kuala Lumpur, 1967), p. 37.

36. 同上, p. 35.

37. I. L. Bird, *The Golden Chersonese and the Way Thither* (New York, 1883; reprinted Kuala Lumpur, 1967), p. 119.

38. E. W. Birch, "The Vernacular Press in the Straits", *JMBRAS*, IV (1879), pp. 51 – 55, reprinted in *JMBRAS*, XLII, 1 (1969), pp. 192 – 195; W. R. Roff, *Guide to Malay Periodicals*, *1876 –1941* (Singapore, 1961).
39. Yen Ching-hwang, *A Social History of the Chinese in Singapore and Malaya 1800 –1911* (Singapore, 1986), pp. 178 – 179.
40. Tan Jiak Kim, Lim Boon Keng and Song Ong Siang (eds.), *Duty to the British Empire during the Great War* (Singapore, 1915).
41. C. E. Ferguson-Davie (ed.), *In Rubber Lands* (London, 1921).
42. F. Caddy, *To Siam and Malaya in the Duke of Sutherland's Yacht "Sans Peur"* (London, 1889), p. 84.
43. J. B. Elcum, Director of Public Instruction, in *Straits Settlements Annual Report for 1906*.
44. Yen, *Social History*, pp. 287 – 289.
45. Yen Ching-hwang, "Ch'ing's Sale of Honours and the Chinese Leadership in Singapore and Malaya, 1877 – 1912", *JSEAS*, I, 2 (1970), pp. 20 – 32; M. R. Godley, "The Late Ch'ing Courtship of the Chinese in Southeast Asia", *JAS*, XXIV, 2 (1975), pp. 361 – 365.
46. Wu Lieh-teh, *Plague Fighter: The Autobiography of a Modern Chinese Physician* (Cambridge, 1959).
47. Wang Gungwu, "Sun Yat-sen and Singapore", *JSSS*, XV, 2 (1959), pp. 55 – 68.
48. Yen Ching-hwang, *The Overseas Chinese and the 1911 Revolution* (Kuala 388
Lumpur, 1976), pp. 55 – 56.
49. Yong Ching Fatt, *Chinese Leadership and Power in Colonial Singapore* (Singapore, 1992).
50. H. Z. Schiffrin, *Sun Yat-sen and the Origins of the Chinese Revolution* (California, 1968).新加坡早期的革命运动,在 Png Poh Seng, "The KMT in Malaya", *JSEAH*, H, 1 (1961), pp. 1 – 32,以及 K. G. Tregonning (ed.), *Papers on Malayan History* (Singapore, 1962), pp. 214 – 225 中有所讨论。
51. *ST*, 25 January 1912.
52. 相关讨论见: Yong Ching Fatt, "A Preliminary Study of Chinese Leadership in

Singapore, 1900 - 1941", *JSEAH*, IX, 2 (1968), pp. 258 - 285.

53. W. Feldwick (ed.), *Present Day Impressions of the Far East and Prominent and Progressive Chinese at Home and Abroad* (London, 1917), pp. 836 - 837.
54. Gov. to S. of S., 19 September 1887, GD 25.
55. Caddy, *To Siam and Malaya*, p. 227.
56. H. Norman, *The People and Politics of the Far East* (London, 1895).
57. E. A. Brown, *Indiscreet Memories* (London, 1935), p. 17.
58. K. G. Tregonning, *The Singapore Cold Storage, 1903 - 1966* (Singapore, 1966).
59. Chan Kwok Bun and Tong Chee Kiong (eds.), *Past Times: A Social History of Singapore* (Singapore, 2003), p. 141.
60. Y. K. Lee, "A short history of K. K. Hospital and the maternity services of Singapore", *Singapore Medical Journal*, XXX (1990), pp. 599 - 613; Chan Kwok Bun and Tong Chee Kiong, *Past Times*, p. 76.
61. C. A. Trocki, *Opium and Empire: Chinese Society in Colonial Singapore, 1800 - 1910* (Ithaca, 1990), p. 210.
62. E. Wijeysingha, *A History of Raffles Institution*, 1823 - 1963 (Singapore, 1963), pp. 83 - 107.
63. C. M. Turnbull, *Dateline Singapore: 150 Years of the Straits Times* (Singapore, 1995).
64. Zainal Abidin bin Ahmad (Za'ba), "Malay Journalism in Malaya", *JMBRAS*, XIX, 2 (1941), pp. 244 - 250; W. R. Roff, *Bibliography of Malay and Arabic Periodicals in the Straits Settlements and Peninsular Malay States*, 1876 - 1941 (London, 1972).
65. Chen Mong Hock, *The Early Chinese Newspapers of Singapore, 1881 - 1912* (Singapore, 1967), p. 52.
66. *Straits Settlements Legislative Council Proceedings*, 13 February 1890, GD 28, 19 February 1890.
67. 转引自: A. Lovat, *The Life of Sir Frederick Weld* (London, 1914), p. 383.
68. A. Wright and H. A. Cartwright, *Twentieth Century Impressions of British*

Malaya (London, 1908), p. 49.

69. A Wright and T. H. Reid, *The Malay Peninsula*: A Record of Progress in the Middle East (London, 1912), p. 236.

第四章　"东方大洋里的克拉彭站"(1914－1941)

1. F. Swettenham, *British Malaya* (London, 1948; reprinted London, 1955), p. 142.
2. 见：T. M. Winsley, *A History of the Singapore Volunteer Corps* (Singapore, 1937).
3. 如记者 Tsukada 转引自：M. H. Murfett, J. N. Miksic, B. P. Farrell and Chiang Ming Shun, *Between Two Oceans: A Military History of Singapore* (Oxford, 1999), pp. 135－136.
4. Sho Kuwaijima, *The Mutiny in Singapore* (New Delhi, 2006), pp. 9－10.
5. 转引自：F. M. Luscombe, *Singapore, 1819－1930* (Singapore, 1930), p. 66.
6. Yong Ching Fatt, *Chinese Leadership and Power in Colonial Singapore* (Singapore, 1992).
7. J. F. Warren, *Rickshaw Coolie: A People's History of Singapore, (1880－1940)* (Singapore, 1986), p. 114.
8. 相关讨论见：Y. Akashi, "The Nanyang Chinese Anti-Japanese and Boycott 389
Movement, 1908－1928", *JSSS*, XXIII, 2 (1968), pp. 89－96.
9. A. H. C. Ward, Raymond W. Chu and Janet Salaff (eds. and trans.), *The Memoirs of Tan Kah Kee* (Singapore, 1994).
10. Yong Ching Fatt, *Chinese Leadership*, p. 203.
11. C. M. Turnbull, "Sir Cecil Clementi and Malaya: The Hong Kong Connection", *Journal of Oriental Studies* (University of Hong Kong), 22, no. 1 (1984), pp. 33－60.
12. J. N. Parmer, *Colonial Labor Policy and Administration: A History of Labor in the Rubber Plantation Industry in Malaya, 1910－1941* (New York, 1960), p. 93.
13. Naosaku Uchida, *The Overseas Chinese* (Stanford, 1959), p. 48; Tan Ee Leong, "The Chinese Banks Incorporated in Singapore and the Federation of

Malaya", *JMBRAS*, XXVI, I (1953), pp. 113 – 139; reprinted in *JMBRAS*, XLII, 1 (1969), pp. 256 – 281; D. Wilson (assisted by S. Y. Lee and others), *Solid as a Rock: The First Forty Years of the Oversea Chinese Banking Corporation* (Singapore, 1972).

14. R. H. de S. Onraet, *Singapore: A Police Background* (London, 1947), p. 33.
15. Manicasothy Saravanamutu, *The Sara Saga* (Penang, 1970), p. 48.
16. *ST*, 16 July 1934.
17. M. Saravanamutu, *The Sara Saga*, p. 54.
18. 在詹姆斯·沃伦描述人力车夫的著作 *Rickshaw Coolie* (Singapore, 1986)及描述妓女的著作 *Ah Ku and Karayuki-san: Prostitution Singapore* (Singapore, 1993)中得到清晰的揭示。
19. M. Freedman, "Colonial Law and Chinese Society", *Journal of the Royal Anthropological Institute*, LXXX (1950), pp. 114 – 115; W. Woods and C. A. Wills, *Report of the Commission on Mui Tsai in Hong Kong and Malaya* (London, 1937); E. Picton-Turbervill, *Report of the Commission on Mui Tsai in Hong Kong and Malaya* (London, 1937) (minority report).
20. Chu Tee Seng, "The Singapore Chinese Protectorate, 1900 – 1941", *JSSS*, XXVI, 1 (1971), pp. 5 – 45.
21. Colonial Office, *Higher Education in Malaya: Report of the Commission appointed by the Secretary of State for the Colonies, June 1939* (London, 1939) (the McLean Report).
22. T. R. Doraisamy (ed.), *150 Years of Education in Singapore* (Singapore, 1969), p. 38.
23. C. M. Turnbull, *Dateline Singapore: 150 Years of the Straits Times* (Singapore, 1995), p. 96.
24. 见: Radin Soenamo, "Malay Nationalism, 1900 – 1945", *JSEAH*, I, 1 (1960), pp. 9 – 11.
25. Chen Ta, *Immigrant Communities in South China: A Study of Overseas Migration and Its Influence on Standards of Living and Social Change* (Shanghai, 1939; and New York, 1940), p. 118.

26. C. M. Turnbull, "The Malayan Connection", in Lau Chan Kit Ching and P. Cunich (ed.), *An Impossible Dream* (Hong Kong, 2002), p. 99.

27. Y. Akashi, *The Nanyang Chinese Anti-Japanese National Salvation Movement, 1937 -1941* (Kansas, 1970), p. 74.

28. 在以下作品中有所描述：R. O. Winstedt, *The Constitution of the Colony of the Straits Settlements and of the Federated and Unfederated Malay States* (Royal Institute of International Affairs, London, 1931); and War Office, *Malaya and Its Civil Administration Prior to the Japanese Occupation* (London, 1944).

29. L. Guillemard, *Trivial Fond Records* (London, 1937), p. 99.

30. Report of Brigadier General Sir Samuel Wilson, *G. C. M. G., K. C. B., K. B. E., Permanent Undersecretary of State for the Colonies on His Visit to Malaya 1932* (London, 1933).

31. A. Wright and T. H. Reid, *The Malay Peninsula: A Record of Progress in the Middle East* (London, 1912), p. 232.

32. W. Churchill to Guillemard, 24 June 1922, CO 273/510, quoted in Yeo Kim Wah, *Political Development in Singapore, 1945 -1955* (Singapore, 1973).

33. *ST*, 14 November 1930.

34. President's speech, annual general meeting, *Association of British Malaya Minute Books*, I, 26 July 1922.

35. Annual report for 1926 - 1927, *Association of British Malaya Minute* 390
Books, II.

36. A. Scott-Ross, *Tun Dato Sir Cheng Lock Tan* (Singapore, 1990). 该书是他女儿为他留下的"私人档案"。有关陈祯禄的生平，见：Soh Eng Lim, "Tan Cheng Lock", *JSEAH*, I, 1 (1960), pp. 29 - 55.

37. *Proceedings of the Straits Settlements Legislative Council*, 1928, pp. 147 - 148.

38. 也可见 *ST*, 23 December 1932.

39. Arthur Creech-Jones Papers, Rhodes House, MSS Brit. Emp. S 332, Box 26, File 11.

40. *Malaya Tribune*, 20 December 1930.

41. R. Emerson, *Malaysia: A Study in Direct and Indirect Rule* (New York, 1937; reprinted Kuala Lumpur, 1964), p. 287.
42. 同上, p. 306.
43. 同上, p. 519.

第五章　东方的战争(1941－1942)

1. J. Neidpath, *The Singapore Naval Base and the Defence of Britain's Eastern Empire 1919－1941* (Oxford, 1981), pp. 153－154.
2. General Sir Ian Hamilton, *The Times*, London, 24 March 1924,转引自: L. Wigmore, *Australia in the War: The Japanese Thrust* (Canberra, 1957), p. 3.
3. *Sydney Morning Herald*, 14 February 1938,转引自: Wigmore, *Australia in War*, p. 47.
4. John Gunther, *Inside Asia* (London, 1939). 据(日本所有的)《新加坡先驱报》主编藤井达树所说,这些人"全是不折不扣的傻瓜"。
5. 节选自: Malaya Combined Intelligence Summary, No. 8/1940, October 1940, in CO 273/666, 50336.
6. D. Russell-Roberts, *Spotlight on Singapore* (London, 1965), p. 29.
7. *SFP*, 7 January 1941.
8. 虽然荷兰当时被纳粹德国占领,但设在伦敦的荷兰流亡政府仍继续管理着荷属东印度群岛。
9. J. H. Brimmell, *Communism in South East Asia* (London, 1959), p. 148.
10. *Malaya Tribune*, 5 May 1939.
11. S. of S. to Governor, 28 February 1941, CO 273/668, 50695/41.
12. Virginia Thompson, "Japan Frozen out of British Malaya", *Far Eastern Survey*, X, 20 (20 October 1941), p. 238.
13. W. Churchill, *The Grand Alliance*, III, p. 522.
14. C. Brown, *Suez to Singapore* (New York, 1942), p. 280.
15. M. Shinozaki, *My Wartime Experiences in Singapore* (Singapore, 1973), p. 5.
16. Yamashita's diary, 3 January 1942, in Yoji Akashi, "General Yamashita

Tomoyuki: Commander of the 25th Army", in B. Farrell and S. Hunter (eds.), *Sixty Years On: the Fall of Singapore Revisited* (Singapore, 2003), p. 193.

17. B. Ash, *Some One Had Blundered* (London, 1960), p. 151.
18. D. Cooper, *Old Men Forget* (London, 1957), p. 300.
19. 转引自：Wigmore, *Australia in the War: the Japanese Thrust*, p. 103.
20. Pownall "Comments" for Churchill, 2 January 1949, in CHUR 4/258, Churchill Archives, Cambridge.
21. G. A. Weller, *Singapore is Silent* (New York, 1943), p. 65.
22. C. Brown, *Suez to Singapore*, p. 210.
23. Letter to Editor, *ST*, by "Asian", 2 January 1942.
24. A. Bowden to Australian Department of External Affairs, 10 January 1942, quoted in Wigmore, *Australia in the War: The Japanese Thrust*, p. 204.
25. *ST*, 29 December 1941.
26. *ST*, 12 January 1942.
27. W. S. Churchill, *The Second World War*, *IV* (London, 1951), p. 47.
28. A. G. Allbury, *Bamboo and Bushido* (London, 1955), p. 13. 391
29. A. H. C. Ward, Raymond W. Chu and J. Salaff (eds. and trans. with notes), *The Memoirs of Tan Kah Kee* (Singapore, 1994), pp. 153 - 157.
30. Governor to S. of S. telegram, 3 January 1942, CO 273/668, 50695/41.
31. Hu Tien Jun, "An account of the war fought by the Singapore Overseas Chinese Volunteer Army", in Foong Choon Hon (comp.), *The Price of Peace: True Accounts of the Japanese Occupation* (in Chinese, Singapore, 1995; English translation, Singapore, 1997), pp. 264 - 273.
32. Governor to S. of S., 4 February 1942, CO 273/669, 50750.
33. Yong Ching Fatt, *Chinese Leadership and Power in Colonial Singapore* (Singapore, 1992), p. 318.
34. A. H. C. Ward, Raymond W. Chu and J. Salaff, *The Memoirs of Tan Kah Kee*, pp. 158 - 159.
35. B. Bond (ed.), *Chief of Staff: The Diaries of Lt. General Sir Henry Pownall*, 2 vols. (London, 1972 and 1974), II, p. 81.

36. S. A. Field, *Singapore Tragedy* (Auckland, 1944), p. 230.
37. B. Bond, *The Diaries of Lt. General Sir Henry Pownall*, II. p. 76.
38. J. D. Potter, *A Soldier Must Hang* (London, 1963), p. 84.
39. Y. Akashi, *Sixty Years*, p. 197.
40. A. E. Percival, *The War In Malaya* (London, 1949), p. 260.
41. I. Morrison, *Malayan Postscript* (London, 1942), p. 159.
42. M. Tsuji, *Singapore: The Japanese Version* (Sydney, 1960; reprinted Singapore, 1988), p. 60.
43. Y. Akashi, *Sixty Years On*, p. 195.
44. W. Churchill, *Second World War*, IV (London, 1951), pp. 87 – 88.
45. L. Allen, *Singapore 1941 – 1942* (1st Edition, London 1977; revised edition 1993).
46. L. Allen, *Singapore 1941 – 1942*, quoting Major C. H. D. Wild's "Note on the Capitulation of Singapore".
47. M. Tsuji, *Singapore: The Japanese Version*, p. 215.
48. H. Gordon Bennett, *Why Singapore Fell* (Sydney, 1944), p. 21.
49. Colonel Ian Stewart of the Argylls to Major-General Sir N. Malcolm, New Delhi, 14 November 1942, in CO 273/671, 50790.
50. Sir John Pratt, *War and Politics in China* (London, 1943; reprinted New York, 1971), p. 152.
51. M. Murfett, *Between Two Oceans*, p. 175.
52. M. Tsuji, *Singapore*, p. 269.

第六章　昭南：南方之光(1942－1945)

1. K. G. Tregonning, *The Singapore Cold Storage, 1903 – 1966* (Singapore, 1966).
2. M. Shinozaki, *My Wartime Experiences in Singapore* (Singapore, 1973), p. 14.
3. M. C. ff Sheppard, *The Malay Regiment, 1933 – 1947* (Kuala Lumpur, 1947); Foong Choon Hon (comp.), *The Price of Peace: True Accounts of the Japanese Occupation* (中文版, Singapore, 1995;英译本, by Clara Shaw,

Singapore, 1997).

4. A. J. Sweeting, "Prisoners of the Japanese", in L. Wigmore, *Australia in the War: The Japanese Thrust* (Canberra, 1957), p. 511.
5. F. A. Reel, *The Case of General Yamashita* (Chicago, 1949), p. 53.
6. P. H. Kratoska, *The Japanese Occupation of Malaya: A Social and Economic History* (London, 1998), p. 95.
7. K. Blackburn, "Memory of the Sook Ching Massacre and the Creation of the Civilian War Memorial of Singapore", *JMBRAS*, LXXIII, 2 (2000), pp. 71 - 90.
8. Chin Kee Onn, *Malaya Upside Down* (Singapore, 1946), p. 8.
9. M. Tsuji, *Singapore: The Japanese Version* (Sydney, 1960; reprinted Singapore, 1988), p. 175.
10. *Good Citizen's Guide* (Singapore, 1943), p. 4.
11. *Syonan Times*, 25 February 1942. 392
12. 同上, 25 April 1942.
13. He Wen-lit, *Syonan Interlude* (Singapore, 1992), pp. 131 - 133.
14. E. J. H. Corner, *The Marquis: A Tale of Syonan-to* (Singapore, 1981).
15. Jeyamalar Kathirithamby-Wells, *Nature and Nation: Forests and Development in Peninsular Malaysia* (Copenhagen and Singapore, 2005), pp. 233 - 234.
16. C. McCormac, *You'll Die in Singapore* (London, 1954). 该书是自传式的作品。他的故事也在 P. Brickhill, *Escape or Die* (London, 1952)中得到阐述。
17. Yap Pheng Geck, *Scholar, Banker, Gentleman, Soldier: The Reminiscences of Dr. Yap Pheng Geck* (Singapore, 1982). 转引自: Kratoska, *Japanese Occupation*, p. 101.
18. M. Shinozaki, *My Wartime Experiences in Singapore* (Singapore, 1973), p. 35.
19. Toru Takase, *Principles and Policies Governing towards the Chinese*, 19 April 1942;英译见: H. Benda et al., *Japanese Military Administration in Indonesia: Selected Documents* (New Haven, 1965).
20. *Good Citizen's Guide*, 3 March 1942, pp. 17 - 18.

21. Chin Kee Onn, *Malaya Upside Down*, p. 197.
22. 同上, p. 89.
23. 同上, p. 46.
24. Article by T. Fujimori of Propaganda Department Military Administration Singapore in *Syonan Times*, 5 September 1942.
25. M. Shinozaki, *Wartime Experiences*, p. 52.
26. H. E. Wilson, *Educational Policy and Performance in Singapore, 1942–1945* (Singapore, 1973).
27. T. R. Doraisamy (ed.), *150 Years of Education in Singapore* (Singapore, 1969), p. 45.
28. W. H. Elsbree, *Japan's Role in Southeast Asian Nationalist Movements, 1940–1945* (Harvard, 1953), p. 105.
29. Chin Kee Onn, *Malaya Upside Down*, p. 156.
30. P. Kratoska, *Japanese Occupation*, pp. 347–348.
31. Chin Kee Onn, *Malaya Upside Down*, p. 172.
32. Tan Thoon Lip, *Kempeitai Kindness* (Singapore, 1946), p. 81.
33. Tie Yi and Zhong Cheng, "An account of the Anti-Japanese War fought jointly by the British government and MPAJA", in Foong Choon Hon (comp.), *Price of Peace*, chap. 3.
34. D. Russell-Roberts, *Spotlight on Singapore* (London, 1965), p. 229.
35. Zhou Mei, *Elizabeth Choy: More than a War Heroine: A Biography* (Singapore, 1995); Elizabeth Choy, "A Shameful Past in Human Memory: A Verbal Account", in Foong Choon Hon (comp.), *Price of Peace*, chap. 14.
36. R. McKie, *The Heroes* (Sydney, 1960); B. Connell, *Return of the Tiger* (London, 1960); P. Thompson and R. Macklin, *Kill the Tiger* (Sydney, 2000).
37. 转引自：F. C. Jones, *Japan's New Order in East Asia: Its Rise and Fall, 1937–1945* (London, 1954), p. 383.
38. J. C. Lebra, *Jungle Alliance* (Singapore, 1971), p. 36.
39. A. C. Bose, *Indian Revolutionaries Abroad* (Patna, 1971).
40. M. K. Durrani, *The Sixth Column* (London, 1955), p. 74.

41. 转引自：Lebra, p. 118.
42. Supreme Allied Commander's Meetings, 4, 5, 27 February and 22 April 1945, WO 203/469.
43. Cheah Boon Kheng, *Red Star over Malaya: Resistance and Social Conflict during and after the Japanese Occupation of Malaya, 1941 - 1946* (Singapore, 1983; 2nd edition Singapore 1987), p. 141.

第七章　战争的后果(1945－1955)

1. C. A. Trocki, *Singapore: Wealth, Power and the Culture of Control* (London, 2006), p. 185.
2. A. J. Stockwell, "Colonial Planning during World War II: The Case of 393
Malaya", *Journal of Imperial and Commonwealth History*, II, 3 (May 1974), pp. 333 - 351; C. M. Turnbull, "British Planning for Postwar Malaya", *JSEAS*, V, 2 (1974), pp. 239 - 254.
3. 珊顿·托马斯于1936年回国休假期间，曾拜访殖民地事务部，这是当时该部对他此行所作的评论。
4. Albert Lau, *The Malayan Umon Controversy 1942 -1948* (Singapore, 1991), p. 39.
5. CO Memorandum, 28 July 1942, CO 825/35.
6. Colonial Office, "Future Constitutional Policy for British Colonial Territories in Southeast Asia", C. M. B. (44) 3 of 14 January 1944, CO 825/43.
7. 种族不平等可能会成为一个主要问题，这个事实要等到黑利爵士(Lord Hailey)才指出。他是研究非洲和印度的著名专家，殖民部战后问题委员会主席，但他并不是研究马来亚的专家。Hailey to Gent, 19 April 1943, CO 825/35, quoted in Lau, *Malayan Union*, p. 49.
8. Exchange of minutes, 30 November and 1 December 1943, CO 825/35 I.
9. Tan Cheng Lock, *Memorandum on the Future of British Malaya* (Bombay, 1943), and CO minute, 11 July 1945, CO/825/42A.
10. John Laycock, Tan Chin Tuan, Tunku Abu Bakar and Oliver Holt, *Memorandum on Proposals for Political Changes in Malaya* (Bombay, 1944); and CO minute, 29 July 1944, CO/825/42A.

11. Report on "Maintenance of Operations after the Capture of Singapore", Adv. H. O. ALFSEA 151/AQP, 11 June 1945, WO 203/888; War Office Plan, 26 June 1945, W0203/1105.
12. Supreme Allied Command South-East Asia to FO, 3 September 1945, CO 273/675.
13. Shenton Thomas, Memorandum, Formosa, 29 February 1944, CO 273/677; Thomas to Gent, 20 October 1945, and CO minutes CO 273/675.
14. Clementi, "Comments at meeting at the Colonial Office, February 1946, and Colonial Office, Notes for Guidance of Secretary of State at Meeting, February 1946", CO 273/676.
15. CO minutes, March 1943, CO 825/35 I.
16. "Constitutional Reconstruction in the Far East", 21 July 1943; and revised Colonial Office memorandum, 30 July 1943, CO 825/35 I.
17. C. M. Turnbull, *Dateline Singapore: 150 Years of The Straits Times* (Singapore, 1995), pp. 131 – 136.
18. McKerron and others, "Memorandum on Constitution for Singapore", 1 May 1945; McKerron to Gent, 30 November 1945; Hone to Gent, 5 December 1945, CO 273/675.
19. Sir Ralph Hone, "Papers Relating to the Military Administration of the Malayan Peninsula, 5 September 1945 – 1 April 1946", Rhodes House, MSS Brit. Emp. S 407/3; British Military Administration, *Singapore Advisory Council Proceedings*, 14 November and 12 December 1945 and January 1946.
20. F. S. V. Donnison, *British Military Administration in the Far East, 1943 – 1946* (London, 1956).
21. Colonial Office, *British Dependencies in the Far East*, 1945 – 1949, Cmd. 7709 (London, May 1949), p. 33.
22. 同上, p. 161.
23. A. Gilmour, *My Role in the Rehabilitation of Singapore: 1946 – 1953* (Singapore, 1973), p. 6.
24. C. Gamba, *The Origins of Trade Unionism in Malaya* (Singapore, 1962), p. 45.

25. T. Silcock and Ungku Aziz, "Nationalism in Malaya", in W. L. Holland (ed.), *Asian Nationalism and the West* (New York, 1953; reprinted New York, 1973), p. 300.

26. 新加坡的 United Engineers、Hume Pipe Company、Singapore Cold Storage、Wearne/Borneo Motors、Fraser & Neave Brewerise 和 Singapore Traction Company,以及雪兰莪煤炭山的 Malavan Collieries。

27. I. Ward, *The Killer They Called God* (Singapore, 1992). 394

28. Akashi Yoji, "General Yamashita Tomoyuki: Commander of the 25th Army", in B. Farrell and S. Hunter (eds.), *Sixty Years On: The Fall of Singapore Revisited* (Singapore, 2002), p. 199.

29. K. Blackburn, "Memory of the Sook Ching Massacre and the Creation of the Civilian War Memorial of Singapore", *JMBRAS*, LXXIII, 2 (2000), pp. 71 - 90.

30. Arthur Creech-Jones Papers, Rhodes House, MSS Brit. Emp. S 332, Box 26, File 11.

31. *Malayan Union and Singapore: Statement of Policy on Future Constitution*, Cmd. 6724 (London, January 1946).

32. New Democracy, 24 January 1946 (also *Chung Hwa* and *Sin Chew*, 24 January 1946), *Malayan Press Comment on the White Paper on Malayan Union*, *Special supplement to Malayan Press Digest* 1/MPD, 15/16, 2.

33. P. Hoalim, *The Malayan Democratic Union: Singapore's First Democratic Political Party* (Singapore, 1973).

34. Malayan Union, *Constitutional Proposals for Malaya: Summary of a Report of the Working Committee Appointed by a Conference of the Governor of Malayan Union, the Rulers and the Representatives of the United Malays National Organization* (Kuala Lumpur, 1946).

35. Albert Lau, *The Malayan Union Controversy 1942 -1948* (Singapore, 1991), p. 212, No. 3.

36. PUTERA and All-Malaya Council of Joint Action, *The People's Constitutional Proposals for Malaya* (Kuala Lumpur, November 1947).

37. Colonial Office, *British Dependencies*, pp. 30, 41. 婴儿死亡率在 1948 年为

80.79‰,1931 年为 191.3‰,1944 年为 285‰。

38. S. S. Awberry and F. W. Dalley, *Labour and Trades Union Organization in the Federation of Malaya and Singapore* (Kuala Lumpur, 1948), p. 27.
39. M. V. del Tufo, *A Report on the 1947 Census of Population* (London, 1949).
40. Department of Social Welfare, *A Social Survey of Singapore* (Singapore, 1947), pp. 114, 119 - 121.
41. Kernial Singh Sandhu, *Indians in Malaya* (Cambridge, 1969), p. 151.
42. Tan Chin Tuan,转引自: *ST*, 4 July 1947.
43. Yeo Kim Wah, *Political Development in Singapore 1945 - 1955* (Singapore, 1973), p. 103.
44. Department of Social Welfare, *A Social Survey of Singapore* (Singapore, 1947), p. 75.
45. 转引自: Colonial Office, *British Dependencies*, p. 35.
46. 这一论点在 D. D. Chelliah 的 *A History of the Educational Policy of the Straits Settlements* (Kuala Lumpur, 1947; 2nd edition, Singapore, 1960)一书中得到了有力的阐述。本书是在 1940 年提交给伦敦大学的一篇博士论文基础上写就的,后由马来亚联盟政府出版,对战后教育政策的规划产生了很大影响。
47. Singapore Advisory Council, *Education Policy in the Colony of Singapore: Ten Years' Programme* (Singapore, 1948), pp. 36 - 37, 40 - 42, 50.
48. 这所大学于 1958 年在吉隆坡设立了一所分校,1961 年,两校分立为各自独立的机构:马来亚大学(在吉隆坡)和新加坡大学。
49. Tan Ern Ser, "Balancing State Welfarism and Individual Responsibility: Singapore's CPF Model", in C. Jones Finer and P. Smyth (ed.), *Social Policy and the Commonwealth: Prospects for Social Inclusion* (Basingstoke, 2004), pp. 125 - 137.
50. F. C. Carnell, "Constitutional Reform and Elections in Malaya", *Pacific Affairs*, XXVII, 3 (1954), p. 219.
51. *Report of the Constitutional Commission* (The Rendel Report) (Singapore, 1954).
52. 在 D. Bloodworth 的 *The Tiger and the Trojan Horse* (Singapore, 1986;

reprinted Singapore, 2005)一书中得到了清晰的描述。

53. *Report of the Singapore Riots Inquiry Commission* (Singapore, 1951); Tom 395
Eames Hughes, *Tangled Worlds: The Story of Maria Hertogh* (Singapore, 1980); Haja Maideen, *The Nadra Tragedy: The Maria Hertogh Controversy* (Kuala Lumpur, 1989); C. M. Turnbull, *Dateline Singapore: 150 Years of the Straits Times* (Singapore, 1995).

54. Homer Cheng, "The Network of Singapore Societies", *Journal of the South Seas Society*, VI, 2 (1950), p. 12; Sikko Visscher, *The Business of Politics and Ethnicity: A History of the Singapore Chinese Chamber of Commerce and Industry* (Singapore, 2007).

55. 转引自: Yeo Kim Wah, *Political Development in Singapore, 1945 - 1955* (Singapore, 1973), p. 161.

56. Melanie Chew, *Leaders of Singapore* (Singapore, 1997), pp. 19 - 22.

57. Colonial Office, *Organization of the Colonial Service*, Cmd. 197 of 1946 (London, 1946).

58. Lam Peng Er and Kevin Tan (eds.), *Lee's Lieutenants: Singapore's Old Guard* (London, 1999); Tan Jing Quee and K. S. Jomo (eds.), *Comet in Our Sky: Lim Chin Siong in History* (Kuala Lumpur, 2001).

59. D. N. Pritt, *Autobiography, Vol. III. The Defence Accuses* (London, 1966).

60. Goh Keng Swee, *Urban Income and Housing* (Singapore, 1954).

61. K. S. Jomo, in Tan and Jomo (eds.), *Comet in our Sky*, p. ix.

62. J. Drysdale, *Singapore: The Struggle for Success* (Singapore, 1984), p. 95.

63. Melanie Chew, *Leaders of Singapore*, p. 86.

第八章 通往"默迪卡"之路(1955 - 1965)

1. People's Action Party, *The Tasks Ahead* (Singapore, 1959), p. 6.

2. *ST*, 29 March 1955.

3. 实际上是马来统一联盟,为巫统和马来亚华人公会组成的议会联盟。

4. Tan Jing Quee and K. S. Jomo (eds.), *Comet in Our Sky: Lim Chin Siong in History* (Singapore, 2001).

5. Lee Kuan Yew, *The Singapore Story: Memoirs of Lee Kuan Yew* (Singapore, 1998), p. 184.
6. Sit Yin Fong, *I Stomped the Hot Beat* (Singapore, 1991), pp. 104 - 123, gives a graphic eyewitness report.
7. Singapore Legislative Assembly, *Report of the All Party Mission to London, April/May 1956*, Cmd. 31 of 1956 (Singapore, 1956).
8. Singapore Legislative Assembly, *Report of the All Party Committee of the Singapore Legislative Assembly on Chinese Education*, Cmd. 9 of 1956 (Singapore, 1956).
9. Singapore Legislative Assembly, *White Paper on Education Policy*, Cmd. 15 of 1956 (Singapore, 1956).
10. Singapore Legislative Assembly, *Singapore Chinese Middle Schools Students Union*, sessional papers, Cmd. 53 of 1956 (Singapore, 1956).
11. Singapore Legislative Assembly, *Singapore Constitutional Conference, March/April 1957* (Singapore, 1957).
12. Singapore Legislative Assembly, *The Communist Threat in Singapore*, Sessional Cmd. Paper No. 33 of 1957 (Singapore, 1957).
13. Ministry of Education, *First Triennial Survey of Education*, 1955 - 1957 (Singapore, 1959).
14. Great Britain, *State of Singapore Act 1958*, Chapter 59, 6 & 7 Eliz. II (London, 1958); *Singapore (Constitution) Order in Council*, laid before Parliament 27 November 1958, Gazette Supplement No. 81 of 27 November 1958 (Singapore, 1958). 另见: Creech-Jones Papers, Rhodes House, MSS. Brit. Emp. S 332, Box 26, File 11.
15. Great Britain, *Exchange of Letters on Internal Security Council of Singapore*, Cmd. 620 of 1958 (London, 1958).

396 16. Singapore Legislative Council, *Report on the Reform of Local Government* by L. C. Hill, November 1951 (Singapore, 1952).

17. Singapore Legislative Assembly, *Report of the Committee on Local Government* (the McNeice Report) (Singapore, 1956).
18. Lim Choon Meng (Liberal Socialist) in *Singapore Legislative Assembly*

Proceedings (Singapore, 1956 - 7), Vol. 2, Col. 2452.

19. Melanie Chew, *Leaders of Singapore* (Singapore, 1996), p. 86.

20. Singapore, *Minutes of City Council Proceedings*, 30 July 1958.

21. W. A. Hanna, *Sequel to Colonialism* (New York, 1965), p. 31.

22. Toh Chin Chye in People's Action Party, *The Tasks Ahead*, February 1959, p. 2.

23. 同上, April 1959, pp. 8 - 9; Goh Keng Swee in People's Action Party, *The Tasks Ahead*, March 1959, p. 19.

24. 关于选举的详细评论,见: Ong Chit Chung, "The 1959 Singapore General Election", *JSEAS*, VI, 1 (1975), pp. 61 - 86.

25. F. Thomas, *Memoirs of a Migrant* (Singapore, 1972), p. 99.

26. J. B. Perry Robinson, *Transformation in Malaya* (London, 1956), p. 66.

27. S. Rajaratnam, *The Tasks Ahead*, April 1959, p. 12.

28. Singapore Ministry of Culture, *The Socialist Solution: An Analysis of Current Political Forces in Singapore* (Singapore, 1960).

29. People's Action Party, *Sixth Anniversary Celebration Souvenir* (Singapore, 1960).

30. 奥斯曼渥,记者、工会积极分子、内阁部长、外交家、商人。1924 年生于新加坡,在莱佛士书院接受教育,曾任《马来前锋报》记者,1963 年任国会议员,1963 — 1977 年任社会事务部部长,后出任新加坡驻印度尼西亚大使。

31. International Bank for Reconstruction and Development, *The Economic Development of Malaya* (Singapore, 1955), p. 28.

32. Lee Kuan Yew, *The Tasks Ahead*, March 1959, p. 24.

33. *Straits Budget*, 21 November 1962.

34. Lee Kuan Yew, *The Singapore Story: Memoirs of Lee Kuan Yew* (Singapore, 1998), p. 373.

35. 同上。

36. 舍科克爵士写给作者的信,1973 年 12 月 12 日。

37. D. Bloodworth, *The Tiger and the Trojan Horse* (Singapore, 1986 and 2005), p. 243.

38. Pang Cheng Lian, *The People's Action Party* (Singapore, 1971), p. 15.

39. Singapore government, *Comments on the Memorandum by Nineteen Singapore Opposition Assemblymen to the United Nations Committee on Colonialism* (Singapore, 1962).

40. Ministry of Finance, *State of Singapore Development Plan, 1961 - 1964* (Singapore, 1961).

41. 韩瑞生(1916—1983),生于霹雳,以优异的成绩毕业于莱佛士学院;1938年成为海峡殖民地公务员;第二次世界大战后出任土地专员;1961—1968年任经济发展局局长;1968—1970年任新加坡发展银行行长;1970—1983年任财政部长。

42. Economic Development Board, *The Jurong Story* (Singapore, 1967).

43. 谢赫·阿扎哈里·本·谢赫·马哈穆德(1928—2002),阿拉伯裔马来人,生于纳闽,在爪哇接受教育,曾参与反对荷兰殖民政权的斗争,文莱人民党领袖。

44. Said Zahari, *Dark Clouds at Dawn: A Political Memoir* (Kuala Lumpur, 2001).

45. Singapore Legislative Assembly, *Malaysia Agreement Concluded between the U. K., Federation of Malaya, North Borneo, Sarawak and Singapore*, Cmd. paper 24 of 1963 presented to Legislative Assembly, 30 July 1963 (Singapore, 1963); *Malaysia Agreement: Exchange of Letters between Prime Minister and Ministers of Singapore, Deputy Prime Minister and Ministers Federation and British Colonial Office*, Misc. 5 of 1963, presented to Singapore Legislative Assembly by Prime Minister, 26 July 1963.

397 46. *Malaysia Act No. 26 of 1963* (Kuala Lumpur, 1963); *Sabah, Sarawak and Singapore (State Constitutions) Order in Council*, 29 August 1963; *State of Singapore Government Gazette, Subsidiary Legislation Supplement*, 16 September 1963, No. 1493 Malaysia.

47. 相关讨论见:Wang Gungwu, "Traditional Leadership in a New Nation: The Chinese in Malaya and Singapore", in G. Wijeyewardene (ed.), *Symposium on Leadership and Authority* (Singapore, 1968), pp. 209 - 226;以及 S. T. Alisjahbana (ed.), *The Cultural Problems of Malaysia in the Context of Southeast Asia* (Kuala Lumpur, 1966).

48. Colony of Singapore, *Report on the Reform of Local Government* (Singapore,

1952).

49. 林金山(1916－2006),生于新加坡,在英华男校和莱佛士学院接受教育。商人,银行行长。1960 年受命掌管建屋发展局;1963－1981 年任国会议员;1963－1965 年任国内发展部部长;1965－1967 年任财政部部长;1967－1970 年任内政部暨防务部部长;1971－1978 年任公共事业局局长;1979－1994 年任新加坡港务局局长;1988－2002 年任新加坡报业控股有限公司董事长;1992－2003 年任总统顾问委员会主席。2006 年 7 月在新加坡去世。

50. Singapore Legislative Assembly, *Report of the Select Committee on the Women's Charter Bill* (the Oehlers Report), L. A. 16 of 1960 (Singapore, 1960).

51. 陈翠嫦(1934－1981),1957 年任人民行动党市议员,1959－1970 年任人民行动党国会议员。1981 年在车祸中丧生。她是王邦文之妻。

52. Ministry of Finance, *State of Singapore First Development Plan, 1961 - 1964, Review of Progress for the Three Years Ending 31 December 1963* (Singapore, 1964).

53. F. L. Starner, "The Singapore 1961 Elections", in K. J. Ratnam and R. S. Milne, *The Malayan Parliamentary Election of 1964* (Singapore, 1967).

54. International Bank for Reconstruction and Development, *Report on the Economic Aspects of Malaysia* (Rueff Report) (Kuala Lumpur, July 1963) supported the proposed common market.

55. *ST*, 23 May 1963.

56. *ST*, 10 September 1961; Tun Abdul Razak was then Deputy Prime Minister of Malaysia.

57. *Sunday Times*, 15 March 1964.

58. Singapore Ministry of Culture, *The Socialist Solution* (Singapore, 1960).

59. *ST*, 8 March 1965.

60. 当代的评论见: M. Leifer, "Singapore in Malaysia: The Politics of Federation", *JSEAH*, VI, 2 (1965), pp. 54 - 70; and P. Boyce, "Policy without Authority: Singapore's External Affairs Power", *JSEAH*, VI, 2 (1965), pp. 87 - 103.

61. See W. A. Hanna, "Go-ahead at Goh's Folly", *American Universities Field*

Staff Inc., *Southeast Asia Series*, XII, 3 (New York, 1964) for these difficult early years.

62. Colony of Singapore, *Information on Singapore for 1949 transmitted to the United Nations* (Singapore, 1949).
63. *Straits Budget*, 1 November 1964.
64. Lee Kuan Yew, *The Singapore Story*, p. 551.
65. 转引自: C. M. Turnbull, *Dateline Singapore* (Singapore, 1995), p. 255.
66. Lee Kuan Yew, *The Singapore Story*, p. 572.
67. *ST*, 22 May 1965.
68. *ST*, 2 and 3 June 1965.
69. Harold Wilson, *The Labour Government*, *1964 - 1970* (London, 1971), p. 131.
70. Lee Kuan Yew, *The Singapore Story*, p. 625.
71. 转引自: Albert Lau, *A Moment of Anguish: Singapore in Malaysia and the Politics of Disengagement* (Singapore, 1998), p. 257.
72. *Independence of Singapore Agreement in Singapore Government Gazette Extraordinary*, VIII, No. 66, 9 August 1965.

398 73. Lee Kuan Yew, *The Singapore Story*, p. 653.

74. *Sunday Times*, 8 August 1965.
75. C. M. Turnbull, *Dateline Singapore*, p. 258.
76. Patrick Keith, Ousted! An Insider's Story of the Ties that Failed (Singapore, 2005), pp. 190 - 191.

第九章　新生的国家(1965 - 1990)

1. State of Singapore, *Comments of the Singapore Government on the Memorandum by Nineteen Singapore Opposition Assemblymen to the United Nations Committee on Colonialism* (Singapore, 1962).
2. *ST*, 25 May 1965.
3. Melanie Chew, *Leaders of Singapore* (Singapore, 1996), p. 97.
4. Harold Wilson, *The Labour Government 1964 - 1970: A Personal Record* (London, 1971), p. 131.

5. ST editorial, 11 August 1965, quoted in C. M. Turnbull, *Dateline Singapore: 150 Years of the Straits Times* (Singapore, 1995), p. 261.
6. Felix Abisheganaden, *Sunday Times*, 15 August 1965.
7. Lee Kuan Yew, *Singapore Parliamentary Debates*, Vol. 24, 14 December 1965.
8. 详述可见：Lau Teik Soon, "Malaysia-Singapore Relations: Crisis of Adjustment, 1965 – 1968", *JSEAH*, *X*, 1 (1969), pp. 155 – 176;相关背景可见：R. S. Milne, "Singapore's Exit from Malaysia: The Consequences of Ambiguity", *Asian Survey*, VI, 3 (1966), pp. 175 – 184.
9. *ST*, 20 October 1965.
10. *Utusan Melayu*, 20 March 1967.
11. G. Alexander, *Silent Invasion: The Chinese in Southeast Asia* (London, 1973), p. 214; reprinted as *The Invisible China* (New York, 1974).
12. M. Leifer, *Singapore's Foreign Policy: Coping with Vulnerability* (London & New York, 2000), p. 8.
13. 当时的相关信息和评论可见：H. Hughes and You Poh Seng (eds.), *Foreign Investment and Industrialization in Singapore* (Canberra and Wisconsin, 1969); P. I. Drake, *Financing Development in Malaya and Singapore* (Canberra, 1969); Economic Development Board, *The Jurong Story* (Singapore, 1967).
14. 这个当时还很新的论题在 Stephen Fitzgerald 的 *China and the Overseas Chinese: A Study of Peking's Changing Policy, 1949 – 1970* (Cambridge, 1970)一书中得到了阐述。
15. Singapore Constitution 1966, *Republic of Singapore Government Gazette Reprints Supplement (Acts)*, No. 14, March 1966.
16. M. H. Murfett, J. N. Miksic, B. P. Farrell, and Chiang Ming Shun, *Between Two Oceans: A Military History of Singapore from First Settlement to Final British Withdrawal* (Oxford, 1999), p. 291.
17. K. Hack, *Defence and Decolonization in Southern Asia: Britain, Malaya and Singapore 1941 – 1968* (London, 2001), p. 259.
18. ANZAM 指澳大利亚、新西兰和马来亚。

19. Ministry of Defence, *Defence: Outline of a Policy*, Cmnd. 124 of 1957, April 1957.
20. Ministry of Defence, *Report on Defence: Britain's Contribution to Peace and Security*, Cmnd. 363, February 1958.
21. Ministry of Defence, *Report on Defence, 1960*, Cmnd. 952, February 1960.
22. Ministry of Defence, *Statement on Defence: the Next Five Years*, Cmnd. 1639, February 1962.
23. Ministry of Defence, *Statement on Defence 1963*, Cmnd. 1936, February 1963.
24. Ministry of Defence, *Defence Statement 1964*, Cmnd. 2270, February 1964.
25. Murfett, Miksic, Farrell and Chiang, *Between Two Oceans*, p. 316.
26. Ministry of Defence, *Statement on Defence Estimates 1965*, Cmnd. 2592, February 1965.

399 27. 同上, February 1965.

28. Ministry of Defence, *Statement on the Defence Estimates 1966: Part I The Defence Review*, Cmnd. 2901, February 1966.
29. Ministry of Defence, *Statement on Defence Estimates 1966: Part II Defence Estimates 1966 -1967*, Cmnd. 2902, February 1966.
30. Ministry of Defence, *Supplementary Statement on Defence Policy 1967, Part I*, Cmnd. 3357, July 1967.
31. Murfett, Miksic, Farrell and Chiang, *Between Two Oceans*, p. 315.
32. Ministry of Defence, *Statement on the Defence Estimates 1967* Cmnd 3203, February 1967.
33. Murfett, Miksic, Farrell and Chiang, *Between Two Oceans*, p. 319.
34. 同上, p. 322.
35. Melanie Chew, *Leaders of Singapore* (Singapore, 1996), p. 142.
36. Tim Huxley, *Defending the Lion City The Armed Forces of Singapore* (Sydney, 2000), p. 9.
37. Murfett, Miksic, Farrell and Chiang, *Between Two Oceans*, p. 318.
38. Cmnd. 3515, 16 January 1968.
39. Ministry of Defence, *Statement on the Defence Estimates, 1968 -69*, Cmnd.

3540, February 1968.

40. Murfett, Miksic, Farrell and Chiang, *Between Two Oceans*, p. 323.

41. A. Josey, *Lee Kuan Yew in London* (Singapore, 1968).

42. 韩瑞生(1916－1983),生于霹雳;1938年毕业于莱佛士学院;后进入海峡殖民地公务部门;1961－1968年任经济发展局第一任局长;1968－1970年任新加坡发展银行行长;1970－1983年任财政部长。

43. Ministry of Defence, *Defence Estimates 1970*, Cmnd. 4290, February 1970.

44. Yang Di-Pertuan Negara's opening speech, 8 December 1965, *Singapore Parliamentary Debates*, Vol. 24.

45. 工业界和政界演讲文本见: A. Josey, *Labour Laws in a Changing Singapore* (Singapore, 1968); 另见 W. E. Chalmers 的 *Crucial Issues in Industrial Relations in Singapore* (Singapore, 1967)一书以了解当时的背景。

46. Chiang Hai Ding, "*The Early Shipping Conference System of Singapore*, 1897-1911", *JSEAH*, X, 1 (1969), pp. 50-68.

47. *Financial Times*, London, 1 October 1973.

48. Murfett, Miksic, Farrell and Chiang, *Between Two Oceans*, p. 324.

49. Ministry of Defence, *Supplementary Statement on Defence Policy 1971*, Cmnd. 4521, October 1970.

50. Ministry of Defence, *Statement on the Defence Estimates 1971*, Cmnd. 4592, February 1971.

51. Ministry of Defence, *Statement on the Defence Estimates 1995*, Cmnd. 5976, March 1975; Ministry of Defence, *Statement on the Defence Estimates 1976*, Cmnd. 6432, March 1976.

52. *New Nation*, 1 November 1971.

53. Yong Nyuk Lin, April 1959, People's Action Party, *The Tasks Ahead* (Singapore, 1959), p. 2.

54. Lee Kuan Yew, *New Bearings in Our Education System* (Singapore, 1966).

55. Singapore Legislative Assembly, *Commission of Inquiry into Education* (*final report*) (Lim Tay Boh Report), Cmd. 8 of 1964 (Singapore, 1964).

56. 王邦文,生于吉隆坡;先后在华文小学、尊孔中学、以英语教学的美以美男校和以英语教学的马来亚大学(在新加坡)就读,获文学学士学位;1959－1984年为人民行动党国会议员；1959－1963年任内务部部长；1963－1970年任教育部部长；1970－1980年任劳工部部长；1980－1984年任环境部部长；1984年退出政坛。其妻为陈翠嫦(1959－1970年为国会议员)。

400 57. Lee Kuan Yew，转引自：*The Asian*，19 November 1972.

58. Chan Kwok Bun and Tong Chee Kiong (eds.)，*Past Times: A Social History of Singapore* (Singapore, 2003).

59. Johnny Sung, *Explaining the Economic Success of Singapore: The Development Worker as the Missing Link* (Cheltenham, UK, 2006).

60. Goh Keng Swee in speech to annual meeting, International Monetary Fund and World Bank, Washington, October 1969.

61. *The Mirror*, Vol. 12, No. 27, 4 July 1977.

62. Chan Heng Chee, *Singapore: The Politics of Survival, 1965 – 1967* (Singapore, 1971).

63. *Report of The Constitutional Commission* (Singapore, August 1966).

64. *ST*, 18 March 1967, Editorial comment.

65. Constitution (Amendment) Act No. 19 of 1969.

66. Chan Heng Chee, *Politics in an Administration State: Where has the Politics Gone?* (Singapore, 1975).

67. Seah Chee Meow, *Community Centres in Singapore: Their Political Involvement* (Singapore, 1974).

68. Yang Di-Pertuan's speech, 8 December 1965, *Singapore Parliamentary Debates*, Vol. 24.

69. Lee Kuan Yew at the International Press Institute, Helsinki, 9 June 1971.

70. Editorial："A Lot of Room"，*ST*, 20 November 1972.

71. Simmons to Harry Miller, 13 February 1975 (Singapore Press Holdings archives, LJH Box 3), quoted in C. M. Turnbull, *Dateline Singapore: 150 Years of the Straits Times* (Singapore, 1995), p. 301.

72. Tisa Ng and Lily Tan, *Ong Teng Cheong: Planner, Politician, President* (Singapore, 2005).

73. Singapore National Trades Union Congress, *Why Labour Must Go Modern* (Singapore, 1970); Singapore National Trades Union Congress, *Towards*

Tomorrow (Singapore, 1973).

74. Lee Kuan Yew at Rural East District Citizens' Consultative Committee, reported in *New Nation*, 7 September 1971.
75. A. Josey, *The Singapore General Elections 1972* (Singapore, 1972) gives a detailed, pro-PAP account.
76. Lee Kuan Yew, *The Battle for Merger* (Singapore, 1961), p. 166.
77. *The Asian*, 20 August 1972.
78. Goh Keng Swee, speech, *The Mirror*, Vol. 13, No. 27, 4 July 1977.
79. 是 Iain Buchanan 充满争议性的 *Singapore in Southeast Asia* (London, 1972) 一书的论题。
80. S. Rajaratnam, *Malaysia and the Changing Patterns of World Politics* (Singapore, 1964).
81. S. Rajaratnam, *The Asian*, 20 August 1972.
82. 文莱在 1984 年成为东盟的成员国,越南于 1995 年、缅甸和老挝于 1997 年、柬埔寨于 1999 年加入。
83. Author's interview with Thanat Khoman, 17 February 1983.
84. *The Asian*, 10 December 1972.
85. Statement read in Colombo, 18 August 1976, in *The Mirror*, Vol. 12, No. 35, 30 August 1976.
86. Government of Singapore, *Ministry of Foreign Affairs*, *Havana and New Delhi: What's the Difference?* (Singapore, 1983); Singapore delegate's speech at Non-Aligned Movement Conference in Cuba, September 1988.
87. *Singapore Bulletin*, Vol. 15, No. 13, September 1987.
88. *The Mirror*, Vol. 18, No. 4, 15 February 1982.
89. Singapore Bulletin, Vol. 13, No. 12, August 1985.

第十章　新的卫士(1990－2005)

1. Goh Chok Tong interview, *The International Herald Tribune*, 12 November 1990.
2. Chew Soo Beng, *Fishermen in Flats* (Melbourne, 1982).
3. 详见: Hadijah Rahmat, *Portraits of a Nation — British Legacy on the* 401

Malay Settlement in Singapore (Singapore, 2007), pp. 16 - 19.

4. Lee Hsien Loong, "The National Identity — a direction and identity for Singapore", 11 January 1989, *Speeches*, XIII, 1 (January - February 1989), p. 29.
5. Government of Singapore, *The Next Lap* (Singapore, February 1991), p. 159.
6. 杨荣文,1954 年生于新加坡;获得总统奖学金和新加坡武装部队奖学金,先后在剑桥和哈佛深造;1985 - 1988 年加入新加坡武装部队,准将;1988 年辞去军职进入国会;1988 - 1990 年任财政和外交事务政务部长;此后担任过多个内阁职务,如信息和艺术部部长、卫生部部长、贸工部部长和外交部部长;1991 - 2000年为人民行动党青年派主席。
7. 许通美,1937 年生于新加坡;先后就学于马来亚大学、哈佛大学和剑桥大学;1962 - 1974 年为新加坡大学的法学教员;1977 年起为新加坡国立大学法学教授;1968 - 1971 年和 1974 - 1984 年为新加坡常驻联合国代表;1984 - 1990 年任新加坡驻美大使;1990 - 1997 年和 2000 - 2004 年,任政策研究院院长;1991 - 1996 年任国立艺术委员会主席;1990 年至今任巡回大使。
8. *South China Morning Post*, 31 July 1991.
9. 刘程强,生于 1956 年;接受华语和英语教育,1980 年在南洋大学获学士学位;1981 年在国立新加坡大学获学士学位;1982 年获教育学院专科文凭。教师,商人。1982 年加入工人党;1991 年进入国会;1997 年、2001 年和 2006 年再次当选国会议员;2001 年至今任工人党秘书长。
10. 王鼎昌(1936 - 2002),建筑师,城市规划师。祖籍福建,其祖父是陈嘉庚的橡胶厂里的一位经理,父亲是殖民地官员;先后就学于华侨中学、阿德莱德技术学校、阿德莱德大学和利物浦大学。1967 - 1971 年在新加坡邦城规划公司工作;1972 年加入人民行动党;1975 年出任交通部政务部长;1978 年任交通部部长,1980 年兼劳工部长;1983 - 1993 年任全国职工总会主席;1985 - 1993 年任第二副总理;1993 - 1998 年任总统。
11. Lisa Ng and Lily Tan, *Ong Teng Cheong: Planner, Politician, President* (Singapore, 2005).
12. 温长明,1956 年生于新加坡;先后就学于国立新加坡大学和剑桥大学。1988 -1995 年为国立新加坡大学法学教授;1995 - 1997 年任总统及总统顾问委员会法律顾问;1992 - 1996 年为官委议员;1998 - 2006 年先后出任新加坡驻德国、比利时大使;2007 年出任总检察长。

13. 苏英医生,整形外科医生,1942 年生于印度,1952 年来到新加坡;毕业于国立新加坡大学,后赴澳大利亚深造;曾担任政府顾问医生,后私人执业。1985 年成为妇女行动与研究协会创始会员,1991 － 1993 年担任该会会长;1992 － 1996 年连任两届官委议员;为国际助老协会(总部在伦敦)的执委会委员及董事会成员。

14. *International Herald Tribune*, 12 November 1990.

15. K. Hewison, R. Robison and G. Rodan (eds.), *Southeast Asia in the 1990s: Authoritarianism, Democracy and Capitlaism* (St. Leonards, NSW, 1993), p. 87.

16. Lee Kuan Yew, *From Third World to the First: The Story of Singapore 1965 -2000: Memoirs of Lee Kuan Yew* (Singapore, 2000), p. 223.

17. 1968 － 1971 年和 1974 － 1984 年为新加坡常驻联合国代表;1984 － 1990 年任新加坡驻美大使;1980 － 1982 年为联合国海事法会议主席,还出任过其他一些联合国职位。

18. 陈庆珠,先后就学于新加坡大学和康奈尔大学;曾任东南亚研究院院长;政策研究院首任创始院长;1989 － 1991 年任新加坡常驻联合国代表;从 1996 年起担任新加坡驻美大使。

19. 余柱业于 1995 年在新加坡去世。 402

20. Lee Kuan Yew, *From Third World to First: The Singapore Story, 1965 - 2000: Memoirs of Lee Kuan Yew* (Singapore, 2000), pp. 138 - 139.

21. Preface to Chee Soon Juan, *Dare to Change: An Alternative Vision for Singapore* (Singapore Democratic Party, Singapore, 1994).

22. 选举产生的国会议席数已增至 84 个,其中 47 个无人竞争。

23. 有关此次选举及其结果,见: Derek da Cunha, *The Price of Victory: The 1997 Singapore General Election* (Singapore, 1997).

24. Lee Kuan Yew, *Third World to First*, p. 148.

25. E. Kay Gillis, *Singapore Civil Society and British Power* (Singapore, 2005).

26. AWARE, *Small Steps, Giant Leaps: A History of AWARE and the Women's Movement in Singapore* (Singapore, 2007).

27. 即不再有资格接受国际援助的国家。

28. 纳丹,1924 年生于新加坡;1954 年毕业于马来亚大学(新加坡),获社会研究文凭。1955－1982年进入新加坡公务部门(1971－1979年任国防部常任秘书,1979－1982年任外交部常任秘书);1982－1988年任《海峡时报》集团执行主席;1988－1990年任新加坡驻马来西亚大使;1990－1996年任驻美大使;1996－1999年任巡回大使;1999年至今任新加坡共和国总统。

29. 它原为马来亚自然学会(成立于1954年)的一个分会,1991年改为(新加坡)自然学会。

30. 倪敏,眼科医生;毕业于国立新加坡大学,是李光前的外孙女;2000年起担任自然学会会长;2004年出任官委议员。

31. 简丽中,香港大学学士,柏克利大学博士;1971年任新加坡大学讲师。1984－2001年为国会议员;1988－2004年任人民行动党女性支部的创始会员和主席;1990年任政务部长;1995年任高级政务部长;建屋发展局局长。

32. Cherian George, *Contentious Journalism and the Internet: Towards Democratic Discourse in Malaysia and Singapore* (Singapore, 2006), p. 42.

33. 是C. George的*Contentious Journalism*一书的论题。

34. C. George, *Singapore: The Air-Conditioned Nation* (Singapore, 2000), p. 38.

35. 这个词是印度尼西亚总统哈比比在1999年说的,明显带着轻蔑的意味,但新加坡却愉快地加以采纳,它还用在了Tommy Koh and Chang Li Lin (eds.)的*The Little Red Dot: Reflections by Singapore's Diplomats* (Singapore, 2005)一书的标题里。

36. G. Rodan in Hewison, Robison and Rodan (eds.), *Southeast Asia in the 1990s*, p. 77.

37. 例如: C. A. Trocki, *Singapore: Wealth, Power and the Culture of Control* (New York, 2005).

38. 比如这本令人深有启发的文集: M. D. Barr and C. A. Trocki (eds.), *Paths Not Taken: Political Pluralism in Postwar Singapore* (Singapore, 2008).

39. 转引自: Han Fook Kwang, Warren Fernandez and Sumiko Tan (eds.), *Lee Kuan Yew: The Man and his Ideas* (Singapore, 1998).

40. C. George, *Air-Conditioned Nation*, p. 45.

41. 转引自: Chapter 9, p. 325.

42. Lee Kuan Yew, *Third World to First*, pp. 741－743.

43. 除了1957年间一段非常短暂的时期,这段时期极左翼掌权。

进一步阅读书目

这份书单并没有收录所有相关著作，只是引导读者阅读有关新加坡的主要档案文献和英语出版物，包括当时的一些描述、学术著作(往往列有非常多的参考文献)和有关某个特定问题的文章。所引用的其他文献可以参见"注释"部分。另可参见 Tim Yap Fuan et al. (comp.), *A Sense of History: A Select Bibliography on the History of Singapore* (Singapore, 1998; Internet ed., 2002)。

官方文献

与新加坡历史有关的官方档案主要保存在 National Archives of Singapore；伦敦的 The National Archives (旧名 the Public Record Office)和 the British Library；以及新德里的 the National Archives of India。

National Archives of Singapore(NAS)成立于 1968 年，是新加坡保存公共档案的官方机构，但同时也保存了一些私人文献。没有经过分类的官方文献一般在 25 年后就可以解密公开，但分过类的文献要求的保密期更长。NAS 还保存了殖民时期的档案。大多数第二次世界大战之前的官方文献都在太平洋战争期间毁掉了，但 1867 年之前的文献是个例外。这批关于新加坡隶属于印度管制时期的文献在日据期间保存在 Raffles Museum 中。通过一项收购计划，NAS 从澳大利亚、英国、美国和日本得到了一批与新加坡有关的资料的复本。

NAS 后来合并了 1979 年成立的 the Oral History Department。这个机构持续进行着一个访谈项目，已经收集了大量的磁带和整理文稿。参见 NAS, *Memories and*

Reflections: The Singapore Experience — Documenting a Nation's History through Oral History (1st ed. 1988/1992; 2nd ed. 2007)。

NAS还出版了 *A Guide to the Sources of History in Singapore*, 2 vols. (Singapore, 1991),以及一系列与展览配套的精美配图出版物,比如 *Road to Nationhood: Singapore 1819 –1980* (Singapore, 1984)。

位于伦敦克佑区的 The National Archives (TNA) (of the United Kingdom) (原名 the Public Record Office)所藏关于新加坡的官方文献最丰富的是关于 1867 年(这一年海峡殖民地成为王室直辖殖民地)一直到 1965 年新加坡独立这段时期,另外关于此后若干年直至 20 世纪 70 年代英国从新加坡撤出驻军为止这一段时期的文献也不少。其中大量文献都由 the British Documents on the End of Empire Project (BDEEP)进行了整理翻印。A 系列中的五卷都是关于大英帝国的总体政策的,为研究提供了很有价值的背景材料,尤其值得关注的是 B 系列(各国分述系列)中专门收录与马来亚(马来西亚)有关资料的两卷: Series B, Vol. 3 (见第三部分), A. J. Stockwell (ed.), *Malaya* (HMSO London, 1995),主要涵盖了 1942 年至 1957 年马来西亚独立这段时期,以及 Series B, Vol. 8, A. J. Stockwell (ed.), Malaysia (HMSO, London, 2004)。

The British Library (BL)藏有大量私人文献(比如克劳弗德和莱佛士的)。BL 的 Oriental and India Office Collections 藏有最多的新加坡拓殖地 1867 年之前受印度管辖时期的官方文献。这批文献比 NAS 所藏的同时期文献更加完整,因为 NAS 的那些文件受到天气和虫害的影响有所损耗。

东印度公司及印度事务署管辖时期(1867 年前)的会议和磋商记录还可以在新德里的 the National Archives 找到。

The US National Archives and Records、US Army Center of Military History Records 保存有美国军事情报局(US Military Intelligence)翻译的关于马来亚战役和马来亚独立的日文专著、个人陈述和其他一些记录。

议会记录

新加坡

除了日据时期和刚解放的头几个星期外,委员会、集会或议会记录都很完整,比如:

- Straits Settlements Executive Council and Legislative Council Proceedings, 1867 – 1941.
- British Military Administration Advisory Council Proceedings, November 1945 – March 1946.
- Singapore Advisory Council, Public Sessions, 1946 – 1948.
- Singapore Legislative Council Proceedings, 1948 – 1955.
- Singapore Legislative Assembly Proceedings, 1955 – 1965.
- Singapore Parliamentary Debates, 1965 onwards.

英国

与新加坡有关的议会会议记录有 Hansard's Parliamentary Debates, British Parliamentary Accounts and Papers,以及 British Sessional Papers 中的部分。

印度

在 19 世纪 50—60 年代间,有关新加坡某些事务的讨论会出现在以下会议记录中: the Proceedings of the Legislative Council of India, 1854 – 1861 (1st series) 以及 1862 – 1867 (2nd series)。

私人文献

除了 NAS, TNA 和 BL 之外,关于新加坡的私人文献收藏最多的就数 the Royal Commonwealth Society Library 了,它现在隶属于 Cambridge University Library。另外还有牛津的 Rhodes House (Bodleian) Library。关于西方基督教传教团的文献,大多数英国传教团的文献都藏在伦敦的 the School of Oriental and African Studies,美国传教团的档案则主要在哈佛大学、纽约和费城的 the United Mission Library。其他一些相关的私人文献还可以在别的地方找到,比如吉隆坡的 Arkib Negara、the Churchill Archives Centre (Churchill College, Cambridge)、Durham University (the Malcolm MacDonald papers)以及 Murdoch University, Western Australia (the Peet Collection)。参见 James F. Warren, *A Guide to the George L. Peet Collection on Singapore and Malaysia* (Perth, 1986)。

报纸

主要可查阅的英语出版物有：

- *Malaya Tribune*, Singapore, 1914－1951.
- *Singapore Chronicle*, Singapore, 1824－1837.
- *Singapore Free Press*, Singapore, 1st ser. 1835－1869; 2nd ser. 1884－1962 (1962 年并入 *Malay Mail*).
- *Singapore Herald* (1)（日本控制), Singapore 1939－1941.
- *Singapore Herald* (2), Singapore, 1970－1971.
- *Singapore Standard*, Singapore, 1950－1959.
- *Straits Times*, Singapore, 1845－1942, 1945 年以后.
- *Syonan Times*（后更名为 *Syonan Shimbun*), Singapore, 1942－1945.

有关 *Straits Times* 及其他一些英语报刊和目录的馆藏情况，可见 C. M. Turnbull, *Dateline Singapore: 150 Years of the Straits Times* (Singapore, 1995)。另可参见 P. Lim Pui Huen, *Newspapers Published in the Malaysian Area: With a Union List of Local Holdings*, Institute of Southeast Asian Studies, Occasional Paper No. 2 (Singapore, 1970)。

关于战前马来本地语言报刊的详细情况，参见 W. R. Roff, *Bibliography of Malay and Arabic Periodicals in the Straits Settlements and Peninsular Malay States, 1876－1941* (London, 1972)。战后主要的马来语报纸是 *Utusan Melayu* (Singapore, 1929－1957, Kuala Lumpur, 1957 年后)。

中文报刊的发展轨迹可参见 Chen Mong Hock, *The Early Chinese Newspapers of Singapore, 1881－1912* (Singapore, 1967)。主要的中文报纸是《南洋商报》(Singapore, 1923－1983)和《星洲日报》(Singapore, 1929－1983)，1983 年后则是《联合早报》和《联合晚报》。

条约

J. de Vere Allen, A. J. Stockwell and L. R. Wright (eds.) *A Collection of Treaties and Documents Affecting the States of Malaysia, 1761－1963*, 2 vols. (New York, 1981)收录了有关 1819 和 1824 年 Singapore Treaty、the Straits Settlements Repeal Act 1946 以及 the Malaysian Treaties 1963 的文章和评论。

书籍和文章

概述

长久以来,新加坡的历史都是并在马来半岛历史之中的,就如 Barbara Watson Andaya and Leonard Y. Andaya, *A History of Malaysia* (London, 1982; 2nd revised ed. Honolulu, 2002)一书中叙述的一样。在长达 120 年的时间里,新加坡的历史都是和槟城以及马六甲纠缠在一起的,但迄今还没有关于槟城或海峡殖民地(1826－1946)的完整历史叙述,这一时期的历史只是简要地在 Paul Wheatley and Kernial Singh Sandhu (eds.), *Melaka: The Transformation of a Malay Capital, c. 1400－1980*, 2 Vols. (Kuala Lumpur, 1983)中提到。

1919 年新加坡庆祝开埠 100 周年,启发 W. E. Makepeace, G. S. Brooke and R. St. J. Braddell 编辑出版了 *One Hundred Years of Singapore*, 2 Vols. (London, 1921; Singapore, 1991 重印)。该书追述了新加坡诞生头一个世纪中某些方面的历程。与该书相伴而生的是 Song Ong Siang, *One Hundred Years' History of the Chinese in Singapore* (London, 1923; Kuala Lumpur, 1967 和 Singapore, 1984 重印)。首次将新加坡作为一个独立的岛撰写的历史著作是 H. F. Pearson 的小书 *Singapore: A Popular History, 1819－1960* (Singapore, 1961;新加坡, 1985 年重印并有少量增订)。直到 1965 年新加坡成为一个独立的共和国后,作者们才纷纷把它当做一个独立的主体来对待。

Journal of Southeast Asian History, X, 1 (1969)和 *Journal of the Malaysian Branch, Royal Asiatic Society*, XLII, 1 (1969)都是为庆祝现代新加坡建立 150 周年而发的专刊,Donald and Joanna Moore, *The First 150 Years of Singapore* (Singapore, 1969)则主要通过检视当年的文献来追溯新加坡的历史。

第一本全面叙述新加坡历史的著作是 C. M. Turnbull, *A History of Singapore, 1819－1975* (Kuala Lumpur, 1977); 2nd ed., *A History of Singapore, 1819－1988* (Singapore, 1989)。Ernest C. T. Chew and Edwin Lee (eds.), *A History of Singapore* (Singapore, 1991)是新加坡的历史学家们集体编纂的一本历史著作。在 21 世纪初,新一代年轻的历史学家们令人赞赏地向传统叙事方式发起了一波挑战: Carl A. Trocki, Singapore: *Wealth, Power and the Culture of Control* (Routledge, 2006); Hong Lysa and Huang Jianli, *The*

Scripting of a National History: Singapore and its Pasts (Hongkong and Singapore, 2008)。

迄今为止还没有人为新加坡撰写过全面的经济发展史,但 Wong Lin Ken 的 "Singapore: Its Growth as an Entrepôt Port 1819 – 1941", *JSEAS*, IX, 1 (1978), pp. 50 – 84 谈到了大量直至第二次世界大战前的相关情况,很有参考价值,20 世纪的情况则可见 W. G. Huff, *The Economic Growth of Singapore: Trade and Development in the Twentieth Century* (Cambridge, 1994)一书中的权威阐述。其他的经济史著作把新加坡当做马来亚的一部分来写,比如 Lim Chong Yah, *The Economic Development of Modern Malaya* (Kuala Lumpur, 1967)以及 Chiang Hai Ding, *A History of Straits Settlements Foreign Trade, 1870 – 1915* (Memoirs of the National Museum No. 6, Singapore, 1978)。C. D. Cowan (ed.), *The Economic Development of South-East Asia* (London, 1964)是一本论文集,其中很多篇都讨论了马来亚和新加坡。

有关新加坡不同时期经济状况的研究在下面各部分会分别提到,但有些作品在时间跨度上更长,比如一些研究机构和公司历史的著作。Roderick MacLean, *A Pattern of Change: The Singapore International Chamber of Commerce from 1837* (Singapore, 2000)记录了这个商会头 160 年的历史。K. G. Tregonning, *Home Port Singapore* (London, 1967)详细讲述了 Straits Steamship Company 从 1890 至 1965 年的历史。S. Cunyngham-Brown, *The Traders: A Story of Britain's South East Asian Commercial Adventure* (London, 1971)关注了新加坡最长寿的公司——牙直利公司。篇幅更短的作品包括 K. G. Tregonning, *The Singapore Cold Storage Company, 1903 – 1966* (Singapore, 1966)和 *Straits Tin: A Brief Account of the First Seventy Five Years of the Straits Trading Company Ltd., 1887 – 1962* (Singapore, 1962);Emil Helfferich, *Behn Meyer & Co. and Arnold Otto Meyer Hamburg* (1981); The Hongkong and Shanghai Banking Corporation, *A Century In Singapore, 1877 – 1977* (Hongkong, 1978); Eric Jennings 配有大量精美插图的著作: *Mansfields: Transport and Distribution in Southeast Asia* (Singapore, 1973); *Wheels of Progress: Seventy Five Years of Cycle and Carriage* (Singapore, 1975); 以及 *Cargoes: A Centenary Story of the Far Eastern Freight Conference* (Singapore, 1980),还有 Austin Coates, *The Commerce in Rubber: The First 250 Years* (Singapore, 1987)。

人口信息包括在官方调查报告中，主要有 C. A. Vlieland, *Census of British Malaya, 1931* (London, 1932)，该书详细分析了新加坡的人口状况，其他还有战前的 *Straits Settlements Annual Reports*, *Singapore Annual Reports 1947 – 1963*，以及自 1964 年以来的 *Singapore Yearbooks*。统计学家 Saw Swee Hock 在过去 40 年中出版的大量令人印象深刻的作品为我们全面勾勒了新加坡从 19 世纪早期以来，尤其是第二次世界大战以来的人口状况。Saw Swee Hock 在 *Population in Transition* (Philadelphia, 1970) 一直到 *The Population of Singapore* (Singapore, 1999; 2nd ed., Singapore, 2007)（该书涵盖了从 1819 年直到 20 世纪的整个时间段）的一系列著作中提供了权威的调查和分析结果。又在 Saw Swee-Hock and Cheng Siok-Hwa, *A Bibliography of the Demography of Singapore* (Singapore, 1975) 直至 *Bibliography of Singapore Demography* (Singapore, 2005)等作品中提供了相当全的参考书目。

对各个时期主要华人社群的研究作品将在下面分别列出。Song Ong Siang 所著 *One Hundred Years' History of the Chinese in Singapore* 一书收录了许多逸闻，其时间跨度较长。其他一些著作则将新加坡的华人放到更广阔的背景中考察，如 Wang Gungwu, *A Short History of the Nanyang Chinese* (Singapore, 1959)以及由一位曾在华人社群中工作过的殖民地官员 Victor Purcell 撰写的多本著作：*The Chinese in Malaya* (London, 1948; reprinted Kuala Lumpur, 1967); *The Chinese in Modern Malaya* (Singapore, 1956; 2nd revised ed., Singapore, 1960)；以及 *The Chinese in South-East Asia* (Oxford, 1951; 2nd revised ed., 1965; reprinted Singapore, 1981)；另外还有 Maurice Freedman 的 *Lineage Organisation in Southeastern China* (London, 1958) 和 *Chinese Lineage and Society: Fukien and Kwangtung* (London, 1966)是具有开拓性的对这些华人社群背景的人类学研究。

W. L. Blythe, *The Impact of the Chinese Secret Societies in Malaya* (London, 1969)拓展并挑战了 M. L. Wynne 的开拓性作品 *Triad and Tabut* (Singapore, 1941)，以及 Leon Comber 的 *Chinese Secret Societies in Malaya* (New York and Singapore, 1959) 和 *The Traditonal Mysteries of Chinese Secret Societies in Malaya* (Singapore, 1951)。Mak Lau Fong, *The Sociology of Secret Societies: A Study of Chinese Secret Societies in Singapore and Peninsular Malaysia* (Kuala Lumpur, 1981)将田野调查与文献研究相结合，提供了一种新的

视角。

大多数早期的西方历史学家(尤其是曾担任过殖民地官员的)都倾向于从法律-秩序或劳工问题的角度来看待华人,但后来的研究者则会考察华人社群更加宽泛的社会组织结构,就比如 Yen Ching-hwang, *A Social History of the Chinese in Singapore and Malaya 1800 –1911* (Singapore, 1986)。Sikko Visscher, *The Business of Politics and Ethnicity: A History of the Singpore Chinese Chamber of Commerce and Industry* (Singpore, 2007)是第一本全面追溯新加坡中华总商会历史的著作。中华总商会于 2006 年举行了成立一百周年庆典,它在新加坡历史上发挥了重要的政治、社会和经济作用。

Kernial Singh Sandhu, *Indians in Malaya* (Cambridge, 1969),以及 S. Arasaratnam, *Indians in Malaysia and Singapore* (Bombay and Kuala Lumpur, 1970; revised ed., Kuala Lumpur, 1979)包含了大量关于新加坡居民的阐述。Sharon Siddique and Nirmala Puru Shotam, *Singapore's Little India: Past, Present and Future* (Singapore, 1982)专门研究当地印度人聚居区。少数民族的情况可见:S. Durai Raja Singam, *A Hundred Years of Ceylonese in Malaya and Singapore, 1867 – 1967* (Kuala Lumpur, 1968); Manuel Teixeira, *The Portuguese Missions in Malaya and Singapore 1511 – 1958*, 3 vols. (Lisbon, 1963),该书的第三卷为新加坡卷,收录了关于在新加坡的葡萄牙人和一些著名的亚欧混血家族的资料;J. Vredenbregt, "Bawean Migration: Some Preliminary Notes", *Bijdragen Tot de Taal-, Land-, en Volkenkunde*, CXX (1964), pp. 109 – 137 考察了玻雅尼人社群的情况; Hans Schweizer-Iten, *One Hundred Years of the Swiss Club and the Swiss Community in Singapore, 1871 –1971* (Singapore, 1981);William Gervase Clarence-Smith 收录在 U. Freitag and W. G. Clarence-Smith (eds.), *Hadhrami Traders, Scholars, and Statesmen in the Indian Ocean, 1750s –1960s* (Leiden and New York 1997)中的两篇关于阿拉伯移民的文章"Hadramaut and the Hadhrami Diaspora in the Modern Colonial Era"和"Hadrami Entrepreneurs in the Malay World c. 1750 to c. 1940";Eze Nathan, *The History of Jews in Singapore 1830 –1945* (Singapore, 1986); Jim Baker, *The Eagle in the Lion City: America, Americans and Singapore* (Singapore, 2005);以及 Nadia H. Wright 所写的一部内容翔实的著作 *Respected Citizens: The History of the Armenians in Singapore and Malaysia* (Victoria, Australia, 2003)。

T. W. Doraisamy (ed.), *150 Years of Education in Singapore* (Singapore, 1969)回顾了新加坡一直到独立早期的教育状况。第二次世界大战之前的教育发展情况在 D. D. Chelliah 颇具影响力的著作 *A History of the Educational Policy of the Straits Settlements* (Kuala Lumpur, 1947; reprinted Singapore, 1960)中有所探讨,第二次世界大战后的发展历程参见 S. Gopinathan, *Towards a National System of Education In Singapore, 1945 –1973* (Singapore, 1974)。Harold E. Wilson, *Social Engineering in Singapore: Educational Policies and Social Change, 1819 –1972* (Singapore, 1978)集中关注了1918–1959 年这段时期。Headmaster Eugene Wijeysingha, *A History of Raffles Institution, 1823 –1963* (Singapore, 1964)以及 *The Eagle Breeds a Gryphon: The Story of Raffles Institution*, 1823 – 1985)讲述了新加坡这所主要以英文教学的学校的故事。

R. St. J. Braddell, *The Law of the Straits Settlements: A Commentary*, 2 vols. (Singapore, 1916; 2nd ed., Singapore, 1931; reprinted Kuala Lumpur, 1982)其中有一章很重要,讨论了殖民地接受英国法律的过程。W. N. Kyshe, *Cases Heard and Determined in H. M. Supreme Court of the Straits Settlements, 1808 –1884*, 3 vols. (Singapore, 1885)对新加坡早期法律发展历程的概述非常有价值。另外 Kevin Y. L. Tan, *An Introduction to Singapore's Constitution* (Singapore, 2005)对现代宪法的阐述非常权威。

Malcolm H. Murfett, John N. Miksic, Brian P. Farrell and Chiang Ming Shun, *Between Two Oceans: A Military History of Singapore from First Settlement to Final British Withdrawal* (Oxford, 1999)考察了这个岛屿从 13 世纪直至 1971 年的战略重要性。

Bobby Sng Ewe Kong, *In His Good Time: The Story of the Church in Singapore 1819 – 1978* (Singapore, 1980),以及 Eugene Wijeysingha, *Going Forth: The Catholic Church in Singapore*, 1819 –2004 (Singapore, 2006)回顾了从早期以来的基督教传教使团。

新加坡的景观和建筑变迁得到了很好的记录,比如 Gretchen Liu 的 *Singapore: A Pictorial History, 1819 - 2000* (Singapore, 2001)以及她更早的著作 *Pastel Portraits: Singapore's Architectural Heritage* (Singapore, 1984; re-issued 1996);还有 Evelyn Lip, *Chinese Temple Architecture in Singapore* (Singapore, 1983)。Jane Beamish and Jane Ferguson, *A History of Singapore*

Architecture: The Making of a City (Singapore, 1985)追溯了自 1819 年来当地的建筑史。一系列资料编纂性质并附有大量插图的出版物描述了某幢历史建筑及其周边的变迁,尤其是莱佛士大酒店。Raymond Flower, *Raffles: The Story of Singapore* (Singapore, 1984)是一本插图精美的新加坡大众历史读物,以莱佛士大酒店为核心关注点。而莱佛士酒店的兴衰则在另一本插图精美的作品 Ilsa Sharp, *There is Only One Raffles: The Story of a Grand Hotel* (Singapore, 1982)以及 Gretchen Liu, *Raffles Hotel Singapore* (Singapore, 1992)中得到了追溯。Ilsa Sharp, *The Journey: Singapore's Land Transport Story* (Singapore 2005)全面回顾了公路和铁路系统的发展。

C. M. Turnbull, *Dateline Singapore: 150 Years of the Straits Times* (Singapore, 1995)是关于新加坡主要的英文报纸——创办于 1845 年的《海峡时报》头 150 年历史的著作。

第一章　新的殖民地(1819－1826)

新加坡拉(淡马锡)

John N. Miksic and Cheryl-Ann Low Mei Gek (eds.) *Early Singapore 1300s－1819* (Singapore, 2004)收录了多篇文章和精美的插图,呈现了大量有关前殖民地时期新加坡的考古学、制图学和历史学资料。Aileen Lau and Laura Lau (eds.), *Maritime Heritage of Singapore* (Singapore, 2005)非常棒,收录了有关前殖民地时期新加坡海峡一带人类活动的文章和插图,其中包括 Peter Borschberg, "Mapping Singapore and Southeast Asia", pp. 43－46。另一篇由 Peter Borschberg 撰写的重要文章是"The Straits of Singapore: Continuity, Change and Confusion",收录在 Irene Lim (ed.) *Sketching the Straits: A Compilation of the Lecture Series on the Charles Dyce Collection* (Singapore, 2004), pp. 33－48 之中。

P. Wheatley, *The Golden Khersonese* (Singapore, 1961)是一部关于早期马来亚的开拓性历史地理学著作,另外, P. Wheatley 还著有 *Impressions of the Malay Peninsula in Ancient Times* (Singapore, 1964)。上段所列的现代作品对他所勾勒的 14 世纪淡马锡的形象进行了更新补充。

JMBRAS, XLII, 1 (1969), the Singapore 150th Anniversary Commemorative Issue [reprinted as M. Sheppard (ed.), Singapore 150 Years (Singapore, 1982)]

这期主要是大量重印在 *JMBRAS* 和 *JSBRAS* 往期发表过的有关新加坡前殖民地时期和殖民地早期情况的文章。O. W. Wolters, *The Fall of Srivijaya in Malay History* (Ithaca, 1970)对淡马锡在14世纪的历史的解释非常富有启发性。

关于淡马锡(新加坡拉)历史的最早的本土史书是《马来纪年》(*Sejarah Melayu*),大概成书于17世纪早期,是马来史书中最杰出、文笔最生动的作品。最好的英文译本是 C. C. Brown (trans.), "Sejarah Melayu or 'Malay Annals'; A Translation of Raffles MS 17", *JMBRAS*, XXV, 2 and 3 (1953),重印为 *Sejaran Melayu: "Malay Annals"* (Kuala Lumpur, 1970)。

现代新加坡的建立

最好的马来语文献是 Munshi Abdullah bin Abdul Kadir 给出的详尽描述: *The Hikayat Abdullah* (Singapore, 1849),由 A. H. Hill 翻译并注释后发表在 *JMBRAS*, XXVIII, 3 (1955),后重印为 *The Hikayat Abdullah* (Kuala Lumpur, 1970)。Munshi Abdullah 出生在马六甲,血统可能为马来人或阿拉伯人或泰米尔人。他在1820年前后来到新加坡,此后在这里度过了生命中大部分时间,于1854年去世。他这本内容丰富多彩的自传是唯一一份亚裔对新加坡头30年情况的详细记录。

廖内的 Raja Ali Al-Haji bin Raja Ahmad 于1865年撰写了 *Tuhfat al-Nafis* (*Precious Gift*)一书,讲述了廖内和马来亚南部从17世纪直至19世纪中期的历史。它从马来人和布吉人的角度谈论了新加坡。Virginia Matheson and Barbara Andaya (eds.), *The Precious Gift* (*Tuhfat Al-Nafis*) (Kuala Lumpur, 1982)是该书的带注释英译本。用罗马字书写的版本为 *Tuhfat al-Nafis: Sejarah Melayu dan Bugis* (Singapore, 1965)。古马来语版本与一段英语概述可见 R. O. Winstedt (trans. and ed.), "A Malay History of Riau and Johore", *JMBRAS*, X, 2 (1932), pp. 1 — 320。

C. H. Wake, "Raffles and the Rajas: The Founding of Singapore in Malayan and British Colonial History", *JMBRAS*, XLVIII, I (1975), pp. 47 — 73 将现代新加坡的建立放在马来政治的背景中来考察。Anthony C. Milner, *Kerajaan: Malay Political Culture on the Eve of Colonial Rule* (Tucson, 1982)提供了有用的背景资料,而 Carl A. Trocki, *Prince of Pirates: The Temenggongs and the Development of Johor and Singapore, 1784 — 1885* (Singapore, 1979; 2nd ed., Singapore 2007)则是一项基于英语和马来语文献开展的重要原创研究作品。

John Bastin对莱佛士以及这段时期的新加坡做了广泛的研究工作。T. S. Raffles, *Statement of the Services of Sir Thomas Stamford Raffles* (London, 1824; reprinted Kuala Lumpur, 1978)和 Sophia Raffles, *Memoir of the Life and Public Services of Sir Thomas Stamford Raffles FRS* (London, 1830)及其两卷本版本(London, 1835; reprinted Singapore, 1991)在现代重印时,他为这两本书撰写了导论。他本人也出版了一些小册子作品,有助于我们了解新加坡的建立:*Sir Stamford Raffle's Account of the Founding of Singapore* (Eastbourne, 2004)综合了个人的评论和一些原始文献,包括从未出版的莱佛士在 1819 年 2 月 13 日写给 Supreme Government of India 的急件,报告他已经拿下了新加坡; *Sir Stamford Raffles's Historical Sketch of the Settlement of Singapore* (Eastbourne, 2000); *John Leyden and Thomas Stamford Raffles* (Eastbourne, 2003); *Lady Raffles's Memoir of the Life and Public Services of Sir Thomas Stamford Raffles* (Eastbourne, 2004)。*William Farquhar, First Resident and Commandant of Singapore* (Eastbourne, 2005)是私人出版的,系 John Bastin, Ivan Polunin and Kwa Chong Guan (eds. and introduction), *The William Farquhar Collection of Natural History Drawings*, 2 vols. (Singapore, 2000)一书中收录的法夸尔的传记的增订本,它多次暗示法夸尔其实比莱佛士有更正当的理由声称自己是新加坡的创立人,是新加坡之父。

有关莱佛士的权威性传记迄今未见。在已经写就的传记中,写得最好、调查最为细致的当数 C. E. Wurtzburg, *Raffles of the Eastern Isles* (London, 1954; reprinted Singapore, 1984)。更早些的著作倾向于对传主不加批判地一味赞颂:D. C. de K. Boulger, *The Life of Sir Stamford Raffles* (London, 1897; reprinted London, 1973); H. E. Egerton, *Sir Stamford Raffles: England in the Far East* (London, 1900);以及 R. Coupland, *Raffles, 1781 – 1826* (London, 1926), 3rd ed. reprinted as *Raffles of Singapore* (London, 1946)。Emily Hahn, *Raffles of Singapore* (London, 1946; reprinted Kuala Lumpur, 1968)写法有些粗俗,但比 M. Collis, *Raffles* (London, 1966)更有洞见。Syed Hussein Alatas, *Thomas Stamford Raffles, 1781 – 1826: Schemer or Reformer* (Sydney, 1971)以及 Syed Muhd Khairudin Aljunied, *Raffles and Reform A Study of Sir Thomas Stamford Raffles's Discourse on Religion among the Malays* (Kuala Lumpur, 2004)的观点比较具有修正意义,更有批判性。

H. Marks, "The First Contest for Singapore: 1819 — 1824", *Verhandelingen van het Koninklijk Instituut voor Taal-, Land, en Volkenkunde*, XXVII (The Hague, 1959)以及 N. Tarling, *Anglo-Dutch Rivalry in the Malay World, 1780 — 1824* (Cambridge and Queensland, 1962)详细谈到了现代新加坡建立时的外交背景。与新加坡早期相关的文献集有两种不错: T. Braddell, "Notices of Singapore", *JIA*, VII (1853), pp. 325 — 35; *JIA*, VIII (1854), pp. 97 — 111, 329 — 348, 403 — 419; *JIA*, IX (1855), pp. 53 — 65, 442 — 482;以及 C. D. Cowan, "Early Penang and the Rise of Singapore", *JMBRAS*, XXIII, 2 (1950), 210pp。

J. Crawfurd, *Journal of an Embassy from the Governor-General to the Courts of Siam and Cochin China* (London, 1828; reprinted Kuala Lumpur, 1967 and Singapore, 1987)描述了克劳弗德在 1822 年对新加坡的访问,以及他于 1823 — 1826 年间担任参政司时的一些片段。

C. B. Buckley, *An Anecdotal History of Old Times in Singapore, 1819 — 1867* (Singapore, 1902; reprinted Kuala Lumpur, 1965 and Singapore, 1984)主要根据当时的报纸和个人的回忆来描述早期的情形。这本书并不完全可信,但是作为资料来源还是有用的,因为其中引用的很多期刊原本已经亡佚。

K. G. Tregonning, *The British in Malaya: The First Forty Years, 1786 — 1826* (Tucson, 1965)最后一章是关于现代新加坡的起源的。Brian Harrison, *Holding the Fort: Melaka under Two Flags, 1795 — 1845* (Kuala Lumpur, 1985)有一章是关于早期新加坡的,其立场支持法夸尔。

有一些著作关注了传教团的活动以及在新加坡设立 Anglo-Chinese College 的计划。Elizabeth Morrison, *Memoir of the Life and Labours of Robert Morrison D. D. Compiled by His Widow*, 2 vols. (London, 1839)描述了她丈夫在 1823 年对新加坡的造访。另见 Brian Harrison, *Waiting for China: The Anglo-Chinese College at Malacca, 1818 — 1843, and Early Nineteenth-century Missions* (Hongkong, 1979); R. Lovett, *The History of the London Missionary Society, 1795 — 1895* (1899);以及 H. E. Wilson, "An Abortive Plan for an Anglo-Chinese College in Singapore", *JMBRAS*, XL, 2 (1972), pp. 97 — 109。

David Marshall Lang, *The Armenians: A People in Exile* (London, 1981)涉及早期新加坡的亚美尼亚人社群以及他们的背景。

第二章 “这块生机勃勃的、无与伦比的小小殖民地”(1826－1867)

谈到这一时期的著作有: L. A. Mills, “British Malaya, 1824－1867”, *JMBRAS*, III, 2 (1925), revised as *JMBRAS*, XXXIII, 3 (1960), reprinted as *British Malaya 1824－1867* (Kuala Lumpur, 1966);以及 C. M. Turnbull, *The Straits Settlements, 1826－1867* (London and Kuala Lumpur, 1972),两书都列有详细的参考文献。

Journal of the Indian Archipelago and Eastern Asia, edited by J. R. Logan, 12 vols. (Singapore, 1847－1859)收录了很多有关这一时期新加坡各方面事务的非常有价值的文章。

A. H. Hill (ed. and trans.), *The Hikayat Abdullah* (Kuala Lumpur, 1970)对研究这一时期非常有用。Munshi Abdullah 还留下了有关这一时期新加坡发生的两场大火的描述: *Shaer Singapura Terbakar* 是关于发生在 1830 年 2 月的一场大火的, *Shaer Kampong Gelam Terbakar* 关注的则是 1847 年毁掉了甘榜格南的一场大火灾,后一篇的罗马字书写注释版收录在 C. Skinner (ed.), *JMBRAS*, XLV, 1 (1972), pp. 21－56。

Buckley 的 *Anecdotal History* 中有关 1835 年后时期的论述主要是根据从 *Singapore Free Press* 中引用的文章片段。这一时期有丰富的关于东南亚海上生活的报道写作。直接与新加坡相关的,则有以下这些: 由游历甚广的 G. W. Earl 撰写的 *The Eastern Seas* (London, 1837; reprinted Kuala Lumpur, 1971)提供了关于这块殖民地在 19 世纪 30 年代情形的最好亲历见证;而 P. J. Begbie, *The Malayan Peninsula* (Madras, 1834; reprinted Kuala Lumpur, 1967)和 T. J. Newbold, *Political and Statistical Account of the British Settlements in the Straits of Malacca*, 2 vols. (London, 1839; reprinted Kuala Lumpur, 1971)则各有一章是写新加坡的。遗憾的是, J. H. Moor (ed.), *Notices of the Indian Archipelago and the Adjacent Countries* (Singapore, 1836; reprinted London, 1968)的第二卷本来是要收录有关 19 世纪 30 年代时新加坡的各种资料的,但却并没有出版。

有关新加坡处在印度统管之下最后几年的情形,当时留下来的最全面的描述是 J. Cameron, *Our Tropical Possessions in Malayan India* (London, 1865;

reprinted Kuala Lumpur, 1965)。其他同时期的补充史料信息还可见 T. Braddell, *Singapore and the Straits Settlements Described* (Penang, 1858)和 *Statistics of the British Possessions in the Straits of Malacca* (Penang, 1861)。

J. T. Thomson 的 *Some Glimpses into Life in the Far East* (London, 1864)和 *Sequel to Some Glimpses into Life in the Far East* (London, 1865)及其重印的版本 John Hall-Jones (ed.), *Glimpses into Life in Malayan Lands* (Kuala Lumpur, 1985)写得很生动,但对海峡殖民地政府,尤其是 Governor Butterworth 却比较苛刻。有关 Thomson 作为建筑师、艺术家和政府调查员的生平故事,见 John Hall-Jones and Christopher Hooi, *An Early Surveyor in Singapore: John Turnbull Thomson in Singapore, 1841 – 1853* (Singapore, 1979)。John Hall-Jones, *The Thomson Paintings: Mid-Nineteenth Century Paintings of the Straits Settlements and Malaya* (Singapore, 1983)重印了 Thomson 的 16 幅画作。Irene Lim, *Sketching the Straits: A Compilation of the Lecture Series on the Charles Dyce Collection* (Singapore, 2004)受到了这一时期 Dyce 的水彩画的启发。

Orfeur Cavenagh 的自传 *Reminiscences of an Indian Offical* (London, 1884)中包含了一段对他的总督任期经历的描述,很详细但中规中矩。W. H. Read, *Play and Politics: Reminiscences of Malaya by an Old Resident* (London, 1901)是一本令人失望的书,充斥着一位曾经在 19 世纪中期新加坡的商业和公共事务中任职的老人毫无头绪的言语。J. F. A McNair, *Prisoners Their Own Warders* (London, 1899)是一本关于当时的审判系统的一手叙述,作者在印度统管时期是这个系统的主管。

J. D. Vaughan, *The Manners and Customs of the Chinese of the Straits Settlements* (Singapore, 1879; reprinted Kuala Lumpur, 1971)是一本饱含感同身受之情的著作。Seah Eu Chin, "The Chinese in Singapore; General Sketch of the Numbers, Tribes and Avocations of the Chinese in Singapore", *JIA*, II (1848), pp. 283 – 289 是由当时一位华人领袖撰写的。其他由当时掌握了丰富资料的人撰写的有价值的作品有 T. Braddell, "Notes on the Chinese in the Straits", *JIA*, IX (1855), pp. 109 – 124; W. A. Pickering, "The Chinese in the Straits of Malacca", *Fraser's Magazine* (October 1876); W. A. Pickering, "Chinese Secret Societies and Their Origin", *JSBRAS*, I (1878), pp. 63 – 84 以及 II (1878), pp. 1 – 18。

J. Crawfurd, *A Descriptive Dictionary of the Indian Islands and Adjacent Countries* (London, 1856; reprinted Kuala Lumpur, 1971), pp. 395－402 中关于新加坡的词条很长。

这一时期的前半段,有许多传教士留下了关于新加坡的重要叙述,包括 David Abeel, *Journal of a Residence in China and the Neighbouring Countries from 1829 to 1833* (New York, 1834; 2nd ed., New York, 1836); Jacob Tomlin, *Missionary Journal Kept at Singapore and Siam from May 1830 to January 1832* (Malacca, 1832); Walter H. Medhurst, *Journal of a Tour through the Settlements on the East Side of the Peninsula of Malacca, 1828* (Singapore, 1828); Daniel Tyerman and George Bennet, "Report on the Mission at Singapore", Morrison Collection, Hongkong University; J. Montgomery (comp.), *Journal of Voyages and Travels* (by Tyerman and Bennet), 2 vols. (London, 1831); 以及 Singapore Christian Union, *The First Reprot of the Singapore Christian Union* (Singapore, 1830)。

再转向更晚近的著作,Yen Ching-hwang, *A Social History of the Chinese in Singapore and Malaya 1800－1911* (Singapore, 1986)对这一仍然迷雾重重的时期中华人社团的情况提出了非常有价值的观点。Lee Poh Ping, *Chinese Society in Nineteenth Century Singapore* (Kuala Lumpur, 1978)是一项原创性的社会政治研究,基于本土文献和英语文献完成。M. Freedman 的"Immigrants and Associations: Chinese in 19th Century Singapore", *Comparative Studies in Society and History*, III (The Hague, 1960－1961), pp. 25－48 和"Chinese Kinship and Marriage in Early Singapore", *JSEAH*, III, 2 (1962)——后重印收入 *The Study of Chinese Society: Essays by Maurice Freedman*, 由 G. William Skinner 选编并撰写导论 (Stanford, 1979)——两文中就那时的华人社会提出了很有价值的看法。另见 Wong Choon San, *A Gallery of Chinese Kapitans* (Singapore, 1964), pp. 27－37; Lea E. Williams, "Chinese Leadership in Early British Singapore", *Asian Studies*, II, 2 (1964), pp. 170－179。还有 Yong Ching Fatt 早期的一篇文章"Chinese Leadership in Nineteenth Century Singapore", *Journal of the Island Society* (*Hsin-she Hsueh-pao*), I (1967), pp. 1－18,该文研究了 15 位重要的社群领袖的生平背景。

有关中国国内当时对新加坡的看法,Jane Kate Leonard, *Wei Yuan and*

China's Rediscovery of the Maritime World (Harvard, 1984)一书提供了一些有意思的洞见。

Nicholas Tarling, "British Policy in the Malay Peninsula and Archipelago, 1824 – 1871", *JMBRAS*, XXX, 3 (1957), reprinted as *British Policy in the Malay Peninsula and Archipelago, 1824 –1871* (Kuala Lumpur, 1970)以一丝不苟的态度细致地研究了新加坡与其周边地区的关系。这一主题后来得到进一步延伸,N. Tarling, *Piracy and Politics in the Malay World: A Study of British Imperialism in the Nineteenth Century* (Melbourne, 1963)一书研究了新加坡与海盗业的关系。

Wong Lin Ken, "The Trade of Singapore, 1819 – 1869", *JMBRAS*, XXX, 4 (1960), 315pp (reprinted as MBRAS Repring No. 23, 2003)对苏伊士运河开通前新加坡的贸易史进行了全面研究。

Lee Yong-kiat, *The Medical History of Early Singapore* (Tokyo, 1978)是利用原始资料对 1819 至 1874 年这段时期进行的一项扎实的研究。

第三章　帝国正午(1867 – 1914)

这一时期的许多方面都在 W. E. Makepeace, R. St. J. Braddell and G. S. Brooke (eds.), *One Hundred Years of Singapore*, 2 vols. (London, 1921)一书中谈到。Edwin Lee, *The British as Rulers: Governing Multiracial Singapore, 1867 –1914* (Singapore, 1991)勾勒了殖民地政府这段最意气风发的时期。

新加坡主要的英文报纸《海峡时报》和《新加坡自由西报》在这一时期的大部分时间里都很兴盛,第一份当地语言报纸也出现了,开始关注穆斯林和华人社区中发生的某些活动。但当时没有特别出挑的书。

G. M. Reith, *Handbook to Singapore* (1907) (Singapore, 1907; reprinted Singapore, 1986)首印于 1892 年,这是第二版,这本书值得关注的不仅是它描述的内容,还有它反映出当时欧洲人对待新加坡的态度。

J. D. Ross, *Sixty Years: Life and Adventure in the Far East*, 2 vols. (London, 1911; reprinted London, 1968)所讲述的故事非常丰富多彩,是关于作者及其亲友们在这个世纪下半叶在新加坡、婆罗洲和周边地区的经历的。另外,虽然没有特别提到这个港口的名字,让人最感兴趣的 19 世纪 80 年代的新加坡的图景出现在 Joseph Conrad 的故事里,尤其是收录在 *Youth: A Narrative, and*

Two Other Stones (Edinburgh, 1902)里的"The End of the Tether",以及 *The Shadow Line* (New York and London, 1917)。这些都在 N. Sherry, *Conrad's Eastern World* (Cambridge, 1966)中得到了讨论。

有些上流阶层人士偶尔造访新加坡,留下了一些简短的印象描述,比如 Isabella Bird, *The Golden Chersonese and the Way Thither* (New York, 1883; reprinted Kuala Lumpur, 1967 and 1980),或 Florence Caddy, To Siam and Malaya in the Duke of Sutherland's Yacht "Sans Peur" (London, 1889)。相比之下,康拉德有更多的机会了解新加坡港口的生活。John D. Frodsham (trans.), *The First Chinese Embassy to the West: The Journals of Kuo Sung-T'ao, Liu His - Hung and Chang Te-Yi* (Oxford, 1974)中有 Kuo Sung-T'ao 和 Sir Halliday Macartney 对他们在 1876 年对新加坡造访的简单评论。

J. A. Bethune Cook, *Sunny Singapore* (London, 1907)提供了关于传教士活动的有用信息,E. A. Brown, *Indiscreet Memories* (London, 1935)是一本日记,详细记载了 20 世纪初时欧洲人在此地的社交生活,里面讲了很多鸡毛蒜皮的事情,但有些片段却很有启发。R. O. Winstedt, *Start from Alif: Count from One* (Kuala Lumpur, 1969)描述了作者作为马来亚政府骨干在 1902 年短暂造访新加坡时对这里留下的第一印象。

在世纪之交问世的一批反映"帝国荣耀"情绪的扛鼎之作一般对新加坡的历史和现状描述都很简略,但仍反映出当时那种弥漫的自信,如 N. B. Dennys, *A Descriptive Dictionary of British Malaya* (London, 1894)这本书意在续写 Crawfurd 的 *Dictionary*; C. C. Wakefield, *Future Trade in the Far East* (London, 1896)用四页的篇幅把新加坡作为"小东方"(the Minor East,即东南亚)的一部分进行了讨论;A. Wright and H. A. Cartwright, *Twentieth Century Impressions of British Malaya* (London, 1908)是一本里程碑式的巨著,其中有一节专门讲述新加坡所处背景, pp. 20 – 48;或者参阅 A. Wright and T. H. Reid, *The Malay Peninsula: A Record of Progress in the Middle East* (London, 1912),这本书充满了洋洋自得的情绪,其中有一章是讲当时的新加坡的, pp. 217 – 236。

Paul Kratoska (ed.), *Honourable Intentions: Talks on the British Empire in South-East Asia Delivered at the Royal Colonial Institute 1874 – 1928* (Kuala Lumpur, 1983)收录了总督 Sir Frederick Weld 在 1884 年时发表的一则演讲,题为"The Straits Settlements and British Malaya"。

关于新加坡与马来诸邦的关系，以及英国统治的扩展，此类文献非常丰富。开创性的著作为带有半自传性质的 Frank Swettenham, *British Malaya* (London, 1948; reprinted London, 1955)。此后不久，基于当时各种文献的学术性原创研究也关注了这个题目。Khoo Kay Kim, *The Western Malay States, 1850 – 1873* (Kuala Lumpur, 1972)展现了在英国正式干预殖民地管理之前，海峡殖民地与马来诸邦的联系。英国的干预是 C. D. Cowan, *Nineteenth Century Malaya: The Origins of British Control* (London, 1961)和 C. N. Parkinson, *British Intervention in Malaya, 1867 – 1877* (Singapore, 1960)的研究主题，W. D. McIntyre, *The Imperial Frontier in the Tropics, 1865 –75* (London and New York, 1967)以及 J. S. Galbraith, "The 'Turbulent Frontier' as a Factor in British Expansion", *Comparative Studies in Society and History*, II, 2 (1960), pp. 150 – 168 则把马来诸邦的边界问题放到其帝国背景中来加以考察。E. Sadka, *The Protected Malay States, 1874 – 1895* (Kuala Lumpur, 1968)和 E. Thio, *British Policy in the Malay Peninsula, 1880 – 1910, Volume I: The Southern and Central States* (Singapore, 1969)都是研究英国统治的扩张和巩固的佳作。

E. M. Merewether, *Report on the Census of the Straits Settlements Taken on the 5th April 1891* (Singapore, 1892)和 J. R. Innes, *Report on the Census of the Straits Settlements taken on 1st March 1901* (London, 1901)收录了关于新加坡人口情况的重要信息。

Song Ong Siang, *One Hundred Years' History of the Chinese in Singapore* 是有关这一时期的主要信息来源。*Straits Chinese Magazine* (Singapore, 1897 – 1907)有许多相关文章。Gwee Thian Hock, *A Nonya Mosaic: My Mother's Childhood* (Singapore, 1985)以生动的描写让我们瞥见了 20 世纪初期一个富裕的新加坡峇峇家庭的生活和习俗。Wu Lien-The, *Plague Fighter: The Autobiography of a Modern Chinese Physician* (Cambridge, 1959)虽然主要关注的是槟城，但也勾勒了这个世纪之初时海峡地区华人的生活。

Eunice Thio, "The Singapore Chinese Protectorate: Events and Conditions leading to Its Establishment 1823 – 1877", *JSSS*, XVI, 1 和 2 (1960), pp. 40 – 80 是一项关于华民护卫司署缘起的细致研究。Cheng Siok-Hwa, "Government Legislation for Chinese Secret Societies in the Straits Settlements in the Late 19th

Century", *Asian Studies*, 10, 2 (1972), pp. 262－271 关注的是其后的数年。R. N. Jackson, *Pickering: Protector of Chinese* (Kuala Lumpur, 1965)是首位由华人事务官员升任华民护卫司署长的传记,虽然篇幅不大,但写得不错。R. N. Jackson, *Immigrant Labour and the Development of Malaya, 1786－1920* 关注的主要是马来诸邦,但也把华民护卫司署的工作纳入了考察范围。

Png Poh Seng, "The Straits Chinese in Singapore: A Case of Local Identity and Socio-Cultural Accommodation", *JSEAH*, X, 1 (1969), pp. 95－114 调查了当时新加坡华人社会面临的诸多问题。

对当时的鸦片状况的研究包括: Cheng U Wen, "Opium in the Straits Settlements, 1867－1910", *JSEAH*, II, 1 (1961), pp. 52－57;以及 Carl A. Trocki, "The Rise of Singapore's Opium Syndicate, 1840－1886", *JSEAS*, XVIII, 1 (March 1987), pp. 58－80,此后该作者又出版了颇有创见但也颇有争议的 *Opium and Empire: Chinese Society in Colonial Singapore, 1800－1910* (Ithaca, 1990),讨论的是鸦片在殖民地经济中的关键作用。

有大量研究华人社群在 19 世纪末 20 世纪初时对殖民地作用的变化,以及华人社群与晚清帝国关系的著述,它们主要使用的是中文资料文献。如 Michael R. Godley, *The Mandarin-Capitalists from Nanyang: Overseas Chinese Enterprise in the Modernizaiton of China 1893－1911* (Cambridge, 1981)。Yen Ching-hwang 的著述关注的就是这个时期:主要有 *The Overseas Chinese and the 1911 Revolution: With Special Reference to Singapore and Malaya* (Kuala Lumpur, 1976), *A Social History of the Chinese in Singapore and Malaya 1800－1911* (Singapore, 1986)的主体部分,以及 *Coolies and Mandarins: China's Protection of Overseas Chinese in the Late Ch'ing Period* (Singapore, 1985),虽然最后这本书主要是关于北美地区的。

Yong Ching Fatt, *Chinese Leadership and Power in Colonial Singapore* (Singapore, 1992)考察了华人社群的领导机制。与此相反,James F. Warren, *Rickshaw Coolie: A People's History of Singapore (1880－1940)* (Singapore, 1986)主要利用尚未被使用过的验尸官的法庭报告,勾勒了苦力们辛酸的生活,不过该书的关注重点是两次大战之间的时期。

Png Poh Seng 在"The KMT in Malaya", *JSEAH*, II, 1 (1961), pp. 214－215 中探讨了早期的华人革命运动。

关于经济的研究有很多，主要有：Francis E. Hyde, *Far Eastern Trade, 1860－1914* (London, 1973)；G. Bogaars, "The Tanjong Pagar Dock Company, 1864－1905", *Memoirs of the Raffles Museum*, III (Singapore, 1956), pp. 117－266；Chiang Hai Ding, "Sino-British Mercantile Relations in Singapore's Entrepôt Trade, 1870－1915", in J. Ch'en Chi-Jang and N. Tarling (eds.), *Studies in the Social History of China and South-East Asia* (Cambridge, 1970), pp. 247－266；G. Bogaars, "The Effect of the Opening of the Suez Canal on the Trade and Development of Singapore", *JMBRAS*, XXVIII, 1 (1955), pp. 99－143；D. R. Sardesai, *British Trade and Expansion in Southeast Asia, 1830－1914* (Bombay, 1977)和同作者的 *Trade and Empire in Malaya and Singapore 1869－1874* (Ohio, 1970)；还有 Chiang Hai Ding, "A History of Straits Settlements Foreign Trade, 1870－1915", *Memoirs of the National Museum*, No. 6 (Singapore, 1978)。

John G. Butcher, The British in Malaya, 1880－1941: The Social History of a European Community in Colonial South-East Asia (Kuala Lumpur, 1979)关注的重点是马来半岛，但也涉及新加坡。Chan Kwok Bun and Tony Chee Kiong (ed.), *Past Times, A Social History of Singapore* (Singapore, 2003)描述了富裕的亚裔在生活方式上的变迁。

第四章　"东方大洋里的克拉彭站"(1914－1941)

各家英语报刊，1914 年后再加上《马来亚论坛报》，以及各家中文报刊，主要是同在 20 世纪 20 时代创立的《南洋商报》和《星洲日报》，都是关于这一时期的非常有价值的信息来源。

一群有能力的北美学者所作的实地调查在第二次世界大战前夕催生了一批关于英国殖民统治的佳作。R. Emerson, *Malaysia: A Study in Direct and Indirect Rule* (New York, 1937; reprinted Kuala Lumpur, 1964)虽然在当时引起了争议，但却对海峡殖民地在 20 世纪 30 年代时的治理和社会状况作出了最敏锐的分析和评论。L. A. Mills, *British Rule in Eastern Asia* (London, 1942)布局合理，分析透彻，基于作者在第二次世界大战前夕从 1936 至 1937 年的实地探访和文献研究。Virginia Thompson, *Postmortem on Malaya* (New York, 1943)学术分量足，调查细致，分析到位，但在谈到 1941 至 1942 年的大溃逃时，对殖民体系多有苛责。另见 R. Emerson, L. A. Mills and V. Thompson, *Government and Nationalism in Southeast Asia* (New York, 1942)。

在历任总督留下的资料中,Laurence Guillemard 那本书如其名的 *Trivial Fond Records* (London, 1937)对他从 1919 至 1927 年的总督任期的描述非常令人失望,H. A. Gailey, *Clifford: Imperial Proconsul* (London, 1982)只有一小节涉及他的继任克利福德不开心的总督任期。Brian Montgomery, *Shenton of Singapore: The Life of Sir Shenton Thomas, Governor and Prisoner of War* (London, 1984)中只有对战时岁月的描述比较有用。

关于战时岁月除了一大堆肤浅或无关紧要的印象记录外,当时也有人留下了一批值得关注的描述。George L. Peet, *Rickshaw Reporter* (Singapore, 1985)记录了他在 1923 至 1927 年间作为一名年轻的新闻记者首次采访之旅的记忆;R. C. H. McKie, *This Was Singapore* (London, 1950)描述了 20 世纪 30 年代另一位年轻记者在这里的多姿多彩的生活;Roland St. J. Braddell, *Lights of Singapore* (London, 1934; reprinted Kuala Lumpur, 1982)的作者是出生在新加坡的第三代英国人,是一名律师;R. H. B. Lockhart, *Return to Malaya* (London, 1936)将 20 世纪 30 年代中期的新加坡与其在第一次世界大战前的情形进行了比较。两位警官出版了值得关注的回忆录:R. H. de S. Onraet, *Singapore: A Police Background* (London, 1947),作者是战时岁月中的总警司;A. Dixon, *Singapore Patrol* (London, 1935)描述了一名低级警员在 20 世纪 20 年代中期的工作状况。Victor Purcell, *The Memoirs of a Malayan Official* (London, 1965)描述了一名马来亚政府官员的经历,他于 1921 至 1946 年间担任公职,曾在 1945 至 1946 年间担任向英国军政府报告的华人事务咨询官。在战时岁月中,Purcell 主要与华民护卫司署长一起在海峡殖民地工作,部分时间驻扎在新加坡。A. Gilmour, *An Eastern Cadet's Anecdotage* (Singapore, 1974)让我们可以瞥见一名下级官员的生活,不过他的回忆主要与马来亚内陆相关。

在当时由亚裔留下的记述中,Janet Lim, *Sold for Silver* (London and New York, 1958; reprinted Singapore, 1985 and 2004)是一本非常有趣的自传,作者是 20 世纪 30 年代的一名妹仔(mui tsai),后来成为医院的护士长。Low Ngiong Ing, *Chinese Jetsam on a Tropic Shore* (Singapore, 1974)是一本描写得非常详细的自传,再现了这一时期华人贫民的生活,这本书后来作为 *Recollections* (Singapore, 1983)的一部分重印。J. B. Van Cuylenburg, *Singapore: Through Sunshine and*

Shadow (Singapore, 1982)讲述了作者的经历,他是1895年出生在新加坡的第二代移民,是锡兰中产阶级家庭的后裔。他后来成为一名医学博士,战前还担任了市政议员。Yap Pheng Geck, *Scholar, Banker, Gentleman, Soldier: The Reminiscences of Dr. Yap Pheng Geck* (Singapore, 1982)讲述了一名1901年出生在柔佛村庄里的男孩的生平,他后来在20世纪30年代时成为新加坡的一名银行家,是战后成立的海峡英籍华人公会的主要支持者。

The Singapore Chinese Chamber of Commerce, *Fifty Years of Enterprise* (Singapore, 1964)收录了一些值得关注的有关华人领袖的资料。Yong Ching Fatt, *Tan Kah-Kee: The Making of an Overseas Chinese Legend* (Singapore, 1987)是一本调查细致的传记,另外陈嘉庚的自传由A. H. C. Ward. Raymond W. Chu及Janet Salaff翻译编辑为*The Memoirs of Tan Kah Kee* (Singapore, 1994)。此外还有Yong Ching Fatt, "Emergence of Chinese Community Leaders in Singapore, 1890－1941", *Journal of the South Seas Society*, 30, 1 and 2 (1975), pp. 1－18; 以及Yong Ching Fatt, "Leadership and Power in the Chinese Community of Singapore during the 1930s", *JSEAS*, VIII, 2 (1977), pp. 195－209。

关于华人在新加坡的政治活动,Y. Akashi, *The Nanyang Chinese Anti-Japanese National Salvation Movement, 1937－1941* (Kansas, 1970)是一本很有价值的开拓性作品,基于中文、日文和英文资料写成。Akashi此后还继续研究了日本人在日本占领时期在新加坡和马来亚的活动。Pang Wing Seng, "The Double Seventh Incident, 1937: Singapore Chinese Response to the Outbreak of the Sino-Japanese War", *JSEAS*, IV, 2 (1973), pp. 269－299对新加坡华人的领导机制和各种制度提供了很有深度的看法。另见Tsui Kuei-chiang, "The Response of the Straits Chinese to the May 4th Movement" (in Chinese), *Journal of the South Seas Society*, XX (1966), pp. 13－18; Stephen Leong, "The Malayan Overseas Chinese and the Sino-Japanese War, 1937－1941", *JSEAS*, X, 2 (1979), pp. 293－520;以及Wang Gungwu, "The Limits of Nanyang Chinese Nationalism, 1912－1937", in C. D. Cowan and O. W. Wolters (eds.), *Southeast Asian History and Historiography: Essays Presented to D. G. E. Hall* (Ithaca, 1976), pp. 405－423。

J. Chesneaux, *The Chinese Labor Movement, 1919－1927* (French original edition, 1962; trans. by H. M. Wright, Stanford, 1968)对当时背景的研究非常有价值。关于战时新加坡的劳工运动(主要影响到华人),有很多不错的作品:C. Gamba, *The Origins of Trade Unionism in Malaya: A Study of Colonial Labour Unrest* (Singapore, 1962)是一本研究相当细致的作品;J. N. Parmer, "Attempts at Labour Organizaiton by Chinese Workers in Certain Industries in the 1930s", in K. G. Tregonning (ed.), *Papers on Malayan History* (Singapore, 1962), pp. 239－255,对新加坡的海员、凤梨制造业和建筑工人中发生的劳工运动提出了非常有意思的观点。

一批研究海外华人及其原籍地的作品为研究作为南洋主要社群的新加坡华人提供了有价值的参考,主要有 Chen Ta, *Emigrant Communities in South China: A Study of Overseas Migration and Its Influence on Standards of Living and Social Change* (Shanghai, 1939; and New York, 1940)基于作者在 20 世纪 30 年代在中国所作的田野调查写成。另见 H. F. MacNair, *The Chinese Abroad, Their Position and Protection: A Study of International Law and Relations* (Shanghai, 1925; reprinted Taipeh, 1971)。

虽然并不直接涉及新加坡,但有两本自传性质的著作却让我们得以一瞥当时峇峇华人独特的生活方式。Queeny Chang, *Memoirs of a Nonya* (Singapore, 1981)清晰地勾勒了这个世纪最初 25 年间槟城和棉兰的华人家庭的传统生活方式。Ruth Ho, *Rainbow Round My Shoulder* (Singapore, 1975)则刻画了 20 世纪 30 年代,一个出生在海峡地区的第三代华裔女孩独特的家庭生活,她生长在一个信奉基督教的马六甲家庭,家中比较西化,讲英语。

James Warren 的 *Rickshaw Coolie* (Singapore, 1986)对了解这一时期特别有用,另外还可参见他对日本妓女的研究:*Ah Ku and Karayuki-san: Prostitution in Singapore* (Singapore, 1993)。

中国国民党在这个地区的活动参见 Png Poh Seng, "The KMT in Malaya", *JSEAH*, II, 2 (1961), pp. 1－32, reprinted in K. G. Tregonning (ed.), *Papers on Malayan History* (Singapore, 1962), 以及 Yong Ching Fatt and R. B. McKenna, *The Kuomingtang Movement in British Malaya, 1912 － 1949* (Singapore, 1990)。

J. D. Brimmell 的佳作 *Communism in South East Asia* (London, 1959)在地区的背景中考察了新加坡的运动,而 C. B. McLane, *Soviet Strategies in*

Southeast Asia: An Explanation of Eastern Policy under Lenin and Stalin (Princeton, 1966)把新加坡放到了国际共产主义运动的大背景中。J. D. Brimmell, *A Short History of the Malayan Communist Party* (Singapore, 1956)非常简略。Harry Miller, *Menace in Malaya* (London, 1954)对新加坡早期的共产主义运动做了很棒也很具可读性的阐述。

D. D. Chelliah 很有创见的 *A History of the Educational Policy of the Straits Settlements* (Kuala Lumpur, 1947; 2nd ed., Singapore, 1960)成书于抗日战争之前,是关于这一时期教育发展的最全面的著作,而 Harold E. Wilson, *Social Engineering in Singapore: Educational Policies and Social Change, 1819 –1972* (Singapore, 1978)则集中关注 1918 年之后的时间段。Victor Purcell, *Problems of Chinese Education* (London, 1936)是由直接参与其间的一名官员撰写的一本内容充实的有用之作。I. S. Nagle, *Educational Needs of the Straits Settlements and Federated Malay States* (Baltimore, 1928)包括了大量关于这一教育体系的细节信息。另外,R. O. Winstedt, *Education in Malaya* (Singapore, 1924)是一本作者担任督学期间撰写的小册子,对该体系进行了有价值的概括。

英国外交部有关鸦片战争的文件出版为 *The Opium Trade, 1910 –1941*, 6 vols. (Delaware, 1974)。

R. W. E. Harper and Harry Miller, *Singapore Mutiny: The Story of a Little "Local Disturbance"* (Kuala Lumpur, 1984);以及 Nicholas Tarling, "The Singapore Mutiny, 1915", *JMBRAS*, LV, 2 (1982), pp. 26 – 59 描述了 1915 年的兵变。Rhodes House, Oxford 和 Royal Commonwealth Society Library, Cambridge 藏有一些相关的私人回忆录。Lauterbach 所起的作用在一本如今已经过时但曾经风行一时的书中得到了描述: Lowell Thomas, *Lauterbach of the China Sea* (London, 1930); Dan van der Vat, *The Last Corsair: The Story of the Emden* (London, 1983)也有一章涉及。A. C. Bose, *Indian Revolutionaries Abroad* (Patna, 1971)提到了这场兵变,以及第一次世界大战期间在日本制造反英情绪的尝试,而 Sho Kuwajima, *The Mutiny in Singapore: War, Anti-War and the War for India's Independence* (New Delhi, 2006)则对后一方面进行了详细描述。

Noel Barber, *Tanamera: A Novel of Singapore* (London, 1981)利用了作者

战前在新加坡担任记者所取得的背景知识。

第五章　东方的战争(1941－1942)

有关英国在远东的防御政策以及导致新加坡陷落的战役的出版物实在太多。Malcolm H. Murfett, John N. Miksic, Brian P. Farrell and Chiang Ming Shun, *Between Two Oceans: A Military History of Singapore* (Oxford, 1999)有几章是关于这一时期的。陷落 60 周年纪念日的来临让一些历史学家开始以更审慎的态度重新评价相关事件,如 Brian P. Farrell, The *Defence and Fall of Singapore 1941－1942* (Stroud, UK, 2005)和 Karl Hack and Kevin Blackburn, *Did Singapore Have to Fall? Churchill and the Impregnable Fortress* (Singapore, 2004)。这些书籍都附有详细的参考文献,其中包括档案资料、私人文件、军事史和对这场战役的详细描述作品,篇目实在太多,无法在此处一一列出。Brian P. Farrell and Sandy Hunter (eds.), *Sixty Years On: The Fall of Singapore Revisited* (Singapore, 2002)汇集了相当多的相关论文,这些论文是提交给 2002 年 2 月在新加坡举行的一场大型研讨会的。

战前的防御政策

研究英国在远东的防御政策及其导致太平洋战争爆发的作品非常之多,其中包括对日本和英国当时各方面情况进行评估的重要作品,如 Ian H. Nish, *Alliance in Decline: A Study of Anglo-Japanese Relations, 1908－1923* (London, 1972);和 Nish (ed.), *Anglo-Japanese Alienation 1919－1952: Papers of the Anglo-Japanese Conference on the History of the Second World War* (Cambridge, 1982); Peter Lowe, *Great Britain and the Origins of the Pacific War: A Study of British Policy in East Asia 1917－1941* (Oxford, 1977); Malcolm Murfett, *Fool-proof Relations: The Search for Anglo-American Naval Co-operation during the chamberlain Years 1937－1940* (Singapore, 1984); Paul Haggle, *Britannia at Bay: The Defence of the British Empire against Japan 1931－1941* (Oxford, 1981);A. J. Marder, *Old Friends New Enemies, Vol. 1: Strategic Illusions, 1936－1941* (London, 1981); Paul M. Kennedy, *The Rise and Fall of British Naval Mastery* (London, 1983);Ong Chit Chung, *Operation Matador: Britain's War Plans against the Japanese, 1918－1941* (Singapore, 1997); W. R. Louis, *British Strategy in the Far East, 1919－1939* (Oxford,

1971); Brian P. Farrell, *The Basis and Making of British Grand Strategy, 1940 – 1943: Was there a Plan?* (New York and Lampeter, 1998)。澳大利亚方面的情况可参见 Ian Hamill, *The Strategic Illusion: The Singapore Strategy and the Defence of Australia and New Zealand, 1919 – 1942* (Singapore, 1981)以及 David Day, *The Great Betrayal: Britain, Australia and the Onset of the Pacific War 1939 – 1942* (New York, 1989)。

关注海军基地的作品很多。Stephen W. Roskill, *Naval Policy between the Wars*, 2 vols. (London, 1968 and 1976)把海军基地放在英国在远东的总体战略的背景中加以考量。Vaughan Cornish, "Singapore and Naval Geography", in Paul Kratoska (ed.), *Honourable Intentions: Talks on the British Empire in South-East Asia Delivered at the Royal Colonial Institute 1874 – 1928* (Kuala Lumpur, 1983), pp. 382 – 400 是一篇发表于 1925 年 6 月的演讲;战后研究海军基地的历史学家及作品有: C. N. Parkinson, *Britain in the Far East: The Singapore Naval Base* (Singapore, 1955); W. David McIntyre, *The Rise and Fall of the Singapore Naval Base 1919 – 1942* (London, 1919); J. Neidpath, *The Singapore Naval Base and the Defence of Britain's Eastern Empire, 1919 – 1941* (Oxford, 1981)。

关于空军的情况,参见 N. Shorrick, *Lion in the Sky: The Story of Seletar and the Royal Air Force in Singapore* (Kuala Lumpur, 1968),以及 Henry A. Probert, *The History of Changi* (Singapore, 1965; 2nd ed., Singapore, 2006)。

Eric Robertson, *The Japanese File: Pre-war Japanese Penetration in Southeast Asia* (Hong Kong, 1979)是一本 1942 年时在印度整理成册的英国官方文书,是投降前不久从新加坡的 Straits Settlements Police Special Branch 拿出来的资料。

军事战役

英联邦官方编写的史书都是根据原始文献来的,但它们都不可避免地带有官方阐述必然有的缺陷: S. Woodburn Kirby (ed.), *The War Against Japan, Vol. I: The Loss of Singapore* (London, 1957); L. Wigmore, *Australia in the War: The Japanese Thrust* (Canberra, 1957); K. D. Bhargava and K. N. V. Sastri, Campaigns in South-East Asia, 1941 – 1942, in B. Prasad (ed.), *Official History of the Indian Armed Forces in the Second World War, 1939 – 1945*

(Combined Inter-Services Historical Section, India and Pakistan, 1960)。Woodburn Kirby 也独立出版了一本不错的研究著作：*Singapore: The Chain of Disaster* (London, 1971)。

关于主要参与者的叙述，最需要阅读的是 Lt-Gen. A. E. Percial 的 *The War in Malaya* (London, 1949)和 *Operations of Malaya Command, from 8th December 1941 to 15th February 1942* (HMSO, London, 1948)；还有 Lt-Gen. H. Gordon Bennett, *Why Singapore Fell* (Sydney, 1944)。Sir Henry Pownall 的 *Chief of Staff: The Diaries of Lieutenant-General Sir Henry Pownall, Vol. II, 1940－1944*, Brian Bond (ed.), (London, 1974)收录了他在新加坡的短暂指挥经历，另外 *the Churchill Archives*, CHUR4/258, 2 January 1949 收录了 Pownall 在战后对新加坡败局的反思。Winston Churchill 在 *The Second World War, Vol. IV: The Hinge of Fate* (London, 1951)中给出了他的说法。John Connell (ed., and completed by Brigadier Michael Roberts), *Wavell, Supreme Commander, 1941－1943* (London, 1969)收录了许多文献资料；Brigadier I. Simson, *Singapore: Too Little, Too Late* (Singapore, 1970)是 Chief Engineer, Malaya Command 作出的有些痛苦的评述；Duff Cooper (Viscount Norwich)的自传 *Old Men Forget* (London, 1957)有一章讲的是他 1941 至 1942 年间在新加坡担任 Resident Cabinet Minister 时的经历。

Frank Legg, *The Gordon Bennett Story* (Sydney, 1965)中涉及马来亚战役及其后果的有五个章节。Sir John Smyth, *Percival and the Tragedy of Singapore* (London, 1971)和 Clifford Kinvig, *Scapegoat: General Percival of Singapore* (London, 1996)试图恢复 Percival 的名誉。

日军高级军官们没有同样留下这么多相关回忆录，只有 Colonel Masanobu Tsuji, *Singapore: The Japanese Version* (Sydney, 1960; reprinted Singapore 1988)，这本书首先于 1952 年出了日文版，是由一位充满争议的军事将领撰写的一本非常吸引人的著作。Lt-General Iwaichi Fujiwara 记录了他参与的收集情报和促成 the first Indian National Army 建立等活动，参见 *F Kikan: Japanese Army Intelligence Operations in Southeast Asia during World War II*, Yoji Akashi (trans.), (Hong Kong, 1983)。Yoji Akashi, "General Yamashita Tomoyuki, Commander of the 25th Army", (*Sixty Years*, pp. 185－207)是根据山下的日记撰写的，但此次会议上其他的论文则极少涉及日方。有关日方的出版物仍然非常

少,尽管最近已经有着手加以平衡补充,如 Brian Bond and Kyoichi Tachikawa (eds.), *British and Japanese Military Leadership in the Far Eastern War 1941－45* (London, 2004);以及 Henry Frei, *Guns of February: Ordinary Japanese Soldiers' Views of the Malayan Capaign in 1941* (Singapore, 2003)。

山下的英文传记目前还没有比较权威的。Arthur Swinson, *Four Samurai* (London, 1968)中谈到了他。J. D. Potter, *A Soldier Must Hang: The Biography of an Oriental General* (London, 1963)所持观点比较简单,有些偏袒传主,是比较早的重新评价山下的一次尝试。两本由参加了山下的审判的作者写成的著作主要涉及他的后期岁月,但也就他的性格特点提出了值得注意的观点:F. A. Reel, *The Case of General Yamashita* (Chicago, 1949)和 A. S. Kenworthy, *The Tiger of Malaya* (New York, 1953)。

其他一些士兵也记下了他们的经历,包括 K. Attiwill, *The Singapore Story* (London, 1959),作者是一名战士(后来成为战俘),该书留下了有关新加坡陷落前最后时日的生动记述,它是为了抗议官方历史的乏味平淡才写就的;A. G. Donahue, *Last Flight from Singapore* (London, 1944)讲述了一位美国战斗机飞行员与 RAF 一道在新加坡陷落前那段时间的经历;D. C. Eyre, *The Soul and the Sea* (London, 1959)是与一位 RAF 的无线电话务员合作撰写的,讲述了一艘小船在新加坡陷落时逃离的故事。Geoffrey Brooke, *Singapore's Dunkirk: The Aftermath of the Fall* (London, 1989; reprinted London, 2005)的作者是一名"威尔士亲王"号上的幸存者,他讲述了其他的一些逃亡故事。

驻地记者们留下了一系列报道:Ian Morrison, *Malayan Postscript* (London, 1942)是一本由伦敦《泰晤士报》记者撰写的虽短但很有见地的著作;Cecil Brown, *Suez to Singapore* (New York, 1942)的作者是一位美国记者,"威尔士亲王"上的幸存者,该书是他的一本详细日记,一直记录到作者于 1942 年 1 月中旬被驱逐出境时止,是一份对殖民地政府的强烈控诉书;G. A. Weller, *Singapore is Silent* (New York, 1943)是由最后离开新加坡的那位美国战地记者写的;O'Dowd Gallagher, *Retreat in the East* (London, 1942)是伦敦《每日快报》驻当地的南非籍记者留下的痛苦回忆,"驱逐"号沉没时他就在船上;E. M. Glover, *In 70 days* (London, 1946; rev. ed. London, 1949)是《马来亚论坛报》的总经理写的,他从 1927 年起一直在马来亚当记者。从另一面讲述这个故事的有 (Johnny) Tatsuki Fujii, *Singapore Assignment* (Tokyo, 1943),作者是一名在美国接受教育的日本记者,他在 1939 至 1941 年间为日属英文报刊《新加坡先驱报》工作,后在日据期间编辑《昭南新闻》。

其他外国侨民留下了有关新加坡陷落前几个星期的日常生活的亲眼见证:G. Playfair, *Singapore Goes Off the Air* (London, 1944)是一本日记,作者是马来亚广播公司新招的雇员,在太平洋战争爆发那天抵达新加坡,并于陷落前三天逃离此地;还有 O. W. Gilmour, *Singapore to Freedom* (London, 1943),作者是这里的副市政工程师 (Deputy Municipal Engineer),他在新加坡居住的时间超过 25 年。Noel Barber, *Sinister Twilight: The Fall and Rise Again of Singapore* (London, 1968), reprinted as *The Fall of Singapore* (London, 1985)将一群侨民的真实生活回忆放在总体背景的大框架内加以考量,该书可读性非常强,一如 J. G. Farrell, *The Singapore Grip* (London, 1978),这是一本以战时新加坡为背景的备受赞誉的小说。

在关于这次军事战役的众多二手叙述中(Brian Farrell, *Defence and Fall*,以及 Hack and Blackburn, *Did Singapore Have to Fall?* 两书列有这方面的详细文献),Louis Allen, *Singapore, 1941 −1942* (London, 1977; rev. ed. 1993)是一本非常具有启发性的著作,它利用日文资源,另辟蹊径。Romen Bose, *Secrets of the Battlebox: The History and Role of Britain's Command HQ in the Malayan Campaign* (Singapore, 2005)提供了关于指挥部内部情况的细致观察。

Captain Russell Grenfell, *Main Fleet to Singapore* (London, 1951; reprinted Singapore, 1987)对海战所涉及的背景作了非常棒的阐述,从日本在 20 世纪初的崛起一直讲到 1942 年 5 月的中途岛战役。G. M. Bennett, *The Loss of the Prince of Wales and Repulse* (London, 1973)和 Martin Middlebrook and Patrick Mahoney, *Battleship: The Loss of the Prince of Wales and the Repulse* (London, 1977)详细描述了这次事件。H. M. Tomlinson, *Malay Waters: The Story of Little Ships Coasting out of Singapore and Penang in Peace and War* (London, 1950)阐述了各艘小舰船在对日战争期间的活动。

关于当地的政府军队在战役中起到的作用,目前还没有非常全面的著作:M. C. FF (后改名 Mubin) Sheppard, *The Malay Regiment, 1933 − 1947* (Kuala Lumpur, 1947)收录了一些值得注意的材料,但阐述过于简略,关于新加坡志愿军所起的作用,目前还没有更加详细的著作对 T. M. Winsley, *A History of the Singapore Volunteer Corps* (Singapore, 1937)的阐述作更新完善。

在一项全景式的研究中,Christopher Bayly and Tim Harper, *Forgotten Armies: The Fall of British Asia, 1941—1945* (London, 2004)并没有从传统的军事角度看待太平洋战争,而是把它看做一场政治和社会革命,它涉及英属亚洲新月地区的所有亚裔居民,为帝国主义敲响了丧钟。

第六章　昭南:南方之光(1942—1945)

有关战俘或者由他们亲自撰写的著作非常多,大多数是关于那些被派遣去别地做奴隶劳工的,但以下列出的作品主要是关于那些在战争期间一直待在新加坡的亚裔和欧美侨民的经历和回忆的。

打破将日据时期当成第二次世界大战史的一部分的常规做法,Paul H. Kratoska, *The Japanese Occupation of Malaya: A Social and Economic History* (London, 1998)主要关注这段时期对马来亚的经济、社会和人口造成的影响。虽然关注重点是马来半岛,但这本书也涉及新加坡,利用了大量访谈和回忆录资料,还列出了一份非常不错的参考文献。

Syonan, *The Good Citizen's Guide, Handbook of Declarations, Orders, Rules and Regulations etc. issued by Gunseikan-bu (Military Administration Department), Syonan Tokubetu-si (municipality) and Johore Administration between February 2602 (1942) and March 2603 (1943)* (Singapore, 1943)是研究日据时期前几个月日本统治的一本很好的参考资料。

两本由日本作者撰写的非常有价值的研究著作将官方政策放在更宽泛的马来亚地区背景中加以考察:Yoichi Itagaki (战时曾在马来亚服役),"Some Aspects of the Japanese Policy for Malaya under the Occupaton, with Special Reference to Nationalism", in K. G. Tregonning (ed.), *Papers on Malayan History* (Singapore, 1962), pp. 256—273;以及 Yoji Akashi, "Japanese Policy towards the Malayan Chinese, 1941—1945", *JSEAS*, I, 2 (1970), pp. 61—89, 其中收录了关于新加坡的大量细节资料。另见 Yoji Akashi 所写的三篇论文:"Bureaucracy and the Japanese Military Administration, with Specific Reference to Malaya", in William H. Newell (ed.), *Japan in Asia, 1942—1945* (Singapore, 1981), pp. 46—82; "Education and Indoctrination Policy in Malaya and Singapore under the Japanese Rule, 1942—1945", *Malaysian Journal of Education*, 1978; 以及"The Koa Kunrenjo, 1942—1945: A Case Study of Cultural Propagation and

Conflict under the Japanese Occupation of Malaya", Paper presented at the *Conference on South-East Asian Studies*, Kota Kinabalu, 1977。Singapore training school 也在 Alfred W. Mccoy (ed.), *Southeast Asia under Japanese Occupation* (New Haven, 1980)中得到了描述。

Mamoru Shinozaki, *My Wartime Experiences in Singapore* (Singapore, 1973); *Syonan—My Story* (Singapore, 1975)以及 *Three and a Half Years of Occupation in Singapore* (Singapore, 1982)都是非常不错的回忆录,作者是一名日本官员,在战前、战中和战后时期的新加坡都扮演了重要角色。

其他一些作品把日本对东南亚的政策作为一个整体来加以考察: J. Lebra (ed.), *Japan's Greater East Asia Co-Prosperity Sphere in World War II: Seleted Readings and Documents* (Kuala Lumpur, 1974)是一本很有价值的资料和评述集,主要从日文文献中摘选; W. H. Elsbree, *Japan's Role in Southeast Asian Nationalist Movements, 1940 – 1945* (Cambridge, Mass., 1953); F. C. Jones, *Japan's New Order in East Asia: Its Rise and Fall, 1937 – 1945* (London, 1954)。

在战争结束后不久,几位新加坡人就日据时期写了详细而充满痛苦回忆的一手阐述,主要有: Chew Hock Leong, *When Singapore was Syonan* (Singapore, 1945)是最早、最简单也写得最仓促的一本; Tan Yeok Seong, "History of the Formation of the Oversea Chinese Association and the Extortion by Japanese Military Administration of $50, 000, 000 from the Chinese in Malaya", *JSSS*, III, 1 (1946), pp. 1 – 12; Tan Thoon Lip, *Kempeitai "Kindness"* (Singapore, 1946)是一本笔触深刻沉痛的著作,作者是一名受过英语教育的律师,陈笃生的孙子; Chin Kee Onn, *Malaya Upside Down* (Singapore, 1946)主要关注霹雳,但也涉及新加坡; Chin Kee Onn, *Ma-Rai-Ee* (London, 1952)是一本背景设定在日据时期的霹雳和新加坡的小说,根据作者的亲身经历改编; N. I. Low and H. M. Cheng, *This Singapore: Our City of Dreadful Night* (Singapore, 1947)描述了一名教师和一名公务员在这段时期的经历。N. I. Low, *When Singapore was Syonan-to* (Singapore, 1973)在很大程度上与上面一本著作重复,但有一些额外的章节谈到其他人的经历。这本书后来与 Low 的 *Chinese Jetsam on a Tropic Shore* 一起重印为 *Recollections* (Singapore, 1983)。

在接下来的 20 年中,新加坡人把日据时期抛在了脑后。但从 20 世纪 60 年代开始,新的一批叙述更加详细、更少情绪化色彩的回忆录开始涌现,发端于 Chen Su Lan, *Remember Pompong and Oxley Rise* (Singapore, 1969),是一位著名医生的回忆录。此后的许多个人传记都用相当大的篇幅谈到了战争时期和日据时期,比如 J. B. Van Cuylenburg, *Singapore: Through Sunshine and Shadow* (Singapore, 1982)和 Yap Pheng Geck, *Scholar, Banker, Gentleman, Soldier: The Reminiscences of Dr. Yap Pheng Geck* (Singapore, 1982)。Edward Phua, *Sunny Days in Serangoon* (Singapore, 1981)描述了作者在日据时期在新加坡乡间度过的童年,而 Lucy Lum, *The Thorn in the Lion City: A Memoir* (London, 2007)与其形成鲜明对比,展示了战时的艰辛和受忽视。Ruth Ho, *Rainbow Round My Shoulder* (Singapore, 1975)讲述了在日据时期作为难民待在新加坡时的苦难经历。E. H. Corner, *The Marquis: A Tale of Syonan-to* (Kuala Lumpur, 1981)讲述了一位欧洲植物学家与众不同的经历,他在日本掌权时期仍然在继续自己的工作。He Wen-lit, *Syonan Interlude* (Singapore, 1992)是一位华人医生的回忆录。

Lee Geok Boi, *Syonan Years: Singapore under Japanese Rule, 1942 –1945* (Singapore, 2006)利用了许多照片和口头访谈资料,P. Lim Pui Huen and Diana Wong (eds.), *War and Memory in Malaysia and Singapore* (Singapore, 2000)也是如此。有些回忆录读来让人感觉现实的冷酷无情,主要有 Foong Choon Hon (comp.),以及 *The Price of Peace: True Accounts of the Japanese Occupation* (Chinese version, Singapore 1995; English translation by Clara Shaw, Singapore 1997); Foong Choon Hon (comp.), 以及 *Eternal Vigilance: The Price of Freedom*, Yuen Chen Ching (trans.) (Singapore, 2006)以及 Zhou Mei, *Elizabeth Choy: More than a War Heroine; A Biography* (Singapore, 1995)。

许多战俘和被关押的平民都描述了他们的经历。D. Russell-Roberts, *Spotlight on Singapore* (London, 1965)的作者是极少数在整个日据时期都留在新加坡的战俘之一。T. P. M. Lewis, *Changi: The Lost Years: A Malayan Diary, 1941 –1945* (Kuala Lumpur, 1984)记录了一名英国学校的校长在撤离霹雳时充当志愿者,以及其后被拘禁在新加坡的经历。Tan Sri Dato Mubin Sheppard, *Taman Budiman: Memoirs of an Unorthodox Civil Servant* (Kuala Lumpur, 1979)有一章生动地描写了作者在战时被囚禁在新加坡的经历。Penrod Dean, *Singapore Samurai* (NSW Australia, 1998)是东京战犯审判时出庭的十位

澳大利亚证人之一，他当时试图逃走，但却被抓住关进欧南监狱。

R. McKie, *The Heroes* (Sydney, 1960)描述了鲁莽的“杰未克行动”(Operation Jawick)，这次行动给被关押的平民和新加坡的怀疑论者们带来了可怕的后果，而另一次糟糕的“老虎行动”(Operation Rimau)则可参见 B. Connell, *Return of the Tiger* (London, 1960)以及更具争议性的 Peter Thompson, *Kill the Tiger: Operation Rimau and the Battle for Southeast Asia* (Sydney, 2002; reprinted London, 2007)。

有一些被拘禁的女性平民出版了回忆录，主要有 Freddy Bloom, *Dear Philip: A Diary of Captivity, Changi 1942 –1945* (London, 1980)，这是一位美国的记者和关押营通讯编辑以写给她的医生丈夫的信的形式写成的。她丈夫当时拘禁在男性关押营里。Sheila Allan, *Diary of a Girl in Changi, 1941 –1945* (3rd ed., NSW Australia, 2004)重新整理了一位 17 岁少女被拘禁期间写的日记，还记载了其他一些被关押者的故事。

有一些比较著名的西方人起初仍被允许在城镇中工作，后来则被日本宪兵队逮捕。他们也留下了自传：A. Dally, *Cicely, the Story of a Doctor* (London, 1968) 的作者是一名儿科医生，是女性关押营的领袖，她在 1937 年时来到新加坡；以及 R. McKay, *John Leonard Wilson, Confessor for the Faith* (London, 1973)，作者是新加坡主教。

Kevin Blackburn, “Memory of the Sook Ching Massacre and the Creation of the Civilian War Memorial of Singapore”, *JMBRAS*, LXXIII (2) 2000, pp. 71 – 90 详细考察了最新的关于那场臭名昭著的华人大屠杀及其后果的各种证据。同一主题还在 Lord Russell of Liverpool, *The Knights of Bushido: A Short History of Japanese War Crimes* (London, 1958; reprinted London, 2005)中得到讨论。Hsu Yun-Ts'iao (comp.), “Introduction of the Record of Malayan Chinese Victims during the Japanese Occupation”, *JSSS*, XI, 1 (1955), pp. 1 – 112(用中文写成，但有英文导论)中列出了 7 000 名受害者的名字。

有两本书关注了“双十”事件的审判：B. A. Mallal (ed.), *The Double Tenth Trial* (Singapore, 1947)；C. Sleeman and S. C. Silkin (eds.), *Trial of Sumida Haruzo and Twenty Others: The Double Tenth Trial* (London, 1951)记录了整个事件过程。

在众多对印度人社群和印度国民军的研究作品中，C. Kondapi, *Indians*

Overseas, 1828 — 1949 (New Delhi, 1951)中有一节谈到了"自由印度"运动和日据时期。Gurchan Singh, *Singa: The Lion of Malaya* (London, 1949)是由一位印度锡克教徒、前警察长写的,只有一部分涉及新加坡,但对日据时期新加坡的印度社群的生活提出了不同寻常的洞见。B. Prasad (ed.), *Official History of the Indian Armed Forces in the Second World War, 1939 — 1945, Vol. II, The Reconquest of Burma* (India and Pakistan, 1959)以及 K. K. Ghosh, *The Indian National Army: Second Front of the Indian Independence Movement* (Meerut, 1969)谈到了印度国民军。Joyce C. Lebra, *Jungle Alliance: Japan and the Indian National Army* (Singapore, 1971)和 Joyce C. Lebra, *Japanese Trained Armies in Southeast Asia: Independent and Volunteer Forces in World War II* (Hong Kong, 1977)把这场运动放到更大的背景中加以考察。

K. R. Menon, *East Asia in Turmoil: Letters to My Son* (Singapore, 1981)是根据作者战时的笔记整理修订后出版的,记录了作者在新加坡陷落中以及后来在印度国民军中的亲身经历。Shah Nawaz Khan, *My Memories of I. N. A. and its Netaji* (New Delhi, 1946)的作者曾是印度国民军中的一名军官,狂热崇拜着苏巴斯·钱德拉·鲍斯。与这本书持相反观点的是 Mahmood Khan Durrani, *The Sixth Column* (London, 1955),这是一本令人着迷的自传作品,作者是一名印度穆斯林军官,他渗透到了印度国民军中。

苏巴斯·钱德拉·鲍斯的故事吸引了许多作家:Hugh Toye, *The Springing Tiger* (London, 1959)是由一名英国陆军上校撰写的;Tatsuo Hayashida, *Netaji Subhas Chandra Bose: His Great Struggle and Martyrdom* (Bomby, 1970)是一个日本目击者撰写的一本小书的英译本; Sisir K. Bose (ed.), *A Beacon across Asia: A Biography of Subhas Chandra Bose* (New Delhi, 1973; reprinted 1996)一书还出了日文和德文版;M. I. Bhargava, *Netaji Subhas Chandra Bose in South-East Asia and India's Liberation War, 1943 — 1945* (New Delhi, 1982); H. N. Pandit, *Netaji Subhas Chandra Bose* (New Delhi, 1988);以及 Ratna Ghosh (ed.), *Netaji Subhas Chandra Bose and Indian Freedom Struggle*, 2 vols. (New Delhi, 2006)。

日据时期在新加坡的中立欧洲人也撰写了一些著作,Hans Schweizer-Iten, *One Hundred Years of the Swiss Club and the Swiss Community in Singapore, 1871 — 1971* (Singapore, 1981)着重关注新加坡的瑞士社群的生活状况; H. E.

Wilson, *Educational Policy and Performance in Singapore, 1942 – 1945* (Singapore, 1973)主要依据的材料是一位爱尔兰牧师老师未出版的日记。

S. Woodburn Kirby (ed.), *The War Against Japan, Vol, V: The Surrender of Japan* (London, 1969)是英国官方关于太平洋战争最后阶段的史书。Cheah Boon Kheng, *Red Star Over Malaya: Resistance and Social Conflict during and after the Japanese Occupation of Malaya 1941 – 1946* (Singapore, 1983; 2nd ed., Singapore, 2003)是一项重要的原创研究,主要关注马来半岛,但也涉及新加坡的“传言中的恐怖”。

第七章　战争的后果(1945 – 1955)

在这个世纪初,历史学家们越来越对战争刚结束那段岁月以及当地人群开始自主决定命运的动机感兴趣,代表性作品有持修正主义观点的 Christopher Bayly 和 Tim Harper 的 *Forgoten Wars: The End of Britain's Asian Empire* (London, 2007),这是他们 *Forgotten Armies* 一书的续篇;Yong Mun Cheong, *The Indonesian Revolution and the Singapore Connection, 1945 – 1949* (Leiden, 2003);Tim Harper, *The End of Empire and the Making of Malaya* (Cambridge, 1999);以及 Michael D. Barr and Carl A. Trocki (eds.), *Paths Not Taken: Political Pluralism in Postwar Singapore* (Singapore, 2008)。

有关英国的军事管理的官方正史作品是 F. S. V. Donnison, *British Military Administration in the Far East, 1943 –1946* (London, 1999)。有关战争刚结束那段岁月的官方正史说法可见 *British South East Asia Recovers* (Singapore, 1949),这是《海峡时报》对 Colonial Office, *British Dependencies In the Far East, 1945 –1949*, CMD. 7709 (London, 1949)的重印本。Romen Bose, *The End of the Wars: Singapore's Liberation and the Aftermath of the Second World War* (Singapore, 2005)是根据近期发布的英国相关文件写就的。

S. W. Jones, *Public Administration in Malaya* (London and New York, 1953)一书的作者战前担任过殖民大臣,其对马来亚和新加坡的政治和行政框架进行的阐述非常有用。M. V. del Tufo, *A Report on the 1947 Census of Population* (London, 1949)显示了战后时期人口结构上的变化。

O. W. Gilmour, *With Freedom to Singapore* (London, 1950)是作者个人对新解放的新加坡作出的很有意思的评述。E. M. Glover, *In 70 days* (first published London, 1946; rev. ed. 1949)的最后一章以简短的战后印象作结。

一批政治家和官员们出版了值得注意的个人回忆录，主要有：MDU Chairman Philip Hoalim, *The Malayan Democratic Union* (Singapore, 1973); Malayan Civil Service officer Andrew Gilmour, *My Role in the Rehabilitation of Singapore, 1946 — 1953* (Singapore, 1973); David Marshall, "Singapore's Struggle for Nationhood, 1945 — 1959", *JSEAS*, I, 2 (1970), pp. 99 — 104, reprinted as *Singapore's Struggle for Nationhood, 1945 — 1959* (Singapore, 1971); Francis Thomas, *Memoirs of a Migrant* (Singapore, 1972),这是一本立场公正、言简意赅的个人自传，令人耳目一新。Thio Chan Bee, *Extraordinary Adventures of an Ordinary Man* (London, 1977)是一本叙事非常清晰的回忆录，作者是这一时期的一位政治领军人物。目前还没有关于陈祯禄的非常权威的传记，但他的两个女儿出版了纪念文集：Agnes Tan Kim Lwi 篇幅很短的 *Tun Dato Sir Cheng Lock Tan SMN, DPMJ (Johore) CBE KBE JP: A Son of Malacca* (Singapore, 1985)；以及 Alice Scott-Ross 的 *Tun Dato Sir Cheng Lock Tan: A Personal Profile* (Singapore, 1990)，此书介绍了其家庭情况。Tan Cheng Lock, *Malayan Problems: From a Chinese Point of View*, C. Q. Lee (ed.), (Singapore, 1947)是对他在战前、战间和战后不久所发表的演讲和宣传册的结集。这位海峡地区华人领袖的私人文件散布在马来西亚的 the Arkib Negara 和新加坡的 the Institute of Southeast Asian Studies。

Yeo Kim Wah, *Political Development in Singapore, 1945 — 1955* (Singapore, 1973)至今仍是这方面最详细、最彻底的研究，不过作者后来修改了自己原来的一些观点，尤其是关于学生运动的，比如在"Joinging the Communist Underground: the Conversion of English-educated Radicals to Communist in Singapore, June 1948 - January 1951", *JMBRAS*, LXVIII, 1 (1994), pp. 29 — 59 一文中。大多数有关这一时期政治情况的研究集中关注的是马来半岛，主要有 A. J. Stockwell, British Policy and Malay Politics during the Malayan Union Experiment, 1942 — 1948 (Kuala Lumpur, 1979)；J. de V. Allen, *The Malayan Union* (New Haven, 1967); T. H. Silcock and Ungku Aziz, "Nationalism in Malaya", in W. L. Holland (ed.), *Asian Nationalism and the West* (New York, 1953; reprinted New York, 1973); K. J. Ratnam, *Communalism and the Political Process in Malaya* (Singapore, 1965)；以及 R. Emerson, *Representative*

Government in Southeast Asia (Cambridge, Mass., 1955)。S. Rose, *Socialism in Southeast Asia* (London, 1959)在有关马来亚的一章中花了较大篇幅关注新加坡在1945至1957年间的政治状况。Rajeswary Ampalavanar (Brown), *The Indian Minority and Political Change in Malaya, 1945 – 1957* (Kuala Lumpur, 1981)是一本细致研究在这一时期新加坡和马来西亚西部的政治中起了非常重要作用的一个少数族群的著作。

新加坡在战争刚结束不久产生分裂的根源在 A. J. Stockwell, "Colonial Planning during World War II: The Case of Malaya", *Journal of Imperial and Commonwealth History*, II, 3 (May, 1974), pp. 333 – 351；以及 C. M. Turnbull, "British Planning for Postwar Malaya", *JSEAS*, V, 2 (1974), pp. 239 – 254 中得到了探讨。这整个时期的情况则可参见 Mohamed Noordin Sopiee, *From Malayan Union to Singapore Separation: Political Unification in the Malaysia Region 1945 – 1965* (Kuala Lumpur, 1974; 2nd ed., Kuala Lumpur, 2005)。

两份非常有价值的官方报告描述了这一时期的社会状况，它们是 Department of Social Welfare, *A Social Survey of Singapore* (Singapore, 1947)和 Goh Keng Swee, *Urban Incomes and Housing* (Singapore, 1956)，后者是对1953 – 1954年社会调查的总结报告。C. Gamba, "Some Social Problems in Singapore", *Australian Quarterly*, XXVI, 2 (1954)描绘了一幅贫穷、拥挤的苦痛景象。

教育政策在 Singapore Advisory Council, *Education Policy in the Colony of Singapore: Ten Years' Programme Adopted in the Advisory Council on 7th August 1947* (Singapore, 1948)；以及 S. Gopinathan, *Towards a National System of Education in Singapore, 1945 – 1973* (Singapore, 1974)中得到了详述。Harold E. Wilson, *Social Engineering in Singapore: Educational Policies and Social Change, 1819 – 1972* (Singapore, 1978)着重谈了这一时期。

在20世纪50年代，一批人类学家和社会学家在新加坡进行了卓有成效的田野研究。M. Freedman, *Chinese Family and Marriage in Singapore* (London, 1957)；Barrington Kaye, *Upper Nankin Street Singapore* (Singapore, 1960)；M. Freedman and M. Topley, "Religious and Social Realignment among the Chinese in Singapore", *JAS*, XXI, 1 (1961), pp. 2 – 23; M. Topley, "The Emergence and Social Function of Chinese Religious Associations in Singapore", *Comparative*

Studies in Society and History, III (1960 — 1961), pp. 289 — 314; A. J. A. Elliott, Chinese Spirit and Medium Cults in Singapore (London, 1955);以及 Judith Djamour, *Malay Kinship and Marriage in Singapore* (London, 1959),此书是基于作者在 1949 至 1950 年间所作的田野调查写成的。

Director of Social Welfare, Tom Eames Hughes, *Tangled Worlds: The Story of Maria Hertogh* (Singapore, 1980)和 A. J. Stockwell, "Imperial Security and Moslem Militancy, with special reference to the Hertogh Riots in Singapore (December 1950)", *JSEAS*, XVII, 2 (1986), pp. 322 — 335 探讨了赫托暴乱的问题。Haja Maideen, *The Nadra Tragedy* (Maria Hertogh Controversy) (Kuala Lumpur, 1989)则从马来人的角度讲述了整个过程。

有关导致马来亚由于共产党的活动而宣布进入紧急状态的一系列劳工运动,此类研究著作很多。重点关注新加坡的有: M. R. Stenson, *Repression and Revolt: The Origins of the 1948 Communist Insurrection in Malaya and Singapore* (Ohio, 1969),是篇幅不长但值得注意的一篇论文;M. R. Stenson, *Industrial Conflict in Malaya: Prelude to the Communist Revolt of 1948* (London, 1970),是研究劳工运动背景的一本重要著作;Richard Clutterbuck, *Riot and Revolution in Singapore and Malaya, 1945 — 1963* (London, 1973),作者是一名在这段时期曾在马来亚服役的英国高级军官,这本书后来增订为 *Conflict and Violence in Singapore and Malaysia 1945 — 1983* (Singapore, 1985);G. Z. Hanrahan, *The Communist Struggle in Malaya* (New York, 1954; rev. ed. Kuala Lumpur, 1971);V. Thompson and R. Adloff, *The Left Wing in Southeast Asia* (New York, 1950)中有一章是讨论马来亚的,谈到马来亚共产主义运动和新加坡政治的发展。

在一项细致的研究中,Charles Gamba, *The Origins of Trade Unionism in Malaya: A Study in Colonial Labour Unrest* (Singapore, 1962) 又把对上述领域的关注一直讲述到了 1951 年新加坡职工总会成立之时。Alex Josey, *Trade Unionism in Malaya* (Singapore, 1954; rev. ed. Singapore, 1958)则篇幅更短,由一名左翼记者撰写。Virginia Thompson, *Labour Problems in Southeast Asia* (New Haven, 1947)关注的是战后结束不久发生的罢工运动。S. Sawberry and F. W. Dalley, *Labour and Trades Union Organisation in the Federation of Malaya and Singapore* (Kuala Lumpur, 1948) 报告了在 1947 至 1948 年间应马

来亚和新加坡政府之邀所作的一项调查的结果。C. Gamba, *Labour Law in Malaya* (Singapore, 1955)简要综述了劳工法的情况。George Sweeney, "Singapore, 1945 – 1957", in Mohamed Amin and Michael Caldwell, *Malaya: The Making of a Neo-Colony* (Nottingham, 1977)提供了一种激进的左倾解释。

一项更为晚近的研究,Kua Busan, *Teachers Against Colonialiam in Post-war Singapore and Malaya* (Kuala Lumpur, 2007)勾勒了当时教育界死气沉沉、薪水低廉、充满歧视的状况,以及因此而导致的20世纪40年代末反殖民主义的教师工会的成立。

International Bank for Reconstruction and Development, *The Economic Development of Malaya* (Singapore, 1955)是关于1954年一项出访马来亚和新加坡的活动的报告,它的评论很有分量,很有价值,不仅在经济方面,在教育、社会福利和卫生事业方面也是如此。

第八章　通往"默迪卡"之路(1955 – 1965)

到21世纪初,人们开始把这段时期以及独立初期视为现代新加坡建设中最为关键,也最有争议的时期。历史学家们开始探讨殖民时期留下了哪些影响。Brenda S. A. Yeoh, *Contesting Space in Colonial Singapore: Power Relations and the Urban Built Environment* (Singapore, 2003)研究了殖民时期因城市扩张而引起的社会冲突。E. Kay Gillis, *Singapore Civil Society and British Power* (Singapore, 2005)追溯了公民社会从1819至1963年间的发展历程。

在劳工阵线政府治下,立法会议的文件为我们留下了关于重要事项的珍贵资料,主要有 *The Report of the All Party Committee of the Singapore Legislative Assembly on Chinese Education*, Cmd. 9 (Singapore, 1956); *White Paper on Education Policy*, Cmd. 15 of 1956 (Singapore, 1956);以及 *The Communist Threat in Singapore*, Sessional Paper, Cmd. 33 of 1957 (Singapore, 1957)。

N. Ginsburg and C. F. Roberts, *Malaya* (Seattle, 1958; rev. ed. 1960)为我们提供了非常有用的背景资料,其中也涉及新加坡;同样涉及新加坡的还有 L. A. Mills, *Malaya: A Political and Economic Appraisal* (Minneapolis, 1958);以及 J. N. Parmer, "Malaysia", in G. McT. Kahin (ed.), *Governments and Politics of Southeast Asia* (2nd ed., Ithaca, 1964), pp. 281 – 365。S. C. Chua, *State of Singapore: Report on the Census of Population in 1957* (Singapore, 1964)分析了

人口统计数据。Michael Leifer, "Politics in Singapore: The First Term of the People's Action Party, 1959 – 1963", *Journal of Commonwealth Political Studies*, II (1963 – 1964), pp. 102 – 119 作出了比较公正的评述。

除了 Francis Thomas, *Memoirs of a Migrant* (Singapore, 1972)和 David Marshall, *Singapore's Struggle for Nationhood, 1945 – 1959* (Singapore, 1971),这一时期的回忆录还包括: Lim Yew Hock, *Reflections* (Kuala Lumpur, 1986); Gerald De Cruz, *Rojak Rebel: Memoirs of a Singapore Maverick* (Singapore, 1993)是一位前共产党人的回忆录,所取名字非常恰当,作者在 20 世纪 50 年代短暂参与了新加坡的政治;另外基调截然不同的是 D. J. Enright, *Memoirs of a Mendicant Professor* (London, 1969),作者是一位大学教授,他与人民行动党当局产生了冲突。

Chan Heng Chee 撰写了一部关于新加坡第一任首席部长的传记,笔调比较公正: *A Sensation of Independence: A Political Biography of David Marshall* (Singapore, 1984; reprinted Singapore, 2001)。Alex Josey, *David Marshall's Political Interlude* (Singapore, 1982)主要依据的是新加坡立法议会的辩论词,另外,Alex Josey, *The David Marshall Trials* (Singapore, 1982)如实地报道了整个庭审过程,揭示了新加坡的社会集体"感觉",阐明了马歇尔的性格特点。

人民行动党从建立之初就非常善于利用言论,无论是当时处于反对党地位还是后来执政。该党从 1955 年开始就每年发布年度报告和年度备忘录,而人民行动党的官方喉舌 *Petir* 从 1956 年就开始出版。*The Task Ahead* (Singapore, 1959)对该党在 1959 年大选之前的政策给出了全面的阐述。而在 1959 年后,文化部发行了不计其数的小册子来细致宣传该党的政策: *Towards a More Just Society* (Singapore, 1959); *Towards Socialism* (Singapore, 1960 – 1961)是一份政策分析,共分七个部分。*Democratic Socialism in Action, June 1959 – April 1963* (Singapore, 1963)总结了该党的第一个执政期,随后是 *Social Transformation in Singapore* (Singapore, 1964);以及 *People's Action Party, Tenth Anniversary Celebration Souvenir* (Singapore, 1964)。

这一时期许多政治领导人的演讲都结集出版了,主要有 Lee Kuan Yew, *Towards a Malaysian Malaysia* (Singapore, 1965); *Malaysia — Age of Revolution* (Singapore, 1965);以及 *Malaysia Comes of Age* (Singapore, 1965)。Goh Keng Swee, *Some Problems of Industrialization* (Singapore, 1963)收录了一系列的电

台讲话；还有 S. Rajaratnam 的 *Malayan Culture in the Making* (Singapore, 1960), *Challenge of Confrontation* (Singapore, 1964)以及 *Malaysia and the World* (Singapore, 1964)。

当时的作者们以马来亚进入紧急状态、中国的情况以及冷战在亚洲的情况为背景来描述新加坡的政治动荡。那是一个本土出版业繁荣的时代，也是以新加坡为基地的外国驻东南亚记者们的黄金时代。Sit Yin Fong, *Dateline Malaya and Singapore 1939 — 1971: I Stomped the "Hot" Beat* (Singapore, 1991)是《海峡时报》王牌记者所设专栏的结集，生动地再现了往日那令人兴奋的画面，尤其是他对1955年福利巴士暴动事件的经典报道："新加坡走向疯狂之夜", pp. 104 — 123。退伍老兵转行为记者的 Dennis Bloodworth 凭着在欧洲和越南长期见证的共产主义，在 *The Tiger and the Trojan Horse* (Singapore, 1986; reprinted Singapore, 2005)一书中讲述了人民行动党和左翼之争中的种种阴谋与暴力。Bloodworth 生动清晰的阐述是基于他与各位当事人的大量私人接触，但这些记述后来没有得到应有的重视。John Drysdale, *Singapore: The Struggle for Success* (Singapore, 1984)根据关于1964至1965年的广泛研究和大量访谈写成。记者 Robert Shaplen 在 *Time out of Hand: Revolution and Reaction in South East Asia* (New York and London, 1969)中对新加坡隶属于马来西亚时期及其独立初期岁月作出了耐人寻味的评述。

Lee Tinga Hui, "The Communist Organization in Singapore: Its Techniques of Manpower Mobilization and Management, 1948 — 1966", *Institute of Southeast Asian Studies*, *Field Report Series*, No. 12 (Singapore, 1976)利用了曾被拘禁者的信息。另见 Lee Ting Hui, "The Communist Open United Front in Singapore: 1954 — 1966", in Lim Joo-Jock and S. Vani (eds.), *Armed Communist Movements in Southeast Asia* (London, 1984), pp. 109 — 129。站在另一端受中文教育的社会政治阶层的立场，参见 Sikko Visscher, "Actiors and Arenas, Elections and Competition: The 1958 Election of the Singapore Chinese Chamber of Commerce", *JSEAS*, XXXIII (2003), pp. 315 — 332；以及 Hong Liu and Wong Sin-Kiong, *Singapore Chinese Society in Transition: Business, Politics, and Socio-Ecomonic Change, 1945 — 1965* (Chinese version Singapore, 2004; English translation 2006)。

Richard Clutterbuck, *Riot and Revolution in Singapore and Malaya, 1945 —*

1963 (London, 1973), updated as *Conflict and Violence in Singapore and Malaysia*, *1945 — 1983* (Singapore, 1985)涉及这一时期，A. C. Brackman, *Southeast Asia's Second Front: The Power Struggle in the Malay Archipelago* (London, 1966)也是如此。R. S. Elegant, *The Dragon's Seed: Peking and the Overseas Chinese* (New York, 1959)揭示了当时在新加坡非常盛行的一种观点，即中国与海外华人及当地的政治关系密切。J. M. Van der Kroef, *Communism in Malaysia and Singapore* (The Hague, 1967)和 J. M. Van der Kroef, "Nanyang University and the Dilemmas of Overseas Chinese Education", *China Quarterly*, 20 (October-December 1964), pp. 96 — 127 也持相同观点。Stephen Fitzgerald, *China and the Overseas Chinese: A Study of Peking's Changing Policy*, *1949 — 1970* (Cambridge, 1972)则挑战了这种观点，该书主要依据中国官方的资料，对中华人民共和国的政策作出了令人大受启发的重新阐释。

社会主义阵线曾出版双周刊 *The Plebeian* (1962 — 1963)，该刊后来作为 *The Plebeian Express* (1963/4 — 1968)不定期出版了几年，后又改回 *The Plebeian* (1968 — 70)。但激进的左派直到很多年后才得到更进一步的机会来从他们的角度讲述新加坡和马来西亚的故事，其中最重要的是 Tan Jing Quee and K. S. Jomo (eds.), *Comet in our Sky: Lim Chin Siong in History* (Kuala Lumpur, 2001)。林清祥还接受了 Melanie Chew, *Leaders of Singapore* (Singapore, 1996)的访谈，Lam Peng Er and Kevin Y. L. Tan (eds.), *Lee's Lieutenants: Singapore's Old Guard* (Sydney, 1999)也涉及他(但说法很有争议)。其他还有 Liew Khai Khun, "The Anchor and the Voice of 10, 000 Waterfront Workers: Jamit Singh in the Singapore Story (1954 — 1963)", *JSEAS*, XXXV, 3 (2004), pp. 459 — 478；白传 Said Zahari, *Dark Clouds at Dawn: A Political Memoir* (Kuala Lumpur, 2001)；马来亚共产党领导人的证词(Alias)Chin Peng, *My Side of History*, *as told to Ian Ward & Norma Miraflor* (Singapore, 2000)；以及 C. C. Chin and Karl Hack (eds.), *Dialogues with Chin Peng: New Light on the Malayan Communist Party* (Singapore, 2004)。

新加坡并入马来西亚以及其后又独立出来的过程在当时引来了广泛的评论，如 R. C. H. Mckie, *Malaysia in Focus* (Sydney, 1963)，这是一本作者个人记录下他对马来西亚形成前夕的事件和重要人物的回忆，非常具有可读性，另见 W. A. Hanna, *Sequel to Colonialism: The 1957 — 1960 Foundations for Malaysia*

(New York, 1965)。双方之间矛盾和摩擦的增加在 Michael Leifer, "Singapore in Malaysia: The Politics of Federation", *JSEAH*, VI, 2 (1965), pp. 54－70 中得到展示;分离带来的冲击可见 R. S. Milne, "Singapore's Exit from Malaysia: The Consequences of Ambiguity", *Asian Survey*, VI, 3 (1966), pp. 175－184,以及 Nancy Fletcher, *The Seperation of Singapore from Malaysia* (Ithaca, 1969; reprinted 1971)。

当时的新闻访谈和官方公告也提供了大量信息,如 Government of Singapore, *Separation: Singapore's Separation from the Federation* (Singapore, 1965)。官方档案公开后,细致的学术研究作品问世了,主要有 Albert Lau, *A Moment of Anguish: Singapore in Malaysia and the Politics of Disengagement* (Singapore, 1998)。Matthew Jones, *Conflict and Confrontation in South East Asia, 1961－1965: Britain, The US, and the Creation of Malaysia* (Cambridge, 2002)把这个故事放在更大的国际背景中加以考察。当事人本人也留下了回忆录:李光耀回忆录 *The Singapore Story* (Singapore, 1998)的第一卷;Melanie Chew, *Leaders of Singapore* (Singapore, 1996)收录了近四十篇小传,大多基于私人访谈; Patrick Keith, *Ousted! An Insider's Story of the Ties that Failed* (Singapore, 2005)是由当时马来西亚的 Deputy Director of External Information 所写;英国首相 Harold Wilson 的 *The Labour Government, 1964－1970: A Personal Record* (London, 1971);Tunku Abdul Rahman, *Viewpoints* (Kuala Lumpur, 1978);以及 Ooi Kee Beng, *The Reluctant Politician, Tun Dr Ismail and his Time* (Singapore, 2006)。

第九章　新生的国家(1965－1990)

到了 20 世纪末,独立初期岁月将会得到细致的分析,但在当时的人们看来,这是应该向前看的时候,要研究既有的情况和当前的趋势,而不是一味地回顾过去。

有一大批关于这个新生共和国的政治、经济、人口、民族、生育情况、城市发展、外交政策等方面的出版物。有些是以学术论文、田野报告、工作论文、调查札记和讨论文章的形式,由新加坡的 the Institute of Southeast Asian Studies 和各个大学的院系(新加坡大学、南洋大学,以及 1980 年之后国立新加坡大学)发表的。这些和篇幅更大的研究作品将成为日后的历史记录。

基本的官方信息可见 *Singapore Yearbook*,首次出版于 1964 年,旨在取代原

先的 *Annual Reports*；另见从 1974 年以来的 *Singapore Facts and Figures*。有关当时的新加坡的文章出现在每年的 *Southeast Asian Affairs* 上，它由 the Institute of Southeast Asian Studies 出版。

Ooi Jin Bee and Chiang Hai Ding (eds.), *Modern Singapore* (Singapore, 1969)是一本论文集，为纪念新加坡建立 150 周年而出版。Seah Chee Meow (ed.), *Trends in Singapore* (Singapore, 1975)对独立初期这第一个阶段结束后的前景充满信心。

关于这一时期的人民行动党，可参考两本著作：T. J. Bellows, *The People's Action Party of Singapore* (New Haven, 1971)；以及 Pang Cheng Lian, *Singapore's People's Action Party* (Singapore, 1971)。Fong Sip Chee, *The PAP Story: The Pioneering Years (November 1954 – April 1968): Diary of Events of the People's Action Party, Reminiscences of an Old Cadre* (Singapore, 1979)是一本朴实的个人阐述。

American Universities Field Staff Reports, *Southeast Asia Series* 是一系列非常有用的评述作品，尤其是 W. A. Hanna, "Success and Sobriety in Singapore", Vol. 16, No. 2 – 5 (New York, 1968)。Iain Buchanan, *Singapore in Southeast Asia* (London, 1972)提出了尖锐的批评，在当时大多数作品都持积极的乐观主义基调的情况下，激起了大量争论。

政治学家及后来的外交家 Chan Heng Chee 就政治发展情况和人民行动党日益增强的控制为我们提供了他的指引：Chan Heng Chee, *Singapore: The Politics of Survival, 1965 – 1967* (Singapore, 1971); *The Dynamics of One Party Dominance: The PAP at the Grass Roots* (Singapore, 1976)；收录在 B. Grossman (ed.), *Southeast Asia in the Modern World* (Wiesbaden, 1972), pp. 165 – 179 中的"Nation Building in Southeast Asia: The Singapore Case"和收录在 Seah Chee Meow (ed.), *Trends in Singapore* (Singapore, 1975) 中的"Politics in an Administrative State: Where have the politics gone?"；以及"In the Middle Passage: The PAP Faces the Eighties", University of Singapore, Politics Department, Occasional paper series, No. 36 (Singapore, 1979)等文章。

另见 Raj K. Vasil, *Politics in a Plural Society* (Singapore, 1971); Seah Chee Meow, *Community Centres in Singapore: Their Political Involvement* (Singapore, 1973); Wu Teh-yao (ed.), *Political and Social Change in*

Singapore (Singapore, 1975); Stanley S. Bedlington, *Malaysia and Singapore: The Building of New States* (Ithaca, 1978); Charles Ng Sen Ark and T. P. B. Menon (eds.), *Singapore—A Decade of Independence* (Singapore, 1975)。

对经济的关注非常多: Goh Chok Tong, *Industrial Growth in Singapore, 1959－1968* (Ministry of Finance, Singapore, 1968)是由新加坡未来的总理撰写的一份信息量非常大的官方报告; P. J. Drake (ed.), *Money and Banking in Malaya and Singapore* (Singapore, 1966); R. Ma and You Poh Seng, *The Economy of Malaysia and Singapore* (Singapore, 1966); P. I. Drake, *Financial Development in Malaya and Singapore* (Canberra, 1969); H. Hughes and You Poh Seng (eds.), *Foreign Investment and Industrialization in Singapore* (Canberra, 1969); You Poh Seng and Lim Chong Yah (eds.), *The Singapore Economy* (Singapore, 1971); Lee Soo Ann, *Papers on Economic Planning and Development in Singapore* (Singapore, 1971); Wong Kum Poh and M. Tan (eds.), *Singapore in the International Economy* (Singapore, 1972); P. P. Courtenay, *A Geography of Trade and Develomment in Malaya* (London, 1972); Lee Soo Ann, *Industrialization in Singapore* (Melbourne, 1973); Lee Sheng-yi, *The Monetary and Banking Development of Malaysia and Singapore* (Singapore, 1974); Kunio Yoshihara, *Foreign Investment and Domestic Response: A Study of Singapore's Industrialization* (Singapore, 1976); Tan Chwee Huat, *Financial Institutions in Singapore* (Singapore, 1978)。Lim Joo-Jock et al, "Foreign Investment in Singapore: Some Broader and Socio-Political Ramifications", Institute of Southeast Asian Studies, *Field Report Series* No. 13 (Singapore, 1977)涵盖的范围更广。Lim Chong-Yah (ed.), *Learing from the Japanese Experience* (Singapore, 1982)阐述了"学习日本"运动。You Poh Seng and Lim Chong-Yah (eds.), *Singapore: Twenty Five Years of Development* (Singapore, 1984)是一本纪念文集,关注的主要是独立以来时期的情况。

对这一阶段新加坡的发展和香港的横向比较可参见 M. Herrmann, *Hong Kong versus Singapore* (Stuttgart, 1970);T. Geiger, *Tales of Two City States: Development Progress of Hong Kong and Singapore* (Washington, 1973);以及 Peter Hodge (ed.), *Community Problems and Social Work in Southeast Asia: The Hong Kong and Singapore Experience* (Hong Kong, 1980)。

Alex Josey, *Industrial Relations: Labour Laws in a Developing Singapore* (Singapore, 1976)是 *Labour Laws in a Changing Singapore* (Singapore, 1968)一书的增订本。Alex Josey (ed.), *Asia Pacific Socialism* (Singapore, 1973)收录的主要是1972年在新加坡的 Socialist International Asia-Pacific Bureau 发表的一些演讲,包括一次 C. V. Devan Nair 的演讲,以及一篇人民行动党的政策文章"Singapore's Concept of Socialism"。C. V. Devan Nair (comp. and ed.), *Socialism that Works: The Singapore Way* (Singapore, 1976)收录了由政治领导人和其他新加坡各界人士所写的文章。C. V. Devan Nair, *Inlook and Outlook* (Singapore, 1977)收录了关于工会的报告。

R. Nyce, *The Kingdom and The Country: A Study of Church and Society in Singapore* (Singapore, 1970; 2nd ed., 1972)对20世纪60年代的社会变迁作出了很耐人寻味的评述。

在20世纪70年代有相当多的相关社会学方面的研究作品: R. Gamer, *The Politics of Urban Development in Singapore* (Ithaca, 1972); Stephen H. K. Yen (ed.), *Public Housing in Singapore: A Multi-disciplinary Study* (Singapore, 1975)是由建屋发展局委托进行的研究; Riaz Hassan (ed.), *Singapore: Society in Transition* (Kuala Lumpur, 1976); Peter Chen Shou-jen and Hans-Dieter Evers (eds.), *Studies in ASEAN Sociology: Urban Society and Social Change* (Singapore, 1978)主要涉及新加坡。

Government of Singapore, *Census Report for 1970* (Singapore, 1973)是一份很有用的资料。Chang Chen-tung, *Fertility Transition in Singapore* (Singapore, 1974)探讨了全国生育计划项目 (National Family Planning Programme)的影响。Peter S. J. Chen and James T. Fawcett, *Public Policy and Population Change in Singapore* (New York, 1979)以及 Saw Swee Hock, *Population Control for Zero Growth in Singapore* (Singapore, 1980)将这项有争议的人口政策放到大背景下加以考察。

马来少数族群的状况也得到了分析。马来少数族群的法律地位在 State Advocate-General of Singapore Ahmad Ibrahim 的"The Legal Position of Muslims in Singapore", *Intisari*, I, 1 (1962), pp. 40 — 50 一文中以及 *The Status of Muslim Women in Family Law in Malaysia, Singapore and Brunei* (Singapore, 1965)一书中得到了论述。Judith Djamour, *The Muslim Matrimonial Court in*

Singapore (London, 1966)是根据田野调查写成的。Sharom Ahmad and James Wong (eds.), *Malay Participation in the National Development of Singapore* (Singapore, 1971);政治学家 Ismail Kassim 的 *Problems of Elite Cohesion: A Perspective from a Minority Community* (Singapore, 1974)重点关注人民行动党中的马来人领袖。Chew Soo Beng, *Fishermen in Flats* (Melbourne, 1982)调查了社会变迁对一个马来渔村的影响。

对妇女地位的研究仍然比较少,不过在 Eddie C. Y. Kuo and Aline K. Wong, *The Contemporary Family in Singapore* (Singapore, 1979)一文之后, Aline Wong 又就离婚、生育率和女性在经济发展中的作用写了一系列报告和论文。Joyce C. Lebra and Joy Paulson, *Chinese Women in Southeast Asia* (Singapore, 1980)比较了新加坡、吉隆坡和曼谷的女性的地位差别。另见 Linda Y. C. Lim, *Women in the Singapore Economy*, Occasional Paper No. 5, Economic Research Centre (Singapore, 1982)。

在当时,南洋大学的历史问题主要被看成一个政治问题,参见 Malaysian Government, *Communism in the Nanyang University* (Kuala Lumpur, June 1964)。A. W. Lind, *Nanyang Perspectives: Chinese Students in Multiracial Singapore* (Hawaii, 1974)是一项根据作者在 1969 年所作的田野调查写就的非常详细的著作。对一个追求现代化和发展的国家教育体系的强调,这种观点可见 Goh Keng Swee, *Report on the Ministry of Education 1978* (Singapore, 1979);以及 Pang Eng Fong, *Education, Manpower and Development in Singapore* (Singapore, 1982)。

非殖民地化的最后阶段,以及英国从当地基地撤军,这对新生的新加坡共和国和英国来说都意义重大。有许多学者研究了英国的防务政策: Philip Darby, *British Defence Policy East of Suez, 1947 – 1968* (London, 1973); D. Lee, *Eastward: A History of the Royal Air Force in the Far East 1945 – 1972* (London HMSO, 1984); M. Murfett, *In Jeopardy: The Royal Navy and British Far Eastern Defence Policy 1945 – 1951* (Kuala Lumpur, 1995); Jeffrey Pickering, *Britain's Retreat from East of Suez: The Politics of Retrenchment* (New York, 1998);以及 Saki Dockrill, *Britain's Retreat from East of Suez: The Choice between Europe and the World?* (Basingstoke, 2002)。Chin Kin Wah, *The Defence of Malaysia and Singapore: The Transformation of a Security System*

1957 — 1971 (Cambridge, 1983); 以及 Murfett et al., *Between Two Oceans* (Oxford, 1999)的最后一部分集中关注的是新加坡。Michael Leifer, *Malacca, Singapore and Indonesia* (Netherlands, 1978)将现代的国际海域问题放到殖民时代遗留下来的对抗关系的历史背景中加以考虑。Karl Hack, *Defence and Decolonisation in Southeast Asia: Britain, Malaya and Singapore, 1941 — 1968* (London, 2001)从更宽广的范围全景式地观察问题,并列有详细的参考书目。Marc Frey, Ronald W. Pruessen and Tan Tai Yong (eds.), *The Transformation of Southeast Asia: International Perspectives on Decolonization* (New York, 2003)从亚洲的角度看待了这些事件的影响。

关于对外政策参见 P. Boyce, *Malaysia and Singapore in International Diplomacy: Documents and Commentaries* (Sydney, 1968); 以及 Chan Heng Chee, "Singapore's Foreign Policy, 1965 — 1968", *JSEAH*, X, 1 (1969), pp. 177 — 191;另外,在 Michael Leifer 有关东南亚后殖民时代国际关系的众多作品中,新加坡都占据了很重要的地位。F. H. H. King, "The Foreigh Policy of Singapore", in R. P. Barston (ed.), *The Other Powers: Studies in Foreign Policies of Small States* (London, 1973), pp. 252 — 286 中有许多中肯的观点。另见 Lau Teik Soon (ed.), *New Directions in the International Relations of Southeast Asia: The Great Powers and Southeast Asia* (Singapore, 1973)。

到了 20 世纪 80 年代初,新加坡对自己已经取得的成就感到自豪,并开展了一系列纪念日活动,如 Alex Josey, *Singapore: Its Past, Present and Future* (Singapore, 1979)持鲜明的亲人民行动党立场;Jakie Sam (ed.), *The First Twenty Years of the People's Association* (Singapore, 1980); S. Jayakumar (ed.), *Our Heritage and Beyond: A Collection of Essays on Singapore, its Past, Present and Future* (Singapore, 1982)收录了总理和数位高级公务员的相关文章;Raj K. Vasil, *Governing Singapore* (Singapore, 1982); Jon S. T. Quan, Chan Heng Chee and Seah Chee Meow (eds.), *Government and Politics of Singapore* (Singapore, 1985); rev. ed. Singapore 1987)收录了大量论自 1945 年以来历史背景的文章。Aline Wong and Stephern H. K. Yeh, *Housing a Nation: 25 Years of Public Housing in Singapore* (Singapore, 1985)是由建屋发展局委托编著的。另见 Jon Quah Siew-Tien, "Meeting the Twin Threats of Communism and Communalism: The Singapore Respinse", in Chandran Jeshurun (ed.),

Governments and Rebellions in Southeast Asia (Singapore, 1985), pp. 186－217。

有一系列的传记作品都是关于李光耀在这四分之一世纪中的人生经历的，他在这段时期内，达到了个人权力的顶峰。在这些作品中，最重要的是李光耀自己两卷本的回忆录：*From Third World to the First: The Singapore Story, 1965－2000* (Singapore, 2000)。在新加坡独立早期，有很多作品分别从完全相反的角度刻画了他的形象：一方是他的朋友兼顾问 Alex Josey 的两本著作——*Lee Kuan Yew* (Singapore, 1968; rev. ed. 1971)和 *Lee Kuan Yew: The Struggle for Singapore* (Sydney, 1974; 3rd ed. Sydney, 1980)；另一方是 T. J. S. George, *Lee Kuan Yew's Singapore* (London, 1973)；一位印度记者写的一本短小精悍的著作，James Minchin, *No Man is an Island: A Study of Singapore's Lee Kuan Yew* (Sydney, 1986)试图保持中立客观，但总体而言还是持批评立场。

老一代领导人直到 20 世纪 70 年代末，一直对新加坡发挥着重要的影响。他们有些人现身说法，剖析了自己，而且往往非常坦率，Melanie Chew 作了一批让人很有启发的访谈，*Leaders of Singapore* (Singapore, 1996)收录了对新加坡公共生活各个领域中杰出人物的若干访谈。Melanie Chew, *Biography of President Yusuf bin Ishak* (Singapore, 1999)是新加坡共和国第一任总统的传记，这位总统在任期内逝世。

除了上述访谈和 Lam Peng Er and Kevin Y. L. Tan (eds.), *Lee's Lieutenants: Singapore's Old Guard* (Sydney, 1999)中让人大有助益的研究之外，老一辈领导人大多主要将自己的经验和思想留存在自己的演讲和著作中。吴庆瑞的经济哲学的演变可以在他两卷本的论文、信件和演讲集里看出来：*Economics of Modernization and Other Essays* (Singapore, 1972)，涵盖的时间范围是 1959 至 1971 年；*The Practice of Economic Growth* (Singapore, 1977)是 1972－1977 年中此类资料的结集；还可见 Goh Keng Swee, "Economic Development and Modernization in South-East Asia", in H. D. Evers (ed.), *Modernisation in South East Asia* (Singapore, 1973)。Tan Siok Sun, *Goh Keng Swee: A Portrait* (Singapore, 2007)是由他的女婿写的。

S. Rajaratnam, *The Prophetic and the Political: Selected Speeches and Writings of S. Rajaratnam*, Chan Heng Chee and Obaid ul Haq (eds.), (Singapore and New York, 1987; 2nd ed Singapore, 2007，新加了一个后记)很深入地探究了这位老资格的政治领导人的思想，此类作品还有 Kwa Chong Guan (ed.), *S. Rajaratnam on Singapore: From Ideas to Reality* (Singapore, 2006),是在他逝世后出版的。另可参见 Ang Hwee Suan, *Dialogues with S. Rajaratnam, Former Senior Minister in the Prime Minister's Office* (Singapore, Shin Min Daily News, Singapore 1991)。

A. Roland, *Profiles from the New Asia* (London, 1970)有一个章节介绍了林金山和他在新加坡的背景资料。韩瑞生的女儿亲自写了一部赞颂父亲的作品:Joan Hon, *Relatively Speaking* (Singapore, 1984);以及 Linda Low and Lim Beng Lum (arranged and ed.), *Strategies of Singapore's Economic Success, Speeches and Writings by Hon Sui Sen* (Singapore, 1992)。C. V. Devan Nair, *Towards Tomorrow: Essays on Development and Social Transformation in Singapore* (Singapore National Trades Union Congress, *Singapore*, 1973); *Socialism That Works: The Singapore Way* (Singapore, 1976);还有 *Not by Wages Alone: Selected Speeches and Writings of C. V. Devan Nair, 1959 – 1981* (Singapore, 1982)是由新加坡全国职工总会出版的,旨在庆祝共和国总统的当选。Othman Wok, *Never in My Wildest Dreams* (Singapore, 2000)是作者的自传。

当时与新加坡当局不和的人士也留下了他们的证词: Tan Wah Piow, *Let the People Judge: Confessions of the Most Wanted Person in Singapore* (Kuala Lumpur, 1987);以及 Francis Seow, *To Catch a Tartar: A Dissident in Lee Kuan Yew's Prison* (New Haven, 1994)。

还有一批非常引人入胜的书籍描绘了新加坡当时以及更早期的景象。Ray K. Tyers, *Singapore Then and Now*, 2 vols. (Singapore, 1976); Singapore Ministry of Culture, Daljit Singh and V. T. Arasu (eds.), *Singapore: An Illustrated History, 1941 – 1984* (Singapore, 1984); Eric Jennings, *Singapore Panorama: 150 Years in Pictures* (Singapore, 1969); ILSA Sharp (ed.), *This Singpoare* (Singapore, 1975)是为了纪念新加坡独立十年; Yeo Soh Choo, *Singapore Memento* (Singapore, 1984); *A Salute to Singpoare* (Singapore, 1984);以及 V. Gopalakrishnan and A. Perera (eds.), *Singapore: Changing Landscapes: Geylang, Chinatown, Serangoon* (Singapore, 1983)。

第十章　新的卫士(1990 – 2005)

新加坡历史的最新一段离现在太近,还缺乏历史性的回顾,但 20 世纪的最后十年却在两本风格截然不同的著作中得到了呈现：Ross Worthington, *Governance in Singapore* (London and New York, 2003)；以及 Cherian George, *Singapore: The Air-Conditoned Nation: Essays on the Politics of Comfort and Control, 1990－2000* (Singapore, 2000)。Worthington 的作品是一本重量级的学术专著，并附有详细的参考书目。它主要关注吴作栋担任总理的头八年，把他领导的政权称为一个"威斯敏斯特式国家"。George 文笔生动的随笔集则从一位新加坡记者的视角敏锐地勾勒出了这个共和国在 20 世纪最后几年中的样貌。

尽管"禁言禁行令"和约束很严的政治体系仍然存在，人们却感觉到，新千年将带来一个鼓励讨论的新时代，而自 20 世纪 80 年代以来教育系统(尤其是高等教育层面)令人瞩目的扩展也助推了这种印象。日益壮大的知识分子群体品评现状，并回顾过去半个世纪的历程，以追寻新加坡的来路，以及它应该前进的方向；探索如何协调严厉得异乎寻常的政治控制与教育方面的发展，协调经济财富的大增长与社会变迁和人们期望值的增高。

人民行动党自身也仍然积极发表言论，公布政策文献，将部长们的讲话和值得纪念的本党大型活动记录结集出版，如 People's Action Party, *For People through Action by Party* (Singapore, 1999)；以及 Irene Ng (ed.), *PAP 50: Five Decades of the People's Action Party* (Singapore, 2004)。

Kernial Singh and Paul Wheatley (eds.), *Management of Success: The Moulding of Modern Singapore* (Singapore, 1989)广泛涉及政治、经济、人口、教育和语言等方面。

关于政治领域的作品有：Kevin Tan and Lam Peng Er (eds.), *Managing Political Change in Singapore: The Elected Presidency* (London, 1997)；Ho Khai Leong, *The Politics of Policy-Making in Singapore* (Singapore, 2000)，此书后来又增订为 *Shared Responsibilities, Unshared Power: The Politics of Policy Making in Singapore* (Singapore, 2003)，审视了精英阶层从 1959 年以来单边制定政策的状况。Hussin Mutalib, *Parties and Politics: A Study of Opposition Parties and the PAP in Singapore* (Singapore, 2003; 2nd ed., 2004)是对殖民时代直至当代状况的深刻讨论。此外还有 Diane K. Mauzy and R. S. Milne, *Singapore Politics under the People's Action Party* (London, 2002)；Derek da Cunha (ed.), *Debating Singapore: Reflective Essays* (Singapore, 1994)；*The Price of Victory: The 1997 Singapore General Election* (Singapore,

1997);da Cunha (ed.), *Singapore in the New Millenium: Challenges facing the City State* (Singapore, 2002);以及 Michael Hill and Lian Kwen Fee, *The Politics of Nation Building and Citizenshipi in Singapore* (London and New York, 1995)。

政治控制招致许多批评,如 Christopher Tremewan, *The Political Economy of Social Control in Singapore* (New York and Basingstoke, 1994); Carl A. Trocki, *Singapore: Wealth, Power and the Culture of Control* (London, 2006);以及 Garry Rodan 的多部著作: *The Political Economy of Singapore's Industrialization: National State and International Capital* (Basingstoke, 1989); Rodan (ed.), *Singapore Changes Guard: Social, Political and Economic Directions in the 1990s* (Melbourne and New York, 1993); Rodan (ed.), *Political Oppositions in Industrialising Asia* (London and New York, 1996); Rodan (ed.), *Singapore* (Aldershot, 2001); Rodan, *Transparency and Authoritarian Rule in Southeast Asia: Singapore and Malaysia* (London and New York, 2004)。还有 Rodan 作为联合主编的 Kevin Hewison, Richard Robison and Garry Rodan (eds.), *Southeast Asia in the 1990s: Authoritarianism, Democracy and Capitalism* (Sydney, 1993);以及 Rodan, Hewison and Robison (eds.), *The Political Economy of South-East Asia: An Introduction* (Melbourne, 1997)。上述作品的第二版是 *The Political Economy of South-East Asia: Conflicts, Crises and Change* (Melbourne, 2001);更新的一个版本则为 *The Political Economy of South-East Asia: Markets, Power and Contestation* (Melbourne, 2006)。

李光耀仍然引起人们诸多关注。他自己的两卷本回忆录分别在 1998 年和 2000 年出版。三位《海峡时报》的高级记者结合一系列访谈和演讲资料,勾勒出一幅类似于自画像的画面: Han Fook Kwang, Warren Fernandez and Sumiko Tan (eds.), *Lee Kuan Yew: The Man and his Ideas* (Singapore, 1998)。更具有批判性的赞赏之词可见 Michael D. Barr, *Lee Kuan Yew: The Beliifs behind the Man* (London, 2000);以及 Hong Lysa, "The Personal is Political: The Lee Kuan Yew Story as Singapore's History", *JSEAS*, XXXIII, 3 (2002), pp. 545－557。

关于这段时期任职的几位总统, Tisa Ng and Lily Tan, *Ong Teng Cheong: Planner, Politician, President* (Singapore, 2005)是一本由他人撰写的传记,而关于王的前任黄金辉, Wee Kim Wee, *Glimpses and Reflections* (Singapore, 2006)

则是他的自传。

反对派政治家的声音也能听到：Chee Soon Juan，*Dare to Change: An Alternative Vision for Singapore* (Singapore，1994)；*Singapore My Home Too* (Singapore，1995)；以及 *The Power of Courage: Effecting Political Change in Singapore Through Non- Violence* (Singapore，2005)。工人党的老领导 J. B. Jeyaretnam 的 *Make it Right for Singapore: Speeches in Parliament，1997 – 1999* (Singapore，2000)；以及 *The Hatchet Man of Singapore* (Singapore，2003)。Dana Lam，*Days of Being Wild: GE 2006 Walking the Line with the Opposition* (Singapore，2006) 涉及工人党和 2006 年的大选。另见 James Gomez (ed.) *Publish and Perish: The Censorship if Opposition Party Publications in Singapore* (Singapore，2001)；还有非选区议员 (2001 – 2006) Steve Chia 的 *Called to Serve: A Compilation if Parliamentary Speeches and Questions* (Singapore，2006)。

Michael Leifer，*Singapore's Foreign Policy: Coping with Vulnerability* (London，2000)回顾了 1965 年独立时的情况，Joseph Chinyong Liow and Ralf Emmers (eds.)，*Order and Security in Southeast Asia: Essays in Memory of Michael Leifer* (New York，2005) 对有关新加坡的探讨多有贡献。N. Ganesan，*Realism and Dependence in Singapore's Foreign Policy* (London，2005)从独立早期一直谈到现在。新加坡规模很小但很多样化的外交官群体也开始记录下他们的经历：Ho Rih Hwa，*Eating Salt: An Autobiography* (Singapore，1991)由前任驻泰国大使撰写；Maurice Baker，*A Time if Fireflies and Wild Guavas* (Singapore，1995)；Lee Khoon Choy，*On the Beat to the Hustings: An Autobiography* (Singapore，1986)和 *Diplomacy if a Tiny State* (Singapore，1993)；Joe F. Conceicao，*Flavours of Change: Destiny and Diplomacy-Recollections of a Singapore Ambassador* (Singapore，2004)的作者曾任国会议员，并曾担任驻莫斯科和驻印度尼西亚大使；Tommy Koh and Chang Li Lin (eds.)，*The Little Red Dot: Reflections by Singapore's Diplomats* (Singapore，2005)；以及 Gretchen Liu 体量可观的著作 *The Singapore Foreign Service:* The First 40 years (Singapore，2005)。

学院派经济学家们对经济领域进行了很好的研究：W. G. Huff，*The Economic Growth if Singapore: Trade and Development in the Twentieth*

Century (Cambridge, 1994);以及 Gavin Peebles and Peter Wilson, *The Singapore Economy* (Cheltenham, 1996);还有国际货币基金组织下属的新加坡地区培训学院的前任院长所著的 Henri Ghesquiere, *Singapore's Success: Engineering Economic Growth* (Singapore, 2007)。

Tim Huxley, *Defending the Lion City: The Armed Forces of Singapore* (Sydney, 2000) 是一本很权威的著作,展示了从20世纪50年代以来的演化历程。另可见 Peter H. L. Lim, *Navy: The Vital Force* (Singapore, 1992);以及 Melanie Chew, *The Sky Our Country: 25 Years of the Republic of Singapore Air Force* (Singapore, 1993); Felix Soh Wai Ming, *Phoenix: The Story of the Home Team* (Singapore, 2003)追溯了自1819年直至21世纪反恐怖主义的内部安全状况史。

有关社会状况的研究非常多。有些是历史角度的,如 Chan Kwok Bun and Tong Chee Kiong (eds.), *Past Times: A Social History of Singapore* (Singapore, 2003), "the social backdrop to Singapore's faded years", 以及 Stephen Dobbs, *The Singapore River: A Social History, 1819 – 2002* (Singapore, 2003)。其他一些是对当代状况所作的社会学研究: Ong Jin Hui, Tong Chee Kiong, Tan Ern Ser (eds.), *Understanding Singapore Society* (Singapore, 1997); Chua Beng Huat, Communitarian Ideology and Democracy in Singapore (London, 1995);以及 *Life is not Complete without Shopping: Consumption Culture in Singapore* (Singapore, 2003)。许多作品集中关注了族群问题,如 Raj K. Vasil, *Asianising Singapore: The PAP's Management of Ethnicity* (Singapore, 1995); John R. Clammer, *Race and State in Independent Singapore, 1965 – 1990: The Cultural Politics of Pluralism in a Multi-ethnic Society* (Aldershot, 1998); Lai Ah Eng, *Meanings of Multi-ethnicity: A Case Study of Ethnicity and Ethnic Relations in Singapore* (Kuala Lumpur, 1995); Lai Ah Eng, *Beyond Rituals and Riots: Ethnic Pluralism and Social Cohesion in Singapore* (Singapore, 2003);以及 Lian Kwen Fee (ed.), *Race, Ethnicity and the State in Malaysia and Singapore* (Leiden, 2006)。

有些作者关注了人们对福利状况越来越深的忧虑: Linda Low and Aw Tar Chean, *Social Insecurity in the New Millennium: The Central Provident Fund in Singapore* (Singapore, 2004); Tan Ern Ser, "Balancing State Welfarism and Individual Responsibility: Singapore's CPF Model", in Catherine Jones Finer and

Paul Smyth (eds.), *Social Policy and the Commonwealth: Prospects for Social Inclusion* (Basingstoke, 2004), pp. 125 — 137; John Gee and Elaine Ho (eds.), *Dignity Overdue* (Singapore, 2006)讨论了外籍家政工人在新加坡的生存状况。

许多出版物讨论了教育体系在 20 世纪末 21 世纪初令人瞩目的扩张：John Yip Soong Kwong and Sim Wong Kooi (eds.), *Evolution of Educational Excellence: 25 Years of Education in the Republic of Singapore* (Singapore, 1990)对自独立以来取得的成就表示了赞赏。S. Gopinathan et al (eds.), *Language, Society and Education in Singapore: Issues and Trends* (Singapore, 1994; 2nd ed., 1998) 则关注当下及未来的发展，同样关注于此的还有 Jason Tan and Ng Pak Tee (eds.), *Thinking Schools, Learning Nation: Contemporary Issues and Challenges* (Singapore, 2008)。Janet Shepherd, *Striking a Balance: The Management of Language in Singapore* (New York, 2005) 讨论了双语学校教育。Edwin Lee and Tan Tai Yong, *Beyond Degrees: The Making of the National University of Singapore* (Singapore, 1996); National University of Singapore, *Transforming Lives: NUS Celebrates 100 Years of University Education in Singapore* (Singapore, 2005); 以及 Raffles Institution, *Under the Banyan Tree: Collected Memories of Some Inspiring Rafflesians* (1961 - 1964) (Singapore, 2007)对英语主导的双语教育体系取得的成功表示赞赏。至于不足的一面，Lily Zubaidah Rahim, *The Singapore Dilemma: The Political and Educational Marginality of the Malay Community* (Kuala Lumpur, 1998)突出探讨了马来语教育存在的问题，而华语教育在 20 世纪中期的新加坡不太令人满意的状况也再次勾起了一批年轻学者的兴趣。而一些曾亲历南洋大学往事的人们近年来也写出了自己的观点，如 Rayson Huang (Vice chancellor 1969 — 1972), *A Lifetime in Academia: An Autobiography* (Hong Kong, 2000); 以及 Wang Gungwu (1965 年南洋大学课程评估报告的作者), Gregor Benton and Hong Liu (eds.), *Diasporic Chinese Ventures: The Life and Work of Wang Gungwu* (London, 2004)。Wong Ting-hong, *Hegemonies Compared: State Formation and Chinese School Politics in Postwar Singapore and Hong Kong* (New York, 2002) 作了一项值得注意的对比，但新加坡教育制度自独立以来的完整历史还没有人写出来。

Saw Swee Hock 在 *Changes in the Fertility Policy of Singapore* (Singapore, 1990)一书中审视了 20 世纪 80 年代发生的种种变迁，而他的 *Population Policies and Programmes in Singapore* (Singapore, 2005) 一书则追溯了自 20 世纪 50 年代以来的政策变化。

关于马来少数民族的处境, Saat A. Rahman (ed.), *In Quest of Excellence: A Story of Singapore Malays* (Singapore, 2002)热烈赞颂了独立以来的 20 个年头。作了更深入的探讨,也没有那么乐观的是 Tania Li, *Malays in Singapore: Culture, Economy and Ideology* (Singapore, 1989), 以及 Lily Zubaidah Rahim, *The Singapore Dilemma: The Political and Educational Marginality of the Malay Community* (Kuala Lumpur, 1998)。Hadijah Rahmat, *Portraits of a Nation-British Legacy on the Malay Settlement in Singapore* (Singapore, 2007)是马来人保留区命运的编年史作品。

到了 20 世纪末,人们越来越关注女性在新加坡的状况,1993 年出版的两本书对此意义重大,两书均由 Aline K. Wong and Leong Wai Kum 主编: 篇幅较小的一本是 *A Woman's Place: The Story of Singapore Women* (Singapore, PAP Women's Wing, 1993); 较详细的一本是 *Singapore Women: Three Decades of Change* (Singapore, 1993)。随后问世的是 Stella R. Quah, *Family in Singapore: Sociological Perspectives* (Singapore, 1994); Lenore Lyons, *A State of Ambivalence: The Feminist Movement in Singapore* (Leiden, 2004); 以及 Arora Mandakini (ed.), *Small Steps, Giant Leaps: A History of AWARE and the Women's Movement in Singapore* (Singapore, 2007)。

Francis T. Seow, *The Media Enthralled: Singapore Revisited* (Boulder; US, 1998) 对这一时期的媒体持严厉批评的态度。Cherian George, *Contentious Journalism and the Internet: Towards Democratic Discourse in Malaysia and Singapore* (Singapore, 2006)研究的是互联网作用于政治的趋势及其潜在的效果,非常有启发性。

与之前的时期相比,劳资关系问题在近期表现得并不引人关注,因此大多数有关这一主题的作品都是历史回顾性质的,比如 Raj K. Vasil, *Public Service Unionism: A History of the AUPE (Amalgamated Union of Public Employees) in Singapore* (Singapore, 1979); Singapore Port Workers Union, *The Port Worker and his Union: The First 40 Years of the Singapore Port Workers' Union* (Singapore, 1986);以及 Singapore Port Workers Union, *Portside: A Celebration of the 50th Anniversary of the Singapore Port Workers' Union* (Singapore, 1996)。

到20世纪最后十年时，历史学家们开始对新加坡的过去作极为激进的重新诠释，这种兴趣因政府尝试灌输官方宣传的历史版本——胜者撰写的历史却激起强烈反击而获得了推动力：Ban Kah Choon, Anne Pakir and Tong Chee Kiong (eds.), *Imagining Singapore* (Singapore, 1992; 2nd ed., 1994); Loh Kah Seng, "Within the Singapore Story: The use and narrative of history in Singapore", *Crossroads*, 12 (1998); Abu Talib Ahmad and Tan Liok Ee (eds.), *New Terrains in Southeast Asian History* (Athens, Ohio and London, 2003); Albert Lau, "Nation Building and the Singapore Story", in Wang Gungwu (ed.), *Nation Building: Five Southeast Asian Histories* (Singapore, 2005), pp. 221－250。若干由Hong Lysa撰写的文章，在加入了新材料之后，收录在Hong Lysa and Huang Jianli, *The Scripting of a National History: Singapore and its Pasts* (Singapore, 2008)一书中；还有Michael D. Barr and Carl A. Trocki (eds.), *Paths Not Taken: Political Pluralism in Postwar Singapore* (Singapore, 2008)一书收录了大量会议论文，应该能激起争论。总之，对新加坡历史的研究以生机勃勃和发展良好的态势迈入了21世纪。

索　　引

（索引条目后数字为原书页码，即本书边码）

C

K

N

O

译 后 记

就新加坡共和国本身而言，它是一个非常年轻的国家，1965 年才独立建国，它也是一个非常小的国家，就算加上填海成功预计可能增加的土地，总的面积也不足 800 平方公里。或许正因如此，大多数历史研究者都不单独研究它，而倾向于把它作为马来半岛的一部分来考察。但这些都并不意味着它就没有历史，或者没有作为研究对象单独考察的价值——这本篇幅达 50 万字的《新加坡史》就是想说明这一点。

不过，这样一本篇幅不小的新加坡史著作，并不是通过一味将新加坡的历史追溯得更久远来完成的。它着重详述的时间段也就两百年左右，仅从 1819 年前后，新加坡成为英国人的殖民地开始。这既是因为研究早期历史缺乏相应的文献和考古资料，更是因为，作者相信，从回溯的角度看，对今天的新加坡影响较大的各种政治、经济、文化要素，主要都是由这段历史决定的，此外，新加坡在整个地区乃至国际上成为一个重要的角色，也仅是这两百年中的事。而作者又赞成叙事史具有的内在价值，倾向于在关注各种问题、理论之前，先要原原本本地按照时间序列讲清发生过的大事，呈现出现过的重要人物。这些决定了本书的涵盖范围、篇幅安排和相对来说比较像纪实文学的叙事风格。

当然，作者在导论里面也对新加坡史的总体研究现状做了概括，并告诉我们，无论是她所采取的叙事立场、着重叙述的时间段，还是她选取的"主人公",对其他一些学者来说,都是存在争议的,也有人更愿意强调整个地区的马来文化对新加坡的影响,更愿意从强盛的马来海上商贸帝国时代开始讲述新加坡经济制度的逐步演化,或者更愿意强调,对塑造今日新加坡贡献更大的是亚裔人群,而不是那一小群和殖民制度相关的欧洲人。如果读者更愿意听取这样的故事,也可以从作者提供的线索入手。我相信,从她提供的非常详细的注释和书目中可以看出,作者最希望的,是激起读者对探索新加坡历史的兴趣,而不是把自己的观点强加于人。而阅读、翻译本书的过程,也确实让译者在我们这个邻国及其周边地区的历史中发现了不少耐人寻味之处,对那里的某些现状也有了更深的理解。再想及,新加坡虽然是年轻的小国,但近几十年来,我们却常常号召要学习新加坡的经验,考察团更是来来去去非常热闹,可惜真正学到并能为我所用的东西却似乎并不多,这是为什么呢?我想,看完这本书,了解了更多新加坡的历史之后,读者们或许能找到自己的答案。

本书的第一版出版于1977年,这次引进的是2009年出版的修订版第三版。在引进过程中,新加坡出版方表示了相当的重视,似乎也表明他们对该书的赞赏程度。本书的作者康斯坦丝·玛丽·藤布尔(1927—2008)是一位英国学者,伦敦大学的历史学博士,长期专注于对新加坡历史的研究。她早在1952年就来到东南亚,在马来亚的政府机构做公务员,1955—1971年间,她在新加坡的马来亚大学教授历史。后来转到香港大学任历史学教授、历史系系主任,退休后直至去世,她还一直任新加坡人文研究所的荣誉教授,以及香港大学亚洲研究中心的荣誉研究员。

书中所涉人名和机构名称的翻译,遵循的是首先尊重新加坡历史上约定俗成的译名,或当地统一译名,再考虑国内译名统一的原则,主要参考了新加坡华文媒介统一译名委员会网站(http://chineseterms.zaobao.com/chineseterms.html)、新加坡文史达人博客(http://blog.omy.sg/sgstory/)、李光耀的两卷本回忆录——《风雨独立路:1923—1965》(世界书局,台北,1998年)和《经济腾飞路:1965—2000》(世界书局，台北，2000 年)，以及《南侨回忆录》(陈嘉庚著，民国丛书第三编)等。有些译名可能在读者看来会比较拗口，如“辜加兵”(即新加坡的尼泊尔廓尔喀族士兵)，但可能更能有历史代入感。

最后，囿于译者水平有限，难免有疏漏错误之处，恳请各位读者批评指正。

欧阳敏

2013 年 6 月 23 日于上海